LIDERANÇA
EM TEMPOS DE CRISE

DORIS KEARNS GOODWIN

LIDERANÇA
EM TEMPOS DE CRISE

Tradução de
Alessandra Bonrruquer

1ª edição

EDITORA RECORD
RIO DE JANEIRO • SÃO PAULO
2020

CIP-BRASIL. CATALOGAÇÃO NA PUBLICAÇÃO
SINDICATO NACIONAL DOS EDITORES DE LIVROS, RJ

Goodwin, Doris Kearns
G663L   Liderança em tempos de crise / Doris Kearns Goodwin; tradução
Alessandra Bonrruquer. – 1ª ed. – Rio de Janeiro: Record, 2020.

Tradução de: Leadership in turbulent times
Inclui bibliografia e índice
ISBN 978-85-01-11851-6

1. Lincoln, Abraham, 1809-1865. 2. Roosevelt, Theodore, 1858-1919.
3. Roosevelt, Franklin D. (Franklin Delano), 1882-1945. 4. Johnson,
Lyndon B. (Lyndon Baines), 1908-1973. 5. Presidentes – Estados Unidos.
6. Liderança política – Estados Unidos - Estudos de caso. 7. Cultura
política – Estados Unidos – História. I. Bonrruquer, Alessandra. II. Título.

CDD: 973.09
19-61977   CDU: 94(73)

Meri Gleice Rodrigues de Souza – Bibliotecária CRB-7/6439

Copyright © Blithedale Productions Inc., 2018

Título original em inglês: Leadership in turbulent times

Texto revisado segundo o novo Acordo Ortográfico da Língua Portuguesa.

Direitos exclusivos de publicação em língua portuguesa para o Brasil
adquiridos pela
EDITORA RECORD LTDA.
Rua Argentina, 171 – 20921-380 – Rio de Janeiro, RJ – Tel.: (21) 2585-2000,
que se reserva a propriedade literária desta tradução.

Impresso no Brasil

ISBN 978-85-01-11851-6

Seja um leitor preferencial Record.
Cadastre-se em www.record.com.br
e receba informações sobre nossos
lançamentos e nossas promoções.

CÓPIA NÃO AUTORIZADA É CRIME
ABDR
ASSOCIAÇÃO BRASILEIRA DE DIREITOS REPROGRÁFICOS
RESPEITE O DIREITO AUTORAL
EDITORA AFILIADA

Atendimento e venda direta ao leitor:
sac@record.com.br

Para meu marido, Richard Goodwin,
e nosso padrinho e melhor amigo, Michael Rothschild

Sumário

PARTE III
O LÍDER E OS TEMPOS: COMO ELES LIDERARAM

PRÓLOGO

Abraham Lincoln, Theodore Roosevelt, Franklin Roosevelt e Lyndon Johnson — as vidas e épocas desses quatro homens me mantiveram ocupada durante meio século. Ao mergulhar em coleções de manuscritos, diários pessoais, cartas, histórias orais, memórias, arquivos de jornal e periódicos, procurei iluminar detalhes que, em conjunto, forneceriam um entendimento íntimo desses homens, suas famílias, seus amigos, seus colegas e a realidade que cada um deles viveu.

Após escrever quatro longos livros devotados a eles, achei que os conhecia bem, até que embarquei no presente estudo sobre liderança, há quase cinco anos. Conforme os observava através das lentes exclusivas da liderança, senti como se os estivesse encontrando pela primeira vez. Havia muito a aprender enquanto o elusivo tema da liderança assumia o centro do palco. Quando me voltei para obras de filosofia, literatura, negócios, ciência política e estudos comparativos, além das de história e biografia, vi-me engajada em um tipo inesperadamente pessoal e emocional de narrativa. Retornei a perguntas fundamentais que não fazia tão abertamente desde meus dias de faculdade e pós-graduação.

Indivíduos nascem líderes ou se tornam líderes? De onde vêm essas ambições? Como a adversidade afeta o desenvolvimento da liderança? A época faz o líder ou o líder modela a época? Como um líder é capaz de infundir um senso de propósito e significado na vida das pessoas? Qual é a diferença entre poder, título e liderança? A liderança é possível sem um propósito mais amplo que a ambição pessoal?

Quão afetuosamente me lembro das longas e acaloradas discussões sobre tais temas com meus colegas de pós-graduação, argumentando durante toda a noite com um fervor que superava nosso nível de conhecimento. Mas, no fundo, algo nessas discussões acertava exatamente no alvo, pois elas nos engajavam profundamente, alimentavam-se de nosso idealismo e nos desafiavam a descobrir como queríamos viver nossas vidas. Percebo agora que debates como esse me colocaram no caminho de encontrar minha própria vocação como historiadora.

———

Na Parte I, veremos os quatro homens iniciarem sua vida pública. Por volta dos 20 anos, quando cada um começou a forjar sua identidade pública, eles pareciam muito diferentes dos semblantes sóbrios e icônicos que, desde então, saturaram a cultura, a moeda e as esculturas memoriais norte-americanas. Seus caminhos foram tudo, menos diretos. Suas histórias estão repletas de confusão, esperança, fracasso e medo. Acompanharemos erros cometidos ao longo do caminho — em função de inexperiência, atrevimento, falta de cautela, erros categóricos de julgamento e egoísmo — e os esforços feitos para reconhecer, esconder e superar esses erros. Suas dificuldades não foram tão diferentes das nossas.

Não houve um caminho único até o pináculo da liderança política. Theodore Roosevelt e Franklin Roosevelt eram extraordinariamente privilegiados e ricos. Abraham Lincoln sofreu com a pobreza implacável. Lyndon Johnson experimentou dificuldades esporádicas. Eles diferiam amplamente em temperamento, aparência e habilidades físicas. Eram dotados de uma grande variedade de qualidades frequentemente atribuídas à liderança: inteligência, energia, empatia, talento para a oratória e a escrita, e habilidade para lidar com pessoas. Mas partilhavam uma feroz ambição e um ímpeto imoderado pelo sucesso. Com perseverança e trabalho duro, essencialmente se transformaram em líderes ao aprimorar as qualidades que tinham.

Os quatro foram reconhecidos como líderes muito antes de chegarem à Presidência. E, como rochas em um cilindro de polimento, passaram a brilhar através do contato acidental com uma ampla variedade de pessoas. Eles haviam encontrado sua vocação política. "Pensei muitas vezes", escreveu o filósofo americano William James sobre a misteriosa formação da identidade, "que a melhor maneira de definir o caráter de um homem é buscar a atitude mental ou moral particular na qual ele se sente mais profunda e intensamente vivo e ativo. Em tais momentos, há uma voz interior que diz: 'Esse sou o eu real!'"[1]

Dramáticas reviravoltas que destruíram as vidas privadas e públicas dos quatro são o tema da Parte II. Eles estavam em diferentes estágios da vida quando foram forçados a lidar com eventos que fragmentaram seu senso de identidade e ameaçaram limitar suas perspectivas. A natureza da adversidade que assaltou cada um deles foi única: Abraham Lincoln sofreu um golpe em sua reputação pública e em sua noção particular de honra que o levou a uma depressão quase suicida; Theodore Roosevelt perdeu a jovem esposa e a mãe no mesmo dia; Franklin Roosevelt foi atingido pela poliomielite e ficou permanentemente paralisado da cintura para baixo; Lyndon Johnson perdeu uma eleição para o Senado dos Estados Unidos. Superficialmente, traçar uma analogia entre uma derrota eleitoral e as trágicas reviravoltas experimentadas pelos outros pode parecer ridículo, mas Lyndon Johnson encarou a rejeição pelo povo como julgamento e repúdio de sua identidade mais profunda. Durante muito tempo, a derrota eleitoral alterou negativamente a direção de sua carreira, até que um ataque cardíaco maciço e a proximidade da morte deram novo propósito à sua vida.

Os acadêmicos que estudaram o desenvolvimento de líderes situaram a resiliência, a habilidade de manter a ambição em face da frustração, no cerne do potencial de desenvolvimento da liderança. Mais importante do que aquilo que aconteceu a eles foi como responderam a essas reviravoltas, como conseguiram se reestruturar, de várias maneiras, e como essas experiências divisoras de águas primeiro impediram, depois aprofundaram e, finalmente, modelaram decisivamente suas lideranças.

A Parte III levará os quatro até a Casa Branca. Lá, em seu formidável auge, guiados por um senso de propósito moral, foram capazes de canalizar suas ambições e empregar seus talentos para ampliar as oportunidades e a vida de outros. Histórias específicas sobre como lideraram explorarão a charada: os líderes modelam suas épocas ou cada época convoca seus líderes?

"Sem guerra", refletiu Theodore Roosevelt, "não há grande general; sem uma grande ocasião, não há grande estadista; se Lincoln tivesse vivido em tempos de paz, ninguém saberia seu nome hoje em dia."[2] As discutíveis noções de Roosevelt exprimem opiniões declaradas desde o início dos Estados Unidos. "Não é na calma imóvel da vida ou no repouso de uma situação pacífica que grandes caracteres são formados", escreveu Abigail Adams a seu filho John Quincy Adams durante a Revolução Americana, sugerindo que "os hábitos de uma mente vigorosa são formados ao se enfrentar dificuldades. Grandes necessidades despertam grandes virtudes".[3]

Os quatro líderes apresentados neste livro enfrentaram "grandes necessidades". Todos eles tomaram posse em momentos de incerteza e extrema perturbação. Abraham Lincoln assumiu a Presidência no mais grave momento de dissolução da história americana. Franklin Roosevelt encontrou uma decisiva crise de confiança na sobrevivência econômica dos EUA e na viabilidade da própria democracia. Embora nem Theodore Roosevelt nem Lyndon Johnson tenham enfrentado uma crise nacional na escala da secessão ou de uma depressão econômica devastadora, ambos chegaram ao cargo como resultado de um assassinato, uma violenta ruptura do modo democrático de sucessão em uma época na qual tremores sísmicos haviam começado a abalar a ordem social.

Apesar de a natureza da era na qual um líder vive influenciar profundamente a natureza da oportunidade de liderança, o líder deve estar pronto quando a oportunidade se apresenta. As habilidades, as forças e o estilo de um líder podem ser adequados aos tempos; os de outro, nem tanto. O temperamento do presidente James Buchanan não era adequado para responder às crises cada vez mais intensas sobre a escravidão que seriam enfrentadas por Abraham Lincoln. O presidente William McKinley encontrou a mesma era tumultuada que Theodore Roosevelt, mas não conseguiu perceber os perigos ocultos do início da Revolução Industrial. A mentalidade rígida do presidente Herbert Hoover não podia lidar com a depressão cada vez mais intensa com a mesma criatividade dos experimentos informais de Franklin Roosevelt. O presidente John Kennedy não possuía a incomparável habilidade legislativa nem o foco que Lyndon Johnson levou à questão central de seu tempo: os direitos civis.

"Raramente um homem foi tão adequado a um evento",[4] observou o filósofo Ralph Waldo Emerson durante o discurso fúnebre de Abraham Lincoln na Church of the First Parish em Concord, Massachusetts. Seria difícil inventar um líder que pudesse ter nos guiado melhor através dos dias mais sombrios da Guerra Civil, um líder tanto misericordioso quanto implacável, confiante e humilde, paciente e persistente — capaz de mediar entre facções, sustentar nossos espíritos e traduzir o significado do conflito em palavras de incomparável força, clareza e beleza. Todavia, uma declaração similar poderia ser feita em relação a Theodore Roosevelt, cuja animada combatividade era perfeitamente adequada à tarefa de mobilizar o país e a imprensa para lidar com monopólios vorazes e as desigualdades da Era Industrial. Poderíamos dizer o mesmo de Franklin Roosevelt, cuja confiança e contagiante otimismo restauraram a esperança e ganharam a confiança do povo americano tanto durante a Grande Depressão quanto durante a Segunda Guerra Mundial — ou de Lyndon Johnson, cujas raízes sulistas e habilidade legislativa o tornaram adequado para o grande conflito sobre direitos civis que alterou a face do país.

Quatro estudos de caso revelarão esses homens tão diferentes em ação durante eventos definidores de suas eras e presidências. Esses quatro exemplos detalhados mostram como sua liderança se encaixa no momento histórico tal qual uma chave se encaixa em uma fechadura. Nenhuma chave é exatamente igual a outra; cada uma delas possui uma linha diferente de sulcos e ranhuras ao longo da lâmina. Embora não existam nem uma chave-mestra para a liderança nem uma fechadura comum de circunstâncias históricas, podemos detectar certa semelhança familiar de traços de liderança ao alinharmos a capacidade de liderança com seu contexto histórico.

———

Não há dúvidas de que os três primeiros líderes estudados aqui — Abraham Lincoln, Theodore Roosevelt e Franklin Roosevelt — estão entre os maiores presidentes norte-americanos. A despeito de decisões falhas e julgamentos equivocados, todos receberam um lugar estável e honrado na memória pública.

O caso de Lyndon Johnson é mais problemático. Eu entrei em conflito comigo mesma ao pensar seu lugar na história desde que trabalhei com ele na Casa Branca, aos 24 anos de idade, como White House Fellow. Esse estágio na Casa Branca quase chegou informalmente ao fim antes mesmo de começar. Como muitos jovens de minha geração, eu participara ativamente do movimento contra a Guerra do Vietnã. Vários meses antes de minha seleção, eu e um colega de pós-graduação havíamos escrito um artigo, que enviamos para a *The New Republic*, defendendo que o candidato de um terceiro partido deveria desafiar Lyndon Johnson em 1968. A *The New Republic* publicou o artigo dias antes de minha seleção como estagiária ser anunciada. Eu tinha certeza de que seria dispensada do programa, mas, surpreendentemente, o presidente Johnson disse: "Deixe que ela fique aqui durante um ano e, se eu não puder conquistá-la, ninguém mais pode!" Eu continuei lá após o estágio e, quando sua presidência chegou ao fim, o acompanhei até seu rancho no Texas para auxiliá-lo com suas memórias.

Embora a conduta de Johnson durante a guerra vá continuar a macular seu legado, os anos deixaram claro que sua liderança em questões de direitos civis e sua visão doméstica durante a Grande Sociedade passarão no teste do tempo.

———

Lyndon Johnson entrou no Congresso como protegido de Franklin Roosevelt. De sua mesa no Salão Oval, Johnson olhava diretamente para um retrato de seu "padrinho político", cuja agenda doméstica com o New Deal ele tentava superar com sua Grande Sociedade. Ainda jovem, Franklin Roosevelt sonhara com a própria ascensão política moldada, passo a passo, na carreira de Theodore Roosevelt. Desde a infância, o grande herói de Theodore Roosevelt fora Abraham Lincoln, cuja paciente determinação e ausência de revanchismo abriram uma trilha que ele tentou seguir durante toda a vida. Quanto a Abraham Lincoln, o mais próximo de um líder ideal que ele conseguiu encontrar foi George Washington, que invocou ao se despedir de seu lar em 1861, retirando forças do primeiro presidente ao deixar Illinois para assumir uma tarefa "maior do que aquela que coube a Washington".[5] Se George Washington era o pai de seu país, então, por afiliação e afinidade, Abraham Lincoln era seu filho pródigo. Esses quatro homens formam uma árvore genealógica, uma linhagem de liderança que se estende por toda a história dos Estados Unidos.

Espero que essas histórias de liderança em épocas de fratura e medo se provem instrutivas e reconfortantes. Esses homens estabeleceram um padrão

para todos nós. Assim como aprenderam uns com os outros, podemos aprender com eles. E obter com eles uma perspectiva melhor sobre a discórdia de
nossos tempos. Pois a liderança não existe em um vazio. Ela é uma via de
mão dupla. "Fui somente um instrumento", insistiu Lincoln, com acurácia
e modéstia, "as pessoas que eram contra a escravidão no país e o Exército
fizeram tudo."[6] O movimento progressista ajudou a cimentar o caminho para
o "Square Deal" de Theodore Roosevelt, assim como o movimento pelos
direitos civis forneceu o combustível para inflamar o ativismo virtuoso e
pragmático que permitiu a Grande Sociedade. E ninguém se comunicou
com as pessoas e ouviu suas vozes mais claramente que Franklin Roosevelt.
Ele absorveu suas histórias, ouviu cuidadosamente e, durante uma geração,
manteve uma conversa ininterrupta com o povo.

   "Com sentimento público, nada pode fracassar", disse Abraham Lincoln,
"e, sem ele, nada pode ter sucesso."[7] Um líder assim está inseparavelmente
ligado ao povo. Uma liderança assim é um espelho no qual o povo pode ver
seu reflexo coletivo.

PARTE I

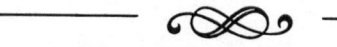

AMBIÇÃO E RECONHECIMENTO DA LIDERANÇA

ABRAHAM

"Diz-se que todo homem tem uma ambição particular"

L incoln tinha apenas 23 anos em 9 de março de 1832, quando declarou sua intenção de concorrer a um assento na legislatura estadual de Illinois. O estado de fronteira ainda não desenvolvera maquinaria partidária para indicar oficialmente os candidatos. As pessoas que desejavam concorrer simplesmente distribuíam um folheto expressando suas opiniões sobre as questões locais.

"Diz-se que todo homem tem uma ambição particular", começou Lincoln. "Não tenho nenhuma tão grande quanto ser verdadeiramente estimado por meus concidadãos ao me tornar digno de sua estima. Quão bem-sucedido serei nessa ambição é algo que ainda se verá. Sou jovem e desconhecido para muitos de vocês."[1]

Para muitos jovens ambiciosos do século XIX, a política era a arena escolhida para progredir. Embora a ambição de Lincoln fosse tão central para sua constituição quanto sua coluna vertebral, quase desde o início ela foi dúplice. Não era simplesmente em seu nome, mas em nome das pessoas que esperava liderar. Ele queria se distinguir aos olhos delas. O senso de comunidade era central para o sonho principal de sua vida — o desejo de realizar coisas que conquistaria o perene respeito de seus concidadãos.

Ele pediu uma oportunidade para se mostrar digno: "Nasci e sempre permaneci nas mais humildes esferas da vida. Não possuo riquezas ou relações populares para me recomendar. Se as pessoas de bem, em sua sabedoria, acharem melhor me manter em segundo plano, estou familiarizado demais com as decepções para ficar excessivamente aborrecido."[2]

De onde veio essa ambição, essa "forte convicção", como descreveu um amigo, "de que ele nascera para coisas melhores do que as que pareciam prováveis ou mesmo possíveis"?[3]

Quando lhe pediram, mais tarde, para lançar alguma luz sobre o início de sua vida, Lincoln afirmou que sua história podia ser "condensada em uma única frase: os curtos e simples anais dos pobres".[4] Seu pai, Thomas, jamais aprendera a ler e, de acordo com o filho, nunca "fez mais, em termos de escrita, que assinar confusamente o próprio nome".[5] Preso em uma pobreza sem saída, Thomas cultivava somente uma pequena área e passou de uma fazenda de subsistência para outra em Kentucky, Indiana e Illinois. Embora os registros da vida da mãe de Lincoln, Nancy Hanks, sejam poucos, aqueles que a conheceram concordavam que "era superior ao marido em todos os aspectos".[6] Ela foi descrita como "arguta, perspicaz, esperta",[7] dotada de boa memória e ágil percepção. "Tudo que sou e espero ser, obtive de minha mãe",[8] disse Lincoln mais tarde.

Quando Abraham tinha 9 anos, Nancy Hanks morreu do que era conhecido como doença do leite,[9] transmitida por vacas que haviam ingerido plantas venenosas. Após seu enterro, Thomas abandonou o filho pequeno e a filha de 12 anos, Sarah, por um período de sete meses e voltou ao Kentucky para procurar uma nova esposa. Eles foram deixados sozinhos no que Lincoln descreveu como "região selvagem",[10] um lugar assustador no qual "o grito das panteras enchia a noite de medo e ursos atacavam os porcos".[11] Quando a nova madrasta de Abraham, Sarah Bush Johnson, retornou com Thomas, encontrou as crianças vivendo como animais, "selvagens, vestindo farrapos e sujas".[12] Ela ficou atônita ao descobrir que a cabana sem piso não tinha sequer uma porta. Do lado de dentro, havia pouquíssima mobília, nenhuma cama e quase nenhuma coberta. Com o estoque de mercadorias que levara consigo na carroça, a engenhosa Sarah montou uma casa "aconchegante e confortável". Piso, porta e janelas foram instalados e ela costurou roupas para as crianças.[13] Como, no confinamento dessa desolação, Lincoln desenvolveu e sustentou uma ambição grandiosa e visionária, a crença de que estava destinado a coisas maiores e melhores?

O trampolim para o desenvolvimento de sua ambição pode ser traçado até o reconhecimento, ainda criança, de que possuía uma mente excepcionalmente inteligente, clara e inquisitiva. Os colegas da escola de alfabetização na área rural de Kentucky onde ele aprendeu a ler e escrever aos 7 anos lembram que ele aprendia mais rapidamente e compreendia mais profundamente que os outros. Embora só pudesse frequentar as aulas esporadicamente, quando o pai não precisava que ajudasse no trabalho árduo da fazenda, era sempre o primeiro da turma. "Ele era o estudado entre nós, os ignorantes",[14] lembrou um colega. "De sua breve escolarização", observou seu biógrafo David Herbert Donald, "ele levou consigo a autoconfiança de um homem que, em termos de intelecto, jamais encontrou um igual."[15] E assim começou a surgir o sonho de que, algum dia, pudesse obter o máximo de seus talentos.

No antigo debate sobre se traços de liderança são inatos ou desenvolvidos, a memória — a facilidade e a competência com que a mente armazena informações — geralmente é considerada um traço inato. Desde seus primeiros dias na escola, os colegas de Lincoln notaram sua memória fenomenal, "a melhor"[16] e mais "maravilhosamente retentiva"[17] que já haviam encontrado. Sua mente parecia "um milagre", disse um amigo, "as informações eram facilmente impressas nela e nunca se apagavam".[18] Lincoln disse ao amigo que ele estava enganado. O que parecia um dom era, em seu caso, um talento desenvolvido. "Sou lento para aprender", explicou ele, "e lento para esquecer o que aprendi. Minha mente é como uma peça de aço: é muito difícil riscar alguma coisa nela e quase impossível, depois disso, apagar os riscos." Sua madrasta, que passou a amá-lo como a um filho, observou o árduo processo pelo qual ele entalhava coisas na memória. "Quando encontrava uma passagem que o impressionava, ele a escrevia em uma tábua, se não tivesse papel, e a mantinha lá até conseguir papel", lembrou ela. "Então a reescrevia"[19] e mantinha no bloco de notas, para preservá-la.

Embora sua mente não fosse nem rápida nem treinada, o jovem Lincoln possuía poderes singulares de raciocínio e compreensão, uma curiosidade incansável e a feroz, quase irresistível, compulsão de entender o significado do que ouvia, lia ou aprendia. "Quando era apenas uma criança", Lincoln disse mais tarde, "eu costumava ficar irritado quando alguém falava comigo de uma maneira que eu não conseguia entender. Não acho que tenha me zangado com nenhuma outra coisa durante a vida." Quando "estava caçando uma ideia", ele não conseguia dormir até "pegá-la" e, mesmo então, não era capaz de descansar enquanto não a tivesse "amarrado pelo norte e pelo sul, pelo leste e pelo oeste".[20]

Desde cedo, Abraham revelou um atributo essencial para o sucesso em qualquer campo: a motivação e a força de vontade para desenvolver ao máximo cada talento que possuía. "A ambição dele pairava acima de nós", lembrou seu amigo de infância Nathaniel Grigsby. "Ele lia e relia seus livros enquanto nós brincávamos."[21] Quando aprendeu as letras do alfabeto, ele ficou tão excitado que formava "letras, palavras e frases sempre que encontrava material adequado. Ele as rabiscava com carvão e as desenhava na terra, na areia e na neve, em todos os lugares possíveis".[22] Em breve, tornou-se "o melhor calígrafo da vizinhança".[23]

Sempre partilhando seu conhecimento com os colegas de escola, ele rapidamente se tornou "seu guia e líder".[24] Uma amiga lembrou do "grande cuidado"[25] com que ele explicou a ela "os movimentos dos corpos celestes", dizendo pacientemente que a lua não estava realmente afundando, como ela inicialmente pensara; era a terra que estava se movendo, não a lua. "Quando ele chegava", lembrou outro amigo, "os meninos se reuniam em torno dele para ouvi-lo falar."[26] Com gentileza, jovialidade, perspicácia e sabedoria, ele explicava "coisas que achávamos difíceis de entender através de histórias — máximas — contos e imagens. Ele quase sempre ilustrava sua lição ou ideia com uma história simples e clara, de modo que conseguíamos perceber instantaneamente a força e a importância do que ele dizia". Ele entendeu cedo que exemplos concretos e histórias forneciam os melhores veículos para o ensino.

Em parte, ele desenvolvera o talento para contar histórias observando o pai. Embora Thomas Lincoln não soubesse ler ou escrever, ele possuía astúcia, talento para a pantomima e excepcional memória para histórias. Noite após noite, Thomas ouvia e contava causos para fazendeiros, carpinteiros e vendedores ambulantes que passavam pela velha Cumberland Trail. O jovem Lincoln ficava sentado no canto, fascinado. Após ouvir os adultos conversarem, passava "boa parte da noite andando para cima e para baixo",[27] tentando entender o que haviam dito. Grande parte de sua motivação era entreter os amigos no dia seguinte com uma versão simplificada e desenfreada do enigmático mundo adulto.

Ele vicejava ao falar longamente sobre um tronco caído ou as raízes de uma árvore, cativando a apreciativa atenção de sua jovem plateia e, em pouco tempo, construiu um repertório de histórias e desenvolveu grande habilidade narrativa. Aos 10 anos, contou um familiar, Abraham aprendeu a imitar "o estilo e o tom"[28] dos pregadores batistas itinerantes que apareciam na região a intervalos irregulares. Para deleite dos amigos, conseguia reproduzir os fervorosos sermões quase palavra por palavra, incluindo os gestos de cabeça e mãos para enfatizar a emoção. Ao ficar mais velho, encontrou material adicional para suas histórias ao caminhar 24 quilômetros até a sala de audiências mais próxima,[29] onde se abastecia de narrativas sobre julgamentos criminais, disputas contratuais e contestação de testamentos e então recontava seus chocantes detalhes.

Suas histórias frequentemente tinham um argumento central — uma moral, a exemplo de um de seus livros favoritos, *As fábulas de Esopo* —, mas, às vezes, eram simplesmente casos engraçados que ele ouvira e repetia com animação. Quando começava a falar, seu rosto, cujos contornos naturais tinham um aspecto pesaroso, se iluminava com um transformador "sorriso cativante".[30] E, quando chegava ao fim da história, ele ria com tal vontade que, em seguida, todo mundo ria com ele.

Nem todos os seus talentos humorísticos eram repletos de gentil hilaridade e ele aprenderia a conter suas réplicas mais cáusticas e zombeteiras. Um exemplo precoce foi o de certo Josiah Crawford, que emprestara a Lincoln seu exemplar de *The Life of Washington*, de Parson Weems. Durante uma tempestade violenta, o livro foi danificado. Crawford exigiu que Lincoln pagasse pelo livro trabalhando dois dias inteiros na colheita de milho. Lincoln achou injusto, mas trabalhou até que "não havia uma única espiga nos pés".[31] Mais tarde, escreveu um verso satirizando o nariz feio e incomumente grande de Crawford, recitando "Josiah soprando sua corneta"[32] para diversão dos amigos.

Embora fosse o centro de entretenimento de seu jovem círculo, ele também era o primeiro a discordar dos colegas, disposto a enfrentar sua desaprovação em vez de abandonar o que considerava certo. Os meninos da vizinhança, lembrou um colega de escola, gostavam de uma brincadeira na qual capturavam tartarugas e colocavam brasas quentes em suas costas para vê-las se contorcerem. Abe não somente lhes disse que "aquilo era errado" como também escreveu um curto ensaio na escola reprovando a "crueldade contra animais".[33] Lincoln tampouco se sentia compelido a partilhar dos costumes da fronteira — uma cultura árida na qual as crianças aprendiam, em nome da sobrevivência e do esporte, a atirar e matar pássaros e animais. Depois de matar um peru selvagem com o rifle do pai quando tinha 8 anos, ele jamais "apertou o gatilho contra qualquer animal maior".[34]

Essas atitudes não eram meramente posturas morais. O jovem possuía um profundo senso de empatia, a habilidade de se colocar no lugar dos outros, de imaginar suas situações e se identificar com seus sentimentos. Em certa noite de inverno, lembrou um amigo, ele e Abraham estavam voltando para casa quando viram alguém deitado em um buraco enlameado. "Era um homem caindo de bêbado" e "quase congelado". Abe o tirou do buraco e o carregou até a casa de seu primo, onde acendeu o fogo para aquecê-lo.[35] Em outra ocasião, quando caminhava com um grupo de amigos, ele passou por um porco preso em uma área pantanosa. O grupo continuou por mais 800 metros até que Lincoln subitamente parou. Ele insistiu em voltar para resgatar o porco. Não conseguia suportar a dor que sentia quando pensava nele.[36]

Seu tamanho e sua força reforçavam sua autoridade entre seus pares. Desde criança, ele era mais atlético que a maioria dos meninos da vizinhança, "pronto para correr mais, pular mais alto, erguer mais peso e brigar mais vigorosamente que qualquer um".[37] Ainda jovem, relatou um amigo, ele "podia carregar o que três homens comuns gemeriam e suariam para levantar".[38] Abençoado com uma força incomum, também fora favorecido com uma saúde robusta. Os familiares relataram que jamais ficou doente. Mas sua dominância física se provou uma espada de dois gumes, pois, dos 8 aos 21 anos, esperava-se que acompanhasse o pai até os campos, empunhando um machado, derrubando árvores, arrancando raízes, cortando madeira, arando e plantando. Seu pai achava que ossos e músculos eram "suficientes para fazer um homem" e que o tempo na escola era "duplamente desperdiçado".[39] Nas áreas rurais, as únicas escolas eram pagas, de modo que não somente custava dinheiro à família para educar uma criança como a escola a afastava do trabalho manual. Assim, quando Lincoln chegou aos 9 ou 10 anos, sua educação formal foi interrompida.

Sem orientação, Abraham teve de se tornar autodidata. Ele precisou tomar a iniciativa, assumir a responsabilidade por conseguir livros, decidir o que estudar e se tornar seu próprio professor. Fez as coisas acontecerem, em vez de esperar que acontecessem. Conseguir material de leitura se mostrou um obstáculo quase insuperável. Familiares e vizinhos contaram que Lincoln vasculhou toda a região para conseguir livros emprestados e lia cada volume "no qual conseguia colocar as mãos".[40] Os livros eram seus companheiros constantes. Cada pausa nas tarefas manuais diárias era usada para ler uma ou duas páginas de O peregrino ou As fábulas de Esopo, enquanto o cavalo descansava ao fim de cada longa fileira da plantação.

Alguns líderes aprendem escrevendo, outros lendo, outros ouvindo. Lincoln preferia ler em voz alta na presença de outros. "Quando leio em voz alta", explicou ele mais tarde, "dois sentidos capturam a ideia: primeiro, vejo o que estou lendo; segundo, ouço e, consequentemente, lembro melhor."[41] Desde cedo, ele demonstrou vívida sensibilidade para a musicalidade e o ritmo da poesia e do drama e recitava longas estrofes e passagens de memória. Quando chegava a hora de devolver os livros emprestados, ele já os tornara seus. Enquanto explorava a literatura e a história do país, o jovem Lincoln, já consciente de seus próprios poderes, começou a imaginar modos de vida para além dos de sua família e seus vizinhos.

Quando seu pai encontrava o filho no campo lendo um livro ou, pior ainda, distraindo os colegas de trabalho com histórias ou passagens de seus livros, ele interrompia zangadamente o espetáculo para que o trabalho pudesse continuar. Ocasionalmente, chegou a destruir os livros de Abraham e chicoteá-lo por negligenciar suas tarefas. Para Thomas, a leitura crônica de Abraham era equivalente à negligência, a um sinal de indolência. Ele acreditava que o filho estava se iludindo com aquela busca por educação.[42] "Tentei pôr um fim nisso, mas ele colocou essa ideia boba na cabeça e não há nada que a tire de lá",[43] disse Thomas a um amigo.

Às vezes, quando as tensões com o pai pareciam insuportáveis, quando a distância entre suas elevadas ambições e a realidade de suas circunstâncias parecia grande demais para superar, Lincoln era engolfado pela tristeza, revelando um lado pensativo e melancólico de seu temperamento que se tornaria mais pronunciado com o tempo. "A melancolia gotejava dele enquanto andava",[44] disse o sócio minoritário de seu escritório de advocacia, William Herndon — uma observação ecoada por dezenas de outras. "Nenhum elemento do caráter do sr. Lincoln era tão pronunciado", lembrou seu amigo Henry Clay Whitney, "quanto sua misteriosa e profunda melancolia."[45] Entretanto, embora a melancolia fosse parte de sua natureza, também o era o humor vivificante que lhe permitia perceber o que era engraçado ou cômico na vida, aliviando seu desespero e aumentando sua determinação. Os amigos acreditavam que tanto as histórias quanto o humor eram "necessários à sua própria existência"[46] e tinham a função de afastar a tristeza.[47]

No fim, a interminável tensão com o pai aumentou, em vez de diminuir, a ambição do jovem Lincoln. Ano após ano, enquanto perseverava em desafio aos desejos do pai, gerenciando suas emoções negativas e exercitando sua força de vontade para lentamente dominar um assunto após o outro, ele desenvolveu uma confiança cada vez maior em suas próprias forças e poderes. Lincoln passou a acreditar "que seria alguém",[48] relatou sua prima Sophie Hanks, criando aos poucos o que um estudioso de liderança chama de "visão de um futuro alternativo".[49] Ele disse a um vizinho que não "pretendia cavoucar, escavar, debulhar milho, cortar madeira e coisas assim. Vou estudar e ficar preparado, e minha chance vai chegar".[50]

A oportunidade chegou quando ele completou 21 anos, a idade da maturidade, libertando-o da quase servidão na casa do pai. "Sem ver nenhuma perspectiva de melhoria de sua condição enquanto seu futuro estivesse entrelaçado ao do pai", um amigo lembrou de tê-lo ouvido dizer, "ele finalmente pensou em tentar a sorte no mundo mais amplo."[51] Carregando suas poucas posses em uma trouxa sobre o ombro, ele foi para oeste, caminhando mais de 160 quilômetros para chegar a New Salem, onde haviam lhe prometido um emprego como atendente e guarda-livros de um armazém. A agitada cidadezinha, recém-surgida às margens do rio Sangamon, tinha um moinho de grãos que "abastecia uma ampla seção do condado com sua carne, farinha e madeira".[52] Todo o assentamento consistia em algumas centenas de pessoas, quinze cabanas de toras, uma taverna, uma igreja, um ferreiro, um mestre-escola, um pregador e um armazém.[53]

Para os habitantes de New Salem, o jovem alto pareceu esquisito e pouco atraente. "Desajeitado e de aspecto grosseiro",[54] com a pele escura e envelhecida pelos elementos, orelhas grandes, malares saltados e cabelo preto ouriçado, ele se vestia "da maneira mais ridícula. Seus braços compridos se projetavam das mangas do casaco" e suas calças eram "muito mais adequadas para um homem muito mais baixo, o que deixava exposto um par de meias".[55]

Com esse início pouco promissor, como Lincoln foi capaz de se estabelecer tão rapidamente na mente dos residentes que, oito meses depois, o encorajaram a concorrer a um assento na legislatura estadual? A resposta, explicou um habitante local, está na sociabilidade de Lincoln, sua natureza "aberta, franca, prestativa e honesta". "Todo mundo gostava dele".[56] Ele ajudava viajantes cujas carruagens haviam atolado na lama, oferecia-se para cortar lenha para as viúvas e estava sempre pronto a oferecer ajuda "espontânea e discreta".[57] Quase todos que tiveram contato com ele na pequena comunidade falaram de sua gentileza, generosidade, inteligência, humor, humildade e seu caráter marcante e original. Em vez de mitos dourados criados após sua histórica presidência, essas histórias, contadas às dezenas, se unem em um coro da comunidade de New Salem para formar um retrato autêntico de um jovem singular.

Trabalhar como atendente no armazém de New Salem deu a Lincoln a fundação ideal sobre a qual construir sua carreira política. O armazém "ocupava um espaço único" na fronteira. Para além de vender mantimentos, equipamentos, roupas e gorros, era "uma espécie de centro intelectual e social",[58] um lugar no qual os habitantes se reuniam para ler o jornal, conversar sobre as competições esportivas locais e, principalmente, discutir política em uma época na qual a política era uma preocupação intensa e quase universal.[59] Para os fazendeiros, que podiam viajar 80 quilômetros para transformar grãos em farinha no moinho do vilarejo, o armazém oferecia um local de reunião comum para relaxar e trocar opiniões e histórias.[60]

Em algumas semanas, lembrou um colega atendente, a natureza gregária e a cornucópia de histórias engraçadas de Lincoln o transformaram em "um centro de atração".[61] As pessoas o consideravam "um dos melhores atendentes" que já haviam encontrado. "Ele era atencioso em seus negócios", lembrou um habitante do vilarejo, "era amável e solícito com seus clientes e amigos e sempre os tratava com grande carinho."[62] Ao mesmo tempo, sua "escancarada avidez por aprender"[63] impressionou profundamente os moradores de New Salem. Um volume de poesia ou um livro em prosa sempre eram mantidos atrás do balcão, para que ele pudesse ler durante os momentos de calma no armazém. Em discussões sobre política, revelava íntima familiaridade com as questões da época. Claramente, não se tratava de um atendente comum. As famílias locais sentiram-se atraídas por seu temperamento reflexivo, gentil e meditativo. Elas queriam que ele prosperasse. Sentiam-se parte de sua ascensão. Emprestavam livros. O tanoeiro do vilarejo deixava "um fogo de aparas suficientemente vivo"[64] para que Lincoln pudesse ir até lá e ler durante a noite.

"Quando ele era ignorante sobre um assunto", lembrou um amigo, "por mais simplório que isso pudesse fazê-lo parecer, sempre estava disposto a admitir."[65] Quando ele disse ao mestre-escola que nunca estudara gramática e queria estudar, o mestre-escola concordou que, se algum dia ele quisesse falar em público, era algo que precisava aprender. Embora ninguém em New Salem tivesse um texto apropriado de gramática, o mestre-escola sabia de um volume em uma casa a 10 quilômetros dali. Lincoln se levantou e saiu a pé para buscar o livro. Voltando com um precioso exemplar de *English Grammar* de Kirkham,[66] ele imediatamente começou a aprender as complicadas regras que governam a estrutura das sentenças e o uso de advérbios e adjetivos. Ele trabalhou duro para desenvolver um estilo simples e compacto de falar e escrever, com frases curtas e claras que podiam ser "entendidas por todas as classes".[67]

———

O folheto que Lincoln publicou anunciando sua candidatura tinha 2 mil palavras. Claramente, ele se esmerou em cada declaração para que as pessoas soubessem qual era sua posição em relação às questões públicas e para mostrar algo de sua natureza e caráter. Ele concorreu como membro do Partido Whig em um condado predominantemente democrata. E defendeu quatro ideias centrais: a criação de um banco nacional, tarifas de proteção, apoio governamental para as melhorias internas e um sistema ampliado de educação pública. Um representante estadual podia fazer pouco para promover um sistema bancário nacional ou tarifas mais altas. Mas educação pública e projetos de infraestrutura para melhorar estradas, rios, portos e ferrovias não eram simplesmente típicas demandas whig, e sim a expressão de necessidades profundamente urgentes envolvendo suas próprias aspirações e as aspirações de sua pequena comunidade.

O rio Sangamon era a corda salva-vidas de New Salem. Através dele, os colonos enviavam seus produtos para o mercado e recebiam as mercadorias necessárias. A menos que os obstáculos a sua navegabilidade fossem superados, a menos que canais pudessem ser escavados e troncos boiando fossem removidos, New Salem jamais se tornaria uma comunidade totalmente desenvolvida. No ano anterior, Lincoln pilotara uma chata pelo rio, obtendo conhecimento em primeira mão. Ele falou com competência e confiança sobre um assunto estreitamente ligado a suas próprias ambições. Se rios e estradas pudessem ser melhorados, se o governo pudesse auxiliar o crescimento econômico e o desenvolvimento, centenas de pequenos vilarejos como New Salem prosperariam. "Se eleito", prometeu Lincoln, qualquer lei fornecendo estradas confiáveis e rios navegáveis para as comunidades "mais pobres e menos populosas receberá meu apoio".[68]

Sobre o tópico da educação, declarou: "Digo apenas que a vejo como o mais importante tema no qual nós, como povo, podemos nos engajar." Ele queria que todo homem lesse a história de seu país, "para apreciar o valor de nossas instituições livres"[69] e valorizar a literatura e as escrituras. Lincoln falou sobre educação com a paixão de um jovem que fizera esforços ferozes para educar a si mesmo, na esperança de construir uma ponte entre "as esferas humildes da vida"[70] e seus sonhos com um futuro mais amplo. Ele queria que a educação que continuou a buscar para si estivesse disponível para todos.

Nessa primeira incursão na política, também prometeu que, se suas opiniões sobre qualquer assunto se mostrassem equivocadas, ele estaria "pronto para renunciá-las".[71] Com esse compromisso, revelou precocemente uma qualidade que caracterizaria sua liderança durante toda a vida: a disposição de reconhecer seus erros e aprender com eles.

Para ele, o pacto que ofereceu às pessoas — a promessa de trabalhar incansavelmente em troca de seu apoio — foi uma aliança. Um voto ou uma eleição expressava um laço de afeto que unia as pessoas; era uma questão de confiança. Desde o início, o destino que buscava não era um simples desejo por fama e distinção; suas ambições estavam, primeiro e acima de tudo, ligadas ao povo.

Embora incerto sobre suas chances nessa primeira eleição, Lincoln deixou claro que o fracasso não o intimidava. Se perdesse, dissera ao declarar sua intenção de concorrer, estava "familiarizado demais com as decepções para ficar excessivamente aborrecido". Não obstante, avisou que somente após ser derrotado "cinco ou seis vezes" consideraria a iniciativa "uma desgraça" e estaria pronto para "jamais tentar novamente".[72] Assim, ao lado da incerteza sobre se sua ambição seria realizada, estava a promessa de resiliência.

———

Sua campanha mal começara quando ele se voluntariou para participar da milícia de Illinois e lutar contra nativos das tribos Sauk e Raposa durante o que ficou conhecido como guerra de Black Hawk. Para sua surpresa, como relatou mais tarde, foi eleito capitão da companhia. Nenhum outro "sucesso na vida", disse ele a um jornalista um mês após ser indicado para a Presidência, lhe dera "tanta satisfação".[73]

Quando retornou a New Salem após três meses, ele tinha somente quatro semanas de campanha antes da eleição em agosto. Viajando a cavalo por um condado esparsamente povoado do tamanho de Rhode Island, Lincoln falou em lojas rurais e nas pracinhas dos vilarejos. Aos sábados, ele se juntava aos outros candidatos em cidades maiores, onde os fazendeiros se reuniam em leilões, "vandoos" — "para comercializar sua produção, comprar suprimentos, encontrar os vizinhos e saber das notícias".[74] Os discursos começavam no meio da manhã e iam até o pôr do sol. Cada candidato tinha sua vez. Lincoln, lembrou um concorrente, "não foi pelo caminho batido dos outros discursantes".[75] Ele se distinguiu pela maneira franca com que abordava cada questão e por seu hábito de ilustrar os argumentos com histórias baseadas em observações "retiradas de todas as classes da sociedade",[76] entre homens e mulheres em suas vidas cotidianas. Às vezes, sua linguagem era estranha, assim como seus gestos, mas poucos dos que o ouviram esqueceram "algum argumento da história, a própria história ou o autor".[77]

Quando os votos foram contados, Lincoln descobriu que perdera a eleição. Sua falta de sucesso, no entanto, "não diminuiu suas esperanças nem sua ambição",[78] afirmou um amigo. Ao contrário, ele ganhou confiança ao saber que, em sua própria cidade, New Salem, recebera o esmagador total de 277 dos 300 votos. Após a eleição, ele trabalhou em vários empregos para se sustentar e manter "corpo e alma unidos".[79] Ele trabalhou como agente postal de New Salem e, após aprender sozinho os princípios de geometria e trigonometria envolvidos na determinação dos limites de um lote, foi nomeado vice-topógrafo do condado de Sangamon, uma posição que lhe permitia viajar de um vilarejo para outro. Um amigo lembrou que sua reputação de contador de histórias passou a precedê-lo tão rapidamente que, assim que chegava a um vilarejo, "homens e meninos de perto e de longe se aproximavam, prontos para carregar correntes, fincar estacas e queimar árvores, apenas para ouvir Lincoln contar histórias bizarras e piadas".[80]

Em 1834, agora com 25 anos, ele concorreu novamente à legislatura estadual, cumprindo a promessa sério-cômica de tentar meia dúzia de vezes antes de desistir. Novamente, ele atravessou o distrito a cavalo, fazendo discursos, apertando mãos, apresentando-se e participando das atividades locais. Vendo trinta homens em um campo durante a colheita, ele se ofereceu para ajudar e pegou uma foice, mostrando-se "perfeitamente confortável"[81] com ela e conquistando os votos de todo o grupo. Sua aparência desajeitada inicialmente afastava as pessoas. "O partido não consegue um candidato melhor que esse?", perguntou um médico ao vê-lo pela primeira vez. Mas, depois de ouvi-lo falar, mudou de ideia: "Ele sabe mais que todos os outros juntos."[82]

Dessa vez, tendo expandido seus contatos no condado, Lincoln venceu facilmente. Enquanto preparava sua mudança para a capital, a fim de assumir o assento na legislatura, seus amigos fizeram uma vaquinha para comprar "roupas adequadas" que lhe permitiriam "manter sua nova dignidade".[83] Eles reconheceram o líder em seu meio tão claramente quanto ele começou a sentir os indícios da liderança no interior de si mesmo.

———

O deputado novato foi, nas palavras de seu amigo William Herndon, "tudo menos conspícuo" durante a sessão de abertura da legislatura estadual. Ele permaneceu "discretamente em segundo plano",[84] aprendendo pacientemente como a Assembleia operava e se familiarizando com as complexidades dos procedimentos parlamentares. Ele monitorou cuidadosamente os debates e percebeu as divergências ideológicas entre seus colegas whigs e os democratas. Consciente de estar na presença de um grupo incomumente talentoso de legisladores (incluindo dois futuros candidatos presidenciais, seis futuros senadores, oito futuros congressistas e três juízes estaduais),[85] Lincoln não se sentia acanhado nem tímido. Ele estava simplesmente prestando muita atenção, absorvendo, preparando-se para agir assim que tivesse acumulado conhecimento suficiente. Esse fino e desenvolvido senso de timing — de saber quando esperar e quando agir — permaneceria em seu repertório de habilidades de liderança durante toda a vida.

Entre as sessões legislativas, Lincoln começou a ler sobre direito, sabendo que a educação legal nutriria sua carreira política. Autodidata por necessidade, ele "estudou com ninguém",[86] como disse posteriormente, analisando casos e precedentes até tarde da noite, após ter trabalhado o dia todo como topógrafo e agente postal. Ele tomou emprestado livros de direito, um de cada vez, da coleção de John Stuart, um colega legislador que tinha um escritório de advocacia em Springfield. Ao terminar cada livro, ele caminhava os 32 quilômetros entre New Salem e Springfield para pegar outro.[87] Um propósito inabalável o sustentava. "Pegue os livros, leia e estude", disse ele a um estudante de direito que pediu conselhos duas décadas mais tarde. "Sempre tenha em mente que sua própria determinação de vencer é mais importante que qualquer outra coisa."[88]

No início da segunda sessão, a transformação da postura e do nível de atividade de Lincoln foi clara. Ele subitamente se mostrou conspícuo, como se algo nele tivesse despertado. E dominara tão completamente o jargão legal necessário para criar legislação e as complexidades dos procedimentos parlamentares que seus colegas o chamaram para esboçar projetos de lei e emendas. A caligrafia clara e legível que aperfeiçoara quando criança se provou inestimável em uma época na qual leis e documentos públicos eram inicialmente escritos à mão. Ainda mais importante, quando ele finalmente se levantou para discursar na Assembleia, seus colegas testemunharam o que os cidadãos de New Salem já conheciam: um jovem com uma notável variedade de talentos oratórios. "Dizem que conto muitas histórias", disse ele a um amigo. "Reconheço que faço isso, mas aprendi com a longa experiência que as pessoas *simples*, quem quer que sejam, são mais facilmente *influenciadas* por uma ilustração abrangente e engraçada que por qualquer outro meio."[89] Conforme as pessoas liam seus discursos nos jornais ou ouviam falar de suas vívidas metáforas e analogias através do boca a boca, a consciência sobre sua notável habilidade de comunicação começou a se espalhar pelo estado.

Aclamado por seu papel de liderança na mudança da capital estadual de Vandalia para Springfield, Lincoln, o segundo membro mais jovem da Assembleia, foi selecionado por todo o cáucus whig para ser líder da minoria. A escolha mostrava deferência não apenas por suas habilidades linguísticas e sua maestria dos procedimentos parlamentares, mas também pelo que ficou conhecido como seu "supremo talento para o diagnóstico político",[90] sua habilidade para intuir os sentimentos e as intenções tanto de seus colegas whigs quanto de seus opositores democratas. Após considerar silenciosamente as opiniões e estratégias de seus colegas, ele se levantava e dizia simplesmente: "A partir de suas palavras, acho que os democratas farão isso e aquilo." Se quisermos "dar um xeque-mate neles", eis as manobras que devemos realizar nos próximos dias. O curso recomendado de ação era tão claro que "os ouvintes se perguntavam por que não haviam pensado naquilo por si mesmos".[91] Era "seu profundo conhecimento da natureza humana", observou um colega legislador, que "o fazia superar seus pares e qualquer outro homem que já conheci."[92]

"Nós o seguíamos", lembrou um colega whig, "mas ele não seguia ninguém; ele abria caminho para que fôssemos atrás e nós íamos de bom grado. Ele conseguia compreender e concentrar as questões em discussão e sua clara declaração sobre um assunto intrincado ou obscuro era melhor que uma argumentação comum."[93] Os democratas, é claro, não se sentiam assim. A maneira como Lincoln respondia aos ataques contra ele mesmo e seu partido revela muito sobre seu temperamento e o caráter de sua liderança em desenvolvimento. A atração pela política no pré-guerra era tão grande que as discussões e debates entre whigs e democratas regularmente conquistavam a atenção fanática de centenas de pessoas. Os oponentes se atacavam em linguagem feroz e agressiva, para deleite das plateias estridentes, incitando uma atmosfera que podia explodir em socos e, em certa ocasião, armas sendo sacadas. Embora Lincoln fosse tão irascível e de pavio curto quanto a maioria dos políticos, suas respostas geralmente eram tão repletas de zombaria bem-humorada que membros de ambos os partidos riam e relaxavam com o prazer proporcionado por suas histórias interessantes e bem contadas.

Alguns de seus contra-ataques eram tão memoráveis que os cidadãos sabiam recitá-los palavra por palavra. O episódio do "para-raios" é um bom exemplo. A multidão começava a se dispersar após um comício animado no qual Lincoln discursara quando George Forquer se levantou. Um whig proeminente que recentemente mudara para o Partido Democrata após receber uma lucrativa nomeação como escriturário de terras, Forquer há pouco tempo construíra uma bela casa que incluía o recém-inventado para-raios. De pé no palco, Forquer declarou que estava na hora de alguém derrubar o jovem Lincoln, o que ele tentou fazer através da ridicularização. Embora o ataque "despertasse o leão dentro dele",[94] Lincoln permaneceu em silêncio até Forquer terminar, preparando sua réplica. "O cavalheiro começou dizendo que o jovem precisava ser derrubado", disse Lincoln, admitindo com humor: "Desejo viver, desejo um lugar para mim mesmo e desejo distinção, mas prefiro morrer agora que, como o cavalheiro, viver para ver o dia em que modificarei minha política em troca de um cargo que paga 3 mil dólares por ano e então me sentirei compelido a instalar um para-raios para proteger uma consciência culpada de um Deus ofendido."[95] As risadas provocadas na plateia foram estrondosas.

Mas Herndon lembrou que, em certas ocasiões, o humor de Lincoln saía do controle e sua leve zombaria se tornava vingativa e mesmo cruel. Depois que o democrata Jesse Thomas "se divertiu um pouco" à custa de Lincoln, este exibiu uma de suas grandes habilidades teatrais, recorrendo à imitação, na qual era inigualável. "Ele imitou os gestos e a voz de Thomas, às vezes caricaturando seu modo de andar e até os movimentos de seu corpo." Quando a multidão respondeu com gritos e vivas, Lincoln "passou ao ridículo intenso e mordaz", zombando ainda mais da maneira "patética" como Thomas falava. Sentado na plateia, Thomas começou a chorar e, em breve, o "esfolamento de Thomas" se tornou "o assunto da cidade". Percebendo que passara demais dos limites, Lincoln foi até Thomas e pediu sinceras desculpas e, durante anos, a lembrança daquela noite o encheu "da mais profunda mortificação".[96] Cada vez mais, embora nem sempre, ele passou a dominar o impulso de fazer um contra-ataque nocivo. Ele estava em busca de algo mais significativo que a gratificação de uma humilhação artisticamente realizada.

———————

Mesmo no início, a coragem moral e as convicções de Lincoln superavam sua feroz ambição. Aos 26 anos, ele fez uma declaração pública sobre a escravidão que ameaçou diminuir drasticamente o apoio que recebia em um estado amplamente colonizado por sulistas. A ascensão do abolicionismo no nordeste e a recusa de alguns estados do norte de devolverem escravos fugitivos haviam levado as legislaturas, tanto no sul quanto no norte, a aprovarem resoluções confirmando o direito constitucional aos escravos. A Assembleia Geral de Illinois fez o mesmo. Com a desproporcional votação de 77 contra 6, a assembleia decidiu que "desaprovamos severamente a formação de sociedades abolicionistas" e consideramos "sagrado" o "direito à posse de escravos".[97] Lincoln esteve entre os seis que votaram contra. Registrando um protesto formal, ele declarou que "a instituição da escravidão está fundada tanto sobre injustiça quanto sobre má política".[98] Mais tarde, disse que sempre acreditara que "se a escravidão não é errada, nada é errado".[99] Seu protesto não ultrapassou o limite do abolicionismo. Até que a constituição concedesse poderes ao Congresso para abolir a escravidão, Lincoln sentia que suas mãos estavam atadas e não podia interferir nos locais em que já estava estabelecida. Temendo a anarquia acima de tudo, ele acreditava que era essencial cumprir uma lei até que ela fosse oficialmente modificada. Embora cuidadosamente fraseado e "sem qualquer alusão ofensiva",[100] o protesto foi, de acordo com o escritor William Stoddard, "algo ousado a se fazer em uma época na qual ser contra a escravidão, mesmo no norte, era ser uma espécie de exilado social e pária político".[101]

Nesses anos iniciais de sua carreira política, no entanto, permanecer fiel à promessa original de fazer tudo que pudesse para conseguir apoio governamental para as melhorias de infraestrutura era mais pessoal e premente para Lincoln que a questão da escravidão. Ele usou o poder de sua posição de liderança na Assembleia para conseguir apoio para uma série de projetos de lei autorizando milhões de dólares para uma variedade espetacular de projetos para alargar rios, construir ferrovias, escavar canais e criar estradas. De pradarias a florestas primárias, de riachos e rios obstruídos à terra preta que era perfeita para a agricultura, mas inadequada para o leito de estradas e ferrovias durante o degelo da primavera e as chuvas do outono, Lincoln imaginou um maciço sistema de infraestrutura. Retirado de seu conhecimento em primeira mão da terra, seu plano forneceria conectores vitais para criar um sistema de circulação de pessoas e seus produtos, um corpo social vivo e necessário para construir e sustentar uma economia crescente. Seu sonho, disse ele a um amigo, era ser conhecido como o "DeWitt Clinton de Illinois",[102] evocando o celebrado governador de Nova York que promovera amplamente o desenvolvimento econômico e deixara uma impressão duradoura em seu estado ao garantir a legislação para construir o canal de Erie. Do mesmo modo, Lincoln esperava que, com a finalização desses projetos, mercados se desenvolvessem, cidades movimentadas surgissem, os padrões de vida subissem, novos colonizadores chegassem e houvesse mais oportunidades para mais pessoas. Aqueles nascidos nas camadas inferiores poderiam ascender até onde seus talentos e sua disciplina os levassem, e a promessa do sonho americano seria cumprida.[103]

No entanto, quando uma recessão prolongada atingiu o estado em 1837, o sentimento público começou a se voltar contra tais projetos caros e ainda não concluídos de melhoria interna. Embora a dívida estadual assumisse proporções monumentais, Lincoln continuou a defender vigorosamente o sistema de infraestrutura contra a onda de condenação, comparando o abandono do novo sistema de canais a parar um barco pequeno "no meio de um rio: se não continuar em frente, ele irá para o fundo".[104] Ele avisou repetidas vezes que abrir mão do programa de melhorias deixaria para trás somente fracasso e dívidas, canais novamente assoreados, vias navegáveis obstruídas e estradas e pontes pela metade. Ele se recusou terminantemente a ceder, obedecendo à velha máxima do pai: "Se fizer uma barganha ruim, agarre-se a ela com ainda mais força."[105] Para alguns, sua obstinada recusa em abandonar as políticas que defendera tão passionalmente pareceu um sinal de teimosia, mas ele se agarrou a sua visão como se seus mais íntimos sonhos, esperanças e ambições estivessem sob ataque direto. O que era exatamente o caso.

Seis anos depois de declarar sua "ambição particular"[106] a seus novos vizinhos em New Salem, Lincoln, então com 29 anos, discorreu sobre a natureza da ambição e da sede por distinção em um discurso para o Liceu de Jovens de Springfield. Ele iniciou o discurso avisando que "algo de mau agouro" estava se desenvolvendo entre as pessoas: a tendência de substituir o estado de direito, os tribunais e a constituição por violência, assassinato e linchamento. Dois meses antes, todo o norte ficara abalado quando uma multidão pró-escravidão em Alton, Illinois, assassinara o editor abolicionista Elijah Lovejoy. No Mississippi, negros suspeitos de incitar insurreição foram enforcados, assim como um grupo de brancos suspeitos de ajudarem negros. Se esse espírito continuasse a se disseminar, avisou Lincoln, os "homens de bem, que amam a tranquilidade" se tornariam alienados de um governo fraco demais para protegê-los. O país então estaria vulnerável à imposição da ordem vinda de cima.

Embora a ambição dos venerados legisladores estivesse "*inseparavelmente* ligada" à construção de um governo constitucional permitindo às pessoas governarem a si mesmas, ele temia que, no caos causado pelo comportamento das multidões, fosse provável que homens como "um Alexandre, um César ou um Napoleão" procurassem *distinção* ao ousadamente se encarregarem "da tarefa de contê-las". Tais homens de egos "gigantescos", nos quais a ambição estava divorciada dos melhores interesses do povo, não eram capazes de conduzir uma democracia; eles eram déspotas.

Para conter a problemática ambição de tais homens, Lincoln pediu que seus compatriotas reafirmassem os valores dos legisladores e adotassem a constituição e suas leis. "Que a reverência pelas leis seja insuflada por cada mãe americana", ensinada em cada escola e pregada em cada púlpito. O maior baluarte contra um potencial ditador é um povo informado "e ligado ao governo e às leis". Esse argumento leva Lincoln de volta à sua primeira declaração aos habitantes do condado de Sangamon, quando discorreu sobre a educação como pedra angular da democracia. Por que a educação é tão central? Porque, disse ele na época, todo cidadão deve ser capaz de conhecer a história para "apreciar o valor de nossas instituições livres". E ler sobre a Revolução Americana e a criação da constituição era ainda mais urgente, pois o tempo passara e as cenas da revolução se esmaeciam das memórias. Lincoln chegou a afirmar que a história do nascimento dos Estados Unidos devia "ser lida e recontada tanto quanto a Bíblia".[107] O nobre experimento dos pais fundadores — sua ambição de mostrar ao mundo que pessoas comuns podiam governar a si mesmas — fora um sucesso e, agora, concluiu ele, cabia à sua geração preservar esse "orgulhoso tecido de liberdade".[108]

Antes de ter completado 30 anos, Abraham Lincoln já desenvolvera uma concepção de liderança baseada no entendimento do líder sobre as necessidades de liberdade, igualdade e oportunidade de seus seguidores. Em menos de seis anos, aparentemente vindo do nada e de lugar nenhum, ele ascendera até se tornar um líder respeitado na legislatura estadual, uma figura central na luta por melhorias internas, uma força instrumental por trás da instauração da nova capital e um advogado praticante. Dadas suas origens, ele percorrera uma distância imensa; contudo, dada a natureza incomum de sua ambição de se tornar digno de seus concidadãos, mal começara.

DOIS

THEODORE

"Eu subi como um foguete"

Theodore Roosevelt, assim como Abraham Lincoln, tinha 23 anos quando fez sua primeira incursão ao mundo político, mas as similaridades terminam aí. No ambiente rural em que vivia Lincoln, qualquer um que quisesse ser candidato podia se apresentar e indicar a si próprio, "concorrer por si mesmo"[1] e falar em seu próprio nome. Como os eleitores encontravam os candidatos frente a frente nos armazéns e praças dos vilarejos, as impressões pessoais eram mais importantes que as afiliações partidárias. A declaração de 2 mil palavras de Lincoln anunciando suas aspirações a um assento na legislatura estadual revelou suas mais profundas ambições pessoais e sua posição sobre as questões locais. Em contraste, a declaração de 33 palavras de Roosevelt — sem promessas, compromissos ou personalidade — era o simples reconhecimento de uma indicação já garantida: "Tendo sido indicado como candidato a membro da Assembleia por este distrito, eu consideraria um elogio se vocês pudessem me honrar com seus votos e com sua influência pessoal no dia da eleição."[2]

No período de meio século entre o início da vida pública de Lincoln e de Roosevelt, os meios de entrada na política haviam mudado radicalmente.

Lincoln se apresentara por si mesmo, mas o jovem Roosevelt foi escolhido para concorrer pelo chefe local, Joe Murray, um robusto imigrante irlandês de cabelo ruivo. O 21º Distrito da Assembleia, onde Roosevelt morava, incluía tanto as elegantes casas geminadas de arenito vermelho da Madison Avenue quanto os lotados prédios residenciais do West Side de Manhattan. Conhecido como Distrito das Meias de Seda, era um dos poucos distritos confiavelmente republicanos da cidade. O jovem Roosevelt não era muito conhecido. O chefe "me escolheu como candidato com o qual ele tinha mais probabilidade de vencer", reconheceu Roosevelt mais tarde. "Naquela época, eu não tinha nem reputação nem a habilidade de conquistar a indicação por mim mesmo."[3]

Ao selecionar Roosevelt, um estudante do segundo ano de direito em Colúmbia, o chefe irlandês reconheceu o poder de atração do nome Roosevelt. O pai de Theodore, o falecido Theodore Roosevelt, fora um filantropo altamente respeitado que se esforçara para melhorar a vida das crianças pobres através de seu trabalho na Sociedade de Auxílio às Crianças, na Escola Noturna da Srta. Sattery para Pequenos Italianos e na Hospedaria de Jornaleiros. De fato, quando a indicação de Theodore Roosevelt foi anunciada, o *New York Daily Tribune* sugeriu que, ao votar no filho de "uma das mais amadas e respeitadas" figuras da história de Nova York, os eleitores teriam a oportunidade de "mostrar sua consideração por um nome honrado".[4] O chefe também compreendeu que Roosevelt possuía meios para contribuir com sua própria campanha. Assim, ao passo que Lincoln, como admitiu em sua declaração, não tinha "riquezas ou relações populares"[5] que o recomendassem, foram precisamente essas relações e riquezas que levaram o jovem Roosevelt à atenção do chefe republicano.

Em retrospecto, Roosevelt creditou "o elemento do acaso" — a demografia do distrito e o poder de seu sobrenome — como principal instrumento por trás de sua primeira oportunidade. Mas ele também sabia que, quando a oportunidade chega, a pessoa precisa "tirar vantagem"[6] dela. "Abri caminho para que as coisas acontecessem e elas aconteceram."[7] De fato, foi o jovem Roosevelt quem tomou a iniciativa de se tornar membro da associação republicana local, que realizava suas reuniões no Morton Hall, na esquina da 59th Street com a Fifth Avenue. Morton Hall era um grande salão enfumaçado sobre uma taverna, com bancos gastos, cuspidores e mesas de pôquer. Na época, filiar-se ao partido "não era simples", lembrou Roosevelt mais tarde. "O partido ainda era tratado como corporação privada e, em cada distrito, a organização formava uma espécie de clube social e político. Um homem tinha de ser regularmente proposto e eleito para esse clube, assim como em qualquer outro."[8]

Quando ele começou a fazer perguntas sobre a organização republicana local, seu círculo privilegiado, "homens de gosto refinado e vida fácil", avisaram que a política distrital era "baixa", sendo a província de "donos de taverna, condutores de charrete e gente assim", homens que "seriam grosseiros, brutais e desagradáveis de se conviver". Seu desdém não dissuadiu Roosevelt, que inverteu a condescendência: "Eu respondi que, se fosse assim, meramente significava que as pessoas que eu conhecia não pertenciam à classe governante, e aquelas outras pessoas sim, e eu pretendia ser da classe governante; que, se eles se provassem duros demais para mim, eu provavelmente teria de desistir, mas certamente não desistiria antes de me esforçar e descobrir se realmente era fraco demais para me defender naquela briga."[9]

Assim, novamente emergem algumas questões: o que atraiu esse jovem extremamente privilegiado e protegido para o mundo estranho e desprezível da política local? De onde veio sua ambição?

Quando Roosevelt se sentou, aos 53 anos, para narrar o caminho que percorrera entre sua primeira candidatura a um cargo público e a Casa Branca, ele forneceu respostas úteis, embora às vezes enganosas, para algumas dessas questões. A fim de situar a discussão, ele metodicamente distingue dois tipos de sucesso, seja nas artes, nas batalhas ou na política.

O primeiro tipo de sucesso, argumenta, pertence ao homem "que possui o poder natural de fazer o que ninguém mais pode fazer e que nenhuma quantidade de treinamento, nenhuma perseverança ou força de vontade permitirá que um homem comum faça".[10] Ele cita o poeta capaz de escrever "Ode a uma urna grega", o presidente capaz de "fazer o discurso de Gettysburg" e Lorde Nelson em Trafalgar como manifestações de genialidade exemplos de homens que receberam dons extraordinários ao nascer.

O segundo e mais comum tipo de sucesso não depende de tais atributos únicos e inatos, mas da habilidade de um homem de desenvolver qualidades comuns até um nível extraordinário, através da ambição e do trabalho duro e continuado. Ao contrário da genialidade, que pode inspirar, mas não educar, o sucesso por esforço próprio é democrático, "acessível ao homem comum de corpo saudável e mente sã, que não possui atributos físicos ou mentais notáveis", mas amplia cada um desses atributos ao nível máximo. Ele sugere que é "mais útil estudar esse segundo tipo", pois, com determinação, qualquer um "pode, se quiser, descobrir como conquistar um sucesso similar para si mesmo".

Fica claro, desde o início da narrativa de sua jornada de liderança, que Roosevelt se alinha inequivocamente ao segundo tipo de sucesso. Sua narrativa é a história de um menino adoentado de temperamento tímido que, acreditando no "evangelho da força de vontade",[11] transforma seu corpo e fortalece seu espírito. Através de grande esforço e disciplina, seu corpo fraco se torna forte; através da visualização e da prática, ele enfrenta o medo e se torna corajoso. "Gosto de acreditar que, pelo que realizei sem grandes talentos, posso ser uma fonte de encorajamento para os americanos."[12]

Esse retrato de um menino construindo seu caráter, tijolo por tijolo, até desenvolver um conceito moral de liderança baseado nesse caráter é simplista e incompleto, mas, surpreendentemente, contém grandes elementos de verdade. "Teedie" Roosevelt foi, de fato, uma criança nervosa, adoentada e frágil cuja infância foi moldada por terríveis ataques de asma. Geralmente ocorrendo no meio da noite, os ataques criavam a sensação de sufocamento ou afogamento. Ouvindo o filho tossir, ofegar e tentar respirar, seu pai Theodore, conhecido como Thee, corria até o quarto. Pegando o filho no colo, ele o carregava pela casa durante horas, até que ele conseguisse respirar e adormecesse. Se esse ritual se provasse inadequado, ele pedia que os criados preparassem o cavalo e a carruagem. Enrolando a criança arfante em um cobertor, ele conduzia o cavalo em um trote rápido pelas ruas iluminadas a gás, acreditando que os revigorantes ventos noturnos ajudariam a movimentar os pulmões do filho. "Ninguém parecia achar que eu sobreviveria",[13] lembrou Roosevelt mais tarde. "Meu pai me deu respiração, ele me deu pulmões, força, vida."[14]

Embora a asma enfraquecesse o corpo do jovem Roosevelt, ela indiretamente também estimulava o desenvolvimento de uma mente já precoce.

"Em razão de originalmente não ser capaz de participar das atividades mais vigorosas", comentou sua irmã mais nova, Corinne, "ele estava sempre lendo ou escrevendo", com um muito incomum "poder de concentração".[15] Não havia nada ordinário em sua vitalidade intelectual, sua curiosidade ou sua ambiciosa vida imaginária. Sob os olhos orientadores do pai, que encorajava incessantemente o desenvolvimento intelectual e espiritual do filho, Teedie se tornou um leitor voraz, transportando-se para as vidas dos heróis aventureiros que mais admirava: homens com extraordinária força física, que eram destemidos na batalha, exploradores na África, caçadores de cervos vivendo nas fronteiras da vida selvagem. Quando lhe perguntaram, anos mais tarde, se ele conhecia os personagens de James Fenimore Cooper em *The Leatherstocking Tales*, ele riu: "Se os conheço? Eu dormi com eles e comi com eles, e conheço suas forças e fraquezas."[16]

Poucas crianças pequenas leram sobre tantos assuntos ou tiveram um acesso tão amplo a livros quanto o jovem Roosevelt. Ele só precisava pegar um exemplar das prateleiras da vasta biblioteca de sua casa ou expressar interesse por um livro particular para que ele se materializasse magicamente. Durante certas férias, Teedie orgulhosamente relatou que ele e os irmãos mais novos, Elliott e Corinne, haviam devorado cinquenta romances! Thee lia em voz alta para os filhos após o jantar. Ele tornava o aprendizado mais interessante com jogos e competições familiares. Organizava peças amadoras, urgia as crianças a recitarem poesia e as encorajava a seguirem seus interesses particulares. Acima de tudo, buscava instilar princípios didáticos de dever, ética e moralidade através de histórias, fábulas e máximas.

Líderes em todos os campos, escreveu Roosevelt, "precisam mais que tudo conhecer a natureza humana, conhecer as necessidades da alma humana, e em nenhum lugar encontrarão essa natureza e essas necessidades expostas tão bem quanto nos grandes e imaginativos escritores de prosa ou poesia."[17] A maneira fácil pela qual Teedie conseguiu centenas de livros é um contraste gritante com a caminhada de 10 quilômetros de Abraham para tomar emprestado a *English Grammar* de Kirkham, uma comparação tornada brutal pela sobreposição dos constantes esforços de Thee para estimular as leituras de Teedie à imagem de Thomas Lincoln arrancando livros das mãos de Abraham. Todavia, por mais dissimilares que tenham sido suas criações, os livros se tornaram "os melhores companheiros"[18] tanto de Lincoln quanto de Roosevelt. Todos os dias, durante toda a vida, os dois encontraram tempo para ler, roubando momentos enquanto aguardavam pelas refeições, entre visitantes ou na cama antes de dormir.

A insistência de Roosevelt de que não possuía grandes talentos é contradita não somente por sua notável vitalidade mental, mas também por sua memória prodigiosa.[19] Quando falava sobre livros que lera anos antes, as páginas surgiam diante dele, como se ele fosse capaz de lê-las novamente com os olhos da mente. Em contraste com a mente de Lincoln, que ele mesmo comparou a "uma peça de aço, difícil de arranhar", embora, depois disso, fosse quase impossível "apagar os riscos",[20] a mente de Roosevelt era, nas palavras de um amigo, "cera para receber e mármore para reter". Parecia que ele conseguia "se lembrar de tudo que lia",[21] maravilhou-se o amigo; precisava ler somente uma vez para se lembrar para sempre, permitindo que evocasse não somente passagens inteiras, mas também seus sentimentos ao lê-las pela primeira vez.

O jovem Roosevelt, ao contrário de Lincoln, não se identificou desde cedo como líder. Nem foi assim identificado por aqueles à sua volta. Sua saúde precária o manteve longe da escola e dos relacionamentos naturais com meninos de sua idade. Ele e os irmãos (a irmã mais velha Bamie, a irmã mais nova Corinne e o irmão mais novo Elliott também sofriam de várias doenças físicas sérias) aprenderam os fundamentos da leitura, da escrita e da aritmética em casa, com tutores. Seus únicos companheiros de brincadeira eram membros da família estendida, todos da mesma classe aristocrática.

Mas, nesse pequeno círculo de crianças, Teedie ocupava o centro, organizando as brincadeiras, dirigindo os jogos e entretendo-as com seu talento para contar histórias.[22] Corinne adorava as narrativas episódicas criadas pelo irmão de 8 anos, histórias retiradas tanto de sua imaginação quanto dos livros que lera. A contação de histórias tinha papel importante na família Roosevelt. A mãe de Teedie, Martha Bulloch (Mittie), uma sulista "irredutível"[23] que crescera em uma mansão majestosa na Geórgia, regalava o filho com contos românticos e cavalheirescos sobre a vida no sul antes da guerra civil.

O precoce Teedie, observou um biógrafo, exibia não somente "uma personalidade decidida e determinada" como também "um foco quase rude quando seus interesses estavam envolvidos".[24] Aos 10 anos, ele desenvolveu

um interesse passional pela natureza e a ambição de se tornar um ornitó-
logo famoso como J. J. Audubon. Enquanto percorria as trilhas no bosque
que cercava a casa de verão da família, buscando liberdade para limpar os
pulmões, ele começou a observar pássaros, ouvindo seus trinados e discer-
nindo suas várias formas e plumagens. Ele colecionou insetos e répteis, que
mantinha nas gavetas da escrivaninha. Notando a fascinação do filho por
pássaros e mamíferos, Thee comprou uma coleção de volumes sobre história
natural e contratou aulas particulares de taxidermia com um dos assistentes
de Audubon. O mesmo foco agressivo que Teedie dedicara à leitura ele dedicou a esfolar, dissecar e montar centenas de espécimes meticulosamente
rotulados que reuniu no que chamou orgulhosamente de "Museu Roosevelt de História Natural".[25] Alheio à bagunça que fazia no quarto — havia
recipientes fétidos contendo criaturas dissecadas em todos os cantos —, ele
levou Elliott a implorar para ter um quarto separado.[26]

A educação singularmente extensiva que Thee forneceu aos filhos, tão
diferente da educação intensiva que Lincoln proporcionou a si mesmo,
estendeu-se muito além dos limites das casas de inverno e verão, incluindo
duas viagens, com duração de um ano cada, para o exterior: a primeira
para a Europa e a segunda para o Oriente Médio, a Terra Santa e a África.
Eles ficaram em hotéis exclusivos, pousadas, tendas e casas particulares.
Passaram dois meses em Roma, três semanas na Grécia, duas semanas no
Líbano, três semanas na Palestina e um inverno inteiro no Egito. E sempre,
à noite, Thee — pai solícito, mentor, ministro e guia turístico — lia em voz
alta poesia, história e literatura da região que visitavam. Em Dresden, eles
viveram dois meses com uma família alemã. Thee contratara a filha do an-
fitrião para imergir as crianças na língua, literatura, música e arte alemãs.
Teedie ficou tão intrigado com as aulas, que duravam seis horas por dia, que
pediu para que fossem mais longas. "E, é claro", queixou-se Elliott, "eu não
podia ficar para trás, então trabalhamos mais duro que nunca."[27]

Ao passo que Abraham, dotado de agilidade física e uma destreza atlética
incomum, teve de *criar* sua mente, Teedie, incrivelmente privilegiado com
recursos para desenvolver a mente, teve de *criar* seu corpo. Aos 10 anos,
a asma crônica exigia cada vez mais dias de repouso absoluto. Thee temia
que o filho estivesse se tornando familiarizado demais com a doença, a
timidez e a fragilidade, seguindo os passos da mãe, que se tornara cada vez

mais frágil após a destruição da casa de sua família na Geórgia durante a guerra civil. Sofrendo com palpitações, dor intestinal, dores de cabeça debilitantes e depressão, ela regularmente se isolava no quarto. Preocupado que Teedie, assim como Mittie, estivesse se tornando um inválido, Thee o chamou para uma conversa: "Theodore, você possui a mente, mas não o corpo, e sem ajuda do corpo a mente não vai tão longe quanto poderia ir. Você precisa *criar* seu corpo. É muito difícil criar o próprio corpo, mas sei que você conseguirá." Teedie respondeu entusiasticamente, prometendo ao pai: "*Vou criar meu corpo.*"[28]

Com a ajuda do pai, que contratou o dono de uma academia próxima para construir um ginásio totalmente equipado no alpendre dos fundos, Teedie levantava pesos e usava a barra horizontal, lentamente, sempre muito lentamente, expandindo suas capacidades físicas e remodelando seu corpo. Que sua autoestima corporal permanecia vulnerável ficou evidente no verão seguinte, quando ele encontrou dois valentões ao viajar sozinho em uma diligência para as florestas do norte do Maine. "Eles descobriram que eu era uma vítima predeterminada e predestinada", lembrou ele anos depois, "e industriosamente passaram a tornar minha vida miserável." Percebendo que não conseguia se defender, ele decidiu que "não ficaria novamente em uma posição tão desamparada".[29] Quando contou ao pai que queria aprender a lutar boxe, Thee contratou os serviços de um ex-lutador para treiná-lo.

Mesmo depois que começou a estudar para os exames de admissão em Harvard, Teedie continuou seu rigoroso regime de exercícios. "O jovem parecia não saber o que era ociosidade", observou Arthur Cutler, um recém-graduado de Harvard contratado para prepará-lo para os exames. "Nos momentos livres, sempre o último romance, um clássico inglês ou algum livro abstruso de história nacional em suas mãos."[30] Trabalhando longas horas todos os dias, Teedie estudou latim, grego, literatura, história, ciências e matemática, completando em dois anos uma preparação para a qual normalmente seriam necessários três. Sua capacidade de concentração, lembrou um contemporâneo, era tal "que a casa podia cair sobre sua cabeça" e "ele não se deixaria distrair".[31] Quando recebia uma tarefa, ele raramente esperava até o último minuto. Via a procrastinação como um pecado. Ele percebeu que preparar-se com antecedência o livrava da ansiedade, um hábito mental que serviria de exemplo para seus colegas nos anos à frente. Passando com facilidade em todos os oito exames, ele foi admitido em Harvard, ávido para deixar sua marca no mundo, embora sem saber exatamente como.

"A história de Theodore Roosevelt", sugeriu um biógrafo, "é a história de um menininho que leu sobre grandes homens e decidiu que queria ser um deles."[32] Certamente há acurácia nessa declaração; porém, mais que nos personagens fictícios que admirava, o jovem Roosevelt encontrou no próprio pai seu mais poderoso ideal heroico. "Meu pai foi o melhor homem que já conheci", disse Roosevelt mais tarde. "Ele combinava força e coragem com gentileza, ternura e grande altruísmo." Era uma figura pública com grandes realizações no mundo filantrópico, comprometido com "cada movimento de reforma social" e, mesmo assim, "nunca conheci ninguém que sentisse tanta alegria em viver quanto meu pai."[33] Roosevelt considerava Thee não somente "seu melhor e mais íntimo amigo",[34] como também um mentor adorado cujos conselhos ele seguia acima de todos os outros. "Parece perfeitamente maravilhoso, ao olhar para meus dezoito anos de existência", disse ele à família, "perceber como literalmente jamais tive um dia infeliz, a menos que fosse por minha própria culpa!"[35]

Embora mais intelectualmente preparado para os estudos em Harvard, Theodore não possuía as habilidades sociais de muitos de seus colegas. Um deles lembrava dele como "estudioso, ambicioso, excêntrico; não o tipo que parece cativante à primeira vista."[36] As prateleiras de seu quarto estavam repletas de lagartos mortos e pássaros empalhados. Em uma época na qual a despreocupação acadêmica estava na moda, Theodore era estridente e zeloso, tendendo a interromper as aulas para cobrir o professor de objeções e perguntas. Ele desdenhava os estudantes que fumavam e bebiam e mantinha distância dos colegas até descobrir se suas famílias pertenciam à mesma classe social que a sua.

Embora o jovem Roosevelt não possuísse a empatia e a gentileza que geravam afeto por Lincoln aonde quer que ele fosse, sua personalidade original acabou por cativar os colegas, que se maravilhavam com sua irreprimível energia e falta de inibição. Embora "jamais tenha vencido completamente a asma",[37] sofrendo espasmos a intervalos irregulares durante décadas, ele fortaleceu o próprio corpo o suficiente para participar de uma ampla variedade de esportes. Ele treinava luta livre e boxe, corria 5 ou 6 quilômetros por dia, remava, jogava tênis e continuou a fazer musculação. Apesar de não ter se sobressaído em nenhuma dessas atividades, sentia imensa satisfação com o simples fato de ter superado a invalidez anterior. Obtendo notas excelentes em todos os semestres, mesmo assim organizou um clube de uíste e um clube de finanças, participou do clube de rifles e do clube de artes e foi aceito no clube social mais prestigiado de todos, o Porcellian. Tampouco abandonou seu interesse por pássaros, caminhando quilômetros por Cambridge para observá-los, atirar neles e empalhá-los. Em meio a todas essas atividades, conseguia ensinar na escola dominical e fazer aulas semanais de dança. É claro que dançava mal, "como se esperaria que fosse", lembrou um colega: "ele dava pulinhos."[38] Sua vida em Harvard "ampliou todos os seus interesses", observou Corinne, "e fez por ele algo que nada fizera até então: deu-lhe autoconfiança em seu relacionamento com jovens da sua idade".[39]

———

Theodore precisaria de toda a autoconfiança que desenvolveu em Harvard para superar a maior tristeza que poderia imaginar. Em dezembro de seu segundo ano na faculdade, seu pai, então com 46 anos, adoeceu em razão do câncer de cólon. Mais cedo naquele outono, Thee fora nomeado pelo presidente Rutherford B. Hayes para ser chefe aduaneiro do Porto de Nova York, o mais poderoso cargo federal com exceção do gabinete. A nomeação de Thee, que ainda precisava ser aprovada pelo Senado, foi considerada um triunfo para os reformadores do serviço público e um golpe nos políticos corruptos que, durante anos, haviam tratado o cargo como arca do tesouro particular. Por semanas, o Senado foi consumido por uma batalha entre o elemento de reforma do Partido Republicano e os políticos das máquinas. As máquinas venceram e a nomeação de Thee foi recusada. "Temo por seu futuro", escreveu Thee ao filho. "Não conseguiremos aguentar um governo tão corrupto por mais tempo"[40] — um aviso que ressoaria durante muito tempo na mente do jovem Roosevelt, ajudando-o a modelar seu estilo combativo de liderança.

A morte de Thee, três meses após o diagnóstico, causou uma tristeza insuportável a Theodore. "Sinto como se tivesse levado um choque ou como se parte da minha vida tivesse sido levada embora",[41] registrou ele em seu diário. "Se não fosse pela certeza de que, como ele mesmo disse tão frequentemente, 'ele não está morto, mas partiu antes', acho que também pereceria."[42] Nos dias que se seguiram, Theodore encheu o diário com pensamentos sobre o pai. "De vez em quando, parece-me um sonho horrível." "Às vezes, quando compreendo integralmente minha perda, sinto como se fosse enlouquecer", pois "ele era tudo para mim: meu pai, meu companheiro, meu amigo".[43]

"A morte do sr. Roosevelt foi uma perda pública", declarou o *New York Times*. "As bandeiras ficaram a meio-mastro em toda a cidade. Ricos e pobres o acompanharam até a sepultura."[44] Enquanto contemplava o legado do pai, Theodore começou a avaliar a própria vida. "Como sou indigno de um pai assim", escreveu em seu diário. "Como eu queria poder fazer algo para dar continuidade a seu nome."[45]

Era somente uma questão de tempo até que Theodore, que fora abençoado com um temperamento positivo, recuperasse o ânimo. No fim de junho, ele confidenciou ao diário a surpreendente constatação de que estava "levando a mais intensamente feliz e saudável vida ao ar livre", passando os dias "andando a cavalo e fazendo longas caminhadas pelos bosques e campos à procura de espécimes". Na movimentação frenética, ele encontrou alívio e o entendimento de seu caráter mais fundamental. "Eu não poderia estar mais feliz, com exceção dos amargos momentos nos quais me dou conta do que perdi. Papai era tão invariavelmente alegre que sinto que seria errado permanecer melancólico e, além disso, feliz ou infelizmente, tenho um temperamento muito animado, sendo um pouco otimista."[46]

"Ninguém além de minha esposa, se eu algum dia me casar", escreveu Theodore, "será capaz de tomar o lugar [de meu pai]."[47] No outono seguinte, em seu penúltimo ano em Harvard, ele se apaixonou por Alice Hathaway Lee, a filha de 17 anos de uma abastada família brâmane de Chestnut Hill, Massachusetts. "Foi um caso real de amor à primeira vista", disse ele a um amigo, "e também meu primeiro amor."[48] Com o mesmo foco que dedicara aos livros, à coleção de espécimes e ao fortalecimento de seu corpo, ele iniciou uma cruzada para transformar Alice em sua esposa. Ele a acompanhou em festas e bailes, levou-a para patinar e andar de trenó e a convidou para cavalgadas e longas caminhadas pelos bosques. Ele a apresentou a seus amigos em Harvard e a levou para conhecer sua mãe e seus irmãos em Nova York. Também iniciou um cerco a sua família, jogando uíste com seus pais e entretendo seus irmãos mais novos com histórias de fantasmas e aventuras. Tudo "foi subordinado a conquistá-la".[49] Ele a pediu em casamento seis meses depois de eles se conhecerem. Ela recusou, temendo dar um passo tão grande ainda tão jovem. A rejeição o deixou "quase maluco", incapaz de estudar ou dormir à noite. Ele se recusou a desistir e, oito meses depois, "após muito implorar", ela finalmente consentiu em ser sua esposa. "Estou tão feliz que não ouso confiar em minha própria felicidade", registrou ele na noite em que ela aceitou.[50] "Não acredito que algum homem tenha amado uma mulher mais do que eu a amo",[51] rejubilou-se dois meses depois.

———

O privilégio pode atrofiar a ambição, assim como a falta dele pode atiçá-la. O privilégio não diminuiu a feroz motivação que levou Theodore a dominar cada atividade, da leitura voraz à criação do Museu Roosevelt de História Natural, do rigoroso regime de exercícios que mantinha à intensa concentração que resultou em excelência em todos os estágios de sua educação. Todavia, sob a asa protetora do pai, o privilégio lhe permitira manter uma ampla variedade de interesses sem necessidade de foco prático. Fora Thee quem dera ao filho sua própria biblioteca, uma academia particular, um treinador, tutores em taxidermia e preparação para a faculdade, além dos meios para coletar espécimes de todo o mundo a fim de completar seu museu pessoal. Durante seu primeiro ano em Harvard, o pai lhe dissera que, se ele ainda estivesse determinado a se tornar naturalista, podia fazer isso. Ele explicou que "ganhara dinheiro suficiente para que eu seguisse tal carreira e fizesse um valoroso trabalho não remunerado caso eu pretendesse dar o meu melhor; mas que eu não deveria sonhar em fazer isso como diletante." Theodore Roosevelt atribuiu o fato de não ter se tornado naturalista ao currículo de Harvard, onde a biologia era tratada "puramente como ciência do laboratório e do microscópio",[52] ignorando o estudo de pássaros, animais, árvores e do mundo externo. Para um jovem que ansiava por estar sempre em movimento, que metodicamente aumentara sua resistência e sua força física durante os anos, a ideia de uma carreira sedentária, estudando tecidos sob um microscópio, não exercia nenhuma atração.

O reconhecimento de que não fora feito para a ciência revela uma crescente autoconsciência — um entendimento cada vez mais profundo das forças e fraquezas de seu próprio temperamento —, que se tornaria uma ferramenta essencial de seu arsenal de liderança. Embora tenha abandonado a ideia de uma carreira como naturalista, ele jamais abandonou as aventuras ao ar livre ou sua paixão pelo mundo natural. Nos dezoito meses após a morte do pai, ele participou de três expedições a regiões profundamente selvagens do Maine, cada uma delas ampliando os horizontes de seu estreito mundo social e o aproximando de pessoas cujas vidas ele só conhecera através de livros.

A primeira viagem foi arranjada pelo seu tutor em Harvard. "Quero que você cuide especialmente desse jovem", disse Cutler ao guia do Maine, Bill Sewall. "Ele não é muito forte e tem muita ambição e determinação [...]. Mesmo que esteja cansado, não vai falar nada. Você só vai notar quando ele estiver caído, porque ele vai continuar até cair." A avaliação de Cutler se provou correta. Embora Theodore tenha tido um sério acesso de asma durante a viagem, ele jamais perdeu a boa vontade ou pareceu "mal-humorado", fosse remando uma canoa por 8 quilômetros no rio, caminhando 56 quilômetros pela floresta, ajudando a montar as barracas ou errando numerosos tiros contra mobelhas, patos e pombos.

O guia do Maine, de 34 anos, que se tornaria mentor e amigo de Roosevelt, foi o primeiro a ver no jovem os traços de um líder. "Ele era diferente de qualquer um que eu já tivesse conhecido", disse Sewall. "Aonde quer que fosse, ele se dava bem com as pessoas", conectando-se com elas, conversando com elas e gostando delas, sem o menor traço de condescendência. O garoto que começara a faculdade desconfiado da convivência com escalões sociais inferiores agora dormia em um acampamento com uma grande equipe de lenhadores que não conheciam nada além dos bosques. "Eu duvido que eles soubessem escrever o próprio nome", lembrou Sewall. "Mas conheciam os bosques, todos eles, e conheciam as dificuldades da vida dos pioneiros." Que o jovem Roosevelt pudesse se abrir para tais homens, identificar-se com eles e aprender com eles sugere que, após seu grande pesar, ele começava a se livrar do elitismo herdado de seu ambiente privilegiado. Ele disse a Sewall que adorava ouvir "relatos em primeira mão da vida rústica, feitos por homens que a tinham experimentado e sabiam do que estavam falando". Mesmo tão novo, maravilhou-se Sewall, "ele rapidamente descobriu o verdadeiro homem por trás de homens muito simples". Ele ouvia atentamente suas histórias e contava outras, retiradas dos livros de aventura que lera; ele se conectava com eles. Ele estava aprendendo, disse Sewall, o que significava ser americano, a ideia de que "nenhum homem é superior, a menos que seja por mérito, e nenhum homem é inferior, a menos que seja por seu próprio demérito".[53] O profundo prazer que Theodore encontrou em um tipo diferente de vida social levaria a uma reavaliação de suas perspectivas para o futuro.

Durante algum tempo, ele pensara em seguir os passos do pai e dar continuidade ao trabalho filantrópico que Thee realizara com tanto sucesso para melhorar a vida dos pobres. "Tentei lealmente fazer o que fizera meu pai", disse ele a um amigo, "mas me saí mal."[54] Depois de se filiar "a esse e àquele comitê" e assumir várias posições antes ocupadas pelo pai em conselhos administrativos, ele achou o trabalho desconfortável. Ele não era capaz de participar de reuniões durante horas a fio como não era capaz de ficar sentado em um laboratório olhando para um microscópio. Ele concluiu que precisava "trabalhar à sua própria maneira" para levar adiante o ardor moral exibido pelo pai. A *noblesse oblige* que ele herdara de sua classe privilegiada parecia muito distante da ação da vida real, muito indireta. Além disso, ele começava a suspeitar que as obras de caridade seriam menos necessárias se a ordem política oferecesse soluções para as condições sociais subjacentes. "Vou tentar colaborar com a causa de um governo melhor para a cidade de Nova York", disse ele a um amigo durante seu último ano na faculdade; "Não sei exatamente como."[55] Ele decidiu ir para a faculdade de direito de Colúmbia, não porque quisesse ser advogado, mas porque achava que esse era o primeiro passo para seu envolvimento em algum aspecto da vida pública.

Ele descobriu que as disciplinas da faculdade de direito não se adequavam a seu temperamento, observando criticamente que os professores estavam mais preocupados com "aquilo que o direito é, e não com aquilo que deveria ser",[56] enfatizando os precedentes legais e não a justiça. Na faculdade, ele deliberadamente permanecera afastado das sociedades de debate, acreditando que era errado treinar jovens para "defender loquazmente"[57] qualquer lado das proposições, independentemente de suas convicções ou princípios morais. Ele temia que, como advogado, precisasse fazer exatamente isso. Ele queria vencer as argumentações porque estava do lado certo, não porque reunira habilmente uma variedade de fatos unilaterais. Como suas energias não estavam totalmente focadas nas aulas, ele começou a passar cada vez mais tempo em Morton Hall, imerso no sangrento esporte da política da classe trabalhadora.

"Quando entrei na política", admitiu Roosevelt mais tarde, "eu não estava consciente de fazer isso com o propósito de beneficiar outros, mas sim o de conseguir para mim mesmo um privilégio ao qual eu tinha direito, assim como outras pessoas."[58] Ao contrário de Lincoln, que manteve uma ambição dúplice desde o início (não somente para si mesmo, mas também para as pessoas que queria liderar), aos 23 anos Roosevelt pretendia simplesmente exercer seu direito de cidadania, sem pensar muito em iniciar uma carreira. Deplorando a "falta de interesse nas questões políticas atuais por parte de homens respeitáveis e educados, especialmente os jovens",[59] ele tentou dar o exemplo.

Quem é o "novato"?,[60] haviam perguntado os moradores de New Salem ao encontrar pela primeira vez o desajeitado, malvestido e pouco educado Lincoln. "Quem é esse cara?", perguntavam os políticos locais ao ver pela primeira vez o jovem Roosevelt. Com o cabelo repartido ao meio, suíças bem-aparadas, o monóculo mantido no lugar por "uma corrente de ouro sobre a orelha", colete e calças "tão justas quanto o alfaiate conseguia fazê--las",[61] ele parecia a personificação de um dândi, excessivamente preocupado com aparência e boas maneiras.

Todavia, tanto para Theodore quanto para o jovem Abraham, uma vez que a estranheza da primeira impressão se desvanecia, as perspectivas mudavam e as pessoas se conectavam intensamente com ambos. Semana após semana, Theodore visitou Morton Hall, relaxando com imigrantes irlandeses e alemães da classe trabalhadora, com açougueiros, carpinteiros e cavalariços enquanto bebiam cerveja e fumavam charutos, ouvindo suas histórias, participando de seus jogos de cartas e aproveitando a atmosfera acolhedora e masculina.

"Fui até lá vezes suficientes para que os homens se acostumassem comigo e eu me acostumasse com eles", disse ele mais tarde, "até que começamos a falar a mesma língua e conseguimos apagar, da mente uns dos outros, aquilo que Bret Harte chamou de 'característica defeituosa de ser um estranho'."[62] Depois de certo tempo, os homens de Morton Hall reconheceram estar na presença de um jovem excepcionalmente afável, solene, cativante e inteligente, que lutava pelo que acreditava, mas aceitava a derrota com bom humor. Observando Roosevelt durante alguns meses, o chefe local, Joe Murray, começou a sentir um "interesse paternal"[63] por ele, e finalmente concluiu que aquele filho do privilégio de 23 anos podia ser um candidato aceitável para a legislatura estadual.

O tempo entre a primeira indicação em novembro e a eleição era de apenas uma semana, ampliando o papel vital das organizações partidárias na obtenção de votos. Para iniciar a campanha, o chefe planejou levar Roosevelt para "uma campanha pessoal pelas tavernas da Sixth Avenue". Naquela época, os taverneiros desempenhavam um papel político determinante, elaborando listas com os eleitores "certos" do distrito e garantindo que comparecessem para votar. A primeira parada foi o bar de Valentine Young.[64] Assim que Roosevelt foi apresentado ao sr. Young, os problemas começaram. O taverneiro disse a Roosevelt que, se vencesse, ele esperava que votasse para diminuir o custo do licenciamento para vender bebidas alcoólicas, que era alto demais. Roosevelt respondeu que, embora pretendesse tratar todos os interesses com justiça, ele achava que, ao contrário, o imposto sobre bebidas não era "alto o bastante"[65] e ele votaria para aumentá-lo. O chefe rapidamente o levou embora, decidindo que ele e seus colegas cuidariam dos votos na Sixth Avenue e Roosevelt solicitaria apoio entre seus vizinhos e amigos.

Nas poucas declarações que fez, Roosevelt proclamou que não "devia nada a ninguém"[66] e participaria da legislatura "livre e desimpedido". Sem senso de ironia, ele proclamou que, a despeito de sua amizade e de suas obrigações essenciais para com Joe Murray, ele "não obedeceria a nenhum chefe e não serviria a nenhum grupo".[67] Sua declaração de independência agradou os habitantes do Distrito das Meias de Seda, que detestavam as máquinas políticas e raramente se envolviam nas eleições locais. A estratégia de concorrer como independente aumentou o apelo de Roosevelt. Dois dias após a indicação, uma lista de vinte nova-iorquinos proeminentes, incluindo o futuro secretário de Estado Elihu Root e o professor de direito de Colúmbia Theodore Dwight, publicaram um vigoroso endosso à candidatura do jovem Roosevelt. "É com muito prazer que atestamos nossa apreciação por seu elevado caráter", declarava o manifesto. "Ele é notório por sua honestidade e integridade."[68] No mesmo dia, Joseph Choate, o futuro embaixador na Grã-Bretanha, organizou um círculo de amigos de Thee para contribuir para os cofres da campanha republicana. "Homens que valiam milhões pediam votos a seus cocheiros", relatou o jornalista Jacob Riis, "e ficavam felizes ao recebê-los."[69] No dia da eleição, os "votos de arenito"[70] foram em número muito maior que o usual. Roosevelt conseguiu o assento na Assembleia por uma margem quase duas vezes maior que a margem republicana típica.

"Meus primeiros dias na legislatura foram muito parecidos com os de um menino em uma nova escola", lembrou Roosevelt. "Eu e meus colegas legisladores nos olhávamos com mútua desconfiança." Não apenas Roosevelt era o membro mais jovem, como os democratas eram a maioria e ele era um republicano "do distrito mais rico de Nova York".[71] Enquanto Lincoln se manteve discretamente em segundo plano durante sua primeira sessão, observando e analisando, Roosevelt entrou imediatamente em ação, frequentemente irritando os colegas e violando as regras parlamentares de procedimento.

Com energia abrasiva e maníaca, ele interrogou os colegas, absorvendo agressivamente tudo que sabiam sobre o funcionamento da Assembleia. "Como você faz isso em seu distrito e condado?", ele perguntava. "O que é isso? E aquilo?" Em um curto período, "ele sabia mais sobre política estadual" que "90%"[72] dos veteranos. Rapidamente, dividiu os membros em três grupos, um pequeno círculo de reformistas como ele, que chamou de "homens muito bons"; outro círculo de "homens muito maus" comprometidos com Tammany Hall, a máquina política de Nova York, e suscetíveis a suborno; e a maioria, "nem muito boa, nem muito má",[73] que podia pender para qualquer lado, dependendo da força da opinião pública.

Depois de apenas dois meses no cargo, ele se apoderou dos holofotes, exibindo o que se tornaria um pendor característico para as manobras arrojadas. Artigos de jornal haviam acusado o juiz estadual Theodore Westbrook de usar os procedimentos do tribunal para ajudar o financista de Wall Street Jay Gould a obter o controle do sistema ferroviário elevado de Nova York. Após investigar a questão, Roosevelt se convenceu de que Westbrook forjara uma aliança corrupta com o notório barão ladrão. Levantando-se, o deputado novato fez uma enérgica acusação ao juiz que chegou às manchetes, tornando Theodore Roosevelt "o homem mais comentado do estado". Em uma era de "subserviência aos barões ladrões da Street", afirmou o editorial do *New York Times*, "qualquer homem público precisa de certa coragem para descrevê-los, e a seus atos, em termos adequados."[74]

Nesse estágio inicial de sua carreira, Roosevelt via a política sob uma luz puritana, como uma arena na qual o bem lutava contra o mal. Ele vira os sonhos do pai com um cargo importante serem desfeitos pela corrupção e absorvera seu aviso de que o país não aguentaria por muito tempo "um governo tão corrupto".[75] Ele era um cavaleiro em uma cruzada para revelar a corrupção nos níveis mais altos, cruzando lanças com "os cavaleiros em cavalos negros"[76] das máquinas políticas. "Não há nada brilhante ou extraordinário em meu histórico, exceto talvez uma coisa", disse ele a um repórter. "Quando eu decido fazer alguma coisa, eu parto para a ação."[77]

Mesmo com sua estrela política começando a brilhar, Roosevelt insistia que a política não era uma ocupação adequada. Como cidadão, era possível participar intermitentemente das atividades políticas, mas seria "um terrível infortúnio para um homem sentir que toda sua subsistência e toda sua felicidade dependem de permanecer no cargo. Tal sensação impede que ele seja realmente útil ao povo enquanto está no cargo e sempre o coloca sob intensa pressão para abrir mão de suas convicções a fim de permanecer no cargo."[78]

Mas já estava claro, após aquele primeiro ano na Assembleia, que Theodore Roosevelt encontrara sua vocação. A política incluía as atividades que ele achava mais prazerosas e gratificantes: falar, escrever, conectar-se com pessoas e assumir o centro do palco. Fora aceso um estopim que o manteria na política e na vida pública durante o restante de seus dias.

"Eu subi como um foguete",[79] disse Theodore Roosevelt ao relembrar sua ascensão. Não obstante as vitórias democratas em todo o estado, ele conseguira um segundo mandato e, a despeito de sua juventude, fora escolhido pelos colegas republicanos para ser líder da minoria. Mas, como avisou sagazmente seu amigo Jacob Riis, "quando sobem como foguetes, eles podem cair como gravetos".[80] Após esses triunfos, Roosevelt perdeu a perspectiva. O sucesso lhe "subiu à cabeça"[81] e ele se tornou indulgente e autocentrado. Ele começou a achar que monopolizava a honestidade e a integridade. "Há crescente suspeita", comentou um observador, "de que o sr. Roosevelt mantém um púlpito escondido atrás de si."[82] O pequeno círculo de reformistas que o idolatrara no início observava com crescente preocupação enquanto ele se tornava "um grande aborrecimento",[83] constantemente interrompendo os procedimentos da Assembleia, gritando e batendo com o punho na mesa. "Ele era como um boneco saltando da caixa",[84] lembrou um membro. Quando criticado pelos democratas, ele respondia venenosamente, chamando todo o partido de "podre".[85] Seus amigos pediram que "se contivesse",[86] avisando que ele estava arruinando a si mesmo e a "todos os outros" com seus ataques "explosivos" e "indiscretos",[87] mas ele "não ouvia argumentos nem conselhos",[88] satisfeito com as manchetes geradas por sua linguagem pitoresca.

No entanto, ao não conseguir apoio para diversos projetos, ele percebeu que fora "completamente abandonado", mesmo pelos amigos. "Meu pico isolado se tornara um vale e toda influência que eu possuía desaparecera. Eu estava impotente para realizar as coisas que desejava realizar." A "amarga experiência" foi um golpe para seu ego, para o aspecto dogmático e moralista de sua natureza que o impedira de trabalhar com os outros e aprender a aceitar compromissos. Ele começou a ver que "não era tão importante assim"[89] e que "a cooperação das outras pessoas" era essencial, "mesmo que elas não fossem puras como ouro". E aprendeu que "se não podia conseguir tudo que queria, ia pegar tudo que pudesse".[90] Ele passou a ajudar os outros e, em troca, eles lhe deram uma mão.[91] O mundo era muito mais complicado e cheio de nuances do que sua categórica visão moral o levara a acreditar. A habilidade de abandonar o comportamento excessivamente egocêntrico, mudar de curso e aprender com o erro foi essencial para seu crescimento.

Roosevelt revelou novamente essa capacidade de crescimento quando um projeto de lei promovido pelo sindicato para proibir a fabricação de charutos em prédios residenciais foi enviado para um dos comitês dos quais ele participava. Quando o projeto de lei foi apresentado, ele presumiu que votaria contra, pois votara contra a legislação de salário mínimo e contra os projetos de lei para limitar as horas de trabalho. Tanto seu pertencimento à classe privilegiada quanto o *laissez-faire* econômico que aprendera na faculdade o haviam "influenciado", disse mais tarde, "contra todos os esquemas governamentais para melhorar as condições sociais e econômicas dos trabalhadores".[92] No caso do projeto de lei sobre os charutos, ele acreditava que os donos dos prédios, que também eram os fabricantes, tinham o direito de fazer o que bem entendessem em suas propriedades.

Após se reunir com o líder sindical Samuel Gompers e ouvir a descrição das horríveis condições em prédios nos quais milhares de famílias viviam e trabalhavam cortando e secando as folhas e enrolando os charutos, ele concordou em fazer uma inspeção pessoal. Roosevelt ficou tão estupefato com o que viu que mudou de direção e concordou em defender o projeto de lei. Trinta anos depois, ele ainda se lembraria de um local nocivo no qual cinco adultos e várias crianças, todos imigrantes boêmios que mal falavam inglês, estavam fechados em um único cômodo, compelidos a trabalhar dezesseis horas por dia, com tabaco espalhado por todos os cantos, perto das cobertas e misturado à comida. A investigação o persuadiu de que "sem sombra de dúvida, permitir a fabricação de charutos em prédios residenciais" era "uma coisa má de qualquer perspectiva, social, industrial e higiênica".[93]

O incidente sugere o desenvolvimento de seu senso de empatia. Ao passo que a empatia parece ter sido um direito de nascença de Lincoln, Roosevelt expandiu lentamente sua compreensão dos pontos de vista das outras pessoas ao frequentar lugares que um homem de sua posição tipicamente não visitava nem compreendia. "Ele passou a entender cada vez mais as coisas reais da vida",[94] observou Jacob Riis. Em um ensaio sobre "sentimento de camaradagem" escrito uma década e meia depois, Roosevelt defendeu que a empatia, assim como a coragem, podia ser desenvolvida com o tempo. "Um homem que propositadamente tenta se associar aos que o rodeiam, partilhar seus interesses e se colocar em uma posição na qual possuam objetivos comuns inicialmente se sentirá um pouco constrangido e muito consciente de seus propósitos. Mas, com a prática, essa sensação se desvanecerá. Ele rapidamente descobrirá que o sentimento de camaradagem que tentara criar realmente existia, embora latente, e é capaz de crescer de modo muito saudável." Ele até mesmo argumentou que "grande parte do rancor do conflito político e social" surge do fato de que diferentes classes ou seções "estão tão afastadas umas das outras que nenhuma delas aprecia as paixões, os preconceitos e os pontos de vista da outra".[95]

Em seu terceiro mandato na Assembleia, Roosevelt já começara a amenizar sua abrasiva presunção. Trabalhando com os democratas, que ele anteriormente chamara de "podres", ele uniu os dois partidos para aprovar a reforma do serviço público e vários projetos de lei em benefício da cidade de Nova York. Ele trabalhara cuidadosamente para superar suas fraquezas, suas vulnerabilidades físicas, seus medos e os aspectos precipitados e autocentrados de seu estilo de liderança.

Aos 25 anos, em um casamento feliz e aguardando o nascimento do primeiro filho, ele passou a sentir, como disse à esposa, que "estava com as rédeas"[96] nas mãos.

FRANKLIN

"Não, me chame de Franklin"

Nenhum cronograma fixo governa o desenvolvimento dos líderes. Embora Abraham Lincoln, Theodore Roosevelt e Franklin Roosevelt possuíssem capacidades inerentes de liderança, o momento em que se perceberam como líderes e foram considerados líderes por outras pessoas ocorreram em diferentes estágios de seu crescimento.

As dificuldades apressaram a autossuficiência de Lincoln. Desde cedo, ele revelou vários traços associados à liderança: ambição, motivação, determinação, habilidades linguísticas, talento para a narrativa e sociabilidade. As pessoas que o conheceram da infância à juventude viram nele os traços de um líder, ao mesmo tempo em que ele começava a sentir esse potencial no interior de si mesmo.

Theodore Roosevelt só se viu como líder mais tarde, embora outros tivessem visto claramente flashes de uma natureza única: uma notável força de vontade, vitalidade intelectual, vivacidade irreprimível, interesses abrangentes e crescente gratificação no contato com pessoas de diferentes ambientes e posições.

Franklin Roosevelt, criado sem irmãos em Springwood,[1] uma propriedade rural às margens do Hudson, foi o mais tardio dos três. A feroz ambição
de ser bem-sucedido, tão aparente no jovem Abraham e no jovem Theodore,
estava em grande medida oculta, assim como tantas outras coisas que ele
ocultava. Havia pouca evidência de excepcional motivação ou foco. Embora
fosse o mais convencionalmente bonito dos três, ele não tinha a força física
e a habilidade atlética competitiva que haviam feito o jovem Abraham se
destacar entre seus companheiros do sexo masculino nem a torrencial energia que divertia e exauria todos que conheciam o jovem Theodore. Aluno
indiferente em Groton, em Harvard e na faculdade de direito de Colúmbia,
Franklin seguia ostensivamente o caminho esperado de um membro da
classe privilegiada ao ir trabalhar em um antigo e conservador escritório
de advocacia em Wall Street.

Aos 28 anos, quando tanto Lincoln quanto Theodore Roosevelt já haviam demonstrado impressionantes atributos de liderança, Franklin não
impressionara os sócios do escritório com sua inteligência, sua ética de
trabalho ou seu senso de propósito. Todavia, quando a sorte sorriu para
ele na forma de uma oferta totalmente inesperada dos principais chefes
democratas do condado de Dutchess, John Mack e Edward Perkins, para
concorrer a um assento garantido na Assembleia Estadual, com total apoio
do partido, Franklin apressou-se em aceitar, revelando grande avidez para
entrar na política. Ele sabia algo sobre si mesmo que os outros ignoravam:
sob sua atitude complacente, ele desejava aventuras e liberdade do confinamento de seu mundo isolado. Com toda probabilidade, sentiu traços
de ambição em si mesmo muito antes de outros a detectarem. Algum
impulso lhe disse que o mundo político poderia ser o mais adequado
a seu temperamento gregário, suas habilidades naturais e seus talentos
subdesenvolvidos.

Não está claro se John Mack sequer conhecia Franklin antes daquele dia,
no fim da primavera de 1910, em que telefonou para o jovem assistente legal
do escritório Carter, Ledyard & Milburn. Como pretexto para a visita, Mack
levou alguns documentos que precisavam da assinatura da mãe de Franklin,
Sara. Após concluir a parte comercial da reunião, Mack revelou a real razão
de sua presença: sondar Franklin sobre a possibilidade de concorrer a um
assento na Assembleia pelo distrito que incluía Poughkeepsie e Hyde Park,

o vilarejo onde Roosevelt crescera e sua mãe ainda vivia. Mack explicou que o deputado democrata titular, Lewis Stuyvesant Chanler, decidira se aposentar. Durante gerações, os democratas haviam mantido aquele assento, graças amplamente aos votos irlandeses e italianos em Poughkeepsie. Mas o partido esperava atingir também as áreas rurais tradicionalmente republicanas do distrito, e Mack achava que Franklin poderia ser "a pessoa certa para a tarefa".[2]

O fato de Mack e Perkins terem considerado Franklin a melhor escolha teve pouca relação com a percepção de que o jovem assistente legal possuía as características de um líder. A chave para seu interesse estava na ressonância do sobrenome Roosevelt nos círculos republicanos. Em 1910, após cumprir quase dois mandatos presidenciais, Theodore Roosevelt, primo em quinto grau de Franklin, ainda era a figura dominante da cena nacional. Mack também sabia que a fortuna de Sara Roosevelt permitiria que o filho não somente pagasse pelas despesas de campanha, como também contribuísse para os cofres democratas. Assim, enquanto Abraham Lincoln tomou a iniciativa de concorrer a seu primeiro cargo eletivo e Theodore se colocou em posição de obter a indicação ao conviver com políticos em Morton Hall, Franklin Roosevelt simplesmente foi escolhido para concorrer.

Mais interessante que a razão pela qual foi escolhido foi a maneira como respondeu à oportunidade oferecida. "Nada me daria mais prazer", respondeu ele entusiasticamente, "só me diga o que fazer, aonde ir e quem procurar."[3] O que fazer? Mack disse a ele para passar algum tempo no distrito e conhecer os ativistas democratas locais. Franklin se propôs a começar imediatamente. No verão, passaria tantos fins de semana quanto possível em Hyde Park e Poughkeepsie, saindo do escritório em Wall Street na sexta-feira à tarde e retornando na segunda-feira de manhã. Quem procurar? Ele deveria começar com o representante do comitê democrata em seu vilarejo, Tom Leonard.

Consequentemente, às 15 horas de certo dia de agosto, ele procurou Leonard, um pintor de paredes que naquele momento trabalhava em uma das casas da propriedade Roosevelt. A propriedade parecia um solar inglês, "com linhas de classe separando a pequena e unida família de três pessoas no topo das enfermeiras e governantas e elas, por sua vez, das criadas e cozinheiras do lado de dentro, que eram separadas dos cavalariços e lavradores do lado de fora".[4] Quando criança, Franklin, montado em seu pônei, saíra com o pai todas as manhãs para supervisionar as plantações e os vários projetos de construção na propriedade. Quando passavam, os empregados "tocavam a aba do chapéu".[5]

Jamais tendo sido formalmente apresentado ao pintor de paredes, Roosevelt tocou a sineta. "Há um sr. Franklin querendo vê-lo", disse a governanta a Leonard. "Pensei por alguns minutos", disse Leonard, mas, após procurar na memória, concluiu: "Não conheço nenhum sr. Franklin." Mesmo assim, saiu para conversar com o cavalheiro, surpreso de encontrar ninguém menos que o sr. Franklin Roosevelt. "Oi, Tom", disse o jovem aristocrata, sorrindo calorosamente e estendendo a mão. "Como vai, sr. Roosevelt?", perguntou o confuso pintor. "Não, me chame de Franklin. Eu vou chamá-lo de Tom", declarou ele, dizendo que fora até lá pedir conselhos sobre sua entrada na política.[6] O fato de Roosevelt ter estendido a mão e buscado conselhos com tanta boa vontade e sem nenhum traço de afetação ou pomposidade conquistou Tom Leonard, assim como em breve conquistaria milhares de pessoas no condado de Dutchess. Seus modos, sua afabilidade e sua sinceridade transmitiam algo autêntico. Com sua entrada na política, ele superou, finalmente de modo emblemático, uma vida inteira de distância social.

Em todos os lugares a que chegava, as pessoas imediatamente eram seduzidas pela simpatia e pelo charme do jovem Franklin. Ele fez arranjos para que uma charrete de duas rodas com condutor esperasse por ele na estação ferroviária de Hyde Park nas noites de sexta-feira. Nos sábados e domingos, percorria o distrito, frequentando reuniões políticas, conversando com as pessoas em armazéns, parando nas praças dos vilarejos, visitando plantas industriais e apertando mãos. Ele causava boa impressão, lembrou Tom Leonard, "porque não entrava imediatamente no tópico da política"; em vez disso, encorajava as pessoas a falarem sobre seus trabalhos, suas famílias, suas vidas. Ele sempre gostara de falar, mas agora aprendia a ouvir, e ouvir atentamente, balançando a cabeça de maneira receptiva, com um ar de solidária identificação, uma postura atenta e uma conduta que se tornariam uma característica vitalícia.

Com a garantia dos chefes de que seria indicado para o assento na Assembleia durante a convenção marcada para o início de outubro, Franklin fez seu primeiro discurso político na caldeirada anual dos policiais, em 10 de setembro. "Naquela alegre ocasião de mexilhões, chucrute e cerveja de verdade", lembrou Roosevelt mais tarde, "fiz meu primeiro discurso político e tenho me desculpado por ele desde então."[7] Apresentado por John Mack, Franklin começou com uma das frases favoritas de Theodore Roosevelt. "Estou encantado" por estar aqui, disse ele, evocando com frases, gestos e monóculo a identificação com seu primo famoso, "e, no ano que vem, prometo voltar com toda minha família".[8] Não existe nenhum outro registro do discurso, embora as pessoas que o ouviram falar tenham comentado, por semanas, sobre seu estilo relaxado e coloquial. Ele se misturava com naturalidade à multidão, apertava mãos com entusiasmo e fazia amigos por toda parte. Para surpresa de John Mack e outros políticos veteranos, começava a parecer que, inexplicavelmente, aquele filho do privilégio de 28 anos que entrava na água pela primeira vez sabia nadar como uma foca!

Como isso era possível?

"O temperamento", argumenta Richard Neustadt em seu clássico estudo sobre a liderança presidencial, "é um grande separador."[9] Quatro dias depois de Franklin Roosevelt fazer o juramento presidencial em 4 de março de 1933, ele fez uma visita ao ex-juiz da Suprema Corte Oliver Wendell Holmes, que celebrava seu nonagésimo segundo aniversário. Depois que Roosevelt foi embora, Holmes emitiu sua famosa opinião: "Intelecto de segunda classe. Mas temperamento de primeira."[10] Gerações de historiadores concordaram com Holmes, indicando o temperamento autoconfiante, amigável e otimista de Roosevelt como pedra angular de seu sucesso como líder.

Se o temperamento é a chave, as respostas para nossas perguntas nos levam de volta a Springwood, a propriedade rural em Hyde Park, onde a base do temperamento de Franklin Roosevelt foi formada. "Tudo que sou saiu do Hudson",[11] ele gostava de dizer, referindo-se não somente ao rio tranquilo e à grande casa de campo, mas também à atmosfera de amor e afeto que o envolveu quando criança. A personalidade do menino floresceu no calor de seu ambiente. Aqueles que o conheceram na infância invariavelmente usaram os mesmos adjetivos para descrevê-lo: "uma criança muito agradável", "animado e feliz",[12] radiante, belo, incomumente bem-comportado.

Durante seus primeiros oito anos, Franklin teve uma infância de extraordinária estabilidade e equilíbrio. De acordo com todos os relatos, James e Sara Roosevelt tinham um genuíno casamento por amor, apesar da diferença de idade; James, refinado, culto e gentil, tinha 52 anos quando Franklin nasceu; Sara, bela, voluntariosa e confiante, tinha metade de sua idade. O dinheiro dos Roosevelt fora ganho anos antes, com imóveis e no comércio de açúcar, permitindo que o sr. James, como era conhecido, levasse a vida de um cavalheiro rural, adotando hábitos e hobbies que imitavam a aristocracia inglesa. Ainda vigoroso, o pai de Franklin o apresentou ao mundo masculino do lado de fora da casa, ao passo que a mãe supervisionava o mundo do lado de dentro, composto de livros, hobbies e governantas. "Nunca", afirmou Sarah, Franklin testemunhou conflito entre os pais em relação à sua criação, pois eles sempre apresentavam "uma frente unida" ao lidar com ele. Tendo somente um filho, continuou Sara, "o problema das altercações infantis se resolveu por si mesmo".[13] Franklin era o único foco da vida dos pais, sua vocação conjunta, seu herdeiro e o centro de um lugar que era tanto uma propriedade quanto um estado mental e de onde todos os dissabores e discórdias pareciam ter sido banidos.

Ao lançar, em retrospecto, sua luz totalmente idealizadora sobre a criação de Franklin, Sara mostrou não compreender, como observou mais tarde seu bisneto John Boettiger Jr., que "eliminar a dor pode ser um ato letal". Crianças são fortalecidas pelo relacionamento com os irmãos; elas aprendem a brincar, reclamar, brigar e brincar novamente, a aceitar críticas e se recuperar da mágoa, a contar segredos e se tornarem íntimas. "Se permaneceu em Franklin Roosevelt durante toda a vida", continuou Boettiger Jr., "uma insensibilidade e um desconforto em relação a sentimentos profundos e vividamente expressados, isso pode ser, em parte, a comprida sombra da forma como foi inicialmente protegido da feiura, dos ciúmes e dos conflitos de interesses."[14]

Todavia, quando Franklin era jovem, a impressão de ser o centro do mundo produziu uma notável e duradoura sensação de segurança e privilégio. Pelo resto da vida, Roosevelt se lembrou da paz e da regularidade de sua infância com grande afeto. Cada estação trazia consigo um conjunto único de atividades ao ar livre. No inverno, pai e filho andavam de trenó e desciam de tobogã a íngreme colina que se estendia do alpendre do lado sul até a ribanceira arborizada do rio bem abaixo, manobrando cada curva com perfeição. "Nós escorregamos lá de cima!", dizia Franklin para provocar a mãe. "Não foi nada perigoso, mas espere até amanhã!"[15] Com o pai a seu lado, Franklin aprendeu a patinar e velejar em um *ice-boat* sobre o Hudson congelado. Então, aos primeiros sinais de primavera, saía para cavalgar todas as manhãs com o pai, a fim de supervisionar as várias construções da propriedade (ele passou de um burro quando tinha 2 anos para um pônei aos 6 e um cavalo aos 8). "Ontem fui pescar com o papai após o almoço e pegamos uma dúzia de vairões",[16] escreveu Franklin entusiasticamente para a mãe quando tinha apenas 6 anos. Para além de pescar, o sr. James ensinou ao filho como observar pássaros e identificar árvores e plantas nos bosques, estimulando um amor vitalício pela natureza. Nos verões, a família ia até a ilha de Campobello, na costa de Downeast Maine, onde Franklin aprendeu a velejar na baía de Passamaquoddy e a navegar as grandes ondas da baía de Fundy. No outono, pai e filho caçavam juntos. Com poucos colegas de sua idade, Franklin via o pai indulgente e protetor como companheiro e amigo.

Enquanto James nutria o amor de Franklin pela vida ao ar livre, Sara organizou um regime interno cuidadosamente cronometrado de refeições regulares e horas específicas para estudos e hobbies. Certa vez, quando viu o filho de 5 anos anormalmente melancólico, ela perguntou por que ele estava triste. Inicialmente ele se recusou a responder, mas Sara repetiu a pergunta. "Então", lembrou Sara, "com um gesto curioso que combinava súplica e uma sugestão de impaciência, ele juntou as mãos na frente do corpo e exclamou: 'Ah, a liberdade!'" Temendo que seus regulamentos estivessem restringindo o espírito do filho, ela propôs um dia sem regras no qual ele poderia vaguear pela propriedade como bem desejasse. Imediatamente, "e por iniciativa própria, ele retornou alegremente a sua rotina".[17]

"Nunca submetemos o menino a um monte de proibições desnecessárias", afirmou ela. "Jamais fomos estritos apenas por ser. Na verdade, ficávamos secretamente orgulhosos do fato de Franklin nunca exigir esse tipo de tratamento."[18] Se sua independência foi comprometida pelo cuidado protetor dos pais e se houve poucas das explorações espontâneas que animaram a infância de Theodore, a disposição e o temperamento de Franklin Roosevelt teriam a marca indelével de seu espírito otimista: uma expectativa generalizada de que as coisas dariam certo, testemunho da imensa autoconfiança desenvolvida durante esse período perfeitamente equilibrado de sua vida.

———

A habilidade de Roosevelt, anos depois, de se adaptar às circunstâncias e alterar seu comportamento e suas atitudes para se adequar às novas condições se provou vital para seu sucesso como líder. A adaptabilidade foi forçada nele quando tinha 8 anos e o tranquilo mundo de Springwood foi abalado até o cerne. Em novembro de 1890, o sr. James sofreu um ataque cardíaco que o deixou essencialmente inválido durante sua década remanescente de vida e modificou para sempre o equilíbrio familiar.

As atividades ao ar livre que pai e filho partilhavam foram necessariamente restringidas, levando Franklin e a mãe a uma conspiração para manter a vida do pai tranquila e livre de ansiedade. Dali em diante, o desejo inato de Franklin de aplacar, apaziguar e agradar, sendo "uma criança muito querida",[19] foi intensificado pelo medo de que, se parecesse triste ou preocupado, pudesse ser responsável por prejudicar ainda mais o coração do pai. Quando o varão de aço de uma cortina caiu sobre ele, causando um corte profundo, Franklin insistiu para que o pai não soubesse. Durante dias, simplesmente puxou o chapéu sobre a testa para esconder o ferimento. A necessidade de navegar na dinâmica modificada de Springwood exigiu novas medidas de segredo, duplicidade e manipulação — qualidades que, mais tarde, se provariam preocupantes, mas, naquele momento, eram benignas, com o único intuito de proteger um ser amado.

Consequentemente, na ausência da companhia do pai e sem colegas por perto, Franklin passava cada vez mais tempo dentro de casa, devotando horas todos os dias ao que se tornou uma impressionante variedade de coleções: selos, mapas, modelos de navios, ninhos de pássaro, moedas e fotografias navais. A coleção de selos se tornou seu hobby central. Sara deu início a ela, com a coleção que montara quando criança, e então seu tio Frederic Delano, vendo quão avidamente ele se dedicava ao hobby, acrescentou sua própria e valiosa coleção.[20] Em um ensaio sobre a natureza dos colecionadores genuínos, Walter Benjamin sugere que colecionar é uma maneira de ordenar um mundo desordenado. Ele observa que colecionar tem um significado especial para as crianças, oferecendo um cantinho do mundo no qual elas estão no controle, experimentando "a excitação da aquisição"[21] e o orgulho de reunir e controlar vários itens. Os momentos silenciosos que Franklin passava todos os dias olhando catálogos e selecionando e organizando seus selos em álbuns forneciam um refúgio, um espaço protegido no qual ele podia ficar sozinho, livre das demandas de uma mãe que desenvolvera uma dependência cada vez maior do filho em razão do estado debilitado do marido. O sr. James fora o protetor dos dois; juntos, ela e o filho agora eram responsáveis por protegê-lo.

Em anos posteriores, os hobbies da infância de Roosevelt seriam ferramentas inestimáveis para sua liderança, fornecendo um estado meditativo, um espaço no qual podia analisar as coisas em sua mente e os meios pelos quais relaxar e reabastecer suas energias. Em uma visita a Roosevelt durante a Segunda Guerra Mundial, Winston Churchill se lembrou de se sentar ao lado do presidente enquanto ele organizava seus selos, colocando-os "no lugar certo" e esquecendo "os problemas do Estado".[22] A secretária de Roosevelt, Grace Tully, falou da "sensação de calma" que invariavelmente a envolvia sempre que via o chefe "com uma lupa, o Catálogo de Selos de Scott, tesoura e pacotinhos de selos", pois sabia que, ao menos por um curto período, ele podia "escapar dos problemas que o assediavam".[23]

———

Comparado às profundezas filosóficas e poéticas de Lincoln ou à cintilante amplitude da inteligência de Theodore, o intelecto de Franklin pode parecer, como pareceu a Oliver Wendell Holmes, "de segunda classe". Essa suposição é seriamente enganosa. Uma capacidade intuitiva incomum e a inteligência interpessoal lhe permitiam, quando criança, ler as intenções e os desejos dos pais e reagir adequadamente às mudanças no humor doméstico, um talento que ele estimularia e desenvolveria nos anos à frente. Embora não tenha aprendido como um acadêmico normalmente faz — lendo vastas quantidades de material e aplicando habilidades analíticas —, ele possuía uma inteligência incrivelmente arguta, complicada e solucionadora de problemas, aliada a uma capacidade verbal flexível e frequentemente vistosa.

Durante toda sua vida, Franklin aprendeu mais ouvindo que lendo sozinho. Ele era capaz de absorver grandes quantidades de informação ouvindo as pessoas. Quando era criança, sua mãe lia regularmente para ele. Uma noite, lembrou Sara, ela estava lendo enquanto "ele estava deitado de bruços, organizando" seus adorados selos. Achando que Franklin não estava ouvindo, ela fechou o livro. "Não acho que faça sentido continuar lendo para você", disse Sara. "Você não me ouve." Ele olhou para ela "com um sorriso confuso no rosto" e "repetiu palavra por palavra o último parágrafo do ensaio". Com "um brilho travesso no olhar", disse: "Mãe, eu ficaria envergonhado se não conseguisse fazer ao menos duas coisas ao mesmo tempo."[24] Anos depois, Roosevelt disse a sua secretária de gabinete, Frances Perkins, que, ao ficar mais velho, preferia muito mais ler em voz alta para alguém que somente para si mesmo. "Havia algo incuravelmente sociável naquele homem", observou ela, "ele era sociável tanto intelectualmente quanto em sua disposição lúdica."[25] Em vez de ler documentos ou memorandos, relatou o conselheiro e redator de discursos da Casa Branca Sam Rosenman, Roosevelt "geralmente preferia obter as informações oralmente; ele interrompia e fazia perguntas: era fácil para ele captar rapidamente a essência".[26]

Em contraste com a vigorosa educação que Thee dera a Theodore e seus irmãos tanto em casa quanto durante as viagens ao exterior, a educação de Franklin foi casual e desordenada. Uma série de governantas o instruiu durante a infância, mas mesmo essa instrução intermitente foi interrompida por três longas viagens à Europa, durante as quais James e Sara buscaram os poderes curativos dos spas minerais de Bad Nauheim, na Alemanha. Focado inteiramente em restaurar a saúde, James não podia levar o filho em expedições aos campos de batalha ou cenários literários famosos que Thee escolhera para animar o ensino de história e literatura aos filhos. Franklin frequentou uma escola local durante um breve período, no qual sua audição intensamente receptiva permitiu que aprendesse a língua alemã com notável facilidade. Quando fez 12 anos, o sr. James escreveu a Endicott Peabody, diretor do Colégio Groton, pedindo que recomendasse "um cavalheiro" que pudesse ser tutor e "companheiro de meu filho".[27] O sr. James finalmente encontrou o jovem que procurava em Arthur Dumper, um professor de latim e matemática na escola preparatória St. Paul.

Franklin, Arthur Dumper observou mais tarde, aprendia de maneira curiosamente "pouco ortodoxa".[28] Ele preferia conversar com o tutor e falar sobre o que estava aprendendo, e passava mais tempo com os selos que com os livros. Mas, através desse interesse passional pelos selos, assimilou muitos conhecimentos, juntando pedacinhos de informação para formar um complicado tecido de interesses associados. Cada selo contava uma história — começando com o lugar e data de publicação, a imagem representada, os carimbos fornecendo a época e a localização de suas viagens —, tão vívida na vida imaginária de Franklin quanto as aventuras de James Fenimore Cooper haviam sido para Theodore Roosevelt ou As fábulas de Esopo para Abraham Lincoln. A coleção original de Sara fora reunida durante a prolongada estadia de sua família na Ásia. Outros selos chegaram da Europa; outros ainda, da América do Sul. Quando lhe perguntaram, anos depois, como ele obtivera tal familiaridade com lugares obscuros do mundo, Roosevelt explicou que "quando se interessava por um selo, ele acabava se interessando também pelo país que o emitira".[29] Procurando na enciclopédia, ele aprendia sobre o país, seu povo e sua história. Quando encontrava palavras que não entendia, ele levava o dicionário completo Webster para a cama. Em certo momento, disse à mãe que "já estava quase na metade".[30]

Ele estava aprendendo à sua própria maneira, revelando uma inteligência transversa que cruzava naturalmente as categorias, um modo característico de solucionar problemas e um domínio prático dos detalhes que durariam a vida toda. A fascinação por mapas e atlas se desenvolveu em seguida, fixando em sua mente uma quantidade surpreendente de fatos sobre a topografia dos países, seus rios, montanhas, lagos, vales e recursos naturais — informações que se provariam inestimáveis quando, em anos futuros, fosse chamado a explicar a seus compatriotas como e onde duas guerras envelopariam o mundo inteiro.

A habilidade de Franklin de se adaptar às circunstâncias passou por um difícil teste quando ele foi enviado para o colégio interno Groton, aos 14 anos.

A maioria dos meninos começava aos 12, mas Sara, incapaz de se separar do filho, o mantivera em casa por mais dois anos. "Os outros meninos já haviam feito amizade",[31] explicou Franklin mais tarde a Eleanor. "Eles sabiam coisas que ele não sabia e ele se sentia deixado de fora."[32] Não habituado ao intercâmbio normal entre colegas de classe, o charme estudado e os modos aristocráticos que haviam impressionado os adultos pareceram aos outros estudantes artificiais, narcisistas, afetados e insinceros. Ele tampouco possuía a forma atlética necessária para brilhar ou mesmo participar dos esportes coletivos acadêmicos. Mais tarde, confessou que se sentia "insuperavelmente excluído".[33] Ele desejava ardentemente ser popular, mas não fazia ideia de como conquistar os colegas, erroneamente assumindo que seria respeitado se não perdesse pontos por infrações menores.

Mas o menino solitário jamais revelou seus sentimentos à mãe. Ao contrário, em uma série de cartas animadas, insistiu que estava se adaptando esplendidamente, "tanto mental quanto fisicamente",[34] que estava "se dando muito bem com os colegas"[35] e recebendo boas notas nas aulas. Sara ficou aliviada e excitada. Ela temera que chegar tão tarde pudesse fazer com que ele parecesse "um intruso", mas "praticamente da noite para o dia", observou com orgulho, "ele se tornou sociável e gregário e participou com o mais franco entusiasmo de vários tipos de atividades escolares".[36] A imagem que ele projetava tinha a intenção de tranquilizar a mãe, mas também de fortalecer a si mesmo, apagando a distinção entre como as coisas eram e como ele queria que fossem.

A arraigada expectativa de que as coisas terminariam bem lhe permitiu continuar em frente, ajustar-se e perseverar em face da dificuldade; com o tempo, ele encontrou seu nicho como membro da equipe de debates. De acordo com a missão de Groton de educar os jovens para o serviço público, todos os estudantes precisavam participar de debates perante uma plateia. Franklin se preparava laboriosamente e durante muito tempo antes de cada debate, pedindo ao pai conselhos, informações e dicas. Sua excelente memória lhe dava uma vantagem, permitindo que falasse diretamente à plateia, sem consultar notas. Ao contrário de Theodore Roosevelt, que se manteve afastado das sociedades de debate por achar que encorajavam a insinceridade ao treinar os jovens para assumirem posições contrárias a seus sentimentos e crenças, Franklin gostava de considerar uma questão de diferentes pontos de vista, demonstrando uma argumentação persuasiva para expressar qualquer lado que recebesse. Ele se conectava emocionalmente com a plateia e adorava vencer. "Dos mais de trinta votos, nossos oponentes receberam três!", gabou-se ele aos pais. "Acho que foi a maior surra deste ano."[37] Ele começou a relaxar mais com os colegas e, em seu último ano, fizera alguns bons amigos. Embora não tivesse se distinguido nos estudos, conseguiu boa pontuação no exame de admissão de Harvard, deixando os pais "imensamente orgulhosos".[38]

Mesmo assim, essas realizações pouco fizeram para marcá-lo como líder entre os colegas. Foi somente no fim de seu primeiro ano em Groton que ele percebeu quão pouco ganhara por ser um jovem comportado e de boas maneiras. "Perdi meu primeiro ponto hoje [por conversar durante a aula] e estou muito feliz por isso", disse ele aos pais, "pois antes achavam que eu não tinha nenhum espírito escolar."[39] Três décadas depois, após sua eleição para a Presidência em 1932, o diretor Endicott Peabody comentou: "Muita coisa foi escrita sobre Franklin Roosevelt como estudante de Groton, mais do que eu acharia justificável pela impressão que ele deixou no colégio. Ele era um menino quieto e satisfatório, com inteligência acima da média e boa posição em sua turma, mas não brilhante. Atleticamente, era muito pequeno para ter sucesso."[40] Ostensivamente acurada, tal declaração falha em reconhecer que, ao entrar em Groton, o menino mimado jamais experimentara o empurra-empurra dos relacionamentos com crianças de sua idade. Ele fora o centro das atenções aonde quer que fosse, simplesmente por ser Franklin Roosevelt. Sem ser ainda o líder dos meninos, sem sequer ser aceito como um deles, ele estava aprendendo a projetar um bom humor confiante e mascarar suas frustrações, o que, em seu estágio de desenvolvimento, foi uma grande realização.

———

A ambiciosa sede por realizações que serviu como poderoso catalisador tanto para Abraham Lincoln quanto para Theodore Roosevelt não estava visível no comportamento de Franklin Roosevelt quando ele entrou em Harvard. Anos mais tarde, quando perguntaram a Sara se ela imaginara que o filho seria presidente, ela respondeu: "Não, nunca! Essa era a última coisa que

eu imaginaria para ele, ou que entraria em qualquer tipo de vida pública."
Tanto ela quanto o filho, insistiu, partilhavam uma ambição muito mais
simples. "Pode até não parecer muito ambicioso, mas para mim e para ele,
era o ideal mais elevado: crescer e ser como o pai, direito e honrado, justo
e amável, um americano respeitável."[41]

Sara não conseguia compreender que o filho de 18 anos começava a ter
sonhos próprios, visões para além da vida de um proprietário rural, que
levaria uma existência sazonal regular, gerenciando a propriedade, passando
os verões em Campobello e se envolvendo nas questões locais. Por baixo de
seu exterior tranquilo, o jovem que passara a primeira década de vida no
centro do palco desejava replicar aquela experiência no mundo mais vasto
e realizar algo digno de atenção.

Durante seu primeiro semestre em Harvard, os elementos que haviam
mantido sua vida em equilíbrio saíram do controle quando seu pai sofreu
um ataque cardíaco fatal. Subitamente, Franklin foi forçado a avaliar sua
posição, seus desejos e suas ambições. Esperava-se que o estudante universitário passasse a ser o homem da família. Ele já desenvolvera uma ligação
profunda e reciprocamente dependente com a mãe. Sem o foco e a mediação
do pai/marido, os dois agora estavam sozinhos. Incapaz de suportar a "im-
pensável"[42] ideia de viver sozinha em Hyde Park, Sara alugou uma casa em
Boston para ficar perto do filho. "Ela era uma mãe indulgente", observou um
amigo da família, "mas não deixava o filho ter alma própria."[43] Conseguir
autonomia sem magoar a mãe exigiu novos níveis de manipulação, agilidade
mental, astúcia, engenhosidade, persistência e determinação; qualidades
de autopreservação que Franklin acrescentaria às suas habilidades em
desenvolvimento.

Pela primeira vez, ele começou a traçar seu próprio curso, buscando
um lugar onde pudesse brilhar por conta própria, livre das imposições e
expectativas parentais. Ele encontrou esse lugar no *Harvard Crimson*. E
começou no nível mais baixo, um entre setenta primeiranistas buscando
uma posição na equipe. "A competição era dura", lembrou um colega, "e
as exigências intelectuais e de tempo dos candidatos eram exaustivas."[44] O
desafio exigiu toda sua atenção, fornecendo razões legítimas para recusar
os constantes convites da mãe para jantar ou ir ao teatro. Ele trabalhou
mais duro do que nunca, com mais empenho do que dedicava aos estudos,

nos quais se acomodara em uma aristocrática média C. "Querida mãe", escreveu ele, "estou trabalhando seis horas por dia somente [no *Crimson*] e é bastante cansativo."[45] Embora não tenha conseguido fazer parte do primeiro grupo de cinco primeiranistas selecionados em fevereiro, ele se recusou a desistir.

Uma combinação de sorte, iniciativa, ousadia e privilégio abriu as portas para ele dois meses depois. Ao ler nos jornais de Boston que Theodore Roosevelt, então vice-presidente, estava indo à cidade, ele contatou seu familiar famoso para marcar um encontro. Franklin encontrara Theodore algumas vezes durante reuniões familiares em Oyster Bay. Ele adorara as histórias que Theodore contara durante uma palestra na capela de Groton sobre seus dias como comissário de polícia, histórias que "mantiveram o salão inteiro gargalhando durante uma hora".[46] Tendo desenvolvido especial carinho por Franklin, Theodore combinou de se encontrar com ele logo após a palestra, agendada para o horário da aula do professor Lawrence Lowell na manhã seguinte. A palestra, que deveria ser apenas para os alunos daquela turma, não fora divulgada. Franklin correu até o *Crimson* com a notícia.

"Meu jovem", disse o editor, "você vai para as manchetes de amanhã."[47] O professor Lowell ficou lívido quando o artigo de primeira página fez com que 2 mil pessoas tentassem entrar no salão, mas Theodore Roosevelt, que jamais recusava publicidade, agiu com naturalidade. Semanas depois, Franklin foi eleito para a equipe do *Crimson*. Cheio de adrenalina em função de seu primeiro sucesso eleitoral, um Franklin mais independente escreveu para a mãe, falando sobre a aproximação do verão: "Nem eu nem você queremos ir para Campo." Seria triste demais. Em vez disso, ele sugeriu uma viagem ao exterior. "Será bom para nós dois conhecermos novos lugares e novas coisas e nos distrairmos."[48] Aterrissando em Nova York em setembro, eles souberam que o presidente William McKinley fora assassinado e que o primo Theodore Roosevelt era o novo presidente dos Estados Unidos.

Retornando a Harvard, Franklin subiu lentamente na hierarquia do *Crimson*: em seu segundo ano, foi eleito secretário, depois editor-assistente, então editor e, finalmente, em seu último ano, editor-chefe. Sua ascensão foi tão importante para seu senso de si mesmo como líder que ele escolheu fazer cursos de pós-graduação para permanecer mais tempo na direção do jornal. Embora muitos de seus editoriais refletissem preocupações acadêmicas típicas, como a falta de espírito universitário e o atletismo, em uma peça reveladora ele afirmou que os estudantes interessados em política aprenderiam mais "em um dia"[49] indo a Boston e observando a política distrital — "a maquinaria de primária, cáucus, convenção, eleição e legislatura" — que ouvindo palestras abstratas sobre governo. Embora tivesse "lido Kant e um pouco de Rousseau", ele confessou que em nenhum deles encontrara "o líder decisivo". Ele acreditava que a experiência era "a melhor professora".[50]

Mais tarde, Roosevelt olharia para aqueles anos com orgulhosa nostalgia em relação a essa primeira posição de liderança, um pouco como Abraham Lincoln considerara sua primeira eleição para capitão na guerra de Black Hawk o sucesso que lhe dera mais prazer. Embora alguns colegas editores achassem Franklin "convencido" e "arrogante",[51] mais autoconfiante do que permitiam suas habilidades de escrita, a maioria concordava que era "ágil e competente como editor" e "um excelente companheiro", com um espírito otimista e um senso de humor contagiante. "Olhando para trás, alguns traços se tornaram significativos", lembrou um colega. "Ele tinha muita personalidade [...] gostava das pessoas e fazia com que elas gostassem instintivamente dele. Além disso, em sua afabilidade havia uma espécie de comando sem atrito."[52]

Em Groton, ele conseguira sobreviver; em Harvard, começou a florescer.

———

O primeiro sinal de um traço que caracterizaria o estilo fundamental de Franklin Roosevelt — a habilidade de tomar decisões sem hesitar ou olhar para trás, juntamente com a propensão de ocultar o processo decisório — emergiu durante sua corte clandestina a Eleanor Roosevelt. Desde cedo, Franklin sentira e fora cauteloso em relação a qualquer aparência de competição entre seu interesse por garotas e o amor da mãe. Em cartas e conversas, ele partilhava muitos detalhes de suas atividades diárias, habilidosamente omitindo seus sentimentos mais profundos, as intimidades que ela poderia considerar violações à primazia do relacionamento dos dois. Após a morte do pai, a necessidade de ocultação se intensificara.

Ninguém, nem um único amigo, e certamente não sua mãe, sabia que ele se apaixonara pela prima Eleanor na primavera de seu terceiro ano em Harvard. Eles haviam ido juntos a corridas de cavalos, festas, passeios de veleiro, bailes e eventos familiares, mas Sara não imaginava que partilhassem qualquer coisa além de amizade quando, no próximo Dia de Ação de Graças, Franklin deu a chocante notícia: ele pedira Eleanor em casamento e ela aceitara.

"Sei a dor que devo ter lhe causado e você sabe que eu não teria feito isso se pudesse evitar", escreveu ele a Sara após voltar para Harvard. "Sei o que sinto, sei disso há muito tempo e sei que jamais me sentirei de outra forma. Resultado: sou o homem mais feliz do mundo e, provavelmente, o mais sortudo. E você, mãe querida, sabe que nada poderá mudar o que sempre fomos e sempre seremos um para o outro, só que agora você tem dois filhos para amar e para amarem você."[53]

Ao dizer que sabia o que sentia, sabia há muito tempo e jamais se sentiria de outra forma, Franklin declarou que sua decisão não estava aberta a discussão. Sua mãe reconheceu isso. Como seria verdade durante toda a sua vida, ao tomar uma decisão, ele raramente a questionava: ele debatera consigo mesmo até que o conflito interno entre devoção filial e amor por Eleanor se resolvera. Em seguida, recusou-se a gastar energia imaginando se fizera a escolha certa. Ele se casaria com Eleanor e pronto. Sempre amaria a mãe. Sua identidade e seu futuro é que estavam em jogo.

Eleanor era diferente de qualquer garota que já conhecera. Era muito inteligente, sem nenhuma afetação, profundamente dedicada a causas sociais e totalmente desinteressada pelo mundo privilegiado dos bailes de debutantes. Sua infância fora tão repleta de dor quanto a de Franklin fora cheia de alegria. Ela tinha 8 anos quando a mãe, Anna, morrera de difteria e 10 quando o pai, Elliott, irmão mais novo de Theodore Roosevelt, tivera uma morte horrível em função do alcoolismo. Quando começou a sair com Franklin, no entanto, ela acabara de retornar de três anos triunfais em um colégio interno feminino na Inglaterra. Em Allenswood, ela começara "uma nova vida",[54] livre das convenções e tradições de sua classe social. Imersa no amor maternal da legendária diretora feminista, Mademoiselle Marie Souvestre, Eleanor se tornara "tudo" no colégio, a mais popular e respeitada estudante entre professoras e colegas. "Ela sente simpatia por todos que convivem com ela", relatou a diretora à avó de Eleanor, "e mostra um interesse inteligente em tudo com que entra em contato."[55]

"A maneira mais segura de ser feliz", escreveu Eleanor em um ensaio no colégio, "é buscar a felicidade dos outros."[56] Incentivada pela diretora, quando retornou a Nova York ela se envolveu com o trabalho social, dando aulas para imigrantes italianos no assentamento da Rivington Street, no Lower East Side. E se uniu a um grupo de mulheres ativistas que estavam investigando as condições de trabalho em fábricas e lojas de departamentos. "Eu tinha grande curiosidade pela vida", escreveu ela, "e o desejo de participar de todas as experiências."[57]

Durante seu noivado cheio de subterfúgios, Franklin e Eleanor partilharam seus sonhos incipientes de deixar uma marca no mundo. A consciência e o urgente senso de justiça social de Eleanor — o despertar do cuidado pelos outros, a defesa dos desfavorecidos — precediam e excediam em muito os de Franklin. Ele admirava a indiferença que ela sentia pelo mundo de debutantes no qual estava prestes a ingressar e seu rebelde desejo de encontrar algo significativo para fazer. Ela era uma pessoa séria, e ele também, a despeito da impressão "levíssima"[58] que às vezes causava. Ele também estava passando por mudanças profundas. A vida que poderia levar, refletida e encorajada nos olhos de Eleanor, envolvia "amplo contato humano"[59] com todos os tipos de pessoas. Certa tarde, quando ele foi buscá-la no assentamento, ela pediu sua ajuda para levar para casa uma garotinha que ficara doente. "Meu Deus, eu não sabia que havia gente vivendo assim",[60] disse ele a Eleanor quando chegaram ao decrépito prédio onde a família da garotinha morava. Ele ficou confuso e espantado como seu primo Theodore Roosevelt ficara ao testemunhar a miséria na qual os moradores dos prédios nos quais se fabricavam charutos eram obrigados a viver.

Com Eleanor a seu lado, Franklin acreditava que "algum dia seria alguém".[61] Após um fim de semana juntos em Nova York, Eleanor escreveu: "É impossível dizer o que esses dois últimos dias foram para mim, mas sei que significaram o mesmo para você, de modo que você entenderá que eu o amo muito e espero sempre me provar digna do amor que você me deu. Jamais soube antes o que era ser absolutamente feliz."[62]

Mais tarde, Eleanor disse que, muito antes de Franklin concorrer ao Senado estadual, ela sabia que ele queria entrar para a política. Ela acreditava que o impulso fora estimulado pela admiração dele pelo tio dela, Theodore Roosevelt, cujas atividades ele seguia com grande atenção.[63] Quando seu noivado foi anunciado, o presidente Roosevelt escreveu a Franklin: "Estamos muito felizes com essa boa notícia. Gosto de Eleanor como se fosse minha filha e gosto, confio e acredito em você [...]. Você e Eleanor são verdadeiros e corajosos e acredito que se amam de modo desinteressado e terão anos dourados pela frente."[64] Franklin e Eleanor foram juntos a Washington em 4 de março de 1905 para celebrar a posse de Theodore Roosevelt, unindo--se ao círculo interno para um almoço íntimo, ocupando a plataforma da família durante o desfile e então participando do baile da posse. Onze dias mais tarde, o presidente Roosevelt, no lugar do irmão falecido, conduziu a noiva até o altar. "Bem, Franklin", disse ele com um sorriso, "não há nada como manter o sobrenome na família."[65]

Assim como Theodore Roosevelt reconhecera que, quando a oportunidade chega, a pessoa precisa "tirar vantagem"[66] dela, Franklin, que parecia perdido quando iniciou seu segundo ano como assistente legal júnior na banca Carter, Ledyard & Milburn, estava simplesmente esperando o momento certo para agir. Durante um período ocioso no escritório, ele e os outros assistentes "começaram a conversar" sobre suas esperanças e planos para o futuro. Quando chegou a vez de Franklin, ele revelou que "não ia trabalhar com direito para sempre e pretendia se candidatar a um cargo público na primeira oportunidade". De fato, ele já visualizara e, em caráter privado, pesquisara os passos que provavelmente daria: a eleição para a Assembleia estadual ocorreria primeiro, levando à nomeação como secretário-assistente da Marinha, antes de se tornar governador de Nova York e então, com sorte, presidente dos Estados Unidos. Nenhuma zombaria saudou sua hipotética ascensão, a despeito de o jovem de 28 anos jamais ter ocupado um cargo público. Franklin "parecia respeitável e sincero", lembrou um colega, "e, como ele mesmo disse, inteiramente razoável".[67] Afinal, a carreira que pretendia seguir era idêntica à que levara Theodore Roosevelt até a Casa Branca.

A maneira casual pela qual expôs sua carreira explica por que aceitou imediatamente a sugestão de John Mack de concorrer, com total apoio do partido, para um assento na Assembleia por Hyde Park e Poughkeepsie. Ainda mais reveladora foi sua reação quando, somente cinco semanas antes da eleição, descobriu que já não era a escolha do partido. O deputado titular, Lewis Chanler, mudara de ideia, informando aos chefes democratas que decidira permanecer na Assembleia. Sentindo-se "como se tivesse sido picado por uma cobra",[68] Franklin disse a John Mack e Edward Perkins que fora longe demais para voltar atrás; ele teria de concorrer como independente. Os chefes locais fizeram uma contraproposta. A convenção ainda não escolhera um candidato democrata para o assento no Senado estadual, que, claramente, era uma posição muito mais prestigiosa. Mas admitiram que vencer no distrito maior e amplamente rural era uma aposta difícil. Com uma única exceção, os republicanos haviam mantido o assento durante quase meio século. O titular republicano, John Schlosser, vencera seu oponente democrata por uma margem de dois para um na última eleição. As chances de vitória, resumiu Mack, eram de uma em cinco, mas, se Roosevelt quisesse a indicação, era dele. Franklin perguntou como podia ter certeza de que seria indicado. "A indicação é feita por um comitê de três pessoas", respondeu Mack. Ele "era uma delas" e "tinha certeza sobre a segunda e quase certeza sobre a terceira".[69]

"Vou aceitar", disse Franklin, sem "absolutamente nenhuma hesitação",[70] e "vou vencer a eleição".[71] Sua resposta imediata revelou a determinação e a sublime autoconfiança que marcaram sua maturidade. O discurso de aceitação que fez após a indicação foi mais longo que a declaração de 33 palavras de Theodore, mas igualmente desprovido de conteúdo e muito distante da substancial e comovente apresentação de Lincoln. Ao dizer que "não pretendia ficar parado",[72] no entanto, ele deixou claro que daria tudo de si na campanha.

Desde o início, Franklin "teve a distinta sensação de que, para vencer, precisaria entrar em contato direto com todo eleitor disponível".[73] A charrete que alugara no verão fora suficiente enquanto concorrera para a Assembleia, mas o distrito de três condados para o Senado tinha 50 quilômetros de largura por 145 quilômetros de comprimento. Além disso, só faltavam cinco semanas para a eleição. Ao pensar no problema, ele chegou a uma solução inovadora. Seria o primeiro candidato a atravessar o distrito em um automóvel, em vez de a cavalo ou em uma charrete. Os veteranos foram contra. "O automóvel estava apenas começando a ser usado", lembrou Mack. "Consiga um cavalo!", gritavam os fazendeiros quando passavam pelos automóveis frequentemente enguiçados. Além do mais, explicou Mack, "os cavalos ficavam aterrorizados com a nova 'geringonça' e, ao encontrar uma delas na estrada, disparavam, frequentemente virando a carroça do fazendeiro e, ocasionalmente, causando ferimentos".[74]

A despeito de tais riscos, a ideia de romper com os precedentes cativou Franklin, como aconteceria inúmeras vezes nos anos à frente. Localizando um motorista e um chamativo Maxwell vermelho, ele convidou dois colegas democratas concorrendo a cargos diferentes para acompanhá-lo no que se revelou uma animada aventura circense. As pessoas eram atraídas pela visão da moderna engenhoca, enfeitada com bandeiras e faixas de campanha, atravessando as rústicas estradas rurais à espantosa velocidade de 32 km/h. Entrementes, Franklin transformou a potencial vulnerabilidade em vantagem. Ele ordenou que o motorista parasse imediatamente sempre que encontrasse uma carruagem ou carroça. Tal deferência não somente impressionava os fazendeiros como permitia que ele se apresentasse e apertasse mãos.

Todos os aspectos da campanha excitavam Franklin. Ele desenhou seus próprios cartazes e broches, colocou anúncios em jornais do condado e, o mais importante, adorou o contato direto com as pessoas.[75] Em cruzamentos, estações ferroviárias, armazéns, tavernas e alpendres, ele fazia curtos discursos, às vezes chegando a dez por dia. Nessa época, Franklin "falava lentamente", lembrou Eleanor, "e de tempos em tempos fazia uma pausa tão longa que eu ficava com medo de que não fosse recomeçar a falar",[76] mas ele sempre recomeçava e, quando terminava, lembrou o representante do comitê democrata Tom Leonard, movia-se com facilidade e naturalidade pela multidão, exibindo "aquele seu sorriso", apresentando-se como Frank e tratando cada pessoa "como um amigo".[77]

Aquela foi sua primeira campanha, lembrou um político local, "mas ele não participou de nenhuma outra com a mesma vontade de vencer do que a campanha para o Senado de 1910".[78] Ele prometeu aos eleitores que, se fosse eleito, seria "um representante real", dedicando suas energias às questões locais "365 dias por ano, 24 horas por dia. Essa é minha promessa. Peço que vocês me deem a chance de cumpri-la".[79] Ele prometeu retornar regularmente ao distrito, viajando de uma extremidade à outra e ouvindo as preocupações dos eleitores. Repetidamente, enfatizou sua independência, prometendo enfrentar "os chefes" dos dois partidos. "Sei que não sou nenhum orador", ele gostava de dizer. "Você não precisa ser orador, Roosevelt", gritava alguém na plateia. "Fale conosco desse jeito mesmo, é assim que gostamos."[80] Quando os votos foram contados no dia da eleição, Franklin descobriu que vencera seu oponente pela maior margem de qualquer candidato democrata no estado.[81]

Ao analisar sua vitória, podemos citar o momento histórico fortuito, no qual a divisão do Partido Republicano entre progressistas e conservadores produziu vitórias democratas em toda a nação; indicar o brilho que o sobrenome presidencial emprestou ao aspirante a senador estadual (juntamente com o financiamento substancial tornado possível pela riqueza da família); ou evocar a novidade do Maxwell vermelho pelas estradas do condado. Mas o que ficou evidente, no fim, foi o fato de que o alegre, gregário e cativantemente glamuroso jovem trabalhou mais, viajou mais e escolheu uma estratégia melhor que a dos republicanos ao simplesmente ouvir as esperanças e as necessidades de quem quer que cruzasse seu caminho. A ambição longamente visualizada e a energia focada finalmente o levaram ao lugar no qual queria estar.

Logo que Franklin entrou no Senado, ele iniciou uma batalha contra a entranhada máquina de Tammany Hall que praticamente controlava o Partido Democrata no estado. Assim como Theodore Roosevelt encontrara no juiz Westbrook um veículo para lutar contra a corrupção, Franklin encontrou seu instrumento no candidato do chefe de Tammany Hall para o Senado federal, Billy "Olhos Azuis" Sheehan, um político da máquina que ganhara milhões em conluios com a indústria de bondes. Ouvindo que um grupo rebelde estava se formando na Assembleia para bloquear Sheehan, Franklin foi o primeiro senador a assinar um manifesto pedindo que o grupo insurgente boicotasse o cáucus pelo tempo necessário para queimar a escolha do chefe Murphy.

A sorte — o fato de sua casa ser próxima da Assembleia, tornando-a o lugar perfeito para os insurgentes se reunirem — se combinou ao charme pessoal e ao sobrenome célebre para transformar o senador novato em porta-voz do grupo de vinte membros. "Nunca me diverti tanto na vida", disse um Roosevelt sorridente aos repórteres. No fim da noite, o *esprit de corps* entre aquela fraternidade era palpável. A "boa camaradagem" proporcionada por seus vinte colegas era "uma característica agradabilíssima". Com a fumaça dos charutos se enrodilhando no ar, "trocávamos histórias, como soldados em torno da fogueira do bivaque",[82] disse ele.

Revigorado pela batalha e incentivado pelas manchetes, Roosevelt se recusou a aceitar qualquer compromisso, mesmo depois que Murphy retirou o nome de Sheehan. O substituto indicado por Murphy, declarou Roosevelt, era igualmente inadequado. Frances Perkins, então uma assistente social de Albany fazendo lobby para os sindicatos, lembrou de quão "desagradável"[83] e arrogante o jovem Roosevelt lhe pareceu naquele período. "Ainda consigo ver 'aquele' Roosevelt, apoiado no corrimão com dois ou três senadores pedindo-lhe que fosse 'razoável' — a pequena boca contraída e ligeiramente aberta, as narinas distendidas e a cabeça no ar, e sua voz fria e remota dizendo 'Não, não quero nem ouvir falar a respeito!'" Anos depois, Roosevelt admitiu para a srta. Perkins que era "um sujeitinho terrivelmente irritante"[84] quando entrou na política.

Como o jovem Theodore, Franklin desenvolvera uma noção grandiosa de sua própria importância e, como o primo, estava a caminho da queda. No fim de março, quase três meses após o início da batalha, as fileiras de cansados insurgentes finalmente começaram a se romper. Quando Murphy indicou um novo nome, o do juiz James Aloysius O'Gorman, um homem de Tammany Hall com tendências independentes, um número suficiente de insurgentes decidiu aceitá-lo a fim de encerrar a batalha. Embora alguns críticos afirmassem que "O'Gorman não era melhor que Sheehan",[85] Roosevelt "converteu a derrota em vitória ao simplesmente chamá-la de vitória", declarando que Murphy aprendera uma lição de moderação e descaradamente afirmando que o partido "subira um degrau".[86]

Reconhecendo, no entanto, que seu poder real na câmara diminuía mesmo enquanto sua estrela política começava a brilhar, Franklin moderou suas abordagens. Ele aprendeu, mais ou menos da mesma maneira que Theodore Roosevelt, a trabalhar com diferentes facções e fazer barganhas. Ele procurou individualmente membros de Tammany Hall, sem, como antes, assumir categoricamente que eram todos corruptos. Ao contrário, muitos deles haviam forjado laços duradouros com os homens e mulheres comuns de seus distritos, fornecendo ajuda, emprego e conforto e trabalhando duro para satisfazer as necessidades imediatas de seus eleitores. De fato, foram o chefe de Bowery, "Big Tim" Sullivan, e a organização Tammany que assumiram a liderança na defesa de grande parte da legislação social progressista que Franklin passou a apoiar, incluindo a remuneração dos trabalhadores, a semana de 54 horas e o sufrágio feminino. Franklin aprendeu rapidamente a arte do compromisso para obter resultados.

Em retrospecto, o mais duradouro impacto da batalha Sheehan esteve no fato de que a ampla cobertura recebida pelo jovem cruzado democrata contra Tammany Hall chamou a atenção do recém-eleito presidente democrata Woodrow Wilson. Duas semanas após a posse, Wilson ofereceu ao senador estadual o cobiçado cargo de secretário-assistente da Marinha. "Se eu gostaria? Eu adoraria", respondeu um excitado Roosevelt. "Isso me agradaria mais que qualquer outra coisa no mundo. Durante toda minha vida, amei navios e estudei a Marinha, e secretário-assistente é o cargo, acima de todos os outros, que eu gostaria de ocupar."[87] Sara acreditava que a profunda atração do filho pelo mar era hereditária. Seu avô Delano fora capitão de clippers americanos, renomados por sua beleza e velocidade, para o Oriente. Quando menino, Franklin "sempre ficava empolgado com histórias sobre o mar".[88] Aos 13 anos, ele dissera ao pai que queria ir para a Academia Naval de Anápolis, mas o sr. James o persuadira, durante uma conversa "de homem para homem",[89] de que seria muito difícil para seus pais verem o filho único ficar distante tanto tempo quanto exigiria a carreira naval. Em Harvard, ele mantivera vivo seu interesse pela Marinha, procurando livros usados para montar uma coleção de livros e manuscritos de história naval que chegaria a 2.500 volumes.[90] Não surpreende que o cargo oferecido fosse o que desejava acima de todos os outros.

Além disso, o cargo de secretário-assistente da Marinha o colocava no degrau seguinte da escada até a Presidência que ele assombrosamente visualizara aos 25 anos, quando confidenciara suas ambições desmedidas aos colegas do escritório de advocacia. Assim que a nomeação foi anunciada, observadores comentaram que ele estava seguindo de perto o caminho de Theodore Roosevelt. Theodore, aliás, reconheceu o paralelismo em seu bilhete de congratulações. "É interessante que você esteja em outro cargo que outrora ocupei. Tenho certeza de que você gostará muito."[91]

Como secretário-assistente da Marinha, servindo durante sete anos sob as ordens do secretário Josephus Daniels, um ex-editor de jornais com longa experiência na política do Partido Democrata, Franklin teve de aprender, pela primeira e última vez em sua carreira política, a trabalhar como subordinado. A situação se provou desafiadora para o jovem, que, a despeito de suas crescentes habilidades de liderança, permanecia deficiente em uma qualidade essencial: a humildade.

Josephus Daniels, duas décadas mais velho que Franklin e neófito no protocolo e na linguagem naval, abordou o novo cargo cautelosamente. Sulista cortês e habilidoso na arte de conversar e relaxar com os colegas, Daniels trabalhou com deliberação para construir sólidos relacionamentos com congressistas e senadores importantes. Franklin, um ativista por natureza e defensor passional de uma Marinha ampliada e pronta para a ação em um mundo cada vez mais volátil, considerava Daniels "antiquado"[92] e, como disse a Eleanor, "tão lento que é impossível descrever".[93] Durante um jantar, Franklin fez vários comentários derrogatórios sobre Daniels. "Você deveria se envergonhar", repreendeu o secretário do Interior Franklin Lane. "O sr. D. é seu superior e você deve se mostrar leal a ele ou pedir demissão."[94] Franklin seguiu o conselho de Lane. Ele segurou a língua em público e, com o tempo, passou a apreciar o grande valor dos calorosos relacionamentos que Daniels conseguira cultivar com membros dos comitês orçamentários responsáveis pelo financiamento da Marinha.

Como secretário da Marinha, Daniels era responsável pela política naval, pela disposição da frota e pelas relações com o Congresso. Enquanto ele lidava com a política, Franklin, seu único secretário-assistente, estava encarregado de administrar o gigantesco Departamento da Marinha, que empregava 65 mil homens, com um orçamento correspondente a 20% das despesas federais. Ele era responsável pela aquisição de suprimentos e equipamentos, pela supervisão de docas e estaleiros e pelo pessoal. E, para além das tarefas burocráticas diárias sob sua supervisão, estava determinado a agilizar a entranhada burocracia naval, construir navios melhores e mais bem-equipados e reorganizar o trabalho dos funcionários civis para aumentar a prontidão bélica da Marinha em caso de necessidade.[95]

O que permitiu que esse homem de 31 anos, praticamente sem nenhuma experiência administrativa, enfrentasse o duplo desafio de administrar o departamento que herdara e iniciar um processo transformador para movê-lo em uma nova direção? Certamente saber para onde queria ir, ver um futuro diferente para a organização, foi um primeiro passo essencial. Mas como ele conseguiu colocar isso em prática? E como, a despeito de seu conflito inicial com seu superior, Daniels, conseguiu forjar um produtivo relacionamento profissional e uma amizade vitalícia que beneficiou ambos?

Em busca de respostas, não podemos recorrer apenas ao celebrado "temperamento de primeira classe" de Franklin, sendo necessário apreciar a velocidade e a originalidade em relação às regras de seu intelecto, que, trabalhando pela primeira vez na arena de uma organização complexa, provou ser tudo, menos "de segunda classe". Durante toda sua vida, as pessoas haviam subestimado (e continuariam a julgar mal) a inteligência de Franklin. Os parâmetros acadêmicos usados em Groton, em Harvard e na faculdade de direito de Colúmbia falharam em mensurar sua distintiva capacidade de solucionar problemas, avaliar sua aptidão para compreender como coisas díspares se conectavam ou lhe dar crédito pela rapidez com que absorvia informações. Esses aspectos únicos de sua mente frequentemente estavam camuflados por sua afabilidade e seu charme fácil, levando os membros de seu círculo social a considerá-lo insignificante.

Aqueles que acompanharam o jovem Roosevelt no Departamento da Marinha, contudo, entenderam claramente que estavam na presença de uma inteligência impressionante. "Um homem com uma mente fulgurante"[96] foi como um contra-almirante o descreveu. "Eu perdia o fôlego de ver quão rapidamente ele compreendia a essência de uma situação", quão completamente absorvia "os detalhes dos assuntos mais complicados".

Para obter um retrato dinâmico e atualizado do tamanho e da capacidade da frota e da disposição dos 65 mil funcionários militares e civis, Franklin

pendurara um grande mapa-múndi na parede do escritório. Alfinetes coloridos mostravam a posição de cada navio da frota. Sempre que um navio
se movia, o alfinete correspondente era movido. Outros alfinetes indicavam
o número de pessoas empregadas em vários estaleiros, docas e centros de
abastecimento, permitindo que ele visse a situação geral. Desde o início, ele
formou uma imagem mental da Marinha como organismo vivo, em vez de
uma burocracia moribunda repleta de "madeira podre";[97] ele queria criar
uma vasta organização formada por pessoas trabalhando em vários lugares e
posições que cresceria até se tornar uma Marinha "atrás de nenhuma outra".[98]

Analisando o mapa, Roosevelt notou dezenas de estaleiros inúteis, originalmente criados para a manutenção de embarcações a vela que operavam
com grande prejuízo devido ao apadrinhamento e à pressão política. Em vez
de fechar os estaleiros obsoletos, ele concebeu um novo plano. Ele converte-
ria cada um deles em uma planta industrial especializada na fabricação dos
navios e equipamentos necessários para uma Marinha moderna e ampliada.
O antigo estaleiro do Brooklyn se especializaria em rádios para equipar a
frota. Cordas, âncoras e correntes para couraçados se tornariam responsabilidade do estaleiro de Boston. Cruzadores seriam fabricados na Filadélfia
e submarinos e destroieres em Norfolk. Esse novo modelo de reorganização
deu a Roosevelt a reputação de "economizador".[99] Ainda mais importante,
tal consolidação foi um passo necessário para preparar uma Marinha de
tempos de paz para uma guerra potencial.

Já de saída, Roosevelt organizou uma equipe pessoal para ajudá-lo a
gerenciar a burocracia existente e, ao mesmo tempo, introduzir novas
ideias e métodos. Consciente de que precisaria de um assistente a quem
pudesse confiar os aspectos rotineiros do cargo, ele manteve Charles Mc-
Carthy como seu secretário particular. McCarthy, que servira em várias
administrações anteriores, personificava as tradições e os rituais do *status
quo* naval. Em pouco tempo, Roosevelt conquistou seu respeito e afeto.
"Somente um grande homem e um real executivo", disse McCarthy a
Roosevelt, "consegue distinguir entre os detalhes menores de um cargo
assim, que você adequadamente deixou para aqueles em quem confiava, e
os problemas maiores com os quais você lidou tão habilmente sozinho."[100]
Ganhar a admiração do burocrata veterano tornou mais fácil conseguir a

cooperação do quadro burocrático tradicional quando ele passou a modificar e reformar a instituição.

Para ajudar a implementar a transformadora agenda de colocar a Marinha em um novo estado de prontidão, Roosevelt chamou seu próprio homem, Louis Howe, de 40 anos, um repórter de destaque do *New York Herald* cuja aparência estranha inspirou várias descrições hiperbólicas, como criatura "parecida com um gnomo"[101] e "gato chamuscado",[102] com cabelo rareando e "olhos luminosos",[103] vestido em ternos amassados perpetuamente cobertos de cinzas de cigarro. Howe conhecera Roosevelt durante a campanha para boicotar a indicação de Sheehan ao Senado federal. A atração entre os dois fora tão imediata que eles se tornaram não somente amigos íntimos, como também indispensáveis um ao outro. Daquele momento em diante, Howe dedicou a vida a Roosevelt. Pelos próximos 25 anos, eles raramente passariam mais que um ou dois dias separados.[104] Ao passo que o afável e otimista Roosevelt geralmente era avesso ao confronto, Howe era duro e cínico por natureza, feliz em bater de frente com os opositores. Nunca tímido a respeito de suas opiniões, Howe "desinflava o orgulho de Roosevelt e o espicaçava por sua negligência",[105] dizendo-lhe claramente onde e quando se desviara do caminho. Geralmente permanecendo nos bastidores, ele deixava Roosevelt assumir o crédito quando as coisas iam bem e prontamente aceitava a culpa quando não iam.

Os métodos que Roosevelt usou para impulsionar uma burocracia letárgica na direção de um status ampliado e mais preparado se tornariam sua maneira característica de lidar com restrições nos anos à frente. Ele insistia que, quando algo precisava ser feito, sempre havia uma maneira, fosse contornando regulamentos, ignorando proibições ou quebrando precedentes. "Ele era um grande admirador da tentativa e erro",[106] comentou o almirante Emory Land em relação àquele período. Ele aventava inúmeras possibilidades para ver se eram plausíveis; se não fossem, admitia o erro e tentava outro método. Quando os regulamentos impediram que o governo vendesse armas para navios mercantes, por exemplo, ele criou um esquema para emprestá-las "por uma fiança adequada", em vez de oferecê-las para venda, uma semente que germinaria e se tornaria o histórico programa Lend-Lease durante a Segunda Guerra Mundial.[107]

Somava-se à fertilidade de sua imaginação e à flexibilidade de suas técnicas para contornar restrições sua disposição para, em momentos urgentes, empregar meios questionáveis para atingir seus objetivos. Ele fazia pedidos de armas, suprimentos e equipamentos no valor de milhões de dólares antes que o Congresso aprovasse os fundos. E persuadia os fabricantes a começarem a atender os pedidos com base somente em sua palavra. Certa vez, declarou teatralmente que, se suas ousadas manobras se provassem ilegais, ele estaria disposto a "ir para a cadeia por 999 anos",[108] pois estava certo de que sua insistência na prontidão salvaria as vidas de seus compatriotas.

Sua prontidão se provou de importância fundamental. Assim como a preparação de seu primo Theodore para o conflito com a Espanha (contrária à política do presidente McKinley e de seu superior naval, John Davis Long), Franklin estabelecera as fundações para a entrada dos Estados Unidos na Grande Guerra com anos de antecedência. Após o afundamento do *Lusitânia* em 1915 e da entrada dos Estados Unidos na guerra dois anos depois, no entanto, ele já não corria o risco de ser acusado de insubordinação, passando a gozar do status de visionário. Ele fora tão bem-sucedido em estocar suprimentos para a Marinha que o presidente Wilson, admirado, convocou-o para uma reunião com o chefe de estado-maior do Exército e, "com um brilho no olhar", disse: "Eu sinto muito, mas você monopolizou o mercado de suprimentos. Vai ter que dividir com o Exército."[109] No fim, a prospectiva que levara Franklin a lutar por sua campanha de prontidão resultou em crédito não somente para seu chefe, Josephus Daniels, mas também para toda a administração Wilson.

Como treinamento para seus papéis de liderança posteriores, a experiência administrativa no Departamento Naval se provou inestimável, desenvolvendo não somente suas capacidades gerenciais, mas também sua habilidade para lidar com a mão de obra. Semanas após assumir o cargo, ele visitou funcionários civis no estaleiro de Washington, que há anos se sentiam negligenciados pelos quadros superiores da Marinha e pelo governo. "Queremos vir aqui e conversar frente a frente com vocês", disse Franklin, assegurando que eles podiam procurá-lo a qualquer momento "com queixas" ou simplesmente "para conversar".[110] Ele repetiu a mesma mensagem aos funcionários de cada estaleiro e doca que visitou, dizendo aos insatisfeitos maquinistas da Federação Americana do Trabalho que sua porta sempre estaria aberta. Durante seu mandato como secretário-assistente, não houve uma única greve entre os milhares de funcionários civis do Departamento da Marinha.

Com a vitória aliada na guerra, o mandato de Roosevelt no Departamento Naval chegou ao fim. "Meu caro chefe", escreveu ele a Daniels, em caloroso reconhecimento ao papel de mentor que ele desempenhara em sua educação política. "Você me ensinou tão sabiamente e manteve meus pés no chão quando eu estava prestes a sair voando."[111]

Assim como interviera uma década antes, quando os chefes o escolheram para concorrer à legislatura estadual, a sorte desempenhou papel central na seleção de Franklin Roosevelt, de 38 anos, para ser o candidato democrata à vice-presidência em 1920.

Seu nome sequer aparecera em uma lista de 39 potenciais candidatos à vice-presidência publicada no *New York Herald* no dia de abertura da convenção nacional democrata em São Francisco.[112] No verão de 1920, a opinião pública estava contra os democratas. Woodrow Wilson sofrera um derrame e estava incapacitado na Casa Branca. Cansados da guerra e das reformas progressistas após oito anos de administração democrata, os americanos estavam ansiosos para retornar ao modo de vida mais simples prometido pelos republicanos em seu slogan de campanha: "Retorno à normalidade."[113] É desnecessário dizer que o desânimo engolfou os fiéis do partido. Conscientes de que 1920 provavelmente não seria um ano democrata, as principais figuras do partido haviam se recusado a participar da disputa. Sem favoritos claros, 44 votações foram realizadas antes que o governador James Cox, de Ohio, finalmente conseguisse a indicação presidencial. Àquela altura, a indicação para a vice-presidência parecia de pouca importância; os delegados estavam impacientes para voltar para casa. Tendo escolhido um candidato de Ohio, os chefes procuraram o equilíbrio geográfico. Franklin Roosevelt era do crítico estado de Nova York, construíra uma reputação de independência, tinha um sobrenome famoso, era jovem e enérgico e poderia ser usado para reunir aqueles ainda leais ao debilitado Woodrow Wilson. Ele foi indicado por aclamação.

Embora seu partido tivesse pouca esperança de vitória, Roosevelt "tinha tudo a ganhar e nada a perder"[114] em termos de suas próprias perspectivas futuras. Como candidato à vice-presidência, não seria responsabilizado pela derrota; ao fazer campanha dia após dia com infatigável energia e exuberância para seu partido, todavia, ele podia acumular um saldo de boa vontade que seria sacado no futuro.

Franklin deu tudo que tinha à campanha. Viajando de trem para quase quarenta estados, trabalhava dezoito horas por dia. "Realmente tivemos dificuldades para conter Franklin durante aquela viagem", lembrou Louis Howe. "Seu entusiasmo era tão grande que ficávamos constantemente atrás dele para impedir que se exaurisse até os ossos." Recusando-se a ouvir, ele insistia em discursar sempre que o trem parava, explicando a Howe que, se algum dia fosse eleito, aquelas pessoas seriam seus "chefes" e "têm o direito de saber quem estão contratando".[115] Um repórter no trem com Franklin se maravilhou com o fato de que "quando, ao longo da estrada, ele conhecia um homem que possuía qualquer tipo de influência política, ele jamais o esquecia". Tampouco esquecia "as circunstâncias particulares" das conexões de tal homem com o partido.[116]

Totalizando quase oitocentos discursos,[117] ele aperfeiçoou sua maneira de fazê-los, falando de modo tão simples e direto, observou um repórter, que conseguia impedir "que mesmo o mais árido assunto parecesse pesado".[118] Eleanor já não sentia apreensão quando ele hesitava, temendo que não recomeçasse a falar. Ao contrário: ela disse a Sara que "está se tornando quase impossível fazer F. parar de falar. Dez minutos sempre viram vinte, trinta viram quarenta e cinco e os discursos noturnos agora levam duas horas!" Membros de sua equipe "vão todos lá para a frente e acenam para ele; quando nada funciona, eu puxo as abas de seu casaco!"[119]

Inexperiência, húbris, cansaço e um pendor pelo improviso inevitavelmente levaram a alguns erros durante a campanha. Em Montana, falando sobre a América Latina, ele disse que, como secretário-assistente da Marinha, tivera "algo a ver com o governo de algumas pequenas repúblicas. O fato é que eu mesmo escrevi a constituição do Haiti e, se me permitem dizer, é uma constituição muito boa".[120] Isso não somente era um grande exagero como deu a Warren Harding, o candidato presidencial republicano, munição para um contra-ataque escaldante. Mas a história foi rapidamente esquecida, provando ser apenas um pequeno incidente em uma campanha de outro modo esplêndida. Franklin Roosevelt emergira como figura nacional.

Preparado desde o início para a derrota, Roosevelt não ficou minimamente deprimido quando os democratas perderam por maioria esmagadora. "Uma corrida danada de boa",[121] foi como caracterizou a perda abismal. "Curiosamente", disse a um amigo, "não me sinto minimamente desanimado. Acho que todo o possível foi feito durante a campanha."[122]

De todos os pontos fortes que exibiu durante a campanha, nenhum foi mais significativo que sua habilidade de reunir e manter uma equipe notavelmente talentosa e incondicionalmente leal que permaneceria unida nos anos à frente. Para a publicidade, ele selecionou Stephen Early, um jovem repórter de uma agência de notícias que se tornaria secretário de imprensa da Casa Branca. Para escrever seus discursos, selecionou outro jornalista, Marvin McIntyre, que se tornaria seu secretário na Casa Branca. Para dirigir o escritório de Nova York, contratou Charles McCarthy, o burocrata veterano que o ajudara a lidar com as complexidades da burocracia naval e que trabalharia no Departamento de Justiça durante sua presidência. E, é claro, havia Louis Howe, a figura indispensável que permaneceria a seu lado até sua morte. Era tal a atmosfera durante as longas viagens de trem que histórias, cartas e drinques aliviavam regularmente a pressão de preparar itinerários, estudar questões locais e escrever discursos. Roosevelt sempre se lembrou com afeto daquelas viagens de trem, "uma fraternidade espiritual".[123] A cada um dos homens que o acompanharam, ele deu um par de abotoaduras de ouro da Tiffany com FDR gravado de um lado e o nome do presenteado do outro, unindo-os no que ficou conhecido como "Clube das Abotoaduras",[124] uma família estendida que cresceu com os anos e passou a incluir Missy LeHand, sua secretária particular; Eleanor Roosevelt; Harry Hopkins, o diretor do programa de auxílio New Deal; e Sam Rosenman, seu conselheiro e principal redator de discursos.

Que Franklin Roosevelt tinha porte e envergadura moral para liderar a nação estava claro para todos os membros de seu time original. Eles não eram simplesmente devotados a ele; após meses de contato íntimo, haviam passado a reverenciá-lo e amá-lo. Ninguém identificou Franklin Roosevelt como potencial presidente mais cedo e com mais certeza que Louis Howe, uma das poucas pessoas que sempre o chamou de Franklin. "Naquela primeira reunião", disse Howe a um repórter, "eu decidi que ele era material presidencial e que nada, com exceção de um acidente, poderia impedi-lo de ser presidente dos Estados Unidos."[125]

QUATRO

LYNDON

"Um motor a vapor de calças"

Lyndon Johnson era um desengonçado universitário de 22 anos em julho de 1930, quando fez seu primeiro discurso político em nome do ex-governador Pat Neff, que concorria ao cargo de comissário ferroviário — performance que colocaria em movimento uma misteriosa cadeia de eventos que, finalmente, o levaria ao auge do poder em Washington, D.C.

Seu discurso encerrou o piquenique anual da pequena comunidade de Henly. O piquenique era um evento importante no centro-sul do Texas que Lyndon frequentava com o pai, Sam Johnson, desde os 10 anos. Os candidatos a cargos locais e estaduais participavam ou enviavam representantes para participar da "apresentação",[1] que durava o dia todo. Enquanto centenas de cidadãos se divertiam, aproveitando o churrasco e as festividades ao ar livre, os candidatos eram chamados um a um até a plataforma improvisada para pedir apoio a sua candidatura. Um tipo similar de humor e de frases bombásticas, de astúcia popular e orgulho local podia ser ouvido um século antes nas *vandoos*,[2] nas quais Abraham Lincoln e outros aspirantes falavam perante grupos de fazendeiros que haviam ido até a praça do vilarejo para leiloar seu gado, fofocar e, especialmente, falar sobre política.

Ao cair da noite, o mestre de cerimônias chamou o nome de Pat Neff. Quando ninguém respondeu, ele chamou novamente para ver se alguém queria falar em nome dele. Mesmo assim, ninguém se manifestou. O representante estadual Welly Hopkins lembrava vividamente do que aconteceu em seguida. O mestre de cerimônias estava prestes a anunciar o não comparecimento quando, subitamente, "Vi um jovem atravessando a multidão, sacudindo os braços e gritando 'Por Deus, eu vou falar em nome de Pat Neff!'"[3] Quando o jovem alto de cabelo preto ondulado foi içado pela traseira da carroça, que servia como plataforma para os oradores, ele foi apresentado como "filho de Sam Johnson". Sam trabalhara na legislatura estadual durante oito anos e era muito conhecido e estimado na região. O discurso de Lyndon, de acordo com Hopkins, foi "uma defesa inflamada e agitada de Pat Neff" que durou dez minutos.

"Sou um *prairie dog lawyer* ["advogado cão-da-pradaria"] de Johnson City, Texas",[4] começou Lyndon. Ao se identificar dessa maneira, ele empregou um jargão perfeitamente adequado a sua plateia. *Prairie dog lawyers* tinham pouco treinamento legal e usavam apelos passionais, e não precedentes legais, para defender seus clientes perante o júri. Assim, o jovem Lyndon, com um tom zombeteiro, mas assertivo, informou aos presentes que, embora não fosse um político experiente, pretendia assumir a tarefa de representar o ausente Pat Neff. Seu estilo era "tão cheio de entusiasmo juvenil e sinceridade de propósitos", lembrou Hopkins, "que conquistou a plateia". Embora "seu estilo oratório não fosse rico", sua voz "possuía um timbre agradável de se ouvir".[5] Quando ele terminou seu depoimento sobre Neff, a multidão respondeu com assobios e aplausos demorados. Na verdade, seu discurso foi considerado "o maior sucesso do piquenique de Henly".[6]

Desde que era criança, Lyndon se identificara com as ambições políticas do pai. À noite, quando Sam se sentava na cadeira de balanço marrom no alpendre, contando histórias e piadas para três ou quatro colegas políticos, o menino ficava na semiescuridão da soleira, esforçando-se para ouvir sobre as idas e vindas dos membros da legislatura. Ele gostava da maneira animada e crua como os homens falavam e do profundo conhecimento que tinham sobre as diferentes famílias da região.[7]

"Eu adorava ir com meu pai à legislatura", lembrou Johnson. "Ficava sentado na galeria durante horas, observando a atividade no salão, e então vagueava pelos corredores, tentando entender o que estava acontecendo."[8] Sam Johnson era uma figura popular na sede estadual. "Se você não consegue entrar em uma sala cheia de gente e dizer imediatamente quem está com você e quem está contra, você não serve para a política",[9] disse ele ao filho. Sam "era muito amigável", lembrou um amigo, "um homem muito prático, que atraía as pessoas e sabia como lidar com elas". Era conhecido por ter um temperamento "explosivo", "mas era como um raio de sol", mencionou um vizinho. "Passava rapidamente e então ele voltava a fazer algo bom."[10] Era um democrata progressista, falando pelo povo contra os grandes interesses, apoiando projetos de lei para estabelecer a jornada de 8 horas, regular as companhias de serviços públicos e taxar as corporações. Ele defendia os desfavorecidos, usando seu cargo para ajudar fazendeiros pobres, veteranos do Exército e viúvas de soldados. "Temos que cuidar dessas pessoas", disse Sam a um amigo, "é para isso que estamos aqui."[11]

Lyndon era a sombra e a réplica do pai. Eles partilhavam os mesmos braços compridos, nariz grande, orelhas enormes e estrabismo pronunciado. E Lyndon aprendeu a envolver as pessoas da mesma maneira. "Eles andavam do mesmo jeito e tinham os mesmos maneirismos nervosos", lembrou Wright Patman, que trabalhara com Sam na legislatura estadual e mais tarde se tornou congressista, "e Lyndon agarrava as pessoas quando conversava com elas, assim como o pai".[12] E, como o pai, o jovem e gregário Lyndon conversava com todo mundo que encontrava. Ele se tornou o favorito de todas as mulheres mais velhas da cidade, perguntando como se sentiam e como iam as coisas. Se ouvisse um grupo de homens falando sobre política na rua, ficava à margem do grupo, fascinado. Aos 10 anos, conseguiu um emprego nas horas livres após a escola, engraxando sapatos na barbearia de Cecil Maddox, o lugar onde a política e as últimas notícias eram discutidas.[13]

A única coisa que Lyndon amava mais que acompanhar o pai à sede estadual era viajar com ele durante as campanhas. "Dirigíamos o Modelo T da Ford de fazenda em fazenda, subindo e descendo o vale, parando em

cada porta. Meu pai falava a maior parte do tempo. Ele atualizava os vizinhos sobre as fofocas locais, conversava sobre a colheita e sobre os projetos
de lei que apresentara na legislatura e sempre levava consigo um enorme
pão caseiro e um grande vidro de geleia feita em casa. Quando ficávamos
cansados ou com fome, parávamos ao lado da estrada. Ele fatiava o pão,
passava geleia nas fatias e as dividia comigo. Nunca o vi mais feliz. Por
todo o caminho, as famílias nos abriam suas casas. Se estivesse quente do
lado de fora, éramos convidados para entrar e tomar grandes porções de
sorvete caseiro. Se estivesse frio, nos ofereciam chá quente. Cristo, às vezes
eu gostaria que aquilo tivesse continuado para sempre."[14]

Esse idílio da campanha oferecia a pai e filho um alívio bem-vindo, embora
temporário, da discórdia da casa Johnson, um lugar frequentemente repleto das severas tensões que contribuíam para o temperamento excitável de
Lyndon. Durante toda sua vida, ele oscilaria entre segurança e insegurança,
assertividade e servilismo, charme e zombaria insultante, o desejo de agradar e a necessidade de controlar. Em contraste com a infância equilibrada,
segura e plácida na qual a natureza genuinamente confiante e otimista de
Franklin Roosevelt estava ancorada, Lyndon tinha de negociar entre o pai e
a mãe, cada um deles representando mundos com valores muito diferentes
e discordantes.

"Minha mãe me disse que seu primeiro ano de casamento foi o pior de
sua vida",[15] lembrou Johnson. Tendo crescido em "uma casa de pedra de
dois andares, com um pomar de árvores perfeitamente espaçadas, canteiros
de flores em desnível, calçadas largas"[16] e uma cerca de madeira pintada
de branco, ela estava profundamente despreparada para a desordem e o
isolamento da pequena cabana de Sam Johnson, ao lado de um riacho la-
macento, sem eletricidade ou água encanada. Filha de um advogado com
curso superior e ela mesma formada pela Universidade de Baylor numa
época em que poucas mulheres faziam faculdade, Rebekah Baines aspirava
a ser escritora quando entrevistara o "elegante e dinâmico"[17] Sam Johnson
para o jornal de sua família durante o primeiro mandato dele na legislatura
estadual. Uma "corte-relâmpago"[18] se seguiu, levando ao casamento e "ao

problema de se ajustar a uma personalidade completamente oposta" e "a um novo e estranho modo de vida".[19]

Acostumada à cultura, a livros e discussões intelectuais sobre filosofia e literatura, Rebekah descobriu que o homem pelo qual se apaixonara gostava de passar a noite sentado com os parceiros políticos, bebendo cerveja, fofocando e contando histórias. Ela inicialmente esperara que Sam concorresse a um cargo nacional e a levasse para a capital, onde ideias e ideais seriam discutidos, mas ele logo deixou claro que não tinha interesse em sair da cidade. Entrementes, seus dias e noites eram consumidos no tédio de retirar água do poço, alimentar as galinhas, ferver a roupa e esfregar o piso de joelhos, deixando tempo insuficiente para a "pilha alta"[20] de livros ainda não lidos em seu quarto e nenhum tempo para escrever. Ela se sentia miserável. "Então eu nasci", disse Lyndon, "e, subitamente, tudo ficou bem de novo. Eu poderia fazer todas as coisas que ela nunca fizera."[21]

A princípio, Lyndon parecia o instrumento perfeito para que Rebekah realizasse suas ambições. Familiares e amigos afirmavam "nunca ter visto um bebê tão amigável",[22] inquisitivo ou inteligente. Ele aprendeu o alfabeto antes dos 2 anos, a ler e soletrar antes dos 4 e, aos 3, era capaz de recitar longas passagens de Longfellow e Tennyson. "Jamais esquecerei o quanto minha mãe me amava quando eu recitava aqueles poemas", disse Johnson. "Assim que eu terminava, ela me pegava no colo e me abraçava tão apertado que às vezes eu achava que morreria sufocado."[23] Mesmo depois que Rebekah teve quatro outros filhos, Lyndon permaneceu sendo seu favorito. "Eu me lembro de jogos que só nós dois podíamos jogar. E ela sempre me deixava vencer, mesmo que para isso tivéssemos de mudar as regras. Eu sabia o quanto ela precisava de mim. Eu gostava disso. Fazia com que eu me sentisse grande e importante. Fazia com que eu sentisse que podia fazer qualquer coisa no mundo."[24]

Mas, oposto ao lado brilhante e sorridente da lua, havia igualmente um lado escuro, uma insegurança que perseguiria Lyndon Johnson pelo resto da vida. Quando ele falhava em realizar as ambições da mãe — quando se tornou um estudante lento ou não quis continuar a ter aulas de violino e dança —, ela retirava seu amor e seu afeto. "Durante dias, depois que parei de ir às aulas, ela andou pela casa fingindo que eu estava morto", disse Johnson desalentadamente. "E então eu tinha de vê-la ser especialmente calorosa e agradável com meu pai e minhas irmãs."[25] O amor era alternadamente abundante e ausente, um *quid pro quo* por obediência e realização. Mais tarde, Johnson exibiria um padrão similar ao lidar com amigos, colegas e membros de sua equipe. Ele cobriria alguém de generosidade, cuidados e afeto, mas, como recompensa, esperaria total lealdade e excelentes realizações. Não cumprir esse padrão era percebido por ele como traição. Seu afeto era retirado, em um padrão de comportamento tão pronunciado que lhe valeu o epíteto de Johnson "dá um gelo".[26]

A contação de histórias desempenhou papel central na vida do jovem Lyndon, assim como ocorrera nas vidas dos jovens Abraham, Theodore e Franklin. Quando as tensões na residência Johnson aumentavam, Lyndon encontrava "a fuga perfeita" estrada abaixo, na casa do avô. Lá, os dois passavam uma hora ou mais juntos, enquanto Sam Ealy falava sobre seus dias de caubói, conduzindo um rebanho de 1.500 cabeças por Chisholm Trail, dos ranchos do Texas até Abilene, no Kansas. "Eu me sentava ao lado da cadeira de balanço, no chão do alpendre", recordou Johnson, "pensando o tempo todo em como era sortudo por ter como avô aquele homem enorme, de barba branca, que tivera a vida mais excitante que se poderia imaginar."[27]

O avô Sam possuía um talento narrativo capaz de transformar aquelas aventuras da juventude em uma vasta coleção de contos seminais que formariam os blocos da concepção heroica de liderança de Lyndon. Central em tais histórias era a imagem do caubói, conduzindo o gado por rios gelados, sempre vigilante para evitar o maior dos horrores, o estouro da boiada.

A idealização do caubói ousado das histórias de tocadores de gado de seu amado avô modelou o conceito de masculinidade de Lyndon, assim como as arriscadas histórias dos caçadores de veados em meio à vida selvagem haviam influenciado o ideal de homem heroico de Theodore Roosevelt. A extravagante tradição oral do Velho Oeste infundiu-se na linguagem de Johnson. Somente Abraham Lincoln, que realmente enfrentara perigos físicos e as amargas dificuldades da vida selvagem, jamais romantizou o passado da família.

Os colegas de Lyndon reconheciam a superioridade de sua inteligência. Ele era "muito brilhante", lembrou um deles. Os meninos de sua idade simplesmente não estavam "mentalmente à sua altura". Mesmo os meninos mais velhos "viam que ele falava — e pensava — mais rapidamente que eles".[28] Mas ele era inquieto demais para ficar sentado ou concentrado durante as aulas e nunca terminava as lições de casa. A mãe tentava remediar sua falta de preparo lendo as lições em voz alta enquanto ele tomava café da manhã, mas ele se sentia "asfixiado" pela maneira como ela o "forçava".[29] Consequentemente, ele foi forçado a ficar para trás e frequentar uma turma de recuperação durante o verão antes de se formar no ensino médio. A despeito dos melhores esforços da mãe, tampouco se tornou um leitor assíduo. "É de verdade?", perguntava ele quando ela lhe entregava um livro, concordando em abri-lo somente se fosse sobre história ou governo.[30] Ao passo que Abraham Lincoln levara de seu primeiro lugar na turma "a autoconfiança de um homem que, em termos de intelecto, jamais encontrou um igual",[31] Lyndon Johnson foi atormentado para sempre por uma sensação de inferioridade acadêmica. "Meu pai sempre me dizia que, se enfrentasse o esmeril da vida, eu sairia mais polido do que jamais seria se fosse para Harvard ou Yale", disse ele anos mais tarde, com um tom melancólico na voz. "Eu queria acreditar nele, mas nunca consegui."[32]

"A maneira de ter sucesso no mundo é se aproximar daqueles que estão à frente das coisas", disse Lyndon a seu colega de quarto quando finalmente chegou à Faculdade Estadual de Educação do Sudoeste do Texas, em San Marcos. "Como o presidente Evans, por exemplo."[33] Cecil Evans era presidente da faculdade há quinze anos e respeitado por professores e alunos. Consciente das demandas em relação ao tempo do presidente, Johnson concluiu "que a única maneira de conhecer Evans é trabalhar diretamente para ele".[34] Era política da faculdade dar aos estudantes empregos de meio período na biblioteca, cafeteria, livraria, na administração ou no departamento de manutenção. O primeiro emprego de Lyndon foi como zelador, recolhendo papéis e lixo. A maioria dos estudantes fazia o mínimo necessário para manter o emprego, mas Lyndon trabalhava com exuberante entusiasmo, criando o jogo de formar a maior pilha de lixo no menor tempo. Seu entusiasmo lhe garantiu uma promoção para a equipe de zeladores que trabalhava no prédio da administração. Encarregado de passar esfregão no piso, Lyndon focava no corredor em frente ao escritório da Presidência, permitindo que tivesse breves conversas quando o presidente Evans passava. Como Lyndon, Evans gostava de política desde a infância; na verdade, ainda tinha a esperança de, algum dia, concorrer a um cargo público. Com Lyndon, como com nenhum outro estudante ou mesmo com a maioria dos professores, ele podia conversar sobre as realizações da legislatura ou partilhar histórias sobre várias figuras políticas. Quando Lyndon perguntou se podia trabalhar no gabinete fazendo tarefas menores e entregando mensagens, Evans prontamente concordou.

O que começou como posição inconsequente rapidamente se tornou, nas mãos de Lyndon, um gerador de poder real quando ele expandiu sua limitada função de mensageiro ao encorajar os receptores a enviarem por ele suas próprias mensagens. Ocupando uma mesa no vestíbulo do escritório da Presidência, ele anunciava a chegada de visitantes como se fosse secretário, não mensageiro. Com o tempo, os professores e membros da administração, cujos nomes Lyndon sempre lembrava, passaram a pensar no texano magrelo de cabelo preto ondulado como um canal direto para o presidente. Cada vez mais impressionado com as perceptivas observações de Lyndon sobre política estadual, Evans passou a levá-lo para Austin, para as audiências sobre o orçamento para as faculdades estaduais e outras questões educacionais. Em breve, ele começou a confiar no jovem mensageiro para preparar relatórios sobre as audiências, o que Lyndon fez com estilo, analisando as inclinações individuais dos legisladores e o clima da legislatura como um todo. Pouco depois, Lyndon passou a cuidar da correspondência política do presidente, rascunhando relatórios para várias agências estatais e passando a morar em um quarto sobre a garagem de sua casa. Ele quase parecia o filho que o presidente Evans jamais tivera, um filho que não somente fornecia afeto e companhia, mas cujas habilidades organizacionais e atenção aos detalhes lhe permitiam assumir pesadas tarefas e responsabilidades do homem mais velho.

Sem dúvida, muitos estudantes percebiam a flagrante consolidação de poder de Lyndon como repelente. Eles consideravam sua atitude obsequiosa em relação aos administradores e professores "humilhante", "aduladora" e "puxa-saco".[35] Vários colegas de Lyndon o viam como "implacável",[36] preparado "para cortar sua garganta para conseguir o que queria".[37] Não é que simplesmente "não gostassem de Lyndon Johnson", disse um deles, "eles o desprezavam."[38]

"A ambição é uma companheira desconfortável", admitiu Lyndon em um editorial da faculdade. "Ela cria descontentamento com a posição e as realizações atuais, nunca está satisfeita e sempre pressiona para seguir em frente."[39] Essa personificação da ambição mostra que ele não compreendia a impressão que causava nos outros. Ele não sabia quando relaxar e frequentemente estava cego para os custos colaterais de suas próprias energias compulsivas.

A necessidade de Lyndon de realizar suas autoexaltadoras e autointeressadas ambições foi colocada a serviço de um objetivo mais amplo pela primeira vez quando, durante uma licença de um ano da faculdade, ele se tornou diretor de uma escola elementar americano-mexicana de seis professores em Cotulla, Texas, uma cidade empoeirada e empobrecida não muito longe da fronteira com o México. A maioria das famílias vivia em palhoças sujas, envolvida na luta contínua de retirar o sustento da terra seca e sem árvores.

Como diretor, Lyndon ocupou sua primeira posição real de autoridade e empregou todos os atributos de liderança que já possuía — energia infatigável, poder de persuasão, disposição para lutar pelo que queria, intuição, empreendedorismo e iniciativa — para ampliar as oportunidades de seus alunos e melhorar suas vidas. Os alunos o adoravam, os colegas passaram a admirá-lo e ele partiu deixando uma impressão duradoura na pequena comunidade. Finalmente, observou o biógrafo Robert Caro, Lyndon era "o homem que sempre quisera ser".[40] Ele não estava nem tentando absorver poder ao acomodar os desejos de um mentor mais velho nem competindo selvagemente com seus pares. Estava simplesmente tentando elevar as esperanças e condições dos marginalizados e despossuídos daquela cidadezinha do sul do Texas.

A empatia energizava seus esforços em Cotulla. "Meus alunos eram pobres e frequentemente iam para a escola sem tomar café da manhã, famintos", lembrou Johnson mais tarde. "E conheciam, mesmo na infância, a dor do preconceito."[41] Como não havia financiamento escolar para atividades extracurriculares, ele usou metade de seu primeiro salário para comprar equipamentos esportivos e então atazanou o conselho escolar para incluir caminhadas, atividades ao ar livre e jogos de beisebol e vôlei no orçamento da escola. Além de suas responsabilidades administrativas como diretor, essa equipe de um homem só dava aula para a quinta, a sexta e a sétima séries e era treinador de teatro e coral. Inicialmente, fez com que as crianças praticassem e competissem umas contra as outras. Mas, em breve, organizou eventos com uma dúzia de outras escolas regionais.

Décadas depois, um coro de vozes testemunhou o enorme impacto que Lyndon teve na escola. "Ele respeitava as crianças mais que qualquer outro professor", disse Manuel Sanchez. "Ele nos fez trabalhar duro", lembrou outro aluno. "Mas era o tipo de professor para o qual você queria trabalhar. Você sentia ter a obrigação, em relação a ele e a si mesmo, de fazer seu trabalho."[42] Todos concordavam que era exigente: ele fazia com que ficassem depois da aula se não tivessem feito o dever de casa. Mas era "prático e amigável"[43] e, anos depois, todos se sentiam gratos por ele ter exigido tanto.

E ninguém trabalhava mais intensamente que Lyndon Johnson. O primeiro a chegar pela manhã e o último a ir embora à noite, "ele não dava a si mesmo o que chamamos de tempo livre", disse um professor. "Ele andava tão depressa que era como ver um borrão",[44] lembrou um morador da cidade. Sua energia interminável, sua ambição feroz e sua necessidade compulsiva de organizar estavam agora ligadas a algo maior que ele mesmo. O sucesso que buscava era acompanhado do desejo igualmente poderoso de transformar as vidas de seus alunos. "Eu estava determinado a fazer surgir uma fagulha dentro deles, preencher suas almas com ambição, interesse e fé no futuro. Estava determinado a dar a eles o que precisavam para ter sucesso no mundo, ajudá-los a concluir sua educação. O resto viria depois."[45]

O ano que Johnson passou ensinando crianças mexicanas-americanas em Cotulla foi uma experiência crucial a que ele retornou inúmeras vezes. "Ainda consigo ver o rosto das crianças de minhas turmas",[46] disse ele anos depois. Foi a exibição de um tipo diferente de liderança, baseado na empatia e na generosidade, que ele jamais exercitara antes.

Entre os olhos politicamente experientes fixados no jovem Lyndon Johnson durante seu primeiro discurso político no piquenique de Henly em 1930, estavam os de Welly Hopkins, prestes a iniciar sua campanha para o Senado estadual. No calor do momento, naquele dia, Hopkins astutamente o convidara para assumir uma posição de liderança em sua campanha, durante um encontro fortuito que teria longo impacto sobre o futuro de Lyndon.

"Mesmo naquela época", lembrou Hopkins, falando do jovem Lyndon, "a política estava em seu sangue, em função de herança, treinamento e aptidão geral." Ele não somente estava "imerso nas tradições políticas",[47] como também fora "dotado da habilidade muito incomum de se comunicar com o público"[48] e organizar coisas. Dias depois, Lyndon já mobilizara meia dúzia de amigos da faculdade e montara uma máquina azeitada.

"Trabalhamos todo o condado de Blanco", lembrou Hopkins, referindo-se a suas viagens com Lyndon. "Eu passei por cada árvore de Pedernales", acatando "quase completamente" as decisões de Lyndon, porque ele conhecia a área muito bem e "tinha uma posição favorável entre os locais". Por mais cansados que estivessem, Lyndon esquadrinhava o interior em busca de votos, mesmo que o carro tivesse de ir até uma única fazenda no fim de uma estrada de terra. "Em certa ocasião", contou Hopkins, rindo, Lyndon fez com que ele ficasse de pé sobre o leito seco de um riacho e fizesse um discurso de dez minutos para um grupo de três pessoas: um homem, a mulher dele e um parente. "Sempre senti que ele faria a diferença na balança em relação a minha eleição"[49], disse um grato Hopkins. Logo se espalhou a notícia de que "havia em San Marcos um garoto que sabia mais sobre política que qualquer um na área".[50]

Lyndon estava pronto para iniciar sua carreira política, mas a época não permitiu. A Depressão não oferecia nenhuma oportunidade para cargos no governo. Felizmente, seu tio George Johnson, há muito chefe do departamento de história da Sam Houston High, conseguiu para ele um emprego como professor de oratória e debates. No momento em que Lyndon chegou a Sam Houston High, ele estabeleceu um objetivo dramático para a equipe de debates: embora jamais tivessem "ganhado nada"[51] nas competições contra colégios vizinhos, Lyndon disse que, pela primeira vez na história do colégio, a equipe venceria não somente as competições municipais e distritais, mas também o campeonato estadual. Ele criou um objetivo psicológico para elevar as ambições da equipe antes mesmo do início da temporada de debates.

Na Houston High, como em Cotulla, Lyndon canalizou seu insaciável desejo de sucesso para beneficiar outros, empregando seu vigoroso estilo de liderança para conseguir fundos para o clube de debates. Luther Jones, um dos membros do clube, contou ter ouvido uma "discussão bastante intensa entre Johnson e o diretor", que lhe disse que dinheiro para a equipe de debates jamais fizera parte do orçamento do colégio. "Sim, mas você nunca teve um professor como eu", respondeu Johnson. "Pelos padrões de algumas pessoas", observou Jones, "você poderia dizer que ele era muito arrogante", e sua atitude certamente era "extremamente agressiva",[52] mas ele "podia levar as pessoas a fazerem coisas que, em circunstâncias normais, elas jamais pensariam em fazer".[53]

Para seus alunos, Lyndon parecia "um dínamo humano", "um motor a vapor de calças",[54] movido por uma ética de trabalho e por um entusiasmo ilimitado que se provaram contagiantes. Em seu primeiro dia no cargo, ele fez com que os estudantes ficassem em pé na frente da classe e imitassem os sons dos animais, a fim de se livrarem do nervosismo e da inibição. "Ele tinha várias maneiras de nos incentivar", lembrou Gene Latimer, membro do clube de debates. Ele "fazia você se sentir envergonhado" por não ter investido tempo suficiente na biblioteca estudando o tópico em questão ou "o cobria de elogios, fazendo com que quisesse se esforçar mais". E, sempre, "ele gostava de colocar uns contra os outros". Latimer acreditava que essas técnicas "eram instintivas". "Ninguém, antes ou depois, conseguiu me motivar como ele. Se ele nos dissesse para subir no telhado e pular, nós formaríamos uma fila e faríamos exatamente isso."

A narrativa, ensinou Johnson a seus alunos, era a chave para o sucesso nos debates. Em contraste com o professor anterior de oratória, que era da "velha guarda" e treinara seus debatedores para "serem bombásticos e ruidosos", Lyndon estimulava um estilo coloquial que ilustrava os tópicos com histórias concretas. "Aja como se estivesse conversando com aquelas pessoas", aconselhou ele. "Olhe uma delas nos olhos e então passe para a seguinte."[55] Durante as competições, ele utilizava toda sua flexível coleção de gestos e expressões faciais para dar deixas e incitar — fazendo carrancas, semicerrando os olhos, franzindo o cenho, sacudindo a cabeça, ficando bo-quiaberto de espanto —, criando um filme silencioso para guiar e estimular seus alunos até a vitória.

Desde o início, Johnson buscou criar em torno do clube de debates uma aura que anteriormente fora reservada ao time de futebol americano. Na primeira competição, somente sete pessoas compareceram, mas, conforme se acumulavam as vitórias da equipe invicta, a excitação começou a aumentar. Quando a equipe conquistou o campeonato municipal e passou a competir no nível distrital, cada cadeira do auditório estava ocupada. Ele transformara os debates em uma campanha por toda a comunidade, com concentrações, animadoras de torcida e suéteres da equipe. De fato, um amálgama entre a áspera politicagem do pai e a decorosa atenção à aparência e às maneiras da mãe, quando ensinara elocução na Johnson City High, pode ser visto clara-mente na pedagogia do filho. Quando a equipe venceu o campeonato distrital, fotografias dos dois astros, Gene Latimer e Luther Jones, foram publicadas nos jornais da cidade. Embora tivessem perdido o campeonato estadual na competição final, por apenas um voto, Latimer lembrou com orgulho que, quando o ano escolar chegou ao fim, "éramos mais importantes que o time de futebol americano".[56]

Os serviços que Lyndon prestou à campanha de Welly Hopkins foram lem-brados e recompensados quando Welly o recomendou a Richard Kleberg (que acabara de vencer a eleição para preencher uma vaga no 14º Distrito Congressional), dizendo que ele era o homem do qual Richard precisava para seu secretário legislativo; em essência, seu chefe de gabinete. Após co-nhecer Lyndon, Kleberg imediatamente lhe ofereceu o emprego. Alguns dias depois, os dois homens embarcaram em um trem Pullman para a viagem de dois dias até Washington. "Passei todo aquele dia me sentindo excitado, nervoso e triste", lembrou Johnson. "Eu estava prestes a sair de casa com destino à aventura de meu futuro. Eu me sentia adulto, mas minha mente continuava a voltar no tempo. Eu me vi ainda menino descendo a estrada até a casa de meu avô. Lembrei das muitas noites em que ficara na soleira ouvindo as conversas políticas de meu pai. Lembrei das noites com minha mãe quando meu pai estava longe. Agora tudo aquilo ficara para trás."[57]

Se uma destinação jamais pareceu um destino para Lyndon Johnson, essa destinação foi Washington, D.C., a cidade cujas complexidades ele conheceria e, por algum tempo, dominaria tão completamente quanto dominara a faculdade em San Marcos, Cotulla e Houston High. Ao ver o domo do Capitólio pela primeira vez, Johnson jurou que algum dia seria congressista. "Eu não diria que nunca tive ambição", lembrou ele. "Foi muito excitante perceber que muitas das pessoas pelas quais eu passava eram no mínimo deputados, talvez até senadores ou membros do gabinete. E havia aquele cheiro de poder. Ele tem um cheiro, sabe. Digo, o poder."[58]

Tal era a natureza de seu temperamento que, assim que deixou suas coisas no Hotel Dodge, onde a maioria dos secretários vivia, ele começou sua empreitada para determinar as fontes e os relacionamentos de poder na capital da nação. Não havia tempo a desperdiçar, pois a escala da investigação era maior que nunca. Sua adaptação da amabilidade rural ao competitivo alojamento na cidade gerou táticas estranhamente cômicas: na primeira noite, ele tomou quatro banhos no banheiro comunitário a fim de conhecer tantas pessoas quanto possível; na manhã seguinte, escovou os dentes a cada dez minutos — tudo a fim de selecionar os informantes mais úteis. "Aquele garoto magrelo era tão verde quanto se pode ser", disse um secretário mais velho, "mas, em alguns meses, sabia como operar Washington melhor que alguns que estavam lá há vinte anos."[59]

Gerenciando uma equipe pela primeira vez, Johnson preencheu duas posições com jovens cuja ética de trabalho ele formara e já testara: os astros dos debates de Houston High, Latimer e Jones. Johnson era "um homem difícil para o qual se trabalhar, porque ele insistia na perfeição", lembrou Jones. O Chefe, como era conhecido, "queria responder toda a correspondência recebida no mesmo dia". E cada carta "tinha de estar exatamente certa", o que significa datilografar várias vezes cada uma delas, até que estivesse "do jeito que ele queria".[60] Certa noite de sábado, Johnson voltou ao trabalho após o jantar e descobriu que Latimer e Jones estavam ausentes. Um bilhete sobre a mesa dizia que tinham ido ao cinema e voltariam às 21 horas. Procurando na pilha de correspondência, ele encontrou o que procurava: a carta não respondida de um eleitor! Pegando-a, ele correu até o cinema local, encontrou os dois homens e os levou para fora, apenas para saber se, de acordo com a sua ordem anterior, a carta em questão havia sido deixada de lado. Ansioso para consertar a situação, Johnson os convidou para jantar em um restaurante local. Os primeiros drinques mal haviam chegado quando ele se levantou de um pulo. "Já relaxamos por tempo demais", disse ele, "e ainda temos umas três boas horas de trabalho antes de encerrarmos o dia."

Quando os críticos escreveram sobre a maneira implacável como Johnson tratava os membros de sua equipe, Latimer insistiu que o chefe era "extremamente sentimental em relação às pessoas próximas". No entanto, o preço de admissão em sua seleta família estendida subia cada vez mais, passando da dedicação e da lealdade inquestionável para devorar todo o tempo e espaço pessoal de seus subordinados. "Se ele pegasse você lendo uma carta de sua mãe", disse Jones, "ou tendo ido ao banheiro, dizia: 'Filho, você não pode fazer isso em seu tempo livre?'"[61]

Em alguns meses, o escritório de Kleberg desenvolveu a reputação de ser um dos mais eficientes da colina do Capitólio. Para o congressista, "um multimilionário franco e bonachão", a situação era ideal. Preferindo passar seu tempo jogando golfe, pôquer ou polo, ele ficava feliz em deixar Lyndon dirigir o espetáculo, e Lyndon, por sua vez, estava deliciado com o vácuo que Kleberg deixara.[62] Desde o início, Lyndon deu prioridade às solicitações dos eleitores, entendendo a importância central de fortalecer a base eleitoral de Kleberg em seu distrito natal. Em função das respostas rápidas e úteis às centenas de pessoas que escreviam todos os meses — veteranos alegando ferimentos sofridos durante a Primeira Guerra Mundial, fazendeiros desesperados esperando auxílio da administração agrícola, homens e mulheres desempregados querendo um emprego público —, notícias sobre o zelo ponderado de Kleberg começaram a se espalhar pelo distrito; internamente, a reputação de Lyndon como empreendedor foi estabelecida.

Como a maioria das solicitações dos eleitores envolvia problemas com uma ou outra burocracia, Johnson passava horas, todos os dias, penetrando o labirinto burocrático, descobrindo onde estava o poder e identificando a pessoa que tomaria a decisão final. Então seu bombardeio começava: pressão intimidadora combinada a entusiasmo contagiante, elogios misturados a ameaças, até que a determinação que buscava finalmente fosse aprovada. Ele acreditava que "todo problema tinha uma solução",[63] afirmou Jones maravilhado. Ele se recusava a aceitar um não como resposta e, quando um eleitor recebia o que pedira, ficava exultante, tratando cada sucesso como uma grande vitória para a equipe. Com chocante audácia e velocidade, Lyndon Johnson se tornara um congressista em todos os sentidos, com exceção do título.

Aos 25 anos, ele estava no caminho da carreira política. Lyndon Johnson percorrera uma longa distância nos três breves anos desde o momento, no piquenique de Henly, que correra pela multidão para fazer seu primeiro discurso. Mais cedo que os três homens que estudamos, ele criara a elaborada base de um tipo diferente de liderança, uma competência executiva e um extenuante e distintivo padrão de comportamento que marcariam seu estilo gerencial pelo resto de seus dias. Ele já se tornara um animal político consumado, um homem com uma varinha rabdomântica atraída inexoravelmente para cada reservatório de poder. A habilidade instintiva de localizar as engrenagens e alavancas de poder em qualquer instituição, conseguir mentores sábios e leais e transformar posições menores em fontes substanciais de influência acompanharia cada estágio de sua escalada.

Em contraste com Abraham Lincoln, que era capaz de relaxar com poesia e teatro; Theodore Roosevelt, que estava interessado em pássaros, em rituais de acasalamento dos lobos e nos últimos romances; ou Franklin Roosevelt, que passava horas felizes velejando, organizando selos, jogando pôquer e tendo conversas amenas, Lyndon Johnson jamais relaxava. Luther Jones não se lembrava dele lendo um romance ou, aliás, qualquer coisa que não os jornais e revistas de atualidades que devorava obsessivamente. Ele raramente ia ao cinema ou ao teatro, pois não gostava de se sentar no escuro durante três horas, incapaz de falar. Nos jogos de beisebol, insistia em falar sobre política entre os innings e mesmo entre os arremessos. Nos eventos sociais, dançava com as esposas dos congressistas e oficiais do governo, e não com as jovens solteiras, discutindo as últimas notícias e fofocas políticas enquanto deslizava pelo salão. Durante toda a vida, ele continuaria a trabalhar no mesmo ritmo compulsivo, como se a vitória e o sucesso pudessem de algum modo compensar o amor e o afeto que lhe haviam sido negados quando criança.

As mesmas qualidades que Lyndon levou para cada estágio de sua ascensão — determinação focada, entusiasmo contagiante, elogios misturados a ameaças, energia interminável e uma personalidade irresistível — foram conspícuas em sua bem-sucedida tentativa de conseguir a mão de Claudia "Lady Bird" Taylor. Ao passo que Theodore Roosevelt realizara uma campanha combinada de um ano para conquistar a esposa e sua família, Lyndon, sem um segundo a perder, acelerou o processo, chegando a seu objetivo em questão de semanas.

Filha de um rico homem de negócios, Lady Bird se formara recentemente em jornalismo pela Universidade do Texas. Depois de um único encontro em Austin, Johnson, para seu crédito e sua sorte, decidiu não perder aquela mulher inteligente, reservada, sensível e astuta. Durante sua primeira conversa, lembrou ela mais tarde, ele contou todo tipo de coisa "extraordinariamente direta" sobre si mesmo: "seu salário como secretário de um congressista, suas ambições e mesmo sobre todos os membros de sua família e de quanto era seu seguro. Era como se quisesse me dar um retrato completo de sua vida e suas capacidades."[64] Ela achou que ele era "muito, muito bonito, com todo aquele cabelo preto ondulado",[65] mas considerou "pura maluquice"[66] quando, em seu segundo encontro, ele a pediu em casamento.

"Sou ambicioso, orgulhoso, enérgico e estou perdidamente apaixonado por você", declarou ele. "Quando vejo *algo que quero, imediatamente faço esforços* para conseguir." Em sua próxima visita a Austin, dois meses depois, ele fez um ultimato: "Vamos nos casar agora ou nunca mais."[67] Quando ela concordou, ele deu um "uivo do Texas"[68] e dirigiu até San Antonio, onde eles se casaram em uma cerimônia simples no mesmo dia. "Depois que ele colocou os olhos nela, Lady Bird não teve nenhuma chance",[69] comentou Latimer três décadas mais tarde. Ela era seu "contrapeso",[70] disse Jones. Ele era essencialmente impaciente, ela era essencialmente calma. Ele era abrupto e profano, ela era gentil e graciosa. Sem tal paciência e devoção, sem um amor constantemente oferecido e jamais negado, o curso da ascensão de Lyndon Johnson em meio às mais complicadas intrigas do mundo político se torna inconcebível.

Além disso, a casa que Lady Bird montou em Washington se provou instrumental não somente para a estabilidade de Lyndon, mas também para suas ambições cada vez maiores. Lady Bird oferecia uma acolhida hospitaleira aos convidados de Lyndon a qualquer hora do dia ou da noite. Ele podia telefonar para ela às 18 ou 19 horas dizendo que convidara meia dúzia de pessoas para jantar e, quando eles chegassem, a mesa estaria posta, os coquetéis prontos e o jantar no forno.

Entre os muitos convidados, nenhum desempenhou papel maior no futuro de Lyndon que Sam Rayburn, o congressista democrata de Bonham, Texas, que trabalhara com seu pai na legislatura estadual e seria porta-voz da Câmara dos Representantes durante dezessete anos. Sem esposa ou família, o "sr. Sam" frequentemente se sentia solitário nas horas em que a câmara não estava em sessão. Percebendo isso, Lyndon passou a convidá-lo repetidas vezes para jantar. Esses convites rapidamente se estenderam a cafés da manhã nos fins de semana, a fim de que os dois pudessem ler juntos os jornais de domingo. A simpatia e a informalidade da atmosfera engendraram um companheirismo genuíno, fornecendo a Lyndon um mentor sábio, confiável e muito útil e ao sr. Sam o filho afetuoso e leal que nunca tivera. Em breve, o exercício de força política bruta do sr. Sam se provaria indispensável para que Lyndon chegasse ao estágio seguinte de sua ascensão política.

Em uma manhã de terça-feira de junho de 1935, por ordem executiva, o presidente Franklin Roosevelt criou a National Youth Administration. A NYA foi criada para salvar "uma geração perdida"[71] de jovens ao fornecer empregos de meio período para estudantes de famílias necessitadas que, de outro modo, não poderiam continuar estudando, assim como empregos em período integral para milhares de jovens desempregados entre 16 e 21 anos. Naquela mesma terça-feira, Lyndon procurou o sr. Sam e se apresentou como candidato perfeito a diretor da NYA no Texas. Imediatamente, Rayburn pediu um favor pouco característico ao senador pelo Texas Tom Connally: "Ele queria que eu pedisse ao presidente Roosevelt para nomear Lyndon Johnson", lembrou Connally. "Sam estava agitado." Que aquela era uma questão de significativa importância pessoal para Rayburn era tão aparente e persuasivo que Connally imediatamente concordou. Mas Connally foi incapaz de convencer Roosevelt de que Lyndon, aos 26 anos e sem experiência administrativa, estava qualificado para dirigir uma agência estadual. Na verdade, a maior equipe que Lyndon já gerenciara consistia de três pessoas. Além disso, outro homem já havia sido anunciado para o cargo antes de Rayburn apelar ao presidente. Apesar de tudo, Roosevelt atendeu a seu pedido. Rapidamente, a Casa Branca reconheceu que "um erro fora cometido".[72] O cargo iria para o secretário legislativo de Kleberg, Lyndon Baines Johnson.

Preocupações com a juventude e inexperiência de Johnson logo se desvaneceram quando ficou claro que o mais jovem diretor de uma agência estadual nos Estados Unidos possuía um raro conjunto de habilidades executivas. "Não sou do tipo assistente", disse ele a um amigo, com razão, após deixar o gabinete de Kleberg. "Sou do tipo executivo."[73] Recrutar uma equipe que chegaria a ter quase cinquenta pessoas foi o primeiro desafio. Ele começou por convocar os mesmos jovens que haviam estado com ele na faculdade, em Sam Houston High e no gabinete de Kleberg. Eles estavam familiarizados com seu forte estilo de liderança, haviam testemunhado seu *modus operandi* em arenas menores e estavam prontos para um desafio maior. A maioria tinha origem pobre, como Lyndon; eles também precisaram procurar emprego em uma época de depressão a fim de permanecerem na faculdade. Para eles, assim como para Johnson, a missão da NYA — fornecer educação, treinamento e empregos para jovens — era pessoal. "Nós adotamos aquele sonho e concordamos em fazer parte dele e colocar mãos à obra",[74] lembrou um membro da equipe.

A enormidade da empreitada estadual oprimiu Johnson até que ele criou o plano ideal para "colocar a bola para rolar"[75] com um importante projeto inaugural. Ele colocaria milhares de jovens que não estavam estudando para construir, ao longo das rodovias, parques[76] nos quais os viajantes poderiam parar para descansar, comer algo e ir ao banheiro. Em poucas semanas, Washington aprovou a papelada e o plano foi colocado em prática. A NYA pagava pela mão de obra e o Departamento de Rodovias Estaduais fornecia a supervisão, os caminhões e o material. Engenheiros públicos ensinaram aos jovens como misturar concreto, construir acessos das rodovias até os parques, assentar tijolos para as churrasqueiras, construir mesas e bancos de piquenique e plantar árvores umbríferas e arbustos ao longo das calçadas. Johnson ficou "incrivelmente feliz"[77] quando o primeiro projeto começou a ser implementado, pois sabia que ele criaria uma atmosfera de sucesso. Quando o projeto de parques se provou bem-sucedido, ele se assegurou de que fosse divulgado em todo o Texas e, em pouco tempo, ele se tornou "um modelo para a nação".[78]

O desempenho de Lyndon durante esse primeiro empreendimento abriu as portas para fundos suplementares e dezenas de projetos adicionais. Em seis meses, ele convenceu oficiais de 350 agências — escolas, hospitais, bibliotecas, centros de recreação — a fornecer material e supervisão para seus projetos particulares. Dezoito mil jovens estavam trabalhando, consertando ônibus escolares, fazendo levantamentos topográficos e construindo pérgulas, piscinas, centros de educação física e quadras de basquete. Era como se os projetos recreativos e os projetos extracurriculares que ele certa vez financiara do próprio bolso para os intervalos e as atividades complementares da escola em Cotulla pudessem ser expandidos, com dinheiro federal, para todo o Texas. Quando Eleanor Roosevelt foi ao Texas em 1936, ela pediu para conhecer o jovem diretor estadual sobre o qual tanto ouvira falar.[79]

Entretanto, conforme a pressão aumentava, multiplicavam-se os relatos sobre o comportamento frenético, duro e mesmo abusivo do Chefe em relação à equipe. "Tudo tinha de ser feito AGORA", lembrou um membro da equipe. "E ele podia ficar muito zangado se algo não pudesse ser feito imediatamente."[80] Segundos após ditar uma carta, ele "não podia esperar" para ver o produto final. "Onde está aquela carta?", gritava ele para a secretária; se o grito não produzisse o resultado desejado, ele arrancava a carta da máquina de escrever.[81] "As horas eram longas e duras",[82] lembrou Bill Deason, outro velho amigo que Johnson recrutara. A equipe trabalhava seis dias por semana, das oito da manhã à meia-noite. Os domingos eram reservados às reuniões para revisar o que fora feito e planejar a semana à frente. As luzes e os elevadores no edifício governamental deviam ser desligados às 22 horas, mas Johnson persuadiu o síndico a deixá-los ligados até a meia-noite e, às vezes, uma da manhã, até que o dono do imóvel interveio.[83] Não havia gente "conferindo o relógio" na equipe; na verdade, parecia que Johnson simplesmente "nunca ouvira falar de um relógio".[84]

Ele instilava medo e mantinha todo mundo no limite. "Ele nos colocava lado a lado, ou havia um, dois ou três de nós e você sempre estava atrás de alguém", lembrou Ray Roberts, um membro da equipe. Ele ia até uma pessoa e comentava como a outra estava se saindo bem e que a primeira pessoa "deveria tentar alcançá-la"; no dia seguinte, invertia o processo. "Não importava o quanto eu trabalhasse", lamentou outro membro da equipe, "sempre estaria para trás."[85] Eles nunca sabiam o que poderia causar uma explosão. "Meu Deus, ele era capaz de destroçar um homem",[86] lembrou um funcionário humilhado. Podia ser uma mesa bagunçada, que ele considerava sinal de desorganização, ou uma mesa limpa demais, que significava ociosidade. Com muita frequência, suas explosões escaldantes eram seguidas por afeto indulgente, sentimentalidade tátil, elogios efusivos ou contrição. Para certos membros da equipe, o comportamento oscilante de Johnson se tornou insuportável. Alguns ficaram doentes, outros pediram demissão, mas a maioria permaneceu.

Por que permaneceram? Estudos de liderança sugerem que tais comportamentos minam a motivação interna, que colocar trabalhadores uns contra os outros raramente produz resultados no longo prazo[87] e que a humilhação pública destrói o espírito, a autonomia e a produtividade de um funcionário. Contudo, a equipe de Johnson se saiu magnificamente bem. Aubrey Williams, a diretora nacional da NYA, declarou publicamente que o programa do Texas era o melhor do país. Como a equipe realizou tanto, tão rapidamente e por tanto tempo?

As respostas exigem apreciar a insuperável ética de trabalho de Johnson, a sensação, entre os membros da equipe, de que estavam aprendendo habilidades importantes e o senso partilhado de compromisso com uma missão significativa. Quase todos concordavam que, por mais tarde que saíssem, Johnson fecharia a porta atrás deles. Por mais cedo que chegassem, ele já estaria lá. "Colegas, nós podemos fazer isso", exortava ele, "se vocês se unirem e colocarem a mão na massa."[88] Aqui, como em Washington, Lady Bird se provou uma aliada indispensável. Ao tornar sua casa uma extensão do escritório, ela suavizava a dureza frequentemente descortês do ritmo compulsivo de Johnson. Vários membros da equipe viviam com os Johnson, em um quarto no segundo andar. Eles tomavam café da manhã e frequentemente jantavam na casa. "Não éramos como pensionistas", lembrou Bill Deason, "pois tínhamos liberdade de andar por toda a casa e eu me sentia como um membro da família."[89] Reuniões entorpecedoras sobre regras e regulamentos da NYA, "parágrafo por parágrafo, página por página", frequentemente eram realizadas no alpendre. "Isso acontecia normalmente tarde da noite", contou William Sherman Birdwell. "Lady Bird sempre tinha café e bolo para nós."[90]

Para os jovens, Johnson (embora fosse apenas pouco mais velho que eles) se provou um mentor inspirador, motivando-os não apenas a "trabalharem mais", observou um membro da equipe, mas também a "sermos mais criativos, pensarmos em novas abordagens que poderíamos adotar para ampliar os limites ou limitações sob os quais operávamos, sermos mais efetivos".[91] Eles o consideravam "o melhor organizador"[92] que já haviam conhecido e se maravilhavam com sua habilidade "de priorizar as coisas mais importantes e cuidar delas uma de cada vez".[93] E, todavia, embora focado no presente, ele parecia saber o que viria em seguida; eles acreditavam que era capaz de "antecipar o futuro".[94] Trabalhando tão proximamente com o líder mais enérgico e incomum que já haviam encontrado, eles sentiam estar aprendendo coisas novas todos os dias. E "nós falávamos claramente a respeito", reconheceu Ray Roberts. Eles sabiam, mesmo antes de Lyndon completar 30 anos, que ele "chegaria lá"[95] e que seria ótimo seguir até lá com ele.

Mais que qualquer outra coisa, no entanto, o que permitiu que os membros da equipe suportassem o comportamento autoritário de Johnson foi a sensação de estarem juntos em uma organização nova e incrivelmente excitante que prometia mudar a vida de milhares de jovens que haviam perdido as esperanças durante os primeiros anos da Depressão, fornecendo-lhes empregos, mantendo-os no colégio, ensinando-lhes habilidades comercializáveis e renovando sua fé no futuro. Ao ligar suas vidas à de Lyndon Johnson, eles sabiam estar pegando carona no ímpeto, na envergadura e no significado de uma história muito maior.

―――――――

A velocidade com que Lyndon Johnson tomava decisões capazes de alterar o curso de sua vida ficou evidente quando de súbito surgiu uma oportunidade de concorrer à Câmara dos Representantes. Em 23 de fevereiro de 1937, menos de dezoito meses após sua nomeação como diretor da NYA do Texas, Lyndon conduzia sua colega, a diretora da NYA do Kansas, em uma turnê por vários de seus projetos quando seus olhos pousaram sobre a manchete de um jornal deixado no banco de um parque: *Morre o congressista James P. Buchanan, de Brenham.* "Eu simplesmente não conseguia manter a mente na visitante", disse Johnson mais tarde. "Eu ficava pensando que aquele era meu distrito e aquela era minha chance. O dia pareceu interminável. Ela não parava de falar. E eu tinha de fingir total interesse em tudo que estávamos vendo e fazendo. Houve momentos em que achei que explodiria com toda a excitação acumulada dentro de mim."[96] Menos de sete semanas depois, em uma eleição especial contra oito oponentes muito mais conhecidos e experientes, Lyndon Johnson, então com 29 anos, foi eleito sucessor de Buchanan. Como conseguiu essa vitória contra políticos mais velhos e veteranos, todos cidadãos proeminentes e estabelecidos de um distrito no qual, no início, ele era praticamente um desconhecido?

O primeiro fator foi que sua decisão quase instantânea de concorrer eliminou o mais importante obstáculo à vitória. Enquanto os outros oito candidatos postergaram a decisão até que a viúva de Buchanan determinasse se ia ou não concorrer, Lyndon declarou sua intenção publicamente três dias após o funeral. Buchanan representara o distrito por quase 25 anos; poderia parecer inapropriado desafiar sua viúva de 57 anos, que indicara publicamente que desejava o assento. "Ela é uma mulher velha", aconselhou Sam Johnson astutamente. "Velha demais para uma briga. Se ela souber que haverá uma briga, não vai concorrer. Anuncie agora, antes dela. Se fizer isso, ela não vai concorrer."[97] A predição de Sam foi certeira: depois que Lyndon anunciou sua candidatura, ela decidiu não concorrer.

Lyndon consultara um círculo muito estrito antes de tomar a decisão. O mais importante entre eles era o homem que se tornara um mentor confiável em Austin: Alvin Wirtz, advogado e político influente que era chefe do conselho consultivo da NYA do Texas. "Wirtz tinha esposa e filha", disse sua secretária, Mary Rather. "Mas teria adorado ter um filho. E amava [Lyndon] como a um filho."[98] Quando Wirtz lhe disse que ele precisaria de ao menos 10 mil dólares[99] para concorrer, Lady Bird telefonou ao pai e pediu o dinheiro. "Dez mil dólares?", perguntou o pai. "Isso não é demais? Que tal 5 mil ou 3 mil?" "Não", respondeu Bird, "disseram que precisamos de 10 mil." "Muito bem", concordou ele, "10 mil dólares serão transferidos para o banco de Lyndon amanhã de manhã." Segundo Lyndon, "Fui ao banco às 9 horas da manhã seguinte e lá estava ele." Assim que "os dados foram lançados", contou Luther Jones, antes mesmo que ele fizesse o anúncio público, antes de enviar sua carta de demissão à NYA, Johnson "saiu à rua e imediatamente estendeu a mão para a primeira pessoa que viu, dizendo:

'Olá, eu sou Lyndon Johnson e estou concorrendo ao Congresso.' Aposto que ele apertou a mão de cinquenta pessoas antes de chegar ao carro."[100]

Lyndon leu o anúncio oficial no alpendre da casa de Johnson City. Após a fala de Lyndon, Sam Johnson, que no ano anterior sofrera um ataque cardíaco severo, levantou-se para abraçar o filho. "Meu pai remoçou", lembrou Lyndon. "Ele olhou para todos aqueles rostos que conhecia tão bem e depois para mim, e eu vi lágrimas em seus olhos quando ele contou à multidão o quão terrivelmente orgulhoso se sentia e quanta esperança teria para seu país se seu filho estivesse lá na capital com Roosevelt, Rayburn e todos aqueles bons democratas. Quando ele finalmente se sentou, eles começaram a aplaudir e continuaram por quase dez minutos. Olhei para minha mãe e ela também estava batendo palmas e sorrindo. Foi um momento de orgulho para a família Johnson."[101]

A estratégia de Lyndon Johnson pegou seus competidores de surpresa. Para se destacar do grupo mais conhecido, ele se apresentava como "homem totalmente de Roosevelt",[102] trombeteando seu apoio não somente aos aspectos populares do New Deal, mas também ao recente plano de reformas judiciárias do presidente, que suscitara grande oposição. "Não tenho que refugar como um novilho indo para o tanque de imersão", declarou Johnson em seu melhor jargão de Hill Country. "Eu apoio o presidente. Quando ele pedir minha ajuda, estarei em posição de lhe dar um empurrãozinho, não lá fora no depósito, procurando uma maneira de me esquivar."[103] Embora vários de seus competidores tenham finalmente endossado o plano de reforma judiciária, Johnson já se transformara no homem de FDR na competição.

Desde o início da campanha, ele acreditava que poderia vencer, desde que "acordasse mais cedo, conhecesse mais gente e ficasse acordado até mais tarde que todo mundo".[104] Sendo o mais jovem da competição, ele simplesmente faria mais campanha que seus rivais. Ele pararia "em cada loja, cada quartel dos bombeiros, cada local de negócios", lembrou um funcionário da campanha, e conheceria pessoalmente cada pessoa lá dentro, até a porta dos fundos, onde o zelador estava sentado. Ele "apertaria suas mãos" e "as olharia nos olhos",[105] como seu pai aconselhara há tanto tempo e ele reiterara para os membros de sua equipe de debates. Enquanto seus competidores focavam nos centros populacionais das grandes cidades, Lyndon foi a cada vilarejo e cruzamento, procurando casas e fazendas distantes. Se visse o brilho de um lampião de querosene à distância, dava marcha à ré no carro e ia até lá. Com suas longas pernas, saltava as cercas de arame farpado e conversava com os fazendeiros que aravam os campos.[106] Mantinha seus discursos curtos. "Um discurso de cinco minutos", afirmou, "com quinze minutos de conversa depois é muito mais efetivo que um discurso de quinze minutos, por mais inspirador que seja, que só deixa cinco minutos para apertar mãos."[107]

Ele parecia ter "uma memória fenomenal não somente para nomes e rostos, mas para as pessoas por trás desses nomes e rostos",[108] observou um historiador. O que parecia um traço inato, no entanto, era um talento deliberadamente cultivado, como no caso de Lincoln. O motorista de Johnson, Carroll Keach, descreveu o ritual que o candidato seguia após cada encontro da campanha. Ele murmurava para si mesmo, meditando em voz alta. "Era como se estivesse revendo suas notas mentais", contou Keach. "Quem eram as pessoas e pequenos detalhes sobre elas, e quem eram seus familiares",[109] como se estivesse fazendo "uma impressão em sua mente".[110] Ainda mais importante, embora geralmente não de forma autocontemplativa, Lyndon conduzia "discussões consigo mesmo sobre qual estratégia funcionara e qual não funcionara, e que estratégia ele usaria da próxima vez". Se as coisas não tivessem ido bem, ele repreendia a si mesmo. "Cara, aquilo foi estúpido!" "Bom, você terá de se sair melhor da próxima vez, isso é tudo."[111]

Sua ansiedade era tão grande dois dias antes da eleição especial que o suor escorria de seu rosto enquanto ele pedia votos de porta em porta em Austin. Dores severas contraíam seu estômago e ele se sentia nauseado. Depois de discursar durante um grande comício naquela noite, ele desmaiou. Foi levado às pressas para o hospital, onde os médicos descobriram que seu apêndice estava prestes a supurar. Uma cirurgia de emergência era necessária. Sua campanha chegara ao fim. Deixado em um estado de limbo sem nenhum lugar para ir, nenhuma mão para apertar, ninguém para persuadir e encantar, Lyndon agonizou. Mas seus longos dias de esforço incansável e incessante haviam dado resultado. Da cama do hospital, ele soube que vencera a eleição, superando o segundo colocado por mais de 3 mil votos.

Logo após a eleição, Lyndon conheceu o presidente Franklin Roosevelt. Retornando ao porto de Galveston, no Texas, após uma viagem de pesca ao golfo do México, o presidente cumprimentou o jovem congressista na doca e o convidou a atravessar o estado em seu trem especial. Embora não fosse pescador de pirapemas nem devotado aos temas navais, Lyndon tirou o máximo proveito da oportunidade. "Conheci um jovem notável", disse Roosevelt mais tarde ao assessor da Casa Branca Tommy Corcoran. "Eu gostei dele e você deve ajudá-lo sempre que puder."[112]

Assim, Lyndon Johnson entrou na Câmara dos Representantes como protegido do presidente Roosevelt, o supremo de uma longa linhagem de mentores paternais que haviam auxiliado sua ascensão: o presidente de San Marcos Cecil Evans, Welly Hopkins, Sam Rayburn, Alvin Wirtz. Embora haja certa medida de verdade nas críticas daqueles que achavam que ele só se aproximava dos homens mais velhos para facilitar sua ascensão, a busca de Johnson por mentores também representava suas próprias necessidades emocionais e fornecia uma oportunidade de aprender. "Ele era um grande venerador de heróis", observou uma New Dealer. "Havia pessoas que ele admirava e das quais dependia."[113] Ele ouvia atentamente suas histórias, absorvia suas experiências, valorizava suas orientações e realizava quaisquer tarefas que determinassem. Se os usou para avançar, sua devoção era autêntica e sua lealdade e seu desempenho para eles não tinham igual.

Enquanto Johnson se estabelecia em Washington para assumir sua nova posição, ele reconheceu novamente, como fizera durante seus primeiros dias como administrador da NYA, a importância de causar uma impressão marcante e dramática antes que as tarefas rotineiras o soterrassem. Durante a campanha, ele prometera que, se eleito, levaria eletricidade para Hill Country e que, se tivesse de fazer lobby junto ao presidente, faria exatamente isso. Ele pretendia cumprir a promessa.

Quando Franklin Roosevelt assumiu a Presidência, nove em dez fazendas americanas não tinham eletricidade. "A falta de energia elétrica dividia os Estados Unidos em duas nações", afirmou um historiador, "os moradores das cidades e o pessoal do interior."[114] As mulheres dos fazendeiros não gozavam de nenhuma das conveniências da vida do século XX: refrigeradores, máquinas de lavar, ferros de passar, aspiradores de pó. Os fazendeiros tinham de lançar mão do trabalho manual para retirar água do poço ou ordenhar as vacas. Durante décadas, as empresas privadas de energia haviam se recusado a instalar linhas elétricas nas áreas rurais, afirmando que a taxa de retorno das áreas esparsamente povoadas impedia o lucro. Com a criação da Autoridade do Vale do Tennessee em 1933 e da Rural Electrification Administration (REA) em 1935, o New Deal levara eletricidade a milhões de famílias rurais, mas as necessidades do povo de Hill Country haviam sido ignoradas. Embora duas barragens financiadas pelo governo estivessem sendo finalizadas no Texas para controlar as inundações e, potencialmente, gerar energia hidrelétrica, as diretrizes da REA para instalar linhas de força e conectar as casas à rede exigiam uma densidade populacional de ao menos três fazendas a cada 1,6 quilômetros, e Hill Country não chegava nem à metade. Como não conseguiu persuadir o administrador da REA, John Carmody, a fazer uma exceção ao requerimento de densidade populacional, Johnson persuadiu Tommy Corcoran a conseguir uma reunião com o presidente Roosevelt.

A história das duas reuniões na Casa Branca entre os dois políticos mais ardilosos daquela era resultou em triunfo para Lyndon Johnson, atestando seu grande talento como vendedor. Mas as reuniões também serviram para atestar o humor, o discernimento e a habilidade de Roosevelt de cortar caminho através dos rígidos parâmetros das restrições burocráticas. A primeira reunião foi amigável, mas Johnson saiu dela frustrado. Roosevelt, como era seu hábito quando não queria recusar algo diretamente, simplesmente tergiversou. "Você já viu uma mulher russa nua?", perguntou ele. "E então começou a me contar", lembrou Johnson, "como seu físico era tão diferente do das mulheres americanas porque elas faziam o trabalho pesado." Johnson participou da conversa, mas, "antes que me desse conta, meus quinze minutos haviam acabado [...] e eu me vi no Salão Oeste sem sequer ter apresentado minha proposta. Tive de voltar e fazer toda aquela droga de agendamento novamente."[115]

Antes de voltar, todavia, ele pediu conselhos a Corcoran. Roosevelt gostava de demonstrações, apresentações, fotografias, esboços e mapas, disse Corcoran, "e quanto maiores, melhor. Foi aí que você errou. Não argumente com ele, Lyndon, mostre a ele".[116] Assim, Johnson organizou uma exposição com fotografias de 90 centímetros de altura das duas barragens recém-construídas e um mapa das linhas de transmissão que mostrava a energia fluindo para as "cidades importantes"[117] e negligenciando o povo pobre do interior, representado por fotografias de antigas casas de colonos. Consciente de que algo lhe seria pedido, Roosevelt focou atentamente nas fotografias das barragens. "Nunca vi exemplos melhores e mais maravilhosos de construção em múltiplos arcos. Isso é realmente engenhoso." Dessa vez, Johnson já era experiente o bastante para não permitir que a conversa se desviasse para as maravilhas da engenharia. Ele adotou a tática do silêncio absoluto, até que, finalmente, Roosevelt levantou os olhos das fotografias. "Lyndon, que diabos você quer de mim? Por que está me mostrando tudo isso?"

"Água, água por toda parte, mas nem uma gota para beber! Energia, energia por toda parte, mas em nenhuma casa às margens desses rios rurais!"[118] Johnson começou a explicar que o povo de seu distrito não podia ter energia elétrica por causa do requerimento de densidade populacional das diretrizes da REA. Então, como mais tarde contou a Lady Bird, pintou um "retrato mental de todas aquelas mulheres, velhas antes do tempo, curvadas sobre a tina de lavar roupa, e todos aqueles homens se levantando nas frias manhãs de inverno para ordenhar as vacas, em locais onde poderia haver máquinas de lavar e ordenhadeiras".[119] Esse aspecto da história não estava confinado a fatos e números; era baseado em memórias emocionais de sua mãe tirando água do poço, esfregando roupa na tábua de lavar, forçada a esquentar o ferro no fogão a lenha mesmo no auge do verão, limpando o chão de joelhos, consumida por tarefas extenuantes que a deixavam exausta demais para ler os livros que se empilhavam ao lado de sua cama.

Roosevelt ficou deslumbrado com o talento daquele colega contador de histórias. No fim, rendeu-se à convicção do jovem. Ele pediu que seu secretário colocasse o diretor da REA, John Carmody, na linha. "John, há um jovem congressista aqui, Lyndon Johnson. Carmody disse que sim, ele me conhecia e recusara meu pedido. A REA não podia instalar linhas de transmissão em locais nos quais só havia 0,6 usuário por quilômetro quadrado." Roosevelt ouviu e então ligou o charme. "John, eu sei que você tem diretrizes e regras e não quero violá-las, mas faça o que estou pedindo: aprove o empréstimo e coloque na minha conta. Vou apostar nessa gente porque estive naquela área e sei que eles vão resolver o problema da densidade, porque se reproduzem muito rapidamente." Johnson ficou exultante. "Saí de lá com um empréstimo de 1 milhão de dólares", lembrou ele, saboreando o sucesso na reunião como "um dos momentos mais felizes de minha vida".[120]

Para seu grande pesar, seu pai não viveu o bastante para testemunhar e usufruir da realização do filho. No verão seguinte à posse de Lyndon na Câmara, Sam sofreu outro ataque cardíaco. Durante dois meses, permaneceu no hospital, no interior de uma tenda de oxigênio. Quando Johnson foi visitá-lo naquele outono, Sam pediu que ele o levasse "para casa, para aquela casinha na montanha onde as pessoas sabem quando você está doente e se importam se você morrer". Johnson inicialmente resistiu, pois os médicos haviam dito que o pai precisava de oxigênio e nenhuma tenda estava disponível em Stonewall. "Você tem que me ajudar, filho", disse Sam. Johnson compreendeu. "Eu peguei as roupas, ajudei-o a se vestir e o carreguei para casa."[121] Em seu próprio quarto, cercado pela família e pelos amigos, o pai pareceu melhorar, mas, duas semanas depois, logo após seu sexagésimo aniversário, Sam Johnson morreu.

O mesmo senso de propósito que alimentou a dedicação de Johnson à eletrificação rural animou uma série de projetos New Deal semelhantes. Pouco depois de ele assumir o cargo, o Congresso aprovou um projeto de lei fornecendo fundos federais às cidades para eliminar favelas e criar projetos de habitação social. No início de 1938, as primeiras três subvenções foram outorgadas: Nova York, Nova Orleans e Austin. Como uma cidadezinha sulista como Austin terminou sendo uma das três solicitantes bem-sucedidas? "Porque", explicou o conselheiro-geral da Autoridade Americana de Habitação, Leon Keyserling, "havia aquele congressista de primeiro mandato que era tão enérgico, tão ativo e tão insistente."[122]

Johnson estivera presente quando Roosevelt assinara o projeto de lei de habitação social. Agindo com sua expedição usual, ele marcou uma reunião com o prefeito e os conselheiros municipais de Austin. "Olhem, quero que sejamos os primeiros nos Estados Unidos", disse ele. "Vocês precisam estar dispostos a lutar pelos negros e mexicanos."[123] Após caminhar pelo distrito de favelas da cidade, Johnson descreveu suas descobertas em uma transmissão pelo rádio: cem famílias mexicanas e afro-americanas estavam amontoadas em uma área de cinco quarteirões, com cada família confinada "a um cômodo horrível sem nenhuma janela para deixar entrar o sol. Ali eles dormem, cozinham e comem, e ali se lavam em uma banheira furada após carregar água por 180 metros. Ali eles criam os filhos, malnutridos e sórdidos."[124] Quando corretores e proprietários de imóveis na área das favelas acusaram o governo de estar competindo injustamente com a iniciativa privada, Johnson respondeu que sim, de fato, "o governo está competindo com as choças, os barracos, os chiqueiros e outros buracos imundos nos quais os desfavorecidos precisam viver". Depois que a solicitação foi apresentada, lembrou Keyserling, Johnson "ficava para cima e para baixo em nossos corredores, o tempo todo. Foi sua determinação que conseguiu aquele primeiro projeto para Austin. Foi assim".[125]

O clamor e o estrépito que cercaram Lyndon Johnson quando ele assumiu seu primeiro assento na Câmara foram tão intensos que rapidamente se desenvolveu "um consenso sobre o garoto"[126] e seu futuro brilhante entre o círculo interno de jovens New Dealers que trabalhavam na administração, incluindo Tom Corcoran e Jim Rowe na Casa Branca e Arthur Goldschmidt e Abe Fortas no Departamento do Interior. Johnson se tornou não simplesmente um membro do grupo, mas, como desejava tão intensamente, o pino central em torno do qual o grupo girava. A esposa de Jim Rowe, Elizabeth, lembrou das "histórias maravilhosas"[127] que ele contava e da maneira como as contava, andando pela sala e imitando as vozes e os maneirismos das pessoas que estava descrevendo. Mas suas "melhores histórias",[128] legadas pelo avô, eram sobre o Velho Oeste nos dias dos tocadores de gado, sobre o elenco de personalidades folclóricas que haviam ocupado a cadeira de governador do Texas, sobre seu amado Hill Country. "Se Lyndon Johnson estivesse presente, a festa era mais animada", disse o advogado do New Deal Abe Fortas. "No momento em que ele entrava pela porta, ela pegava fogo."[129]

O "interesse especial"[130] do presidente Roosevelt pelo jovem congressista também se acentuou. Ele via algo em Lyndon Johnson que o fazia pensar que "se ele [Franklin] não tivesse ido para Harvard, era aquele tipo de jovem desinibido que gostaria de ser". Roosevelt chegou a prever que, "na próxima geração, a balança do poder deve pender para o sul e para o oeste, e esse garoto pode muito bem ser o primeiro presidente sulista".[131]

Parte II

ADVERSIDADE E CRESCIMENTO

CINCO

ABRAHAM LINCOLN

"Devo morrer ou melhorar"

Na época em que estavam quase completando 30 anos, os quatro homens já sabiam que eram líderes. No serviço público, encontraram uma vocação. Haviam escolhido ficar em pé diante do povo e pedir seu apoio, tornar-se vulneráveis. Esses jovens já se pareciam com esboços dos líderes que reconheceríamos nos anos que se seguiram. Mas, para que esses esboços se tornassem retratos completos, seria necessária a habilidade de transcender a adversidade tanto pública quanto privada.

Como dito no Prólogo, os acadêmicos que estudaram o desenvolvimento dos líderes situaram a resiliência, a habilidade de manter a ambição em face da frustração, no cerne do potencial de desenvolvimento da liderança. Segundo Warren Bennis e Robert Thomas, "por que algumas pessoas são capazes de extrair sabedoria da experiência e outras não"[1] permanece uma questão crítica. Algumas pessoas se desorientam e suas vidas se atrofiam para sempre. Outras retomam seus comportamentos normais após certo tempo. Outras ainda, através da reflexão e da capacidade de se adaptar, são capazes de transcender sua provação, armadas com mais determinação e propósito.[2]

Em breve, cada um desses quatro homens experimentaria reveses dramáticos. Os quatro entrariam em depressão e pensariam em abandonar a vida pública.

———————

Durante o inverno sombrio de 1840, Abraham Lincoln, aos 32 anos, entrou em uma depressão tão profunda que seus amigos temeram que pudesse se matar. Eles confiscaram todas as facas, navalhas e tesouras de seu quarto. Quando o estado das pradarias entrou no terceiro ano de recessão, a legislatura, a despeito dos passionais pedidos contrários de Lincoln, não teve escolha a não ser interromper os trabalhos em ferrovias, canais, pontes e estradas semiconstruídos. Como um dos principais arquitetos e advogados dos sonhos de expansão do estado, Lincoln recebeu a maior parte da culpa pela catástrofe que se seguiu. A dívida esmagadora aleijou o estado, destruiu o crédito durante anos e desencorajou novos pioneiros a se estabelecerem em Illinois. O valor das terras despencou, milhares perderam suas casas, bancos e agências de corretagem fecharam. "As róseas esperanças de Lincoln de se tornar o DeWitt Clinton de Illinois", observou um amigo, "se desvaneceram como a névoa da manhã." Reconhecendo que "não era nenhum financista",[3] Lincoln assumiu a responsabilidade pela crise e pagou um alto preço pela admissão. Com a crença em si mesmo abalada, anunciou sua aposentadoria da legislatura estadual ao fim daquele mandato.

O que mais o preocupava era perceber que sua reputação fora comprometida. Ele prometera ao povo durante sua primeira campanha que, se eleito, apoiaria qualquer lei que fornecesse estradas confiáveis e rios navegáveis, a fim de que as comunidades mais pobres e menos povoadas pudessem florescer. Aquela promessa, que ele considerava vinculada à sua honra, reputação e caráter, não fora cumprida. Em vez disso, os fardos que ele tentara retirar dos ombros do povo haviam se multiplicado.

O golpe em sua concepção de integridade pessoal coincidiu com um golpe em seu senso privado de honra, ocasionado pela angustiada decisão de romper seu noivado com Mary Todd, a filha educada e inteligente de um abastado membro do Partido Whig que servira tanto na Câmara quanto no Senado de Kentucky. O casal se aproximara em razão do amor partilhado pela poesia e pela política. O ídolo de Lincoln, o líder do Partido Whig, Henry Clay, fora um convidado frequente da família Todd; Mary se considerava uma Whig passional e se orgulhava de seu zelo "pouco feminino"[4] pela política. Sua fé no destino de Lincoln estimulou as aspirações dele e os aproximou.

Quando a corte se moveu na direção do casamento, todavia, Lincoln começou a questionar a força de seu amor pela volúvel jovem que podia se mostrar afetuosa e generosa em um dia e deprimida e irritável no dia seguinte. Seu melhor amigo, Joshua Speed, lembrou que "no inverno de 1830—1840, ele estava muito infeliz em relação a seu noivado com Mary e não inteiramente convencido de que seu coração acompanharia sua mão. Ninguém sabe tão bem quanto eu o quanto ele sofreu por causa disso."[5]

Para além da hesitação em relação a Mary, ele também estava ansioso, sugeriu um familiar, sobre "sua habilidade e capacidade de satisfazer e sustentar uma esposa".[6] Seu trabalho na legislatura e durante a campanha cobrara um preço de seu recém-montado escritório de advocacia. "Sou tão pobre e faço tão pouco progresso no mundo", reconheceu Lincoln, "que gasto em um mês de inatividade tudo que levei um ano de trabalho para juntar".[7] Como ele poderia sustentar mulher e filhos? As responsabilidades com a família o impediriam de continuar se educando e perseguindo suas ambições políticas? Ele não possuía um modelo de vida familiar bem-sucedida, nenhuma fundação sobre a qual construir sua própria família. Ele vira relances da vida familiar — pessoas reunidas durante as refeições, pais servindo como provedores —, mas nunca a partilhara. Tomado pela agitação, ele rompeu o noivado.

A "violação da honra"[8] logo se tornou de conhecimento público na pequena cidade de Springfield, aumentando ainda mais a humilhação de Mary. Sentindo a tristeza de Mary tão intensamente quanto a própria, Lincoln não suportava a ideia de ser o responsável pela infelicidade dela. "Isso destrói minha alma",[9] disse ele. Ainda mais nocivo, confessou a Speed, era o fato de que ele perdera a confiança em sua habilidade de manter "suas resoluções depois de tomadas. Naquela habilidade, você sabe, da qual já me orgulhei como única ou, ao menos, principal joia de meu caráter; eu perdi essa joia" e, até que a recuperasse, "não posso confiar em mim mesmo em qualquer questão de alguma importância".[10]

Naquele mesmo inverno, Joshua Speed se preparava para deixar Springfield e retornar à fazenda de sua família em Kentucky. Seu pai morrera e ele se sentia responsável por cuidar da mãe viúva. Durante sete anos, o armazém de Speed fora o centro da vida política e social de Springfield. Ele e Lincoln moravam juntos em um grande quarto no andar de cima. Os dois haviam viajado juntos para eventos políticos, bailes e festas. A antecipada partida de Speed representava a perda não simplesmente de um amigo, mas do único ser humano com quem Lincoln já partilhara suas questões pessoais, na época em que mais precisava de companhia. William Herndon acreditava que Lincoln amava Speed "mais que qualquer um, vivo ou morto".[11] "Ficarei muito solitário sem você", disse Lincoln a Speed. "Quão miseravelmente as coisas parecem ser arranjadas neste mundo. Se não temos amigos, não temos prazer; e, se os temos, estamos certos de perdê-los e sofrer duplamente com a perda."[12]

Esses eventos centrais de sua vida pessoal, combinados ao colapso público dos projetos de melhoria que ele esposara tão totalmente, fizeram-no mergulhar no que em breve se tornaria uma depressão incapacitante. Lincoln já sofrera acessos de melancolia antes. Seis anos antes, quando seu primeiro amor, Ann Rutledge, morrera, ele parecera "indiferente" à vida, pegando sua arma e vagueando ominosamente pelos bosques. Seus amigos temeram que, a menos que recuperasse rapidamente o equilíbrio, "a razão desertaria seu trono".[13] Ao partilhar abertamente seu pesar com os vizinhos na unida comunidade de New Salem, todavia, ele fora capaz de retornar em pouco tempo aos estudos legais e aos deveres legislativos.

Esse colapso aos 32 anos foi o mais sério de sua vida e aquele com as mais duradouras ramificações. "Sou o mais infeliz homem vivo", escreveu ele a seu sócio na época. "Se o que sinto fosse distribuído igualmente por toda a família humana, não restaria uma única face alegre na terra. Não sei dizer se algum dia vou melhorar, mas prevejo, horrivelmente, que não. Permanecer como estou é impossível; parece-me que devo morrer ou melhorar." A carta terminava abruptamente, com a simples declaração: "Não consigo mais escrever."[14]

Dia após dia, ele permanecia na cama, incapaz de comer ou dormir, impossibilitado de cumprir seus deveres na legislatura. "Lincoln ficou maluco", disse Speed. "Foi terrível."[15] Um colega de Illinois, o advogado Orville Browning, lembrou que Lincoln "estava tão delirante que não sabia o que fazia" e que "fora tão afetado que falava de modo incoerente".[16] Ele já não parecia "a mesma pessoa",[17] comentou um amigo. "Sua aparência está diminuída e emaciada", observou outro, "e ele mal parece ter forças para sussurrar. No momento, seu caso é verdadeiramente deplorável".[18]

Os médicos de Springfield acreditavam que Lincoln estava "a um passo de ser um perfeito lunático pelo resto da vida".[19] Joshua Speed permaneceu com ele durante toda essa época penosa. As conversas que tiveram marcaram os dois para sempre. Quando Speed avisou a Lincoln que ele deveria reviver seu espírito de algum modo ou certamente morreria, Lincoln respondeu que estava mais que disposto a morrer, mas não realizara "nada para fazer com que algum ser humano se lembrasse de que ele vivera". Sua maior paixão, confessou ele a Speed, era "ligar seu nome a algo que resultasse em benefício para seus concidadãos".[20]

A mesma sede poderosa — o desejo elementar de gravar seu nome na história — que doze anos antes empoderara "um garoto sem amigos, sem educação e sem dinheiro, trabalhando em uma chata"[21] a se apresentar aos colonos de New Salem e pedir seu apoio para que pudesse representá-los na legislatura estadual o resgataria da pior desintegração pessoal de sua vida.

Primeiro, Lincoln teve de reparar o que fora perdido e reconstruir tanto sua vida privada quanto sua vida pública. Passo a passo, essa seria uma tarefa para mais de uma década. Depois de deixar a legislatura, ele formou uma nova sociedade com Stephen Logan, o principal advogado do condado e "um dos melhores exemplos de mente puramente legal"[22] do oeste. Logan sabia que Lincoln tinha pouco entendimento metódico dos princípios e precedentes do direito, mas vira sua clareza, seu humor e suas habilidades oratórias ao lidar com os jurados, e acreditava que o jovem "trabalharia duro". A sociedade foi boa para ambos. Lincoln encontrou em Logan um mentor que orientou suas leituras legais e se tornou "quase um pai para mim".[23] Ele o ensinou "a preparar seus casos" e, ainda mais importante, aumentou a autoconfiança do advogado autodidata quando, ocasionalmente, ele se desesperava achando que jamais alcançaria os colegas educados em faculdade. "As coisas não dependem de como um homem começa", disse Logan, "elas dependem de como ele mantém seu trabalho e seus esforços até a meia-idade."[24] Trabalhando juntos, os dois construíram um escritório confiável e, finalmente, Lincoln começou a ter um padrão de vida decente.

Quando as dúvidas sobre sua habilidade de sustentar uma esposa começaram a se desvanecer, Lincoln voltou a cortejar Mary. Ele percebeu que fora influenciado não somente pela insegurança financeira, mas também, como contou a Speed, por ideias impraticáveis de amor, por "sonhos com os Campos Elísios que excediam em muito tudo que qualquer coisa terrestre poderia realizar".[25] Ao retomar o noivado que rompera, ele começou a restaurar seu senso de honra; ele provara a si mesmo que podia manter suas "resoluções", a "joia principal"[26] de seu caráter. Embora seu casamento com Mary às vezes se mostrasse problemático, Lincoln fez grandes esforços para ser um bom marido e um pai gentil e brincalhão, forjando com os filhos um relacionamento que jamais tivera com o próprio pai. "Sinto prazer com o fato de meus filhos serem livres — felizes e não restritos pela tirania paterna", observou. "O amor é a corrente com a qual prender um filho a seu pai."[27] A vida que levava podia parecer prosaica, mas, para ele, significava muito ter construído, pela primeira vez, uma base firme de segurança doméstica e financeira, sem a qual pouca coisa teria sido possível.

———

Que a sorte desempenha um papel no destino dos líderes é vividamente ilustrado pela experiência de Lincoln. Quando a economia de Illinois começou a reviver, o mesmo aconteceu com suas ambições políticas inertes. "Se você ouvir qualquer um dizer que Lincoln não quer ir para o Congresso", pediu ele a um amigo whig logo depois de seu casamento, "espero que você, como meu amigo, diga que tem razões para acreditar que ele está enganado. A verdade é que eu gostaria muito."[28]

Nos anos desde sua primeira eleição para a legislatura estadual, quando os aspirantes simplesmente davam um passo à frente e indicavam a si mesmos, tanto os whigs quanto os democratas haviam desenvolvido um sistema de convenção para indicar candidatos para cargos públicos. O fato de que os whigs gozavam de forte maioria no 7º Distrito Congressional, que incluía o condado de Sangamon, era um bom sinal para Lincoln. Se ele conseguisse a indicação, sua vitória estaria garantida. Porém, para evitar possíveis dissensões entre potenciais rivais, os whigs do 7º distrito haviam adotado o princípio da rotatividade: cada candidato concordava em cumprir um único mandato e então dar lugar ao seguinte. Assim, John Hardin, filho de um senador federal, seria o candidato em 1842; Edward Baker, membro do Senado estadual, em 1844; e então, por último, Abraham Lincoln em 1846. O sistema de rotatividade prometia a cada candidato apoio unânime quando chegasse sua vez, mas um mandato tão breve no Congresso dificultava que mesmo o mais impressionante entre eles deixasse uma impressão duradoura. Considerando-se esse sistema de mandato único, o Congresso da década de 1840 parecia um lugar pouco provável para realizar as grandes aspirações de um homem como Abraham Lincoln, que um amigo considerava "tão ambicioso por honrarias terrenas quanto qualquer homem de sua época" e outro afirmava ser "o homem mais ambicioso do mundo".[29]

Duas semanas depois de chegar a Washington, o congressista novato introduziu uma chamativa resolução que questionava a legitimidade da recentemente concluída guerra contra o México. Ele acusou o presidente James K. Polk de ter deliberadamente incitado o México à guerra, "confiando que escaparia do escrutínio ao fixar o olhar público no brilho excessivo da glória militar". Ele comparou a mensagem de guerra do presidente "aos murmúrios meio insanos de um sonho causado pela febre", revelando uma mente culpada "correndo de um lado para o outro como uma torturada criatura em uma superfície ardente".[30] Isso estava muito longe da cuidadosa análise que mais tarde caracterizaria sua argumentação pública. Sua impaciente necessidade por amplo reconhecimento conseguiu apenas inflamar os democratas, aborrecer os whigs e fazer com que perdesse apoio em Illinois, onde o zelo patriótico em relação à guerra vitoriosa era grande.

A campanha presidencial de 1848 lhe deu a oportunidade de se destacar entre seus colegas de maneira mais efetiva, com base em seu carisma único e em seus talentos narrativos. Falando na Câmara em defesa do candidato whig, o herói de guerra general Zachary Taylor, Lincoln recebeu muitos elogios tanto de seus colegas whigs quanto dos repórteres por seu discurso meticuloso, mas bem-humorado. Ele causou a impressão, observou um repórter, de ser "um jovem muito hábil, perceptivo, rústico, honesto e direito".[31] O *Baltimore American* chamou sua performance altamente original de "discurso engraçado do dia", observando que "os modos de Lincoln eram tão afáveis e seu estilo tão peculiar que ele causou constantes gargalhadas na Câmara". Enquanto discursava, ele andava de um lado para o outro, continuamente "falando e gesticulando"[32] de maneira tão eletrizante e divertida que Hannibal Hamlin (que mais tarde seria seu vice-presidente) quis saber quem era o tal jovem. "Abe Lincoln", maravilhou-se o colega, "o melhor contador de histórias da Câmara."[33] Os chefes do Partido Whig gostaram tanto de seu discurso que o convidaram para fazer campanha por Taylor naquele outono na Nova Inglaterra.

Anos mais tarde, Lincoln lembrou vividamente daquela primeira visita a Massachusetts. "Eu fora escolhido para o Congresso pelo Oeste Selvagem e, com feno no cabelo, fui até Massachusetts, o estado mais culto da União, para ter algumas lições de conduta".[34] Zombaria autodirigida à parte, ele não precisou de instruções para se conectar às plateias do leste, que acharam seu estilo espirituoso de contar histórias novo, divertido e único. Seus discursos em uma dúzia de cidades diferentes, comentaram os repórteres, foram "repletos de bom senso, raciocínio sensato e argumentação irresistível, e enunciados com o perfeito comando de forma e conteúdo que distingue tão eminentemente os oradores do oeste".[35]

Muito mais importante que a popularidade que conseguiu entre a plateia de partidários whig foi a maior consciência, sensibilidade e compreensão emocional que obteve em relação à questão da escravidão. Os vastos novos territórios adquiridos do México haviam reacendido a questão da escravidão. Embora a escravidão fosse protegida pela Constituição nos estados onde já existia, essa proteção não se aplicava aos territórios recém-adquiridos. Antes do fim da guerra, o congressista pela Pensilvânia David Wilmot afixara uma emenda ao projeto de lei de apropriações de guerra que estipulava que "nem escravidão nem servidão involuntária deverão jamais existir em qualquer parte de dito território".[36] Embora a cláusula Wilmot tivesse passado pelo Congresso várias vezes, era repetidamente bloqueada no Senado dominado pelo sul. Apesar de Lincoln mais tarde ter afirmado que havia votado a favor da cláusula Wilmot "ao menos quarenta vezes",[37] ele não disse uma única palavra sobre escravidão na Câmara dos Representantes.

Durante sua turnê por Massachusetts, ao contrário de Illinois, cada salão em que ele entrava estava tomado por discussões passionais sobre a escravidão. Essa experiência estimularia a evolução de suas visões sobre a questão que dividiria o país na década seguinte. Na Tremont Temple, em Boston, ele ouviu uma passional palestra de William Henry Seward, ex-governador e futuro senador por Nova York. Seward argumentou que "chegou a hora de opiniões claramente definidas e declarações corajosas". Na noite seguinte, Lincoln e Seward partilharam um quarto e ficaram até bem depois da meia-noite envolvidos em uma discussão sobre escravidão. "Acho que você está certo", disse Lincoln durante a madrugada. "Temos de lidar com a questão da escravidão e lhe dar muito mais atenção do que demos até agora."[38]

Depois que Taylor venceu a eleição em novembro de 1848, Lincoln retornou ao Congresso para os três meses finais da sessão, decidido a fazer com que sua voz fosse ouvida em relação à escravidão. Trabalhando durante semanas, ele esboçou o que considerava uma proposta imparcial e quase matematicamente equilibrada. Ele começou admitindo que a Constituição protegia a escravidão nos estados nos quais já existia, mas argumentou que o Congresso tinha o direito, em razão de sua autoridade sobre as questões da capital nacional, de tratar da escravidão no interior do distrito de Colúmbia.[39] Consequentemente, por um lado, ele pediu a gradual emancipação dos escravos do distrito e, por outro, insistiu que o governo compensasse os proprietários pelo valor total de seus escravos. Além disso, defendeu que as autoridades locais fossem equipadas para prender e devolver escravos fugitivos do sul que tentassem encontrar santuário no distrito e que os eleitores locais tivessem a chance de votar sobre a proposta. Por mais logicamente equilibrada que fosse essa proposta, ela não levava em conta os sentimentos irreconciliáveis do norte e do sul. O abolicionista Wendell Phillips chamou Lincoln de "cão caçador de escravos do Illinois",[40] ao passo que as forças pró-escravidão se recusaram a contemplar qualquer forma de emancipação que abrisse a porta para abolir a escravidão em todo o país. Sem endosso suficiente de qualquer um dos lados, Lincoln retirou seu compromisso cuidadosamente mensurado.

Os historiadores geralmente consideram o único mandato de Lincoln no Congresso um fracasso, em uma avaliação com a qual o próprio Lincoln provavelmente concordaria. Ele servira à causa whig com estridente fidelidade, mas o escopo de sua ambição era mais alto que partidos e mais amplo que seções geográficas.

Ao retornar a Illinois, ele esperava que sua vigorosa defesa de Taylor lhe conseguisse uma importante nomeação presidencial. Ele focara suas mais caras esperanças em assegurar a posição de comissário do Land Office, um poderoso gabinete de alta hierarquia que supervisionaria todas as terras federais nos estados do oeste, dando-lhe a oportunidade de tentar cumprir a promessa que fizera quando concorrera pela primeira vez: fazer todo o possível para promover o desenvolvimento econômico das comunidades mais pobres ao fornecer auxílio governamental para estradas, ferrovias e rios navegáveis. Ele considerava sua falha em cumprir essa promessa um fracasso não meramente político, mas também moral. O comissariado lhe daria uma rara oportunidade de reparação; mas, no fim, o cargo foi dado a outro político whig que, prudentemente, mantivera silêncio sobre a probidade da origem da guerra, ao passo que Lincoln impugnara mordazmente o presidente por uma guerra popular já lutada e ganha.

Ao saber que não fora nomeado para a posição que cobiçava, Lincoln "perdeu a esperança de ser alguém no mundo", lembrou Herndon. Ele expressou um sentimento que se tornaria o refrão de sua turbulenta passagem para a meia-idade: "Quão difícil. Oh, quão difícil é morrer e deixar o país na mesma situação, como se eu nunca tivesse vivido."[41] Anos mais tarde, depois de se tornar presidente, as emoções daquele momento permaneciam tão intensas, lembrou Lincoln, que "jamais me senti tão mal sobre qualquer fracasso em minha vida."[42]

————————

A meia década que se seguiu ao breve e infeliz mandato de Lincoln no Congresso frequentemente é descrita como período de retirada da vida pública. Ele mesmo afirmou que estava "perdendo o interesse pela política". Embora se possa suspeitar de sua alegação, é inegável que ele "praticou o direito mais assiduamente que jamais antes".[43] Além disso, esse período de espera foi tudo, menos passivo; foi, ao contrário, um período de intenso crescimento pessoal, intelectual, moral e profissional, em que ele aprendeu a se posicionar como advogado e líder capaz de lidar com os tremores que começavam a abalar o país.

O que gerou em Lincoln esse período furioso e fértil de autoaperfei-çoamento? A resposta está em sua prontidão para se olhar no espelho e sobriamente escrutinar a si mesmo. Fazendo um balanço, ele se considerou deficitário. Desde o início, o jovem Lincoln aspirara a nada menos que inscrever seu nome no livro da memória pública. Para cumprir o que acreditava ser seu destino, um tipo diferente de esforço prolongado e disciplina era necessário, uma disposição para confrontar a fraqueza e a imperfeição, refletir sobre o fracasso e examinar o tipo de líder que ele queria ser.

A diligência e a estudiosidade que ele exibiu durante esse período de introspecção teriam sido notáveis em um jovem estudante; em um homem de 40 anos, eram espantosos. Seu ávido autoaperfeiçoamento começou com um novo reexame e uma nova dedicação à profissão que escolhera. Ao retomar a prática legal depois de voltar para o Illinois, ele observou, com pragmática franqueza: "Não sou um advogado consumado."[44] Lincoln já praticava o direito há doze anos e ganhava dinheiro suficiente para sustentar a família. Mas, após um longo hiato envolvido com a política, ele sentiu que sua destreza legal atrofiara, ao passo que a profissão se tornara mais complexa e sofisticada em sua ausência, exigindo maiores poderes de argumentação e "um conhecimento mais amplo dos princípios"[45] por trás da lei estatutária. Assim que Lincoln retornou à prática do direito, William Herndon observou uma mudança incontestável na conduta do sócio. Reconhecendo "certa falta de disciplina — a necessidade de treinamento mental e método", Lincoln começou a se dedicar intensamente, e, na experiência de Herndon, "nenhum homem tinha maior poder de dedicação. Uma vez que fixava sua mente em qualquer assunto, nada podia interferir ou perturbá-lo."[46]

No tempo de Lincoln, juízes, advogados, testemunhas e oficiais de justiça viajavam juntos pelo "circuito"[47] durante oito semanas, toda primavera e todo outono. Cobrindo cerca de 240 quilômetros, o tribunal itinerante, como uma trupe de teatro, movia-se de um centro administrativo para outro, realizando audiências e julgando casos em dezenas de vilarejos e cidades esparsamente colonizados. Os habitantes locais viajavam quilômetros para testemunhar o drama da sala de audiências, enquanto centenas de casos eram julgados, indo de assassinato, furto e roubo a testamentos contestados, cobrança de dívidas e disputa de patentes. Com a chegada do circuito, os centros administrativos se enchiam de excitação e expectativa, como se fosse um parque de diversões chegando à cidade. A trupe itinerante passava a noite na superlotada taverna local, sempre forçada a dividir quartos e, muitas vezes, camas.

Lincoln gostava desse cenário sociável; mas, ainda mais importante, era no circuito que ele conseguia o tempo e o espaço necessários para realizar seus estudos intensivos, em um currículo que se estendia muito além dos parâmetros práticos do direito. Ele estudava filosofia, astronomia, ciência, economia política, história, literatura, poesia e teatro. E lutava para compreender teoremas e demonstrações matemáticas. Desde seus primeiros anos, quando era incapaz de entender o que alguém dissera, ele revirava as frases na mente, batendo a cabeça até conseguir capturar seu significado. Agora, com a matemática, ele persistia "quase até o ponto de exaustão",[48] até que pôde orgulhosamente afirmar que "quase dominara os Seis Livros de Euclides".[49]

Lincoln "lia e estudava por horas", lembrou Herndon, muito depois de todo mundo ter ido dormir, "colocando uma vela em uma cadeira perto da cabeceira da cama" e frequentemente permanecendo nessa posição até as duas da manhã. "Como ele conseguia manter o equilíbrio mental ou concentrar seus pensamentos em uma hipótese matemática abstrata" enquanto os roncos de seus colegas de quarto agitavam o ar é um enigma, maravilhou-se Herndon, "que nenhum de nós jamais conseguiu solucionar".[50] Lincoln não somente ficava acordado até mais tarde que os colegas como "tinha o hábito de se levantar mais cedo". Um participante do circuito lembrou como ele "se sentava ao lado do fogo, tendo avivado o carvão, e meditava, ponderava e falava sozinho".[51] Se um estranho entrasse no quarto e o ouvisse "resmungando para si mesmo",[52] poderia imaginar "que ficara subitamente insano". Mas os colegas de circuito conheciam Lincoln, então apenas "ouviam e riam".[53] O que poderia ter parecido, a um outsider, um retrato de pesado desalento era a maneira peculiar de Lincoln de entender as coisas, uma forma de luta mental. Quando soava a sineta do café da manhã, ele se vestia rapidamente, unia-se a seus associados para comer e se preparava para os casos que seriam julgados durante o dia. Ele foi tão bem-sucedido na defesa de seus clientes e nas exposições perante o júri que em breve tinha "o maior escritório especializado em julgamentos de toda a região central de Illinois."[54]

A chave para seu sucesso foi sua assombrosa habilidade de dividir o mais complexo caso ou questão "em seus elementos mais simples".[55] Ele jamais fez com que o júri perdesse o interesse se atrapalhando para ler um argumento preparado, apoiando-se, em vez disso, "em sua bem-treinada memória".[56] Ele tentava ter conversas íntimas com os jurados, como se falasse com amigos. Embora seus argumentos fossem "lógicos e profundos", eram "fáceis de seguir", observou o advogado Henry Clay Whitney. "Sua linguagem era composta de palavras anglo-saxônicas simples e quase sempre sem absolutamente nenhum adorno."[57] Um juiz de Illinois capturou a essência do encanto de Lincoln: "Ele possuía a feliz e incomum faculdade de fazer com que os jurados acreditassem que eles — e não ele — estavam julgando o caso."[58]

À noite, quando a sala de audiências fechava, os advogados, que haviam lutado uns contra os outros durante o dia, iam juntos para a taverna, jantando como amigos na mesma longa mesa, presidida pelo juiz David Davis. Quando o jantar terminava, todo mundo se reunia na frente da lareira para beber, fumar e conversar. Embora não fumasse nem bebesse, Lincoln recebia respeito e atenção com seu fluxo infinito de histórias, não importando se a plateia tinha dez, cinquenta ou várias centenas de pessoas. "Seu poder de imitação", comentou Herndon, "e sua forma de narrativa eram, em muitos aspectos, únicos, se não notáveis. Sua expressão e todos os seus traços fisionômicos pareciam fazer parte do espetáculo. Quando ele se aproximava da essência da piada ou história, todos os vestígios de seriedade desapareciam de seu rosto. Seus pequenos olhos cinzentos brilhavam" e, quando ele chegava ao ponto, "nenhuma risada era mais animada que a sua".[59] Há uma miríade de relatos sobre as histórias e os causos de Lincoln, mas o denominador comum é que, muito depois de as risadas terminarem, eles provocavam reflexão e discussão. Não surpreende que Lincoln atraísse multidões da área rural, ávidas para serem regaladas e entretidas por um contador de histórias magistral.

A despeito de sua crescente reputação, do esforço incessante e do regime escolástico autoimposto, Lincoln tratava todo mundo, de qualquer posição social, sem o menor traço de afetação, com a mesma paciência gentil, a mesma generosa e solícita benevolência e a mesma empatia que haviam conquistado o afeto protetor dos colonos de New Salem quando o jovem de 23 anos surgira às margens do rio Sangamon. "Nenhum advogado do circuito era mais despretensioso que o sr. Lincoln", lembrou um colega. "Ele não se arrogava superioridade sobre ninguém, nem mesmo o mais obscuro membro do tribunal."[60] O arranjo dos lugares à mesa da taverna refletia a hierarquia do tribunal. O juiz Davis presidia da cabeceira, cercado pelos advogados. Em certa ocasião, vendo que Lincoln se sentara do outro lado, entre a clientela comum, o dono lhe disse: "O senhor está no lugar errado, sr. Lincoln. Venha comigo." Lincoln perguntou: "Há coisas melhores para comer lá do outro lado, Joe? Se não, vou ficar aqui."[61]

Quando Lincoln se tornou líder em sua profissão, ele assumiu a responsabilidade de orientar a geração seguinte. "Ele era notavelmente gentil com advogados jovens",[62] comentaram seus colegas. Henry Whitney ficou profundamente comovido com a maneira "amável e cordial"[63] com que Lincoln o tratou em seu primeiro dia. Se um novo escrivão surgisse no tribunal, "Lincoln era o primeiro — às vezes, o único — a apertar sua mão e felicitá-lo pela eleição."[64]

A arte da comunicação, aconselhava Lincoln aos recém-chegados, "é a rota do advogado até o público". E, todavia, o advogado não deve se apoiar somente na desenvoltura retórica e no poder de persuasão. O que é bem dito deve estar ligado ao que é bem pensado. E tal pensamento é produto de muito trabalho, "a labuta do direito". Sem esse trabalho, sem essa labuta, as mais eloquentes palavras carecem de gravidade e poder. Mesmo "a fala extemporânea deve ser praticada e cultivada". De fato, "a principal regra para o advogado, *como para o homem de qualquer outra vocação*, é a diligência. Não deixe para amanhã o que pode ser feito hoje".[65] A chave para o sucesso, insistia ele, é "trabalhar, trabalhar, trabalhar".[66]

––––––––––

A mente de Lincoln era sua "oficina", lembrou um colega advogado. "Ele não precisava de escritório, caneta, tinta ou papel; podia realizar a parte principal de seu trabalho através da introspecção."[67] Durante esse período de espera, ele não estava simplesmente aumentando sua compreensão do direito e ampliando seu escritório, nem educava a si mesmo *sobre assuntos gerais* para satisfazer a necessidade constitucional e a curiosidade intelectual de sua natureza. Pois, embora se abstivesse da política e não professasse grande interesse em retornar ao embate nacional, sua busca por conhecimento era tudo, menos aleatória. Ela estava voltada para o entendimento do papel e do propósito da liderança.

Dois discursos fúnebres feitos durante esse período de introspecção, o primeiro para Zachary Taylor e o segundo para Henry Clay, lançam luz sobre aquela oficina, revelando a evolução dos pensamentos de Lincoln sobre a liderança. O primeiro discurso fúnebre afirmava que, embora a liderança militar de Zachary Taylor não tivesse se distinguido por "manobras militares brilhantes", ele tivera sucesso "através do exercício do julgamento sóbrio e firme, associado à obstinada incapacidade de entender que a derrota era possível. Seu traço militar mais raro era uma combinação de negativos: ausência de excitação e ausência de medo. Ele não podia ser excitado e não podia ser amedrontado".[68]

O panegírico de 1852 para Clay foi muito mais pessoal, pois o estadista de Kentucky fora uma figura importante e um mentor na vida de Lincoln. Desde cedo, o jovem Lincoln se identificara com a imagem do advogado e político autodidata que ascendera por conta própria, fora eleito presidente da Câmara dos Representantes com trinta e poucos anos, cumprira múltiplos mandatos no Senado e fora indicado três vezes para a Presidência pelos whigs. Para Lincoln, o fato de Henry Clay ter jantado em várias ocasiões com a família de Mary em Lexington fornecia uma qualidade luminosa à residência Todd.

Em seu longo discurso, Lincoln identificou em Clay três atributos de liderança responsáveis pelo "duradouro fascínio" que ele exercera sobre o povo americano. Para começar, Clay possuía uma eloquência insuperável, que procedia não de um "arranjo elegante de palavras e sentenças", mas "da grande sinceridade" e "da total convicção". Porém, a eloquência de nada vale sem o discernimento e, sem a vontade para sustentar ambos, a liderança fracassa. Na mente de Lincoln, o que tornara Clay "o homem certo para as crises" era a fusão dessas qualidades de liderança com momentos atribulados em todo o país. "Em todas as grandes questões que agitaram o país", afirmou Lincoln, mais particularmente aquelas que cercavam o tema da escravidão, Clay fora capaz, década após década, de reprimir o rancor e unir partidos opostos em um compromisso. Inúmeras vezes, ele resistira "às opiniões extremadas" tanto no norte quanto no sul. "Tudo que fez, ele fez pelo país inteiro."[69]

Embora a questão da escravidão tivesse sido uma fonte de divisão entre norte e sul desde o início da nação, cada expansão de território reavivava

as brasas da fogueira. Quando o Missouri, parte do vasto território adqui-
rido com a Compra da Louisiana, "batera à porta",[70] pedindo admissão
como estado escravagista, seguira-se um zangado conflito entre norte e sul.
Elaborado sob a liderança de Clay, o Compromisso do Missouri, de 1820,
pusera fim às tensões crescentes. O compromisso concedeu ao Missouri o
status de estado, admitiu o Maine como estado livre e traçou uma linha
imaginária: os territórios ao norte da linha entrariam na União como estados livres; aqueles abaixo da linha seriam estados escravagistas. Nas três
décadas seguintes, o Compromisso do Missouri manteve a paz, até que o
Congresso foi chamado a decidir o destino dos territórios adquiridos com a
guerra do México. Falando por muitos sulistas, Robert Toombs, da Geórgia,
avisou: "Se com sua legislação vocês pretendem nos privar dos territórios da
Califórnia e do Novo México, comprados com o sangue comum e tesouro
de todo o povo, *eu voto pela desunião*."[71]

Novamente, disse Lincoln, a nação se voltou para Henry Clay e novamente, aos 73 anos, o senador forjou um compromisso que prometia manter a União intacta. O Compromisso de 1850 admitia a Califórnia como
estado livre, mas incluía Utah e o Novo México na União sem restrições à
escravidão; ele determinava o fim do comércio de escravos no distrito de
Colúmbia, mas pedia ao Congresso para fortalecer a antiga Lei do Escravo
Fugitivo, dando aos oficiais federais o poder de convocar cidadãos para caçar
fugitivos nos estados livres. Por seu papel nesses dois compromissos críticos,
Lincoln via Clay, assim como a grata nação, como "o grande pacificador".[72]

Embora o Compromisso de 1850 parecesse ter posto fim à crise, as
novas e mais enérgicas provisões da Lei do Escravo Fugitivo enfureceram
os ativistas antiescravagistas do norte. Violentos distúrbios ocorreram
quando senhores de escravos tentaram recapturar fugitivos que haviam se
estabelecido em Boston e Nova York. Embora Lincoln também estivesse
consternado com o reforço das provisões da Lei do Escravo Fugitivo, sua
infelicidade foi suplantada pelo fato de que uma solução fora encontrada.
"Com justiça", defendeu ele, "a devoção à União levou homens a cederem
um pouco em pontos nos quais nada poderia tê-los demovido."[73] William
Herndon, que agora se considerava um abolicionista, ficou frustrado com
seu "aparente conservadorismo quando as necessidades do momento são
tão grandes".[74] A questão da escravidão começou a dominar as discussões

no circuito, conforme os advogados argumentavam sobre os vários jornais que estavam lendo: os jornais contrários à escravidão do norte e os jornais favoráveis à escravidão do sul. O centro se esvaziava à medida que ambos os extremos se estabeleciam com crescente animosidade. "Aproxima-se um momento", disse um colega advogado a Lincoln, "no qual teremos de ser abolicionistas ou democratas."[75] O Compromisso de 1850 durou apenas quatro anos.

Lincoln estava no circuito quando ouviu a notícia de que o Congresso, após prolongado debate, aprovara a controversa Lei Kansas-Nebraska. Criado por Stephen Douglas, do Illinois, o popular líder do Partido Democrata (naquele momento em seu segundo mandato no Senado e concorrente presumido à Presidência), o projeto de lei permitiria que os colonos dos novos territórios de Kansas e Nebraska, ambos acima da linha divisória criada pelo Compromisso do Missouri de 1820, decidissem por si mesmos se queriam entrar na União como estados escravagistas ou livres.

A "soberania popular"[76] — a evasão simplista no coração do projeto de lei — libertaria a escravidão de sua gaiola sulista e permitiria que ela se espalhasse agressivamente. De um golpe só, as três décadas do Compromisso do Missouri haviam sido obliteradas. A escravidão já não estava a caminho da extinção final, como Lincoln esperava e acreditava. Ele compreendeu imediatamente o significado, as ramificações e a gravidade da nova lei. A situação do escravo estava agora "determinada e sem esperança de mudança para melhor".[77] Antes de se manifestar, Lincoln se refugiou na Biblioteca Estadual, onde investigou a questão da escravidão e os debates na época em que a constituição fora forjada, procurando e pesquisando lógica e metodicamente, até que, como Herndon comentara certa vez, conhecia o assunto "por dentro e por fora, de baixo para cima e de cima para baixo".[78] Na infância, quando estava em "tal caçada por uma ideia", ele não conseguia dormir até que a tivesse "capturado".[79] Ele estava novamente em uma caçada e não dormiria até que capturasse aquilo que buscava: uma maneira de inserir a questão da escravidão na história do país e no impasse daquele momento.

Notas fragmentadas escritas durante esse período revelam sua tentativa de reduzir o argumento da escravidão a seus componentes elementares. "Se A. pode provar, por mais conclusivamente que seja, que tem o direito de escravizar B.", começou Lincoln, "por que B. não pode utilizar o mesmo argumento e provar igualmente que pode escravizar A.? Você diz que A. é branco e B. é negro. Trata-se de cor, então, com o mais claro tendo o direito de escravizar o mais escuro? Tome cuidado. Por essa regra, você será escravizado pelo primeiro homem que encontrar com uma pele mais clara que a sua. Você não se refere exatamente à cor? Você quer dizer que os brancos são intelectualmente superiores aos negros e, consequentemente, têm o direito de escravizá-los? Tome cuidado novamente. Por essa regra, você será escravizado pelo primeiro homem que encontrar com um intelecto superior ao seu."[80] Para Lincoln, esse fragmento era mais que um exercício de lógica. Por extensão, A. e B. eram personificações dramáticas de pontos de vista antagônicos. Cada exercício de lógica era um pequeno drama de contenda e persuasão, uma semente para a argumentação totalmente desenvolvida e o debate que, por agora, ainda eram encenados somente em sua mente.

Não demoraria muito para que os pensamentos dispersos de Lincoln se desdobrassem dramaticamente em argumentos totalmente desenvolvidos e debates com seu antigo rival, Stephen Douglas. Lincoln e Douglas haviam se conhecido quase duas décadas antes, durante as sessões noturnas em frente à lareira no armazém de Joshua Speed. "Éramos ambos jovens naquela época", escreveu Lincoln mais tarde. "Mesmo então, éramos ambos ambiciosos; eu talvez o fosse tanto quanto ele. Para mim, a corrida da ambição foi um fracasso categórico; para *ele*, foi um sucesso esplêndido. Seu nome é conhecido em toda a nação."[81]

No outono de 1854, Douglas retornou a Illinois para defender a Lei Kansas-Nebraska, que fomentara protestos em massa em todo o norte. Consternado com a hostilidade que encontrou, mesmo em seu próprio Illinois, Douglas escolheu uma série de fóruns públicos nos quais poderia defender o inviolável princípio do autogoverno. Após uma discussão preliminar com Lincoln na Feira Estadual de Springfield, os dois se engajaram em um combate altamente divulgado em Peoria. Ao passo que Douglas entrou na segunda maior cidade de Illinois "à frente de uma procissão triunfal, sentado em uma carruagem puxada por quatro belos palafréns brancos e precedido por uma banda de música",[82] Lincoln chegou sem fanfarra depois da meia-noite. No início da tarde, uma imensa multidão, sentada em cadeiras, em pé ou estendida pela grama, se espalhara pela praça pública; centenas de fazendeiros haviam viajado longas distâncias para ouvir o que os dois homens tinham a dizer. Falando do balcão do tribunal, o "pequeno gigante", como o baixo e sólido Douglas era chamado, tirou o paletó e, como um pugilista brioso, inflamou a multidão com um discurso que durou três horas.

Quando chegou a vez de Lincoln, já passava das 17 horas. "Eu gostaria que vocês me ouvissem até o fim", disse ele. "Levarei tanto tempo quanto ele levou. Isso nos manterá aqui até depois das 20 horas", bem depois do horário da ceia. Assim, ele sugeriu que todo mundo fizesse uma pausa, aproveitasse o jantar e se reunisse sob o ar mais fresco das 19 horas. Ele também disse à multidão que concordara em permitir que Douglas tivesse uma hora adicional de resposta após sua réplica de três horas. Esse gesto, reconheceu, "não era inteiramente altruísta", pois assegurava que os democratas de Douglas retornariam e ficariam até o fim, "pelo prazer de vê-lo me esfolar".[83] Então, virando-se para a plateia, ele perguntou: "O que vocês acham?" E "imediatamente, ouviram-se vivas", lembrou um presente, "acompanhados de chapéus jogados para o alto e outras demonstrações de aprovação".[84]

Durante essa breve e jovial negociação de uma pausa para o jantar, Lincoln estabeleceu uma intimidade de tom como a que se dá entre amigos que concordam em se encontrar mais tarde na mesma noite. Que os membros da plateia tenham prontamente retornado, e em maior número, para uma sessão noturna à luz de tochas que duraria até perto da meia-noite demonstra o alto nível de interesse e de participação dos cidadãos na política na década de 1850. Com poucos entretenimentos públicos disponíveis na área rural, os habitantes dos vilarejos e os fazendeiros encaravam a palavra falada e os debates políticos como instigantes espetáculos esportivos.

Tratava-se de uma era na qual o dom para a oratória era essencial para o sucesso político e as plateias ouviam com enlevada atenção a longos e bem pesquisados discursos. Em Peoria, foram pedidas à plateia sete horas de concentração, interrompida apenas por uma pausa para jantar. Após tais debates, o duelo de comentários era regularmente impresso na íntegra nos jornais e então reimpresso em panfletos que chegavam aos vilarejos e às fazendas distantes, onde provocavam diálogos em um espaço mais amplo e um período mais prolongado. Tais circunstâncias eram ideais para Abraham Lincoln, um contador de histórias nato com uma variedade excepcional de habilidades orais e escritas de comunicação. Ele podia simultaneamente educar, entreter e emocionar suas plateias com contos reconhecíveis repletos de imagens acessíveis, engraçadas e cotidianas que eram lembradas e repetidas em toda parte.

Fiel à arte da narrativa, Lincoln começou seu discurso explicando a situação que reunira aquelas pessoas: a iminente expansão da escravidão engendrada pela Lei Kansas-Nebraska. Então ele levou os ouvintes de volta a suas origens comuns, à fundação da nação, tecendo uma narrativa para demonstrar que, quando a constituição fora adotada, "o claro e inconfundível espírito daquela época em relação à escravidão era a hostilidade ao *princípio* e a tolerância *somente por necessidade*", porque a escravidão estava tristemente entrelaçada à origem da vida social e econômica americana. Enfatizando o fato de que a palavra "escravidão" fora deliberadamente omitida da constituição, Lincoln afirmou que os legisladores a haviam escondido "assim como um homem doente esconde um cisto ou um câncer, que não ousa cortar fora imediatamente por medo de sangrar até a morte, mas com a promessa de que a excisão pode começar ao fim de determinado período".[85]

Em décadas recentes, argumentou Lincoln, com a linha do Compromisso do Missouri firmemente no lugar, a escravidão parecera em declínio; finalmente a hora de extirpar o cisto — retornando aos ideais anunciados na Declaração da Independência — estava à vista. "Mas, agora", com a linha do compromisso rescindida pela desastrosa lei, a escravidão fora "transformada em um 'direito sagrado'", subitamente colocada "no caminho da extensão e da perpetuidade e, com um tapinha nas costas, [a lei] lhe dizia: 'Vá com Deus'".[86]

Para demonstrar o espinhoso problema criado pela remoção da linha imaginária que separava o norte e o sul do país e proibia a expansão da escravidão ao norte da latitude 36°30', Lincoln desenvolveu uma série de metáforas retiradas do mundo das fazendas, pastos, cercas e rebanhos. Imaginem, sugeriu ele, duas fazendas adjacentes com uma cerca entre elas. Subitamente, um fazendeiro, cujo pasto secou, remove a cerca para que seu gado faminto possa se alimentar no campo do vizinho. "Seu patife", protesta o vizinho. "O que você fez?" O fazendeiro responde: "Eu derrubei sua cerca, só isso. Minha verdadeira intenção não é levar meus bois para seu campo nem retirá-los de lá, mas deixá-los perfeitamente livres para formarem suas próprias noções sobre alimentação e orientarem seus movimentos a seu próprio modo."[87] Ninguém na plateia deixou de compreender a analogia entre essa parábola e a enganosa alegação de Douglas de que remover a linha não tinha a intenção de levar a escravidão para os territórios do norte.

A linguagem figurativa que Lincoln usou foi projetada para permitir que as pessoas percebessem por si mesmas os aspectos profundamente ameaçadores da lei de Nebraska, assim como ele procurava fazer com que os jurados acreditassem que "eles — e não *ele* — estavam julgando o caso".[88] Tendo levado seus ouvintes a compreenderem o impasse criado pela nova lei, ele foi então capaz de sugerir uma maneira de sair dele. A Lei de Nebraska precisava ser repelida; o Compromisso do Missouri precisava ser restaurado. "A doutrina do autogoverno", como exposta na Declaração da Independência, "é correta, absoluta e eternamente correta", declarou Lincoln, mas aplicá-la, como propusera Douglas, para ampliar a escravidão pervertia seu significado. Permitir a escravidão nos novos territórios, onde ainda não existia em função da barganha original da constituição, resultaria em uma guerra declarada contra o "espírito da concessão e do compromisso" que marcara a história da União. "Retornemos [a escravidão] à posição que nossos pais deram a ela",[89] implorou Lincoln.

Esse não era um credo abolicionista; era, em primeiro e último lugar, um credo de contenção. Ao argumentar contra a Lei de Nebraska, Lincoln deixou claro que não tinha "preconceito contra o povo sulista. Eles são exatamente como seríamos na mesma situação. Se a escravidão não existisse entre eles, eles não a introduziriam. Se ela existisse entre nós, nós não abriríamos mão dela instantaneamente".[90] Mas, embora a empatia lhe permitisse compreender a dificuldade de lidar com a escravidão onde ela já existia (e, com toda humildade, ele confessou que não tinha uma solução fácil para aquele dilema), ele considerava a anulação da linha Missouri um ato violento que, se não fosse revertido, poderia muito bem levar à destruição da União. A escolha que enfrentamos, disse ele, é de todos nós. Se permitirmos que a Lei Kansas-Nebraska seja mantida, se permitirmos que a escravidão se dissemine, então a esperança dos Estados Unidos e de tudo que ele significa para o mundo será extinta. Mas, se ficarmos juntos, "não teremos apenas salvado a União; mas a teremos salvado para torná-la, e mantê-la, eternamente digna de ser salva".[91]

"A casa inteira estava imóvel", observou o *Springfield Journal*, "e, quando ele terminou, a plateia aprovou o glorioso triunfo da verdade com hurras altos e contínuos."[92] Relatos daquela época consideraram o discurso de Lincoln o argumento mais acessível, persuasivo e profundo já feito contra a extensão da escravidão. Ele penetrou seu tema com profundo insight e conduziu seus ouvintes ao longo de sua maneira de pensar. O que persuadiu e modificou opiniões foram a sinceridade, a clareza, a convicção e a paixão da história que ele contou. "A inspiração que o possuía também possuiu seus ouvintes",[93] observou um jovem repórter. "Seu discurso foi direto ao coração porque veio do coração. Já ouvi oradores célebres que podiam gerar aplausos estrondosos sem alterar a opinião de um único homem. A eloquência do sr. Lincoln foi de um tipo superior, que produz convicção nos outros por causa da convicção do próprio falante."[94]

Mesmo aqueles que haviam ouvido Lincoln discursar durante os anos ficaram perplexos. "Quando", perguntaram eles uns aos outros, "ele passou a dominar tão completamente as questões da história da escravidão?"[95] A resposta está naquele longo período de trabalho, introspecção criativa, pesquisa e extenuante reflexão que ocorreu após seu desanimador mandato no Congresso e sua falha em garantir a posição elevada que ele achava merecer após prolongada politicagem partidária. Daquele calvário de insegurança viera um esforço acelerado, um crescimento intelectual, metafísico e pessoal gerado pela força de vontade. Nunca mais ele presumiria que seu lado do corredor detinha o monopólio da retidão; nunca mais ele empregaria a sátira como meio vingativo de humilhar outra pessoa.

"Nada marca tanto um homem quanto ousadas expressões imaginativas", escreveu Ralph Waldo Emerson em seu diário, falando de Sócrates e dos provérbios dourados de Pitágoras. "A declaração completa de uma importante verdade, se feita de forma imaginativa, prende a atenção e é respeitada e lembrada." Tal oratória "fará a reputação de um homem".[96] A maneira como Lincoln aprendera a usar a linguagem, a história coletiva que contou e a profundidade de sua convicção representaram um ponto de virada em sua reputação como homem e como líder.

"Um grande contador de histórias sempre estará enraizado nas pessoas", escreveu o ensaísta Walter Benjamin. "É concedido a ele o acesso a uma vida inteira", selecionando "suas próprias experiências" e "as experiências dos outros" para tecer narrativas que fornecem advertência, conselho e direção. Tais contadores de histórias são "professores e sábios", observou ele. "Conselhos entremeados ao tecido da vida real são sabedoria."[97] Essa fora a voz de liderança que Abraham Lincoln desenvolvera durante seu longo período de espera.

Todo mundo que o conhecera anteriormente reparou nas mudanças que haviam começado a transformá-lo de político local e advogado do interior no personagem hoje conotado pelo nome Abraham Lincoln. As pessoas notaram que algo grande e duradouro acontecera durante aquele período introspectivo e atribulado, algo que era visível em sua aparência e em sua conduta, em sua maneira de falar e na profundidade de seus raciocínios.

Na luta contra a escravidão, ele encontrara o grande propósito que o levaria de volta à vida pública, e esse propósito, muito mais amplo que sua ampla ambição pessoal, permaneceria firmemente com ele até a morte.

———

Dois avanços gigantescos na trilha da ascensão de Lincoln à Presidência foram, ironicamente, seus dois esforços fracassados, em 1855 e 1858, de se tornar senador federal por Illinois.

Em 1855, em uma clara rendição da ambição pessoal aos princípios morais, Lincoln orquestrou sua própria derrota para assegurar a vitória de um colega antiescravagista sobre um candidato pró-Nebraska. Em janeiro, quando os cem membros da legislatura estadual se reuniram para escolher um novo senador, Lincoln claramente era a "primeira escolha"[98] de 47 dos whigs anti-Nebraska; o candidato dos democratas de Douglas tinha 41 votos; e um pequeno grupo de cinco democratas independentes, que haviam rompido com Douglas após a aprovação da Lei Kansas-Nebraska, controlavam a balança do poder. Liderado por Norman Judd, de Chicago, esse pequeno grupo apoiava o congressista democrata Lyman Trumbull para o Senado. O impasse prosseguiu noite adentro, até que Lincoln instruiu seus apoiadores whigs a votarem em Trumbull, temendo que os democratas de

Douglas pudessem vencer. Os apoiadores de Lincoln ficaram inconsoláveis, queixando-se da injustiça de "47 homens sendo controlados por 5", mas seguiram sua diretiva e Trumbull foi eleito senador. "A agonia finalmente chegou ao fim",[99] escreveu o agastado Lincoln a um amigo, mas a derrota dos democratas de Douglas "me causa mais prazer que minha própria [derrota] me causa dor".[100]

Quando Lincoln concorreu em 1858 ao Senado federal, ele representava o novo Partido Republicano, formado por diversos oponentes da lei de Nebraska: whigs antiescravagistas, democratas dissidentes, membros do Solo Livre, abolicionistas. Como líder que criara essa frágil coalisão no estado das pradarias, Abraham Lincoln era o escolhido de um número esmagador de republicanos de Illinois que se opunham ao titular democrata, Stephen Douglas. Lembrando da generosidade que Lincoln exercitara três anos antes, durante sua primeira candidatura ao Senado, quando promovera sua própria derrota para assegurar a vitória de um democrata antiescravagista, centenas de ativistas do partido estavam prontos para empregar suas energias a fim de garantir sua vitória.

O discurso de abertura da campanha de Lincoln oferece um claro vislumbre de seu esquema geral para orientar seus seguidores através da educação e da persuasão gentis. "Se pudéssemos primeiro saber *onde* estamos e *para onde* estamos indo, poderíamos julgar melhor *o que* fazer e *como* fazer." Com essa simples declaração, ele iniciou uma viagem narrativa comunitária com a plateia, a fim de que eles pudessem tratar coletivamente do problema e, juntos, tentar forjar uma solução. "Uma casa dividida contra si mesma não subsiste",[101] começou ele, ecoando os evangelhos de São Marcos e São Mateus e evocando a imagem facilmente compreensível da União como casa em risco de colapso sob a pressão dos defensores da escravidão, que, ao repelirem o Compromisso do Missouri, haviam ameaçado a integridade de toda a estrutura. A despeito da ominosa metáfora da casa desmoronando, o tom do discurso foi positivo, exortando os republicanos a retomarem o controle dos tijolos da nação ao restaurarem as leis que impediam a disseminação da escravidão. Se a escravidão estivesse novamente em um curso de eventual extinção, as pessoas de todas as seções poderiam novamente viver em paz na venerada casa que seus antepassados haviam construído.

Tudo estava pronto para a histórica convergência dos debates Lincoln--Douglas, sete encontros face a face que atraíram dezenas de milhares de pessoas e prenderam a atenção de outras dezenas de milhares, que leram as transcrições integrais nos principais jornais do país. Embora tenha sido Douglas, o principal candidato democrata à Presidência em 1860, quem atraiu o público e os jornalistas nacionais para o debate, foi Lincoln, então praticamente desconhecido fora de seu estado, quem causou uma impressão duradoura. "Quem é esse homem que está respondendo a Douglas em seu estado?", perguntou uma figura política do leste a um jornalista de Illinois. "Você se dá conta de que não houve discurso mais importante sobre as questões públicas na história de nosso país; que seu conhecimento do assunto é profundo, sua lógica irrespondível e seu estilo inimitável?"[102] Quando os eleitores foram às urnas naquele novembro, os republicanos conseguiram a maioria dos votos populares no estado, pelos quais Lincoln recebeu grande parte do crédito. Mesmo assim, em função de um injusto e ultrapassado esquema de realocação, os democratas mantiveram o controle da legislatura estadual, que prontamente reelegeu Stephen Douglas para o Senado federal.

Mais uma vez, as aspirações pessoais de Lincoln foram frustradas, mas ele aceitou a perda com equanimidade. Dias depois, quando "as emoções da derrota" ainda estavam "frescas"[103] em sua mente, ele escreveu dezenas de cartas consoladoras a seus apoiadores. Caracteristicamente, foi ele quem os consolou, e não o contrário. Para seu amigo, o dr. Anson Henry, escreveu: "Estou contente por ter participado da última disputa. Ela me deu uma apreciação da maior e mais durável questão de nossa época que eu não teria de nenhuma outra maneira."[104] Ao saber que outro amigo estava desanimado, prometeu: "Em breve, você se sentirá melhor. Outra 'explosão' está chegando e nós nos divertiremos novamente."[105] A serenidade e a compostura que exibiu não eram simplesmente para encorajar seus seguidores. Lincoln era sincero. Ele confiava que aquela fora uma perda temporária. A luta contra a escravidão não iria simplesmente continuar; ela *precisava* continuar até ser vencida.

"Nenhum homem dessa geração cresceu mais rapidamente perante o país que Lincoln durante essa campanha",[106] afirmou o editorial do *Evening Post* quando a corrida para o Senado chegou ao fim. O conhecimento sobre as capacidades de liderança de Lincoln se espalhava rapidamente. Quando um amigo sugeriu que ele poderia muito bem ser considerado um formidável candidato presidencial, no entanto, Lincoln protestou, observando que William Henry Seward, Salmon Chase e outros "eram muito mais conhecidos". Eles eram os homens que haviam "levado adiante esse movimento, até seu status atual".[107] Seward fora o mais jovem governador de Nova York antes de sua eleição para o Senado, onde seus abrasadores discursos conquistaram passional adesão entre liberais nortistas e o marcaram como mais celebrado político antiescravagista da nação. Chase, o primeiro governador republicano de Ohio, fora o líder do Senado na luta contra a aprovação da Lei Kansas-Nebraska e era um dos fundadores do Partido Republicano. O juiz Edward Bates, um altamente respeitado nativo da Virgínia que migrara para o Missouri e se unira à causa antiescravagista, tinha um eleitorado natural entre os conservadores de todo o norte e na região sul dos estados do meio-oeste.

Embora reconhecendo que suas chances eram remotas, Lincoln discretamente buscou a indicação. Desde o início, ele entendeu, com um rústico instinto político tão aguçado quanto sua ambição, que, contra três oponentes célebres, o único caminho para sua indicação requeria uma combinação de implacável determinação e modesta humildade. Ao se conter, ao não impor a própria candidatura, ele conquistou a boa vontade de dezenas de milhares de colegas republicanos por falar somente em benefício do partido e da causa republicana. Em dezenas de discursos estimulantes, feitos em cidades de todo o norte, de Kansas, Missouri e Ohio a Nova York, Connecticut e Rhode Island, ele rogou aos republicanos que colocassem as diferenças de lado e se unissem em apoio ao movimento que era seu novo partido. Consciente de que, com exceção de seu estado natal, ele não era a primeira escolha de ninguém, ele tentou se tornar a segunda escolha de muitos. Recusando-se a depreciar seus rivais, ele tinha o objetivo de deixar seus apoiadores "dispostos a virem até nós se forem compelidos a desistir de seu primeiro amor".[108]

Quando seu renome nacional começou a crescer, sua estimativa de suas próprias chances também melhorou. Mesmo enquanto encarava com bom humor e ceticismo as sugestões de que poderia aspirar com sucesso à indicação, ele começara a se visualizar como competidor legítimo. Com toda probabilidade, estivera analisando a perspectiva de concorrer à Presidência muito antes de divulgar sua candidatura. "Nenhum homem sabe", disse ele anos depois, "quando a larva presidencial começa a corroê-lo, somente quão profundamente ela penetrará antes que ele tenha tentado".[109] Quando a possibilidade de sucesso se tornou mais concebível, Lincoln redobrou seus esforços, trabalhando mais duro que todos os oponentes juntos. Ao passo que Seward, confiante de que a indicação seria sua, viajou pela Europa durante oito meses antes da convenção, Lincoln trabalhou diariamente, pesquisando e aprofundando seus discursos e os mantendo atuais. Para escrever cada um deles, ele se enfiava em um casulo, encontrando um canto da Biblioteca Estadual ou um cômodo reservado ou um pequeno escritório onde quer que estivesse discursando. Lá, podia ficar sozinho para focar em sua pesquisa, suas reflexões e seus sentimentos. Às vezes, ele usava os amigos mais próximos como caixas de ressonância, mas, quanto mais viajava pelo país, mais confiava em suas próprias percepções sobre o que deveria dizer e exatamente o que seria necessário para conseguir a indicação.

Em nenhum lugar o produto de tal implacável disciplina obteve maiores recompensas do que no Cooper Union, em Nova York, onde ele aceitou o convite para discursar que Salmon Chase havia recusado. Compreendendo a importância de causar forte impressão em uma plateia no estado natal de Seward, Lincoln passou muitas semanas pesquisando extensivamente as atitudes em relação à escravidão de cada um dos 39 signatários originais da constituição, permitindo-lhe demonstrar que a leitura atenta de seus textos e declarações revelava que a clara maioria marcara a escravidão "como um mal que não deve ser ampliado, mas tolerado e protegido somente porque e na medida em que sua atual presença entre nós torna essa tolerância e essa proteção uma necessidade".[110] Consequentemente, alegou Lincoln, os republicanos eram os autênticos conservadores, o partido mais próximo das palavras e das intenções dos legisladores. Ele fez um apelo ao sul, falando como mediador, pedindo calma e deliberação enquanto os estilhaços das explosões (o brutal assassinato do senador por Massachusetts Charles Sumner por um congressista sulista, a decisão *Dred Scott* da Suprema Corte de que negros não eram cidadãos, e o ataque de John Brown a Harpers Ferry) laceravam o país. Não obstante a lógica bem documentada e cristalina de seu argumento e o tom moderado que pregou, havia nele um ardor tão profundamente sentido que mesmo os membros mais radicais da plateia ficaram abalados.

Dois princípios centrais haviam permeado cada declaração pública que Lincoln fizera desde que retornara à vida pública em 1854: a não extensão da escravidão para os territórios e a não interferência na escravidão onde já existia. Enquanto Seward, nos meses que antecederam a convenção, tentou suavizar a ardente retórica que deliciara os abolicionistas e Bates buscou conseguir apoio liberal ao propor direitos constitucionais iguais para todos os cidadãos, Lincoln permaneceu resoluto. Sua aderência aos dois princípios centrais o colocou precisamente na interseção das duas linhas que marcavam a mediana perfeita dos elementos extremos do Partido Republicano. Sua "evitação dos extremos" tampouco era resultado do cálculo; ela era, afirmou o *Chicago Daily Press and Tribune*, "a consequência automática de uma natureza equânime e de uma constituição mental que jamais está em desequilíbrio".[111]

Conforme a abertura da convenção se aproximava e o apoio à candidatura de Lincoln se fortalecia, o próprio Lincoln não dava nenhum resultado como certo. Percebendo que uma candidatura de sucesso exigiria o apoio unânime da delegação de Illinois, ele trabalhou para neutralizar as divisões no estado, pedindo abertamente a ajuda dos delegados que representavam diferentes facções do partido. "Na posição em que estou, não serei muito prejudicado se não obtiver a indicação nacional, mas seria bastante prejudicial não ter o apoio dos delegados de Illinois", escreveu ele a um político da região norte do estado. "Será que você não pode me ajudar nessa questão, aí na sua área?"[112] Quando os republicanos do estado se reuniram dez dias antes da convenção nacional, eles aprovaram uma resolução instruindo os delegados a "votarem como unidade"[113] em Abraham Lincoln. Em contraste, Chase não levantou um dedo para assegurar uma delegação unida de Ohio, tendo erroneamente acreditado que cada delegado naturalmente votaria nele, considerando tudo que fizera pelo partido e pelo estado.

Nenhuma equipe em Chicago trabalhou mais duro que a de Lincoln. Embora alguns membros do círculo íntimo tivessem ambições políticas próprias, "a maioria deles", observou Henry Whitney, "trabalhou *con amore*, principalmente por amor ao homem, por seu elevado tom moral, por sua moralidade política pura".[114] De fato, dois dos principais membros da equipe de Lincoln eram os antigos democratas Norman Judd e Lyman Trumbull, cuja recusa em atravessar as linhas partidárias em 1855 custara a Lincoln sua primeira eleição ao Senado. A magnanimidade de Lincoln (em contraste com os inimigos que Seward e Chase haviam criado em sua ascensão ao poder) levara os dois homens para seu lado, em duradoura amizade.

Quando a votação começou, Seward era considerado o favorito, seguido por Chase e Bates. Na terceira votação, todavia, para surpresa de muitos, Abraham Lincoln emergiu como indicado. Durante os anos, as pessoas debateram os fatores que levaram à sua vitória. Algumas argumentaram que o veredito representou "a derrota de Seward, não a indicação de Lincoln".[115] Outros indicaram a sorte: o fato de a convenção ser realizada em Chicago e Illinois ser um estado-chave na disputa. Embora o acaso tenha desempenhado um papel, no fim, a vitória de Lincoln se deveu predominantemente a suas habilidades de liderança: sagaz compreensão do cenário, crescente confiança em seu próprio discernimento e intuição, inigualável ética de trabalho, habilidades retóricas, temperamento tranquilo e elevada ambição. Ele jamais permitiu que sua ambição consumisse sua bondade ou modificasse sua lealdade à causa antiescravagista. Embora os delegados possam não ter reconhecido a verdadeira dimensão das qualidades de liderança de Lincoln, os eventos em breve provariam que haviam escolhido o melhor candidato para liderar seu novo partido até a vitória.

Desde o início, Lincoln discerniu que sua primeira tarefa era unir os candidatos que derrotara em um único movimento republicano. Para esse fim, escreveu uma carta pessoal a Chase, humildemente solicitando sua "assistência especial"[116] na campanha; enviou um amigo próximo a St. Louis para pedir que o juiz Bates escrevesse uma carta pública a seu favor; e, o mais importante, garantiu a disposição de Seward de agir como seu principal representante. Seguindo uma política estratégica de autorrestrição, ele permaneceu em Springfield durante toda a campanha. Consciente de que qualquer coisa que dissesse ou escrevesse seria usada fora de contexto para inflamar o seccionalismo com propósitos partidários, ele simplesmente indicava a plataforma do partido e seus muitos discursos publicados quando lhe perguntavam sobre a questão, afirmando que aqueles documentos cuidadosamente modelados representavam integralmente suas opiniões sobre a principal questão da época.

No outono de 1860, a questão da escravidão havia destruído o Partido Democrata do mesmo modo que despedaçara os whigs. O ataque de John Brown a Harpers Ferry endurecera as atitudes sulistas; já não apoiando a soberania popular de Douglas, a ala sulista exigiu proteção explícita do Congresso para levar escravos para os novos territórios, independentemente do voto popular. Consequentemente, quando Douglas se tornou o candidato do Partido Democrata, os democratas sulistas se retiraram e indicaram seu próprio candidato, o senador pelo Kentucky John Breckinridge. Antes da ruptura, disse Lincoln a um amigo, as chances republicanas "eram mais que iguais"; agora, com um partido dividido, as chances democratas pareciam "muito pequenas".[117] Mesmo assim, ele entendeu que nada devia ser deixado ao acaso.

Lincoln até mesmo concordou, após muita hesitação, em escrever uma curta autobiografia para colocar um pouco de músculos, tendões e gordura sobre os ossos de seu escasso currículo e ajudar a construir uma persona de campanha. Embora tenha se recusado a sentimentalizar as dificuldades extremas de sua infância na fronteira, ele incluiu memórias de construir sua cabana e cortar toras para a cerca que limitava seus 4 hectares. Em breve, toras supostamente cortadas pelo jovem Lincoln começaram a surgir em reuniões públicas. O emblema pegou fogo: toras foram gravadas em alto relevo em medalhas de campanha, ziguezaguearam em tirinhas de jornais e foram tema de slogans e jingles. Embora Lincoln jamais alegasse ter cortado uma tora particular apresentada a ele com grande fanfarra, ele reconheceu que, de fato, fora "trabalhador manual, marretando toras, operando uma chata, as coisas que faria o filho de qualquer homem!"[118] A história de sua vida e seus laboriosos esforços para se educar o transformaram no "homem do povo",[119] o sonho americano encarnado.

No dia da eleição, Lincoln estava compreensivelmente inquieto. A dificuldade havia sido seu direito de nascimento e a adversidade sua expectativa. Quando seu sonho juvenil de se tornar o DeWitt Clinton de Illinois fora destruído com o espetacular fracasso de seus projetos de melhoria interna, ele caíra em depressão. Um período de dúvida e autoavaliação se seguira a seu decepcionante mandato no Congresso. Entretanto, nenhuma de suas duas perdas no Senado provocara dúvida pessoal ou depressão. Ao contrário, ele considerava ambas as derrotas passos positivos no avanço do movimento antiescravagista. A essa altura, ele estava "tão entremeado a essas questões aos olhos do povo", observou seu sócio William Herndon, "que se tornara parte delas".[120] A voz interna que antecipava a derrota fora silenciada pela força de sua crença na causa antiescravagista. Quando os resultados saíram, um jubiloso Lincoln de 52 anos descobriu que vencera.

Essa vitória era a culminância de uma ambição diferente da do jovem de 23 anos que se esforçara para aumentar sua autoestima através da estima que recebia de seus concidadãos. Ele agora emanava o discreto senso de responsabilidade que encontrara em seu modelo, Henry Clay, visto por todos como "o homem certo para as crises".[121] Suas palavras faladas e escritas haviam se tornado mais simples, definidas, comedidas, cautelosas, centradas e determinadas, exibindo uma retórica menos febril, mas não menos passional que a poesia que ele declamara tanto tempo antes no Liceu. Ele encontrara sua voz madura.

THEODORE ROOSEVELT

"A luz saiu de minha vida"

Na legislatura de Albany, Theodore Roosevelt recebeu um alegre telegrama dizendo que era pai pela primeira vez, de uma saudável menininha. Quando, logo depois, um segundo telegrama foi entregue, toda vivacidade foi drenada de seu ser. Ele saiu correndo e pegou um trem para Nova York, onde sua família se congregara para apoiar sua esposa Alice e celebrar o nascimento de sua filha. Nas seis horas seguintes, Roosevelt seria mergulhado em um imenso pesadelo de dor que só é encontrado nas grandes tragédias.

"Há uma maldição nesta casa", disse seu irmão Elliott quando ele chegou. "Mamãe está morrendo e Alice também."[1] À meia-noite, ambas as mulheres estavam em estado semiconsciente. Sua mãe de 49 anos, Mittie, uma mulher bonita e de aparência ainda jovem, vinha sofrendo com o que fora considerado um resfriado severo, mas se revelou um caso letal de febre tifoide. Theodore estava ao lado da cama da mãe às 3 horas, quando ela morreu. Menos de doze horas depois, enquanto segurava a jovem esposa nos braços, Alice morreu do que mais tarde foi diagnosticado como doença renal crônica, com os sintomas tendo sido mascarados pela gravidez. Em seu diário naquela noite, Theodore, então com 26 anos, colocou um grande X, juntamente com as simples palavras: "A luz saiu de minha vida."[2] Dois dias depois, registrou: "Passamos três anos da maior e mais pura felicidade que alguém já conheceu. Feliz ou infelizmente, minha vida já foi vivida."[3]

Em Albany, a legislatura votou unanimemente para suspender a sessão até a noite da próxima segunda-feira, em um óbvio tributo ao popular deputado, "totalmente sem precedentes nos anais legislativos".[4] No funeral duplo realizado na Igreja Presbiteriana da Fifth Avenue, os chefes do partido e dezenas de deputados estavam presentes, juntamente com membros da sociedade nova-iorquina e dezenas de pessoas que haviam comparecido ao funeral de Roosevelt seis anos antes. Durante a cerimônia, Theodore pareceu a seu antigo tutor, Arthur Cutler, "chocado e atordoado. Ele não sabe o que faz ou diz".[5] O pastor quase perdeu o controle sobre a própria voz quando comentou as "peculiares" circunstâncias que tornavam a cerimônia especialmente triste. "Dois membros da mesma família, na mesma casa, foram no mesmo dia retirados da vida e estão prestes a ser enterrados juntos", disse ele. Ele não se lembrava de nada parecido durante seu longo ministério.[6]

Em uma rara resposta introspectiva às condolências de seu amigo do Maine, Bill Sewall, Roosevelt revelou o que se tornaria um estoico fatalismo. "Foi um destino sombrio e miserável, mas jamais acreditei que há qualquer benefício em recuar ou sucumbir a qualquer golpe, e deixar de trabalhar tampouco o ameniza."[7] Dois dias após o funeral, Roosevelt retornou à Assembleia, dizendo a um amigo: "Acho que enlouqueceria se não estivesse empregado."[8] Ele parecia "um homem transformado", observou seu colega Isaac Hunt; "daquela época em diante, havia em seu rosto uma tristeza que jamais houvera antes. Ele não queria que ninguém tocasse no assunto ou solidarizasse com ele. Era um pesar que carregava na própria alma."[9] Para a irmã Bamie, a quem ele concedera total responsabilidade pelo cuidado e o bem-estar da filha recém-nascida, ele escreveu: "Agora temos sessões noturnas e estou feliz com isso; de fato, quanto mais trabalhamos, mais eu gosto."[10]

Ele sempre trabalhara em um ritmo governado pela energia excessiva. Agora, movido pela necessidade de mitigar a infelicidade, lançou-se em um frenesi legislativo, apresentando um projeto de lei reformista após o outro, desatento aos procedimentos parlamentares e desconsiderando as críticas dos colegas. Não demorou muito para esgotar o capital político que a boa vontade e a simpatia dos velhos políticos da máquina e dos jovens reformistas haviam lhe concedido após suas dolorosas perdas. Antes de a sessão ser encerrada, ele decidiu que não suportaria retornar a Albany para outro mandato. Sua carreira na legislatura estadual chegara ao fim.

Havia uma última cruzada na qual lutar, que deu a Roosevelt um senso temporário de propósito, mas, no fim, pioraria sua depressão. Na convenção nacional republicana em junho, ele liderou um pequeno, mas estridente grupo independente que apoiava o senador reformista de Vermont George Edmunds para a Presidência, contra James G. Blaine, a escolha dos chefes do partido. Com razão, os reformistas consideravam Blaine um emblema dos padrões morais corruptos do Partido Republicano pós-guerra civil. Embora a recusa de Roosevelt em apoiar Blaine tenha lhe valido "o amargo e venenoso ódio"[11] dos chefes do partido, ela conquistou muita admiração entre as fileiras de republicanos reformistas. Para muitos jovens, lembrou Charles Evans Hughes, Roosevelt "parecia encarnar tudo que era nobre e digno de empenho na política". Ele era como "uma brisa esplêndida" que fazia "todo mundo se sentir melhor e mais animado".[12]

O zelo reformista de Roosevelt não conseguiu conquistar os delegados. Quando os votos finalmente foram contados, os chefes haviam prevalecido. Blaine derrotara Edmunds. "Nossa derrota foi esmagadora", disse Roosevelt a Bamie. "De todos os candidatos, considero Blaine o mais objetável, porque sua honestidade pessoal e sua fidelidade como servidor público são questionáveis." Que ele tivesse vencido "dizia coisas ruins sobre a inteligência das massas de meu partido".[13] O veterano republicano reformista George William Curtis, que se unira à luta de Roosevelt, lamentou: "Eu estive presente ao nascimento do Partido Republicano e temo testemunhar sua morte."[14] A indicação de Blaine levou dezenas de republicanos independentes a abandonarem o partido. Chamando a si mesmos de *mugwumps* ["neutros"], eles se comprometeram a não somente votar, mas também defender o candidato democrata.

Os independentes estavam certos de que Roosevelt se uniria a eles. Furioso ao deixar a convenção, Roosevelt disse a um repórter que jamais votaria em Blaine e daria "farto apoio"[15] a qualquer democrata íntegro.

Nas semanas que se seguiram, porém, ele voltou atrás, anunciando que, "por herança e educação", era republicano, um homem de partido que acreditava em um governo de partido. Ele trabalhara com o partido "no passado" e se sentia obrigado a trabalhar com ele "no futuro". Não querendo queimar pontes, ele decidiu que "obedeceria ao resultado da convenção republicana".[16] Seus colegas reformistas ficaram chocados. Os jornais reformistas, que haviam defendido o jovem legislador, agora o consideravam um traidor da causa.

"Theodore, tome cuidado com a ambição: por esse pecado, caíram muitos outros jovens tão promissores quanto você",[17] avisou o *Boston Globe*. Com suas ações, Roosevelt inicialmente enfurecera os chefes. Agora enfurecia os independentes, traídos por sua mudança de atitude e seu subsequente apoio a Blaine. "Tenho baixíssimas expectativas de ser capaz de me manter na política",[18] disse ele a um jornalista de Nova York. "Não tenho como lamentar o suficiente aquela infeliz reviravolta dos assuntos políticos que praticamente me impediu de ter qualquer participação na disputa",[19] admitiu ele para seu amigo, o representante de Massachusetts Henry Cabot Lodge. "Acho que se passarão muitos anos antes que eu volte à política",[20] desesperou-se ele em uma carta à irmã Bamie.

Sentindo necessidade de fugir da catástrofe que atingira sua vida pessoal e da insustentável crise política na qual se envolvera, Roosevelt foi para Badlands, onde comprara um rancho no ano anterior. "Vou cuidar do gado em meu rancho de Dakota pelo restante do verão e parte do outono", disse ele a um repórter que o assediava. "Não sei dizer o que farei em seguida."[21] Mesmo então, os zangados reformistas não foram apaziguados. "Nenhum rancho ou outro esconderijo do mundo" pode proteger alguém que apoia um homem como Blaine,[22] comentou desdenhosamente o *Evening Post*. "Cuidar do gado é a melhor maneira de evitar a campanha"[23] foi a infeliz resposta de Roosevelt.

———

Assim começou uma estadia na fronteira oeste que ele passaria a ver como "mais importante ativo educacional"[24] de sua vida. Quando lhe perguntaram, duas décadas depois, de que capítulo de sua vida ele escolheria se lembrar, incluindo a Presidência, ele respondeu: "Eu levaria comigo a memória de minha vida no rancho, com suas experiências próximas da natureza e entre homens que também eram próximos dela."[25] Durante esse interlúdio no oeste, Roosevelt reuniria material para suas mais bem-sucedidas iniciativas literárias: *Hunting Trips of a Ranchman*, *Ranch Life and the Hunting Trail* e *The Winning of the West*. Mas, de longe, o maior e mais duradouro projeto desses anos e meses de reação ao trauma que sofrera foi seu trabalho de cura, crescimento e autotransformação.

Ao selecionar uma equipe de quatro membros para gerenciar as operações do rancho, Roosevelt revelou a característica segurança com que escolheria associados nos anos à frente. Após passar somente duas semanas com Bill Merrifield e Sylvane Ferris durante uma viagem de caça no outono anterior, ele imediatamente decidira confiar a eles 40 mil dólares (um terço do dinheiro que seu pai lhe deixara) para comprar e cuidar de 10 mil cabeças de gado.[26] Para ser seu parceiro nas operações diárias do rancho, ele escolheu seu guia do Maine, Bill Sewall, e o sobrinho de Sewall, Will Dow. Nenhum dos dois tinha experiência anterior com gado. Isso fez pouca diferença para Roosevelt. Lendo astutamente o caráter de ambos os homens, ele garantiu a eles "uma parte de tudo"[27] que a nova empreitada pudesse lucrar, ao mesmo tempo prometendo que absorveria quaisquer perdas. Também os convidou para morar com ele na casa que, juntos, iriam projetar e construir no rancho. "Ele nunca foi um homem de hesitar antes de uma decisão",[28] lembrou Sewall anos depois. Quando conseguia discernir "um traço de honra"[29] em um homem, aquele homem passava a merecer sua confiança.

Quando Roosevelt foi para Dakota pela primeira vez, contou Sewall, ele "estava muito melancólico, com o espírito muito deprimido". O cenário das Badlands — suas planícies solitárias, amplos espaços e perturbadora beleza — espelhava a desolação de seu cenário interno. Para Sewall, como para poucas outras pessoas, Roosevelt expressou seus sentimentos, confessando "que sentia como se não fizesse qualquer diferença o que seria dele, ele não tinha nada pelo que viver". Sewall disse que ele tinha a filha, mas Roosevelt respondeu que a irmã estava em melhor posição para cuidar da criança. "Ela ficaria bem sem mim."[30]

Assim como trabalhara até a exaustão em Albany nas semanas após a morte de Alice, ele agora, com imprudente abandono e precipitada intensidade, punia-se com as tarefas mais duras e perigosas dos caubóis, como se, através da excitação e do medo, pudesse recuperar a possibilidade de se sentir vivo novamente. Ele cavalgava dezesseis horas por dia, galopando em velocidade máxima no terreno acidentado, caçava veados, antílopes, alces e búfalos e participava da frenética recolha de cinco semanas durante as quais o gado era marcado e selecionado para o mercado. Ao se atirar em cada aspecto da vida diária do rancho, Roosevelt "não estava brincando de caubói; ele era um caubói".[31] O trabalho diário, a camaradagem com os caubóis e a continuada insistência em suas iniciativas literárias o impediam de pensar demais, e ele finalmente foi capaz de dormir à noite.[32] "O humor sombrio", escreveu ele, "raramente se senta ao lado de um cavaleiro cujo ritmo é rápido o bastante."[33]

Os jovens reformistas do leste, que já haviam idolatrado Roosevelt, nada sabiam sobre essa imersão no oeste. "Só sabíamos que o homem que parecia ter as mais brilhantes oportunidades e a mais esplêndida carreira desaparecera", disse Charles Evans Hughes, "e, aparentemente, desaparecera em meio ao fracasso absoluto. Ele estava totalmente fora da política e já não estava aparentemente disponível para nada. Ele fora embora e era como se a chama de uma vela tivesse sido apagada, confundida com algum luminar que deveria servir de guia".[34]

Mas Theodore Roosevelt não era nem uma vela apagada nem abandonara totalmente a política. Ele recuara para o oeste, buscando na natureza não um bálsamo gentil, mas um teste, um desafio extenuante no qual poderia confrontar seu coração amortecido e o medo da intimidade e, de algum modo, renovar a confiança em si mesmo e em um futuro no qual poderia se tornar um genuíno luminar, guia e líder.

———

Com a passagem das estações, sua depressão lentamente começou a diminuir. No fim de seu hiato de dois anos, Roosevelt emergiu daquele suplício traumático com o corpo mais forte e o espírito ressurgente. Embora fosse sofrer ataques periódicos de asma pelo resto da vida,[35] seus pulmões haviam melhorado com o ar frio das montanhas e ele desenvolvera um tórax mais musculoso. Quando chegou, lembrou Sewall, "era um jovem frágil", atormentado por acessos de falta de ar e dores estomacais crônicas. "Quando voltou para o mundo, era tão robusto quanto qualquer homem que não dependia dos braços para viver."[36] Ele ganhara 13,5 quilos[37] "e era todo ossos, músculos e determinação".[38] A voz de falsete que "não conseguia gerar eco" na câmara legislativa "agora era enérgica e forte o bastante para tocar gado".[39]

Transformar seu corpo foi somente um passo da luta psicológica para superar o que Theodore ainda considerava sua natureza "nervosa e tímida".[40] Quando chegou ao oeste, reconheceu ele, "eu tinha medo de todo tipo de coisa, de ursos-pardos a cavalos 'brabos' e pistoleiros, mas, ao agir como se não estivesse com medo, gradualmente deixei de senti-lo". Ao passo que alguns homens, observou ele, eram naturalmente destemidos, ele tivera de treinar "sua alma e sua mente",[41] assim como seu corpo. "Forçando-se constantemente a fazer a coisa mais difícil ou mesmo mais perigosa",[42] ele gradualmente foi capaz de cultivar a coragem como "questão de hábito, no sentido de esforço repetido e exercício repetido de força de vontade".[43] Embora fosse um cavaleiro medíocre, ele se voluntariou para montar cavalos "brabos",[44] que tendiam a pinotear. Como dono do rancho, queria dar um exemplo de liderança, mesmo ao custo de, em várias ocasiões arriscadas, quebrar as costelas. Similarmente, embora a visão ruim o impedisse de ser um atirador de primeira, ele se uniu aos caçadores profissionais na perigosa perseguição a ursos, antílopes e búfalos.

"A perseverança",[45] insistiu ele, foi a chave para seu sucesso como caçador e caubói. Com prática constante, ele aprendeu a atirar em alvos em movimento com a mesma acuidade com que atirava em alvos imóveis. Anos estudando animais haviam lhe permitido identificar, rastrear e antecipar os padrões de comportamento de suas presas. Ele esperava que seu exemplo de coragem adquirida se provasse instrutivo, persuadindo outros homens de que, se considerassem o perigo "como algo a ser enfrentado e superado", eles se "tornariam destemidos em função de praticarem o destemor".[46] Ele foi capaz de superar seus próprios medos tão completamente que, em anos à frente, incontáveis observadores fizeram referência "à indomável coragem" que parecia "arraigada em seu ser".[47]

Nesse intervalo de dois anos, Roosevelt se relançara como uma nova espécie de americano, um híbrido entre o homem culto do leste e o homem rijo do oeste. Sem essa estadia prolongada nas Badlands, sugeriu sua irmã Corinne, "ele jamais teria sido capaz de interpretar o espírito do oeste como fez".[48] Durante o resto de sua vida, incontáveis homens do campo o viram como homem do oeste, uma figura romântica muito distante de seu background de classe alta. Ele se regozijava em saber que os oponentes já não podiam descrevê-lo como janota ou dândi. Um culto de personalidade criara raízes. Essencialmente, disse Roosevelt mais tarde, "eu não teria sido presidente se não fosse por minha experiência na Dakota do Norte".[49]

Há pontos de semelhança nos desastres seminais que atingiram tanto Abraham Lincoln quanto Theodore Roosevelt nos estágios iniciais de suas carreiras. Ambos os calvários foram precipitados por uma combinação entre crises íntimas e pessoais e repúdio público que pareceram destruir suas ambições essenciais. Ambos deixaram a política ou, no mínimo, falaram em deixá-la para sempre. Ambos sofreram depressões severas. A mudança curativa teve de vir de dentro, enquanto eles esperavam que o caleidoscópio histórico girasse.

No entanto, os dois homens lidaram com a depressão de maneiras contrastantes e compatíveis com suas disposições muito diferentes. Lincoln se abriu para a dor e a melancolia, partilhando seus sentimentos com vizinhos, colegas e amigos. Roosevelt se fechou completamente. Ele reprimiu as emoções, abandonou a filha e se recusou até mesmo a dizer seu nome, Alice, o nome da falecida esposa. Ele se referia a ela simplesmente como "Baby Lee", confessando: "Jamais haverá outra Alice para mim." Também não suportava lembrar de seu namoro e breve casamento. Ele destruiu quase todas as fotografias, cartas e lembranças do passado. Era "tanto fraco quanto mórbido",[50] insistia ele, ficar rememorando a perda.

Quando seu espírito renasceu, seus pensamentos retornaram para o leste, para casa e para os amigos deixados para trás. Em uma breve visita a Nova York no outono de 1885, ele encontrou Edith Carow, a jovem extremamente inteligente e intensamente reservada que fora sua mais próxima amiga de infância. Aos 5 anos, Edith se unira a Theodore e sua irmã Corinne na escola doméstica que sr. Theodore estabelecera na casa da família na 20th Street. Nos verões, fora convidada frequente da propriedade da família em Long Island. Lá, ela e Theodore haviam se tornado colegas inseparáveis; juntos, eles descobriram o amor pela literatura, exploraram a natureza, percorreram trilhas a cavalo e velejaram na baía. Durante a adolescência, haviam sido parceiros de dança em bailes e companheiros habituais em eventos sociais. No verão antes de Theodore conhecer Alice, todavia, o jovem casal tivera um enigmático "rompimento". O que Theodore chamou de "relações muito íntimas"[51] foi subitamente encerrado. Edith mais tarde confessou que amara Theodore "com toda a paixão de uma garota que jamais amara antes"[52] e que, quando ele se casou com Alice, ela teve certeza de que jamais amaria novamente. O encontro casual em 1885 reavivou sentimentos há muito suprimidos também no confuso viúvo e, nos meses seguintes, eles se encontraram todas as vezes que ele estava em Nova York e escreveram um ao outro regularmente quando estavam separados. Se a devoção de Theodore por Edith Carow não possuía o agitado sentimentalismo romântico de sua paixão por Alice, seu casamento com Edith forneceu estabilidade e santuário vitais à sua natureza tempestuosa.

No verão de 1886, dois anos após ter fugido para o oeste, Roosevelt estava pronto para reentrar no mundo político. A vida como cauббói literário fora uma trégua formativa, mas incapaz de gratificar suas grandiosas ambições. "Eu gostaria de ter uma chance em algo que realmente acho que posso fazer",[53] disse ele a seu amigo, o representante de Massachusetts Henry Cabot Lodge. Ele estava pronto para se testar novamente na arena pública, o mundo para o qual nascera e fora criado.

———

A perda da esposa e da mãe no mesmo dia se tornou mais que um marco catastrófico na vida pessoal de Theodore Roosevelt: a brutal guinada do destino remodelou também sua filosofia de liderança. Ela enfatizou a vulnerabilidade, a fragilidade e a mutabilidade de todos os seus esforços, políticos e pessoais. Seus objetivos profissionais pareciam feitos de ar, sujeitos a se dissolverem ou mudarem de direção de um momento para o outro. Depois daquele dia horrível em fevereiro, o acaso — a boa ou má sorte — seria considerado um coringa em seu baralho. Esse fatalismo básico ajuda a explicar o que, de outro modo, podem parecer escolhas aleatórias em relação às oportunidades da década seguinte.

Logo após voltar para casa, ele concorreu e perdeu a eleição para a prefeitura de Nova York, a despeito de sua crença, dada a esmagadora maioria democrata na cidade, de que se tratava de "uma competição totalmente sem esperanças".[54] Após trabalhar vigorosamente na vitoriosa campanha presidencial de 1888 do republicano Benjamin Harrison, Roosevelt esperara ser nomeado secretário-assistente de Estado, mas recebeu a oferta de um cargo federal relativamente menor como um dos três membros da Comissão de Serviço Civil. Seus amigos o urgiram a declinar, temendo que a posição obscura, muito abaixo de seu status e reputação, "o enterrasse no esquecimento".[55] Para sua confusão, entretanto, Roosevelt aceitou com entusiasmo e permaneceu no cargo por espantosos seis anos. Quando surgiu a oportunidade de retornar a seu estado natal, Roosevelt se resignou a se tornar um dos quatro membros do conselho da polícia de Nova York, um trabalho ingrato e cheio de perigos políticos. Três anos depois, após fazer campanha para o vitorioso candidato republicano William McKinley, no outono de 1896, foi-lhe ofertado o cargo de secretário-assistente da Marinha, que seus amigos novamente sentiram estar "abaixo" do que ele merecia.[56] Mais uma vez ele aceitou, permanecendo no Departamento da Marinha até o início da guerra hispano-americana, quando, novamente contra o conselho dos amigos, voluntariou-se para o Exército.

O que acontecera à singular ambição de ascender que motivara o jovem Roosevelt desde a juventude? O que explica sua disposição, contra o conselho de seus amigos mais confiáveis, de aceitar cargos aparentemente de baixo nível que não representavam um caminho profissional definido ou claramente ascendente? A resposta está no que Roosevelt entreviu durante sua penosa experiência. Sua expectativa e sua crença em uma trajetória suave e ascendente, fosse na vida ou na política, haviam desaparecido para sempre. Ele começou a questionar se o sucesso de liderança podia ser obtido ligando-se a uma série de posições titulares. Se uma pessoa focasse demais em um futuro que não podia ser controlado, reconheceu ele, ela se tornaria "cuidadosa, calculista e cautelosa demais em palavras e atos".[57]

Dali em diante, ele abriria mão dos cálculos de longo prazo em relação à carreira e focaria simplesmente em qualquer oportunidade profissional que aparecesse em seu caminho, assumindo que poderia ser a última. "Faça o que puder com aquilo que tiver, onde estiver",[58] ele gostava de dizer. De maneira muito real, Roosevelt passara a ver a vida política como uma sucessão de provas — boas ou ruins — capazes de destruir ou elevar. Ele veria cada posição como um teste de caráter, esforço, resistência e vontade. E não manteria nada em reserva para algum ilusório futuro. Em vez disso, veria cada trabalho como teste crucial, uma manifestação de suas habilidades de liderança.

Sua penosa experiência aguçara sua consciência da mortalidade, reduzindo drasticamente o tempo que ele sentia ter para viver e realizar suas ambições. Seu intensificado senso de passagem do tempo e sua consciência de que a vida poderia mudar a qualquer instante o tornaram impaciente, às vezes insuportavelmente, para concluir as coisas. A velocidade febril com que apresentara à legislatura dezenas de projetos de lei após a morte de Alice se tornou um padrão vitalício, um modo agressivo e muitas vezes abrasivo de liderança que o punha em conflito com os procedimentos estabelecidos e o lento metabolismo de qualquer instituição burocrática.

Quando, mais tarde, perguntaram a ele como fora capaz de liderar com sucesso departamentos tão díspares quanto a Comissão de Serviço Civil, o Departamento de Polícia de Nova York e o Departamento da Marinha, ele insistiu que os desafios que enfrentara não exigiam "gênio" administrativo ou mesmo "quaisquer qualidades incomuns, apenas bom senso, honestidade, energia, resolução e disposição para aprender".[59] Embora essa análise possa soar banal ou incongruentemente modesta, o estilo de liderança de Roosevelt era, na verdade, governado por uma série de ditados e aforismos simples: *comece a todo vapor; consolide o controle; faça perguntas a todo mundo aonde quer que vá; gerencie andando por toda parte; determine os problemas básicos de cada organização e os encare; quando atacado, contra-ataque; permaneça firme; gaste seu capital político para atingir seus objetivos; e então, quando seu trabalho estiver entravado ou concluído, ache uma saída.*

————————

Os amigos que haviam urgido Roosevelt a recusar o desconhecido cargo de comissário do Serviço Civil falharam em compreender o que ele instintivamente compreendera: que a luta para impor a nova e controversa Lei do Serviço Civil representava uma batalha importante na guerra contra a corrupção, uma batalha idealmente adequada para o filho de um filantropo de mente reformista com seu próprio e exagerado temperamento. A Lei Pendleton de Reforma do Serviço Civil, aprovada após o assassinato do presidente James Garfield (o assassino fora um desapontado solicitante de apadrinhamento) fora criada para substituir o dominante sistema de espólios por um sistema meritório baseado em exames competitivos. Roosevelt via o sistema de espólios como corruptela cínica da ideia democrática de que todo homem deveria ser julgado por seus méritos. "Ele trata todos os cargos", argumentou ele, "como prêmios a serem divididos pelos sujos vencedores de uma luta desprezível por espólios políticos, como propinas a serem partilhadas entre os mais ativos e influentes seguidores de vários líderes partidários".[60] Ele jurou transformar a comissão "em uma força viva".[61] Ele pretendia impor a nova lei integralmente e frustrar qualquer um, incluindo líderes de seu próprio partido, que estivessem fazendo "tudo em seu poder"[62] para impedir "o progresso da reforma e atrapalhar a execução da lei".[63] Roosevelt entendeu, desde o início, que teria "uma situação difícil pela frente".[64] O sistema de espólios era o coração das máquinas políticas.

Assim que chegou à Comissão de Serviço Civil, ele assinalou que o modo usual de fazer as coisas já não se aplicava. Para começar a todo vapor e dramatizar a mudança de direção, ele iniciou um inesperado ataque à poderosa Alfândega de Nova York, onde rumores sugeriam que as violações da nova lei eram desenfreadas. Interrogando os funcionários, ele descobriu que os oficiais vendiam perguntas dos exames a candidatos favorecidos pelos partidos por taxas entre 50 e 100 dólares. Após ouvir depoimentos, recolher declarações juramentadas e examinar documentos, Roosevelt exigiu a imediata demissão de três funcionários culpados,[65] anunciando inequivocamente à imprensa e ao público que a nova lei "seria imposta sem medo ou favores".[66] Sua investigação também revelou que líderes partidários continuavam a extorquir "as chamadas contribuições voluntárias"[67] de funcionários da alfândega como preço para reterem seus empregos.

Ele caminhou pelos corredores para se envolver diretamente com funcionários de baixo nível hierárquico: assistentes, copistas, mensageiros e outros. Eles lhe contaram como era difícil cumprir a demanda dos líderes partidários por 2% de seus salários. A avaliação de inverno, escreveu ele dramaticamente em um escaldante relatório resumindo a investigação, poderia significar "a diferença entre ter ou não um casaco de inverno para si mesmo ou um vestido quente para a esposa".[68] Ver o problema em termos das necessidades sazonais concretas dos pobres permitiu ao público uma compreensão imediata do real significado da reforma do serviço civil. Menos de um mês depois, tendo ouvido que agentes do correio em várias cidades estavam manipulando os resultados dos exames para nomear membros favorecidos pelos partidos, ele iniciou uma viagem investigativa pelas agências.

Essa mudança de direção, dificultada por intermináveis altercações entre uma comissão de três pessoas, o incitou a consolidar o poder. Ele assumiu a liderança, tomou a responsabilidade diretamente sobre os ombros e executou o que foi essencialmente um golpe não reconhecido — e não seria a última vez que faria um movimento inaugural para fortalecer sua autoridade. "Seus colegas eram homens discretos", observou o *Philadelphia Record*, falando dos outros comissários do Serviço Civil. Foi Roosevelt "quem assumiu a briga nos jornais, perante o Congresso e em todos os outros lugares e, é claro, sofreu o impacto do ataque resultante".[69] Rapidamente, ele se tornou a face pública da comissão. "Meus dois colegas estão ausentes e tenho todo o trabalho da Comissão de Serviço Civil para mim mesmo", gabou-se ele para a irmã Bamie. "Eu gosto: é mais satisfatório do que ter de dividir a responsabilidade e permite que eu dê passos mais decisivos."[70]

Sem surpresa, essa tomada do poder enfureceu os chefes do Partido Republicano, produziu atrito com os colegas e gerou críticas esporádicas na imprensa. "Ele chegou ao cargo com tocar de clarins e ressoar de gongos, tocados e ressoados por ele mesmo", observou o *Washington Post*. "Ele imediatamente se anunciou como homem competente para assumir todos os negócios do governo."[71] Outro crítico recomendou que ele colocasse "um cadeado em seus inquietos e incontroláveis maxilares".[72] Mas ele continuou falando. "O sr. Roosevelt é um jovem Lochinvar," comentou o *Boston Evening*. "Ele não tem medo dos jornais, não tem medo de perder seu lugar e está sempre pronto para a briga. Ele mantém a reforma do serviço civil diante do povo e, como é frequentemente o caso, sua agressividade é um fator significativo em uma boa causa."[73]

Quando Roosevelt deixou a comissão, sua liderança angariara tanto apoio público para a nova Lei de Serviço Civil que violações declaradas já não eram toleradas; um verdadeiro sistema meritório estava em processo de nascimento, de modo que, como resumiu Jacob Riis, "o camarada sem ninguém para lhe dar um empurrão teria uma chance igual à de seu rival que contava com apoio e os filhos do fazendeiro e do mecânico, que não tinham ninguém para falar em seu nome, teriam a mesma representação, ao competir por um cargo no serviço público, que os filhos da riqueza e do prestígio social".[74]

Todo homem que obteve sucesso, disse Roosevelt repetidas vezes, agarrou as oportunidades que a sorte lhe ofereceu. No outono de 1894, uma série de revelações, mais notoriamente envolvendo as inescrupulosas relações de Tammany Hall com o Departamento de Polícia da cidade, comprometeu a tradicional participação do Partido Democrata nas políticas municipais. Um desafiador ânimo reformista estava no ar. Após os escândalos, um empresário republicano de mentalidade reformista, William Strong, foi eleito prefeito. Logo depois de assumir o cargo, ele ofereceu a Roosevelt o cargo mais desafiador de sua administração: comissário de polícia, chefe de um conselho de quatro membros. Roosevelt aceitou sem hesitar. "Tenho o mais importante e mais corrupto departamento de Nova York em minhas mãos",[75] escreveu ele sobre as dificuldades à frente, com a nota de excitação soando alta e penetrante.

Usando muitas das técnicas de liderança que criara e empregara em sua "guerra de seis anos" como comissário do Serviço Civil,[76] Roosevelt não demorou a anunciar que ocorrera uma mudança de regime. Ele literalmente começou a todo vapor, subindo correndo os degraus da sede da polícia em Mulberry Street, a fim de dramatizar, para os repórteres que o seguiam, que dali em diante a atividade acelerada marcaria o conselho da polícia. "Era tudo ofegante e súbito", lembrou um repórter. Ainda correndo, Roosevelt disparou perguntas: quais oficiais deveriam ser consultados, quais ignorados, quais punidos? Quais eram "os costumes, regras e métodos" do conselho? "O que fazemos primeiro?"[77]

Na verdade, ele não precisava de sugestões sobre o que fazer primeiro. No conselho da polícia, havia dois democratas e dois republicanos. Roosevelt concordara em aceitar a oferta de Strong com a condição de ser nomeado chefe do conselho. Sua eleição preordenada foi a primeira ordem do dia. Em sua mente, a estrutura de quatro membros do conselho pressagiava "irrestrita malícia". "Na maioria das posições", acreditava ele, o poder devia ser concentrado "nas mãos de um único homem". Esse poderia ser o credo bastante insolente de um ditador, não fosse pela grande ressalva que acrescentou: "desde que esse homem possa ser totalmente responsabilizado, perante o povo, pelo exercício desse poder".[78] Embora sua eleição como chefe o ajudasse a consolidar o poder, dessa vez, em contraste com sua experiência na Comissão de Serviço Civil, os membros do conselho se mostraram menos flexíveis. "Ele pensa que é todo o conselho",[79] reclamou o democrata Andrew Parker. "Ele fala, fala o tempo todo. Raramente se passa um dia sem que haja algo sobre ele nos jornais."[80] Politicamente em conflito e cheio de animosidade pessoal, Parker não entendeu que, para Roosevelt, a publicidade não era meramente uma oportunidade de se deleitar com o olhar focado da atenção pública; o sentimento público era seu mais potente instrumento para gerar mudanças.

Roosevelt compreendeu claramente que tinha muito a aprender sobre as maquinações do Departamento de Polícia, e tinha de aprender tudo de uma vez só. Em busca de orientação, ele se voltou para os experientes repórteres policiais Jacob Riis e Lincoln Steffens. Não poderia ter encontrado dois mentores mais valiosos. Ele lera o primeiro livro de Riis, *How the Other Half Lives*, uma devastadora descrição das batalhas diárias dos pobres nos guetos de imigrantes de Nova York. Roosevelt ficara tão abalado com aquele revolucionário *tour-de-force* que procurara Riis em seu escritório. Riis estava ausente, mas Roosevelt deixara um cartão com uma mensagem manuscrita dizendo: "Vim ajudar." Assim começara uma amizade vitalícia que floresceu durante o mandato de Roosevelt como comissário de polícia. "Durante dois anos", lembrou Riis, "ficávamos o dia inteiro juntos e frequentemente a maior parte da noite, em um ambiente no qual eu passara vinte anos de minha vida. E aqueles dois anos foram os mais felizes de todos. A vida realmente valia a pena."[81] Embora o relacionamento de Roosevelt com o imensamente ambicioso e autoconfiante Steffens tenha sido menos profundo e durável, ele se beneficiou imensamente do contato com o talentoso repórter que cobrira para o *Evening Post* a chocante investigação de corrupção no Departamento de Polícia feita pela legislatura estadual e agora era chefe da editoria policial do jornal. Com sólidas informações e conselhos fornecidos por Riis e Steffens, o novo comissário de polícia se sentiu equipado para iniciar sua nova empreitada.

A primeira tarefa maciça que se apresentou foi analisar os problemas básicos de organização e atacá-los de frente. A notória investigação feita pela legislatura estadual revelara corrupção ubíqua "de cima a baixo"[82] e determinara que a força policial estava "profundamente desmoralizada".[83] Fora revelado que Tammany exigia que os novos recrutas pagassem uma taxa por suas nomeações, com o entendimento de que, conformem subissem na hierarquia, participariam do fundo de chantagem que Tammany acumulava com seus variados esquemas de extorsão. Por uma taxa mensal, casas de apostas e bordéis tinham proteção garantida contra as batidas policiais, mercadinhos podiam expor suas mercadorias na calçada e tavernas podiam abrir aos domingos. Com cada degrau que um policial ou político subia na hierarquia, aumentava sua porcentagem no fundo de chantagem.

O diagnóstico que Roosevelt fez da situação levou ao estabelecimento de uma estratégia tríplice. Ele tinha de purgar os líderes no topo, mudar a cultura na qual os policiais trabalhavam e dar um golpe fatal no disseminado sistema de corrupção e suborno que envolvia a polícia, os políticos e os administradores de milhares de pequenos negócios.

Três semanas após assumir, Roosevelt forçou a demissão[84] do poderoso superintendente da polícia, Tom Byrnes, e de seu inspetor-chefe, Alec "Clubber" Williams. Interrogados sob juramento durante as audiências conduzidas pela legislatura estadual, nenhum dos dois pudera explicar adequadamente como haviam acumulado centenas de milhares de dólares em suas contas bancárias. As súbitas demissões geraram manchetes em todos os jornais da cidade, assinalando que o novo Conselho da Polícia "não pouparia ninguém"[85] em seus esforços para eliminar a corrupção. No futuro, somente o mérito guiaria a nomeação de recrutas e determinaria cada nível de promoção. As ações assertivas de Roosevelt provocaram ansiedade nos chefes republicanos. Eles temiam que ele estivesse se movendo rápido demais e criando alvoroço por toda parte. Desde que Roosevelt pudesse contar com o sonoro apoio do público, ele se manteria firme.

A despeito das mudanças que fizera na liderança, Roosevelt reconheceu que as reformas duradouras seriam determinadas pelo comportamento dos policiais durante as rondas. Consequentemente, ele iniciou a segunda parte de sua estratégia: patrulhar os patrulheiros. Ele resolveu aprender em primeira mão a natureza do trabalho dos patrulheiros e estabelecer os valores para uma nova cultura em toda a força. Seguindo o conselho de Riis, fez uma série de não anunciadas "incursões da meia-noite".[86] Disfarçando sua identidade, com um casaco folgado e um chapéu de abas flexíveis puxado sobre a testa, percorreu as ruas de mais de uma dúzia de áreas de patrulha entre a meia-noite e o amanhecer, para determinar se os policiais designados para aquelas zonas estavam cumprindo seu dever. Com Riis a seu lado para ajudá-lo a navegar por partes da cidade que ele mal sabia que existiam, Roosevelt encontrou policiais relaxando em bares, jantando em restaurantes e entretendo mulheres nas esquinas. Em cada caso, convocou o oficial a comparecer à sede na manhã seguinte para uma ação disciplinar. Certa noite, encontrou um patrulheiro comendo ostras em um bar da Third Avenue. Sem revelar sua identidade, ele perguntou por que o oficial não estava na rua, onde era seu lugar. "Por que você quer saber e quem é você, aliás?", perguntou o oficial. "Eu sou o comissário de polícia Roosevelt", veio a resposta. "Claro que é", zombou o policial. "Você é Grover Cleveland e o prefeito Strong em um homem só." "Cale a boca, Bill", disse o bartender, "é Sua Excelência com certeza! Você não reparou nos dentes e nos óculos?"[87]

Histórias sobre os inéditos passeios da meia-noite de Roosevelt cativaram tanto os repórteres quanto o público. Após suas incursões iniciais, repórteres e escritores experientes passaram a acompanhá-lo com frequência (incluindo Lincoln Steffens, Hamlin Garland, Stephen Crane e Richard Harding Davis). Em pouco tempo, essas incursões noturnas produziram manchetes em todo o país. "Policiais espertinhos pegos por Roosevelt espertalhão",[88] dizia uma manchete. "Roosevelt na patrulha: ele torna as noites assustadoras para os policiais dorminhocos",[89] retumbava outra. Os cartunistas faziam a festa. Charges de policiais encolhidos de medo à visão de dentes enormes, óculos com armação de metal e bigode divertiram o país e levaram Roosevelt a um novo nível de proeminência nacional. O *Chicago Times-Herald* o chamou de "o homem mais interessante dos Estados Unidos".[90] Mas, como observou um reformista: "Por mais engraçados que sejam para o público, os objetivos de Roosevelt eram inteiramente sérios."[91] A perspectiva de que o comissário pudesse aparecer subitamente no escuro da noite tornou os patrulheiros mais responsáveis por seus atos. Para os reformistas, essas missões de reconhecimento eram emblemáticas do "início de uma nova era".[92]

Mesmo enquanto disciplinava policiais que se esquivavam de seus deveres, Roosevelt insistia que a maioria da força policial era composta de "homens de natureza excelente"[93] pegos em um sistema ruim que tinha de ser modificado para recompensar o mérito, não a transgressão. Se ele encontrasse uma área na qual todo patrulheiro estava cumprindo a ronda programada, ele procurava o oficial encarregado. "O senhor está de parabéns", dizia ele ao sargento com efusiva gentileza, "esse distrito é bem patrulhado."[94] Afirmando que era tão importante reconhecer o bom comportamento quanto punir a má conduta, ele estabeleceu um sistema para conceder certificados e medalhas aos oficiais que exibiam "coragem e ousadia": homens que arriscavam a vida para apanhar criminosos, debatiam-se com cavalos desembestados, salvavam crianças se afogando e realizavam incontáveis atos heroicos no curso de seus deveres cotidianos.[95] Cerimônias de reconhecimento, promoções baseadas em mérito, treinamento profissional, uma nova escola de tiro com pistola e a formação de um popular esquadrão de bicicleta: tal combinação de programas forneceu incentivos aos "homens com cassetetes".[96] Sendo um burocrata inovador, Roosevelt introduziu uma variedade de melhorias tecnológicas[97] no Departamento de Polícia, incluindo uma coleção de fotografias de criminosos, o uso de digitais e a expansão das comunicações telefônicas. O moral da força policial começou o lento processo de cura e restauração.

Ao mesmo tempo, Roosevelt reconheceu a importância de construir uma força policial que representasse a diversidade da cidade. Ao fim de seu mandato, todas as etnias dominantes haviam sido incluídas: irlandeses, alemães, afro-americanos, judeus, escandinavos, italianos, eslavos e muitas outras nacionalidades. Buscando fundi-las em "um único corpo", ele agia rapidamente quando sinais de preconceito ou discriminação se tornavam visíveis. "Quando um homem ataca outro por causa de sua raça ou local de nascimento, eu me livro dele de maneira sumária",[98] afirmou ele.

Como comissário de polícia, observou Roosevelt com orgulho, "meu trabalho me põe em contato com todas as classes de pessoas em Nova York, como nenhum outro trabalho poderia fazer".[99] Sua posição no Conselho da Polícia incluía filiação ao Conselho de Saúde, autorizando-o a escrutinar as condições sanitárias nas favelas de maneira mais sistemática e abrangente que o permitido pela única e reveladora visita, sob os auspícios de Samuel Gompers, que fizera uma década antes aos prédios de fabricantes de charutos. Juntamente com Riis, ele realizou inspeções em prédios superlotados e insalubres, com escadas em ruínas, paredes desmoronando, ventilação insuficiente e corredores sem iluminação. "Um homem pode ouvir falar de superlotação nos prédios populares durante anos", comentou Riis mais tarde, "e não compreender a questão como compreenderia com uma única inspeção à meia-noite."[100] Após a meia-noite, a favela é "pega desprevenida", observou Riis, "o verniz está ausente e você vê a natureza real da coisa",[101] especialmente nas sufocantes noites de verão. Os relatórios que Roosevelt fez ao Conselho de Saúde forçaram os proprietários a fazer melhorias, iluminar corredores escuros e consertar escadas inseguras. Em vários casos, os piores prédios foram demolidos.[102]

Nenhuma ação que Roosevelt realizou durante aqueles meses exigiu mais força e resolução e, no fim, cobrou um preço pessoal e político mais alto que a terceira vertente de seu ataque frontal: a missão de cortar "a raiz principal"[103] da corrupção, a lei de fechamento aos domingos. Na década anterior, a lei fora transformada em um colossal canal de corrupção política e policial. Proprietários e gerentes de mais de 10 mil tavernas operando na cidade entendiam que, desde que continuassem a fazer uma doação mensal à polícia e aos políticos, estavam livres para permanecer abertos no dia mais lucrativo da semana. Aqueles que se recusavam a pagar eram sumariamente fechados e presos por violar a lei. "O resultado", argumentou Roosevelt, "é que os oficiais da lei, os políticos e os taverneiros se enredaram inextricavelmente em uma rede de crimes."[104] Ao impor a lei "justa e honestamente"[105] a todos os estabelecimentos, em vez de "somente a alguns, e não a outros",[106] ele esperava eliminar a fonte central de corrupção na cidade.

Pessoalmente, Roosevelt não concordava com a lei de fechamento aos domingos, que a legislatura estadual aprovara como concessão aos eleitores rurais. Para a classe operária, que trabalhava seis dias por semana, a taverna local era um lugar para relaxar com os amigos em seu único dia de folga, beber cerveja, jogar cartas e sinuca e falar sobre política. Mas a lei estava nos livros e, como comissário de polícia, Roosevelt sentia que não tinha "nenhuma alternativa honrada a não ser impô-la".[107] Ele "nunca esteve engajado em uma luta mais selvagem",[108] disse a Cabot Lodge.

Todavia, os meses de combate haviam começado a apresentar resultados. Supervisionando o campo de batalha com seu companheiro de armas, Jacob Riis, "dirigindo e caminhando durante nove horas para vermos por nós mesmos exatamente como a lei estava sendo imposta, eu não tinha ideia de quão completo fora nosso sucesso; menos de 4% das tavernas estavam abertas e mesmo essas o faziam no maior segredo e em extensão muito limitada".[109] Embora tivesse previsto integralmente a "raiva furiosa"[110] dos taverneiros e de seus aliados políticos, ele não estava preparado para o veneno das mensagens que inundaram seu escritório, vindas de membros da classe trabalhadora. "Você é o maior tolo que já existiu." "Você é o pato mais morto que já morreu em um lago político." "Que jumento você se mostrou."[111] Uma caixa enviada a seu escritório, contendo dinamite, explodiu antes de chegar ao destino. "Um homem menos resoluto" teria recuado, observou Jacob Riis, "mas ele continuou a cumprir o dever que jurara cumprir."[112]

Recusando-se a considerar "os uivos"[113] de criticismo como insultos pessoais, Roosevelt surpreendeu seus críticos ao aceitar o convite para comparecer ao que se revelou uma maciça manifestação contra a nova política de imposição da lei do "czar da polícia". Escoltado até o palanque na Lexington Avenue, ele ficou em pé por duas horas, sorrindo e acenando enquanto carros alegóricos decorados e mais de 30 mil manifestantes passavam carregando faixas e cartazes desdenhosos. Vendo uma grande faixa com as palavras "A barulhenta sanha reformista de Roosevelt",[114] ele perguntou aos homens que a carregavam se podia mantê-la como souvenir. Sua aceitação bem-humorada das críticas capturou a imaginação da multidão. "Parabéns, Teddy!",[115] gritavam os manifestantes. "Teddy, você é o cara!"[116] O *Chicago Evening Journal* resumiu os eventos do dia: "Saudado por aqueles que foram escarnecer."[117]

Embora a zombaria autodirigida de Roosevelt tenha ganhado o dia, sua guerra contra as tavernas era politicamente insustentável. Com o próximo ciclo eleitoral se aproximando, o prefeito Strong o pressionou a "deixar as tavernas em paz",[118] ameaçando demiti-lo se recusasse. "Ele estava terrivelmente zangado", disse Roosevelt a Lodge, mas "eu não cedi".[119] Os resultados da eleição confirmaram os piores temores dos líderes republicanos. A máquina democrata Tammany voltou rugindo ao poder, reobtendo tudo que perdera dois anos antes. "A reforma foi derrotada",[120] lamentou Lincoln Steffens, e a culpa foi atribuída diretamente a Roosevelt. A reforma sistemática que ele tentara instituir ao impor a lei de fechamento aos domingos fora percebida como restrição à liberdade pessoal. Roosevelt falhara em apresentar a narrativa de uma batalha necessária contra a corrupção, de modo a ganhar a confiança e o apoio das pessoas.

Em Albany, a legislatura estadual debateu várias maneiras de retirá-lo legalmente do cargo. O laço estava se apertando. "No presente momento, sou um objeto especial de censura por todos os lados", admitiu Roosevelt para Bamie, reconhecendo que tinha "horas de profunda depressão".[121] Lodge também se preocupava com o amigo e disse a Bamie: "Ele parece excessivamente cansado e extenuado; aquele maravilhoso entusiasmo e aquele interesse por todas as coisas estão muito menos presentes."[122]

Onde a liderança de Roosevelt se desviou do caminho? "Eu não lido com o sentimento público, eu lido com a lei",[123] insistira ele repetidamente. Mas todo líder deve lidar com o sentimento público, como Abraham Lincoln aprendera com a reação negativa a seu destemperado primeiro discurso perante o Congresso, quando falhara em levar em conta a grande popularidade da guerra mexicano-americana. Uma coisa era ser alvo da ira dos chefes políticos e dos taverneiros, outra, muito diferente, era ter se tornado o bode expiatório e antagonista da classe trabalhadora, que ele se esforçara tanto para compreender e conquistar. Embora tivesse antecipado problemas com o público quando começara a impor a lei de domingo, ele subestimara a intensidade da indignação dos imigrantes da classe trabalhadora. Em contraste com sua experiência como comissário do Serviço Civil, quando não tivera dúvidas de que seus esforços meritocráticos eram inteiramente positivos, ele tardiamente percebeu que havia ocasiões (e a complicada briga com as tavernas era uma delas) nas quais havia um pouco de certo e de errado "em cada lado e então se torna terrivelmente confuso saber o curso exato a seguir".[124]

A animosidade pessoal em relação a Roosevelt se tornara tão virulenta que suas inovações, suas políticas e seus programas corriam o risco de serem diluídos ou mesmo desfeitos se ele permanecesse por mais tempo. Ele precisava encontrar uma saída. E racionalizou que seu trabalho fora realizado: ele preparara o terreno para aqueles que viriam depois. Havia verdade em sua racionalização, pois uma difícil reforma começara e teria impacto sobre o Departamento de Polícia durante anos.

A campanha de 1896 de William McKinley para a Presidência forneceu a Roosevelt a saída perfeita. Pedindo licença temporária do Conselho da Polícia, ele trabalhou pelo candidato republicano e rapidamente se tornou um dos mais procurados oradores da campanha. Por mais impopular que fosse como comissário de polícia de Nova York, seus feitos na luta contra a corrupção e o crime o haviam tornado uma figura cativante em todo o país. Theodore Roosevelt já se tornara um símbolo e um líder na guerra contra a corrupção que, na década seguinte, ganharia o apoio disseminado de seus compatriotas. A todos os lugares que ia, atraía grandes multidões, com os salões "lotados e as pessoas em pé pelos corredores".[125] Ao dedicar "todo seu tempo, sua energia e sua imensa capacidade de trabalho à campanha",[126] ele novamente ganhou os aplausos dos chefes republicanos.

Retornando ao Conselho da Polícia após a vitória de McKinley, Roosevelt esperou ansiosamente por um alto cargo na nova administração. Embora numerosos amigos tenham feito lobby em seu favor,[127] tentando conseguir sua nomeação como secretário da Marinha, McKinley hesitou. "Eu quero paz", disse o novo presidente a um aliado de Roosevelt, mas "Theodore, que só conheço de passagem, está sempre metido em brigas com todo mundo. Temo que ele seja belicoso demais".[128] Os apoiadores de Roosevelt se recusaram a desistir. E, finalmente, McKinley fez uma oferta: o cargo de secretário-assistente da Marinha. Como ocorrera tantas vezes antes, seus amigos o aconselharam a não se conformar com esse cargo menor,[129] mas, no que já se tornara um padrão, ele aceitou a oferta.

———

Como secretário-assistente do secretário da Marinha John Davis Long, Roosevelt fora relegado, pela primeira vez, a um papel subordinado real, respondendo diretamente a um superior. Potenciais campos minados cercaram o relacionamento desde o início. Duas décadas mais velho que Roosevelt, Long, de temperamento cauteloso, personificava o *status quo* da administração McKinley. Tendo experimentado os horríveis anos da guerra civil, Long, assim como McKinley, estava comprometido com a preservação da paz. Roosevelt estava convencido de que uma guerra iminente com a Espanha em razão do tratamento dado aos combatentes da liberdade cubanos estava no horizonte próximo e que a Marinha devia ser modificada para enfrentar aquela probabilidade.

Como, então, ele conseguiu lidar com essa posição subordinada? Para começar, construiu "uma reserva de bons sentimentos"[130] através de repetidos atos de cortesia, gentileza e solicitude que lhe asseguraram a confiança do secretário Long. Reconhecendo que Long, que não tinha experiência anterior com a Marinha, estava desconfortável com conversas sobre "docas secas, torres de tiro, especificações das plantas navais ou a fragilidade dos torpedeiros",[131] Roosevelt rapidamente dominou os detalhes técnicos envolvidos na supervisão da Marinha — os cronogramas de inspeção, reparo e manutenção, o número de embarcações inativas, a construção de novos navios —, que então traduziu em relatórios claros e legíveis, colocados sobre a mesa de Long todas as manhãs. Como sempre, a leitura voraz e a escrita de textos científicos e históricos lhe foram úteis. Nesse caso, sua compreensão e sua perícia estatísticas, desenvolvidas como historiador naval iniciante quando escrevera sua primeira obra publicada, sobre as batalhas navais na guerra de 1812, lhe permitiram dominar facilmente detalhes reveladores que não eram do interesse de seu superior Long.

Long ficou deliciado com seu jovem e industrioso assistente. "Ele é cheio de sugestões, muitas das quais são de grande valor para mim", observou Long, "e seu comportamento animado e vigoroso é um bom tônico para alguém que tende a ser tão conservador e cuidadoso quanto eu".[132] Assim como Roosevelt instituíra a supervisão direta no Serviço Civil e estendera suas inspeções às calçadas de Nova York, ele deixou sua mesa para investigar, inspecionar e revisar vários aspectos da Marinha. Ele esteve presente durante a investigação do acidente com um torpedo; passou cinco dias revisando a Milícia Naval da Reserva no Oriente Médio; acompanhou o Primeiro Batalhão durante uma viagem de treinamento; e esteve a bordo do *Iowa*, o couraçado de última geração da Marinha. Quando conheceu a tripulação que projetara o navio, ele "bateu o recorde de perguntas", deixando o construtor responsável assombrado com sua combinação de "conhecimento teórico" sobre construção naval e seu domínio "dos detalhes de parafusos e rebites".[133] E, assim como havia elogiado policiais em suas rondas, ele elogiou os membros do Segundo Batalhão após testemunhar um exercício em um campo de manobras.

Mesmo enquanto avaliava a prontidão da Marinha e se comportava como filho diligente e solícito do secretário Long, Roosevelt estava cuidadosamente formulando sua agenda para construir uma Marinha expandida e pronta para a guerra. Sensível à reticência da administração em relação à guerra, ele disfarçou seus planos na pele de ovelha da prontidão. Em um discurso muito divulgado no Colégio de Guerra Naval, ele se baseou na sabedoria do primeiro presidente do país. "Um século se passou desde que Washington escreveu 'Estar preparado para a guerra é o meio mais efetivo de promover a paz'", começou ele. "Em toda nossa história, nunca houve uma época na qual a prontidão para a guerra tenha sido uma ameaça à paz."[134] O discurso obteve elogios generalizados, tornando Roosevelt um dos principais proponentes da preparação e da prontidão para a guerra.

Embora satisfeito com a resposta, Roosevelt desejava ação. "Sempre tive horror a palavras que não se traduzem em atos",[135] dizia ele frequentemente. E aquele verão apresentou uma oportunidade de ação quando o fatigado secretário Long viajou para Massachusetts para oito semanas de férias. Isso era comum nos dias anteriores ao ar-condicionado: oficiais do governo, incluindo presidentes, regularmente fugiam de Washington durante o verão. Além disso, antes que o calor chegasse, Roosevelt graciosamente prometera a Long que abriria mão de seu verão com a família em Sagamore Hill para acomodar a agenda do superior.

O prolongado afastamento de Long deixou Roosevelt como secretário em exercício da Marinha e ele tirou o máximo proveito da promoção temporária. "O secretário está de férias e estou me divertindo imensamente dirigindo a Marinha",[136] relatou ele a um amigo em agosto. "Como tenho poder de decisão quando estou sozinho, estou realizando muitas coisas",[137] disse ele a Bamie. De fato, sob seu secretariado "de clima quente",[138] portos e fortificações costeiras foram melhorados, numerosas viagens de treinamento foram realizadas e iniciou-se um lobby no Congresso para expandir a frota. Ainda mais importante, a consciência de Roosevelt sobre a disposição da frota em todo o mundo o persuadiu de que o setor do Pacífico, onde a maior parte da frota espanhola estava estacionada, poderia ter papel instrumental se houvesse guerra em Cuba. Consequentemente, ele mexeu cada pauzinho para fazer com que o almirante George Dewey fosse nomeado comandante em chefe do esquadrão asiático. Embora eles só tivessem se encontrado algumas vezes, Roosevelt instintivamente reconhecera em Dewey o líder certo para uma crise. "Eu sabia que, no evento de uma guerra, Dewey podia ser usado como um cão de caça solto da coleira; eu tinha certeza de que, se tivesse uma chance, ele atacaria instantaneamente e com efeitos decisivos, e decidi que faria tudo que pudesse para dar a ele esse chance."[139]

Simultaneamente, ele conduziu uma correspondência extensa, informativa e afetuosa com o secretário Long, assegurando que tudo estava sob controle. "Você deve estar cansado e deveria gozar da totalidade de suas férias",[140] escreveu ele no início de agosto. "Se as coisas continuarem como estão, não há a menor razão para você retornar por outras seis semanas",[141] reiterou ele uma semana depois. "Estou muito feliz por você ter viajado", disse ele em seguida, "pois tem sido o verão mais quente que já tivemos."[142] Se tivesse pressionado um pouco mais os limites da duplicidade, ele os teria rompido.

O relacionamento que ele cultivara por muito tempo com a imprensa o auxiliou em sua missão de expandir a Marinha. Convidados a participar de várias viagens, os repórteres elogiaram o estado corrente da Marinha, mas indicaram o que ainda precisava ser feito. Ocasionalmente, o conforto de Roosevelt com a imprensa levou à publicação de declarações abertamente belicosas que contrariavam a agenda da administração e atraíam a ira do secretário Long. Em tais ocasiões, Roosevelt imediatamente se desculpava, aceitava a reprimenda com elegância, restaurava a obediência afirmando que seu espírito fora "repreendido"[143] e então prosseguia exatamente como antes. Ele conseguia manter a confiança de Long ao permanecer "encantadoramente honesto e aberto"[144] sobre suas diferenças de opinião. O mais importante era simplesmente reconhecer quem estava no comando.

Quando um artigo particularmente problemático foi publicado no *Boston Herald* afirmando que Roosevelt estava tentando se apoderar das funções e responsabilidades do homem no comando, Roosevelt imediatamente notificou Long sobre o artigo e confessou que estava muito desconfortável com ele. Ele entendia, acrescentou, que a ideia de que não seria um subordinado leal "é exatamente sobre o que o preveniram antes de eu chegar" e "lisonjeava" a si mesmo acreditando que, com exceção de algumas poucas declarações "infernais", nada fizera que Long pudesse desaprovar. Embora fosse continuar a apresentar suas próprias opiniões tão "intensamente" quanto possível, "quando você tiver determinado uma política, eu a executarei em forma e espírito".[145]

O fato de sentirem legítima afeição um pelo outro suavizou tais tensões ocasionais. Quando Long fez grandes elogios a seu subordinado em uma entrevista, Roosevelt escreveu para agradecer as "generosas" declarações. "Tem sido uma experiência inteiramente nova para mim servir sob um homem como você. É claro, você jamais terá qualquer atrito comigo, com exceção de deslizes totalmente involuntários de minha parte, pela excelente razão de que eu me veria como inteiramente indigno de manter minha posição se, agora que tenho um chefe como você, falhasse em apoiá-lo de todas as maneiras possíveis."[146]

Dramáticos relatos de traição espanhola contra os rebeldes cubanos no inverno de 1898 (muitos dos quais extravagantemente exagerados por jornais que queriam instigar a guerra) geraram disseminado ultraje humanitário, aumentando o senso de urgência de Roosevelt sobre a possível necessidade de intervenção. Se houvesse guerra, "deveria ser por nossa iniciativa", rogou ele a Long. "Se navegarmos sem rumo, se não nos prepararmos com antecedência e subitamente tivermos de participar das hostilidades sem antes termos dado os passos necessários, poderemos encontrar uma ou duas amargas humilhações, e certamente seremos forçados a passar as primeiras três ou quatro semanas, as mais importantes, não atacando, mas fazendo os preparativos ofensivos que deveríamos ter feito muito antes."[147]

O aviso de Roosevelt se provou presciente. Em 15 de fevereiro, o USS *Maine*, estacionado no porto de Havana como "ato de cortesia amigável"[148] ao povo cubano, explodiu, matando 266 americanos. Embora a causa da explosão jamais tenha sido determinada, a raiva generalizada e a exigência de guerra varreram o país. Mesmo assim, o presidente McKinley, que lutara em Antietam, a mais sangrenta batalha da guerra civil, hesitou. "Eu passei por uma guerra, vi os mortos empilhados e não quero passar por outra."[149] Enquanto o presidente se debatia com a indecisão, Roosevelt iniciou uma série de ações não autorizadas que, sob qualquer outro chefe que não John Davis Long, poderiam muito bem ter causado sua imediata demissão por insubordinação.

Em 25 de fevereiro, Long deixou o escritório para um dia de descanso. "Não dê nenhum passo que afete a política da administração sem falar comigo ou com o presidente. Não vou sair da cidade e minha intenção é que você cuide da rotina do escritório enquanto eu passo um dia tranquilo. Estou escrevendo porque não quero dar ocasião a sensacionalismo desnecessário nos jornais."[150] A despeito desse aviso, os meses de trabalho preparatório de Roosevelt explodiram em uma execução coordenada. Ele iniciou uma série de "ordens peremptórias", "distribuindo navios, requisitando munição", comprando toneladas de carvão, "enviando mensagens ao Congresso pedindo imediata legislação autorizando a convocação de um número ilimitado de marinheiros"[151] e, finalmente, ordenando que o almirante Dewey "se mantivesse estocado de carvão" e se preparasse para, em caso de guerra, iniciar ações ofensivas "para garantir que a esquadra espanhola não deixe a costa".[152]

Long descobriu as ordens quando retornou ao escritório na manhã seguinte. "Roosevelt, de sua maneira precipitada, chegou muito perto de causar uma explosão maior do que a que atingiu o Maine", confidenciou ele a seu diário. "Ele tem a intenção de ser totalmente leal, mas o próprio demônio parece tê-lo possuído ontem à tarde."[153] Reagindo mais com compaixão que com raiva, Long pensou que Roosevelt perdera a cabeça como consequência de graves problemas domésticos: Edith sofria com o que os médicos finalmente haviam diagnosticado como maciço abscesso em um músculo perto da base da espinha, exigindo uma longa e perigosa cirurgia para remoção; ao mesmo tempo, Long sabia que o filho de 10 anos do casal, Theodore Jr., estava "se recuperando de uma longa e perigosa doença". Long queria acreditar que essa combinação "acentuara" o "nervosismo natural" de Roosevelt e o levara a ações que, de outro modo, "jamais teria iniciado".[154] A suposição de que a natureza sensível de Roosevelt resultara em um homem soterrado pelas crises familiares era o oposto da refletida, embora transgressiva, situação em 25 de fevereiro.

Mesmo assim, nem Long nem McKinley revogaram uma única ordem de Roosevelt. Consequentemente, quando o Congresso finalmente declarou guerra à Espanha quase nove semanas depois, o comandante Dewey estava bem posicionado para atacar. Duas horas depois do início da batalha da baía de Manila, sete semanas antes da invasão de Cuba, a frota espanhola no Pacífico foi dizimada, dando às forças americanas uma vantagem decisiva. "Se não fosse por Roosevelt, não teríamos sido capazes de dar o golpe que demos em Manila", observou o presidente do Comitê de Relações Exteriores do Senado. "Foram necessárias a energia e a prontidão de Roosevelt."[155] O oficial do Exército americano Leonard Wood comentou mais tarde que "poucos homens teriam ousado assumir essa responsabilidade, mas Theodore Roosevelt sabia que certas coisas precisavam ser feitas e que o atraso seria fatal. Ele sentiu a responsabilidade e ele a assumiu".[156] Para Roosevelt, ser um subordinado jamais foi confundido com ser subserviente.

———

Nem bem o Congresso declarara guerra à Espanha, em 25 de abril, e Theodore Roosevelt anunciou que pediria demissão de seu cargo na Marinha e seria voluntário no Exército. Nem um único amigo concordou com o que parecia uma decisão impulsiva. "Realmente acho que ele está enlouquecendo", observou um deles. "O presidente lhe pediu duas vezes, como favor pessoal, para permanecer no Departamento da Marinha, mas Theodore está louco para lutar, estraçalhar e cortar. É realmente triste, porque, claro, isso encerrará de vez sua carreira política."[157] Tanto seu íntimo amigo político Cabot Lodge quanto seu antigo mentor William Sewall concordavam enfaticamente que ele tinha "um trabalho muito mais importante para fazer no Departamento da Marinha".[158] O secretário Long temia que ele tivesse "perdido a cabeça nessa inexprimível tolice de desertar do posto no qual é mais útil e sair correndo para montar um cavalo e provavelmente afastar mosquitos de seu pescoço nas areias da Flórida". Embora "seu coração esteja no lugar certo e ele tenha boas intenções", acrescentou, "esse é um daqueles casos de aberração — deserção — e vanglória dos quais ele está totalmente inconsciente".[159]

Na verdade, a decisão de Roosevelt foi tudo, menos precipitada. Ele suspeitava que sua "utilidade" no Departamento da Marinha "desapareceria em grande medida em tempos de guerra".[160] Não somente os conselheiros militares assumiriam o centro do palco, como o secretário Long permaneceria resolutamente em seu posto. A guerra fecharia as portas para seus decisivos e agitados dias como secretário em exercício. Chegara a hora de encontrar uma saída. "Meu trabalho aqui foi preparar as ferramentas", disse ele a Sewall. "Elas estão prontas e, agora, o trabalho pertence àqueles que as utilizam [...]. Eu gostaria de ser um dos que as utilizam."[161]

A chance de se voluntariar para a guerra tocou um nervo exposto em Theodore. Ele considerava a decisão do pai de evitar o serviço durante a guerra civil uma nódoa na honra da família, mesmo que a decisão tivesse sido tomada para evitar o total colapso da esposa sulista no interior de uma dinâmica familiar extremamente tensa. Assim, na primavera de 1898, a despeito da fragilidade de sua própria família — Edith ainda não se recuperara da cirurgia e o jovem Theodore parecia estar sofrendo um colapso nervoso —, Roosevelt se sentiu compelido a servir em Cuba. "Você sabe o que minha esposa e meus filhos significam para mim", disse ele mais tarde a seu conselheiro militar, Archie Butt, "e, mesmo assim, eu decidi que não permitiria que nem mesmo a morte ficasse em meu caminho; que aquela era minha única chance de fazer algo por meu país e por minha família e minha única chance de fazer um pequeno entalhe no galho que serve como régua em toda família. Sei agora que teria me afastado do leito de morte de minha esposa para responder àquele chamado."[162]

Entre nossos quatro líderes, somente Theodore Roosevelt comandaria homens no calor de uma operação militar. Somente ele enfrentaria um inimigo real com sua vida e a vida de seus homens na balança. Quando assumiu o comando de suas tropas em Cuba, ele era diretamente responsável por elas, uma experiência que alterou e ampliou enormemente sua confiança em si mesmo como líder.

Quando foi feito o chamado original por três regimentos voluntários para suplementar o Exército regular, eles deveriam ser "compostos exclusivamente por homens da fronteira, com qualificações especiais como cavaleiros e atiradores".[163] Lá estava a fortuita conjunção precisamente das habilidades que Theodore Roosevelt aprimorara durante seus anos nas Badlands. Ele se forçara a se tornar um caçador infatigável, um atirador razoável, um caubói capaz de permanecer na sela por doze horas, habituado a climas extremos, equipado para tolerar todo tipo de dificuldade inesperada. Todavia, quando o secretário de Guerra Russell A. Alger ofereceu a ele o posto supremo de liderança — coronel do primeiro desses três regimentos voluntários —, ele declinou.

Por que, quando teve a oportunidade de realizar uma fantasia de toda vida, a do cavaleiro em seu cavalo, a da heroica figura marcial liderando um ataque à frente de seus homens, ele declinou e, em vez disso, cedeu a oportunidade a seu amigo mais jovem Leonard Wood? A resposta revela um atributo crítico da liderança: a autoconsciência para analisar sobriamente as próprias forças e compensar as próprias fraquezas. Ele recusou a oferta e recomendou Wood porque sabia não possuir a experiência e o conhecimento técnico necessários para rapidamente equipar e abastecer um regimento — um conhecimento possuído por Wood, que servira no Exército regular e recebera a Medalha de Honra. "Eu disse [a Alger] que, após seis semanas de serviço em campo, eu me sentiria competente para cuidar do regimento, mas não sabia como equipá-lo ou colocá-lo em ação."[164] Se Wood fosse promovido a coronel, no entanto, Roosevelt disse que aceitaria alegremente, sem a menor reserva ou competitividade, o posto subordinado de tenente-coronel. "Alger considerou isso um ato de tola abnegação de minha parte", disse Roosevelt mais tarde, "em vez do que realmente era: o ato mais sábio que eu poderia ter executado."[165] Central para sua decisão não foi o título que receberia, mas o sucesso final do regimento cujo comando iria partilhar.

O coronel Wood e o tenente-coronel Roosevelt formaram uma equipe efetiva e complementar. Enquanto Wood requisitava cavalos, selas, barracas, cobertores, botas e outros equipamentos, Roosevelt foi tão bem-sucedido em promover o conceito e a percepção pública do regimento, que ficou conhecido como Rough Riders, que 20 mil candidaturas foram recebidas em cinco dias, para menos de oitocentos lugares. Projetando a visão de uma força de combate única que representaria um microcosmo do próprio país,

Roosevelt persuadiu as autoridades a aumentarem o regimento para incluir uma tropa de homens do leste que "possuíam em comum" com caubóis, índios, caçadores e mineiros "os traços da intrepidez e sede de aventura".[166] Ele encontrou tais qualidades entre estrelas de futebol americano da Ivy League, jogadores de polo, remadores, esportistas do Knickerbocker Club e do Somerset Club e policiais de Nova York. Esse glamuroso mosaico da diversidade do país era o sonho de qualquer jornalista escrevendo sobre o caldeirão de culturas, e Roosevelt era a figura certa para fornecer calor suficiente para fundir esses elementos heterogêneos em uma unidade coesa. Nos homens que reuniu para seu regimento, ele costurou os episódios mais amplos de sua vida: seu autodeterminado atletismo, o fortalecimento de seu corpo, a educação em Harvard, o envolvimento com caçadores e mateiros no Maine, a vida no rancho, as cavalgadas no Velho Oeste e o trabalho com a força policial em Nova York.

Como ele foi capaz de reunir homens, regiões e climas sociais díspares, do oeste e do leste, caubóis e "almofadinhas",[167] educados e não educados? Para estimular o "sentimento de camaradagem"[168] que acreditava ser essencial para o sucesso da missão, ele deliberadamente arranjou as barracas no campo de treinamento em San Antonio de maneira que caubóis e vaqueiros dormissem lado a lado com os filhos de financistas. Ele designou membros do Knickerbocker Club para lavarem a louça de uma companhia do Novo México[169] e juntou homens do leste e do oeste nas tarefas diárias de lavar roupa e cavar latrinas. Finalmente, um denominador comum emergiu em todo o regimento: o nivelamento de dinheiro, status social e educação sob a égide do trabalho em equipe.

Roosevelt entendeu, desde o início, que a liderança tinha de ser conquistada: não era algo a ser concedido por patente ou título. Os homens da fronteira que compunham a maioria do regimento eram individualistas, possuindo uma atitude depreciativa em relação a títulos e hierarquias. Como aprendera ao conduzir o rebanho em Dakota, ser aquele que dá as ordens e paga os salários não era suficiente para se tornar um chefe *bona fide*; ele tinha de liderar partilhando a vida com os homens, através de sua própria disposição de também fazer qualquer coisa que lhes pedisse e jamais esperar que suportassem algo que ele não suportara primeiro. "No fim das contas, todos nós, oficiais e homens, recebíamos exatamente a mesma coisa em termos de abrigo e comida", escreveu Roosevelt mais tarde. Os resmungos pararam "quando todos nós passamos a dormir ao relento".[170]

O curso intensivo de treinamento que forneceu uma formidável experiência de aprendizado para Roosevelt e seus homens não ocorreu sem erros de sua parte. Ele teve de aprender como se aproximar de seus homens sem ultrapassar a linha de familiaridade, a fim de não diminuir o respeito que sentiam por ele. Depois de um dia bem-sucedido de treinamento sob o calor opressivo de San Antonio, ele anunciou: "Os homens podem beber toda cerveja que quiserem, eu pago!" Mais tarde naquela noite, o coronel Wood o chamou até sua barraca. Ele descreveu as várias confusões e dilemas disciplinares que inevitavelmente surgiam quando um oficial relaxava com seus recrutas. A admoestação de Wood foi levada a sério: "Senhor, eu me considero o pior idiota em um raio de 15 quilômetros do campo."[171] Repreendido, ele percebeu que, embora tivesse ganhado o afeto das tropas, não estabelecera um espaço adequado entre ele mesmo e seus homens. "Quando as coisas ficaram mais fáceis eu montei minha barraca um pouco mais longe", lembrou ele, pois "o maior erro possível é buscar popularidade demonstrando fraqueza ou paparicando os homens. Eles nunca respeitam um comandante que não impõe disciplina".[172] A experiência o ensinou a atingir o equilíbrio correto entre afeto e respeito.

No caos escaldante da remoção dos campos de treinamento no Texas para o porto de Tampa e em seguida para Cuba, Roosevelt revelou uma confiante capacidade de improviso e iniciativa administrativa para reprimir a confusão, impor a ordem e contornar o protocolo a fim de proteger suas tropas. Quando não conseguiu os trens para transportar o pesado equipamento de seu regimento, ele pagou o transporte com seus próprios fundos. Quando a carne enlatada que receberam se provou rançosa, ele exigiu e obteve suprimentos adequados. Quando o barco para transportar seus homens esteve indisponível, ele ocupou o barco designado para outro regimento com uma combinação de furtividade e expedição. A despeito das acomodações sujas e lotadas no barco, impôs inspeções e chamadas. Em questão de semanas, estabelecera o tipo de liderança formada pela confiança de mão dupla. Ele assumira o comando de seus homens ao assumir a responsabilidade por eles. Mostrara que estava preparado para fazer qualquer coisa que pudesse para cuidar deles; eles, por sua vez, estavam preparados para fazer tudo que ele pedisse.

A principal característica do temperamento de Theodore Roosevelt foi exibida nas batalhas e combates dos Rough Riders na guerra hispano--americana: "avançar e atacar", "direto em frente", "ataque frontal". Quando a ordem era dada, não havia retorno. "Em vez de recuarem, eles avançavam", lembrou um soldado espanhol. "Essa não é a maneira de lutar, se aproximando a cada carga."[173] No entanto, mesmo enquanto dezenas de homens eram mortos e feridos pelo caminho, Roosevelt, uma vez após a outra, impulsionava suas tropas na direção do inimigo.[174]

A primeira batalha, em Las Guasimas, começou de modo confuso. Enquanto os Rough Riders abriam caminho pela grama alta e pelos arbustos retorcidos, encontraram fogo violento vindo de um inimigo invisível. Acossado por grandes dificuldades, incapaz de determinar o que acontecia a sua volta, Roosevelt parecia transtornado, pulando "para cima e para baixo" de tensão, confusão e excitação.[175] "Eu não tinha ideia do que fazer em seguida",[176] confessou ele mais tarde. Porém, quando chegaram a um corte na cerca de arame farpado indicando a rota que os espanhóis haviam seguido, a inquietação de Roosevelt desapareceu. Liderando seus homens através da cerca, dirigindo-se diretamente para as saraivadas de balas de rifle, ele subitamente se tornou, de acordo com um jornalista presente, Edward Marshall, "o mais magnífico soldado que já vi. Era como se aquela cerca de arame farpado tivesse formado uma linha divisória em sua vida". Deixando a indecisão para trás, observou Marshall, Roosevelt encontrou do outro lado do matagal "a frieza, o julgamento calmo, o enorme heroísmo que o transformaram, talvez, no mais admirado e amado americano em Cuba".[177] Sob a liderança de Roosevelt, os Rough Riders, em menor número, atacaram colina acima e fizeram os soldados espanhóis recuarem.

O que Roosevelt chamou de "grande dia"[178] de sua vida — o dia que terminou com os triunfantes ataques a Kettle Hill e San Juan Hill — começou com ele exibindo aos Rough Riders o mais plácido comportamento matinal, calmamente se barbeando e amarrando um lenço de bolinhas azuis em torno do pescoço. O Rough Rider Arthur Crosby achou encorajador "ver nosso oficial comandante no alvorecer de uma grande batalha realizando tarefas cotidianas, como se estivéssemos em um agradável acampamento".[179]Quando chegaram as ordens para marchar sobre Kettle Hill enquanto os regulares atacavam San Juan Hill, Roosevelt imediatamente montou em seu cavalo e convocou seus homens, gritando: "Precisamos avançar. Rough Riders, à frente. Vamos lá."[180]

Com Roosevelt na posição costumeira do coronel, ao fim da coluna, as tropas avançaram hesitantes sob uma chuva de balas. Para inspirar as tropas a se moverem em passo acelerado, Roosevelt, o único homem a cavalo, subitamente avançou pelas linhas, unindo seus homens enquanto abria caminho até a frente do regimento. "Ninguém que o viu fazer aquele avanço esperava que terminasse vivo", relatou Davis. Sentado ereto em seu cavalo com o lenço de bolinhas azuis flutuando "diretamente atrás de sua cabeça", ele era "o mais conspícuo objeto ao alcance dos atiradores nas trincheiras".[181]

Subindo a colina, as tropas de Roosevelt foram bloqueadas por outro regimento que ainda não recebera a ordem oficial para atacar. "Se vocês não desejam avançar, deixem meus homens passarem, por favor",[182] disse Roosevelt ao capitão. "Eles subiram e subiram em face da morte", maravilhou-se um repórter, "com homens caindo das fileiras a cada passo. Os Rough Riders agiram como veteranos. Foi uma visão inspiradora e horrível."[183] Roosevelt permaneceu ereto em seu cavalo durante todo o caminho, "gritando para que seus homens o seguissem",[184] até que, finalmente, eles forçaram os espanhóis a recuar e chegaram ao topo, "dando vivas e enchendo o ar com gritos de caubóis".[185] Em pouco tempo, a cidade de Santiago foi capturada e os espanhóis se renderam.

Nos jornais e revistas de todo o país, Roosevelt foi melodramaticamente retratado como aquele que "esmagara sozinho o inimigo".[186] Embora ele creditasse efusivamente seu regimento em múltiplos relatórios militares e numerosas conversas com jornalistas, citando cuidadosamente os indivíduos que sentia merecerem reconhecimento especial, foi a imagem icônica do homem a cavalo, com o rosto tão propício às caricaturas, que se tornou o emblema do valor americano.

"Você é o próximo governador de Nova York!",[187] gritaram os repórteres quando Roosevelt e seu regimento chegaram a Montauk Point, Long Island. Mas a situação não era tão simples, como Roosevelt sabia muito bem. Embora ele pudesse ser a escolha do público em geral, a máquina política controlava a indicação, e o poderoso chefe Thomas Platt não tinha o menor desejo de ver um reformista como Theodore na cadeira do governador. Nesse sentido, o destino lhe sorriu. Novamente, o prestígio do Partido Republicano fora manchado com uma revelação de corrupção na atual administração republicana em Albany. Acreditando que o herói de San Juan era o único candidato capaz de salvar o partido da derrota, Platt relutantemente concordou em apoiá-lo para a indicação. Em 15 de setembro de 1898, os Rough Riders debandaram. Dois dias depois, Theodore Roosevelt entrou na corrida para o governo do estado.

O veterano de guerra que concorreu ao mais alto cargo do estado de Nova York não era o mesmo homem que se voluntariara para lutar em Cuba. Uma confiança mais arraigada e durável em suas capacidades de liderança fora conquistada. "Em meu regimento", disse ele ao filho, "nove décimos dos homens eram cavaleiros melhores que eu e dois terços eram atiradores melhores que eu, ao passo que, na média, todos certamente eram mais duros e resistentes. Todavia, depois que estive com eles por um curtíssimo período, eles sabiam, e eu também, que ninguém mais poderia comandá-los como eu."[188] Após a experiência de liderar homens em combate, conquistando não somente sua confiança, mas também sua devoção, Roosevelt passara a acreditar que a liderança constituía seu principal talento.

Talvez devido, em alguma medida, à imagem heroica disseminada pela imprensa, ao retornar o coronel projetava um carisma recém-adquirido que permitia que se conectasse emocionalmente com suas plateias. Embora naqueles dias os candidatos raramente fizessem campanha em benefício próprio, apoiando-se na máquina política para conquistar os eleitores, Roosevelt "fez campanha para cima e para baixo do estado, e na diagonal e em zigue-zague, falando de dia da extremidade de seu trem especial e à noite em reuniões de massa, em cidades grandes e pequenas".[189] Ele tinha uma aura, comentou um observador, "elétrica, magnética".[190] As plateias descobriram "aquele 'algo' indefinível que levara os homens a segui-lo pela encosta varrida de balas de San Juan."[191] Menos de três meses depois de voltar para casa, Theodore Roosevelt foi eleito governador de Nova York.

Examinando o improvável verão cubano, a campanha e a eleição, ele escreveu a seu amigo Cecil Spring Rice: "Contei muito com a sorte neste verão. Primeiro, para entrar na guerra; depois, para sair dela; em seguida, para ser eleito. Trabalhei duro durante toda minha vida e nunca fui particularmente sortudo, mas, neste verão, tive sorte e estou aproveitando ao máximo. Sei perfeitamente que a sorte não persistirá, e não é necessário que persista. Estou mais que contente em ser governador de Nova York", acrescentou ele, invocando um refrão psicologicamente necessário durante toda sua carreira, e sempre terminando com "Não ligo se jamais ocupar outro cargo."[192]

———————

As recém-descobertas compostura, paciência e maturidade de Roosevelt ficaram imediatamente visíveis na maneira habilidosa como lidou com as tradicionais correntes e contracorrentes da política nova-iorquina. Para restabelecer sua reputação como reformista, ele tinha de provar sua independência; para realizar qualquer coisa, precisava trabalhar com o chefe Platt e sua máquina política. Dias após assumir, ele anunciou que faria peregrinações semanais de Albany a Nova York a fim de se encontrar com o chefe Platt para o café da manhã ou o almoço. Aos reformistas que se queixaram de que ele estava desrespeitando "a dignidade do cargo" ao "correr" para conversar com Platt, conservador e voltado para os negócios, Roosevelt respondeu não ter simpatia por aqueles que achavam essencial "preservar a dignidade ao asseverar seu direito de entrar primeiro em um cômodo ou se sentar em uma cadeira vermelha, em vez de uma verde".[193]

Quando era mais jovem, reconheceu Roosevelt, ele fora muito inclinado a discutir questões triviais. Quanto mais lia sobre Abraham Lincoln, mais ele valorizava sua disposição de ceder em questões menores em nome das mais importantes. "Nenhum homem decidido a dar o melhor de si pode reservar tempo para contendas pessoais",[194] Lincoln gostava de dizer. Um tom conciliatório com Platt nada custaria ao novo governador e poderia muito bem favorecer empreendimentos futuros. Além disso, Roosevelt era sensível ao orgulho do velho. A despeito da aparência de capitulação ao chefe, ele não se importava de realizar as reuniões no campo de jogo de Platt.

Em Albany, Roosevelt organizava cada momento de seu dia com ágil precisão militar, alocando às dezenas de solicitantes diários períodos específicos de cinco ou dez minutos. Assim que o visitante entrava na sala, o governador se levantava de um pulo para saudá-lo. "Estou deliciado em vê-lo", começava ele, segurando calorosamente a mão do visitante. Durante essas sessões, permanecia "sempre em pé", caminhando incessantemente de um lado para o outro, encorajando a imediata discussão "do cerne" da questão. Ouvindo com atenção, rapidamente decidia se atenderia à solicitação, a "levaria em consideração"[195] ou lamentaria ter de recusar. Uma vez que a decisão era apresentada, o visitante era gentilmente conduzido para fora do gabinete, com quase nenhum intervalo antes que o próximo visitante entrasse.

Durante seu mandato como governador, Roosevelt gostava de citar um velho provérbio africano: "Fale suavemente e carregue um grande l."[196] Se um líder "se vangloria continuamente", "não demonstra civilidade" ou gosta de discutir, avisou Roosevelt, não irá longe. Nem terá sucesso falando suavemente se a "força" e o "poder" não estiverem "por trás daquela suavidade".[197] Como sempre, um bom líder deve deixar claro que, se as negociações falharem, ele está disposto a dar as costas e ir embora.

Dois conflitos durante seu mandato — a batalha em relação à taxação dos franqueados e a renomeação de um comissário de seguros suspeito de ter laços ilícitos com as seguradoras — ilustram bem a maneira como Roosevelt navegou com sucesso seu contencioso relacionamento com a máquina política.

Roosevelt descobriu que, durante décadas, a legislatura de Nova York concedera franquias exclusivas, no valor de dezenas ou mesmo centenas de milhões de dólares, a certas corporações para operarem linhas de bondes elétricos e redes telefônicas e telegráficas. Tais franquias lucrativas eram regularmente concedidas sem nenhuma tentativa de garantir renda tributária em retorno. A recompensa vinha na forma de contribuições de campanha para alimentar a máquina de Platt — fundos que eram distribuídos aos candidatos à legislatura estadual, com o "acordo de cavalheiros"[198] de que seria possível contar com eles para votações importantes, particularmente aquelas relacionadas aos interesses corporativos.

"Era uma simples questão de decência"[199] que corporações recebendo grandes benefícios públicos "contribuíssem com uma parcela justa do fardo público",[200] concluiu sem rodeios o novo governador após pesquisar minuciosamente a questão. Ele enviou uma mensagem especial à legislatura indicando seu apoio ao projeto de lei para taxação das franquias. A surpreendente aprovação do projeto de lei logo antes de a legislatura entrar em recesso criou uma "tempestade de protestos"[201] no mundo corporativo. Da noite para o dia, o mercado de ações despencou. Representantes corporativos furiosos procuraram Roosevelt, ameaçando mover suas operações para um estado mais complacente. Platt, em uma carta amarga, prometeu um confronto agressivo a menos que Roosevelt arrumasse coragem para corrigir "o grande erro"[202] e não assinasse o projeto de lei.

Recusando-se a ser intimidado, mas entendendo que uma ruptura com a máquina seria politicamente fatal, Roosevelt concordou em realizar uma audiência com representantes corporativos a fim de solicitar sugestões para a melhoria do projeto de lei. Desde que a semente do projeto permanecesse intacta, ele considerava todo o restante uma casca que, se necessário, estava disposto a descartar. Persuadido por essas conferências de que seções da lei haviam sido escritas de modo descuidado, ele consentiu em chamar a legislatura de volta para uma sessão especial, a fim de modificá-la. Mas, se o resultado enfraquecesse o princípio de taxação de qualquer maneira essencial, ele estava totalmente preparado para restaurar e assinar o projeto original. A legislação final tanto protegeu o princípio central da taxação quanto fez concessões mínimas, permitindo que Platt mantivesse a dignidade em relação a seus eleitores na comunidade empresarial.

A tendência de Roosevelt de "falar suavemente e carregar um grande porrete" levou uma disputa ainda mais preocupante com a organização republicana ao resultado desejado. Ele ouvira rumores de que o "braço direito" de Platt, o superintendente de seguros Lou Payn, mantinha negociações "íntimas" com as companhias que fora incumbido de regular. Roosevelt decidiu conduzir sua própria investigação. As evidências preliminares foram suficientes para persuadi-lo de que Payn não devia ser renomeado quando seu mandato de três anos chegasse ao fim. Platt respondeu à decisão com um "ultimato":[203] pela lei, o titular deveria permanecer no cargo até que um sucessor fosse confirmado. Como a máquina controlava o Senado, Platt efetivamente tinha o poder de vetar qualquer substituto que o governador escolhesse. O chefe deixou claro que pretendia usar esse poder pelo tempo necessário.

"Eu persistentemente me recusei a perder a calma, não importando o que ele dissesse", lembrou Roosevelt. "Eu decidira", explicou ele simplesmente, "que o cavalheiro em questão não seria mantido."[204] Para facilitar as coisas, ele deu a Platt "uma lista de quatro bons homens da máquina"[205] e lhe disse para selecionar um deles. Platt se recusou. Os reformistas atacaram Roosevelt por negociar com Platt. Eles queriam que ele declarasse guerra total. O impasse se arrastou por semanas, até que uma investigação posterior revelou um empréstimo de 400 mil dólares que Payn recebera de um fundo empresarial controlado por uma seguradora sob sua jurisdição. Para evitar um escândalo, Platt capitulou discretamente, concordando com a nomeação de um dos homens da lista de Roosevelt.

Se ele tivesse "gritado e fanfarronado" em público, disse Roosevelt a um amigo, não teria conseguido "dez votos" no Senado; pelo mesmo critério, se não tivesse na mão "um grande porrete", a organização não o teria apoiado.[206] Ele preservara seu relacionamento com Platt "pelo simples processo de dizer a ele a verdade e sempre informá-lo, antes de a qualquer outra pessoa, quando estava prestes a fazer algo que o desagradaria".[207] Platt respeitava a franqueza pessoal de Roosevelt. "Sempre preferi que um homem dissesse na minha cara que ia ou não fazer algo, em vez de prometer fazer e então não cumprir."[208]

A despeito da trégua ostensiva com o governador, as corporações "informaram" à organização política de Platt que, se Roosevelt fosse indicado novamente, elas se recusariam a contribuir para os cofres de campanha do Partido Republicano. Como era arriscado negar flagrantemente um segundo mandato a um governador tão popular, a organização encontrou a solução perfeita. Eles promoveriam Roosevelt "à mais digna e inofensiva posição deste país: a vice-presidência".[209] Isolá-lo na vice-presidência mataria dois pássaros com uma pedrada só: a irritação crônica de sua presença seria removida da política de Nova York e, ao mesmo tempo, o Partido Republicano e McKinley seriam revigorados pelo seu carisma e sua energia na campanha nacional.

O esquema do chefe Platt atraiu o apoio de todos os chefes do Partido Republicano com exceção de um: Mark Hanna, o presidente do partido. "Vocês não sabem que há apenas uma vida entre aquele maluco e a Casa Branca?",[210] avisou ele. Mas mesmo Hanna finalmente concluiu que Roosevelt daria mais tração à campanha nacional que qualquer outro candidato. Inicialmente, Roosevelt resistiu à dita promoção. Ele não tinha o desejo de ser uma "figura de proa"[211] em um cargo então considerado o cemitério das ambições políticas. Nenhum vice-presidente fora eleito presidente em mais de sessenta anos. Mas ele entendeu que, se recusasse a indicação, as pessoas diriam: "Roosevelt é arrogante e acha que é homem demais para ser vice-presidente."[212] Quando a convenção o indicou por aclamação, ele sentiu que não tinha escolha a não ser aceitar com gratidão e elegância. "Seus inimigos triunfaram", escreveu Jacob Riis; "finalmente o tinham onde o queriam."[213]

Pela primeira vez em uma década e meia focando toda sua concentração no trabalho à frente, Roosevelt ocupou um cargo no qual seu temperamento ativo não tinha meios de expressão. A frustração e a depressão nascidas da inatividade cresciam dia a dia naquela "posição inútil e vazia",[214] onde ele estava privado dos holofotes pelos quais ansiava assim como uma planta anseia pela luz do sol. O presidente não lhe dava responsabilidades nem buscava seus conselhos. Roosevelt ficou tão entediado que pensou em voltar a estudar direito. Melancolicamente, disse a seu amigo William Howard Taft, então muito ocupado como governador-geral das Filipinas: "Não estou realizando nenhum trabalho e sinto que não estou justificando minha existência. Cada vez mais, parece-me que a melhor coisa da vida é ter um trabalho que valha a pena ser feito e então fazê-lo bem."[215]

Os amigos aconselharam paciência. Eles tinham absoluta certeza de que a Casa Branca seria seu futuro lar. Mas Roosevelt argumentou que, quando o segundo mandato de McKinley chegasse ao fim, sua janela para a Presidência poderia ter se fechado para sempre. A vida lhe mostrara que a lógica e o planejamento passo a passo dificilmente controlavam os eventos. Antes que pudesse surgir uma oportunidade de obter a Presidência (uma posição que ele mal conseguia se obrigar a mencionar em voz alta), ele sabia que "o caleidoscópio terá girado completamente e as chances são de que um conjunto inteiramente novo de homens e questões esteja à frente. Além disso, para mudar de metáfora, há fortes chances de que o pêndulo tenha então retornado e uma vitória democrática esteja a caminho."[216]

Caleidoscópios e pêndulos: as imagens de Roosevelt conotavam a durável crença na difícil lição de sua filosofia da provação: tudo que um homem pode fazer é se preparar para o que quer que aconteça.

A sorte o colocara na catapulta e agora cabia aos caprichos da história cortarem a corda de lançamento. Em 6 de setembro de 1901, o projétil de um assassino pôs um lento fim à vida de McKinley e, aos 42 anos de idade, Theodore Roosevelt foi "atirado à Presidência",[217] sendo o homem mais jovem a ocupar a Casa Branca na história do país.

FRANKLIN ROOSEVELT

"Acima de tudo, tente algo"

No fim de agosto de 1921, no refúgio da família na ilha de Campobello, na costa de Downeast Maine, Franklin Roosevelt acordou com a leve sensação de que algo estava errado. Suas costas doíam e ele se sentia estranhamente debilitado. Presumiu que não era nada sério: um pouco de exercício certamente o livraria daquele torpor peculiar. Desde a juventude, Roosevelt gostara de uma ampla variedade de esportes. Suas primeiras cartas expressavam a excitação de andar de trenó, patinar no gelo e pescar com o pai. Ao crescer, tornara-se um sôfrego golfista, tenista, velejador e cavaleiro. Embora não fosse forte nem musculoso, era ágil e gracioso. Um amigo da família jamais esqueceu a visão do jovem Franklin saltando "como algum maravilhoso cervo"[1] sobre um riacho; uma observadora da convenção de 1920 ficou espantada quando ele pulou quatro ou cinco cadeiras a fim de apresentar uma moção. "Foi um incrível feito atlético",[2] lembrou ela.

Assim, em vez de se render ao cansaço e permanecer na cama, ele iniciou um dia de vigorosas atividades. Primeiro, velejou longamente com Eleanor e os dois filhos mais velhos. Ao voltarem para casa, eles notaram um pequeno incêndio em uma das ilhas. Levando o barco para perto da costa, desembarcaram e passaram uma hora apagando as chamas. Com os olhos "embaçados pela fumaça",[3] mal haviam chegado à "cabana" quando Franklin desafiou os meninos para uma corrida de 2,5 quilômetros até seu local favorito de natação, uma lagoa de água doce do outro lado da ilha. Ainda se sentindo desconfortável e não revigorado mesmo após nadar, ele correu com os meninos de volta para casa e mergulhou nas águas geladas da baía de Fundy. Então, subitamente tão letárgico que sequer conseguiu tirar o calção molhado, sentou na varanda e tentou ler a correspondência. Abruptamente, anunciou que tinha um resfriado severo e iria diretamente para a cama. "Eu nunca me sentira daquele jeito antes",[4] lembrou ele.

Quarenta e oito horas depois, a paralisia se espalhara por seus membros, polegares, dedos do pé, costas, bexiga e esfíncter retal. A dor percorria toda a extensão de suas pernas. O diagnóstico errado dos primeiros médicos que o atenderam acelerou sua terrível condição. Medo, confusão e persistente agonia se seguiram. Finalmente, um especialista foi chamado e o diagnosticou corretamente: poliomielite, um vírus que atacava os nervos que controlavam a atividade muscular. Nos dias que se seguiram, Eleanor, com o apoio do assistente de Franklin, Louis Howe, hospedado em Campobello, o levantava da cama para usar o urinol. Ela administrou enemas e aprendeu a usar um cateter. O médico recomendou repouso absoluto, com exceção de um banho diário de água quente, para relaxar.

Durante semanas, Franklin ficou deitado na cama, incapaz de realizar sozinho as mais básicas funções corporais. Ele sofrera um golpe fundamental em seu corpo e sua identidade como homem e ser humano. Até que a fase aguda passasse, não era possível fazer nenhuma predição sobre o curso subsequente da doença. Alguns músculos podiam voltar a funcionar; outros recuperariam a força parcialmente ou permaneceriam paralisados. Em meados de setembro, ele foi transferido de Campobello para o Hospital Presbiteriano de Nova York, onde permaneceu por seis semanas. Embora a bexiga e os músculos do esfíncter tivessem voltado a funcionar, seus ombros permaneciam notavelmente fracos, suas costas não conseguiam suportar a posição sentada e suas pernas não apresentavam nenhuma resposta. Os médicos concordaram que não andaria ou ficaria em pé sozinho. Eleanor e Louis Howe acreditavam que ele jamais usaria as pernas novamente. Ao receber alta, seu prontuário dizia: "Sem melhoras."[5]

O poeta Koltsov, citado por Turguêniev na história "Morte",[6] pergunta:

E se as asas de um falcão
Estiverem amarradas?
E se todos os caminhos
A ele forem negados?

Era esse melancólico futuro de dependência e limitação que aquele gracioso falcão humano era forçado a contemplar: perda da posição ereta e privação da estamina e da aparência de força que a liderança política parecia exigir.

O suplício de Franklin Roosevelt fornece o mais claro paradigma de como uma provação devastadora pode, contra toda lógica e expectativa, levar a um crescimento significativo, intensificar a ambição e ampliar os dons para a liderança. A trajetória que ele antevira aos 25 anos, a grande figura que desejava projetar no mundo — ascendendo da legislatura estadual para secretário-assistente da Marinha, governador de Nova York e então presidente — com toda probabilidade descarrilara. Meses e anos de luta estavam à frente, acompanhados de medo, ansiedade e episódios ocultos de depressão; mas, finalmente, o esforço continuado que dedicava à sua recuperação espiritual, mental, emocional e física o levou a um espetacular, embora muito arriscado, retorno à vida pública.

Seu irreprimível otimismo, sua tendência de esperar o melhor em qualquer circunstância, forneceu-lhe o cerne de força que o carregou durante essa traumática experiência. Desde o início, ele estabeleceu um objetivo: um futuro no qual se recuperaria totalmente. Embora a necessidade o tenha forçado a modificar o cronograma para atingir esse objetivo, ele jamais abandonou a convicção de que, no fim, teria sucesso.

O médico de Roosevelt, o dr. George Draper, temia que seu paciente extremamente otimista se mostrasse incapaz de lidar com a situação quando entendesse a gravidade dela. Durante sua estadia no hospital, Roosevelt estava sempre sorrindo e alegre, lançando uma luz amigável de jocosidade positiva sobre seus visitantes. Em cartas e conversas com amigos, previa que estaria em pé, usando muletas, quando saísse do hospital e andaria sem mancar na primavera. Então, seria simplesmente uma questão de tempo até que voltasse a jogar golfe. "O fator psicológico em seu gerenciamento é crucial", disse Draper a um colega. "Ele tem tal coragem e ambição, mas, ao mesmo tempo, um mecanismo emocional tão extraordinariamente sensível que precisaremos de todas as nossas habilidades para conduzi-lo com sucesso ao reconhecimento do que realmente enfrenta, sem destruí-lo totalmente."[7]

O dr. Draper não foi o primeiro a avaliar mal a engenhosa profundidade do caráter de Roosevelt. Parecer "animado e feliz"[8] fora o padrão de comportamento esperado em sua casa após o ataque cardíaco que deixara seu pai inválido. A dinâmica alterada de Springwood — uma defesa criada para proteger o sr. James da preocupação e da ansiedade — exigira segredo e duplicidade. As cartas enviadas de Groton brilhavam com relatos de quão esplendidamente ele estava se dando com os colegas, quando, na realidade, estava solitário, desconfortável e tendo dificuldades para se ajustar.

Agora, em face da doença traumática, Roosevelt empregava esses velhos padrões de comportamento de uma maneira mais sutil que nunca. A imagem positiva que projetava, tão marcadamente incongruente com a provação que estava enfrentando, não era simplesmente para proteger os outros, mas também para encorajar a si mesmo. Alguns dias eram especialmente difíceis. Com o tempo, no entanto, a contínua afetação de animação gerou animação real. Se havia algo forçado e teatral no incansável entusiasmo que transmitia — um obstinado assobio na escuridão —, ele irradiava uma energia, esperança e confiança que, no fim, se provaram contagiantes.

Cheio de resolução, perseverança e recém-adquirida paciência, ele iniciou a tortuosa jornada para retomar seu corpo "rebelde".[9] Quando lhe disseram que a parte superior tinha maior probabilidade de recuperação, Franklin se submeteu a exercícios penosos para resgatar e fortalecer peito, ombros, pescoço, braços e costas. De maneira muito mais extenuante que qualquer exercício de Theodore Roosevelt, Franklin fez todo o possível para solidificar os remanescentes intactos de sua essência física. Hora após hora, ele se alçava em um par de anéis instalados em "uma geringonça parecida com um trapézio" sobre sua cama, lenta e dolorosamente fortalecendo os músculos, até que a parte superior de seu corpo passou a se parecer com a de um campeão de boxe ou luta livre. Com braços poderosos, ele finalmente conseguiu manusear uma cadeira de rodas e permanecer na posição sentada. Tudo abaixo da cintura, no entanto, permanecia "perdido",[10] de acordo com um de seus médicos, impedindo que ele se sentasse ou saísse da cadeira de rodas sem assistência. Dia após dia, ele pedia para ser colocado na cadeira e ia até o andar da biblioteca, a fim de exercitar as costas e os braços arrastando-se pela sala. Então atacava as escadas, agarrando o corrimão dos dois lados e içando o corpo até o topo, degrau por degrau, com suor escorrendo pelo rosto. Ele insistia para que membros da família estivessem por perto, a fim de testemunhar e comemorar cada um desses triunfos.

E, com cada pequena "vitória", observou Eleanor, Franklin se sentia mais forte que antes. "Ele recuperou a alegria de viver", escreveu ela mais tarde, "a risada exuberante, a habilidade de ficar feliz com pequenas coisas."[11] O dia em que finalmente foi capaz de mover um dos dedos do pé mereceu grande celebração, criando um ambiente partilhado de alegria e felicidade. Quando lhe perguntaram, durante a Presidência, como ele lidava com os problemas contínuos, ele respondeu, meio brincando: "Se você passou dois anos na cama tentando mexer o dedão, qualquer outra coisa parece fácil!"[12] Cada incremento de mobilidade levava à possibilidade de novo progresso. Após receber pesadas braçadeiras de aço para manter as pernas rígidas, ele enfrentou o laborioso desafio de aprender a cambalear desajeitadamente usando muletas. Durante todo o processo, recusou-se taxativamente a abandonar seu objetivo final de andar sozinho.

Em sua infinita busca por tratamento, Roosevelt empregou o método de "tentativa e erro",[13] uma marca indelével de seu estilo de liderança. No Departamento da Marinha, ele aventara ideias para ver se alguma obtinha apoio; durante o New Deal, tentaria um programa após o outro, rapidamente mudando de curso se ele se provasse inefetivo. Naquele momento, adotou entusiasticamente dezenas de invenções recentes: um cinto elétrico, um triciclo gigante, sapatos especiais, um balanço duplo para crianças. Com o tempo, inventou seus próprios dispositivos para lidar com "vários problemas mecânicos" que obstruíam sua mobilidade. Ele projetou uma pequena cadeira de rodas sem braços para exercitar os quadríceps e prendeu tenazes a uma haste para alcançar seus livros na biblioteca.[14] Teve o primeiro sistema manual de acelerador e freios instalado em seu veículo.

E, durante tudo isso, manteve extensa correspondência com seus "colegas de pólio",[15] como os chamava, comparando ideias para superar dilemas comuns. A vulnerabilidade partilhada revelada nessas cartas representou o primeiro florescimento de uma nova humildade de espírito, uma preocupação com a dor e o sofrimento dos outros que, mais tarde, amadureceria durante seus anos em Warm Springs, Geórgia.

Muito mais que a soma de suas partes, a pouco ortodoxa, extremamente leal e íntima equipe que Franklin reuniu durante seus sete anos de convalescência — composta por Eleanor Roosevelt, Louis Howe e Missy LeHand — tornou-se uma extensão de seu corpo. Juntos, eles diminuíram funcionalmente o impacto isolante de sua paralisia. Vimos como Abraham Lincoln e Theodore Roosevelt se recuperaram e se reinventaram após suas penosas experiências. Mas a natureza da poliomielite paralítica de Roosevelt era tal que ele teve de depender de outros enquanto lutava para recuperar a força física e mental. Os membros dessa equipe altamente talentosa dedicaram a vida a "servir a seus propósitos",[16] como disse Eleanor certa vez. Ao mesmo tempo, ele claramente serviu aos propósitos deles. Pois seu longo período de recuperação e transformação foi também um período de metamorfose para os três membros da equipe central, uma época de realinhamento e crescimento na qual eles descobriram interesses e talentos próprios e anteriormente subempregados.

Tanto Eleanor Roosevelt quanto Louis Howe reconheceram desde o início que o espírito de Franklin seria destruído se suas ambições políticas fossem sufocadas. "Se não tivesse esperança política", acreditavam eles, "ele morreria espiritualmente, intelectualmente e em sua personalidade."[17] Trabalhando lado a lado, eles iniciaram uma enérgica campanha para sustentar seus sonhos políticos. Inicialmente ansiosa, e depois com genuíno entusiasmo, Eleanor assumiu a tarefa de manter o nome do marido vivo nos círculos políticos. Ela o representou em eventos públicos, participou de vários comitês do Partido Democrata, voluntariou-se para a vitoriosa campanha governamental do nova-iorquino Al Smith e discursou durante almoços e jantares. Tendo pouca experiência de falar em público, lembrou seu filho James, ela fez mais de cem discursos de treinamento para uma plateia de uma pessoa só: seu mentor e treinador, Louis Howe. Howe ensinou a ela como restringir suas risadinhas nervosas, baixar o tom de sua voz aguda, dizer o que fora dizer e então se sentar. Quando ela começou a falar em salões lotados, Howe se sentava na última fileira, usando uma série de sinais de mão (similares aos que Lyndon Johnson empregaria com seus alunos de debate) para indicar quando ela estava tocando a plateia e quando recaíra em seus maneirismos nervosos. Em pouco tempo, ela foi reconhecida como poderosa oradora.

Entrar na vida pública se provou uma força liberadora para Eleanor. Seu casamento naufragara três anos antes, quando ela descobrira um pacote de cartas de amor enviadas a seu marido por uma jovem chamada Lucy Mercer. Quando Franklin jurara jamais ver Lucy novamente, Eleanor concordara em permanecer casada. Daquele momento em diante, disse ela aos amigos, deixara de amá-lo, embora eles permanecessem unidos por laços inquebrantáveis e nutrissem "profunda e inabalável afeição e ternura"[18] um pelo outro.

Após a paralisia de Franklin, ela pôde promover as iniciativas do marido e, simultaneamente, forjar um papel para si mesma. No curso de suas atividades políticas para Franklin, ela se uniu a um círculo de feministas progressistas que se dedicavam a abolir o trabalho infantil, aprovar leis que protegessem as trabalhadoras e lutar pelo salário mínimo e pelo limite máximo de horas trabalhadas. Ela desenvolveu traços de liderança que exercitara durante seus dias como estudante-estrela do colégio interno: organizar pessoas, inspirar sua lealdade e articular seus objetivos. E foi inspirada novamente por ambições que haviam sido refreadas pela responsabilidade de cuidar do marido e dos cinco filhos. Com a paralisia, abriu-se uma nova oportunidade através da qual ela poderia ajudá-lo e realizar seus próprios sonhos de deixar uma marca no mundo.

A paralisia de Franklin transformou o mundo de Louis Howe de maneira igualmente dramática. Durante quase uma década, embora fosse casado e tivesse dois filhos, Howe servira como secretário, conselheiro e amigo de Franklin. A doença, disse Howe a um entrevistador, "mudou tudo".[19] Desde o momento em que o chefe adoeceu, Howe nunca mais viveu com a família, escolhendo morar com os Roosevelt e visitando a esposa e os filhos somente em fins de semana ocasionais. Ele tinha seu próprio quarto na cabana de Campobello, na casa de Nova York, na mansão do governador e, por fim, na Casa Branca. "Ele tinha uma única lealdade na vida e ela era uma espécie de religião", disse o redator de discursos da Casa Branca Sam Rosenman: "Franklin D. Roosevelt."[20] Ele cortejava políticos em nome de Franklin; tinha conferências privadas com governadores, prefeitos e congressistas democratas; frequentava convenções locais e estaduais do partido; e organizou uma síntese bissemanal de artigos e fofocas interessantes sobre política, negócios e assuntos mundiais, criando, na prática, um jornal para um único leitor:[21] Franklin Roosevelt. "Meu pai estava muito ocupado lutando pela vida para pensar em seu futuro político", disse o filho de Roosevelt, James. De acordo com seu biógrafo, "A solução de Howe para equilibrar as duas prioridades — o bem-estar físico de Roosevelt e a retomada de sua vida pública — foi retirar uma delas dos ombros dele."[22] A crença de Howe no destino de Roosevelt era uma questão de fé. Logo depois que Franklin foi atingido pela pólio, quando Eleanor perguntou se o marido conseguiria navegar o tumultuado mundo da política, Howe assegurou que nada alterara sua crença de que, um dia, Franklin seria presidente dos Estados Unidos.[23]

Entrementes, Roosevelt continuava a perseguir sua própria e intensa visão de recuperação total. Embora tivesse relutantemente concordado em usar as desajeitadas braçadeiras de 9 quilos e praticasse com as muletas, ele jamais deixou de buscar uma cura que lhe permitisse readquirir o poder de andar, que acreditava ser a condição necessária para realizar suas ambições políticas. Ele continuou na árdua tarefa de experimentação para descobrir quais tratamentos eram mais eficazes. E descobriu que os "músculos das pernas respondiam mais rapidamente" quando se sentava do lado de fora, sob o sol de verão; em dias enevoados, elas "congelavam das 17 horas em diante".[24] Na natação ele encontrou a terapia mais promissora de todas, permitindo que exercitasse as pernas sem o peso da gravidade.

Roosevelt tinha uma crença quase mística no poder curativo do sol e da água. Ele fora arrebatado desde a mais tenra infância pelas histórias do avô capitaneando clippers, ficara empolgado ao aprender a velejar com o pai e considerava os modelos e gravuras navais suas posses mais valiosas. Sem surpresa, a incansável busca por uma cura levou às águas tranquilas da Flórida, onde ele passou os meses de inverno a bordo do *Larooco*, uma espaçosa casa-barco, na companhia do terceiro membro da equipe, Missy LeHand, de 25 anos. "A água me colocou nessa situação", dizia ele misticamente (referindo-se ao mergulho nas águas geladas da baía de Fundy), "e a água vai me tirar dela!"[25]

Inesperadamente, Missy LeHand desempenharia um papel tão vital na recuperação de Franklin quanto Eleanor e Louis. Eleanor acompanhara Franklin durante a primeira viagem à Flórida, mas detestara os dias letárgicos dedicados a pescar, entreter convidados e simplesmente relaxar. Seria melhor para todo mundo, acreditava (e, em grande extensão, racionalizava) ela, se Missy permanecesse com Franklin na Flórida enquanto ela retornava a Nova York para cultivar possíveis aliados políticos e as amizades que haviam se tornado centrais em sua própria existência social e intelectual. Assim, Missy se tornou a outra "esposa"[26] de Franklin. Nos quatro anos seguintes, Roosevelt passou um total de 116 semanas no sul. Desse total, Missy o acompanhou por cento e dez semanas, Eleanor por quatro e sua mãe, Sara, por duas. Missy dedicou a "Effdee",[27] como o chamava, devoção incondicional. Como Louis, foi absorvida pela família Roosevelt e moraria tanto na mansão do governador quanto na Casa Branca.

Os primeiros meses a bordo do *Larooco* permitiram que Franklin fugisse do rigor marcial dos exercícios prescritos por seus médicos, dando-lhe tempo para explorar sua própria e idiossincrática rotina. Segurando o timão do barco, ele podia sentir a excitação de estar no controle. Ele boiava nas águas cálidas, baixado da lateral do barco por um dispositivo que ele mesmo inventara, e tomava banhos de sol. Missy se sentava a seu lado quando ele pescava do convés, servia como anfitriã para os convidados que frequentemente subiam a bordo e partilhava seu "senso de nonsense"[28] de uma maneira que Eleanor jamais poderia fazer. Histórias, diversão e humor eram tão centrais para o bem-estar de Roosevelt quanto haviam sido para o de Lincoln. Porém, ainda mais importante que o papel desempenhado por Missy na manutenção do ânimo de Franklin era o fato de que ele era capaz de revelar a ela seus piores medos. "Houve dias no *Larooco*", contou ela mais tarde à secretária do Trabalho Frances Perkins, "em que foi somente após o meio-dia que ele conseguiu sair da depressão e saudar seus convidados com sua fachada de despreocupação".[29] Lenta, mas seguramente, aqueles dias ruins começaram a rarear.

Roosevelt replicaria as forças de seu círculo íntimo nos anos à frente, conforme expandia sua equipe de trabalho como governador e presidente. Não havia nenhum homem ou mulher do tipo "sim, senhor" no triunvirato original. Eles ofereciam a Roosevelt uma variedade de opiniões, expostas de maneiras extremamente diferentes. Desde os dias iniciais de seu relacionamento, Louis Howe jamais hesitara em argumentar com Franklin. De acordo com Rosenman, Howe "provavelmente dizia 'não' a Roosevelt mais frequente e sonoramente que qualquer outra pessoa, e mantinha sua posição por mais tempo".[30] Missy lidava com a discordância de um modo mais humorado, mas igualmente efetivo. Além de seus vários talentos como datilógrafa, companheira e anfitriã, ela era uma astuta leitora dos humores e necessidades de Roosevelt, "jamais hesitando em dizer a ele verdades desagradáveis ou expressar uma opinião desfavorável sobre seu trabalho",[31] mas sempre com um hábil senso de timing, e sempre de uma maneira com a qual ele conseguia lidar. Durante uma das campanhas, ela estava na sala enquanto Roosevelt lia em voz alta o esboço de um tedioso discurso sobre finanças a ser feito no Forbes Field de Pittsburgh. Antes que ele chegasse à segunda página, Missy se levantou: "Nesse ponto, as arquibancadas estão esvaziando e as pessoas estão indo embora."[32] Todo mundo começou a rir e os redatores recomeçaram do zero.

Eleanor, é claro, acrescentou a dimensão mais essencial à progressiva força e gravidade moral da liderança de Franklin Roosevelt. "Ele poderia ter sido mais feliz com uma esposa completamente acrítica", comentou ela em suas memórias, acrescentando: "Isso é algo que nunca fui capaz de ser."[33] Ela era a mais intransigente, a mais direta e a mais profundamente envolvida com ativistas cujas ideias desafiavam os limites convencionais. O timing político e a compreensão geral do sentimento público de Franklin eram muito mais astutos que os dela. Se ele recusasse algo que ela queria, ela tentava novamente mais tarde. Se ele não recebesse alguém que ela achava imperativo que conhecesse, ela convidava a pessoa para jantar. "Eu às vezes agia como estímulo mesmo quando esse estímulo não era desejado nem bem-vindo",[34] escreveu ela mais tarde. Sua pressão constante e sua falta de humor faziam com que ele tivesse dificuldade para relaxar. "Não vamos discutir sobre isso agora", cortava ele frequentemente. "Não quero mais falar sobre esse assunto."[35] E, mesmo assim, invariavelmente, ele retornava à sugestão indesejada, percebendo depois de algum tempo que a persistência dela poderia muito bem ser justificada.

Essa equipe notável, presa em uma complicada dança em torno do mesmo centro, foi tão bem-sucedida em manter o ânimo de Roosevelt elevado e seu nome político vivo que, em 1924, três anos após o início da poliomielite, o governador Al Smith ofertou a Franklin Roosevelt a presidência nova-iorquina de sua campanha pré-convenção à Presidência. Roosevelt inicialmente hesitou, sentindo-se vulnerável demais para aparecer em público, mas quando lhe disseram que precisavam apenas de seu nome, não de seu corpo, ele concordou em ser o chefe titular da campanha. Dois meses depois, o governador Smith fez uma proposta muito mais enervante e desafiadora: Roosevelt consentiria em apresentar o nome de Smith para indicação durante a convenção nacional democrata a ser realizada em Madison Square Garden no fim de junho?

———

Se já houve um exemplo de coragem política, de enormes riscos assumidos, de grandes apostas públicas e privadas, foi a aceitação da proposta de Al Smith, dada a iminente perspectiva de uma queda cômica na frente de 12 mil delegados.

Que Franklin ainda não dominara a técnica de caminhar com braçadeiras e muletas ficara claro meses antes, quando, pela primeira vez desde o ataque de poliomielite, ele se aventurara a se reunir com colegas empresários para um almoço privado em Wall Street. Um elevador o levaria até o andar de cima, mas, primeiro, ele precisaria cruzar o escorregadio piso de mármore do lobby para chegar até o elevador. Com a assistência do motorista, ele percorrera metade do caminho quando uma das muletas escorregou. Ele caiu no chão e seu chapéu saiu rolando. Consternados espectadores se reuniram em torno enquanto ele tentava se sentar. "Não há com o que se preocupar", anunciou Franklin para aplacá-los, subitamente caindo na risada. "Vamos sair dessa." Então ele pediu a ajuda de dois jovens que, finalmente, conseguiram colocá-lo sentado. "Vamos embora",[36] disse ele ao motorista. Alguém colocou o chapéu em sua cabeça. Alegremente, ele se despediu da multidão e abriu caminho até o elevador.

O discurso da convenção seria sua primeira aparição pública em três anos. Cair no lobby era uma coisa; outra, muito diferente, era correr o risco de humilhação e de prejudicar as próprias ambições políticas durante uma convenção nacional do partido que, pela primeira vez, seria transmitida pelo rádio em caráter nacional. Para minimizar o imenso risco, ele ensaiou e treinou cuidadosamente. "Ninguém sabe o quanto aquele homem trabalhou", lembrou a amiga sufragista de Eleanor, Marion Dickerman. "Eles mediram, na biblioteca da casa na 65th Street, qual era a distância enquanto ele lutava e lutava e lutava."[37] Com o apoio do filho James, de 16 anos, ele alternadamente movia seu peso do braço do filho à esquerda para a muleta sob seu braço direito. James lembrou como os dedos do pai se enfiavam dolorosamente em seu braço, "como tenazes",[38] enquanto ele içava e arrastava as pernas, presas em pesadas braçadeiras de metal, ao longo da estreita linha entre a potencial pena e a reverência, na direção de um pódio imaginário.

Na noite do espetáculo real, Franklin instruiu um amigo a sacudir o estrado a fim de garantir que se manteria estável sob seu peso.[39] Quando chegou o momento de ser apresentado, ele substituiu o braço do filho por outra muleta e se aproximou sozinho do atril. "Houve silêncio e todo mundo prendeu a respiração",[40] lembrou Frances Perkins. Após o que pareceu um longo momento de tensão, ele chegou ao estrado, entregou as muletas, agarrou as laterais do atril com as mãos poderosas como tornos, inclinou a cabeça para trás e, "em seu rosto, brilhou um vasto sorriso do tamanho do mundo".[41] Doze mil vozes explodiram de admiração pela coragem que ele demonstrou antes mesmo de começar seu discurso. Isso estava muito longe do "infeliz hábito"[42] de jogar a cabeça para trás quando estava na legislatura estadual, um gesto que parecera condescendente a Perkins, o maneirismo inconsciente de um jovem bonito e privilegiado. Agora, em contraste, as pernas rígidas e os ombros tensos suportavam a cabeça jogada para trás com merecido orgulho e, talvez, um toque de teatral confiança; em vez de vaidade, tratava-se da confiança de ter superado o medo da humilhação, a confiança de ter feito um grande esforço e assumido um grande risco — e o superado.

Sua rica voz de tenor tinha uma qualidade musical quando ele pediu que os delegados "das grandes cidades do leste e das planícies e colinas do oeste, dos declives do Pacífico e das casas e campos do sul" superassem as divisões entre cidade e campo, úmido e seco, católico e protestante, e se unissem pelo governador Al Smith, "o 'Guerreiro Feliz' do campo de batalha político".[43] Daquele momento em diante, esse epíteto, retirado de um poema de Wordsworth sobre como enfrentar as dificuldades da vida, sobre alguém "fadado a suportar a dor que transforma a necessidade em glorioso ganho",[44] seria para sempre afixado a Al Smith; com notável força, todavia, ele sucintamente descrevia o próprio Franklin Roosevelt. Sentada na primeira fila,

Perkins notou que ele "tremia" e "estremecia" em função da "extrema dor e do esforço com que se mantinha em pé para fazer o discurso", mas suas palavras "foram fortes, verdadeiras e vigorosas".[45] Ele era o emblema vivo de um homem que realmente transformara a própria dor e necessidade em glorioso ganho.

Quando ele terminou, de acordo com a amiga de Eleanor, Marion Dickerman, a multidão "enlouqueceu", iniciando uma manifestação de uma hora de duração.[46] "Eles berraram, bradaram, gritaram e cantaram das galerias densamente ocupadas",[47] relatou o *Morning Herald* de Hagerstown, Maryland. "Já testemunhei muitos feitos heroicos na vida", escreveu o repórter do *Syracuse Herald*, "mas jamais estive presente a uma exibição tão bela de coragem mental."[48] Pouco importava, disse o *World* de Nova York em seu editorial, se o governador Smith venceria ou não a indicação (ele perderia na 103ª votação), pois "o verdadeiro herói"[49] da convenção fora Franklin Roosevelt. "A adversidade o alçou acima das disputas, das ambições pessoais conflitantes e dos mesquinhos preconceitos seccionais."[50] De fato, o chefe durão de Kansas City, Tom Pendergast, afirmou que, se Roosevelt fosse "fisicamente capaz de aguentar a campanha, ele teria sido indicado por aclamação [...] ele tem a mais magnética personalidade que já encontrei".[51] Mais tarde naquela noite, Eleanor ofereceu uma recepção em sua casa de Nova York. Exausto, mas exultante, Franklin permaneceu no quarto. Quando Marion Dickerman foi vê-lo, "ele estendeu os braços e disse: 'Marion, eu *consegui!*'"[52]

Embora quatro anos fossem se passar antes que Franklin retornasse para valer a sua vocação política, esse discurso foi um marco intermediário vital. O balão de ensaio tornou evidente que ele fizera grandes progressos, mas seu maior crescimento como homem e líder estava à frente, na estrada que passava por Warm Springs, Geórgia.

A história de Warm Springs, o pioneiro centro de reabilitação que Roosevelt construiu a partir de um resort periclitante, começa com sua "descoberta de um lugar"[53] onde ele acreditava que aprenderia a andar novamente. Em vez disso, ele experimentou um tipo diferente de recuperação, desenvolveu um nível mais profundo de humildade e forneceu inspiração para (e foi inspirado pela) vibrante comunidade que criou com seus colegas de pólio.

Quando lhe contaram sobre um spa na Geórgia onde um jovem recuperara a força nas pernas ao nadar em uma piscina gigante alimentada por águas minerais que nasciam em uma encosta a reconfortantes 30 graus, Roosevelt viajou até o Meriwether Inn para ver por si mesmo. Sua impressão inicial sobre o outrora popular resort não foi encorajadora. "Quase tudo estava caindo aos pedaços",[54] lembrou Roosevelt mais tarde, o hotel com torreões de madeira estava dilapidado e os tetos das cabanas circundantes tinham goteiras. Mas a água da piscina térmica em formato de T, na qual era possível flutuar com facilidade, cumpriu sua promessa, permitindo que ele exercitasse os músculos por um período mais longo sem que latejassem de fadiga. "Todas as manhãs, passo duas horas na piscina mais maravilhosa do mundo",[55] disse ele a um amigo. "Não há dúvidas de que esse lugar me faz mais bem do que todos os outros exercícios juntos."[56]

Poucas semanas depois, ele teve "o palpite"[57] de que "um 'tratamento' maravilhoso para a paralisia infantil e doenças semelhantes poderia ser estabelecido aqui".[58] Ele imaginou um novo hotel com quartos claros e ensolarados, cabanas reformadas, uma equipe de médicos, enfermeiras e terapeutas físicos, juntamente com várias atividades recreativas e sociais destinadas a permitir que os pacientes "vivessem vidas normais e, ao mesmo tempo, recebessem o melhor tratamento conhecido pela ciência da época".[59] Além disso, o lugar que imaginava oferecia a promessa curativa dos grandes spas europeus que conhecera tão bem durante a infância, sem os ornamentos da riqueza: lá haveria terapia no contexto de uma rústica e democrática simplicidade. Refletindo anos depois sobre as habilidades de liderança de Roosevelt, Frances Perkins se maravilhou com o fato de que "havia vezes em que ele realmente conseguia ver tudo",[60] compreendendo instintivamente como uma decisão ou ação se relacionava a todas as outras. Warm Springs foi uma dessas ocasiões.

O fato de que foi capaz de transformar sua visão inicial em uma combinação de resort e centro de tratamento que acomodaria centenas de pacientes e suas famílias revelou um surpreendente talento empresarial. Contra os conselhos da esposa, da mãe e dos amigos, ele decidiu investir 200 mil dólares[61] (aproximadamente dois terços de sua fortuna) para comprar o hotel, as nascentes e as cabanas, juntamente com 485 hectares de terra.[62] Seria o primeiro grande projeto que administraria completamente sozinho.

Empregando uma liderança ativa e obstinada, ele trabalhou com os arqui-tetos para construir um *campus* completamente acessível, dando conselhos sobre a remodelagem do hotel e das construções circundantes. Além de seu papel como "consultor de arquitetura", Roosevelt trabalhou como "paisagis-ta",[63] dando sugestões sobre como cuidar dos gramados e supervisionando a plantação de árvores e o arranjo dos jardins. Ele projetou o layout do campo de golfe, das trilhas, de um salão de dança e de um cinema. Durante a fase de construção, dirigiu por toda a propriedade, encorajando a equipe com zelo contagiante, assim como fizera com o pai ao supervisionar os vários projetos de construção em Springwood. E contratou os funcionários com grande cuidado.[64] Reconhecendo a importância do establishment médico, persuadiu a Associação Americana de Ortopedia a criar "um protocolo de pesquisa"[65] para mensurar os resultados e gerar um relatório. Quando o relatório se pro-vou positivo, ele transformou todo o empreendimento em uma organização sem fins lucrativos. Essa alocação lhe permitiu arrecadar fundos extras para realizar melhorias e fazer provisões para aqueles que não podiam pagar a tarifa integral, transformando em realidade seu impulso democrático inicial.

Ele se tornou conhecido como o bom e velho dr. Roosevelt, conselheiro--chefe, diretor espiritual, "vice-presidente de piqueniques" e terapeuta pio-neiro, "tudo ao mesmo tempo".[66] Ele dirigia os exercícios matinais na piscina terapêutica e então levava os pacientes para uma piscina separada, onde eles riam e gritavam enquanto participavam de competições de natação e jogavam pique e polo aquático. Durante as tardes e noites, "havia torneios de bridge e pôquer, aulas, filmes, excursões e peças de teatro amador",[67] assim como coquetéis e jantares festivos. Ele pretendia não somente restaurar os corpos dos pacientes, mas devolver a possibilidade de alegria e prazer a suas vidas. "Não devemos deixar a diversão de fora de nosso programa", insistia ele. "Temos de tornar esses pacientes mais vivos a cada dia."[68] Ele se orgulhava, contou a um repórter, de ter criado "um notável espírito de cooperação e competição entre os pacientes para ver quem melhora mais", acrescentando que "o espírito do local tem um extraordinário efeito sobre o progresso que eles fazem. Aqui eles encontram pessoas como eles. Eles superam suas inibições."[69]

Enquanto microgerenciava esse grande esquema por quase quatro anos, Roosevelt passou pelo que Perkins chamou de "transformação espiritual". Um "velho padre" uma vez dissera a ela que "a humildade é a primeira e a maior das virtudes. Se não aprendemos sozinhos, o Senhor certamente nos ensinará através da humilhação".[70] A humildade que Roosevelt aprendeu em Warm Springs era diferente de meramente aceitar suas limitações. Ao partilhar essas limitações com seus colegas de pólio, ao ouvir e aprender com eles, Perkins acreditava que ele tinha "purgado" a aura elitista que outrora o cercara. Ele emergiu da experiência "muito generoso, com humildade de espírito e uma filosofia mais profunda".[71]

Ele desenvolvera uma nova e poderosa empatia, permitindo que se conectasse emocionalmente a todas as pessoas nas quais o destino também dera um golpe cruel. Ele inspirara toda a comunidade de Warm Springs com seu espírito otimista, infundindo em seus colegas de pólio sua própria e indomável coragem. "Aquele lugar", lembrou um paciente, "modificou para sempre nossos sentimentos sobre nós mesmos e sobre o homem que tornou isso [...] possível."[72] E ele, por sua vez, experimentou a intensa realização de ligar suas ambições à melhoria de outros, à criação, a partir do zero, de uma instituição que durante gerações serviria como modelo para o tratamento de pessoas com deficiência.

Em Warm Springs, ele encontrou uma cura diferente da que buscara inicialmente. Ele fora até lá para restaurar sua habilidade de andar (uma condição que achava necessária para concorrer a um cargo público). Ele sabia que ninguém tão paralisado jamais fora ativo e bem-sucedido na política. Poderia um líder escorado, um líder empurrado ou carregado, liderar e incentivar? As muletas eram antitéticas ao comando americano? Ele agora sabia as respostas para essas perguntas. Desenvolvera um conceito diferente de liderança. O profundo afeto e o respeito dedicados a ele pela comunidade partilhada que criara em Warm Springs haviam deixado claro que uma vítima de poliomielite que precisava de ajuda para andar era totalmente capaz de exercer liderança da mais alta ordem. Ele se reconciliara com sua recuperação e, em seu coração, estava pronto para recomeçar uma vida totalmente exposta aos olhos do público.

———

A oportunidade surgiu em 1928, quando Al Smith, tendo vencido a indicação democrata para a Presidência, pressionou Roosevelt — como serviço tanto para o partido quanto para ele mesmo — a concorrer ao governo de Nova York. O nome Roosevelt, concluiu Smith, aumentaria o comparecimento dos eleitores em um estado que tinha de ser conquistado. Tudo que o Partido Democrata esperava de Roosevelt, assegurou Smith, eram quatro ou cinco discursos pelo rádio pontuando estrategicamente a campanha de um mês de duração. Assim que a campanha estivesse encerrada,[73] Roosevelt poderia passar as tarefas mais pesadas para o vice-governador e retornar a Warm Springs para sua recuperação.

Embora Al Smith tenha calculado corretamente o impacto do nome Roosevelt em Nova York, ele cometeu um grave erro de cálculo em relação ao homem em si. Quando Roosevelt concordou em participar e assumiu a responsabilidade de concorrer ao cargo de governador, ele entrou para ganhar. "Quando está na política, você precisa jogar o jogo",[74] disse ele a um amigo. Ele decidiu provar para si mesmo e para o público que tinha um vigor físico e uma capacidade para o trabalho pesado e prolongado que superava qualquer esforço comum de campanha. Frequentemente falando quatorze vezes em um único dia,[75] fez 33 grandes discursos em 33 locais, além de dezenas de conversas informais e reuniões.

"Aquela campanha representou um terrível desgaste físico", observou Perkins. "Ele ficou realmente temeroso."[76] Enquanto o observava ser carregado por uma escada de incêndio até um salão no terceiro andar, uma provação "perigosa e desconfortável",[77] ela disse para si mesma: "Meu Deus, ele tem coragem."[78] Além disso, aceitou a "entrada humilhante"[79] com elegância e dignidade. Ele era "bem-humorado" com todo mundo, "conservando suas forças" ao jamais se queixar de pequenas coisas ou perder tempo com banalidades. "Se você não pode usar suas pernas e eles trazem leite quando você queria suco de laranja, você aprende a dizer 'Tudo bem' e beber."[80]

Roosevelt conseguiu uma vitória apertada na corrida para o governo do estado, mas, na eleição nacional, Smith sofreu uma derrota quando uma onda republicana empurrou Herbert Hoover até a Casa Branca. Chocado com a perda devastadora, Smith recuou para Albany,[81] determinado a ser o poder por trás do governador cuja indicação promovera na convenção estadual democrata.

Mas, assim como Roosevelt não conduzira uma campanha simbólica, ele deixou claro, durante a transição, que não seria um governador por procuração. Logo antes do Natal, contou Roosevelt mais tarde, "Al veio me ver e disse que a srta. Moscowitz [Belle Moskowitz, gerente política e principal assessora de Smith] estava preparando o discurso da posse e a mensagem à legislatura. Honestamente acho que ele fez isso com toda boa-fé [...], mas, ao mesmo tempo, com a ideia bastante definida de que ele mesmo continuaria a governar o estado. Seu primeiro grande choque ocorreu quando eu disse que já preparara meu discurso inaugural e que minha mensagem à legislatura estava quase terminada."[82]

Roosevelt enfrentou um segundo desafio a sua independência quando Smith recomendou enfaticamente que nomeasse Belle Moskowitz como sua principal secretária. Brilhante, dinâmica e dominadora, Moskowitz fora tão indispensável para Smith quanto Louis Howe era para Roosevelt. Roosevelt prometeu considerar a nomeação, mas, no fim, após muita embromação, conversa fiada e atraso calculado, recuou. "Percebi que preciso ser governador e preciso ser eu mesmo", explicou Roosevelt a Frances Perkins, que serviria em seu gabinete em Albany e seria sua secretária do Trabalho em Washington. Quando ele concordara em concorrer, não tinha certeza de que poderia lidar com os rigores da campanha, "mas", observou orgulhosamente, "consegui". Também não estivera certo de ter se "recuperado o suficiente para assumir os deveres de governador de Nova York, mas aqui estou".[83] A rejeição de Roosevelt provocou uma irada resposta de Smith: "Eu criei você e olhe como você me trata agora!"[84] Esse conflito brutal e pessoal no início do mandato de Roosevelt como governador, lembrou Eleanor, "pôs fim ao relacionamento próximo entre meu marido e o governador Smith".[85]

Formular sua própria equipe à sua própria maneira era particularmente importante para Roosevelt porque, como percebeu desde cedo, essa equipe seria uma extensão vital, dada sua mobilidade restrita — com os integrantes servindo como seus "olhos e ouvidos" —,[86] indo e voltando a localidades às quais ele não podia chegar facilmente e recolhendo informações na forma de histórias e relatos pessoais que animariam questões e problemas. Quando os estreitos corredores e escadarias das instituições estaduais para cegos, idosos, insanos e surdos tornaram sua navegação difícil, ele encorajou Eleanor a ir como sua representante, para obter informações e retornar com insights sobre quão bem as instituições estavam cumprindo suas missões declaradas.

"Inicialmente, meus relatórios eram extremamente insatisfatórios", reconheceu Eleanor. "Eu dizia a ele o que estava no cardápio naquele dia e ele perguntava: 'Você olhou para ver se os pacientes realmente estavam recebendo a comida?'"[87] Ela aprendeu a abrir as panelas sobre o fogão, notar se as camas haviam sido dobradas e colocadas atrás das portas para esconder dormitórios superlotados e observar as interações entre os pacientes e a equipe. Esses eram os detalhes que seu marido desejava e a ensinou a discernir. Em pouco tempo, sob a mentoria de Roosevelt, ela se tornou uma repórter investigativa de primeira linha, tornando-se tão hábil que era como se ele tivesse obtido os dados em primeira mão.

Roosevelt procurou para sua equipe pessoas cujas experiências e conhecimentos específicos amplificassem sua própria e extensa curiosidade. Ele era infinitamente "educável",[88] disse Frances Perkins, na época sua comissária da indústria. Ele enchia a mansão do governador com um fluxo constante de visitantes de todas as esferas, que se juntavam a ele para almoçar e jantar e frequentemente passavam a noite.[89] Se ele não podia ir lá fora para o mundo, então canalizaria o mundo até ele. Tendo estado afastado da política estadual por uma década e meia, ele pediu a Sam Rosenman[90] (um jovem advogado que recentemente servira três mandatos na legislatura estadual) para ser seu conselheiro. Enquanto Rosenman considerava a oferta, a história de sua nomeação apareceu na primeira página de um jornal de Albany. "Eu decidi por você", informou Roosevelt alegremente. Rosenman não ficou ofendido. Como alguém poderia resistir a tal afabilidade? Em breve, ele se tornou um dos conselheiros mais próximos de Roosevelt, tão íntimo que Franklin e Eleanor o convidaram para morar na mansão do governador. Muito tempo depois, Rosenman perguntou ao chefe por que ele estivera disposto a iniciar com um homem tão jovem, que mal conhecia, um "relacionamento próximo e confidencial". Roosevelt respondeu: "Eu conheço as pessoas rapidamente e tenho instintos muito bom sobre elas." E acrescentou: "Algumas vezes, o instinto é melhor que uma longa e cuidadosa investigação."[91]

Para ampliar os conhecimentos de Roosevelt em vários campos pertinentes que provavelmente afetariam sua agenda, Rosenman recrutou três professores de Colúmbia, Raymond Moley, Rexford Tugwell e Adolf Berle, para formar o núcleo do que seria conhecido como "fundo cerebral".[92] Esse círculo interno, por sua vez, consultava especialistas em vários campos —

negócios, agricultura, trabalho —, que iam até a mansão do governador em um desfile de convidados interessantes e úteis. Em breve, os círculos cada vez mais amplos de especialistas revolviam em torno do governador como um pequeno universo ptolomaico em torno da Terra.

"A rotina era simples",[93] lembrou Ray Moley. A atmosfera durante o jantar era agradável e casual. Roosevelt encorajava os visitantes a falarem sobre seu trabalho, suas famílias e sobre si mesmos, fazendo com que cada pessoa sentisse que "nada era tão importante naquele dia quanto aquela visita particular e que ele esperara o dia inteiro por ela".[94] Ao fim da sobremesa, eles passavam para o pequeno escritório do governador, onde "a conversa casual chegava ao fim". Lá, Roosevelt fazia perguntas aos especialistas "em um ritmo excitante e exaustivo". Conforme a noite avançava, as perguntas se tornavam "mais sólidas, mais informadas — um sinal infalível do quanto ele estava absorvendo". Moley se maravilhava com "a quantidade de pilhagem intelectual que Roosevelt conseguia realizar em uma noite".[95] Em retrospecto, estava claro que Roosevelt "era ao mesmo tempo estudante, examinador e juiz".[96]

A Depressão não caiu sobre o país como uma noite sem lua. Mesmo enquanto o mercado de ações estava no auge, havia sinais de um crepúsculo prolongado e cada vez mais escuro. O próprio método operacional que Roosevelt implementara desde o início — enviar pessoas para inspecionar e obter informações, ao mesmo tempo consultando um fluxo de especialistas selecionados — o sensibilizou muito cedo para o fato de que algo estava fundamentalmente errado. Através de Perkins, ele tomou conhecimento de uma intrigante "irregularidade" no mercado de trabalho: "muitas pessoas estavam sem emprego por períodos mais longos que o confortável".[97] Quando uma inspeção no Serviço Estadual de Empregos Públicos revelou que muitos dos departamentos com falta de pessoal estavam soterrados sob candidaturas, ele pediu uma revisão do sistema: um passo pequeno, mas importante, antes da quebra do mercado de ações em outubro de 1929.

Como sempre, Roosevelt foi levado à ação por relatos de necessidades e queixas específicas. Ele podia entender um problema, percebeu Perkins, "infinitamente melhor" quando desconcertantes estatísticas e fatos podiam ser traduzidos em uma história humana. Após visitar uma fábrica de suéteres em um pequeno vilarejo perto de Poughkeepsie, ele descobriu que o proprietário e os trabalhadores estavam "assustados e confusos". Antes da quebra, a fábrica empregara 150 pessoas produzindo suéteres de tricô de alta qualidade. Os funcionários recebiam bons salários, o proprietário tinha um bom lucro e a comunidade prosperava. Quando a Depressão se aprofundou e a demanda caiu, o proprietário foi obrigado a reduzir a produção pela metade, cortar salários e usar lã de qualidade inferior para produzir suéteres mais baratos. Ele manteve a fábrica funcionando pelo tempo que pôde, chegando ao ponto de abrir mão de qualquer lucro pessoal. Ele vivia no vilarejo; seus funcionários eram seus amigos. Mesmo assim, a demanda continuou a cair e, em breve, era insuficiente até mesmo para cobrir os custos. Aquela pequena fábrica de suéteres, que no fim foi obrigada a fechar, serviu como emblema e alegoria para dar uma dimensão humana ao abstrato termo econômico "espiral descendente".[98]

Roosevelt não tinha uma política abrangente para lidar com a Depressão. Ele começou com soluções gradativas, métodos de tentativa e erro para disseminar os empregos disponíveis entre um número maior de pessoas: trabalho em tempo parcial, semana de trabalho reduzida, carga de trabalho reduzida, pequenas frentes comunitárias de trabalho. "O que estava claro para Roosevelt", lembrou Perkins, "era que deveríamos encontrar *algumas* respostas e estimular *algumas* atividades imediatas."[99] Embora ele tenha mobilizado as organizações de caridade, coordenado os esforços locais de auxílio e solicitado às cidades que chegassem ao teto máximo de empréstimos, a magnitude crescente da Depressão ultrapassou os limites de todas essas instituições.

Após esperar durante o inverno e a primavera de 1931 por iniciativas federais do presidente Hoover e da administração republicana, no fim do verão Roosevelt decidiu "assumir a liderança e iniciar medidas no estado de Nova York".[100] Ele convocou a legislatura republicana para uma sessão extraordinária a fim de aprovar o que na época foi considerado uma ideia radical: um abrangente programa de seguro-desemprego financiado pelo Estado. Ele sabia, desde o início, que a maioria republicana bloquearia sua proposta. Como o presidente Hoover, os líderes estaduais republicanos acreditavam que a iniciativa privada, as organizações de caridade e os governos locais eram as únicas instituições capazes de enfrentar o desafio econômico. Auxílio enviado dos distantes níveis do governo estadual ou federal, insistiam eles, somente prejudicaria o empreendedorismo do povo americano e pioraria o problema.

Roosevelt passou vários dias preparando sua mensagem para a legislatura. Ele ensinara a seus redatores, Rosenman e Moley, como se comunicar com o povo com o objetivo de contornar os legisladores: evitar fatos enfadonhos, criar imagens memoráveis, traduzir cada questão para a vida das pessoas, empregar linguagem clara e cotidiana e preferir palavras simples às complicadas. Simplificar o conceito de "estamos tentando construir uma sociedade mais inclusiva" e transformá-lo em "vamos criar um país no qual ninguém é deixado de fora".[101]

"O que é o Estado?", começou Roosevelt. O Estado fora criado pelas pessoas para sua "mútua proteção e bem-estar".[102] Um de seus deveres centrais era cuidar dos cidadãos que, em razão de circunstâncias adversas, eram incapazes de prosseguir sem ajuda. Em tempos normais, tal ajuda seria fornecida por contribuições privadas ou locais. Mas aqueles não eram tempos normais. O desemprego prolongado exaurira as economias e o crédito de milhões de famílias; o Estado tinha a responsabilidade de fazer sua parte, *não por caridade, mas por dever*. Ele pediu que o Estado, através de um imposto sobre os cidadãos afortunados, "fornecesse trabalho público aos cidadãos desempregados" e, "se nenhum trabalho pudesse ser encontrado", oferecesse seguro-desemprego na forma de "comida, roupas e abrigo com fundos públicos".[103] Os líderes republicanos rejeitaram o projeto de lei. Eles o substituíram pelo que o governador chamou de medida "aguada"[104] e se prepararam para encerrar a sessão. Roosevelt ameaçou vetar o projeto de lei e chamar os legisladores para novas sessões extraordinárias até que um projeto efetivo fosse aprovado. Finalmente, os líderes republicanos cederam.

Primeiro no país, o abrangente programa de auxílio de Nova York se tornou um modelo para os outros estados, estabelecendo o governador Roosevelt como porta-voz da ala progressista do Partido Democrata. Em um celebrado discurso radiofônico em abril de 1932, Roosevelt convocou o país a reconstruir a prosperidade perdida "de baixo para cima, e não de cima para baixo", a "confiar, mais uma vez, nos *homens esquecidos* na base da pirâmide econômica". Para Roosevelt, aquela imagem não era "meramente uma abstração oratória", como Sam Rosenman testemunhara diretamente; o homem esquecido "era uma pessoa real":[105] um fazendeiro enfrentando dívidas esmagadoras, um pequeno empresário incapaz de competir com os monopólios, uma dona de casa que não conseguia pagar as contas. O ativo estilo de liderança de Roosevelt, sempre buscando informações e histórias que dessem vida às estatísticas com a carne e o sangue de uma humanidade partilhada, o havia familiarizado com os sofrimentos e as necessidades dos indivíduos e lhe dera uma compreensão visceral do impacto da Grande Depressão.

Apresentado como voz para o homem comum, Roosevelt tentou obter a indicação para a Presidência durante a convenção nacional democrata em Chicago. A despeito do apoio de uma maioria substancial dos delegados durante a primeira votação, ele ficou 104 votos atrás do total de dois terços requerido para a indicação. Seus oponentes representavam a velha guarda conservadora do Partido Democrata. Essa situação prevaleceu por mais duas votações, mas, após muita altercação, as forças de Roosevelt finalmente conseguiram sair do impasse. Concordou-se que John Nance Garner, do Texas, seria indicado como candidato à vice-presidência. Em troca, as delegações tanto do Texas quanto da Califórnia votariam em Roosevelt, levando-o aos mágicos dois terços.

Assim que soube que vencera na terceira votação, Roosevelt fez algo inédito: foi até o Coliseum para aceitar pessoalmente a indicação. A tradição ditava que um comitê escolhido pela convenção visitaria o candidato em quatro ou seis semanas para entregar a notificação oficial. Roosevelt decidiu romper com o que mais tarde chamou de ideia "absurda" de que deveria permanecer durante semanas em "alegada ignorância";[106] em vez disso, forneceu uma nova e ousada abordagem de liderança. Em uma época na qual as viagens de avião ainda eram incomuns, ele voou de Albany para Chicago em um trimotor. Os métodos convencionais e os antigos remédios não ajudariam o país naquele momento. Ele tivera de ir pessoalmente para mostrar que estava pronto e ansioso para liderar a batalha contra a inação, a timidez e o pensamento tacanho. "Juro a vocês e a mim mesmo criar um novo acordo para o povo americano", concluiu ele. "Isso é mais que uma campanha política; é um chamado às armas."[107]

A batalha entre Herbert Hoover e Franklin Roosevelt mostrou como personagens, temperamentos e estilos de liderança visivelmente diferentes responderam ao enorme estresse e incerteza do país. Ambos haviam sido protegidos progressistas de Woodrow Wilson. Como secretário-assistente da Marinha, Roosevelt urgira o Partido democrata a indicar Hoover para a Presidência em 1920. Empresário esclarecido que servira com espetacular sucesso como chefe da Comissão de Auxílio à Bélgica durante a Primeira Guerra Mundial, Hoover era profundamente respeitado por ambos os partidos. Em 1928, os republicanos o haviam indicado à Presidência. Em seu discurso de aceitação, feito no auge da prosperidade, Hoover proclamara que os americanos estavam "mais perto do triunfo final sobre a pobreza do que em qualquer momento anterior da história, em qualquer país".[108]

Sua profunda crença no individualismo, no voluntarismo e na força fundamental da economia americana o impediu de perceber, até que fosse tarde demais, que o governo tinha de exercer um papel primário ajudando as pessoas a passarem pelo que rapidamente se tornava a pior depressão que o país já conhecera. À menor recuperação do mercado de ações, Hoover acreditou e sumariamente declarou que o pior já passara. Quando a economia continuou ruim, ele se viu sob pesados ataques. Mesmo assim, não admitiu que as atividades voluntárias haviam falhado. Adotou uma mentalidade de bunker, recusando-se a reconhecer a situação cada vez pior.

Em contraste, durante toda a vida Roosevelt se adaptara a novas condições. A rotina de sua plácida infância fora interrompida para sempre pelo ataque cardíaco e a morte do pai. Sabendo que jamais andaria novamente, ele experimentara um método após o outro para melhorar sua mobilidade. Enquanto fazia campanha pela Presidência, ele lançou mão de seus próprios encontros com a adversidade: "O país precisa e, a menos que eu interprete erroneamente seu humor, exige experimentação ousada e persistente. É questão de bom senso escolher um método e tentar; se ele falhar, admita francamente e tente outro. *Mas, acima de tudo, tente algo.*"[109]

No dia da eleição, por esmagadora maioria, as pessoas escolheram Franklin Delano Roosevelt como seu presidente. Em uma época de tensão nacional, foram a alegre confiança e os ombros poderosos de Roosevelt —

símbolos de sua resiliência — que permitiram que pessoas comuns não somente acreditassem, mas também confiassem o bastante em Roosevelt para se identificar com ele. Quando jovem, ele sonhara em ascender, passo a passo, até a Presidência, mas aquela narrativa fora interrompida pela paralisia e por Warm Springs. Lá pode ser encontrado o improvável fulcro tanto de sua ascensão à Casa Branca quanto de sua liderança ativista, experimental e empática. Ele passara por um período sombrio. Assim como todos os personagens centrais deste livro.

OITO

LYNDON JOHNSON

"O período mais miserável de minha vida"

Desde seus vinte e poucos anos, Lyndon Johnson agira a partir da premissa de que se "pudesse acordar mais cedo, conhecer mais pessoas e ficar acordado até mais tarde que todos os outros",[1] a vitória seria sua. Durante uma década, ele trabalhara sem parar. Não tinha hobbies e não desenvolvera nenhuma maneira de relaxar. Seu objetivo era pura e simplesmente vencer. Como treinador de debates, ele levara sua equipe ao campeonato; como secretário do congressista Richard Kleberg, ganhara a reputação de ser o melhor secretário da colina do Capitólio; como mais jovem diretor da NYA em qualquer estado, instituíra projetos que haviam servido como modelos para toda a nação; como congressista novato, era considerado um *wunderkind*[2] por ter levado eletricidade a Hill Country.

Na corrida por um assento no Senado em 1941, a mais importante campanha de sua vida, ele perdeu. A derrota de Abraham Lincoln em sua primeira eleição não diminuíra suas esperanças nem sufocara sua ambição. Ao contrário, como alguém "familiarizado com as decepções",[3] ele fora encorajado pelos votos quase unânimes que recebera daqueles que melhor o conheciam: os eleitores de seu próprio vilarejo, New Salem. Franklin

Roosevelt considerara a malsucedida candidatura à vice-presidência "uma corrida danada de boa",[4] uma experiência que expandira seus contatos e sua reputação em toda a nação.

Mas, para Johnson, as eleições estavam carregadas de significado adicional: ele sentiu a perda do Senado como um golpe físico, um referendo sobre seu valor pessoal. Ele fora avaliado pelo público e considerado inadequado. Essa derrota, que deveria ter sido meramente um obstáculo em sua carreira política, tornou-se um suplício que modificaria sua vida, alterando a natureza de sua ambição e dando início a uma prolongada depressão que, mais tarde, ele descreveu como "o período mais miserável de minha vida".[5]

Como Lyndon Johnson, o protegido de Franklin Roosevelt, um homem disposto e capaz de trabalhar com mais foco e intensidade que qualquer um de seus oponentes, não conseguira garantir o assento no Senado pelo qual ansiava com cada fibra de seu ser?

A morte mais uma vez abriu a porta para a oportunidade e o avanço. Quatro anos antes, uma manchete de jornal no banco de um parque anunciando a morte do congressista James Buchanan levara ao início de sua carreira como congressista. Agora, em 9 de abril de 1941, uma hemorragia cerebral atingira o senador do Texas Morris Sheppard, exigindo outra eleição especial. O assessor de Johnson, Walter Jenkins, lembrou que, quando telefonara para sua casa bem cedo para dar a notícia, Lyndon ficara "imediatamente interessado".[6]

Uma cena habilmente montada assinalou a entrada de Lyndon Johnson na corrida. Em 22 de abril, ele se encontrou com Roosevelt em caráter privado, permitindo que os repórteres reunidos para a entrevista coletiva do presidente observassem a entrada e a partida do jovem congressista do Salão Oval. Logo depois, nos degraus da Casa Branca, anunciou formalmente que estava concorrendo ao Senado. Quando os repórteres foram admitidos no Salão Oval, Roosevelt cordialmente esperava por eles. "Lyndon Johnson acaba de anunciar que é candidato ao senado pelo Texas", começou um repórter. "Algum comentário?" Rindo, o presidente respondeu: "Ele também me contou." "O senhor não costuma interferir nas primárias estaduais", disse o repórter, "mas eu gostaria de saber se olha com bons olhos para o sr. Johnson."

"Eu não estaria interferindo se dissesse sim ou não? Você parou de bater na sua mulher, sim ou não?", perguntou Roosevelt. Rindo com o presidente, o repórter contrapôs: "Ela está viajando. Essa é a resposta." Todos os correspondentes caíram na gargalhada. O bom humor prevaleceu enquanto Roosevelt ditava uma receita de três partes: "Cabe ao estado do Texas eleger seu próprio senador, esse é o item número um. Número dois, não posso tomar parte na primária no Texas. Número três, se você me perguntar sobre Lyndon Johnson, posso dizer apenas algo que é perfeitamente verdadeiro, que ele é um bom e velho amigo. Não tente ligar essas três coisas!"[7]

Desde o início da campanha, Johnson tentou fundir sua imagem à de FDR, como se seu mentor tivesse não apenas ensinado, mas gerado seu protegido. "Se vocês realmente querem continuar e ajudar Roosevelt," Johnson reiterava, "há apenas uma maneira de fazer isso: me eleger." Quatro anos antes, na primeira reunião entre Lyndon e Roosevelt em Galveston, fora tirada uma fotografia mostrando Lyndon colocando o corpo na frente do governador do Texas James Allred para apertar a mão do presidente. Essa foto, com o governador apagado, tornou-se a imagem da campanha, cujo slogan era "Franklin D. e Lyndon B."[8] Johnson precisaria de toda alavanca presidencial disponível, pois enfrentava três oponentes formidáveis, todos mais conhecidos no estado que ele: o popular governador Lee "Pappy" O'Daniel, o congressista cinco vezes eleito Martin Dies e o procurador-geral Gerald Mann.

A enorme escala do Texas, mais vasto que todos os estados da Nova Inglaterra juntos, se provou desafiadora para Johnson, cujos talentos de persuasão dependiam de formar conexões em escala humana. Na corrida estadual, por mais que tentasse apertar cada mão (como se o toque, sozinho, pudesse alterar convicções e garantir votos), a proximidade da eleição especial e a distância que ele tinha de cobrir trabalhavam contra ele e exigiam um ritmo frenético que tornavam seus rápidos apertos de mão quase mecânicos. Em sua primeira campanha para o Congresso no 10º Distrito, ele falara de improviso para centenas de pequenos grupos, fazendo apresentações de cinco minutos a fim de ter outros quinze para a conversa direta e o contato individual com os eleitores. O 10º Distrito Congressional era um de vinte nos quais ele agora tinha de fazer campanha e, na maioria deles, ele era praticamente desconhecido. A necessidade exigia que, em cada distrito, falasse para a maior plateia possível, separado das pessoas por um palco.

Em tais contextos formais, Johnson revelou a paralisante incapacidade de falar naturalmente. Sua concepção de dignidade senatorial o compelia a fazer discursos de uma hora, em tom elevado, e se afastar das cruas figuras de linguagem que animavam tanto suas falas improvisadas. Invariavelmente, as multidões começavam a ir embora antes que seus discursos mornos chegassem ao final. O homem cuja "presença tremendamente imponente"[9] podia dominar qualquer cômodo em que entrasse parecia desconfortável quando enquadrado pelo proscênio do palco, congelado no lugar.

A confiança de Lyndon foi ainda mais abalada quando uma série de pesquisas mostrou que ele estava bem atrás dos outros três candidatos. O receio com a possibilidade de perder começou a cobrar um preço de seu corpo. "Quando minha mãe e minha esposa disseram que eu era o último na corrida", lembrou ele, "minha garganta ficou ruim e tive de passar alguns dias no hospital."[10] Aqueles dois dias se transformaram em duas semanas e ele piorou, sofrendo de "exaustão nervosa",[11] uma condição que a campanha buscou ocultar. "Ele estava deprimido e era grave",[12] lembrou Lady Bird. Anteriormente, um colapso durante a primeira campanha para o Congresso havia sido seguido de uma apendicite, estabelecendo um padrão de enfermidades agrupadas — exantema, colite, úlcera, intestinos inflamados — que o estresse político causaria em seu corpo ansioso.

Seu ânimo começou a melhorar quando foi criada uma estratégia para atrair mais pessoas para os comícios e minimizar suas deficiências oratórias. Durante seu tempo como treinador de debates, ele criara uma aura de festival em torno dos eventos, promovendo celebrações, canções e animadoras de torcida normalmente associadas às competições esportivas. E se os comícios políticos tradicionais fossem transformados em um entretenimento circense, como se o piquenique de Henly de sua juventude explodisse em um show de variedades completo?

Tal plano exigiria uma infusão maciça de dinheiro, ao qual Johnson teve acesso através de texanos abastados apresentados a ele por Alvin Wirtz, um grupo que incluía George e Herman Brown, fundadores da Brown and Root Construction Company. Os irmãos Brown contribuíram com dezenas de milhares de dólares corporativos ilegais, que classificaram como "taxas legais" ou "bônus"[13] para os funcionários, que então fizeram contribuições individuais para a campanha de Johnson. O dinheiro permitiu que a campanha contratasse um carismático e bem-sucedido radialista e executivo de marketing para produzir e promover os eventos teatrais/musicais, escrever os roteiros, contratar os artistas e transportar a banda de jazz de 24 membros e o elenco de cantoras e dançarinas de um local para o outro. As noites, anunciadas como espetáculos patrióticos em tempos de guerra, começavam com músicas selecionadas pela banda de jazz, cujos músicos usavam smoking branco, seguidas de "America the Beautiful" e outras canções patrióticas.

Com a plateia adequadamente alvoroçada, Lyndon surgia no palco. À frente de uma gigantesca imagem que o mostrava apertando a mão de Roosevelt, ele "tirava o casaco, enrolava as mangas e iniciava um discurso improvisado no qual relaxava e falava francamente".[14] Ele prometia ser um senador que realizaria coisas e faria o trabalho que o presidente Roosevelt queria que fizesse; na verdade, pedira que fizesse. O clímax muito anunciado se seguia, a principal razão pela qual ninguém ia embora: ao entrar, toda pessoa recebia um bilhete de sorteio;[15] os números retirados de um vasilhame gigante no palco correspondiam a títulos e selos da defesa, valendo entre 1 e 100 dólares para os sortudos ganhadores.

Quando as plateias de Johnson aumentaram em tamanho e entusiasmo, seus números nas pesquisas fizeram o mesmo. De meros 5% na ponta da corrida de quatro homens, Johnson subiu para 20%, 30% e, finalmente, na última semana, ficou ligeiramente à frente do primeiro colocado, o governador O'Daniel. Mas as pesquisas só contavam parte da história. A política do Texas naquela época estava tomada pela corrupção. Em certos condados do sul e do leste, os chefes locais podiam "entregar" quantos votos fossem necessários em uma eleição apertada. Com o dinheiro fluindo para sua campanha, Johnson facilmente dera um lance maior que o dos outros para garantir os votos controlados do sul do Texas. No dia da eleição, estava confiante na vitória. As primeiras contagens lhe davam uma dianteira tão confortável que surgiu na imprensa uma fotografia sua sendo carregado pelos funcionários de campanha.[16]

Foi nesse momento que um entusiasmado Johnson baixou a guarda e liberou as zonas eleitorais compradas, que tradicionalmente eram retidas até que todos os votos oficiais estivessem computados. A liberação precoce aumentou suas margens ainda mais e, no fim da noite, Johnson estava 5 mil votos à frente, embora as cédulas de papel das zonas eleitorais rurais ainda estivessem chegando lentamente. "Lyndon Johnson captura a eleição para o Senado",[17] foi a manchete do *McAllen Daily Press*. O *Dallas News* sugeriu: "Somente um milagre pode manter o ungido de FDR de fora."[18] No dia seguinte, o milagre ocorreu. Um grande fluxo de votos para O'Daniel subitamente se materializou, vindo de condados do leste controlado pelos chefes. E, como Johnson já revelara suas cartas, a campanha de O'Daniel sabia precisamente de quanto precisava para vencer a eleição. Quando todos os votos foram "contados", O'Daniel foi declarado vencedor por uma margem de 1.311 votos.

Enquanto se preparava para retornar a seu assento na Câmara, Johnson temia a diminuição do respeito e do afeto que ganhara durante os anos em Washington. Para sua vantagem, o cenário psíquico da Câmara que deixara não era o mesmo para o qual retornou em derrota. Ele sentia que desapontara e mesmo constrangera o presidente Roosevelt, que fizera grandes esforços para apoiar sua candidatura. "Demos a ele tudo que podíamos, tudo", lembrou o conselheiro de Roosevelt, Tommy "the Cork" Corcoran, mas "ele não venceu".[19] Johnson estava tão aflito, sentindo que perdera a preferência da Casa Branca, que evitou telefonar para o presidente. "Eu sentia que passara cheques demais de minha conta não muito sólida", confidenciou ele ao governador Allred. "Eu passara cheques demais e não queria que um deles voltasse."[20] Finalmente, Roosevelt procurou Johnson e, em uma reunião privada na Casa Branca, tentou animá-lo com uma provocação: "Lyndon, aparentemente vocês texanos não aprenderam uma das primeiras coisas que aprendemos em Nova York, o fato de que, quando a eleição termina, você precisa se sentar sobre as urnas."[21] A despeito do continuado apoio de Roosevelt, Johnson permaneceu desesperançado. Ele já não era o garoto-maravilha; já não via um futuro sem limites à sua frente. Ele era simplesmente um dos 435 congressistas consignados a permanecer em um local no qual todo mundo, incluindo sua sobrecarregada equipe, sabia que ele fracassara.

Considerar a derrota eleitoral de Lyndon Johnson em 1941 o catalisador para um evento penoso da mesma ordem que a debilitante depressão que levou os amigos de Abraham Lincoln a removerem de seu quarto todas as facas, tesouras e navalhas; que a morte da esposa e da mãe que Theodore Roosevelt enfrentou no mesmo dia e na mesma casa; ou que a poliomielite que deixou Franklin Roosevelt paraplégico e ameaçou todos os seus sonhos parece um exercício de hipérbole — a menos que a insegurança de Lyndon Johnson e a fusão de sua vida pública e sua vida privada sejam levadas em conta.

A política consumira Johnson desde a primeira infância, quando ouvia as histórias políticas que o pai contava aos colegas no alpendre lateral. O menino que seguia o pai pela sede da legislatura e o acompanhava, extasiado, durante a campanha. Embora tenha momentânea e injustificadamente considerado deixar a vida pública após a derrota para o Senado, ele não tinha alternativa política a não ser manter o assento congressional que ainda retinha após perder a eleição especial. Ele tampouco encontrava consolo em sua vida privada, que essencialmente existia para propulsionar sua vida pública. Ele cultivara poucos passatempos que não se sobrepunham às funções públicas. Mesmo o ato de comer era essencialmente sorver nutrição para se mover de um lugar para o outro. Lyndon Johnson comia, bebia e dormia política.

Nos meses após o colapso de seu sonho de transformar Illinois em um modelo econômico para o país, Abraham Lincoln fora capaz de retomar a prática do direito, uma profissão que fornecia a camaradagem pela qual sua natureza gregária ansiava, ao mesmo tempo em que lhe dava tempo e espaço para ler, ouvir, aprender e refinar seus talentos como contador de histórias. A fortuna herdada permitiu que Theodore Roosevelt comprasse terras e gado e construísse um rancho confortável nas Badlands, onde sua depressão gradualmente se desvaneceu enquanto ele cavalgava dezesseis horas por dia, participava das recolhas de cinco semanas, caçava, explorava o mundo natural e transformava seu corpo. Sara Roosevelt forneceu os meios para que Franklin comprasse e desenvolvesse o centro de tratamento em Warm Springs, onde ele encontrou a cura que procurava na persona do "dr. Roosevelt", conselheiro-chefe e diretor espiritual de um programa terapêutico único que combinava trabalho e jogos, restaurando o otimismo dos pacientes de poliomielite e o senso de diversão que ele mesmo jamais perdera.

Cada um desses três homens emergiu de uma virada catastrófica da sorte com uma capacidade ampliada de liderança. Mas, e se a adversidade levar ao mau humor súbito, à desconfiança e à raiva? E se a perda e o pesar resultarem em uma diminuição da empatia genuína e derem lugar ao impulso obstinado de acumular poder e riqueza? Esse foi o caso de Lyndon Johnson. A perda expôs e ampliou aspectos negativos de sua natureza que comprometeriam sua liderança até que um severo ataque cardíaco renovasse velhas prioridades, reiniciasse seu curso e restabelecesse a determinação, que demonstrara em Cotulla, de usar o poder que acumulara para melhorar a vida dos outros.

O empurrão que Franklin Roosevelt dera ao jovem Lyndon durante seu primeiro mandato no Congresso obscurecera uma incompatibilidade fundamental entre a estrutura institucional da Câmara dos Representantes e os talentos de liderança que Lyndon Johnson possuía. O interesse, o acesso e o espírito tutelar do presidente Roosevelt haviam concedido ao congressista novato uma oportunidade de ser produtivo de modo enganosamente rápido e impactante. Após seu retorno depois da fracassada candidatura ao Senado, com o presidente cada vez mais preocupado e distraído por uma guerra mundial em expansão, Johnson foi deixado à deriva em uma organização que se provou cada vez menos receptiva a seu temperamento.

O Congresso da década de 1940 recompensava o lento e constante acúmulo de poder no interior de um sistema de senioridade baseado somente na longevidade. Congressistas importantes haviam investido anos, e mesmo décadas, para facilitar sua ascensão a posições de liderança. Em uma instituição assim, que exigia um longo período de espera resignada, as forças de Johnson (sua habilidade instintiva de aproveitar as oportunidades, sua capacidade de trabalhar mais duro e mais rápido que qualquer um) foram neutralizadas.

Dito de maneira simples, a Câmara não era a instituição para um jovem com pressa. Sam Rayburn estivera na Câmara durante um quarto de século antes de se tornar presidente aos 58 anos. O medo de morrer jovem exacerbava o característico senso de urgência de Johnson. Os homens de sua família tinham histórico de doença cardíaca. A saúde de seu pai começara a declinar depois dos 40 anos. Ele sofrera o primeiro ataque cardíaco após os 50 e morrera dias depois de completar 60 anos. Seu tio George, que lhe conseguira o emprego de professor na Sam Houston High, morrera de doença cardíaca aos 57 anos. Se a história familiar fosse se provar verdadeira, Lyndon não podia se dar ao luxo de passar décadas ascendendo lentamente.

O tamanho da Câmara também jogava contra suas forças. A filiação, que mudava continuamente após as eleições bianuais, dificultava a construção da rede de relacionamentos pessoais que sempre fora o núcleo de seu poder. O porte físico, a ingerência e a determinada força de vontade haviam lhe dado uma vantagem insuperável no contexto das relações face a face. "Eu sempre acreditei", disse ele, "que, desde que eu pudesse levar alguém para um canto da sala, eu o transformaria em meu amigo."[22] Quanto maior a distância da audiência, todavia, mais diluído, reprimido e inefetivo ele se tornava. Sua habilidade de compreender os desejos e as motivações das pessoas dependia de contatos repetidos e informais que não eram a norma em um corpo de 435 representantes, separados em diferentes edifícios, protegidos por equipes cada vez maiores.

Dado seu desconforto ao falar para grandes plateias, ele tampouco era capaz de estabelecer uma reputação nacional manifestando-se sobre várias questões e participando dos debates. "Alguns pediam a palavra o tempo todo, lutando pelas causas liberais", lembrou um representante da Califórnia, "mas ele sempre ficava afastado e, quando se aproximava, permanecia em silêncio."[23] Johnson é claro, continuou a servir seus eleitores, mas esses deveres de rotina já não gratificavam sua implacável ambição. "Sempre senti que ele estava meio inquieto", disse seu colega congressista O. C. Fisher, "procurando mundos maiores para conquistar."[24] De fato, Johnson viu os sete anos passados na Câmara entre 1941 e 1948 como uma espécie de purgatório.

Sem surpresa, sua debilidade e seu interesse diminuído pelo trabalho afetaram adversamente seu relacionamento com a equipe. "Ataques de depressão eram pontuados por furiosas explosões nas quais ele culpava qualquer um ou todos por sua perda", escreveu o historiador Randall Woods. Seu comportamento abusivo piorou. "Um dia, não informei um número de telefone rapidamente o suficiente para o sr. Johnson e ele jogou um livro em mim", lembrou uma funcionária. "Eu fiquei com um pouco de medo dele depois disso."[25] Mesmo antes da candidatura ao Senado, os dois assessores que estavam há mais tempo com Johnson, Luther Jones e Gene Latimer, haviam se demitido. Jones sabia, após menos de um ano na equipe da Câmara, que simplesmente "tinha de ir embora" ou seria "devorado"[26] por Johnson. Latimer durou exatamente um ano. "Eu estava literalmente trabalhando até a morte", lembrou ele. "Jamais fazia uma pausa."[27] Johnson rapidamente substituiu Jones e Latimer por homens capazes, mas, sem a inspiração de sua energia intensamente focada, sem a excitação do engajamento partilhado em projetos importantes e benéficos, a nova equipe jamais atingiu a camaradagem que unira a antiga, a despeito de seu volátil e opressor "Chefe".

Embora nunca tivesse sido motivado pelo sonho de fazer fortuna, Johnson começou a devotar mais e mais tempo e energia a sua aquisição. Após um período na Marinha logo em seguida a Pearl Harbor, ele diminuiu sua permanência no Congresso, relegou as questões dos eleitores a sua equipe e começou a passar os dias acumulando o que se tornaria, em menos de uma década, uma grande fortuna. O dinheiro e suas inconstantes idas e vindas haviam desempenhado papel importante na família de Lyndon Johnson desde o início. As vicissitudes dos negócios de seu pai haviam criado dissensão e insegurança durante sua infância, influenciando, às vezes, a humilhante reputação que a família tinha na cidade.

O império multimilionário de Lyndon Johnson foi iniciado por Lady Bird em 1943, com a compra da KTBC, uma estação de rádio em mau estado operando à beira da falência em Austin, Texas. Assim que Lady Bird comprou a minúscula estação por 17.500 dólares retirados de seu fundo fiduciário, a Federal Communications Commission abençoou o empreendimento, permitindo o aumento de seu poder de transmissão, expandindo seu tempo de operação para 24 horas por dia, vetando toda a competição e permitindo que se afiliasse a outras redes. A soma de todas essas decisões vantajosas levou a um lucrativo contrato televisivo que gerou mais investimentos em títulos bancários, imóveis e gado. "Como dois jovens carvalhos crescendo lado a lado", resumiu um repórter do *Wall Street Journal*, "a carreira de

LBJ no governo e nos negócios cresceu poderosamente — com os troncos paralelos e os galhos entrelaçados."[28]

Justapor Lyndon Johnson, o diretor de uma escola elementar em Cotulla que gastou parte significativa de seu escasso salário a fim de comprar material atlético e equipar um playground para seus estudantes mexicanos--americanos, ao congressista cujo desvio político para a direita se acelerou conforme crescia sua riqueza enfatiza a perda de direção que ele experimentou após a traumática derrota para o Senado. A ambição de melhorar a vida de outras pessoas que dera direção e significado a sua vida durante seus primeiros anos na política — o trabalho na NYA, a luta para acabar com as favelas e eletrificar as áreas rurais — agora estava focada somente nele mesmo. Ele perdera o senso de propósito que o acompanhara em sua busca por poder, a bipartição da ambição que é tão central à liderança legítima.

A perda de direção de Lyndon Johnson se tornou mais acentuada após a morte de seu maior mentor político, Franklin Roosevelt. Quando surgiu um assento no Senado federal em 1948, ele resolveu fazer uma última tentativa de chegar à câmara superior. Enquanto se preparava para uma campanha em nível estadual em um Texas cada vez mais conservador, ele se aproximou ainda mais da direita, chegando a repudiar sua aliança anterior com o New Deal. "Acho que o termo 'New Dealer' é errôneo", disse ele a um repórter. Embora ainda acreditasse no "desenvolvimento da energia hidráulica" e em alguns dos programas que Roosevelt apoiava, disse: "Eu acredito na iniciativa privada e não acredito no governo fazendo qualquer coisa que as pessoas podem fazer privadamente. Sempre que possível, o governo deve se manter fora dos negócios."[29]

Embora tivesse esperado sete anos por aquela oportunidade, Johnson, então com 40 anos, estava com medo. Dessa vez, não haveria a rede de segurança de uma eleição especial. Era tudo ou nada: a derrota o obrigaria a abrir mão de seu assento no Congresso e de uma década de senioridade acumulada e o deixaria fora dos canais oficiais de Washington pela primeira vez desde que tinha vinte e poucos anos. "Eu não conseguia suportar a ideia de perder tudo",[30] confessou ele, como se sua identidade dependesse de sua posição e status. Amigos e familiares o incentivaram a entrar, mas ele permaneceu indeciso. Cansado de esperar, um grupo de associados sugeriu que ele convencesse seu ex-assessor John Connally a concorrer. Naquela tarde, Johnson anunciou que concorreria ao Senado dos Estados Unidos.

Novamente, o grande estresse que as eleições invariavelmente lhe causavam começou a se manifestar em uma série de enfermidades: febres, tremores, dores estomacais, dores de cabeça, depressão e até mesmo pedras no rim. "Você precisa entender que um político — um bom político — é alguém estranho", disse Johnson ao funcionário da campanha Joe Phipps. "Qualquer um que periodicamente precise se ajoelhar e implorar aos eleitores que provem que o amam ao lhe darem seu voto está realmente doente. Dependendo de quão obcecado é, ele pode ficar muito, muito doente [...]. Tente pensar em mim como um amigo ou familiar querido que está seriamente doente e precisa de todo cuidado, compaixão, conforto e amor que puder obter a fim de melhorar, sabendo que, com o tempo, vai melhorar. A doença [...] só retornará na próxima eleição."[31]

No início da campanha, o principal antagonista de Johnson, Coke Stevenson, um celebrado governador do Texas eleito duas vezes, estava proibitivamente à frente. Mas, no unipartidário estado do Texas, no qual o vencedor da primária democrata tinha certeza da vitória no outono, a campanha revolvia em torno de personalidades. E nenhuma personalidade era mais original que Lyndon Johnson. Durante a campanha, ele trabalhou 24 horas por dia, apertando mãos, fazendo curtos discursos, dando entrevistas no rádio. Ele "trabalhava até mesmo na banheira", lembrou sua secretária Dorothy Nichols. "Eu estava em um pequeno hotel em alguma cidadezinha e era chamada até o banheiro para falar com o congressista. Eu ia até lá e ele estava na banheira. Conversava comigo e então duas ou três secretárias chegavam e tomavam notas para datilografar cartas. Ele nunca parava."[32]

Entendendo a importância de capturar a atenção do eleitorado de forma extravagante, Johnson atravessou o estado em um helicóptero, algo que nenhum candidato fizera até então. O helicóptero — apelidado de "Moinho de Vento de Johnson City" — era apenas um modo de atrair surpresos eleitores dos cantos mais afastados do Texas. Assim como o jovem Franklin Roosevelt fora a celeiros e campos de feno em um enfeitado Maxwell vermelho durante sua primeira campanha para o Senado estadual, Lyndon Johnson combinou diversão, fanfarronada e excitação com técnicas modernas de campanha, incluindo divulgadores, pesquisas sofisticadas e anúncios no rádio. Circulando a praça ou o campo de futebol local, ele anunciava sua chegada através dos alto-falantes presos aos esquis de pouso do helicóptero. "Aqui é Lyndon Johnson, o próximo senador dos Estados Unidos, e vou pousar em um minuto. Quero apertar a mão de todos vocês."[33] Se a cidade não tivesse um local de pouso apropriado, ele consultava uma lista de eleitores de diferentes vilarejos e cidadezinhas que haviam lhe enviado cartas durante os anos. "Olá, sr. Jones", reverberava sua voz lá de cima. "Aqui é seu amigo Lyndon Johnson. Sinto muito por não poder aterrissar hoje, mas quero que o senhor saiba que estou aqui em cima pensando no senhor e sou muito grato por sua carta amável e seus comentários. Tenha certeza disso e diga a seus amigos para votarem em mim."[34]

No dia da eleição, os resultados foram tão próximos que nenhum dos candidatos foi capaz de declarar vitória. Ambos se contiveram, empenhados no mesmo jogo de contar a menos, contar a mais, reter votos e liberá-los oportunamente. Dessa vez, no entanto, a equipe de campanha de Johnson fez a jogada mais astuta. Em 1941, um Johnson excessivamente confiante, ansioso para capturar as manchetes de vitória do dia seguinte, liberara prematuramente os votos das zonas eleitorais que "comprara". "Em 1948, éramos mais experientes", disse seu assessor Walter Jenkins. Ao passo que a arrogante equipe de campanha de Stevenson liberou seus votos logo de saída, "não apressamos as pessoas nos condados nos quais tínhamos forte votação. Torcermos para que elas esperassem" até o último momento. Dessa maneira, se "qualquer tipo de fraude"[35] estivesse envolvida, seria muito tarde para a equipe de Stevenson retaliar.

"Eles roubaram votos no leste", disse o apoiador de Johnson e prefeito de Austin Tom Miller, "nós roubamos votos no sul e só Jesus Cristo poderia dizer quem realmente venceu."[36] Mas Jesus não estava contando e, por uma margem de 87 votos, "Avalanche Lyndon" obteve o assento no Senado que cobiçara por tanto tempo.

Por meros 87 votos, Lyndon Johnson obtivera acesso a uma instituição totalmente diferente, com dinâmicas de poder distintas e muito mais propícias a seu temperamento e a suas formidáveis habilidades de liderança. Menor, mais íntimo, menos afeito a procedimentos e mais estável (dado o mandato de seis anos, em contraste com a rotatividade a cada dois anos na Câmara), o Senado era idealmente adequado para um líder cuja habilidade de persuadir, seduzir, subjugar e dominar dependia de encontros íntimos, de envolver as pessoas individualmente ou em pequenos grupos. Os "costumes" e as "regras não escritas do jogo" exigiam que os senadores novatos passassem por um período de aprendizado, mostrando deferência pelos mais experientes, evitando pedir a palavra com muita frequência e se concentrando em aprender as "normas de comportamento"[37] esperado — hábitos mentais que Johnson cultivava há muito.

Se tivesse se tornado senador em um momento diferente, ele poderia não ter sido capaz de exercer ao máximo seus talentos únicos de liderança. Sua baixa capacidade de falar de modo efetivo em contextos formais, por exemplo, teria tornado difícil obter reconhecimento durante a "era dourada" do Senado, nas décadas anteriores à guerra civil, quando a câmara alta debatia as questões centrais da época e grandes oradores se tornavam as figuras eminentes da nação: Daniel Webster de Massachusetts, John C. Calhoun da Carolina do Sul e William Henry Seward de Nova York. O Senado em que Johnson entrou era perfeitamente adequado à marca registrada de seu estilo de liderança: como disse o assessor George Reedy, Lyndon era "o homem certo, no lugar certo, no momento certo".[38]

Assim que chegou, ele se esforçou para compreender a maquinaria estrutural da instituição. Rapidamente ficou aparente para o recém-empossado senador que o poder residia em uma coalizão informal, um clube interno de democratas sulistas e republicanos conservadores. Fora feita uma barganha pela qual os republicanos conservadores votariam com o sul contra a legislação de direitos civis e, em troca, os democratas sulistas se oporiam às medidas econômicas e sociais liberais. Concebida durante o esforço para derrotar o plano de reforma judiciária de Roosevelt (que, ironicamente, fora a catapulta de Johnson para o Congresso), essa coalizão solidificara sua autoridade através dos anos, garantindo a presidência de comitês estratégicos e exibindo aguçada e imperiosa perspicácia. O líder inconteste desse clube interno, que contava com o respeito de quase todo membro do Senado, era Richard Russell.

Desde o início, Johnson reconheceu que a mentoria de Russel seria o elemento decisivo de suas esperanças de obter influência no Senado. É claro que não fora o único, entre seus colegas novatos, a reconhecer a posição única que Russell ocupava na hierarquia do Senado, mas foi o único a iniciar uma estratégia para ganhar a simpatia do majestoso e experiente senador.

"A maneira de ter sucesso no mundo é se aproximar daqueles que estão à frente das coisas",[39] dissera Johnson a seu colega de quarto quando começara a passar esfregão no piso em frente ao escritório do presidente. Logo após seu ingresso no Senado, Johnson percebeu que "havia somente uma maneira de ver Russell todos os dias: conseguir um assento em um de seus comitês. Sem isso, provavelmente seríamos apenas conhecidos e nada mais. Assim, solicitei participação no Comitê das Forças Armadas e felizmente, em função de todo meu trabalho sobre prontidão defensiva na Câmara, minha solicitação foi atendida".[40] Embora os dois homens fossem extremamente dissimilares em temperamento e estilo, eles partilhavam a devoção total ao trabalho. O Senado constituía toda a existência do senador celibatário; Russell personificava o Senado da mesma maneira que Rayburn personificava a Câmara.

Lyndon Johnson respeitou, amou, serviu e explorou intensamente ambos os mentores. Ele entendia a ansiedade e a solidão que ambos sentiam quando estavam longe do trabalho. "Russell encontrou um lar no Senado", explicou Johnson. "Sem ninguém para preparar suas refeições em casa, ele chegava cedo o suficiente para tomar café da manhã no Capitólio e ficava até tarde o suficiente para jantar do outro lado da rua. Nessas manhãs e noites, eu me assegurei de que sempre havia um companheiro, um senador, que trabalhava tão duro e por tanto tempo quanto ele, e esse homem era eu, Lyndon Johnson. Aos domingos, a Câmara e o Senado estavam vazios, silenciosos e imóveis; as ruas estavam desertas. É um dia difícil para um político, especialmente se, como Russell, ele é solitário. Eu sabia como ele se sentia, porque também contava as horas até que a segunda-feira chegasse novamente e, sabendo disso, eu o convidava para cafés da manhã, almoços ou *brunches* em minha casa, ou apenas para ler os jornais de domingo. Ele era meu mentor e eu queria cuidar dele."[41]

A decisão central que um senador aspirante precisa tomar é como despender seu tempo e seus recursos e determinar que tipo de papel gostaria de desempenhar: porta-voz de questões nacionais, líder regional, especialista em um campo específico. Johnson pretendia garantir um posto de liderança na operação do próprio partido, começando com o reconhecidamente insubstancial cargo de líder-assistente, conhecido como *whip*. Com esforço e sorte, ele poderia passar a líder do partido. A maioria dos senadores no fim da década de 1940 e início da década de 1950 evitava essas posições oficiais, que, dado o poder arraigado do clube interno, eram amplamente simbólicas. Além disso, os demorados esforços para arrebanhar votos mantinham os líderes partidários presos em Washington, vulneráveis à oposição em seus estados natais. Não foi por coincidência que, em 1950, tanto o *whip* quanto o líder da minoria democrata não conseguiram a reeleição.

Agindo com sua usual expedição, Johnson procurou aproveitar a oportunidade e se apresentou como *whip*. Reconhecendo um potencial que outros haviam ignorado, ele implorou extravagantemente para que Russell lhe desse uma posição que chamou de "um dos mais urgentemente desejados objetivos de sua vida".[42] Em 1951, com apoio de Russell, ele se tornou o mais jovem *whip* da história; dois anos depois, quando a posição de líder da minoria ficou vaga em função de outra derrota na reeleição, ele iniciou uma característica e impulsiva campanha e, a despeito da oposição inicial dos liberais, foi eleito por unanimidade.

Em cada posição de liderança obtida até então, Johnson compreendera a importância de ter um início ousado e impactante. Dessa vez, iniciou uma dramática mudança na maneira como as tarefas dos comitês eram distribuídas. Sentindo o crescente ressentimento dos senadores recém-empossados que eram afastados dos comitês importantes pela senioridade, ele persuadiu Russell e seus colegas da coalizão a prometerem a cada novo senador uma posição em ao menos um comitê significativo. Embora isso exigisse modificar ligeiramente a regra de senioridade, Johnson convenceu o círculo interno de que o sistema corrente reprimia talentos jovens e enérgicos que poderiam beneficiar o Senado como um todo. Com essa única mudança, prontamente ganhou a simpatia e a gratidão dos novos senadores, que dali em diante passaram a considerá-lo seu patrono.

Tendo feito progressos para conquistar o apoio dos senadores juniores, ele teve o cuidado de não desrespeitar os seniores. Ao contrário, serviu aos senadores mais velhos como sempre servira aos colegas mais experientes. Ele os auxiliava nos preparativos dos comitês, fornecia sumários concisos sobre as questões e demonstrava aberto e pródigo respeito. Conforme a idade os tornava mais lentos, "eles temiam a humilhação e ansiavam por atenção. E, quando a encontravam, era como um riacho no deserto; sua gratidão só podia ser adequadamente demonstrada com total apoio e dependência de mim. Além disso, sempre gostei da companhia de pessoas mais velhas."[43]

Nos meses após sua eleição como líder do partido, Johnson expandiu exponencialmente sua habilidade de converter tarefas operacionais e procedimentais em fontes de poder genuíno. Intuitivamente, ele compreendera o potencial de funções triviais como mensageiro, porteiro e secretário. De acordo com as regras, o líder do partido era responsável por agendar os projetos de lei para debate. Johnson assumiu a pesada tarefa com alacridade. Se alguém exigisse pronta ação em relação a seu projeto favorito ou quisesse adiar uma votação controversa, ele pedia a ajuda de Johnson. Outra tarefa prosaica que ele transformou em recurso influente foi descoberta em uma brecha nas regras que lhe permitiu transferir a responsabilidade de designar escritórios do Comitê de Regras e Administração do Senado para o líder do partido. Em pouco tempo, uma clara hierarquia das melhores acomodações no novo prédio do Senado pertencia aos aliados de Johnson; aqueles que o antagonizavam eram relegados ao prédio antigo, menor e mais deteriorado.

No cerne de seu sucesso no Senado, todavia, estava sua celebrada habilidade de ler caracteres, de avaliar os desejos, necessidades, esperanças e ambições de cada indivíduo com quem interagia. Se a velocidade de aprendizado de Theodore Roosevelt na legislatura estadual surpreendera as testemunhas, aqueles que observaram Lyndon Johnson em seus primeiros anos no Senado ficaram positivamente aturdidos. Em pouco tempo, ele foi capaz de memorizar toda a instituição, seus membros, suas regras, suas tradições. "Ao lidar com todos aqueles senadores", explicou ele, "os bons e os malucos, os trabalhadores e os preguiçosos, os espertos e os medíocres, você tem de saber duas coisas logo de saída. Você precisa entender as crenças e valores comuns a todos eles como políticos, o desejo por fama e a sede por honrarias, e precisa entender *a* emoção que mais controla aquele senador em particular."[44]

E aquilo que Johnson descobria sobre os colegas, ele jamais esquecia. Com o tempo, foi capaz de criar uma composição mental de cada senador democrata: suas forças e vulnerabilidades; suas aspirações no Senado e talvez além; o quanto podia ser pressionado e por quais meios; o quanto gostava de beber; como se sentia sobre a esposa e família e, ainda mais importante, como se sentia a respeito de si mesmo — que tipo de senador queria ser. Quando os perfis mentais de seus colegas se tornaram mais íntimos e extensos, seus instintos políticos se tornaram quase infalíveis. Conhecer minuciosamente as necessidades e desejos de seus colegas de ambos os lados do corredor permitiu que designasse posições em delegações senatoriais, gratificando o desejo de um senador de viajar para Paris e o de outro de melhorar suas credenciais em política externa ao comparecer a uma Conferência Parlamentar da OTAN. Os senadores acumularam com ele dívidas grandes e pequenas, a serem cobradas futuramente.[45]

Em cada passo de sua busca por poder no Senado, Johnson foi auxiliado pelo que um repórter chamou de "a maior, mais eficiente, mais implacavelmente sobrecarregada e mais leal equipe pessoal da história do Senado".[46] Trabalhar com Johnson nunca era fácil, lembrou George Reedy. Ele podia ser "um líder magnífico e inspirador" em um momento e "um bastardo insuportável" no seguinte. "Ele era cruel, mesmo com pessoas que haviam dado tudo por ele. Ocasionalmente, demonstrava sua gratidão por serviços extraordinários com um presente extravagante — um terno muito caro, um automóvel, joias para as mulheres da equipe", mais tais presentes frequentemente eram o prelúdio de um fluxo adicional de abuso verbal. E, como sempre, esperava-se que os membros da equipe "deixassem tudo para atendê-lo e esquecessem suas vidas privadas em nome de seus interesses".[47] A intervalos regulares, Reedy pensava em pedir demissão, mas então Johnson fazia algo tão "esplêndido" que ele "esquecia suas queixas".[48]

Quando os democratas, por um único voto, conseguiram a maioria na câmara alta em 1955, Lyndon Johnson, de 46 anos, foi eleito o mais jovem líder da maioria na história do Senado.

Com uma aljava cheia de setas — energia incansável, astúcia, determinação inabalável, habilidade política para ligar nomes, pessoas e eventos, ímpeto executivo, arroubos empreendedores e sedutores talentos narrativos — ele chegara ao topo das funções legislativas do Congresso. Os repórteres pintaram o retrato de um supremo mecânico político, capaz de dar partida em um motor parado, mantendo toda a máquina legislativa ronronando sem rancor ou superaquecimento.

Se, finalmente, Lyndon Johnson estava "sentado no topo do mundo",[49] a estrada para chegar até lá cobrara um preço dramático. Em uma entrevista coletiva resumindo seu trabalho no Senado durante a primeira metade do ano, ele "perdeu completamente o controle". Gritou "Vá se ferrar" para um repórter que fez uma pergunta da qual se ressentiu. "Dê o fora daqui."[50] A entrevista coletiva foi interrompida e os correspondentes foram embora estupefatos. Embora membros de sua equipe tivessem testemunhado sua famosa irascibilidade por trás de portas fechadas, ele geralmente fora capaz de controlar seu gênio em eventos públicos.

Atacado por uma estranha letargia, indigestão e um estresse cada vez maior, Johnson finalmente decidiu fazer uma breve pausa do trabalho para passar o fim de semana de Quatro de Julho em Middleburg, na Virgínia, a propriedade rural de seu amigo e benfeitor George Brown. Na viagem de duas horas até Middleburg, "meu peito começou a doer muito",[51] lembrou Johnson, "como se eu tivesse suspendido um caminhão com o macaco, o macaco tivesse escorregado e o caminhão caído sobre meu peito".[52] Felizmente, outro convidado, que já sofrera um infarto do miocárdio, reconheceu os sintomas. "Meu Deus, você está tendo um ataque cardíaco."[53] Uma ambulância transportou Johnson até o Hospital Naval de Bethesda, em Washington, a unidade cardíaca mais próxima. Um amigo de longa data dos Johnson, Posh Oltorf, foi com ele na ambulância. "Foi uma viagem muito agitada, pois ele sentia uma dor desesperadora", lembrou Oltorf. "Acho que ele definitivamente sentiu que havia a possibilidade de morrer antes de chegarmos", mas, durante todo o trajeto, Johnson permaneceu "extremamente corajoso e bravo". "Se seu dedão doesse, ele se queixaria e esperaria muita simpatia. Mas se comportou da maneira oposta em relação àquela situação tão séria".[54]

Lady Bird esperava no hospital, onde ele chegou em choque, entre a vida e a morte. Cada dia que se passava aumentava grandemente suas chances de sobrevivência, mas os médicos disseram à imprensa que o retorno imediato do líder da maioria estava absolutamente fora de questão e que ele não poderia "participar de nenhuma atividade durante meses".[55] Uma manchete da Associated Press trombeteava: "Ataque cardíaco retira Johnson da lista de candidatos à Casa Branca."[56] As fofocas políticas especulavam que o ataque cardíaco não somente pusera fim à possibilidade de ele concorrer à Presidência, como ele também poderia não ser capaz de reassumir a exaustiva posição de líder da maioria. A trajetória ascendente de sua carreira fora interrompida e talvez tivesse chegado ao fim.

Johnson mergulhou em uma depressão tão intensa que parecia que estava de luto pela própria morte. A profundidade de seu abatimento era mensurada pelo esmagador declínio da eminência que conquistara. Tudo que ele prezava estava em risco: suas conquistas presentes e suas ambições futuras. Sua depressão era diferente, em termos de grau, do que se poderia esperar após um ataque cardíaco. "Ele só ficava lá deitado", lembrou Reedy. "Eu sentia que ele não estava lá, que ao meu lado havia uma representação de Johnson, algo mecânico."

"Então, um dia, ele se levantou e gritou para alguém ir até lá e ajudá-lo a fazer a barba e, em questão de minutos, o hospital inteiro começou a se mexer. Ele se apossou do corredor e instalou duas máquinas de escrever, começou a ditar cartas e a funcionar em velocidade total."[57] O que o reanimara de seu estado catatônico? O tônico crucial, como rapidamente ficou claro, não fora administrado pelos médicos ou enfermeiras e nem mesmo pelos cuidados constantes de Lady Bird. O que o animou foi a avalanche de mais de 4 mil cartas de preocupação, condolências e amor. "Ele as leu e releu e leu de novo", lembrou Reedy; "ele se deleitou com aquelas cartas."[58] Finalmente, "as coisas chegaram a um ponto em que não conseguíamos mais levar todas as cartas para seu quarto ou não haveria espaço para ele".[59] As cartas, exultou Johnson, mostravam que "todo mundo ama Lyndon"[60] e acenderam nele a feroz necessidade de corresponder àquele amor. Assim como respondia imediatamente aos eleitores, ele se levantou para responder a cada uma daquelas cartas. Ele precisava se reconectar com aquelas pessoas. Taquígrafos foram instalados na área dos médicos no corredor do hospital, as máquinas de escrever começaram a funcionar sem parar e o décimo sétimo andar se tornou uma colmeia de atividade. As cartas fizeram mais que ocupar seu tempo, entretê-lo ou distraí-lo. Elas o revigoraram tanto quanto uma transfusão vivificante.

―――――――

"O tempo é a coisa mais valiosa que você tem; assegure-se de empregá-lo bem"[61] era um dos adágios favoritos dos Johnson, repetido frequentemente. Agora, todavia, assumia uma urgência maior. Johnson sempre fora um homem excessivo e imoderado. O esforço constante, o metabolismo cronicamente sobrecarregado e a horrível dieta que consistia no que quer que conseguisse consumir nos intervalos de sua agenda maníaca podiam ser fatais. Era necessário refrear hábitos de uma vida inteira. Em seu período de convalescença de seis meses no rancho, uma dieta saudável substituiu os desjejuns de quatro cigarros e café preto e os jantares de bife com batata frita.[62] Ele se exercitava diariamente na recém-construída piscina, bebia menos bourbon, perdeu 18 quilos e tirava sonecas regulares. Tentava caminhar mais lentamente e, de algum modo, acalmar o ritmo excitável de sua fala. Passava mais tempo com a esposa e os filhos e até mesmo começou a se comportar de maneira mais gentil, ou menos exigente, com a equipe.

Para responder aos boatos na imprensa de que poderia não ter a estamina para retornar ao caldeirão político da liderança da maioria, ele iniciou uma campanha para consumo público, tecendo a narrativa de um homem que alterara todo seu modo de vida. Isso incluía uma profunda mudança filosófica expressada de maneira sucinta no artigo para uma revista: "Meu ataque cardíaco me ensinou a viver."[63] Ele retratou a si mesmo como um novo homem levando uma vida diversificada e meditativa, lendo Platão e história americana, ouvindo música clássica e obtendo prazer com o mundo natural de Pedernales, seu rancho e seus animais. Quando repórteres e entrevistadores iam até o rancho, eles o encontravam "deitado em uma rede", com um livro na mão, enquanto "valsas de Strauss flutuavam no ar"[64] — um cenário completo, com fundo musical e acessórios cênicos.

Todavia, por baixo dessa projeção planejada, ocorria uma metamorfose *bona fide*. A morte passara muito perto e, por trás dos cálculos da máquina de relações públicas, ele lutava ferozmente consigo mesmo. Seu amigo New Dealer Jim Rowe lhe enviara uma biografia recentemente publicada de Lincoln que detalhava as profundas mudanças que ele sofrera durante o período de espera no qual ficara fora da política. Aquele era o tempo de espera de Johnson, um momento para encontrar forças e direção.

Quando Lincoln passara por sua profunda depressão, ele se perguntara: e se eu morrer agora? Pelo que serei lembrado? Voltando da "beira da morte",[65] Johnson fez a si mesmo um conjunto similar de perguntas. Ele estabelecera a fundação de uma fortuna substancial, mas a que propósito ela servia? Ele aprendera a manipular a máquina legislativa do Senado com uma habilidade e perícia técnica sem paralelos na história americana. Mas para que fim alguém acumula um poder assim? Independentemente dos títulos impressionantes, o poder sem propósito e sem visão não era o mesmo que liderança.

Em janeiro, quando se aproximou o início das novas sessões do Congresso — a data que os médicos haviam designado para seu retorno a Washington — Johnson fez planos para realizar um grande discurso público que exibiria sua capacidade física e mental para retomar o comando total do Senado. O momento e o local de seu retorno formal aos olhos públicos foram escolhidos: a consagração, no fim de novembro, da represa do lago Whitney no Arsenal da Guarda Nacional na comunidade de Whitney, Texas. Embora a cidade fosse minúscula, o arsenal tinha 5 mil lugares, que o time de divulgação pretendia ocupar com pessoas de todo o estado, tornando "uma questão de honra para todo mundo"[66] demonstrar sua alegria pelo retorno de Lyndon.

Durante todo o mês de novembro, com o auxílio de George Reedy, Johnson trabalhou nervosamente em seu discurso. Embora estivesse totalmente consciente de sua incapacitante inabilidade de fazer um discurso formal efetivo, ele estava determinado a mostrar que "estava de volta à sela",[67] de fato, "Back in the Saddle Again" foi a música escolhida para anunciá-lo. Ainda mais importante, ele decidira usar o discurso como ocasião de se reconsagrar aos valores que o haviam originalmente levado ao serviço público: a ideia de que o governo devia ser usado para ajudar as pessoas que precisavam de ajuda — os pobres, os subescolarizados, os que viviam em moradias precárias, os idosos, os doentes. "Temos de cuidar dessas pessoas", dissera seu pai repetidamente, "é para isso que estamos aqui."[68] Ele retornara da penosa experiência de um ataque cardíaco severo com uma renovada lealdade ao claro conselho do pai, decidido a agir enquanto tinha tempo e oportunidade para isso.

Assim como Franklin Roosevelt ensaiara e treinara obsessivamente antes do discurso na convenção de 1924 que marcaria sua primeira aparição pública desde que fora atingido pela poliomielite, Johnson chamava Reedy "a cada três minutos para mudar 'e' para 'o' ou 'o' para 'e' [...] as coisas mais incrivelmente minuciosas. Tudo tinha de ser datilografado novamente, todas as vezes. Minha pobre secretária datilografou tantas vezes aquele discurso" que "seus dedos ainda estavam voando"[69] quando ela ia para a cama à noite. "Ele reescreveu até mesmo enquanto dirigíamos do rancho até Whitney", lembrou Mary Rather, "e eu tive de datilografar tudo de novo no último minuto."[70]

No discurso, o homem que renegara sua lealdade ao New Deal e amenizara suas visões sobre direitos civis a fim de permanecer viável em um Texas cada vez mais conservador fez um poderoso "chamado às armas", apresentando uma agenda ousadamente progressista que estabelecia uma clara direção para as sessões do Congresso que começariam em breve e marcaria a dimensão nacional de sua liderança pela primeira vez. Ele exigiu seguridade social mais ampla, isenções fiscais progressivas para os grupos de baixa renda, subsídios federais para educação e habitação, uma emenda constitucional para eliminar a capitação, liberalização da imigração, estradas públicas e proteção das águas e, entremeado a essa torrente liberal, um único espinho reacionário: um projeto de lei sobre o gás natural para os conservadores endinheirados do Texas.

Anunciado como "Programa com coração",[71] o discurso mostrou que o Johnson ressurgente defendia uma visão social para além de tudo que o provável candidato democrata à Presidência, Adlai Stevenson, estava propondo. "Eu nunca o vira dominar tão completamente uma plateia",[72] afirmou George Reedy, falando sobre aquele momento elétrico. Em várias ocasiões, a plateia "ficou em pé, aplaudiu, bateu os pés no chão e os punhos nas mesas e assoviou para demonstrar sua aprovação".[73] A compaixão que sentia pelos marginalizados, pelos pouco escolarizados, pelos precariamente abrigados alimentou seu discurso de tal maneira que ele "soava como Josué ordenando que as trombetas fossem soadas em Jericó". Quando terminou o texto preparado de antemão, ele se afastou da tribuna e, com renovada confiança, falou à plateia de improviso. "As pessoas saíram de lá zonzas", disse Reedy, chocadas com "a quantidade de emoção e fogo que ele colocou no discurso".[74]

Como todos os correspondentes nacionais estavam presentes para cobrir a primeira aparição pública do líder da maioria, suas palavras tiveram muita repercussão. Naquele único discurso, ele rolara os dados e seu ataque emocional "afetara cada jornalista presente".[75] O ícone liberal Hubert Humphrey declarou: "Doze *home runs* e um *strike out*; uma excelente média de rebatidas."[76] Humphrey notou especialmente o pedido de eliminação da capitação, que "finalmente significaria algum progresso" na luta pelos direitos civis. Com a passional convicção de seu discurso, Johnson demonstrara não somente sua capacidade física de liderar como também a profunda determinação de mover seu estado e o país em uma direção mais progressista.

Com renovado propósito, o filho pródigo do New Deal retornara.

Lyndon Johnson acabara de assumir sua posição como líder da maioria do Senado, em janeiro de 1957, quando se comprometeu com a aprovação de um projeto de lei sobre os direitos civis.[77] Durante 82 anos, desde a aprovação da Lei de Execução em 1875, embora várias medidas tivessem passado pela Câmara, o bloco sulista do Senado usara o obstrucionismo para manter a porta firmemente fechada contra qualquer projeto de lei de direitos civis.

Uma sequência de eventos pedia urgentemente por ação legislativa. A decisão de 1954 da Suprema Corte *Brown v. Conselho de Educação*, proibindo a segregação racial em escolas públicas, estimulara o movimento de direitos civis, incitara uma reação violenta no sul e levara a administração Eisenhower a enviar para o Congresso um projeto de lei que expandia a autoridade federal para proteger uma ampla variedade de direitos civis dos cidadãos negros, incluindo o direito de votar. Aprovado pela Câmara no ano anterior, o projeto chegara à mesa de Johnson no início de janeiro. A despeito do longo registro histórico de fracasso, ele disse aos amigos que, antes que o verão terminasse, faria com que o projeto da lei de direitos civis atravessasse o Senado com segurança pela primeira vez em mais de três quartos de século.

Enquanto apreciava o projeto de lei republicano inicial aprovado pela Câmara, Johnson entendeu imediatamente que, da maneira como estava escrito (como qualquer outro projeto enviado para o Senado nas últimas décadas), ele jamais teria uma chance. De acordo com testemunhas, Johnson "riscou duas vezes uma seção e fez certas alterações em outras", antes de predizer: "É assim que vai ficar no final!"[78]

Ele compreendeu já de saída que o enredo tinha de se desdobrar em três atos.

No Primeiro Ato, ele tinha de convencer Richard Russell, seu mentor e líder do bloco sulista, de que o obstrucionismo obteria uma vitória de Pirro para o sul. O ímpeto crescente do movimento de direitos civis sugeria que era apenas uma questão de tempo até que dois terços pudessem ser obtidos para garantir o encerramento do debate e então "não haverá como impedir todo tipo de legislação desenfreada".[79] Além disso, uma tentativa bem-sucedida de matar o projeto de lei poderia mergulhar o Senado na paralisia e impedir a ação em relação ao problema mais fundamental do sul: a estagnação econômica. Se aceitasse a inevitabilidade do pequeno e incremental progresso dos direitos civis, o sul poderia se tornar uma das regiões mais prósperas do país. Caso se recusasse a seguir adiante, permaneceria economicamente estagnado.

Ele prometeu a Russell que removeria qualquer menção a integração social ou econômica, limitando o projeto de lei unicamente à proteção do direito ao voto. Ele jurou remover a parte que dava ao presidente poder para enviar tropas federais ao sul para impor as provisões do projeto. E que trabalharia para garantir um julgamento com júri para qualquer sulista acusado de violar os direitos dos negros, um estratagema que favoreceria intensamente o acusado. Por um tempo, Russell concordou em aguardar e deixar o debate prosseguir, sabendo que, se Johnson falhasse em cumprir suas promessas, teria início o obstrucionismo.

O Segundo Ato incluía os estados montanhosos do oeste, onde uma minúscula população negra exercia leve influência. Embora a maioria desses senadores apoiasse os direitos civis, eles tinham menos a perder que seus colegas do norte ao caminharem na direção de um compromisso.

Era naquela região que Johnson esperava encontrar apoiadores para as emendas necessárias para remodelar o projeto de lei. E, para esse objetivo, estava disposto a barganhar. Durante quase uma década, os democratas do oeste tentavam conseguir apoio governamental para uma represa em Hells Canyon, perto da fronteira Idaho-Oregon, que forneceria energia pública de baixo custo para toda a região. A administração Eisenhower e seus aliados conservadores no sul haviam se oposto ao projeto de lei, afirmando que a indústria privada deveria financiar a represa e controlar as taxas. Em um acordo declaradamente político, Johnson persuadiu os sulistas a votarem em favor da represa de Hells Canyon se os senadores dos estados montanhosos trabalhassem com ele para excluir as provisões mais objetáveis do projeto de lei de direitos civis à espera de aprovação.

Johnson passava o tempo todo no vestiário e no salão principal, movendo-se de um grupo de senadores para outro, corrigindo, apaziguando, suavizando declarações extremas, impedindo que houvesse conflitos irreconciliáveis e assegurando que as barganhas feitas estavam sendo mantidas. Assim que o projeto de lei para a represa de Hells Canyon foi aprovado, os senadores dos estados montanhosos, para surpresa de seus colegas do norte, assumiram o centro do palco no debate sobre os direitos civis. O senador Clinton Anderson, de Wyoming, pediu a palavra para sugerir uma emenda que limitava o projeto de lei ao direito de votar e removia o poder presidencial de enviar tropas federais para impor suas provisões. "Quero ver uma lei de direitos civis aprovada pelo Senado", disse Anderson. "Essa pode ser a última chance clara que o Senado terá em muito tempo."[80]

No momento em que Anderson sugeriu essa emenda, o sempre-vigilante líder da maioria soube que obtivera a coalização necessária. Ele imediatamente iniciou a votação e a emenda foi aprovada. Alguns dias depois, um senador novato de Wyoming, Joseph O'Mahoney, e Frank Church, de Idaho, pediram a palavra para introduzir uma emenda fornecendo aos réus acusados de violar o acesso ao voto o direito a um julgamento por júri. Com a aprovação da emenda adicional, Johnson tinha o único projeto de lei com uma chance de unir as três regiões do país.

Ainda havia o Terceiro Ato: o desafio de persuadir os senadores do norte de que um projeto de lei admitidamente diluído era preferível a nenhum. De fato, afirmara o *New York Times* em seu editorial, "pelos padrões de todos aqueles que esperavam uma ação federal conclusiva para impor toda a extensão dos direitos civis", o projeto de lei era "fraco". Mesmo assim, era "o início de um processo curativo em uma antiga ferida nacional."[81] Ninguém entendeu mais claramente que Johnson que o projeto de lei era somente um passo preliminar, mas que tratar, por mais moderadamente que fosse, do direito ao voto era necessário e vital. Falando ao Senado, ele afirmou: "Um homem com um voto tem seu destino em suas mãos."[82] Embora as pessoas comentassem quão relevante era o projeto de lei, Johnson sabia que sua aprovação era mais importante que seu conteúdo. "Mostramos que podemos fazer isso", disse ele. "Faremos novamente em alguns anos."[83]

Em 9 de setembro, entrou em vigor a Lei de Direitos Civis de 1957, quase precisamente na forma que Johnson previra sete meses antes. A marca impressa naquele projeto de lei era a de LBJ. Fora LBJ, comentaram os jornais, quem costurara uma improvável coalizão de senadores do oeste e do leste, democratas liberais e republicanos conservadores. Fora LBJ quem convencera o Senado a aprovar o projeto "sem a sangria democrata que se esperava",[84] moldando um compromisso que persuadira cinco senadores sulistas moderados "a deixarem voluntariamente a Confederação"[85] para votar com os colegas do norte e do oeste. Fora LBJ quem abrira a porta da legislatura para os negros americanos pela primeira vez desde a época da guerra civil.

Os jornais de todo o país consideraram a aprovação do projeto de lei "o momento mais dramático"[86] da carreira de Lyndon Johnson, um testemunho da concordância generalizada de que ele se tornara o mais poderoso líder da maioria da história do Senado. "O Partido Democrata devia a Johnson a indicação [presidencial]", declarou o senador por Massachusetts John F. Kennedy no ano seguinte. "Ele a merecia. Ele quer as mesmas coisas para o país que eu. Mas está próximo demais de Appomattox."[87] O ex-candidato presidencial Adlai Stevenson concordou com ambas as afirmações, julgando Johnson "o mais qualificado democrata para a Presidência do ponto de vista do desempenho e da habilidade, mas possuidor de uma grande fraqueza: ele era sulista."[88]

Vinte anos antes, quando Franklin Roosevelt colocara os olhos em Lyndon Johnson pela primeira vez, ele vira no esguio e loquaz congressista o estofo de um futuro presidente. Mas, com sua presciência política, Roosevelt também entendera que primeiro "a balança do poder" precisava "pender para o sul e para o oeste".[89] Essa mudança necessária ainda não ocorrera totalmente quando os democratas se reuniram em meados de julho de 1960. Eles escolheram John F. Kennedy como seu candidato à Presidência.

Em um astuto ato de cálculo político, Kennedy ofereceu o segundo cargo a Lyndon Johnson. Para surpresa de muitos, Johnson aceitou. Por que, perguntavam-se eles, Johnson abriria mão de uma posição extremamente poderosa como líder da maioria para aceitar uma posição historicamente insignificante, uma armadilha para o talento e a ambição, e concordaria em trabalhar como subordinado de um homem que afirmara jamais ter dito "uma palavra importante no Senado"?[90] A resposta está nas múltiplas ocasiões, durante sua carreira, nas quais Johnson fora capaz de minerar riquezas não vistas por outros em posições ignoradas e pouco promissoras.

O fato de ele não ter conseguido transformar a vice-presidência em posição de significativo poder não se deveu à falta de tentativa. Imediatamente após a vitória de Kennedy (tornada possível pela vitória democrática no Texas), Johnson criou uma proposta radical para ampliar o escopo da vice-presidência. Quando os democratas do Senado se reuniram para o cáucus em janeiro, o novo líder da maioria, Mike Mansfield, apresentou uma moção para transformar o vice-presidente do país em presidente da Conferência Democrata, o que o tornaria o líder de todas as reuniões formais dos democratas no Senado. Embora uma substancial maioria de 46 senadores tenha votado sim, 17 votaram não, argumentando que a moção interferia com a divisão constitucional dos poderes. Interpretando a votação como severa rejeição pessoal, Johnson disse a Mansfield para abandonar a moção, perdendo qualquer esperança de liderar o Congresso da cadeira da vice-presidência. Na verdade, Johnson ficou tão magoado que, daquele dia em diante, retirou-se do Capitólio e se absteve de participar ativamente das estratégias legislativas, a arena na qual o presidente mais precisava de sua ajuda.

"Um vice-presidente geralmente é como um touro castrado no Texas", opinou Johnson. "Ele perdeu sua posição na sociedade em que reside."[91]

Com insuficientes válvulas de escape para sua energia, privado do centro do palco, ele caiu em profunda depressão, encontrando gratificação temporária somente em seu trabalho como presidente do Comitê Presidencial de Oportunidades Iguais de Emprego, criado para eliminar a discriminação racial na contratação pelo governo federal e pelas empresas com contratos federais. Nas reuniões sobre direitos civis, Johnson voltava à vida, falando em um tom "evangélico" que, segundo o historiador Arthur Schlesinger, era "extremamente efetivo", mais que "o do presidente ou o do procurador-geral".[92] Em contraste, em reuniões sobre outros assuntos, Johnson era tão silencioso e recluso que "quase parecia uma presença espectral".[93]

Como Theodore Roosevelt, Johnson descobriu que simplesmente não fora "feito para ser vice-presidente".[94] Ele também se sentia desorientado, diminuído, despojado do tipo de trabalho significativo que justificava sua existência. Os aspectos cerimoniais do cargo — "viagens pelo mundo, motoristas, homens prestando continência, pessoas aplaudindo" — "nada" significavam. Ele "detestava cada minuto".[95] Ao passo que Theodore Roosevelt pensara em estudar direito, fazer qualquer coisa para aliviar o tédio do cargo subordinado, Lyndon Johnson não conseguia imaginar outra vida. "Ele sentia", lembrou um amigo, "que chegara ao fim da estrada política."[96]

Dificilmente se poderia encontrar dois homens mais dinâmicos, "motores de calças"[97] gêmeos, para sofrer mais loquazmente as constrições estruturais impostas pela vice-presidência. Então, para ambos, a cela da vice-presidência foi violentamente aberta. O presidente William McKinley se movia na direção da fila de recepção na Feira Mundial quando o revólver de um anarquista, escondido sob um lenço, disparou contra ele; e a limusine preta de Kennedy dobrou a esquina do depósito de livros escolares do Texas na praça Dealey.

PARTE III

O LÍDER E OS TEMPOS: COMO ELES LIDERARAM

LIDERANÇA TRANSFORMACIONAL

Abraham Lincoln e a Proclamação de Emancipação

Quando Abraham Lincoln assumiu a Presidência em 4 de março de 1861, a casa não estava meramente dividida; a casa estava em chamas. Nos quatro meses entre a eleição e a posse, sete estados sulistas haviam aprovado resoluções para se separar da União. Em uma reunião em Montgomery, Alabama, representantes desses sete estados haviam formado um novo governo, com uma nova constituição, selecionando o ex-senador pelo Mississippi Jefferson Davis como presidente provisório dos Estados Confederados da América. Entrementes, um rancor crescente ameaçava destruir o Partido Republicano. De um lado, ficavam os conciliadores, convencidos de que, com os compromissos certos, os estados escravagistas remanescentes poderiam ser mantidos na União; do outro, ficavam os linha-dura, que acreditavam que o compromisso agitaria ainda mais o recalcitrante sul.

Desde o início, Lincoln identificou corretamente toda a gravidade do desafio que a secessão representava para a existência da vida do povo de seu país, suas experiências partilhadas, suas memórias e seu papel como centelha de esperança para o mundo em geral. "Acho que a ideia central nesse conflito é a necessidade de provarmos que o governo popular não é um despropósito", disse ele a seu secretário John Hay. "Precisamos decidir se, em um governo livre, a minoria possui o direito de romper com o governo sempre que escolher. Se falharmos, isso praticamente provará a incapacidade das pessoas de governarem a si mesmas."[1]

Para dar conta do terrível fardo que tinha pela frente, Lincoln montou o gabinete mais incomum da história americana, representando cada facção do novo Partido Republicano: antigos whigs, membros do Solo Livre e democratas antiescravagistas, uma combinação de conservadores, moderados e radicais, de linha-dura e conciliação. "Senti imediatamente que precisava do apoio de outros", comentou ele mais tarde, "para partilharem o fardo comigo."[2] Ao passo que o presidente James Buchanan deliberadamente escolhera homens de mentalidade parecida, aderentes que não questionariam sua autoridade, Lincoln criou uma equipe de homens independentes e determinados, todos mais experientes na vida pública, mais estudados e mais celebrados que ele. Nas três principais posições, o Departamento de Estado, o Tesouro e o Departamento de Justiça, ele colocou seus três principais rivais — William Seward, Salmon Chase e Edward Bates —, cada um dos quais achava que merecia ser presidente, e não aquele *prairie lawyer* de Illinois.

Quando lhe perguntaram por que estava fazendo aquilo, a resposta de Lincoln foi simples: o país estava em perigo. Aqueles eram os homens mais fortes e capazes do país. Ele precisava deles a seu lado. Além disso, tinha suficiente confiança em sua liderança para ser capaz de unir aquele grupo contencioso, pessoalmente ambicioso e talentoso, mas potencialmente disfuncional, e transformá-lo em uma família administrativa com lealdade à União inquestionável.

Quando o presidente iniciou sua jornada de Illinois para a capital da nação, ele se despediu dos amigos reunidos na estação ferroviária: "Ninguém que não esteja em minha situação pode apreciar o sentimento de tristeza dessa partida", disse ele. "Parto agora sem saber quando ou se retornarei."[3] Mais tarde, considerando os desafios e tensões que suportara naquelas primeiras semanas no cargo, ele confessou a um amigo: "Eles foram tão grandes que, se eu os tivesse antecipado, não teria acreditado ser possível sobreviver a eles."[4]

A vida que Lincoln levara, uma vida marcada pela luta contínua, forneceu a melhor preparação para os desafios enfrentados pelo país. Seu temperamento estava marcado pela melancolia, mas não pelo pessimismo, e era iluminado pela força de vontade. Ele possuía integridade e humildade profundamente arraigadas e combinadas com uma confiança crescente em sua capacidade de liderar. Acima de tudo, ele tinha uma mente fortalecida pelo fracasso, uma mente capaz de transformar o imenso sofrimento à frente em uma narrativa que forneceria direção, propósito e duradoura inspiração.

Nenhum episódio revela mais claramente a química única entre essa configuração particular de liderança e seu contexto histórico específico que a revelação e subsequente implementação da Proclamação de Emancipação por Abraham Lincoln.

Em 22 de julho de 1862, Abraham Lincoln convocou uma reunião especial de seu gabinete para revelar — não debater — seu esboço preliminar da Proclamação de Emancipação. Ele entendia que havia "diferenças no gabinete sobre a questão da escravidão" e afirmou que estava aberto a sugestões após a leitura confidencial. Desde o início, no entanto, "desejava que se entendesse que a questão estava decidida em sua mente" e que "a responsabilidade pela medida era dele".[5] Chegara o momento de agir com ousadia.

O que permitiu que determinasse que aquele era o momento certo para essa transformação fundamental na maneira como era lutada a guerra e pelo que a União estava lutando? E como conseguiu persuadir seu rebelde gabinete, o Exército e seus divididos compatriotas do norte a seguirem com ele?

Reconheça quando políticas fracassadas exigirem mudança de direção.

Na última semana de junho de 1862, o exército do Potomac, do general George B. McClellan, sofreu uma derrota esmagadora em seu primeiro grande ataque. Em uma série de batalhas brutais, as forças do general Robert E. Lee repeliram o avanço de McClellan sobre a península para atacar a capital confederada em Richmond, forçando o exército da União a recuar, dizimando suas fileiras e deixando quase 16 mil homens mortos, capturados ou feridos. Em certo momento, a capitulação de toda a força de McClellan pareceu uma possibilidade. O moral do norte estava no nadir, ainda mais baixo que após Bull Run. "Estamos no fundo do poço agora", admitiu o executivo nova-iorquino George Templeton Strong, "tomados de desgosto, saturados de pensamentos sombrios."[6]

"As coisas iam de mal a pior", afirmou Lincoln, falando daquele verão, "até que senti que havíamos esgotado as possibilidades de nosso plano de operações, havíamos jogado nossa última cartada e precisávamos modificar nossas táticas."[7]

Reúna informações em primeira mão, faça perguntas.

Assim que o estropiado exército da União chegou a Harrison's Landing, no rio James, Lincoln decidiu visitar as tropas, para confortar os feridos, conversar com eles em pequenos grupos, reanimar seu moral e fortalecer seu próprio espírito. O efeito estimulante da visita inesperada do presidente sobre os debilitados regimentos foi instantâneo.

Igualmente importante, a acessibilidade de Lincoln em relação a seus soldados lhe deu a chance de reunir informações e fazer perguntas — questões e observações que levaram a uma importante revisão de seus pensamentos sobre o papel da escravidão na guerra. Desde o início do conflito, Lincoln enfatizara que o norte lutava unicamente para preservar a União, não para interferir com a escravidão. Embora, como vimos, há muito desprezasse a escravidão, ele se sentia compelido a calar sua repulsa em deferência tanto ao sentimento público em relação à primazia de restaurar a União quanto às disposições da constituição, que protegiam a instituição da escravidão nos estados onde já existia.

Através de conversas em primeira mão com comandantes e soldados no acampamento, todavia, Lincoln percebeu um elo fortalecedor entre a escravidão e o esforço de guerra confederado. Os escravos cavavam trincheiras e construíam fortificações para o exército confederado. Trabalhavam como motoristas, cozinheiros, garçons e atendentes de hospital. No front doméstico, aravam campos, cultivavam grãos e colhiam algodão. O trabalho escravo mantinha fazendas e plantações em operação. A labuta dos escravos liberava os soldados confederados para lutar.[8] "Os escravos", compreendeu Lincoln, "inegavelmente foram um elemento de força para aqueles que possuíam seus serviços, e precisamos decidir se esse elemento deve estar conosco ou contra nós."[9] Se os rebeldes fossem privados de seus escravos, o acossado norte ganharia uma vantagem militar desesperadamente necessária.

Encontre tempo e espaço para pensar.

Ao começar a analisar o cenário cada vez mais sombrio da guerra e considerar uma nova estratégia em relação à escravidão, Lincoln precisava de tempo para refletir sobre a constitucionalidade e as ramificações de uma ordem de emancipação. No entanto, em meio às centenas de visitantes e solicitantes de cargos que adentravam a Casa Branca assim que as portas eram abertas pela manhã, ele mal tinha tempo para relaxar, quem dirá para contemplar as complexidades da questão. Para onde quer que se movesse, "ele literalmente precisava atravessar um corredor polonês",[10] passando pelas multidões nos corredores e nas escadas que levavam até seu escritório no segundo andar.

Naquele verão crucial, ele encontrou refúgio em Soldiers' Home, um complexo de 120 hectares nas montanhas, 5 quilômetros ao norte da cidade. No interior do complexo governamental, que incluía um prédio principal que podia acomodar 150 veteranos feridos, uma enfermaria e um salão de jantar, havia várias residências menores, incluindo um chalé de tijolos de dois andares onde ele e a família se instalaram entre junho e meados de outubro. Levantando-se antes das 7 horas, Lincoln cavalgava até a Casa Branca, retornando ao chalé à noite, quando as brisas refrescantes traziam alívio para o calor opressivo e o tumulto de Washington.[11]

Soldiers' Home lhe forneceu santuário. Lá, lembrou Lincoln, ele foi capaz de pensar cuidadosa e "intensamente sobre a gravidade, a importância e a delicadeza"[12] da questão da escravidão. Desde o primeiro tiro em Fort Sumter, duas questões — a legal/constitucional e a moral — estavam em conflito. No cenário tranquilo de Soldiers' Home, ele finalmente foi capaz de superar a distância entre a proteção constitucional e a abominação moral da escravidão.

A piora no contexto da guerra, que ameaçava a sobrevivência da União e da própria constituição, forneceu uma resolução aceitável para o dilema.

Dadas as muitas vantagens que os escravos forneciam à Confederação, uma ordem executiva que os libertava poderia ser considerada "uma necessidade militar absolutamente essencial para a salvação da União".[13] Assim, a emancipação dos escravos, "de outro modo inconstitucional",[14] tornava-se uma ação legal. A proteção constitucional da escravidão podia ser revogada pelos poderes de guerra constitucionalmente concedidos ao comandante em chefe. Desse modo, Abraham Lincoln foi capaz de chegar à decisão que definiria tanto sua Presidência quanto seu lugar na história.

Mesmo assim, ele detestava a ideia de usar "a arma da emancipação"[15] como decreto militar unilateral. Um quarto de século antes, ele prevenira a plateia no Liceu contra homens como Alexandre, César ou Napoleão, que exploravam épocas de caos para impor a ordem a partir de cima. Ele se incomodava com a ironia de que salvar a União exigiria a suspensão de uma lei constitucional sobre a qual a União fora fundada. Rescindir sua promessa inaugural de não interferir com a escravidão com um abrangente decreto executivo era um recurso a ser empregado somente se todas as outras opções falhassem.

Recorra a todas as possibilidades de compromisso antes de impor o poder executivo unilateral.

Quatro meses antes, Lincoln enviara uma mensagem ao Congresso pedindo apoio federal para quatro estados fronteiriços leais — Missouri, Kentucky, Delaware e Maryland —, caso eles estivessem dispostos a adotar um plano para a abolição gradual da escravidão. Em troca da libertação voluntária de seus escravos, os proprietários seriam compensados com um preço médio de 400 dólares por cabeça. Lincoln estava convicto de que nada encerraria a guerra mais rapidamente que a emancipação compensada. Se os rebeldes fossem privados da esperança de que os estados fronteiriços se unissem à Confederação, eles perderiam ímpeto. O plano dependia da aprovação das legislaturas estaduais. Lincoln apelou diretamente aos cidadãos daqueles estados: "Vocês não podem estar cegos para os sinais dos tempos e eu peço que os considerem de maneira calma e ampla, por mais vastos que sejam, bem acima da política pessoal e partidária. A proposta transforma um objeto comum em causa comum, sem lançar reprovação sobre ninguém [...]. A mudança que contempla ocorreria de modo gentil como o orvalho, sem romper nem destruir nada. Vocês não estariam dispostos a adotá-la?"[16] O apelo ao Congresso fracassara em razão das mudanças abrangentes e disruptivas que atingiriam um sistema econômico e social que dependia da escravidão.

Após o desastre na península, Lincoln convocou uma reunião com 28 representantes e senadores dos estados fronteiriços para renovar a oferta de compensação. Para seu grande desânimo, eles recusaram novamente, argumentando que a "emancipação em qualquer forma"[17] avivaria o espírito de secessão nos estados fronteiriços leais e consolidaria ainda mais o espírito de rebelião nos estados separados, prolongando, e não encurtando, a guerra.

"Sou um homem paciente", disse Lincoln a um membro do grupo, "mas é preciso que se entenda, de uma vez por todas, que não me renderei nesse jogo enquanto tiver alguma carta disponível para jogar."[18] A carta final foi revelada no primeiro esboço da Proclamação de Emancipação.

Essa era a situação em 22 de julho de 1862, quando o presidente reuniu o gabinete para ler a proclamação. Como descrito na famosa pintura da ocasião feita por Francis Carpenter, Lincoln está sentado no centro. Os radicais — Edwin Stanton e Salmon Chase — estão à direita. Os conservadores — Caleb Smith, Montgomery Blair e Edward Bates — estão agrupados à esquerda. Os moderados — Gideon Welles e, sentado ao fundo, William Henry Seward — cercam Lincoln, que é apresentado no núcleo e fulcro da composição. Mapas de campos de batalha e livros estão por toda parte: apoiados contra as paredes, espalhados pelo piso, enrolados em prateleiras. O objetivo do jovem artista era dar fama duradoura "àquele grupo de homens sobre os quais os olhos do mundo se centravam como nunca antes".[19]

Houve silêncio quando o presidente retirou do bolso e desdobrou duas folhas pautadas de papel almaço, ajustou os óculos sobre o nariz e começou a ler o que equivalia a um sumário legal da emancipação. Ele enumerou as várias leis do Congresso relacionadas ao confisco de propriedade dos rebeldes, repetiu sua recomendação de emancipação compensada e reiterou seu propósito de preservar a União. E então chegou à frase que mudaria o curso da história:

Como medida militar adequada e necessária para atingir esse objetivo [preservar a União], eu, como comandante em chefe do Exército e da Marinha dos Estados Unidos, ordeno e declaro que, no primeiro dia de janeiro do ano de Nosso Senhor 1863, todas as pessoas mantidas como escravas, em qualquer estado ou estados nos quais a autoridade constitucional dos Estados Unidos não seja então reconhecida, obedecida e mantida na prática, desde então e para sempre sejam libertadas.[20]

Ao estabelecer a data efetiva da proclamação para dali quase seis meses, Lincoln ofereceu aos estados rebeldes uma última chance de pôr fim à guerra e retornar à União antes de perder definitivamente seus escravos. Em um momento no qual se poderia esperar uma linguagem elevada, à altura do ponto de virada histórico na narrativa da nação, Lincoln empregou um estilo prosaico, notável por sua precisão, desprovido de uma única centelha de linguagem figurativa ou poética. Em vão procuramos uma frase empolgante, um endosso moral da emancipação — sem levar em conta que a Proclamação de Emancipação não era de modo algum um discurso, mas uma peça processual, um documento sujeito a futuros exames e pareceres dos tribunais. Além disso, ninguém sabia melhor que Lincoln que as palavras têm consequências. Em um mundo repleto de estopins, ele estava determinado a refrear seus talentos oratórios a fim de alcançar todas as facções e não criar uma única faísca que pudesse gerar uma conflagração evitável.

Linguagem contida à parte, o escopo da proclamação era formidável. Pela primeira vez, o presidente atrelara União e escravidão em uma única e transformadora força moral. Ele prometera liberdade a cerca de 3,5 milhões de negros sulistas, que eram escravos há gerações. Oitenta palavras em uma frase suplantariam a legislação sobre direitos de propriedade e escravidão que governava a política da Câmara e do Senado há quase três quartos de século. Para confusão de alguns, a ordem executiva não cobria o quase meio milhão de escravos nos estados fronteiriços leais. Como esses estados não haviam se unido à insurreição, os poderes de guerra do presidente não podiam ser usados para libertar seus escravos. Todavia, embora a emancipação não representasse uma ameaça imediata aos estados fronteiriços, ela escondia o aviso de um mandado legal iminente se, no futuro, eles escolhessem se unir à Confederação rebelde.

Antecipe pontos de vista antagônicos.

Embora Lincoln tivesse avisado que sua decisão já fora tomada antes de ler a proclamação, ele foi receptivo às reações do gabinete, tanto as favoráveis quanto as contrárias. Ele conhecia tão claramente cada um dos membros e antecipara tão totalmente suas respostas que estava preparado para rebater quaisquer objeções que pudessem apresentar. Ele deliberadamente montara uma equipe de homens que representavam as maiores facções geográficas, políticas e ideológicas da União. Durante meses, ouvira atentamente enquanto eles discutiam entre si a melhor maneira de preservar essa União. Em várias ocasiões, diversos membros o haviam atacado por ser radical demais, conservador demais, desavergonhadamente ditatorial ou perigosamente displicente. Ele fora receptivo à ampla variedade de opiniões que eles forneciam enquanto analisava a questão em sua mente, defendendo "primeiro um lado e então o outro de cada questão que surgia",[21] até que, através do rigoroso trabalho mental, emergiu sua própria posição. Esse processo de tomada de decisão, nascido de sua característica habilidade de analisar ao mesmo tempo um carrossel inteiro de perspectivas, parecia a alguns dolorosamente lento, mas, quando ele finalmente chegou à determinação de agir, já não era uma questão de O QUE, somente de QUANDO.

Como aparadores de livros em extremidades opostas da sala do conselho, o secretário de Guerra Edwin Stanton e o procurador-geral Edward Bates — o mais radical e o mais conservador da família de Lincoln — foram os únicos a expressar forte apoio à proclamação. O fato de Stanton recomendar sua "promulgação imediata"[22] era compreensível. Mais intimamente consciente do que qualquer um de seus colegas sobre a condição do pressionado Exército, ele compreendeu instantaneamente o maciço estímulo militar conferido pela emancipação. Quanto ao constitucionalista Bates, embora retratado por Carpenter em uma pose de resistência, distanciando-se da leitura de Lincoln através dos braços cruzados e da expressão fixa, ele inesperada e sinceramente concordou, embora com a condição de que fosse criado um plano de conduta para todos os negros emancipados.

O secretário da Marinha Gideon Welles, usando peruca encaracolada, manteve-se em silêncio, mais tarde admitindo que "a magnitude" da proclamação, seus "resultados incertos", sua "solenidade e peso"[23] o haviam oprimido intensamente. Não somente ela parecia "um exercício extremo dos poderes de guerra"[24] como ele temia que "o desespero dos donos de escravos"[25] prolongasse a guerra e levasse o conflito a novos níveis de ferocidade. Em pé atrás de Welles, o secretário do Interior Caleb Smith, um whig conservador de Indiana, também permaneceu em silêncio, embora mais tarde confidenciasse ao secretário-assistente que, se Lincoln realmente implementasse a proclamação, ele se demitiria sumariamente, "voltaria para casa e atacaria a administração".[26]

Montgomery Blair, o diretor geral dos serviços postais, que chegara mais tarde, opôs-se vigorosamente à proclamação. Porta-voz dos estados fronteiriços (ele praticara direito em Missouri antes de se mudar para Maryland), ele previu que a emancipação empurraria os apoiadores da União naqueles estados para o lado dos secessionistas. Além disso, causaria tanto ultraje entre os conservadores do norte que os republicanos perderiam as eleições de outono. Lincoln considerara cada aspecto dessas objeções, mas concluíra que a importância da questão da escravidão excedia em muito a política partidária. Ele lembrou a Blair seus múltiplos e persistentes esforços para chegar a um compromisso. No entanto, concordou de bom grado que Blair apresentasse objeções por escrito.[27]

Que Salmon Chase, o mais ardente abolicionista do gabinete, repelisse a iniciativa do presidente era perturbador. "Ela ia muito além de tudo que eu recomendara", admitiu Chase, mas ele temia que a emancipação total levasse ao "massacre, por um lado, e ao apoio à insurreição, por outro".[28] Era muito melhor lidar com a perigosa questão aos poucos, da maneira incremental que o general David Hunter empregara mais cedo naquela primavera, quando emitira uma ordem libertando os escravos nos territórios sob seu comando, que incluíam a Carolina do Sul, a Geórgia e a Flórida. Embora Chase e seus colegas abolicionistas tivessem feito imensa pressão quando Lincoln anulara sumariamente a ordem de Hunter, Lincoln se mantivera firme: "Nenhum general comandante deve fazer tal coisa, cuja responsabilidade é minha",[29] dissera ele. Ele não se "sentiria justificado" em deixar uma questão tão complexa "a critério dos comandantes em campo".[30]

Uma política abrangente era precisamente o que a liderança executiva exigia. O secretário de Estado Seward tinha uma perspectiva internacionalista e, consequentemente, preocupações transatlânticas. Se a proclamação provocasse uma guerra racial que interrompesse a produção de algodão, as classes dirigentes na Inglaterra e na França, dependentes do algodão americano para suprir suas fábricas de tecidos, poderiam intervir em favor da Confederação. Lincoln também pesara a força desse argumento, mas acreditava que as massas na Inglaterra e na França, que anteriormente haviam pressionado seus governos a abolir a escravidão, jamais seriam manobradas a fim de apoiar a Confederação uma vez que a União se comprometesse verdadeiramente com a emancipação.

A despeito da cacofonia de ideias e das vozes discordantes, Lincoln permaneceu convicto de seu curso de ação. Antes de a reunião chegar ao fim, Seward mencionou a sensível questão do timing. "A depressão da mente pública, consequência de nossos repetidos revezes, é tão grande", argumentou ele, que a proclamação poderia ser vista como "nosso último guincho durante a retirada".[31] Era muito preferível esperar "até que a águia da vitória alce voo" e então "pendurar sua proclamação no pescoço dela".[32]

"Era um aspecto do caso que, em todas as minhas reflexões sobre o assunto, eu ignorara completamente", disse Lincoln a Carpenter mais tarde. "O resultado foi que deixei o rascunho da proclamação de lado, como se faz com o esboço de uma pintura, esperando por uma vitória. De tempos em tempos, eu acrescentava ou mudava uma linha, retocando aqui e ali, observando ansiosamente o desenrolar dos eventos."[33]

Durante dois meses, Lincoln nada fez, esperando receber dos campos de batalha a notícia de que a "águia da vitória" alçara voo. Finalmente, a maré virou, com a retirada do exército de Lee de Maryland e da Pensilvânia. A batalha de Antietam, com 23 mil mortos, foi "o mais sangrento combate da história americana".[34] A imensa carnificina deixou ambos os lados em paralisado estupor. Esse pesadelo não foi a vitória retumbante que Lincoln esperara e pela qual rezara, mas se provou suficiente para colocar seu plano em ação. Assim que notícias sobre Antietam chegaram a Soldiers' Home, ele revisou o esboço preliminar da Proclamação de Emancipação e, somente cinco dias após a "vitória", convocou novamente o gabinete para uma reunião na segunda-feira, 22 de setembro.

A tensão na sala não poderia ser maior, mas, inexplicavelmente e para grande desaprovação do soturno Stanton, Lincoln começou com uma piada de Artemus Ward, uma história ridícula sobre como uma imagem de cera de Judas fora retirada de um diorama da Última Ceia, espancada e quebrada por um residente de Utica, Nova York, em um ataque que resultara em "incêndio criminoso de terceiro grau".[35] O tolo jargão legal de Ward aliviou brevemente a tensão de Lincoln, assim como as histórias bem-humoradas e as piadas mordazes que frequentemente o relaxavam e distraíam. Com exceção de Stanton, os presentes deram risadinhas e sorriram juntamente com a escandalosa gargalhada de Lincoln, com o momento de humor negro aliviando a pressão à beira de um momento do qual já não haveria retorno.

Assuma total responsabilidade por uma decisão crucial.

Chegara o momento de iniciar a ação que ele adiara em julho. "Eu gostaria que o momento fosse melhor", disse ele, entrando abruptamente na grave questão da emancipação. "Gostaria que estivéssemos em melhores condições." No entanto, como testemunhado por Chase e registrado em seu diário, "Fiz a mim mesmo e (hesitando um pouco) a meu Mestre a promessa" de que, se o exército de Lee fosse "expulso" de Maryland, a proclamação seria promulgada.[36] Sua decisão era "fixa e inalterável", declarou Lincoln. "A lei e todas as responsabilidades decorrentes dela eram somente suas."[37] Ele "ponderara durante semanas e, com o passar do tempo, ficara cada vez mais convencido da retidão da medida".[38] Com isso claramente estabelecido, ele leu a versão ligeiramente modificada da proclamação.

Após fazer "um discurso muito enfático apoiando a medida", Stanton sugeriu que "o ato era tão importante, e as consequências envolvidas eram tão vastas, que ele esperava que cada membro manifestasse distinta e inequivocamente sua opinião individual".[39] A resposta à leitura do primeiro esboço fora muito preocupante. Nos dois meses subsequentes, porém, Lincoln conversara individualmente com cada membro do gabinete. Suas opiniões não haviam mudado; ele tinha certeza de que a emancipação era indispensável para a vitória na guerra.

Embora Chase considerasse a emancipação gradual feita pelos generais um curso de ação mais seguro, ele disse ao presidente que estava "totalmente" certo "de que você deu a cada proposta apresentada gentil e honesta consideração. E agora expressou a conclusão a que chegou, clara e distintamente". Portanto, "estou pronto para aceitá-la exatamente como está escrita e defendê-la de todo coração".[40] Welles permaneceu exaltado com o fato de a proclamação ser "uma medida arbitrária e despótica", ainda que promulgada pela "causa da liberdade".[41] Mas, se o presidente estava disposto a assumir total responsabilidade pela decisão, Welles também estava pronto "para assentir inequivocamente à medida".[42] Caleb Smith também deu sua aprovação. Ele abandonou a ameaça anterior de atacar a administração se a proclamação fosse promulgada. Em dezembro, depois que o juiz do tribunal distrital de Indiana morrera, Lincoln lhe concedera o cargo há tanto desejado.[43]

Montgomery Blair reconheceu que ainda "temia a influência que a proclamação teria nos estados fronteiriços e no Exército".[44] Lincoln concordou que havia perigo naquela direção, "mas era tão difícil não agir quanto agir" e "um movimento à frente" tinha de ser feito.[45] Blair novamente pediu para protocolar sua discordância e Lincoln mais uma vez concordou; mas, no fim, Blair jamais o fez. Sua lealdade à administração foi concedida livremente, sem ter sido imposta ou coagida.

Quanto a Seward, sua obstinada lealdade ao presidente era tão grande que ele sequer pensou em se opor a uma decisão tão categórica. Ele tinha somente uma proposta significativa. Não seria mais impactante se Lincoln omitisse a referência a proteger a emancipação durante seu mandato e, em vez disso, prometesse que todos os governos executivos futuros "reconheceriam e manteriam" a liberdade dos escravos?[46] Dessa maneira, o próprio governo, e não aquela administração em particular, seria o garantidor da promessa. Lincoln hesitou em fazer uma promessa que ele mesmo não podia cumprir, mas, no fim, aceitou a importância da alteração sugerida por Seward.

Quando a proclamação foi publicada nos jornais do dia seguinte, todo o gabinete, ao contrário do que inicialmente parecera, estava unido em apoio ao presidente. Se os membros dessa equipe muito incomum — um microcosmo das facções díspares no interior da própria União — não tivessem se mantido coesos naquele momento crítico, haveria pouca chance de manter a coesão do restante do país.

Como Lincoln foi capaz de liderar aqueles homens descomedidamente orgulhosos, ambiciosos, combativos, ciumentos e supremamente talentosos para apoiar uma mudança fundamental no propósito da guerra? A melhor resposta pode ser encontrada no que identificamos hoje como inteligência emocional de Lincoln: sua empatia, humildade, consistência, consciência, disciplina e generosidade de espírito. "Desde que estou aqui", afirmou Lincoln, "não plantei voluntariamente um espinho no peito de nenhum homem."[47] Em suas interações cotidianas com a equipe, não havia espaço para comportamentos maldosos, rancores ou ressentimentos pessoais. Ele aceitava de bom grado as discussões no interior do gabinete, mas avisou que ficaria "muito magoado" se descobrisse que os colegas estavam atacando uns aos outros em público. Tais provocações "seriam erradas para comigo e, muito pior, seriam erradas para com o país".[48] Os padrões de decoro que ele exigia eram baseados no entendimento de que todos estavam envolvidos em um desafio "vasto demais para as atitudes maliciosas".[49] Fora esse senso de propósito comum que originalmente guiara a formação do gabinete e agora garantia sua sobrevivência. O que pode ser aprendido com o sucesso de Lincoln em manter unida essa equipe tão díspar?

Entenda as necessidades emocionais de cada membro da equipe.

A atenção constante às múltiplas necessidades dos complexos indivíduos de seu gabinete modelou a liderança de Lincoln. Desde o início, ele reconheceu que a imponente reputação nacional e internacional de Seward exigia a proeminente posição de secretário de Estado e tratamento especial do presidente. Não somente atraído pelo glamour cosmopolita de Seward e pelo prazer de sua sofisticada companhia, mas também sensível ao orgulho ferido do colega por ter perdido uma indicação que esperava amplamente que fosse dele, Lincoln frequentemente atravessava a rua para visitar sua casa em Lafayette Park. Lá, os dois passavam longas noites diante da lareira, conversando, rindo, contando histórias e desenvolvendo uma camaradagem mutuamente reconfortante. Um laço igualmente íntimo, embora menos convivial, foi formado com o tenso e abrasivo Stanton. "A pressão sobre ele é imensurável",[50] disse Lincoln ao falar de "Marte", o apelido carinhoso que dera a seu secretário de Guerra. Lincoln estava disposto a fazer tudo que pudesse para suavizar o estresse, nem que fosse apenas se sentar ao lado de Stanton na sala do telégrafo enquanto ambos aguardavam ansiosamente pelos boletins do campo de batalha.

Dependendo acima de tudo de Seward e Stanton, Lincoln estava consciente do ciúme gerado pelo espectro do favoritismo. Assim, concedia tempo exclusivo para cada membro da equipe: acenando para Welles no caminho que percorria da Casa Branca ao Departamento da Marinha, aparecendo subitamente na majestosa mansão de Chase, jantando com todo o clã Blair ou convidando Bates e Smith para conversar durante as viagens de carruagem no fim da tarde.

"Todo mundo gosta de um cumprimento",[51] comentou Lincoln; todo mundo precisa de elogios para o trabalho que está fazendo. Frequentemente, ele enviava bilhetes manuscritos para os colegas, manifestando gratidão por suas ações. Ele reconheceu publicamente que a sugestão de Seward de aguardar uma vitória militar antes de emitir a proclamação fora uma contribuição original e útil. Quando tinha de dar uma ordem a Welles, garantia a "Netuno"[52] que não era sua intenção insinuar "que você foi negligente no desempenho dos árduos e confiáveis deveres de seu departamento, que tenho o prazer de afirmar que, em suas mãos, tem sido conduzido com admirável sucesso".[53] Quando compelido a remover um dos indicados de Chase, ele entendeu que o irascível colega poderia ficar ressentido. Não querendo que a situação deteriorasse, ele o visitou naquela noite. Colocando o longo braço sobre seus ombros, explicou pacientemente por que a decisão fora necessária. Embora o ambicioso Chase frequentemente se debatesse sob a autoridade de Lincoln, ele reconheceu "que o presidente sempre me tratou com tal gentileza pessoal e sempre manifestou tal justiça e integridade de propósitos que jamais me senti livre para desmerecer sua confiança [...] então continuo trabalhando".[54]

Não permita que ressentimentos passados persistam; transcenda as vendetas pessoais.

Lincoln jamais selecionou membros para sua equipe "por gostar ou não gostar deles", observou seu velho amigo Leonard Swett. "Se alguém o tivesse caluniado ou fosse culpado de tê-lo tratado mal ou agredido e fosse o homem mais adequado para a posição, ele o colocava no gabinete do mesmo modo que colocaria um amigo".[55] Guiado pelo "princípio do perdão", Lincoln insistia que não se importava se alguém *fizera* algo errado no passado; "é suficiente que esse homem não faça nada errado *de agora em diante*".[56]

Sua adesão a essa regra abriu a porta para a nomeação de Edwin Stanton como secretário de Guerra, a despeito da conturbada história inicial dos dois. Seus caminhos haviam se cruzado pela primeira vez em um grande caso de patentes em Cincinnati. Stanton, um advogado brilhante e agressivo, já obtivera reputação nacional; Lincoln era uma figura emergente apenas em Illinois. Stanton dera uma olhada em Lincoln — cabelo mal cortado, camisa manchada, mangas do casaco e pernas da calça curtas demais para os longos braços e pernas —, virara-se para o sócio, George Harding, e perguntara: "Por que você trouxe esse macaco de braços compridos até aqui [...] ele não sabe de nada e não vai ter nenhuma utilidade."[57] E, com isso, passara a ignorar o *prairie lawyer*. Ele jamais abriu a pasta que Lincoln preparara laboriosamente, jamais o consultou e jamais lhe disse uma palavra.

Mas, dessa humilhação, nasceu um poderoso autoescrutínio por parte de Lincoln, um desejo selvagem de se aprimorar. Ele permaneceu na sala de audiências durante toda a semana, estudando atentamente o desempenho legal de Stanton. Ele nunca vira "algo tão bem-acabado, elaborado e cuidadosamente preparado".[58] O sócio de Stanton lembrou que, embora Lincoln jamais esquecesse a ferroada daquele episódio, "quando se convenceu de que os interesses da nação seriam mais bem servidos se Stanton estivesse no gabinete, ele suprimiu seu ressentimento pessoal, como muitos homens não teriam feito, e fez a nomeação".[59]

"Dois homens jamais foram tão profunda e irreconciliavelmente opostos", observou o secretário particular de Stanton. Onde Lincoln dava a "um subordinado obstinado" como McClellan chances demais "para reparar seus erros", Stanton defendia "forçá-lo a obedecer ou cortar sua cabeça". Onde Lincoln era compassivo, paciente e transparente, Stanton era direto, intenso e segredista. "Eles suplementavam a natureza um do outro e reconheciam abertamente que precisavam um do outro."[60] Antes que sua parceria chegasse ao fim, Stanton não somente reverenciava Lincoln; ele o amava.

Estabeleça um padrão de respeito mútuo e dignidade; controle a raiva.

Quando estava zangado com um colega, Lincoln escrevia o que chamava de carta "quente", liberando toda a ira acumulada. Então deixava a carta de lado até ter se acalmado e poder tratar da questão com mais objetividade. Quando seus documentos foram abertos ao público na virada do século XX, os historiadores descobriram uma pilha de cartas assim, com a observação de Lincoln no rodapé: "jamais enviada e jamais assinada."[61] Tal autocontrole serviu de exemplo para a equipe. Uma noite, Lincoln ouviu Stanton reclamar furiosamente de um dos generais. "Eu gostaria de dizer a ele tudo que penso a seu respeito", esbravejou Stanton. "Faça exatamente isso", sugeriu Lincoln. "Escreva tudo." Quando Stanton terminou a carta, ele retornou e a leu para o presidente. "Excelente", disse Lincoln. "Agora, Stanton, o que você vai fazer a respeito?" "Enviá-la, é claro!" "Eu não enviaria", disse o presidente. "Jogue-a no cesto de lixo". "Mas eu levei dois dias para escrevê-la." "Sim, e isso lhe fez muito bem. Você agora se sente melhor. Isso era tudo que a carta precisava fazer. Agora jogue-a no lixo."[62] Após resmungar um pouco mais, Stanton fez exatamente isso.

Lincoln não somente se continha até que sua raiva passasse e aconselhava outros a fazerem o mesmo como prontamente perdoava ataques destemperados contra sua pessoa. Quando uma carta pouco elogiosa que Blair escrevera sobre ele nos primeiros dias da guerra surgiu inesperadamente na imprensa meses depois, o constrangido Blair levou a carta até a Casa Branca e ofereceu sua demissão. Lincoln disse que não tinha intenção de ler a carta nem qualquer desejo de retribuição. "Esqueça essa carta", disse ele, "e jamais a mencione ou pense nela novamente."[63]

Proteja os colegas da culpa.

Inúmeras vezes, maravilhou-se Welles, Lincoln "declarou que ele, e não seu gabinete, era responsável pelos erros imputados a eles".[64] Sua recusa em permitir que um subordinado levasse a culpa por suas decisões jamais foi mais bem ilustrada do que durante a defesa pública de Stanton depois que McClellan atribuiu o desastre da península à falha do Departamento de Guerra em enviar soldados suficientes. Seguiu-se um brutal ataque público a Stanton, com subsequentes pedidos de resignação. Para criar um contexto dramático que obteria extensa cobertura dos jornais, Lincoln ordenou que os departamentos governamentais fossem fechados às 13 horas para que todos pudessem comparecer a um grande comício pela União nos degraus do Capitólio. Lá, após o disparo de canhões e a música patriótica tocada pela banda dos fuzileiros, Lincoln respondeu diretamente à acusação de McClellan. Ele insistiu que todo soldado disponível fora enviado em apoio ao general. "O secretário de Guerra não deve ser culpado por não ter dado aquilo que não tinha para dar." Então, enquanto os aplausos aumentavam, continuou: "Eu acredito que [Stanton] é um homem corajoso e capaz e estou aqui, como a justiça exige que eu faça, para assumir aquilo que foi imputado ao secretário de Guerra."[65] A vivaz defesa de Lincoln de seu acossado secretário extinguiu habilmente a campanha contra Stanton.

No fim, foi o caráter de Lincoln — suas consistentes sensibilidade, paciência, prudência e empatia — que inspirou e transformou cada membro da família oficial. Nesse paradigma de liderança, a grandeza esteve baseada na bondade.

E, mesmo assim, por baixo da ternura e da gentileza de Lincoln, ele foi sem dúvida o mais complexo, ambicioso, obstinado e implacável dos líderes. Os outros podiam trombetear ambições autointeressadas, criticar Lincoln, zombar dele, irritá-lo, enfurecê-lo, exacerbar a pressão sobre ele; tudo seria tolerado, desde que fizessem seu trabalho com paixão e habilidade, caminhassem na direção que ele definira e apresentassem frente unida quando mais importava, como certamente era o caso em 22 de setembro de 1862, quando ele publicou a Proclamação de Emancipação.

Os cem dias entre a publicação da proclamação em setembro e sua efetivação em 1º de janeiro de 1863 foram um teste crítico para a frágil unidade que Lincoln criara no interior do gabinete. Como ele lidou com esse período peculiarmente estressante?

Mantenha a perspectiva em face tanto do louvor quanto da agressão.

Escrevendo para Lincoln três dias após a publicação da proclamação, o vice-presidente Hannibal Hamlin confiantemente previu que ela seria "entusiasticamente aprovada e apoiada" e "lembrada como grande lei daquela era". Lincoln foi mais realista e cético sobre a resposta imediata. "Embora os elogios nos jornais e por indivíduos distintos sejam tudo que um homem vaidoso possa desejar", respondeu ele a Hamlin, "as ações caíram e os soldados se alistam mais lentamente que nunca. Isso, quando encarado sobriamente, não é muito satisfatório."[66]

Um "vento lúgubre"[67] de descontentamento cercava os eleitores que iam às urnas para as eleições intercalares. "Nossa guerra contra a rebelião enlanguesce",[68] lamentou o nova-iorquino George Templeton Strong em seu diário. Pomposamente satisfeito com seu desempenho em Antietam, McClellan não perseguira os rebeldes que batiam em retirada e permitira que Lee cruzasse o Potomac e entrasse na Virgínia. Quando McClellan deixou claro que não lutaria por uma "doutrina tão maldita"[69] quanto a Proclamação de Emancipação, sua persistente recusa em avançar seu exército chegou à beira da insubordinação.

Um público frustrado culpou a administração pela falha em conduzir a guerra mais vigorosamente. Essa percepção, juntamente com o ressentimento conservador contra a proclamação, produziu fracos resultados eleitorais para os republicanos, exatamente como Montgomery Blair previra. "Perdemos quase tudo",[70] escreveu o secretário de Lincoln, John Nicolay. No Congresso, o número de democratas conservadores que se opunham à emancipação dobrou, deixando os republicanos com uma maioria ínfima. As legislaturas estaduais em Ohio, Indiana, Pensilvânia e Nova York se tornaram fortemente democratas.

Quando lhe perguntaram como se sentia em relação às perdas republicanas, Lincoln fez uma brincadeira a fim de dissipar a melancolia: "Como aquele menino do Kentucky que deu uma topada no dedão enquanto corria para ver a namoradinha. O menino disse que era crescido demais para chorar e sentia dor demais para rir."[71]

Encontre maneiras de lidar com a pressão, manter o equilíbrio e repor as energias.

"As ditas festas de fim de ano daquela estação foram muito tristes", escreveu o jornalista Noah Brooks. "A cidade estava repleta de homens feridos e moribundos e multidões vindas do norte, procurando familiares perdidos, desaparecidos e feridos, lotavam os hotéis."[72] Ao fim das eleições intercalares, Lincoln finalmente tirara McClellan do comando após sua destrutiva procrastinação. "Comecei a temer que ele estivesse agindo falsamente", disse Lincoln, "que não quisesse atingir o inimigo."[73] Para substituir McClellan, ele escolheu Ambrose Burnside, conhecido como "general combativo",[74] com um temperamento oposto ao de McClellan. O espírito impetuoso de Burnside se provou calamitoso. Em meados de dezembro, contra os conselhos de Lincoln, ele liderou o exército do Potomac até a armadilha de um "matadouro"[75] em Fredericksburg, deixando 13 mil soldados da União mortos ou feridos.

Uma nevasca de recriminações cobriu o presidente de todos os lados. Disseminaram-se rumores de que a humilhante derrota de Fredericksburg levaria a Inglaterra e a França a apoiarem a Confederação, de que todo o gabinete pediria demissão e de que o próprio Lincoln cederia o lugar a Hannibal Hamlin. A incansável marcha da morte e o luto nacional criaram o temor de que a guerra chegasse a uma conclusão desonrosa e calamitosa, que o sul permanecesse independente e a escravidão remanescesse intacta. Nesse rebuliço de preocupação e medo, Lincoln foi atormentado acima de tudo pelas mortes horríveis de seus soldados, homens corajosos "que tentavam comprar com seu sangue e suas vidas a futura felicidade e prosperidade do país".[76] Ele reconheceu que ficou "mais deprimido"[77] naquele terrível inverno que em qualquer outra época, uma declaração angustiante, dadas as vicissitudes que enfrentou na vida. "Se há um lugar pior que o inferno", concluiu ele, "estou nele."[78]

Que estratégias ele usou para manter algum tipo de equilíbrio? Como manteve estabilidade suficiente para suportar aquele longo inverno de desgosto? As formas que tal alívio assume são tão variadas quanto as pessoas que o buscam.

Quando Lincoln estava sob terrível pressão, nada fornecia mais alívio e renovação que uma visita ao teatro. Durante seus quatro anos como presidente, ele foi ao teatro mais de cem vezes. Quando a luz dos lampiões a gás diminuía e os atores entravam no palco, Lincoln era capaz de conduzir sua mente "por outros canais de raciocínio".[79] Durante uma interpretação de *Henrique IV, Parte 1*, notou um espectador, "ele esqueceu a guerra. Esqueceu o Congresso. Saiu da política. Está vivendo no tempo do príncipe Hal". Ele entendia que as pessoas podiam achar que suas idas frequentes ao teatro eram "estranhas, mas preciso de algum alívio dessa terrível ansiedade ou ela me matará".[80]

Mesmo assim, ir ao teatro não era puro escapismo. Pois, embora precisasse urgentemente de divertimento e distração, Lincoln era atraído pelas peças mais sombrias de Shakespeare — *Macbeth, Rei Lear, Hamlet* — não simplesmente como fuga, mas também como meio de acesso, como maneira de decifrar os problemas que enfrentava. Era a profundidade filosófica de Shakespeare que ressonava mais significativamente no torturado líder durante a guerra civil. "Não me importa se Shakespeare será bem ou mal interpretado", disse ele uma vez, "com ele, a ideia basta."[81]

Havia noites, no entanto, em que o fardo dos dias horripilantes e a solidão de sua posição o faziam perder o sono. Nessas noites, Lincoln se levantava da cama, usando camisolão e chinelos e carregando seu exemplar bastante manuseado de Shakespeare, e procurava John Hay no quartinho da Casa Branca que o jovem assistente partilhava com John Nicolay. Ainda capaz de evocar uma sombra de seus talentos como ator, contador de histórias e mímico, Lincoln lia em voz alta suas passagens cômicas favoritas de Shakespeare. Seu apreço pelo trágico se equiparava a seu apreço pelo tolo, pelo anedótico, pelo burlesco. O estreito filão entre tragédia e comédia concedia a Lincoln o que ele chamava de "recreação literária".[82] O artista Carpenter notou que quando estava envolvido em um conto cômico, sua risada parecia "o relinchar de um cavalo selvagem".[83] Um amigo comentou que a risada de Lincoln lhe servia como "salva-vidas".[84] Hay lembrou que somente quando "minhas pálpebras pesadas chamavam sua gentil atenção ele parava e me mandava para a cama".[85] A declamação era a maneira de

Lincoln partilhar uma humanidade comum durante uma época incomum e desumanamente isolante.

Em meio ao isolamento da responsabilidade final — quando pessoas morriam todos os dias como consequência de suas diretivas —, Lincoln encontrou uma maneira de suavizar seu pesar através do poder de perdão. Embora tanto o secretário de Guerra quanto os oficiais militares insistissem que as sentenças de morte para soldados que fugiam da batalha ou dormiam durante a vigia eram essenciais para manter a disciplina militar, Lincoln, ao contrário, procurava "qualquer boa desculpa para salvar a vida de um homem".[86] Ao estudar cada petição, ele tentava compreender a perspectiva do soldado: a deserção no meio da noite de um adolescente com saudades de casa; um jovem "vencido por um medo físico maior que sua vontade";[87] um vigia tão exausto que "cai no sono sem perceber".[88] Quando conseguia uma razão para reduzir a sentença, ele dizia: "Vou para a cama feliz quando penso em quanta alegria minha assinatura levará a ele, a sua família e a seus amigos."[89] Momentaneamente, ele afastava os pensamentos da amargura da morte onipresente e os voltava para o júbilo de uma vida resgatada.

Mantenha sua palavra.

Conforme janeiro de 1863 se aproximava, o público exibia um "ar geral de dúvida"[90] quanto a se o presidente cumpriria a promessa feita em setembro de efetivar a Proclamação de Emancipação no dia de Ano Novo. Os críticos predisseram que o decreto fomentaria guerras raciais no sul, faria com que oficiais da União entregassem seus comandos e levaria 100 mil homens a baixarem as armas. A perspectiva de emancipação ameaçava fraturar a frágil coalizão entre republicanos e democratas da União. "A força de caráter de Lincoln conseguirá levá-lo até o fim?", perguntou-se o cético George Templeton Strong. "Ninguém sabe."[91]

Aqueles que conheciam bem Abraham Lincoln não teriam feito essa pergunta. Durante toda sua vida, a honra e o peso de sua palavra haviam sido o lastro de seu caráter, a "joia principal"[92] de seu orgulho. A violação da honra envolvida na ruptura do noivado com Mary Todd contribuíra para uma depressão que pusera em risco sua vida, assim como o espetacular fracasso em cumprir a promessa de levar crescimento econômico a Illinois através de obras públicas. A restauração da confiança em sua habilidade de cumprir promessas e resoluções fora central para sua cura e para a ressurreição de sua carreira. Desde então, como homem de família, amigo, advogado e político, ele refletira cuidadosamente antes de emitir opiniões e fazer promessas. Que se manteria firme na promessa de setembro, que fizera para si mesmo e para seu Criador em relação à proclamação, jamais esteve em questão. "Dei minha palavra", disse Lincoln a um congressista de Massachusetts, "e não posso voltar atrás."[93]

Embora o líder abolicionista Frederick Douglass tivesse criticado amplamente a demora em efetivar a Proclamação de Emancipação, ele conhecia o caráter e a durabilidade da palavra de Lincoln melhor que a maioria. "Abraham Lincoln pode ser lento", escreveu ele, "mas não é homem de reconsiderar, retratar e contradizer palavras e propósitos proclamados solenemente sob sua assinatura oficial." Àqueles que perguntavam se Lincoln voltaria atrás, Douglass respondia com um enfático *não*. "Abraham Lincoln não dará nenhum passo atrás", insistia ele. "Se ele nos ensinou a confiar em algo, foi em sua palavra."[94]

As portas da Casa Branca se abriram ao meio-dia para a tradicional recepção de Ano Novo, para a qual o público em geral era convidado. Durante três horas, Lincoln permaneceu no Salão Azul, "sereno e mesmo sorrindo", apertando a mão de mais de mil cidadãos, embora, como um repórter mais tarde comentou, "seus olhos estivessem com seus pensamentos e ambos estivessem muito longe".[95] Naquela tarde, ele deveria assinar a proclamação.

No dia anterior, Lincoln reunira o gabinete uma terceira vez para a leitura final da Proclamação de Emancipação. A versão que apresentou diferia do esboço de setembro em um ponto importante. Durante meses, os abolicionistas haviam defendido a inclusão de negros nas Forças Armadas. Lincoln hesitara, vendo tal passo radical como prematuro e arriscado para sua frágil coalização.

Agora, contudo, ele decidira que chegara a hora. "Os dogmas do tranquilo passado são inadequados para o turbulento presente", disse ele ao Congresso. "Como nosso caso é novo, devemos pensar e agir de novas maneiras."[96] Uma nova cláusula declarando que o Exército começaria a recrutar negros foi inserida na proclamação, juntamente com um humilde apelo final sugerido pelo secretário Chase, pedindo "o julgamento generoso da humanidade e o auxílio benevolente de Deus Todo-Poderoso".[97]

A assinatura ocorreu durante uma cerimônia simples, na presença de uma dúzia de pessoas, incluindo o secretário de Estado Seward e seu filho Fred. Quando o pergaminho foi colocado em frente ao presidente, lembrou Fred Seward, Lincoln "mergulhou a pena na tinta e, mantendo-a suspensa durante um momento, pareceu hesitar", mas então começou a falar de maneira veemente. "Nunca em minha vida tive mais certeza de estar fazendo a coisa certa do que agora, assinando este papel", disse Lincoln. "Se meu nome algum dia entrar para a história, será por causa desse ato, e toda minha alma está nele." Mas seu braço estava "rígido e amortecido" de tanto apertar mãos. "Essa assinatura será examinada de perto e, se descobrirem que minha mão tremeu, eles dirão 'Ele teve dúvidas'." Assim, ele esperou vários minutos até que pegou a pena novamente e assinou de modo "incomumente forte, claro e firme".[98]

Em toda a Nova Inglaterra, imensas multidões haviam se reunido desde o início da manhã em igrejas, salões comunitários e teatros para esperar a notícia de que o presidente assinara a proclamação. Na Tremont Temple, em Boston, e no Music Hall perto dali, mais de 6 mil pessoas faziam vigília. Oradores — incluindo Frederick Douglass, Ralph Waldo Emerson, Harriet Beecher Stowe e Oliver Wendell Holmes — discursaram enquanto o dia passava e o suspense aumentava. Uma "sombra visível" caiu sobre a multidão quando chegaram as 22 horas e ainda não havia novidades. Finalmente, um homem chegou correndo. "Está vindo! Está no telégrafo!" Douglass registrou a "desenfreada e grandiosa" reação, a "alegria e a felicidade", "os soluços e as lágrimas"[99] e então as músicas — "Glory Hallelujah", "Old John Brown"[100] — que uniram todos às primeiras luzes da aurora.

O júbilo da Nova Inglaterra em reação à proclamação não foi partilhado nos estados fronteiriços nem, aliás, em grande parte do norte. Se a vitória marginal em Antietam emudecera a oposição à emancipação, a derrota humilhante em Fredericksburg e o impasse subsequente durante o inverno haviam elevado a raiva ao volume máximo. Em seu discurso de posse, o governador do Kentucky James Robinson recomendara que a legislatura estadual rejeitasse a proclamação, avisando que "a monstruosa doutrina" unificaria o sul "em uma massa flamejante de ódio inextinguível".[101] Em Indiana e Illinois, legislaturas pesadamente democratas aprovaram resoluções pedindo uma paz de compromisso com o sul que deixaria a escravidão intacta; se a abolicionista Nova Inglaterra se recusava a viver em um país que endossava a escravidão, argumentavam eles, então que a Nova Inglaterra se separasse. No Congresso, os "democratas da paz", popularmente conhecidos como Copperheads, aproveitando-se da baixa prolongada do moral, opuseram-se às novas leis de convocação e chegaram ao ponto de encorajar abertamente os soldados a desertar. Relatos dos campos do Exército sugeriam que a emancipação estava tendo efeito negativo sobre os soldados, muitos dos quais alegavam ter sido enganados: eles haviam se oferecido para lutar pela União, não pelos negros.

O juiz da Suprema Corte David Davis, presidente da campanha de indicação de Lincoln em Chicago, alertou seu velho amigo sobre "a alarmante condição das coisas". Só havia uma maneira de "salvar o país", insistiu Davis: Lincoln devia "alterar a política da emancipação" e reconstruir o gabinete que erroneamente a apoiara. Apesar de tal conselho derrotista, Lincoln se manteve firme. Ele disse a Davis, de maneira definitiva, que sua política era "uma coisa fixa".[102] Quando outro velho amigo, Orville Browning, mencionou a possibilidade de o norte se unir aos democratas em seu "clamor pelo compromisso", Lincoln previu que, se os democratas se movessem na direção de concessões, "as pessoas simplesmente os abandonariam".[103] Ele tampouco temia que a emancipação estilhaçasse o Exército. Embora reconhecesse que o baixo moral inflamara as tensões sobre a emancipação e podia levar a deserções, ele não acreditava que "seu número pudesse afetar materialmente o Exército".[104] Ao contrário, aqueles inspirados a se alistar como consequência da emancipação mais que compensariam os que partissem. Ele tinha certeza, como disse ao enxame de duvidosos, de que aquele era o timing certo para estabelecer um novo propósito para a guerra.

Saiba quando esperar e quando avançar.

De muito longe, Lincoln vira a inexorável aproximação da emancipação: "Quem puder esperar a verá; quem ficar no caminho será atropelado por ela."[105] Falando de maneira similar, ele disse: "Eu não afirmo ter controlado os eventos, mas confesso que os eventos me controlaram."[106] Contudo, se eventos maiores que o presidente o levaram na direção da emancipação, o timing da proclamação foi amplamente consequência de *sua* escolha e *sua* determinação.

"Estou convicto de que, se a proclamação tivesse sido feita seis meses antes, o sentimento público não a teria apoiado", disse ele mais tarde. "O mesmo se deu em relação à ação subsequente de permitir que os negros se alistassem nos estados fronteiriços. Em minha avaliação, esse passo não poderia ter sido dado mais cedo. Um homem observa sua pereira dia após dia, impaciente para colher a fruta. Se tentar forçar o processo, pode destruir tanto a fruta quanto a árvore. Mas, se esperar pacientemente, a pera madura cairá em seu colo!"[107]

Lincoln observara cuidadosamente "essa grande revolução no sentimento público progredindo lenta, mas *seguramente*". Ele era um ouvinte atento e monitorava as mudanças de opinião dos membros de seu gabinete. Era um leitor sagaz, notando a direção do vento em editoriais, nas conversas entre as pessoas do norte e, mais centralmente, nas opiniões dos soldados. Embora soubesse que a oposição seria intensa quando a proclamação fosse efetivada, ele julgou que ela não possuiria força suficiente "para derrotar seu propósito".[108] Esse agudo senso de timing, observou um jornalista, era o segredo de sua talentosa liderança: "Ele sempre se move em conjunção com as circunstâncias propícias, sem esperar para ser arrastado pela força dos eventos e sem desperdiçar sua força em conflitos prematuros contra eles."[109]

Em contraste com o turbilhão mental e as estressantes reflexões que experimentara nos meses de outono que haviam antecedido a proclamação, quando a decisão finalmente foi tomada, uma serenidade determinada tomou conta dele. Para Lincoln, lutar com as ideias não era uma figura de linguagem; era um exaustivo combate mental do qual ele emergia com confiança e clareza. Chegar a uma decisão fora um suplício, mas ele acreditava que o longo processo gerara o curso correto e o país estaria pronto e disposto a segui-lo.

Em uma época na qual os ânimos estavam abatidos e a fatiga de guerra era disseminada, Lincoln obtivera um segundo e poderoso impulso. Onde outros viam a apocalíptica derrota do experimento dos fundadores, ele via o nascimento de uma nova liberdade. Essa convicção de progresso não somente se provou uma leitura correta do humor daquela época como também foi um instrumento para modelá-lo. Assim como o gabinete se unira antes da emissão pública da proclamação final, sob a liderança de Lincoln o recrutamento para o Exército aumentou e o Congresso, apesar da oposição dos Copperheads, aprovou todos os projetos de lei relacionados à guerra apresentados pela administração, incluindo financiamento e convocação. Um teste adicional na batalha pelo apoio nortista ocorreu no início de abril, quando eleições especiais para o Congresso foram realizadas em Connecticut, Rhode Island e New Hampshire. Nos três estados, republicanos e democratas leais derrotaram por grande margem os candidatos Copperheads. Eles haviam "ido rápido demais e longe demais"[110] ao falar sobre uma paz de compromisso, exatamente como Lincoln antecipara nos dias sombrios de janeiro.

Esse formidável triunfo eleitoral, comentou o *New York Times*, "fez com que a administração passasse com segurança pela tormenta e assegura mares calmos até o fim".[111] As coisas não se mostrariam tão simples, mas um obstáculo certamente fora superado. Lincoln sabiamente permitira que a reação contra o sentimento derrotista crescesse e então trabalhara para mobilizar um espírito renovado. A história de como foi capaz de reconhecer, alinhar, aproveitar e modelar criativamente esse movimento crescente na direção da aceitação, da incorporação e do empoderamento gerados pela emancipação fornece uma demonstração das raras qualidades da liderança transformacional.

Combine liderança transacional e transformacional.

Entre as muitas variantes da liderança, os estudiosos buscaram identificar dois tipos aparentemente antagônicos: a transacional, muito mais comum, e a transformacional. Os líderes transacionais operam pragmaticamente. Eles apelam para o autointeresse de seus seguidores, usando *quid pro quos*, barganhas, trocas e recompensas para conseguir apoio e influenciar comportamentos. Os líderes transformacionais inspiram os seguidores a se identificarem com algo maior do que eles mesmos — a organização, a comunidade, a região, o país — e, finalmente, à mais abstrata identificação com os ideais daquele país. Tais líderes pedem sacrifício na busca por princípios morais e objetivos mais elevados, validando tal altruísmo ao olharem para além do momento presente a fim de forjarem um futuro pelo qual valha a pena lutar.

Todavia, a aplicação direta dessas duas formas de liderança se ajusta tão pouco a Lincoln quanto suas calças se ajustavam a suas longas pernas ou suas mangas a seus braços compridos. Para ele, as estratégicas pragmáticas e transacionais forneciam os instrumentos básicos para uma liderança moral e transformacional. Antes das eleições da primavera em Connecticut, Rhode Island e New Hampshire, por exemplo, Lincoln telegrafou ao chefe do Partido Republicano em Nova York, Thurlow Weed, pedindo que pegasse o primeiro trem para Washington. "Sr. Weed, estamos em uma situação difícil", explicou ele durante o café da manhã. "Dinheiro para propósitos legítimos é necessário imediatamente, mas não há apropriação da qual ele possa ser legalmente retirado. Não sei como conseguir esse dinheiro e foi por isso que pedi que o senhor viesse até aqui."[112] Antes da noite terminar, Weed forneceu 15 mil dólares a fim de ajudar a financiar um fundo secreto para influenciar os eleitores nos três estados.

Dependendo do grupo que tentava persuadir, Lincoln podia defender — e frequentemente defendia — a emancipação tanto da perspectiva transacional quanto da perspectiva transformacional. Em cidade após cidade, ele orquestrou comícios para revigorar o ânimo dos unionistas leais e reprimir o derrotismo dos Copperheads. Para um desses comícios, em sua cidade natal de Springfield, Illinois, onde a influência dos Copperheads ainda era muito forte, ele compôs uma longa carta a ser lida para a multidão. "Leia muito lentamente",[113] instruiu ele a seu velho amigo James Conkling. "Para ser claro", disse Lincoln sem medir palavras, "vocês estão descontentes comigo em relação aos negros." Então ele enumerou as razões pelas quais tal descontentamento era imerecido e inapropriado. "Eu penso que, em sua luta pela União, a extensão em que os negros deixarem de ajudar o inimigo será a extensão em que diminuirá a resistência desse inimigo a vocês. Vocês pensam de modo diferente?", perguntou ele, desafiando-os em uma base fundamentalmente pragmática. "Acho que qualquer coisa que os negros possam fazer como soldados deixa menos para os soldados brancos fazerem enquanto tentam salvar a União."[114]

Após estabelecer os benefícios práticos dos soldados negros, Lincoln chegou ao núcleo transformativo de sua mensagem: "Se forem arriscar a vida por nós, eles devem ser movidos pelos mais fortes motivos, até mesmo a promessa de liberdade. E a promessa feita deve ser mantida."[115] No fim, essa carta pública foi um habilidoso gatilho para a elevação de um propósito prático a um propósito moral, a fim de criar a mudança inspiradora que caracteriza a liderança transformacional.

Em nenhum momento o efeito da liderança transformacional de Abraham Lincoln foi ilustrado mais claramente que na mudança de atitude dos soldados em relação à emancipação. Durante os primeiros dezoito meses de guerra, somente três em cada dez soldados professavam disposição de arriscar a vida pela emancipação. A maioria lutava somente para preservar a União. Essa proporção mudou após a Proclamação de Emancipação. Seguindo o exemplo de Lincoln, uma esmagadora maioria de soldados passou a ver a emancipação e a restauração da União como inseparavelmente ligadas. Como a liderança de Lincoln iniciou essa metamorfose? Como ele transferiu seu propósito para os soldados?

Seja acessível e fácil de abordar.

A resposta das tropas estava enraizada na profunda confiança e lealdade que Lincoln semeara entre as fileiras de soldados desde o início da guerra. Enquanto visitava as tropas em torno de Washington e no campo de batalha, ele partilhava seus feijões e biscoitos. Inspecionava seus dormitórios. Perguntava sobre suas famílias. Conversava com os outros ocupantes de Soldiers' Home e cuidava do mesmo modo de feridos da União e da Confederação. "Ele se importa conosco", disse um soldado a outro, "ele nos faz lutar, mas se importa."[116]

A todo lugar que ia, ele convidava os soldados a falarem com ele se fossem tratados injustamente. E, de fato, estimados 2 mil soldados acreditaram em sua palavra, aceitando o convite e indo até seu escritório para apresentar queixas, conversar ou simplesmente estar frente a frente com o comandante em chefe. Essa política de portas abertas, explicou Lincoln, é o "elo ou cordão que conecta as pessoas ao poder governante".[117] Histórias sobre esses encontros circularam rapidamente entre as tropas, assim como relatos sobre a clemência de Lincoln e seus esforços incansáveis para encontrar uma razão que lhe permitisse conter a mão do carrasco.

Nas cartas que os soldados enviavam para casa, eram comuns relatos sobre a empatia, responsabilidade, gentileza, acessibilidade e compaixão paternal de Lincoln por sua família estendida. Eles falavam dele "como um dos seus"[118] e carregavam seu retrato para as batalhas. "Que profundidade de devoção, simpatia e conforto era transmitida por seu sorriso",[119] lembrou um soldado de Wisconsin. Inúmeras vezes, eles o chamaram de Pai Abraham, Tio Abe ou Velho Abe. As referências bíblicas e as relações filiais conotavam carga emocional recíproca e uma vulnerabilidade partilhada. As marcas idênticas de dor e angústia em seu rosto e em seu comportamento deixavam claro que eles haviam suportado a guerra juntos e partilhado os mesmos sofrimentos. "Ele parece envelhecido pela aflição", escreveu um recruta da Pensilvânia. "Não pude me conter e pedi a Deus que abençoasse Abraham Lincoln."[120] Claramente, o sacrifício que Lincoln pedia a seus soldados ele exigira primeiro de si mesmo. Outro soldado da Pensilvânia contou à mãe que não voltaria para casa quando seu tempo de serviço terminasse. "Um país no qual vale a pena viver em tempos de paz merece que lutemos por ele em tempos de guerra, de modo que ainda estou disposto a suportar as dificuldades da vida de soldado."[121]

Tal era a credibilidade que Lincoln estabelecera entre os soldados que já não se tratava de lutar somente pela União, mas pelo propósito dual da União *e* da emancipação. "Se ele diz que daqui para a frente todos os escravos são livres", escreveu outro soldado, "amém."[122] Outro confessou que "jamais fora favorável à abolição da escravidão", mas estava "pronto e disposto"[123] a lutar pela emancipação. Uma nova direção fora estabelecida e aceita.

Nada enfatizaria mais o poder transformador da Proclamação de Emancipação que o recrutamento e o alistamento de soldados negros. Como principal defensor e recrutador da causa, Frederick Douglass buscou animar os jovens negros em várias cidades do norte. "Suas costas ficarão mais eretas, você caminhará de maneira mais confiante e se sentirá mais à vontade", prometia ele. "Uma vez que um homem negro porte as letras EUA em dourado, tenha uma águia em seus botões, um mosquete em seu ombro e balas em seu bolso, nenhum poder na terra ou sob a terra poderá negar que ele obteve o direito à cidadania."[124]

Os negros responderam estrondosamente à convocação, alistando--se às dezenas de milhares. Essa onda inicial de entusiasmo retrocedeu rapidamente, no entanto, quando os negros alistados descobriram que não receberiam pagamento igual ao dos soldados brancos; do mesmo modo, não receberiam bônus pelo alistamento nem poderiam ser promovidos a oficiais. Sentindo que já não seria justo persuadir os soldados a se alistarem, Douglass decidiu falar diretamente com Lincoln. "Nunca fui mais rápida ou completamente tranquilizado", lembrou Douglass, falando daquele primeiro encontro. Quando ele descreveu como a falta de "justiça"[125] prejudicava o recrutamento, Lincoln ouviu "com ávida atenção e muito aparente simpatia".[126] Embora politicamente conveniente na época, Lincoln concordou que a política discriminatória era errada. "No fim", prometeu ele, os soldados negros "deverão receber o mesmo pagamento que os soldados brancos".[127] Douglass mais tarde relatou que "nunca vira um semblante tão transparente".[128] O relacionamento de confiança e decência iniciado naquela reunião se provaria essencial nos meses à frente. "Ele me tratou como homem e não me deixou sentir, em nenhum momento, que havia qualquer diferença na cor de nossas peles", contou Douglass mais tarde. "Estou convicto de que ele está fazendo tudo que as circunstâncias lhe permitem fazer."[129]

No fim, os negros não só bateram recordes de alistamento — acrescentando quase 200 mil soldados ao esforço de guerra da União — como, de acordo com depoimentos oficiais, lutaram com notável bravura. "Nunca vi ninguém lutar como o regimento negro", escreveu o general James G. Blunt após um primeiro combate. "Eles lutaram como veteranos, com uma frieza e uma valorosidade insuperáveis."[130] Depois da batalha de Fort Hudson, um oficial branco confessou abertamente: "Você não tem ideia de como meus preconceitos em relação aos soldados negros foram dissipados pela batalha do outro dia. A brigada de negros se comportou magnificamente e lutou esplendidamente; não poderia ter feito melhor."[131] Mesmo comandantes anteriormente contrários à proclamação, enfatizou Lincoln, agora "acreditam que a política de emancipação e o uso de tropas de cor constituem o mais pesado golpe já desferido contra a rebelião".[132]

Coloque o interesse coletivo acima do autointeresse.

No país em geral, todavia, a aprovação e a aceitação da emancipação oscilavam com os resultados das tropas. A despeito da vitória da União em

Gettysburg, o exército de Lee escapara novamente, se reagrupara e derrotara as forças do general Ulysses S. Grant em uma horrenda sequência de batalhas em Spotsylvania, Cold Harbor e Petersburg. Tanto para o norte quanto para o sul, a primavera de 1864 foi uma época de esgotamento físico e espiritual, escuridão e morte. No fim do verão, o número de mortos, feridos, capturados e desaparecidos em ação chegara a mais de 580 mil no norte e quase 470 mil no sul. O desespero deu lugar a "um grito ensandecido"[133] de paz a qualquer preço.

O abatimento que envolveu o norte ameaçou a reeleição de Lincoln. "A maré está virando fortemente contra nós", avisou o presidente do Comitê Nacional Republicano, Henry Raymond, no fim de agosto. Se as eleições fossem realizadas naquele momento, Lincoln provavelmente não conseguiria um segundo mandato. Os membros do comitê republicano tinham tantas dúvidas sobre suas perspectivas de reeleição que ainda não haviam mobilizado a maquinaria do partido. O problema não era simplesmente a falta de sucesso militar, mas também a suspeita de que a insistência de Lincoln na emancipação era o principal obstáculo à paz. Para que os republicanos tivessem alguma chance de vitória, disse Raymond, Lincoln deveria iniciar negociações de paz baseadas "somente na condição"[134] da reunião, deixando a questão da escravidão para consideração posterior.

"Confesso que desejo ser reeleito", reconheceu Lincoln. "Partilho do orgulho comum à humanidade e gostaria que meus quatro anos de administração fossem endossados" e, ao mesmo tempo, "quero terminar esse trabalho".[135] Mesmo assim, rejeitou o pedido de Raymond de enviar um comissário até Richmond para se reunir com o presidente confederado Jefferson Davis. Ele achava que sondar as condições para a paz sem exigir o fim da escravidão seria "a ruína total".[136] Ele preferia enfrentar a derrota eleitoral a renunciar à emancipação. Ele seria "condenado à danação eterna", declarou veementemente, se abandonasse seu compromisso com os objetivos gêmeos da União e da liberdade. Além disso, aqueles que o acusavam de "continuar a guerra com o único propósito da abolição" precisavam entender que "nenhum poder humano pode subjugar essa rebelião sem usar a alavanca da emancipação".[137] A palavra *firmeza* é insuficiente para conotar a vontade de ferro com que Abraham Lincoln defendeu sua posição.

Da noite para o dia, a queda de Atlanta no terceiro dia de setembro revigorou os ânimos nortistas. "Notícias gloriosas esta manhã", exultou George Templeton Strong. "É [em meio à essa crise política] o maior evento da guerra."[138] Enquanto manchetes de celebração cobriam os jornais do norte e multidões se congregavam em cidades e vilarejos para atirar para cima e soar sinos, o amigo de Lincoln, Leonard Swett, que semanas antes escrevera que a reeleição "estava além de qualquer esperança possível",[139] passou a acreditar que Deus dera à União aquela vitória gloriosa para fazer com que "o navio se endireitasse, como faz durante uma tempestade depois de quase ser emborcado por uma grande onda".[140]

Estava claro para ambos os partidos que os votos dos soldados poderiam muito bem alterar o resultado da eleição. Os democratas, lembrando da devoção que George McClellan já inspirara entre seus homens, haviam escolhido o ex-general como candidato, em uma plataforma que separava a abolição da reunificação e, como consequência, prometia uma conclusão mais rápida da guerra. "Estamos tão certos de que dois terços dos soldados votarão no general McClellan quanto estamos certos de que o sol brilha",[141] previu confiantemente um agente democrata.

Os votos dos soldados também eram de importância crucial para Lincoln, mas por razões muito mais profundas que sua influência numérica sobre o resultado da eleição. Ele confiava no companheirismo que fora fortalecido pelo investimento comum na guerra. Lincoln sentia tanta intimidade pelas tropas que disse que, se tivesse de escolher, "preferia ser derrotado com apoio dos soldados que vencer sem ele".[142]

As coisas jamais chegaram a isso. Lincoln venceu no Colégio Eleitoral por um placar de 212 a 21 e capturou mais de sete em cada dez votos militares. Ao votarem em Lincoln, os soldados sabiam que, com toda probabilidade, estavam prolongando seu risco pessoal e a duração de seu serviço em tempos de guerra. Eles votaram contra seus interesses e em nome do interesse coletivo mais amplo que Lincoln expressara poderosamente durante as conversas com eles. Essa disputa "não é meramente pelo agora, mas por todos os tempos futuros", reiterara ele de várias maneiras. "Ocupo temporariamente a grande Casa Branca. Sou testemunha viva de que o filho de qualquer um de vocês pode chegar até lá, como chegou o filho de meu pai. É para que cada um de vocês possa ter, através do livre governo de que gozamos, um caminho aberto e uma chance justa para sua industriosidade, seu empreendedorismo e sua inteligência; para que todos vocês tenham privilégios iguais na corrida da vida, com todas as suas desejáveis aspirações humanas. É para isso que devemos nos manter nesse conflito."[143] E, quando foram até as urnas, os soldados votaram não apenas por sua segurança, mas pelo homem que passara a representar a causa pela qual todos lutavam.

Conseguir o segundo mandato renovou a determinação de Lincoln de garantir a emancipação para além do sul rebelde, incluindo toda a nação. Com toda velocidade possível, ele buscou conseguir uma garantia formal de que a escravidão seria abolida nos Estados Unidos. Tal garantia não podia depender de uma ordem executiva, precisando ser incluída nas leis nacionais através de uma emenda constitucional.

Os poderes executivos de guerra haviam permitido contornar a proteção constitucional à escravidão. Agora, a flexível constituição deveria fornecer seu próprio e permanente remédio para abolir a escravidão na forma da décima terceira emenda, introduzida em 6 de janeiro de 1865. Informado três semanas depois que os necessários dois terços não haviam sido alcançados por dois votos, Lincoln interveio estridentemente através de emissários para a colina do Capitólio. Ele deixou claro que seu poder executivo transacional se estendia a empregos governamentais para familiares e amigos, perdões, ministérios no exterior e contribuições de campanha. Não demorou muito para que conseguisse os dois votos. Quando o resultado foi anunciado, observou uma testemunha, "houve uma explosão, uma tempestade de vivas como o Congresso dos Estados Unidos jamais ouvira antes".[144] Para a multidão de celebrantes que na noite seguinte fez uma serenata na Casa Branca, Lincoln proclamou que a ocasião era de "congratulação para o país e para todo o mundo". Mas lembrou que "há uma tarefa diante de nós: seguir adiante e consumar, com os votos do Senado, aquilo que o Congresso tão nobremente iniciou".[145]

Uma semana depois, perante uma imensa multidão reunida no Music Hall de Boston para celebrar a aprovação da décima terceira emenda na Câmara, o abolicionista William Lloyd Garrison perguntou: "E a quem o país deve de modo mais imediato essa vital e salvadora emenda da constituição, mais que a qualquer outro homem? Acredito que posso responder com confiança. Ao humilde lenhador de Illinois, ao rompedor de grilhões presidencial, a Abraham Lincoln."[146]

Lincoln recusou a heroica apelação de "o grande emancipador". "Fui somente um instrumento", insistiu ele, "as pessoas que eram contra a escravidão no país e o Exército fizeram tudo."[147] Tal humildade não sugeria falta de ambição. Ao contrário, desde que era jovem, Lincoln abrigava a ardente ambição de fazer diferença no mundo. Durante o auge de sua depressão aos trinta e poucos anos, ele confessara a Joshua Speed que não se importaria de morrer, mas "nada realizara para fazer com que algum ser humano lembrasse que vivera". Ele seria lembrado agora. Quando Speed foi à Casa Branca após a assinatura da proclamação, os dois amigos recordaram o sombrio período da vida de Lincoln no qual seu desejo de ser lembrado permitira que se recuperasse da depressão. Muito além de qualquer projeção grandiosa feita na juventude, Lincoln prestara um serviço a seus concidadãos. "Acredito que nessa medida", declarou ele sem rodeios, "minhas mais caras esperanças serão realizadas."[148]

Abraham Lincoln não viveu para ver completada a tarefa que iniciou com a proclamação: a ratificação da décima terceira emenda por três quartos dos estados em dezembro de 1865. A escravidão, o "cisto"[149] que ele falara em remover da constituição, finalmente fora excisado a um custo terrível. "A cura do rei para todos os males", dissera ele sobre a emenda antecipada. "Ela põe fim à coisa toda."[150]

Na grande convergência do homem e seu tempo, Lincoln motivara, guiara e inspirara seu gabinete, o Exército e seus compatriotas. "Concidadãos, não podemos fugir da história", dissera ele ao Congresso um mês antes de publicar a Proclamação de Emancipação. "O difícil teste pelo qual passamos nos iluminará, em honra ou desonra, até a última geração [...]. Ao *dar* liberdade aos escravos, *asseguramos* liberdade aos *livres*, sendo igualmente honoráveis no que damos e nos que preservamos. Devemos salvar nobremente ou perder torpemente a última e melhor esperança da terra."[151]

Foi através da linguagem de sua liderança que um propósito e um significado morais foram impressos na prolongada miséria da guerra civil. Ele foi parte tão importante desse processo de transformação social que olhamos para os Estados Unidos *antes* e *depois* de Abraham Lincoln.

GERENCIAMENTO DE CRISES

Theodore Roosevelt e a greve do carvão

"É horrível chegar à Presidência dessa maneira, mas seria muito pior ser mórbido a respeito", escreveu Roosevelt a um amigo dias após a demorada morte do presidente William McKinley. "Essa é minha tarefa e tenho de realizá-la com o melhor de minhas habilidades; é simples assim."[1]

Houve muitos avisos assustados de que o mercado de ações poderia quebrar a menos que Roosevelt garantisse que uma mão firme e cautelosa assumira o timão. Assim, o novo presidente imediatamente pediu a permanência de todos os membros do gabinete McKinley. Seus amigos temiam que alguns desses homens não fossem "leais", mas ele disse que, se aqueles que mantivera "fossem leais ao cargo", essa era a lealdade que mais lhe importava; "se não fossem", ele os substituiria rapidamente.[2] Ao mesmo tempo, ele procurou o chefe político conservador Mark Hanna, melhor amigo de McKinley, que agora enfrentava a situação que temera quando prevenira seus colegas republicanos contra colocar "aquele maluco"[3] Roosevelt na vice-presidência.

"Espero que você seja para mim tudo que foi para ele",[4] disse o disciplinado novo presidente ao enlutado Hanna. Além disso, fez um pedido conciliatório: "Nessa hora de profundo e terrível luto, desejo declarar que darei continuidade, sem nenhuma interrupção, à política do presidente McKinley pela paz, pela prosperidade e pela honra do país."[5]

Todavia, mesmo enquanto promovia publicamente a continuidade, Roosevelt sabia que, se seguisse à risca as políticas conservadoras de McKinley, isso significaria "refutar tudo que defendera"[6] durante sua luta para transformar o Partido Republicano em uma força progressista. A variedade de sua experiência direta em diferentes níveis de governo, da legislatura estadual ao departamento de polícia e à cadeira do governador, o sensibilizara para os perigos ocultos da época: o crescimento de gigantescos fundos que engoliam rapidamente os competidores em um campo após o outro, a invisível teia de corrupção ligando chefes políticos à comunidade empresarial, a crescente concentração de riquezas e a distância cada vez maior entre ricos e pobres, as esquálidas condições das favelas de imigrantes e o ânimo de insurreição entre as classes trabalhadoras.

Assim, em seu primeiro dia no cargo, Theodore Roosevelt afirmou aos jornalistas que, a despeito de endossar o *status quo*, uma nova era política teria início. A constituição, lembrou ele, permitira que sucedesse o presidente e ele estava determinado "a agir em cada palavra e ato precisamente como se [ele] e não McKinley tivesse sido o candidato que os eleitores elegeram para presidente".[7] Ele aprendera política na prática, nas infindáveis contracorrentes e redemoinhos entre os chefes da máquina e os reformadores. Ele temia e desconfiava dos primeiros e frequentemente desapontava os últimos. Embora fosse necessário esperar algum tempo para evitar reviravoltas no mercado, qualquer um que pensasse que ele seguiria o caminho pró-negócios estabelecido por William McKinley compreendera muito mal sua natureza e suas intenções.

O impacto da imensa personalidade de Roosevelt imediatamente deixou claro que um novo líder estava no comando, um que compreendia os desafios do país de maneira muito diferente da de seu predecessor. "O poder contagiante de sua exuberante vitalidade fez com que o país percebesse que havia um novo homem na Casa Branca", observou o jornalista Mark Sullivan, "na verdade, um novo tipo de homem. Sua disposição, sua enorme capacidade para o trabalho, sua energia incansável, sua franqueza, suas muitas qualidades notáveis melhoraram o ânimo de milhões de homens comuns."[8]

Durante sua carreira política, a concepção de liderança de Roosevelt fora construída sobre a narrativa do herói pronto para a batalha (armado de coragem, fibra, honra e verdade) que sai pelo mundo para provar seu valor. Era uma noção de herói-líder matador de dragões, e Roosevelt tivera a sorte de assumir em um momento histórico no qual podia provar seu valor. Sob a bandeira do "Square Deal", ele lideraria o país em um tipo diferente de guerra, uma batalha progressista com o intuito de restaurar a justiça na vida econômica e social dos Estados Unidos.

A grande greve do carvão de 1902 — o tema deste estudo de caso — é emblemática da disseminada disposição para a rebelião entre as classes trabalhadoras após a Revolução Industrial. O desdobramento do criativo manejo do presidente daquele que era visto como "mais formidável impasse da história do país"[9] oferece uma demonstração de revolucionário gerenciamento de crises.

———————

Conforme o frio se aproximava no outono de 1902, disseminou-se um pânico. Mesmo assim, não havia sinais de acordo no conflito de seis meses entre o United Mine Workers, o maior sindicato da nação, e um poderoso cartel de presidentes de ferrovias e proprietários de minas que monopolizava a produção de antracite (carvão duro) na Pensilvânia. A massiva interrupção do trabalho já era "a maior e mais longa notícia do ano".[10]

O nordeste dependia quase inteiramente da antracite como combustível de inverno. Como um rio negro com uma miríade de tributários, o carvão corria das minas e dos vagões da Pensilvânia para fábricas, moinhos, hospitais, escolas e moradias de Nova York e da Nova Inglaterra. Represar esse rio mergulharia toda a região em uma fome de carvão e, como a falta de pão, a falta de carvão pressagiava sofrimento e violência para a população como um todo.

De fato, quando essa tragédia sazonal começou a se desenrolar diante dos olhos do público ao mesmo tempo em que se aproximava o inverno, a greve de carvão "assumiu uma forma tão aguda" que mesmo os conservadores avisaram a Theodore Roosevelt que "se a situação permanecesse inalterada, teríamos em uma quinzena o mais disseminado e sangrento distúrbio civil de nosso tempo".[11]

O que tornava a situação tão frustrante para Roosevelt era o notável fato de que nenhum precedente legal ou histórico permitia a intervenção presidencial para gerenciar qualquer aspecto singular da crise. Tão difundida era a crença de que o governo não devia interferir no funcionamento de um mercado livre e não regulado que os conflitos entre mão de obra e administração eram considerados assuntos totalmente privados. Um coro de vozes, incluindo a família, os amigos mais próximos e os colegas de Roosevelt, alertou que, ao menos que o estado da Pensilvânia solicitasse tropas de emergência para suprimir desordens violentas, ele não tinha nenhum poder para agir.

Ele não somente não tinha autoridade legal para intervir como, da perspectiva política, era aconselhável se manter afastado. Envolver-se comprometeria o apoio da comunidade empresarial, o esteio do Partido Republicano. Além disso, se ele tentasse e falhasse, a responsabilidade pelo fracasso seria colocada à sua porta, prejudicando as perspectivas do partido nas eleições intercalares de outono e seu próprio futuro político.

Seu gerenciamento da greve de seis meses desdobrou-se em três estágios sazonais, começando na primavera daquele ano.

PRIMAVERA

A catástrofe que a greve geraria em outubro ainda muito distante em maio de 1902, quanto 147 mil mineiros pararam de trabalhar. Ninguém na época concebia que a greve se tornaria o que o líder sindical Samuel Gompers mais tarde chamou de "mais importante evento do movimento trabalhista nos Estados Unidos".[12]

A explosão única de consolidação industrial que produzira a gigantesca associação carbonífera começara uma década antes, quando as ferrovias que transportavam carvão (Reading, Lackawanna, Erie e outras), sob os auspícios de J. P. Morgan, o mais respeitado financista de Wall Street, haviam começado a comprar jazidas carboníferas, usando seu poder sobre o preço dos fretes para comprar uma mina independente após a outra. O United Mine Workers só recentemente obtivera apoio na região da antracite. Liderado por John Mitchell, um líder jovem, carismático, conservador e articulado que trabalhara nas minas antes de se tornar oficial sindical, o sindicato organizara dezenas de milhares de mineiros de antracite.

Durante toda a primavera de 1902, Mitchell estivera sob pressão dos mineiros para lidar com uma variedade de questões problemáticas, incluindo salários baixos, jornadas de dez horas e condições de trabalho brutais. Para evitar a crescente demanda por uma greve, que Mitchell temia que pudesse "arriscar tudo em uma única luta",[13] o líder sindical foi até Nova York para discutir potenciais áreas de acordo com os proprietários. Quando os proprietários, liderados por George Baer, o abastado e educado presidente da Reading Railway, recusaram-se a sentar à mesa com "um mineiro comum de carvão, que trabalhou com as mãos durante quinze anos e agora é um agitador trabalhista",[14] os mineiros votaram pela greve, com seu orgulho ferido pela condescendência dos proprietários.

Embora Mitchell inicialmente tivesse se oposto à ideia de greve, temendo que o novo sindicato não conseguisse sustentar um grande conflito durante seu período formativo, ele agora garantiu aos trabalhadores que estava comprometido a fazer tudo que pudesse para que a greve fosse bem-sucedida. Ele implorou para que eles permanecessem juntos: "Se vocês permanecerem unidos como um só homem, por tempo suficiente e com força suficiente, vencerão; se vocês se dividirem, perderão."[15]

A autoridade de Mitchell era tal que, a seu sinal, quase todo mineiro parou de trabalhar já no primeiro dia, uma resposta que excedeu em muito as maiores esperanças dos organizadores sindicais. O poder de Mitchell sobre os homens, muitos dos quais eram imigrantes que mal falavam inglês, era legendário. Exemplo: quando notícias sobre o assassinato do presidente McKinley começaram a se espalhar pela região carbonífera, os trabalhadores se reuniram, abertamente pesarosos. "Quem atirou em nosso presidente?",[16] gritavam eles. Ao descobrir que o presidente McKinley, e não o presidente Mitchell, levara um tiro, eles ficaram muito aliviados.

Calcule os riscos de se envolver.

Mesmo nesse estágio inicial da greve, Roosevelt estava "totalmente consciente"[17] dos perigos potenciais da situação. Embora lhe dissessem repetidamente que ele não tinha "nenhuma responsabilidade material" pela greve e não devia interferir, ele reconheceu que, se a greve continuasse por muito mais tempo, o público "tenderia a colocar sobre nós a responsabilidade pela falta de carvão, precisamente como Kansas e Nebraska colocaram sobre nós seu fracasso em cultivar bons grãos no cinturão árido há oito, dez ou doze anos."[18] Em outras palavras, se as pessoas fossem prejudicadas, seu líder seria considerado responsável, tivesse ou não autoridade legal para agir.

Além disso, a passividade era contrária à disposição e à concepção de liderança de Roosevelt. O estudo da história o persuadira de que havia "duas escolas de pensamento" em relação ao poder presidencial. A primeira, identificada com James Buchanan, era a "visão estritamente legalista de que o presidente é um servidor do Congresso, e não do povo, e nada pode fazer, por mais necessário que seja, a menos que a constituição comande explicitamente a ação", solucionado "cada dúvida em favor da inação contra a ação".[19] Uma segunda posição filosófica, oposta à primeira e exemplificada por Abraham Lincoln, considerava o executivo "o intendente do povo".[20] Nessa concepção, que Roosevelt endossava totalmente, era não somente direito do executivo, mas sua responsabilidade "fazer o que quer que as necessidades do povo exijam que faça, a menos que a constituição ou as leis o proíbam explicitamente de agir".[21]

Assim se deu que, muitos meses antes da situação chegar às proporções de crise, Roosevelt buscava proativamente maneiras de intervir, de criar uma posição firme da qual liderar. Mas, em vez de se precipitar, ele adotou uma conduta metódica, discreta e paciente, diferente de seu habitual estilo apressado de liderança. "Estou me movendo lentamente", disse ele ao jornalista Jacob Riis, "trabalhando no interior do limitado alcance de meus poderes e tentando não fugir de nenhuma responsabilidade nem ser arrastado por uma ação tão apressada e violenta que inevitavelmente provocará reação".[22]

Obtenha um entendimento confiável dos fatos, das causas e das condições da situação.

Em 8 de junho, quando a greve já durava um mês, o presidente deu um pequeno passo a fim de preparar o público para a futura ação executiva. Em uma conversa com seu comissário do Trabalho, Carroll Wright, veio à luz uma provisão em uma lei promulgada anos antes. A provisão autorizava o comissário do Trabalho a "fazer relatórios especiais sobre assuntos particulares sempre que solicitado pelo presidente ou por qualquer câmara do Congresso".[23] Assim, Roosevelt verbalmente pediu que Wright determinasse "todos os fatos possíveis relacionados à presente controvérsia".[24] Wright, visto como "um dos principais estatísticos do mundo",[25] era o homem certo para a tarefa de conduzir uma investigação imparcial sobre as causas e condições subjacentes à greve. Ele dedicara sua inovadora carreira ao estudo das condições de trabalho na era industrial. E, para um homem dos números, possuía uma sensibilidade incomum para os muito humanos elementos envolvidos em ambos os lados da greve: autoridade e controle, reconhecimento e orgulho.

A demanda de Roosevelt por um relatório não fora simplesmente a solicitação de uma escrituração estatística. Ele esperava que um relatório empurrasse as coisas adiante. "Alguns acham que a ação do presidente de enviar o comissário do Trabalho para investigar a greve do carvão prevê influência presidencial", observou um editorial. "Evidentemente, o presidente Roosevelt vê a greve não como disputa privada, mas como conflito no qual interesses públicos estão diretamente envolvidos",[26] afirmou outro. Ao tornar pública sua diretiva a Wright, Roosevelt dera o primeiro passo, por mais hesitante que fosse, no lento e deliberado processo de semear "um novo e não testado campo"[27] de poder presidencial.

Wright decidiu não ir diretamente às jazidas de carvão da Pensilvânia, pois, como representante do presidente, sua "presença lá faria mais mal que bem".[28] Em vez disso, foi para Nova York, onde conduziu uma longa série de entrevistas com os presidentes das ferrovias transportadoras de carvão, oficiais do sindicato United Mine Workers, mineiros e trabalhadores.

Wright tentou entender as pressões exercidas sobre ambos os lados, cada um deles respondendo a seu próprio eleitorado. Os administradores, que respondiam aos acionistas, afirmavam que salários mais altos e menos horas de trabalho tirariam várias minas do negócio. "Não posso voluntariamente falir minha companhia", explicou Baer, "ao aceitar perdas que qualquer homem responsável pelo gerenciamento diria que são desnecessárias e imprudentes."[29] Mitchell, a voz do recém-criado sindicato, tinha de provar aos mineiros que suas vidas melhorariam através do compromisso com a ação coletiva. E, para além das disputas específicas sobre salários, horas e condições de trabalho, concluiu Wright, "os elementos psicológicos devem ser considerados" a fim de se obter a verdadeira medida da situação. "A suspeita habita a mente de todos."[30]

O comissário Wright disse a Roosevelt que não podia concluir seu relatório sem fazer algumas sugestões que "poderiam levar a condições mais pacíficas e satisfatórias nos campos de antracite". Ele propôs a redução experimental, durante seis meses, de dez para nove horas de trabalho diário, para ver como a produtividade seria afetada. Para diminuir a desconfiança e a má vontade que ondulavam sob a superfície, recomendou que, quando os trabalhadores fossem pagos por tonelada, dois inspetores, um representando os administradores e outro os mineiros, estivessem presentes para pesar o carvão. E, o mais significativo, pediu a criação urgente de "um comitê conjunto de conciliação, composto de representantes dos administradores e do novo sindicato". Esses passos, reconheceu Wright, não levariam "à serenidade", mas ele acreditava que iriam "acalmar as irritações até chegar o dia em que as regiões de antracite" pudessem ser governadas "com mais justiça".[31]

Não se envolva durante os estágios iniciais.

"Esse é um importante relatório de Carroll D. Wright", disse Roosevelt ao procurador-geral Philander C. Knox. "Eu gostaria que você o lesse para que pudéssemos discutir, durante a reunião de gabinete, se devemos ou não publicá-lo. Eu gosto muito do tom empregado." Knox foi enfaticamente contrário à publicação. Ele disse a Roosevelt que o caso não dizia respeito ao presidente e que "ele não conseguia ver que bem faria publicar o relatório".[32] Elaborando, Knox lembrou ao presidente que o relatório fora feito para sua "informação pessoal", não porque ele tinha qualquer responsabilidade pela situação. "Publicar o relatório seria visto como aprovação dos fatos revelados e das recomendações nele contidas. Não acho que você deva se envolver desse modo."

Roosevelt ponderou sobre o peso desse argumento. Publicar o relatório, com as sugestões de Wright para melhorar as condições de trabalho, poderia parecer simpatia pelos mineiros. Se, como presidente, ele "expressasse uma opinião" sobre questões específicas naquele momento, ele se veria em "uma posição constrangedora e indigna"[33] se o dever exigisse sua intervenção. No entanto, não publicar o relatório depois de ele ter sido publicamente anunciado poderia parecer um ato de supressão, enfurecendo os progressistas que esperavam ansiosamente por alguma ação positiva. Pego em um fogo cruzado, Roosevelt decidiu não publicar o relatório imediatamente.

VERÃO

O relógio sazonal tiquetaqueava. Embora não ocorresse nenhuma mudança dramática na vida diária das pessoas durante o calor do verão, cada dia que se passava aproximava fábricas, escolas e hospitais, juntamente com milhões de residências, da necessidade de garantir suprimentos de carvão para o inverno. Quando os estoques diminuíram e os latões dos comerciantes se esvaziaram, os preços do atacado subiram entre 50% e 60% — representando, para a grande maioria das pessoas, um fardo exorbitante. Relatos de cidades da Nova Inglaterra revelavam que mesmo para aqueles capazes de pagar os preços onerosos, a escassez de carvão era tal que estoques só eram encontrados "aqui e ali", nas mãos de alguns poucos negociantes. "Sem dúvida, está muito próximo o estágio", previu o *Coal Trade Journal*, "no qual, para todos os propósitos, os estoques de antracite terão se exaurido totalmente."[34]

Use a história para fornecer perspectiva.

Naquele verão, com o Congresso em recesso, Roosevelt monitorou de perto os desenvolvimentos da greve na casa de sua família em Oyster Bay. No santuário de sua biblioteca, ele encontrou o que Lincoln garantira para si mesmo em Soldiers' Home: tempo e espaço para refletir sobre as profundas raízes do conflito.

Estudante de história durante toda a vida, leitor voraz e historiador, Roosevelt reconheceu que a colisão entre proprietários e mineiros, capital e trabalho, ricos e pobres vinha se anunciando há décadas. "O problema do trabalho", compreendeu ele, "entrou em uma nova fase" após a revolução industrial. "Grandes corporações financeiras, fazendo negócios em toda a nação e mesmo em todo o mundo, assumiram o lugar dos pequenos interesses de eras anteriores. As antigas relações íntimas e familiares entre empregador e empregado estão acabando. Algumas gerações atrás, o chefe conhecia cada homem em sua loja." Em contraste, deduziu Roosevelt, era improvável que algum mineiro de carvão já tivesse visto o presidente da Reading Railroad, e menos ainda se tornado seu amigo. Além disso, como consequência de tal consolidação, desenvolvera-se "uma crassa desigualdade no relacionamento de barganha entre o empregador e o empregado individual". Individualmente, os mineiros "eram impotentes quando buscavam entrar em um contrato de salário" com seus empregadores; "eles só podiam conseguir termos justos ao se unirem em sindicatos e barganhar coletivamente". Roosevelt entendeu que os sindicatos "estavam destinados a crescer em tamanho e força". E essa era uma inevitabilidade histórica "que os grandes administradores de carvão não viram".[35]

Roosevelt não somente lera sobre a Era Dourada e o crescimento de associações, fundos e sindicatos como a história de sua família fornecia uma crônica singular de como a riqueza se acumulara na nova ordem industrial. Do avô Cornelius Roosevelt, que se tornara "um dos cinco homens mais ricos de Nova York"[36] através de uma carreira bem-sucedida como mercador, banqueiro e magnata imobiliário, Theodore herdara um fundo familiar. Com o pai, que se tornara um pilar do mundo filantrópico nova-iorquino, desenvolvera um senso de dever e responsabilidade cívica. A partir de suas próprias experiências nos bosques do Maine, entre os caubóis do oeste, como funcionário público em Washington, comissário de polícia em Nova York e soldado em Cuba, criara um caminho diferente do imaginado pela *noblesse oblige*. Ele fora confrontado por uma visão mais ampla da diversidade americana e desenvolvera uma concepção mais complexa sobre responsabilidade pública e liderança. A história que se desenrolava na greve de 1902 era parte de seu conhecimento da história e da vida de sua própria família, sua biografia e seu tempo.

Naquele verão, Roosevelt terminara de ler a biografia em dez volumes de Abraham Lincoln escrita por John Nicolay e John Hay. Ele não só gostara da leitura, mas, como escreveu a Hay, "realmente acredito que me beneficiei dela". Embora compreendesse, é claro, que a tarefa diante dele diferia em grau "do que Lincoln viu como anos supremos do conflito nacional", "os homens e as forças" em jogo eram "os mesmos em sua infinita variedade".[37] Além disso, ele tinha "uma boa ideia da preocupação de Lincoln" quando fora denunciado pelos extremistas, de um lado, por não ir "longe o bastante" e, do outro, por ir "longe demais". Na presente greve do carvão, os conservadores o denunciavam frontalmente por "demonstrar simpatia pelos mineiros", ao passo que os progressistas queriam que ele "agarrasse os barões do carvão pela garganta".[38] Acima de tudo, enfatizou Roosevelt, o caráter de Lincoln fornecia o mais revelador modelo para ele "tentar ser amável e tolerante e tentar me livrar do revanchismo".[39]

Esteja pronto para lidar com reveses e intrusões abruptas que podem destruir todos os planos.

O disparo da pistola de um anarquista transformara Roosevelt em presidente. Lidar com mudanças súbitas do caleidoscópio modelara sua filosofia de vida e de liderança. Quando a greve relativamente pacífica entrou na décima segunda semana, um único incidente violento em uma mina na cidade carbonífera de Shenandoah ameaçou destruir todas as esperanças de solução pacífica. Desde o início, Mitchell aconselhara seus homens a evitarem as provocações e manterem os piquetes ordenados. No fim de julho, entretanto, os ânimos estavam perigosamente exaltados.

Em 30 de julho, um assistente do xerife escoltou dois homens carregando "uma trouxa de aspecto suspeito" até a mina. Ao descobrirem que a trouxa continha equipamentos de mineração, os grevistas se voltaram contra os "fura-greves",[40] golpeando-os com porretes até ficarem inconscientes. Os policiais correram para a cena. Multidões se formaram nas ruas. "Mais de mil tiros foram disparados",[41] relatou o *New York Times*. Dezenas de grevistas e moradores locais foram atingidos; "supõe-se que haja muitas mortes." Um cidadão que fora ajudar o assistente do xerife foi "brutalmente golpeado até a morte".[42] As manchetes de primeira página de todo o país proclamavam "um reino de terror".[43]

Lendo os despachos em Sagamore Hill, Roosevelt pensou em retornar a Washington. Se a violência continuasse, era possível que o governador da Pensilvânia solicitasse tropas federais para manter a ordem. "Quando há recurso à violência em massa", disse Roosevelt mais tarde a um amigo, "a única coisa a fazer é manter a ordem." Embora tal intervenção estivesse nos limites de sua autoridade constitucional, Roosevelt sabia, a partir de seus estudos históricos, que a chegada de tropas federais seria vista como ação coerciva em benefício dos administradores, uma ação que poderia muito bem pôr fim à greve. "É horrível enfrentar a necessidade de tomar medidas, por mais inevitáveis que sejam, que significarão a morte de homens enlouquecidos pela necessidade e pelo sofrimento."[44]

Querendo ver como a situação se desdobraria, Roosevelt permaneceu vigilante, mas discretamente em casa. Sua paciência foi recompensada. No dia seguinte, John Mitchell viajou até o local da violência. Ele entendeu que mesmo a parcela da população que mais simpatizava com a causa dos mineiros não concordaria com a perturbação da lei e da ordem. Uma multidão de 10 mil mineiros recebeu o presidente do sindicato quando ele chegou a Scranton. Os homens "ficaram bastante desvairados"[45] com sua aparição, relatou um jornal, mas ouviram sobriamente quando ele pediu que evitassem a violência. "Aquele entre vocês que viola a lei é seu pior inimigo", avisou ele. "Quero enfatizar a importância de vencer essa greve. Se vencerem [...] não haverá mais greves", mas, "se perderem, vocês perderão sua organização".[46]

Como Theodore Roosevelt não se precipitou e John Mitchell respondeu rápida e efetivamente, uma paz hesitante foi restaurada novamente na região da antracite.

Reavalie as opções; esteja pronto para se adaptar conforme a situação evolui.

Quando a greve chegou ao quarto mês, a ansiedade pública se aprofundou. Ambos os lados estavam abastecendo seus cofres para suportar a longa espera. A greve só terminaria, enfatizavam repetidamente os proprietários, quando os mineiros admitissem a derrota e retornassem ao trabalho. De sua parte, os mineiros, tendo solicitado o maior fundo de greve já acumulado de colegas sindicalizados em diferentes partes do país, estavam "se acomodando para um longo teste de resistência".[47]

Em 21 de agosto, cada vez mais "inquieto" com a prolongada estase, Roosevelt perguntou ao procurador-geral: "Por que não podemos agir contra os administradores de carvão como estando envolvidos em um truste? Eu pergunto porque é algo que me perguntam continuamente."[48] De fato, os repórteres haviam sugerido que o truste de carvão parecia estar em violação mais flagrante da Lei Antitruste de Sherman que a Northern Securities, a vasta transportadora que Roosevelt enviara a julgamento em fevereiro. A Northern Securities, forjada sob os auspícios de J. P. Morgan durante o mandato de Roosevelt no fim de 1901, consolidara três linhas rivais de transporte ferroviário e naval em uma única companhia gigantesca, criando (atrás da U.S. Steel de Morgan) "a segunda maior corporação do mundo".[49] A nova holding tinha poder absoluto para determinar o valor dos fretes no interior de seus domínios. O imprevisto anúncio da ação do governo para "avaliar a validade da fusão"[50] chocara o mundo financeiro.

"Não fizemos nada de errado", informara Morgan a Roosevelt durante uma reunião na Casa Branca três dias depois, "mande seu homem procurar o meu e eles resolverão isso."[51] A atitude de Morgan, disse Roosevelt mais tarde, era "um exemplo muito esclarecedor do ponto de vista de Wall Street", que via o presidente simplesmente como "um administrador rival".[52] Com a ação contra a Northern Securities, a primeira de uma série que daria a Roosevelt o apelido de "caça-trustes", o presidente pretendia "mostrar a todo mundo que seria o governo", e não Wall Street, "que governaria os Estados Unidos".[53]

Em resposta à pergunta do presidente sobre uma ação antitruste contra as administradoras de carvão, porém, Knox argumentou que elas não estavam associadas de maneira que se adequasse à definição legal de truste. Além disso, ele lembrou a Roosevelt que, mesmo que a ação contra os proprietários fosse bem-sucedida, o demorado funcionamento da maquinaria judicial não forneceria remédio para a crise atual. Após sete meses, a ação contra a Northern Securities ainda estava no primeiro estágio de argumentação nos tribunais federais; quase três anos se passariam antes que a Suprema Corte finalmente decidisse o caso a favor do governo.

Preocupado com as objeções do procurador-geral, Roosevelt contemplou um passo diferente e menos controverso. Talvez, sugeriu ele a Knox, tivesse chegado a hora de rever sua decisão de não publicar o Relatório Wright. Knox reiterou que "jamais achei prudente publicá-lo e não vejo razão para mudar de opinião".[54] Dessa vez, porém, Roosevelt escolheu agir e liberar o relatório para a imprensa. Que o caso fosse apresentado ao público! No apêndice do relatório, que incluía as cartas trocadas entre os administradores e os mineiros, a virulenta animosidade dos administradores por seus funcionários era alta e clara. Incontáveis vezes, os administradores haviam se recusado a se reunir com Mitchell. Quanto à ideia de assegurar a cada mineiro um salário mínimo diário, os proprietários responderam que era "patente para qualquer um" com qualquer conhecimento das diferentes condições nas diferentes minas que "tal ideia só pode ser produto de uma mente ignorante e doentia".[55]

Ainda mais significativo, o relatório revelava que os administradores acreditavam que não eram obrigados a prestar nenhum tipo de conta ao público. Quando Wright perguntou se eles tinham "alguma sugestão" que o presidente pudesse adotar para ajudar a encerrar a greve, os proprietários haviam respondido sem rodeios que, se ele e todos os outros simplesmente não se intrometessem, "isso fará mais para pôr fim a ela que qualquer outra coisa".[56]

Quando Roosevelt liberou o relatório, ele teve o cuidado de incluir a opinião de Knox de que o presidente não tinha nem autoridade nem responsabilidade na questão. Mas, cada vez mais, Roosevelt sentia o contrário. Como representante do público, ele tinha substancial influência, embora não o poder de uma lei explícita. E, lentamente, a ideia de que o público — cujas vidas e modos de vida dependiam do resultado daquele conflito cada vez mais amargo — tinha um papel a desempenhar começou a se impor. As sementes que Roosevelt plantara no início do conflito haviam começado a brotar, nutridas pelas expectativas e necessidades do povo. Aos poucos, o presidente construíra um novo tipo de plataforma da qual falar. E agora chegara a hora de construir uma base de apoio entre os cidadãos que estavam no olho do furacão: o povo da Nova Inglaterra.

Seja visível. Cultive apoio público entre aqueles mais diretamente afetados pela crise.

Mesmo antes de a greve do carvão chegar ao estágio crítico, Roosevelt planejara passar o fim do verão em uma turnê pela Nova Inglaterra e o Meio-Oeste a fim de gerar entusiasmo pelos republicanos nas eleições de outono. As preocupações cada vez maiores dos habitantes da Nova Inglaterra com a prolongada greve deram à viagem de campanha um cunho e um tom político muito claros. Viajando de trem e carruagem aberta de Rhode Island, Connecticut e Massachusetts até Vermont, New Hampshire e Maine, Roosevelt atraiu grandes multidões em todos os lugares. "O disparar dos canhões, o clangor dos sinos das igrejas, os trinar dos apitos, os ornejos das bandas de metais e os vivas de milhares" assinalavam seu progresso. "Fábricas fecham", relatou o *Boston Daily Globe*, "lojas recolhem os toldos, bandeiras são içadas e as pessoas saem de casa usando roupas de domingo."[57] Um jornalista comentou que "nas cidades pequenas, toda a população comparece".[58] Roosevelt entendia que as pessoas iam "ver o presidente do mesmo modo que iam ver o circo".[59] Sua energia jamais vacilou: ele sorria, gesticulava, irradiava bom humor, absorvia e correspondia ao afeto. Em cada parada, fazia observações improvisadas sobre cidadania, caráter e "um acordo justo para cada homem, grande ou pequeno, rico ou pobre".[60]

Embora tenha deliberadamente evitado falar sobre a greve do carvão durante os discursos, ele "ouviu com simpatia" as manifestações de "difuso descontentamento" com a crescente consolidação da indústria e a distância cada vez maior entre ricos e pobres. Ele percebeu que muitos olhavam com nostalgia para a era pré-industrial, "quando o homem comum vivia mais para si mesmo".[61] Ele os desafiou a olharem para a frente, não para trás, para um tempo no qual o sentimento público estaria pronto para que o governo nacional encontrasse maneiras construtivas de intervir no funcionamento da ordem econômica a fim de regular trustes, estimular a competição e proteger as pequenas empresas. Ele concordava com Lincoln sobre o papel essencial desempenhado pelo sentimento público quando um líder espera mover seus compatriotas em uma direção diferente.[62]

Enquanto os dias de verão chegavam ao fim, Roosevelt incitava aquele sentimento público. Com cada vez mais frequência, a opinião pública era ouvida e os olhos do povo se voltavam para a Casa Branca em busca de auxílio. "Suportamos pacientemente", chegou uma mensagem. Mas agora "está na hora de as pessoas falarem. Está na hora de sua voz ser ouvida." Apelamos "ao presidente do povo" para "usar sua influência a fim de impedir que o monstro nos esmague".[63] O poder do sentimento público criava espaço para a ação do presidente.

OUTONO

Limpe a mesa e foque somente na crise.

Quando a greve do carvão chegou a uma fase aguda no início do outono, Theodore Roosevelt estava no meio de sua viagem de campanha, aumentando seu apoio político e sua visibilidade. Novamente, o acaso atingiu sua vida com terrível violência. A carruagem que transportava a comitiva presidencial de Pittsfield, Massachusetts, a Lenox para um discurso estava cruzando os trilhos quando foi atingida por um bonde a toda velocidade.

"Com uma batida que ecoou pelas montanhas, o bonde atingiu a carruagem", testemunhou um repórter, "virando-a e despedaçando corpo e rodas." O agente do serviço secreto favorito do presidente, William Craig, foi jogado para debaixo das rodas do bonde e morreu. Em meio à carnificina, o próprio Roosevelt foi lançado a 9 metros de distância, machucando a mandíbula e um dos olhos e tendo uma contusão profunda na face esquerda. "Eu tive certeza", lembrou ele, "de que todos na carruagem morreriam."[64]

Com bravata característica, ele ignorou seus ferimentos, determinado a prosseguir com a turnê programada pelo Meio-Oeste. Quando chegou a Indiana, sua perna estava muito inchada, como resultado de um abcesso. Quando a dor se tornou severa e sua temperatura subiu, ele finalmente consentiu em ser hospitalizado. Os médicos decidiram operar imediatamente. Recusando anestesia, Roosevelt brincou com os cirurgiões: "Os senhores são formais, estão usando luvas", referindo-se às luvas antissépticas. "Senhor presidente", disse um cirurgião, "é de bom tom usar luvas durante uma recepção presidencial."[65]

O abcesso foi drenado com sucesso, mas os médicos insistiram para que ele cancelasse o restante da turnê e fizesse repouso por ao menos duas semanas para evitar complicações. Retornando a Washington, Roosevelt foi levado de maca até a Casa Branca temporária no número 22 de Jackson Place, a mansão executiva estava em reforma para separar a ala residencial da nova Ala Oeste de escritórios executivos.

Aquele homem de ação que sempre lidara com a tragédia privada e a adversidade com intensa movimentação a fim de se distrair agora estava incapacitado. Ironicamente, os ferimentos davam a oportunidade para que focasse somente na greve do carvão, exatamente no momento em que as consequências cada vez piores dessa greve estavam prestes a irromper na consciência pública. Ele não precisou limpar a mesa de todas as questões supérfluas; o acidente limpou a mesa por ele. "Não preciso ver todas as inumeráveis pessoas que não tenho razão para ver, mas teria de ver se não estivesse confinado a meu quarto com a perna para cima", disse ele ao senador por Connecticut Orville Platt, "e sou capaz de fazer todo o trabalho importante, como o relacionado à greve de carvão, exatamente como se estivesse em pé sobre as duas pernas."[66]

Durante as duas semanas de convalescência, Roosevelt tomaria a decisão sem precedentes de intervir na greve do carvão. "Eu ainda não tinha dever legal ou constitucional e, consequentemente, direito legal ou constitucional na questão",[67] reconheceu ele. "Eu sabia que poderia fracassar, mas decidi que, se fracassasse, ao menos não seria por adotar uma atitude como a de Buchanan, temendo tentar qualquer coisa."[68] O que transpirou durante sua imobilidade que levou à decisão?

Ele mal se instalara no quarto com vista para Lafayette Park quando foi bombardeado por uma verdadeira *nor'easter* de previsões alarmantes. Pedidos urgentes chegaram de prefeitos de grandes cidades no caminho da tempestade. "Não posso enfatizar o suficiente as injustiças na atual situação do carvão", telegrafou o prefeito de Nova York Seth Low, "os milhões de pessoas inocentes [...] passarão por real sofrimento se as condições presentes continuarem."[69] Do Maine chegaram relatos de que a falta de carvão em breve resultaria no fechamento dos moinhos. "Milhares de trabalhadores estão em risco de ficar sem emprego. Hotéis e ferrovias também estão com pouco carvão."[70] Em Connecticut, a falta de combustível já forçara fábricas e pequenos negócios a fechar. Trabalhadores estavam sendo dispensados em um ritmo alarmante e cada vez mais acelerado.[71] Os hospitais da região reportaram crescimento da tuberculose e da difteria. Escolas úmidas e geladas eram compelidas a enviar as crianças para casas cujos aquecedores a carvão estavam vazios. Ainda mais preocupante, a ameaça de violência enchia o ar. As multidões acossavam os caminhões de carvão que atravessavam pesadamente os vilarejos e as cidades; bombas eram detonadas em pontes e trilhos ferroviários.

O tempo que ainda restava antes que a falta de combustível espalhasse "miséria inarrável"[72] e derramasse sangue estava quase no fim. Tivesse ou não um mandato legal claro, aquele não era um curso normal de eventos. A hora de avaliar já terminara; chegara a hora de decidir. Theodore Roosevelt encontraria um caminho ou o abriria à força.

Monte uma equipe de gerenciamento de crise.

Não havia nada aleatório na equipe de gerenciamento de crise que Theodore Roosevelt montou com pessoas de dentro e fora de sua administração. Cada um dos sete homens que reuniu como consultores tinha uma perspectiva particular sobre a greve; cada um deles estava alinhado a um aspecto diferente do impasse. E todas aquelas linhas convergiam para Roosevelt e seus próprios e sobrepostos campos de experiência e perícia. Ele sabia quem eles eram, o que sabiam e o que podiam fazer. Se pudesse unir sua inteligência, suas perspectivas e sua influência em uma equipe, eles descobririam como proceder com um objetivo partilhado. De fato, as decisões que ele tomou nas semanas seguintes vieram diretamente daquela equipe.

A primeira pessoa que Roosevelt convocou foi o governador Winthrop Crane, do Massachusetts, um estado na mira da falta de carvão. Os dois homens haviam se aproximado durante a viagem recente do presidente a Massachusetts. Sentado ao lado de Roosevelt quando o bonde descontrolado atingira a carruagem presidencial, Crane também escapara da morte por ter sido lançado ao solo. Roosevelt confiava no empresário conservador, que certamente não era "nenhum alarmista",[73] para fornecer uma visão em primeira mão da situação. Crane não perdeu tempo e deu um conselho urgente. "A menos que você ponha fim à greve", avisou ele em um tom tão estridente que não podia ser ignorado, "os trabalhadores do norte começarão a destruir os prédios para conseguir combustível. Eles não ficarão parados enquanto congelam até a morte."[74] A demora não era uma opção.

Crane permaneceu em Washington nos dias que se seguiram, enquanto Roosevelt conduzia uma série de reuniões de dia inteiro com sua equipe recém-montada, que reunia os mundos dos grandes negócios, do trabalho, da política e da lei. Os elos de vida inteira do secretário de Guerra Elihu Root com Wall Street o tornavam uma ligação confiável com o mundo financeiro e um conduíte até J. P. Morgan, a impassível força motriz do reservatório financeiro por trás dos administradores das ferrovias e minas. O diretor geral de serviços postais, Henry Payne, entendia a mentalidade dos proprietários de ferrovias, tendo sido presidente da Chicago Railroad e da Northern Railroad antes de se unir à administração. Para representar a perspectiva do sindicato, Roosevelt consultou Frank Sargent, seu comissário de Imigração, que já fora chefe da Irmandade dos Maquinistas de Locomotivas e era um respeitado sócio de Samuel Gompers e, ainda mais importante, amigo de John Mitchell. O experiente senador pela Pensilvânia Matthew Quay tinha profunda familiaridade com a operação de minas de antracite. O comissário do Trabalho Wright, o inestimável estatístico de Roosevelt, representava com equidade ambos os lados. E, é claro, havia o procurador-geral Knox, que o aconselhara consistentemente a não se envolver na questão.

Crane propôs um curso de ação baseado em sua experiência recente com uma greve de caminhoneiros em Massachusetts na qual nenhum dos lados queria conversar com o outro. Como governador, Crane convidara os empregadores e os membros do sindicato a ocuparem suítes separadas no mesmo hotel. Ele fora alternadamente às duas suítes e, finalmente, chegara a um compromisso. E se o presidente convidasse os proprietários e os representantes do sindicato para se reunirem com ele em Washington?[75]

Roosevelt imediatamente compreendeu o potencial do conceito de Crane; a equipe ainda não estava convencida, preferindo que a greve fosse solucionada sem interferência presidencial. Finalmente todos, com exceção de Knox, concordaram que o presidente deveria agir. Knox continuava a temer que se estivesse criando um precedente que envolveria o chefe executivo em qualquer conflito laboral futuro. Mas, uma vez que a política foi determinada, Knox "agiu como sempre fazia nesses casos", disse Roosevelt aprovativamente, "e fez seu melhor para torná-la bem-sucedida."[76]

Telegramas idênticos foram enviados ao presidente do sindicato John Mitchell e aos seis presidentes das companhias de antracite. "Eu gostaria muito de vê-lo na próxima sexta-feira 3 de outubro, às 11 horas, aqui em Washington, com relação à falha no fornecimento de carvão, que se tornou uma questão vital para toda a nação."[77] Esse convite ostensivamente direto, mas sem precedentes, capturou as manchetes de todo o país. "Pela primeira vez na história do país", exclamou um escritor na *Collier's Weekly*, grandes líderes corporativos e representantes de sindicatos se uniriam "ao presidente dos Estados Unidos para resolver suas diferenças frente a frente".[78]

Imediatamente, um estrépito de protesto soou na imprensa conservadora, que caracterizou a intervenção como perigoso experimento "não americano".[79] "Muito pior que a greve é a tendência aparentemente incontrolável do sr. Roosevelt para a impulsiva autointrusão",[80] queixou-se o *Journal of Commerce*.

Enquadre a narrativa.

"Foi muito gentil de sua parte atender a meu convite", dizia Roosevelt para saudar seus convidados quando eles chegavam à saleta no segundo andar da Casa Branca temporária. "Peço desculpas, mas não posso me levantar para cumprimentá-lo." Sentado em uma cadeira de rodas no canto da sala, Roosevelt usava "um roupão de banho de listras azuis amarrado na cintura". Coberta com um macio cobertor branco, sua "perna ferida estava esticada a sua frente".[81]

Roosevelt iniciou a reunião lendo uma declaração cuidadosamente ensaiada que estabelecia as regras para a discussão. "Há três partes afetadas pelo comércio de antracite: os administradores, os mineiros e o público em geral." Ele garantiu que não defendia "nem os administradores nem os mineiros". Ele falava pelo "público em geral". Embora legalmente não possuísse "direito ou dever de intervir", Roosevelt considerava a situação corrente tão "intolerável" que se sentia compelido a usar qualquer influência pessoal que tivesse para unir as partes. "Não convido a uma discussão de suas reivindicações e posições respectivas. Apelo a seu espírito de patriotismo, ao espírito que renuncia às considerações pessoais e faz sacrifícios individuais para o bem comum."[82]

Assim que o presidente terminou, John Mitchell, sentado na fileira posterior de cadeiras, atrás de três dos presidentes de seu distrito, "literalmente ficou em pé de um pulo".[83] Em uma dramática tentativa de enquadrar a narrativa, Mitchell jurou que "os mineiros voltariam imediatamente ao trabalho e todas as questões entre administradores e mineiros seriam decididas por uma comissão indicada [pelo presidente], com ambos os lados concordando em aceitar a decisão". A salva inicial de Mitchell pegou tanto os administradores quanto o presidente de surpresa. Virando-se para os administradores, Roosevelt perguntou: "O que os senhores têm a dizer a essa proposta?" Após conferenciar apressadamente com os colegas, George Baer se levantou: "Não podemos concordar com nenhuma proposta feita pelo sr. Mitchell", proclamou ele categoricamente. "Muito bem", disse o presidente. "Então peço que retornem às 15 horas e apresentem suas várias posições por escrito."[84]

Quando o grupo se reuniu novamente, Baer apresentou uma declaração escrita projetada para reenquadrar a história para vantagem dos proprietá-rios. Vinte mil trabalhadores, afirmou ele, "estavam prontos" para retornar às minas e garantir o carvão necessário, mas eram impedidos de fazê-lo "por Mitchell e seus capangas".[85] "O dever da hora não é perder tempo negociando com os fomentadores desse anárquico e insolente desafio à lei", argumen-tou ele, "mas fazer o que foi feito na guerra contra a rebelião, restaurar a majestade da lei, a única guardiã de um povo livre."[86] Olhando diretamente para o presidente, ele afirmou que, se a administração se recusasse a enviar tropas federais para impedir a destruição de propriedade privada e pôr fim à greve, então "o governo seria um fracasso desprezível".[87]

Eles não somente "me insultaram por não preservar a ordem", escreveu Roosevelt mais tarde, falando sobre os proprietários de minas, como "ataca-ram Knox por não ter levado o sindicato de mineiros a julgamento por violar a lei antitruste de Sherman".[88] A tensão aumentou quando o proprietário John Markle avançou sobre o espaço do confinado presidente e gritou: "Você está nos pedindo para negociar com um bando de foras da lei?"[89]

Mantenha seu gênio sob controle.

Do começo ao fim, escreveu Roosevelt mais tarde, os administradores "fizeram tudo em seu poder para provocar e irritar Mitchell, tornando-se bastante agressivos na linguagem que usaram com ele, e foram insolentes comigo. Não fiz nenhum comentário sobre o que disseram, pois me parecia muito importante que eu (contivesse meu gênio e não fosse arrastado para nenhuma briga)." Quase houve ruptura quando Markle o repreendeu por negociar com "um bando de foras da lei". Roosevelt admitiu mais tarde que queria pegá-lo "pelo fundilho das calças e pela nuca e jogá-lo pela janela".[90] Agarrando a beirada da cadeira de rodas e mordendo o lábio, Roosevelt conseguiu controlar sua raiva.

O presidente ficou impressionado e surpreso com a disciplina de John Mitchell: como, apesar da provocação, "Mitchell se comportou com grande dignidade e moderação",[91] jamais perdendo a compostura. Ao fazer isso, ele "ficou muito acima"[92] de todos eles. Quando Roosevelt pediu que o líder sindical respondesse à acusação de violência gratuita e assassinato feita pelos proprietários, Mitchell reconheceu prontamente que sete mortes haviam ocorrido. "Ninguém as lamenta mais do que eu. Contudo, três dessas mortes foram causadas pelas forças policiais privadas da administração, e nenhuma acusação foi feita nos outros quatro casos. Gostaria de dizer, senhor presidente, que sinto muito agudamente o ataque contra mim e minha gente, mas vim até aqui com a intenção de nada fazer e nada dizer que possa afetar a reconciliação."[93]

Uma sensação de fracasso invadiu a sala. Roosevelt mais uma vez tentou encontrar uma solução, perguntando novamente aos proprietários se eles se submeteriam a um tribunal presidencial. "NÃO", responderam eles em uníssono. Eles se recusavam taxativamente "a fazer qualquer negociação, de qualquer natureza, com John Mitchell".[94] Com isso, a conferência chegou a um fim abrupto. Enquanto os presentes se retiravam, os barões do carvão forneceram seu próprio relato à imprensa, afirmando que, "na verdade, eles haviam 'recusado' tanto os mineiros quanto o presidente".[95] Em uma nota a Mark Hanna, Roosevelt reconheceu: "Bem, eu tentei e falhei. Sinto-me desanimado com o resultado."[96] Mas, embora a conferência tivesse fracassado, um plano para salvar algo daquele fracasso já estava em execução.

Documente os procedimentos em cada passo do caminho.

Mais cedo naquela manhã, antes do início da reunião, Roosevelt obtivera permissão dos participantes, dada a gravidade das circunstâncias, para que seu estenógrafo registrasse todo o procedimento. Aquela seria "a primeira vez, desde a fundação da República",[97] comentou um jornalista, que seria feito um registro *verbatim* de uma reunião presidencial.

Assim que a conferência chegou ao fim, a equipe oficial de Roosevelt começou a datilografar o registro do estenógrafo. A transcrição então foi enviada rapidamente ao Departamento de Impressão do Governo, que produziu um pequeno panfleto contendo tudo que fora dito e representando, maravilhou-se um jornalista, "uma das peças mais rapidamente produzidas por aquele estabelecimento".[98] Os panfletos foram entregues à imprensa a tempo de cumprir o prazo final de meia-noite para publicação na manhã seguinte.

Controle a mensagem na imprensa.

Na manhã seguinte, quando a imprensa de todo o país expôs a narrativa da conferência em matérias de primeira página, a sensação de fracasso de Roosevelt rapidamente se dissipou. A maioria da imprensa contrastou o comportamento paciente, cortês, digno e imparcial do presidente com a atitude intratável dos barões do carvão, "que se ressentiram, em termos inconfundíveis, com sua interferência no que afirmavam ser seus próprios negócios".[99] Quando a declaração inicial de Roosevelt foi lida em casas na cidade e nas fazendas no interior, a ideia de que uma terceira parte tinha direitos e interesses naquele "conflito privado" exerceu intensa influência sobre o público. "O presidente fez algo corajoso e sábio", afirmou o *The Outlook* em seu editorial, ao incluir o público na greve como terceira parte, assim dando "reconhecimento oficial" à ideia de que "seus interesses são mais importantes que os dos trabalhadores ou dos capitalistas".[100]

Além disso, quando os tons contrastantes de John Mitchell e George Baer foram lidos e relidos, o sentimento público se voltou esmagadoramente para os mineiros. Com uma astúcia para relações públicas que se equiparava à do próprio Roosevelt, John Mitchell parecia eminentemente razoável em todos os momentos, exibindo disposição para se sujeitar à arbitragem, demonstrando preocupação sincera com os surtos esparsos de violência, sabendo que, em um único dia de tumulto sangrento, podia perder toda a simpatia do povo. Em contraste, os proprietários de minas pareciam intransigentes e indiferentes ao bem-estar público.

Nos dias que se seguiram, uma peça moral simplificada foi encenada em tempo real perante os olhos do povo americano: começou a emergir um impasse entre opressor e oprimido, entre os barões do carvão que chegaram à conferência em luxuosas carruagens conduzidas por criados de libré em "uniformes cor de ameixa"[101] e mineiros que atravessavam a rua carregando as próprias malas.

Certamente, as declarações de George Baer pouco fizeram para apoiar a causa dos proprietários. Em certo momento, ele até mesmo insistiu que os direitos dos trabalhadores seriam mais bem protegidos não pelos agitadores trabalhistas, mas por "homens cristãos a quem Deus, em sua infinita sabedoria, concedeu controle sobre os interesses de propriedade do país".[102] Sua declaração, que foi reproduzida na imprensa, criou disseminada condenação e zombaria. "O direito divino dos reis já era bastante ruim", caçou um jornal de Boston, "mas não tão intolerável quanto a doutrina do direito divino dos plutocratas."[103]

Muito embora a decisão de Roosevelt de realizar a conferência tenha recebido ampla aprovação pública, a ação futura não estava clara. "Toda Washington prende a respiração para ver o que o presidente fará em seguida", relatou o *Washington Times*, "e, sem dúvida, o país inteiro está no mesmo estado de doloroso suspense."[104]

Encontre maneiras de aliviar o estresse.

"Acho agradável, quando trabalho em alguma grande questão do Estado", disse Roosevelt a um amigo, "mudar inteiramente a direção de meus pensamentos."[105] Embora não possuísse talentos atléticos excepcionais, a atividade intensa era sua maneira de manter o equilíbrio mental. Suas cartas contêm abundantes relatos de estridentes partidas de tênis, exaustivas caminhadas pelos penhascos arborizados de Rock Creek Park e numerosos esforços para conseguir parceiros de boxe. Ele regalava os filhos com histórias cômicas sobre ser "atirado de um lado para o outro" por dois lutadores japoneses: "Não tenho idade nem estrutura física para ser lançado facilmente sobre a cabeça do oponente e atirado em um colchão sem sofrer danos, mas eles eram tão habilidosos que não me machuquei."[106] Similarmente, ele gostava de treinar com seus amigos, usando protetor e capacete, em um jogo chamado Singlestick.

Privado de tais esforços divertidos pela perna infectada, Roosevelt voltou-se com ímpeto redobrado para sua recreação mais confiável: os livros. Desde a primeira infância, o jovem Roosevelt encontrara na literatura não somente diversão, mas uma fuga para a vida dos outros, permitindo que embarcasse indiretamente em aventuras excitantes, respirasse livremente e realizasse grandes feitos. Não é um exagero dizer que os livros foram os principais blocos construtores de sua identidade.

Agora, confinado à cadeira de rodas, ele apelou ao bibliotecário do Congresso, Herbert Putnam, pedindo "alguns livros que possam satisfazer meu gosto estranho":[107] histórias sobre a Polônia ou as primeiras raças mediterrâneas. Dois dias depois, plenamente gratificado, ele escreveu a Putnam. "Devo muito a você! Você enviou exatamente os livros que eu desejava! Estou me divertindo com Maspero e, ocasionalmente, faço um desvio para as teorias de Sergis sobre as raças mediterrâneas [...]. Foi tão delicioso abandonar qualquer coisa útil — qualquer coisa relacionada a meu dever — relacionado à greve do carvão, por exemplo [...] e passar uma tarde lendo sobre as relações entre a Assíria e o Egito; as quais não têm nenhuma utilidade concebível e com as quais, consequentemente, me diverti muito."[108]

Esteja pronto com múltiplas estratégias; prepare movimentos contingentes.

Após a conferência fracassada, o nível de atividade de Roosevelt aumentou de modo notável. Embora os vários planos que agora contemplava diferissem no grau e na severidade da interferência executiva (indo da demonstração à persuasão à coerção), todos partilhavam o mesmo objetivo: proteger o público da falta de combustível quando as temperaturas cada vez mais baixas envolvessem a região. A situação que o preocupara durante a primavera e o verão se transformara em uma grave crise.

"Começavam a se ouvir feios rumores sobre uma greve geral de apoio", lembrou Roosevelt em uma carta ao senador Crane, "o que significaria uma crise quase tão séria quanto a guerra civil."[109] Toda a nação ficaria paralisada. Roosevelt disse a Knox e Root que contemplava uma ação de longo alcance que "formaria um mau precedente". Ele iniciaria essa ação radical "muito relutantemente", mas estava determinado a fazer o que fosse necessário para proteger os cidadãos "do sofrimento e do caos".[110] O plano deveria permanecer secreto até que ele estivesse pronto para colocá-lo em ação. Naquele momento, assim como Lincoln prontamente permitira que os oficiais de seu gabinete apresentassem objeções escritas à Proclamação de Emancipação, Roosevelt instruiu tanto Knox quanto Root, os dois únicos membros do gabinete informados sobre o plano, a "escreverem cartas de protesto contra ele se desejarem, a fim de se livrarem da responsabilidade". Ele agiria em seu próprio nome como comandante em chefe, "exatamente como se estivéssemos em estado de guerra".[111]

Enquanto finalizava os detalhes desse plano radical, Roosevelt continuou a avançar em duas frentes menos extremas. "Nunca é certo iniciar uma ação drástica",[112] ele gostava de dizer, "se resultados puderem ser obtidos com igual eficiência de maneira menos drástica." Sua equipe de gerenciamento de crise sugeriu que ele pressionasse o governador da Pensilvânia, William A. Stone, para enviar tropas estaduais até as jazidas e testar a alegação dos administradores de que dezenas de milhares de mineiros "voltariam imediatamente às minas"[113] se tivessem proteção contra a intimidação do sindicato. Embora a inflexibilidade dos administradores tivesse inflamado o sentimento público, essa alegação "causara forte impressão em todo o país".[114] Como representava e defendia o público, e não o capital ou o trabalho, Roosevelt reconheceu a importância de verificar as alegações dos administradores.

O governador Stone concordou em enviar as tropas estaduais e, 36 horas depois, todo o corpo da Guarda Estadual da Pensilvânia chegou às jazidas. Os dias que se seguiram demonstraram ruidosamente a falácia da afirmação dos administradores. Somente "uma bagatela"[115] de mineradores apareceu para trabalhar; a esmagadora maioria decidiu permanecer em greve até que um acordo decente fosse obtido.

Sem "o menor sinal de um fim para a greve",[116] Roosevelt preparou um segundo plano: a criação de uma Comissão Blue Ribbon para investigar as causas da greve e fazer recomendações de ação tanto executiva quanto legislativa. Esforçando-se novamente para encontrar uma razão legal para tal intervenção, ele argumentou que fora empoderado por seu dever constitucional de responder ao Congresso pelo estado da União. Para dar gravidade à futura comissão, ele precisava de nomes distintos. "Em todo o país", confiou elogiosamente ao ex-presidente democrata Grover Cleveland, "não há nenhum homem cujo nome acrescente tanto peso a esse inquérito quanto o seu."[117]

Na verdade, a comissão proposta possuía mais fitas que autoridade, pois não havia como impor suas conclusões. Mesmo assim, a perspectiva de uma

Comissão Blue Ribbon era mais que uma simples réplica da investigação anterior de Wright, pois assinalava apoio bipartidário em um momento no qual se aproximavam as eleições intercalares e, ainda mais importante, fornecia um persuasivo instrumento para construir "o mais forte possível baluarte de opinião pública"[118] caso Roosevelt achasse necessário empregar o mais duro, mais problemático e menos desejável de seus planos para acabar com a greve.

Não ataque a menos que seja preciso, mas, se precisar, ataque com tudo.

Isso ocorreu em meados de outubro. Semanas se passariam antes que a Comissão Blue Ribbon fosse reunida, conduzisse e completasse uma investigação e publicasse suas descobertas. A essa altura, poderia ser tarde demais. Roosevelt sabia que, mesmo após o fim da greve, levaria tempo para que o carvão fosse minerado e os estoques fossem reabastecidos. Alguma ação seria urgentemente necessária não em semanas ou dias, mas horas. "De quem quer que seja a culpa, o atual sistema de gerenciamento falhou", afirmou Roosevelt, "e as necessidades do país não permitem nenhuma demora em remediar essa falha."[119] Seu "último recurso"[120] seria organizar uma invasão das jazidas com 10 mil soldados regulares sob "um general de primeira linha". As tropas iriam "desapropriar os administradores" e gerenciar as minas como curadoras do governo até que um acordo fosse estabelecido.

Para essa tarefa formidável, ele convocou o general aposentado John M. Schofield, a mistura certa de "bom senso, capacidade de julgamento e coragem para agir". Roosevelt obteve a concordância do general de não "levar em consideração nenhuma autoridade, judicial ou outra" com exceção da sua como "comandante em chefe".[121] No caso de "os operadores irem aos tribunais e voltarem com uma ordem judicial, [Schofield] faria o que fora feito sob Lincoln e simplesmente enviaria a ordem para o presidente".[122] Se os grevistas tentassem impedir que o carvão fosse minerado, ele lançaria todo o peso da força federal sobre eles. As tropas federais simultaneamente manteriam a lei e a ordem entre os mineradores e privariam os administradores de suas propriedades.

Para criar a cadeia de comunicações requerida para ativar tal estratégia, Roosevelt chamou o senador pela Pensilvânia Matthew Quay até a Casa Branca temporária. Sem divulgar detalhes sobre a parte do plano que falava em apropriação, ele pediu que Quay combinasse com Stone, o governador da Pensilvânia, para que, quando ele "desse a ordem",[123] o governador formalmente requisitasse tropas federais, invocando o único poder constitucional que o presidente tinha para intervir: o poder de manter a ordem. O sinal para iniciar a cadeia de comunicações viria na forma de um telegrama presidencial com a inconspícua mensagem: "Chegou a hora da requisição."[124] Roosevelt garantiu a Quay que, quando as tropas federais fossem enviadas, ele assumiria total responsabilidade por tudo que acontecesse como consequência. Na verdade, o senador deveria se sentir "perfeitamente livre"[125] para, no caso de a ação subsequente incomodá-lo, iniciar procedimentos de impeachment! O plano audacioso exemplificava uma das máximas favoritas de Roosevelt: "Não ataque a menos que seja preciso, mas, se precisar, ataque com tudo."[126]

Roosevelt estaria blefando? Alguns acreditam que ele jamais pretendeu levar adiante esse plano radical. Afinal, medidas muito menos invasivas já haviam provocado estridentes acusações de "usurpação de poder".[127] Tampouco estava claro como o carvão seria minerado. Os mineradores retornariam quando o governo passasse a agir como curador? Se os proprietários das ferrovias fossem desapossados, como o carvão seria transportado para a costa leste? Não há evidência de que nenhum trabalho tenha sido feito para determinar exatamente como operar o grande maquinário de produção e distribuição de carvão.

Todavia, tudo que sabemos sobre o temperamento de Roosevelt sugere que ele não estava blefando. Embora tivesse exibido cautela e paciência exemplares durante a greve, a situação chegara a um estado de agudo perigo para o povo que ele jurara proteger. Quando o povo precisava de ajuda, o espírito de Roosevelt não podia tolerar "qualquer insinuação de que o governo dos Estados Unidos estava impotente".[128] Esse era o motivo central de sua iconoclastia. Para isso, ele estava pronto e disposto a quebrar precedentes. Para isso, arriscaria sua liderança. "Sou comandante em chefe do Exército", declarou ele sem rodeios. "Darei carvão às pessoas."[129]

Theodore Roosevelt mais tarde afirmou que seu esquema de apropriação militar das minas de carvão fornecera a, há muito buscada, chave para a resolução da greve.[130] A ameaça "de uma intervenção que jamais ocorreu"[131] forneceu o "grande porrete" que Elihu Root levou consigo até Nova York, onde se reuniu com J. P. Morgan durante cinco horas a bordo de seu iate privado, o *Corsair*. Se alguém podia levar os administradores à mesa antes do início de uma invasão militar que ninguém queria, esse alguém era J. P. Morgan, o arquiteto original do poderoso truste do carvão.

Encontre maneiras de manter as aparências.

Antes de pegar o trem da meia-noite para Nova York, o secretário de Guerra Root disse a Roosevelt que descobrira uma maneira de os administradores "saírem desse impasse sem humilhação", mas precisava de "total liberdade" para negociar com Morgan. Isso só seria possível se ele fosse a Nova York como cidadão privado, "um intruso"[132] falando em seu próprio nome, e não como representante oficial do presidente. Roosevelt deu sua bênção. A despeito das condições de Root, ele claramente não era um cidadão comum durante a visita, mas o mais íntimo conselheiro do gabinete presidencial, imbuído da aura de liderança de Roosevelt.

Root analisara as notas estenográficas da conferência de 3 de outubro na qual o quadro de administradores se recusara a considerar a sugestão de Mitchell de uma comissão presidencial para arbitrar as questões. Por baixo da recusa absoluta dos administradores, Root detectara não uma oposição à arbitragem *per se*, mas a indisposição de aceitar qualquer sugestão feita por Mitchell. O líder sindical representava um desafio frontal a sua autoridade, uma ameaça às hipóteses básicas de sua visão de mundo financista. "Não pode haver dois mestres no gerenciamento dos negócios",[133] dizia George Baer repetidamente.

"Isso era evidente para qualquer um que já tivesse participado de um litígio daquela natureza",[134] disse Root mais tarde. E se os proprietários defendessem a ideia de arbitragem, permitindo que mantivessem a ficção de não estarem negociando diretamente com Mitchell? A bordo do *Corsair*, Root e Morgan esboçaram um memorando a ser assinado pelos administradores. "Sugerimos", propunha o esboço, "uma comissão a ser nomeada pelo presidente (se ele estiver disposto a prestar esse serviço público) à qual devem ser referidas todas as questões em pauta" e "a decisão dessa comissão será aceita por nós".[135] Root mais tarde reconheceu que "era uma grande mentira" atribuir a iniciativa da arbitragem aos administradores quando fora claramente ideia de Mitchell. Mas "parecia bom no papel"[136] e massageou um pouco o ego dos administradores.

Naquela noite, Root pegou o trem de volta para Washington enquanto Morgan levava o memorando a uma reunião dos proprietários no Union Club. A situação estava prestes a sair do controle, avisou Morgan. Um plano militar para assumir o controle das minas já estava avançado. Concordar com a arbitragem adiaria aquele plano. Relutantes, mas totalmente conscientes das consequências de esperar por mais tempo, os proprietários assinaram o acordo, com a estipulação adicional de que a Comissão sobre a Greve de Antracite fosse composta de cinco membros pertencentes a categorias específicas: um oficial militar, um engenheiro especializado em mineração, um juiz da Pensilvânia, um empresário familiarizado com mineração e venda de carvão e um sociólogo eminente.

Ao receber o acordo assinado de Morgan, Roosevelt imediatamente notou a evidente e impeditiva ausência de qualquer categoria representando os trabalhadores. Mesmo assim, "em vista da grande urgência do caso",[137] ele tentou persuadir Mitchell a aceitar, confiando que, como presidente da comissão, ele escolheria homens de primeira classe, excepcionalmente justos, para preencher as cinco categorias. Mitchell realmente passara a confiar no presidente, mas argumentou que jamais obteria a aprovação dos mineiros sem um representante dos trabalhadores na comissão. Em uma disputa entre trabalho e capital, o trabalho evidentemente precisava ter um lugar à mesa. Mitchell também pediu que a comissão fosse expandida para incluir um bispo católico, uma vez que a maioria dos mineiros era católica.

Através de Root, Roosevelt avisou a Morgan que alguém da Casa Morgan precisava ir a Washington o mais rapidamente possível para reabrir as negociações. Naquela mesma noite, com Roosevelt agora claudicando de um lado para outro usando muletas, os dois sócios mais jovens de Morgan chegaram à Casa Branca temporária com total autoridade para negociar pelos proprietários, que haviam se reunido no escritório de Morgan. Durante frenéticas três horas ao telefone, os jovens sócios tentaram extrair dos proprietários o consentimento para acrescentar os dois homens. Embora os proprietários pudessem considerar acrescentar um prelado católico, sob nenhuma circunstância aquiesceriam a um representante dos trabalhadores.

"Parecia que o impasse era inevitável", lembrou Roosevelt. "Eles haviam se colocado em um estado mental no qual estavam preparados para sacrificar tudo e testemunhar uma guerra civil antes de recuar." Então, conforme se aproximava a meia-noite, a tragédia iminente se transformou em farsa. "Subitamente", disse Roosevelt, "percebi que eles não objetavam à coisa, mas ao nome. Descobri que eles não se importariam se eu nomeasse qualquer homem, fosse ou não representante dos trabalhadores", desde que a nomeação correspondesse a um dos cinco títulos combinados. Para preencher a posição de "sociólogo eminente", Roosevelt prontamente sugeriu o líder trabalhista E. E. Clark, chefe da Ordem dos Condutores Ferroviários. "Jamais esquecerei a mistura de alívio e diversão que senti quando compreendi totalmente o fato de que, embora estivessem prontos para se submeter heroicamente à anarquia em vez de aceitar Tweedledum, se eu o chamasse de Tweedledee, eles ficariam extasiados em aceitar."[138]

Na convenção Wilkes-Barre vários dias depois, os mineiros votaram unanimemente pelo retorno ao trabalho. As manchetes trombetearam a notícia: "Mineiros de antracite decidem ter suas questões e interesses determinados pela comissão do presidente. Inicia-se uma nova era nos assuntos trabalhistas."[139]

Assim, após 163 dias de impasse, a greve potencialmente mais devastadora da história americana chegou a uma conclusão pacífica. Agindo como "advogado do povo",[140] Roosevelt definira o interesse público em um conflito até então privado entre trabalho e capital. Ele esperara pacientemente durante os cinco meses da greve, dando um passo de cada vez, até que "a pressão constante da opinião pública"[141] criara espaço para unir os dois lados na primeira arbitragem federal vinculatória. "A criança nasceu", escreveu Carroll Wright, "e confio que se provará um vigoroso [...] membro da sociedade."[142]

Partilhe o crédito pela resolução bem-sucedida.

Um ebuliente Roosevelt partilhou generosamente a paternidade dessa criança, começando por J. P. Morgan. "Se você não tivesse se envolvido na questão, não vejo como a greve estaria encerrada nesse momento", escreveu ele a Morgan. "Eu agradeço e o congratulo de todo coração."[143] Então, em uma série de cartas escritas após o fim da greve, atribuiu a cada membro de sua equipe — Root,

Knox, Quay, Sargent, Wright, Crane e Payne — um papel significativo. Se "a derrota é órfã", como diz o antigo ditado, "a vitória tem mil pais" e, naquele caso, Roosevelt ficou deliciado em informar ao mundo sobre a contribuição única de cada pai. Em caráter privado, no entanto, reclamou dos administradores de carvão. "Que os céus não permitam que eu tenha de lidar novamente com um grupo tão estúpido",[144] desabafou ele em uma carta à irmã Bamie.

Se Roosevelt distribuiu os elogios liberalmente, os jornais da nação e do mundo devolveram os louvores de volta para ele. "Seu ferimento e sua bravura, e então sua parte na resolução da greve", escreveu o *North American Review*, "deram um tom de romance e cavalaria ao prosaico cargo e aumentaram o apelo de seu personagem".[145] Após ouvir as notícias, os membros do Parlamento francês comemoraram e o *Times* de Londres reconheceu que "da maneira mais discreta e reservada, o presidente Roosevelt fez algo muito grande e inteiramente novo".[146]

Além disso, embora os mineiros tivessem retornado imediatamente ao trabalho, os elogios que Roosevelt fazia e recebia serviram para voltar todos na mesma direção quando tiveram início as audiências da arbitragem vinculatória. Elas duraram mais de três meses. Cada lado apresentou seu caso e, no fim, a comissão concordou unanimemente em conceder aos mineiros um aumento salarial retroativo de 10%, redução da carga diária de trabalho de dez para nove horas e um conselho de conciliação para solucionar questões contenciosas futuras. Ela não tratou do desejo dos mineiros por reconhecimento formal de seu sindicato.[147]

Assim, embora não fosse uma solução completa ou uma grande vitória para o trabalho ou para o capital, a arbitragem vinculatória resultou em um ajuste durável no relacionamento de poder entre capital, trabalho e governo federal. "Estamos testemunhando não meramente o fim da greve do carvão", observou o *Times* de Londres, "mas a entrada de um governo poderoso em uma nova esfera de operação."[148]

Deixe um registro para o futuro.

Após esse evento pioneiro, Theodore Roosevelt quis deixar tudo em pratos limpos e escrever uma história da crise para o futuro. Ele rompera precedentes muito antigos ao intervir diretamente em um conflito privado entre trabalhadores e gerentes. Suas ações haviam provocado tanto ultraje quanto aprovação. Quando a crise foi solucionada, ele quis esclarecer a natureza desse evento incomum, definir e restringir o que fizera e destacar as circunstâncias únicas que o haviam compelido a intervir. Isso era de fundamental importância para evitar carta branca para uma expansão alarmante e mesmo despótica do poder executivo.

Um dia após o encerramento da greve, Roosevelt compôs uma espantosa carta de 3 mil palavras para o senador pelo Massachusetts Crane, detalhando suas ações desde o início do conflito, em maio. "Acho que um relato completo de todo o caso deveria constar dos arquivos",[149] disse ele a Crane. Então expôs o raciocínio por trás de cada uma de suas decisões: o cálculos dos riscos, a busca por um entendimento confiável dos fatos, a decisão inicial de não publicar o Relatório Wright, a mudança de circunstâncias que finalmente levara a sua publicação, seu convite sem precedentes para uma reunião presencial com as partes antagônicas, sua recusa em "ficar de braços cruzados" depois que a conferência fracassara, sua determinação de iniciar ações drásticas mesmo sabendo que isso produziria séria reação, o envolvimento de J. P. Morgan que anulara a possibilidade de invasão, o absurdo da discussão sobre nomenclatura e, finalmente, a resolução.[150]

A essa carta a Crane se seguiu outra, explicando como a natureza única da crise do carvão o forçara a ações que não eram "estritamente legais". Se a greve fosse dos metalúrgicos, por exemplo, disse ele ao celebrado historiador William Roscoe Thayer, "ele teria se mantido afastado, mas a greve do carvão afetava um produto necessário à vida e à saúde do povo". Além disso, "se o presidente dos Estados Unidos não pode interferir para evitar uma calamidade pública, para que serve sua autoridade?"[151]

Nos anos que se seguiram, Roosevelt disse a diferentes plateias que desejava que o "claro e magistral" relatório da Comissão sobre a Greve de Antracite "receba a mais ampla circulação, como tratado, sempre que haja ou ameace haver problemas semelhantes àqueles analisados pelos membros da comissão". Os membros da comissão "não falaram como capitalistas ou trabalhadores, não falaram como juiz, militar, clérigo; todos assinaram o relatório como cidadãos americanos ansiosos para que a correção e a justiça prevalecessem".[152]

———

Com a greve do carvão, Theodore Roosevelt compreendeu o momento histórico que assinalava a clara emergência de um propósito doméstico para sua jovem administração: restringir a crescente consolidação da riqueza corporativa que se iniciara após a revolução industrial. Roosevelt sentiu intensamente que a velocidade e o tamanho daquela consolidação "acentua a necessidade de o governo ter algum poder de *supervisão e regulamentação* sobre tais corporações". No auge da crise, ele reconheceu que "gostaria de fazer um experimento bastante radical, começando com o negócio de antracite!"[153,]

A liderança de Theodore Roosevelt durante a resolução experimental daquela crise se provaria o despontar de uma nova era. Sob a bandeira de seu Square Deal, um ímpeto de reforma progressista varreu o país, criando uma nova visão sobre o relacionamento entre trabalho e capital, governo e povo. Como explicou a seu amigo Bill Sewall, do Maine, "Agora acredito em pessoas ricas que agem com equidade e em sindicatos gerenciados com sabedoria e justiça; mas, quando empregado ou empregador, trabalhador ou capitalista agem errado, tenho de impedi-los; isso é tudo."[154]

ONZE

LIDERANÇA PARA UMA REVIRAVOLTA

Franklin Roosevelt e os Cem Dias

" Olhando para trás, eu me pergunto como sobrevivemos àqueles dias",[1] disse a secretária do Trabalho Frances Perkins, referindo-se à Depressão cada vez mais grave. "É difícil reconstruir hoje a atmosfera de 1933 e evocar o terror causado pela pobreza incessante e pelo desemprego prolongado."[2] A economia chegara "ao fundo do poço".[3] A indústria americana estava paralisada, um quarto da força de trabalho estava desempregada e as horas daqueles que estavam trabalhando haviam sido radicalmente reduzidas. As pessoas haviam perdido suas fazendas, suas casas e os pequenos negócios conduzidos por familiares há gerações. Milhares de bancos haviam ruído, levando com eles os depósitos e a poupança de milhões de pessoas. Os fundos de auxílio das cidades e dos estados haviam sido exauridos. Pessoas famintas vagavam pelas ruas. Havia tumultos por causa de comida. O futuro do capitalismo e da própria democracia parecia sombrio. "Estamos no fim da linha",[4] desesperou-se o presidente Herbert Hoover.

"Nenhum dramaturgo cósmico poderia ter concebido uma entrada melhor para um novo presidente — ou novo ditador ou novo messias — que aquela concedida a Franklin Roosevelt",[5] observou o assistente da Casa Branca Robert Sherwood, alinhando-se àqueles que acreditam que um líder é chamado à frente pelas necessidades da época. "Quando os americanos sentiam que estavam se saindo bem sozinhos, eles não pensavam muito no caráter do homem na Casa Branca e se satisfaziam com um presidente 'meramente adequado ao papel', como Warren Harding." Todavia, "quando a adversidade se instala e os problemas se tornam grandes demais para a solução individual", então as pessoas começam a procurar ansiosamente por orientação, querendo um líder que "seja maior que seu papel e se afirme como necessidade vital e humana."[6]

Mas, como vimos, a mera oportunidade não é suficiente. O devastador cenário encontrado por Franklin Roosevelt pressagiava tanto grande fracasso quanto grande sucesso. O líder deve estar pronto e ser capaz de enfrentar os desafios apresentados pela época. E nenhum líder estava mais preparado para diagnosticar corretamente a doença nacional e se afirmar como "necessidade humana vital" que o "bom e velho dr. Roosevelt", como fora carinhosamente chamado em Warm Springs, onde se engajara diretamente com os outros pacientes de poliomielite como arquiteto, desenvolvedor, coordenador de programas, conselheiro-chefe, diretor terapêutico e conselheiro espiritual, "tudo ao mesmo tempo".[7]

O "doutor" Roosevelt estava pronto para trabalhar com franqueza, afabilidade, autoconfiança quase mística e a inabalável determinação de implementar as ações necessárias para revigorar a nação. Estava preparado para administrar um prolongado e reanimador choque de nova liderança à paralisada e desesperançada nação. Afinal, de maneira causticante e pessoal já passara por tudo aquilo antes.

Uma semana antes de 4 de março de 1933, dia da posse de Franklin Delano Roosevelt, a jornalista Agnes Meyer escrevera em seu diário: "o mundo está literalmente sacudindo sob nossos pés". Após três anos de íngreme declínio, os "órgãos vitais"[8] do sistema financeiro, os bancos da nação, estavam fechando. O sistema econômico entrara em um estado físico e espiritual parecido com os espasmos finais que precedem a morte.

Tal linguagem extrema ao descrever a nação como *corpo político* gravemente doente não era exagero. De fato, por baixo do que Roosevelt chamara de "doença material imediata do momento" — a aguda crise circulatória causada pela queda dos bancos —, permaneciam as muito mais perniciosas "feridas que haviam surgido em nosso sistema econômico".[9] Na balança, nada menos que qual tipo de governo e país nós éramos e continuaríamos a ser.

"Havia pânico no ar",[10] lembrou Harold Ickes, membro do gabinete de Roosevelt, falando do assustador estágio terminal da Grande Depressão. No interior, milhões de famílias haviam perdido suas fazendas em ações de embargo. Um advogado rural de Iowa afirmou que nenhuma experiência de sua vida profissional o preparara para a desoladora experiência de ver "homens de meia-idade, com famílias, saírem dos tribunais de falência com somente seus móveis, cavalos, uma carroça e algum gado como tudo que restara de 25 anos de trabalho".[11] Nas cidades, mais de uma em quatro pessoas perdera o emprego, com as restantes trabalhando por salários menores. Os sopões comunitários estavam quase sem comida, deixando dezenas de milhares de americanos passando fome e outros milhões mal alimentados. Não havia nenhuma rede de segurança em evidência.

Em meados de fevereiro, "o impacto da Depressão"[12] chegou ao auge quando, em um estado após o outro, os bancos começaram a fechar as portas. Durante os anos iniciais de distúrbio econômico, cerca de 5 mil bancos pequenos, predominantemente na área rural, haviam ruído, aniquilando as economias de milhões de americanos e destruindo não somente sua segurança, mas também suas esperanças para o futuro. No inverno de 1933, sem nenhuma recuperação à vista, rumores sobre a fatal vulnerabilidade de todo o sistema bancário começaram a se espalhar. As pessoas nos vilarejos e cidades de todo o país correram para sacar seu dinheiro, ficando em longas filas com sacos nas mãos, exigindo a imediata liberação dos fundos que pretendiam guardar sob colchões ou enterrar em suas propriedades.

Os bancos raramente tinham dinheiro em caixa para atender a uma demanda tão súbita e esmagadora. Durante a febre especulativa que tomara a nação na década de 1920, os bancos haviam usado o dinheiro dos correntistas para comprar ações, a maioria das quais já nada valia. Conforme o dinheiro e os ativos dos bancos diminuíam, foram estabelecidos minúsculos limites para retiradas. Em breve, mesmo esses limites começaram a esgotar os recursos que os bancos tinham à mão. Em face de clientes cada vez mais indóceis fazendo fila na porta das agências, os governadores de um estado após o outro ordenaram que todos os bancos fechassem por um período indefinido.

Para milhões de pessoas, esse período difícil foi percebido como final dos tempos. A grande cidade de Chicago "parecia ter morrido", pensou uma residente ao caminhar pelo outrora movimentado distrito comercial Loop. "As poucas pessoas que vi pareciam estar caminhando em um transe. Havia algo horrível — anormal — no próprio silêncio das ruas."[13] O pulso da nação mal podia ser detectado.

Se fossem necessárias provas de que o terrível drama chegara a um estado terminal, a manhã do dia da posse trouxe a notícia de que o governador de Nova York, o estado com maior influência sobre a riqueza e os recursos financeiros da nação, suspendera todas as operações bancárias. Mais da metade dos estados fechara as portas. Os remanescentes operavam somente de maneira limitada. E, algumas horas depois, enquanto os corretores aguardavam o sinal para o início das operações, Richard Whitney, presidente da Bolsa de Nova York, assumiu seu lugar na plataforma para anunciar que a bolsa estaria fechada durante um período *indeterminado*.

Para o presidente Roosevelt, parecia "que todo o castelo de cartas"[14] podia ruir antes que ele tivesse chance de prestar juramento. Jogador de pôquer, Roosevelt tinha experiência com as cartas, assim como tinha experiência com a fé, a postura, a esperança e a ação em face da doença devastadora. Muitas vezes, nos meses e anos à frente, Roosevelt usaria metáforas de médicos e pacientes para explicar a doença do corpo político. Frequentemente, transformaria as metáforas em alegorias completas para descrever os tratamentos experimentais receitados pelo "Dr. New Deal" não somente para interromper a aguda crise circulatória do sistema financeiro, mas também para remediar as condições a partir das quais essa crise surgira.

Doutor Roosevelt sabia que três linhas de ataque eram necessárias. Primeiro, os sentimentos de desesperança, impotência, receio e pânico cada vez mais intensos tinham de ser eliminados antes que qualquer recuperação legítima pudesse começar; então, sem demora, o colapso financeiro tinha de ser revertido; e, finalmente, com o tempo, a estrutura econômica e social tinha de ser reformada.

Os passos que Roosevelt deu durante os cem dias seguintes para estancar a crise bancária imediata iniciaram uma reviravolta que alteraria para sempre o relacionamento entre o governo e o povo.

O PRIMEIRO DIA

Trace imediatamente uma clara linha demarcatória entre o que ocorreu e o que está prestes a começar.

O dia da posse de Franklin Delano Roosevelt começou com orações e terminou em ação. Cada uma de suas palavras e atitudes comunicava a clara visão de que aquele dia representava não somente uma mudança de guarda de um partido para outro. Algo vasto e debilitante chegara ao fim; algo novo e esperançoso estava começando. A peça central desse cuidadosamente planejado teatro político era a afirmação de uma intrépida e há muito abandonada liderança, juntamente com um ataque à desalentada condição psicológica e econômica do país.

No início da manhã de sábado, acompanhado por todo o gabinete, sua equipe, sua família e amigos, Roosevelt compareceu a uma reunião especial de orações na Igreja Episcopal de São João. "Pensar em Deus é a maneira correta de iniciar minha administração", disse ele. "Isso nos dará os meios para sair das profundezas do desespero."[15] Quando o culto de vinte minutos chegou ao fim, Roosevelt permaneceu de joelhos, "com o rosto entre as mãos".[16] Mais tarde, enquanto esperava que tivesse início a cerimônia no Capitólio, o presidente improvisou uma nova frase de abertura para seu discurso: "Este é um dia de consagração nacional."[17] Claramente, o discurso que estava prestes a fazer era um sermão laico projetado para oferecer "propósitos mais amplos" que uniriam as pessoas "em uma obrigação sagrada".[18]

A inspirada determinação de Roosevelt foi entrevista pela esposa do senador pelo Alabama Joseph Hill, que observou o presidente enquanto ele lentamente abria caminho até a plataforma. "Eu não percebera então", disse ela, "o tremendo esforço que ele fazia para manipular as pernas aleijadas. Achei grandioso que tivesse conquistado tal deficiência física. Eu nunca vira uma expressão como a de seu rosto: era de fé, coragem, total exultação!"[19]

Naquele dia de separação definitiva do passado, ele perguntou ao Chefe de Justiça se, em vez de simplesmente dizer "Eu juro" depois que o texto fosse lido — como 31 presidentes haviam feito antes dele —, poderia repetir cada frase do juramento presidencial (Eu, Franklin Delano Roosevelt, juro solenemente...).[20] Ele queria investir uma afirmação mais pessoal em cada sílaba da promessa que estava fazendo. De maneiras grandes e pequenas, Roosevelt adorava surpreender, romper com os precedentes, transmitir uma prontidão inspiradora para assumir a responsabilidade antes que uma única palavra do discurso de posse fosse ouvida.

Restaure a confiança ao espírito e ao moral das pessoas. Consiga o equilíbrio certo entre o realismo e o otimismo.

Roosevelt começou tratando diretamente dos fatos difíceis. "Chegou proeminentemente a hora de falar a verdade", declarou ele, de abordar "honestamente" a situação do país. "Somente um tolo otimista pode negar as sombrias realidades do momento." Mas, em suas famosas palavras, "a única coisa que temos a temer é o próprio medo".[21] Essa frase ganhou uma estatura tão icônica que acabou eclipsando o restante do discurso. Sua proveniência permanece obscura: o redator de discursos de Roosevelt, Ray Moley, a atribuiu a seu assistente Louis Howe; Eleanor achou que fora inspirada por uma passagem de Thoreau encontrada no Hotel Mayflower, em Washington, dias antes da posse. Qualquer que seja sua origem, Roosevelt deu poder à declaração, fornecendo a ferramenta para aplacar a histeria logo no início de seu discurso.

O entendimento e a empatia de Roosevelt pelo homem comum cobriu cada aspecto do discurso. Intuitivamente, ele compreendeu que as pessoas precisavam ouvir que não tinham culpa pela miséria de suas circunstâncias individuais. "O povo dos Estados Unidos não fracassou", insistiu ele. Nem, aludindo ao Livro do Êxodo, o país fora "atingido por uma praga de gafanhotos". O fracasso do sistema econômico não se devia a um castigo divino, ao declínio natural do ciclo comercial ou à falta de recursos. Ao contrário, "há muito à nossa porta". O fracasso se devia à falta de liderança. Aquele vácuo deixara as pessoas desprotegidas contra "inescrupulosos cambistas". Então, conforme a espiral descendente se aprofundava, a liderança se recusara a tomar medidas suficientemente corretivas, permanecendo passiva em uma época na qual uma liderança robusta era mais necessária. A restauração ocorreria através de "uma liderança de franqueza e vigor", a mesma que ajudara as pessoas a atravessar "cada hora sombria de nossa vida nacional".[22] Com tal renovação, ele estava certo de que o povo americano ascenderia novamente.

Crie uma sensação de propósito e direção partilhados.

Naquele grave momento de união comunitária, a linguagem empregada por Roosevelt estava perfeitamente modulada para a ocasião, elevada e religiosa, mas sem afetação. No meio do discurso, ele falou de um novo contrato entre o líder e o povo, um contrato estabelecido a partir do reconhecimento da dependência mútua. Eles deviam seguir em frente "como um exército treinado, leal e disposto ao sacrifício" em nome do bem comum, exibindo "uma união de deveres evocada até então somente em momentos de conflito armado". Ele considerava a eleição um presente do povo; em troca, trabalharia para atender ao pedido "de disciplina e direção sob liderança". E, no espírito desse legado, prometeu: "De *minha* parte e da parte de *vocês*, enfrentaremos nossas dificuldades comuns."

Acima de tudo, ele entendeu que "a nação pede ação, e ação agora". Consequentemente, prometeu que devolveria os empregos às pessoas, fortaleceria a moeda, evitaria a execução das hipotecas de casas e fazendas e colocaria "um fim à especulação com dinheiro de outras pessoas".[23] Como sempre, imediatamente abaixo da superfície da visão, estavam os tendões e os ossos da ação pragmática.

Diga às pessoas o que elas podem esperar e o que é esperado delas.

Ele disse ao país que estava preparado para recomendar ao Congresso uma série de medidas necessárias a "uma nação atacada". Se os congressistas falhassem em responder "à necessidade sem precedentes de ação imediata", ele solicitaria "o instrumento remanescente para enfrentar a crise: ampla autoridade executiva para lutar contra a emergência, tão ampla quanto o poder que me seria dado se, de fato, fôssemos invadidos por um inimigo estrangeiro".[24] Aqui, ele retornou à tradição de Abraham Lincoln, que emitiu a Proclamação de Emancipação como ordem executiva com base em seus poderes como comandante em chefe, e à de Theodore Roosevelt, que se via como "intendente do povo",[25] em um cargo que lhe dava autoridade para fazer tudo que as pessoas precisassem, a menos que expressamente proibido pela constituição ou pelas leis. Aquele não era um ditador ou um messias se apresentando. Franklin Roosevelt falou em nome do povo pelo ressurgimento da força da democracia, por um sistema constitucional capaz de enfrentar "cada estresse"[26] sem perder sua forma essencial.

Para enfatizar que cada membro de seu gabinete era parte de um conjunto, ele os reuniu na Casa Branca naquela noite — nove homens e uma mulher —, para que prestassem juramento perante o juiz da Suprema Corte Benjamin Cardozo. "Nunca antes o gabinete prestou juramento ao mesmo tempo, no mesmo lugar e com o mesmo oficial",[27] observou o *New York Times*. O diretor-geral dos serviços postais, James Farley, lembraria da cena em detalhes: "O novo presidente se sentou à mesa, com um grande sorriso no rosto, e leu o nome de cada membro de sua família oficial."[28] Depois que cada membro prestava juramento, ele apertava sua mão de modo exuberante e entregava a procuração. "Essa é uma festa estritamente familiar",[29] disse ele quando o juramento chegou ao fim. Ele confiava que eles "seriam capazes de cooperar sem atrito e trabalhar lado a lado pelo bem comum e nos melhores interesses da nação". Com esse "pequeno toque informal", lembrou Farley, o "chefe executivo teve sucesso em converter um cerimonial rígido e pomposo em uma ocasião amigável e feliz".[30]

Mas o dia de trabalho ainda não terminara. Naquela noite, Roosevelt tomou duas decisões significativas. Se sua equipe pudesse descobrir um método constitucional para "obter jurisdição sobre todo o sistema bancário da nação", seu primeiro ato seria declarar o fechamento uniforme dos bancos, ironicamente chamado de "feriado bancário".[31] Ele pediu que o procurador-geral e o secretário do Tesouro estivessem prontos para, no dia seguinte, durante a primeira reunião formal do gabinete, "delinear um método constitucional para fechar todos os bancos".[32] Com esse poder em mãos, ele convocaria uma sessão especial do Congresso para validar sua ação e esboçar um plano legislativo para a reabertura dos bancos "de maneira organizada",[33] dependendo de seu grau de solvência. Não haveria sono aquela noite para os membros da equipe de Roosevelt.

De uma maneira que desafiava toda probabilidade e toda lógica, aquele homem, que reconstruíra arduamente o próprio corpo e readquirira um espírito de confiante otimismo fora escolhido para reconstruir todo o corpo político e tentar ressuscitar seu espírito. Que tal homem estivesse pronto para tal tarefa em tal momento imbuía sua liderança de algo inefável, algo próximo do encantamento. Essa mágica da liderança era contagiante, lembrou uma jovem advogada que trabalhava na administração, como se "o ar subitamente mudasse, como um vento soprando pelos corredores".[34] Meio milhão de cartas de encorajamento e apoio estavam a caminho da Casa Branca. "Isso pareceu dar às pessoas, assim como a mim mesmo, esperança", escreveu um cidadão, "uma nova chance na vida."[35] Essa mudança atmosférica, "a sensação de que a vida estava recomeçando",[36] foi reiterada em manchetes e comentários em todo o país:

A ERA DE INAÇÃO CHEGOU AO FIM.[37]
O GOVERNO AINDA VIVE.[38]
TALVEZ UM NOVO LÍDER TENHA CHEGADO![39]

Lidere pelo exemplo.

O desempenho convincente e autêntico de Franklin Roosevelt em seu primeiro dia vinha se desenvolvendo há décadas. O jovem garoto que escondera o feio corte na testa sob o chapéu, a fim de que o pai doente não se preocupasse, a vítima de pólio que apresentava incansável bom humor a fim de proteger a família, criara não uma mera máscara, mas uma postura externa de serenidade, confiança e relaxamento, por mais grave que fosse o turbilhão que o cercasse.

Como o raciocínio extenuante e a ansiedade não estavam entalhados nas feições de Roosevelt, como haviam estado nas de Abraham Lincoln, as pessoas confundiam a superfície projetada com o interior. "Como seu marido pensa?", perguntou o repórter John Gunther a Eleanor Roosevelt. "Caro sr. Gunther, o presidente nunca pensa. Ele decide."[40] Todavia, o retrato de Roosevelt como prodígio, um líder natural e puramente instintivo, contradiz os longos períodos de intenso raciocínio e preparação que estavam incluídos em tudo que ele dizia ou fazia. "Ninguém sabe o quanto aquele homem trabalhou",[41] dissera a amiga de Eleanor, Marion Dickerman, após observá-lo durante horas na biblioteca, treinando para a curta distância que teria de atravessar para chegar ao palco durante a convenção nacional democrata para seu primeiro discurso público após ter contraído poliomielite. "Nunca vi um homem trabalhar tão duro",[42] dissera Sam Rosenman durante os anos de Roosevelt como governador, lembrando das longas sessões em Hyde Park, durante as quais ele disparava perguntas para especialistas de vários campos, absorvendo vastas quantidades de informação e aprofundando seu conhecimento em cada área política.

"A coisa mais notável sobre ele", observou o senador pela Califórnia Hiram Johnson, "era sua disposição para assumir a responsabilidade e fazer isso com um sorriso."[43] Se o novo presidente há muito aprendera a se mostrar confiante a fim de se tornar confiante, a característica inclinação de sua cabeça, o brilho em seus olhos, seu sorriso deslumbrante e sua voz confiante e calma não seriam capazes de acalmar e fortalecer os frágeis nervos do país como um todo? Em uma época de onipresente perda e incerteza, tal projeção despreocupada foi um presente importante para o povo dos Estados Unidos.

Monte uma equipe alinhada com a ação e a mudança.

O fato de que Franklin Roosevelt montara uma equipe sem rivais ficou abundantemente claro quando seu gabinete se reuniu formalmente pela primeira vez na tarde de domingo. Sem dúvida e de modo proposital, o presidente era o patriarca daquela família oficial. Onde, perguntavam os críticos, estavam os "grandes" homens, os luminares com sobrenomes conhecidos e grandes reputações, os prováveis candidatos presidenciais? À primeira vista, parecia que os membros haviam sido selecionados "com base na lealdade entre aqueles que haviam apoiado sua candidatura", com a maioria sendo composta por amigos com os quais ele trabalhara ao longo dos anos.[44]

Em uma inspeção mais atenta, emerge o padrão por trás do gabinete de Roosevelt. As escolhas óbvias, as pessoas de destaque no Partido Democrata, estavam afiliadas à antiga ordem, "fiéis às linhas partidárias e contrárias à mudança".[45] Em face de uma crise cada vez pior, elas não progrediam, atoladas na ortodoxia, esperando que o ciclo econômico negativo chegasse ao fim e a sorte mudasse. A equipe de que Roosevelt precisava devia estar aberta para qualquer mudança ou exigência que o futuro pudesse trazer.

Apesar da variada composição geográfica e política do gabinete, seus membros partilhavam um traço comum. Fossem democratas ou republicanos, liberais ou conservadores, do leste ou do oeste, eles manifestavam definitiva tendência à ação, uma aliança com o que quer que fosse necessário para tirar o país de sua miséria. Através de sua "galeria de associados",[46] Roosevelt esperava introduzir "uma nova mente no governo", um novo e aventuroso espírito. E, inquestionavelmente, ele era o "chefe naquela aventura".[47]

O indicado para o cargo de procurador-geral, até sua morte súbita em função de um ataque cardíaco a caminho da posse, era Thomas Walsh, de Montana, o cruzado liberal que expusera o escândalo de Teapot Dome. O advogado de Connecticut Homer Cummings, intensamente favorável ao auxílio federal para os desempregados, assumiu seu lugar. Para o Tesouro, Roosevelt selecionou o empresário republicano William Woodin, conselheiro da Fundação Warm Springs, um homem possuidor de uma mente fértil e abundante energia. Para preencher o Interior e a Agricultura, ele escolheu dois republicanos progressistas: Ickes e Henry Wallace.

Para secretária do Trabalho, ele escolheu a democrata liberal Frances Perkins, sua comissária da Indústria em Nova York, cujo espírito positivo e inovador, inteligência e ética de trabalho ele testemunhara em primeira mão durante seus dois mandatos como governador. Quando fora abordada, Perkins hesitara: "O Departamento do Trabalho sempre tivera, e esperaria ter, um dos seus como secretário." Roosevelt respondeu que "estava na hora de considerar todos os trabalhadores, organizados ou não."[48] Assim, Perkins se tornou a primeira oficial de gabinete da história, permitindo que Roosevelt rompesse com mais uma tradição.

Surgiu a questão de como chamá-la. Haveria um título feminino correspondente a Senhor Secretário? O *Robert's Rules of Order* sugeria "Madame Secretária", o que estava bem para Perkins, embora ela detestasse quando os repórteres ocasionalmente se referiam a ela como "a madame".[49] No interior do gabinete, relatou ela alegremente, Perkins jamais experimentou "qualquer sugestão de um tom condescendente", embora, em certo momento, quando o secretário da Marinha estava prestes a contar uma história, ele tenha recuado, sem saber se era apropriada para uma dama. "Vá em frente", disse o presidente, "ela está louca para ouvir."[50]

Crie uma pausa para concentração, uma janela de tempo.

Na primeira reunião formal do gabinete naquela tarde de domingo, lembrou Perkins, "o presidente delineou, mais coerentemente que até então, o que era a crise bancária e quais eram os problemas legais envolvidos".[51] Voltando-se para o procurador-geral (que passara toda a noite tentando encontrar um método constitucional que permitisse que o governo federal assumisse o controle dos bancos), Roosevelt ficou deliciado em ouvir que um obscuro precedente de 1917 fora encontrado, autorizando o presidente a investigar e regulamentar açambarcamentos de moeda. Sobre essa lasca de autoridade, observou o *New York Times*, foi iniciado "o mais drástico" exercício de poder presidencial em tempos de paz "já ocorrido".[52] Sem uma nota de dissensão, o gabinete começou a trabalhar imediatamente em uma proclamação presidencial estabelecendo um feriado bancário de quatro dias que poderia se estender a uma semana.

O feriado fornecia uma janela de tempo, "um anestésico antes de uma grande cirurgia",[53] um espaço para respirar e esboçar um plano para reabrir os bancos de maneira ordenada. O fechamento coordenado, observou o historiador Arthur Schlesinger, deu ao grande declínio econômico "o significado de um ponto final, como se aquele fosse o fundo do poço e, dali para a frente, as coisas só pudessem melhorar".[54]

Inclua todas as partes interessadas.

No meio da reunião de gabinete, Roosevelt chamou líderes do Congresso de ambos os partidos e solicitou apoio a fim de convocar o 73º Congresso para uma sessão especial sobre uma legislação emergencial para os bancos. Em uma era antes de a data da posse ser alterada de 4 de março para 20 de janeiro, o Congresso só se reuniria em sessão no próximo mês de dezembro. A única exceção fora julho de 1861, quando Lincoln pedira uma sessão especial para lidar com a guerra civil. Para acomodar o retorno dos membros mais distantes para a capital, Roosevelt estabeleceu a data da sessão do Congresso para quinta-feira, 9 de março.

Naquele mesmo domingo, a convite de Roosevelt, um grupo de proeminentes banqueiros de Nova York, Filadélfia, Richmond e Chicago chegou a Washington para auxiliar a administração na criação do projeto de lei.[55] Os progressistas, que haviam esperado uma ação radical ou até mesmo a nacionalização dos bancos, ficaram perturbados com a decisão da administração de consultar os próprios homens impugnados como "inescrupulosos cambistas"[56] durante o discurso de posse. Mas Roosevelt sabia que precisava da perícia técnica e do apoio da comunidade bancária e sentia que era importante incluí-la no processo de redigir o projeto de lei. A busca por conhecimento técnico também o levou a consultar membros do Departamento do Tesouro do ex-presidente Hoover. Embora isso também "fosse contrário ao espírito do momento",[57] aqueles oficiais haviam discutido durante meses vários planos para salvar os bancos. Repetidamente frustrados pela inação de Hoover, estavam ávidos para contribuir.

Para completar a busca por consenso, Roosevelt convidou os governadores da nação para uma reunião com todo o gabinete a ser realizada na Casa Branca na manhã seguinte. Ele queria fornecer a eles "um retrato completo da situação bancária", na esperança de conseguir sua "ajuda e cooperação".[58] Agindo rapidamente, os governadores aprovaram uma série de resoluções, prometendo total apoio.

E assim, camada por camada, ponto por ponto, Roosevelt reuniu em seus planos de contingência não somente a equipe executiva, mas líderes do Congresso, banqueiros importantes e governadores: um consenso de vários níveis de liderança, pública e privada. E, o tempo todo, ele estava planejando novas maneiras de atrair, apaziguar e encorajar a parte interessada mais importante: o povo americano.

Estabeleça um prazo e faça de tudo para cumpri-lo.

O novo presidente prometera ação. Somente uma semana separara a proclamação do feriado bancário nacional na manhã de segunda-feira, 6 de março, e a agendada reabertura dos bancos na segunda-feira seguinte, 13 de março. Nesse breve espaço de tempo, sua equipe tivera de preparar, ensaiar e produzir o que equivalia à apresentação de um drama nacional cujo objetivo era restaurar a confiança pública no falho sistema bancário nacional.

O país inteiro compareceria quando a produção estreasse em 13 de março e sua resposta naquele único dia determinaria o sucesso ou o fracasso. E se a legislação emergencial não fosse completada e promulgada em tempo? E se, na segunda-feira, multidões de correntistas de todo o país corressem para os bancos? O resultado era incerto tanto para o sistema bancário quanto para a inexperiente administração.

Uma enorme montanha de dados tivera de ser separada e organizada, decisões urgentes tomadas e traduzidas em uma linguagem compreensível para um projeto de lei emergencial pronto para o Congresso. Fora tomada a decisão preliminar de reabrir os bancos em estágios, dependendo de sua estabilidade financeira. Mas quem faria essas determinações? E se os bancos possuíssem ativos sólidos, mas moeda insuficiente para atender à demanda? O governo federal deveria fornecer moeda adicional garantida por aqueles ativos? Se sim, em letras de câmbio ou papel-moeda recém--impresso? Como esse dinheiro seria impresso e distribuído a tempo? Se os bancos insolventes com poucos ativos tivessem de ser fechados, como os correntistas poderiam ser tratados de maneira justa e ordeira? "Todo mundo estava consciente de que, na pressa, erros sérios podiam ser cometidos", reconheceu o conselheiro de Roosevelt, Raymond Moley; "alguns bancos que deveriam ter permanecido fechados seriam reabertos e outros que poderiam ter vencido a tempestade estariam fechados".[59] Uma coisa era incontestável: sob a nova legislação, seria necessário conceder uma maciça consolidação de poder ao executivo.

A maratona daquela semana exigiu uma operação em estilo militar, incluindo a coordenação de prazos finais. O projeto de lei emergencial tinha de estar pronto ao meio-dia da quinta-feira, quando o Congresso se reunisse. Noite após noite, Roosevelt permanecia em seu escritório até mais de meia-noite, conversando com Moley, o secretário do Tesouro Bill Woodin, ex-assessores de Hoover e legisladores. A equipe trabalhava o tempo todo, parando apenas para comer um sanduíche, cochilar em um sofá ou tomar banho.

Já no início, foi tomada a decisão de suportar os bancos mais fracos com fundos federais. A Casa da Moeda recebeu ordens para começar a imprimir dinheiro o quanto antes, e uma frota de aviões estava por perto, pronto para carregá-lo para bancos de todo o país.

Na quarta-feira, o primeiro esboço do projeto de lei foi para a Casa Branca. Com a ajuda de examinadores de bancos e do Federal Reserve, oficiais do Tesouro haviam preparado um mapa com alfinetes coloridos para diferenciar o status de um banco de acordo com sua solidez. Apreciador de mapas como maneira de esclarecer visualmente os problemas para si mesmo ou ensinar aos outros, Roosevelt ficou "deliciado",[60] relatou Moley. Mais tarde naquela noite, o esboço foi apresentado para os líderes da maioria e da minoria em ambas as câmaras. Após pequenas mudanças, os líderes do Congresso prometeram total apoio. Somente às três da manhã o projeto foi enviado para impressão. Quando lhe perguntaram se o projeto de lei [bill] estava acabado, o travesso Bill Woodin respondeu: "Sim, está terminado. Meu nome é Bill e eu também estou acabado."[61]

O projeto de lei era essencialmente conservador, criado para "consertar falhas e deficiências",[62] para estabilizar, e não alterar, a estrutura existente. Embora Roosevelt já contemplasse mudanças estruturais muito mais amplas na comunidade bancária, primeiro era necessário "desobstruir as artérias financeiras da economia".[63] Somente se essa aposta inicial fosse bem-sucedida poderia haver ímpeto para tratar dos problemas sistêmicos. A menos que a crise fosse solucionada, não poderia haver mudança.

Na quarta-feira, Roosevelt participou de conferências até depois da meia--noite. Embora houvesse concordância sobre os detalhes do projeto de lei, ainda havia uma tarefa a ser cumprida: uma mensagem presidencial a ser enviada para o Congresso antes da apresentação do projeto. Acordando às 7 horas, Roosevelt começou a escrever a mensagem à mão. Conforme cada página era completada, relatou o *New York Times*, "ela era datilografada e enviada imediatamente ao gabinete executivo, a fim de ser copiada em estêncil".[64]

"Não posso enfatizar suficientemente para o Congresso a clara necessidade de ação imediata", começou Roosevelt. "Nossa primeira tarefa é reabrir todos os bancos sólidos. Essa é uma ação preliminar essencial para uma legislação subsequente dirigida contra a especulação com fundos dos correntistas e outras violações das posições de confiança." Primeiro o que vinha primeiro. "No curto espaço de cinco dias, é impossível formular medidas completas para evitar a recorrência dos males do passado." Mas eles as haviam iniciado e, em breve, ele proporia ações para "um programa

completo de restauração nacional" que marcaria "o início de um novo relacionamento entre os bancos e as pessoas".[65] Pois recuperação sem reforma
seria apenas um disfarce temporário, e não a remoção, das causas originais
do colapso financeiro.

Com trinta minutos restantes, a nova administração cumpriu o primeiro prazo. Seus membros entregaram a proposta de projeto de lei (ou, ao
menos, uma única cópia dele) para o Congresso reunido ao meio-dia de
quinta-feira, 9 de março. "Eis o projeto", disse o congressista Henry Stea-
gall, presidente do Comitê Bancário da Câmara, balançando a única cópia
sobre a cabeça. "Vamos aprová-lo."[66] Os líderes da Câmara decidiram que
nenhuma emenda seria sugerida e que o debate seria restrito a quarenta
minutos. O líder da minoria republicana, Bertrand Snell, recomendou aos
colegas que o presidente recebesse carta branca: "A casa está queimando
e o presidente dos Estados Unidos diz que essa é a maneira de apagar o
incêndio." Houve gritos de "votação, votação", e ela foi feita.[67] Nenhuma
voz dissidente se manifestou.

Quando o Senado começou seu próprio debate, cópias recém-impressas
do projeto de lei já haviam circulado amplamente. As poucas emendas sugeridas pelos progressistas para fortalecer a regulamentação nacional dos bancos
foram rapidamente recusadas. O resultado final foi 73 "sim" e 7 "não", com
a maioria dos "não" vindo dos progressistas agrários. Vinte e dois minutos
depois, o projeto foi enviado à Casa Branca para assinatura de Roosevelt.
A cerimônia de assinatura ocorreu no Salão Oval, no segundo andar do
que se tornaria o gabinete do presidente, mas era, naquele momento, um
espaço desarrumado, com caixas abertas pelo chão e telas esperando ser
penduradas. Antes da assinatura, Eleanor disse ao marido para pentear o
cabelo para as câmeras. Seu Terrier escocês latiu e um assistente entregou a
Roosevelt a caneta para assinar o primeiro projeto de lei de sua presidência.
Menos de nove horas haviam se passado desde a sessão especial do que se
tornaria o famoso Congresso dos Cem Dias. Tal agilidade não tinha igual.

O presidente expressou sua gratidão ao Congresso pela aprovação do
projeto, citando particularmente "a união prevalecente".[68] Embora os democratas agora possuíssem grande maioria nas duas câmaras, os republicanos
haviam apoiado cada passo do rápido processo. Mesmo assim, Roosevelt
compreendia que nada ainda fora realizado. O verdadeiro teste ocorreria

na manhã de segunda-feira, quando os bancos reabrissem. Então o público americano determinaria o destino do sistema financeiro. As pessoas confiariam nos bancos o suficiente para voltar a depositar suas economias? Se não, se elas continuassem a sacar e guardar dinheiro em casa, a situação poderia muito bem se transformar em caos. Roosevelt tinha três dias para apresentar e solidificar seu caso perante o público. Chegara a hora de o empreendedor que coordenara uma equipe complexa para preparar o projeto de lei e planejar sua implementação sair de trás da cortina, assumir o papel principal e persuadir o povo americano.

Exponha e mantenha regras claras com a imprensa.

Como primeiro passo para educar o público nesses dias críticos, Roosevelt organizou duas entrevistas coletivas que tinham pouca semelhança com as realizadas pela administração anterior. "Disseram-me que o que estou prestes a fazer é impossível", disse ele aos 125 correspondentes apertados em seu gabinete, "mas vou tentar."[69]

As apostas nesse experimento eram altas. O secretário de Roosevelt notou que ele estava "incomumente nervoso"[70] antes de começar. "Suas mãos estavam tremendo e ele estava encharcado de suor."[71] Quando a campainha soou e os membros da imprensa entraram no gabinete, no entanto, não havia sinal da enorme pressão sob a qual ele estava. Surpreendentemente, ele parecia "animado e disposto",[72] relatou o *New York Times*.

Presidentes anteriores haviam conduzido reuniões irregulares e frequentemente desconfortáveis, apoiando-se em perguntas apresentadas antecipadamente. Roosevelt propôs descartar as perguntas escritas, na esperança de criar a aparência de uma conversa e estabelecer uma arena na qual intercâmbios reais pudessem ocorrer, um palco para a improvisação genuína e mesmo extravagante, mas, mesmo assim, regida por regras cuidadosas. Citações diretas tinham de ser aprovadas pelo secretário de Imprensa Steve Early. Informações gerais podiam ser usadas pelos repórteres, mas não atribuídas à Casa Branca. Informações confidenciais deviam permanecer confidenciais, sem serem reveladas nem mesmo a um editor ou colega, "porque sempre há o perigo de que, embora vocês não violem as regras, alguém possa esquecê-las".[73]

Roosevelt queria que as entrevistas coletivas quinzenais fossem ocasião de educação mútua, não de confronto. Sendo ex-editor do *Harvard Crimson*, ele respeitava os jornalistas e entendia que eles tinham um trabalho a fazer, assim como ele. Eles queriam acesso para avaliar o que estava acontecendo. Ele queria disseminar sua própria narrativa, à sua própria maneira. O estilo de suas entrevistas coletivas refletia o estilo do próprio homem. Não era um fórum para debate acalorado, confronto ou qualquer modo de agressão. Prevalecia somente a simples demanda por uma conversa cordial, bem-humorada e cortês.

Roosevelt conhecia bem as maneiras inovadoras pelas quais seu primo Theodore conquistara e entretivera a imprensa. Todo dia, às 13 horas, os repórteres eram convidados para a "hora do barbeiro"[74] com o presidente, durante a qual podiam fazer perguntas ou, mais acuradamente, ouvir Theodore falar sobre vários assuntos enquanto o barbeiro tentava desesperadamente fazer seu trabalho. Mais tarde, repórteres eram bem-vindos quando o presidente iniciava a tarefa diária de separar a correspondência. Um quarto de século depois, Franklin Roosevelt propôs formalizar esses encontrados através da invenção de uma nova maneira de entrevista coletiva, uma que redefiniria o relacionamento entre a imprensa e o presidente.

Se as regras não fossem respeitadas, ele, meio brincando, ameaçava reviver o Clube de Ananias, uma instituição criada por Theodore Roosevelt através da qual jornalistas que publicavam notícias fabricadas ou não verdadeiras eram banidos dos procedimentos. O nome fora escolhido para homenagear o discípulo de Jesus que morrera após mentir para o apóstolo Pedro. Nas quase duzentas entrevistas coletivas que Franklin Roosevelt concedeu após essas duas primeiras, violações das regras básicas raramente ocorreram. "Éramos antagonistas", observou um jornalista, "mas gostávamos um do outro, ríamos e entendíamos perfeitamente o que o outro estava tentando fazer."[75]

Após estabelecer as regras, Roosevelt gerou as primeiras risadas ao anunciar: "Agora as notícias. Acho que não há nenhuma!"[76] O tom afável foi mantido durante toda a entrevista, enquanto ele respondia às perguntas "de maneira simples e sem pressa, como se estivesse sentado à mesa com um velho amigo".[77] Se ele não "soubesse o bastante"[78] para fornecer uma resposta, ele simplesmente admitia; mas exclamou: "Estou aprendendo muito sobre o sistema bancário".[79] O repórter do *Baltimore Sun* afirmou que fora "a mais magnífica atuação desse gênero que a Casa Branca já vira".[80] Roosevelt gostou da confusão do experimento inicial e, quando ele foi encerrado, os correspondentes, transformados em plateia apreciativa, aplaudiram.

Para enfatizar a natureza inovadora da nova administração, Eleanor Roosevelt concedeu sua primeira entrevista coletiva ao mesmo tempo, no mesmo dia. Ela criou a regra de que somente repórteres mulheres podiam comparecer, significando que, em todo o país, editores conservadores tiveram de contratar suas primeiras repórteres. Na verdade, por causa das entrevistas coletivas semanais de Eleanor Roosevelt, toda uma geração de jornalistas mulheres iniciou na carreira. O *New York Times* caracterizou a primeira semana como "tão rápida e momentosa que conteve tantos eventos importantes quanto os ocorridos em toda a administração de alguns presidentes",[81] mal sabendo que o *momentum* apenas começara.

Conte a história de maneira simples, diretamente para as pessoas.

No domingo anterior à decisiva manhã de segunda-feira, 13 de março, na qual os bancos reabririam, Roosevelt transmitiu a primeira de suas "conversas em frente à lareira". Durante vários momentos da semana anterior, ele resumira e ensaiara a história da crise bancária. Na reunião inicial do gabinete, delineara o dilema bancário em termos que pareceram notavelmente lúcidos e diretos para Frances Perkins.[82] Subsequentemente, a narrativa foi editada, revista e simplificada para os membros do Congresso e para a imprensa. Agora, ele estava finalmente pronto para se apresentar ao povo americano.

Roosevelt leu atentamente o esboço fornecido pelo Departamento do Tesouro e tentou desmitificar a linguagem da comunidade legal e bancária. Ele tentou traduzir a linguagem especializada usando palavras de apenas uma sílaba que podiam ser mais bem compreendidas por ele mesmo e pelo cidadão comum — por "um pedreiro trabalhando em um novo edifício, uma garota atrás do balcão, um fazendeiro em seus campos". Finalmente, sentado em uma mesa perante seis microfones e uma pequena plateia de familiares e colegas, ele imaginou o povo americano ouvindo em suas salas ou cozinhas. "Meus amigos",[83] começou ele, criando intimidade imediata.

Enquanto falava, lembrou Perkins, "ele sorriu e seu rosto se iluminou".[84] Ele não estava meramente "falando diretamente ao povo da nação", observou Rosenman, mas "com cada pessoa da nação".[85]

"Eu quero contar a vocês *o que* foi feito nos últimos dias, *por que* isso foi feito e *quais* serão os próximos passos."[86] Abraham Lincoln fornecera um mapa similar de orientação quando contara a história de como a "casa dividida" chegara àquele ponto e como as pessoas podiam se unir para reunificá-la: "Se pudéssemos primeiro saber *onde* estamos e *para onde* estamos indo, poderíamos julgar melhor *o que* fazer e *como* fazer."[87] Assim, Roosevelt, como Lincoln, tentou se comunicar e guiar sua plateia contando uma história.

"Quando vocês depositam dinheiro em um banco", explicou Roosevelt, "o banco não coloca o dinheiro em um cofre". Ele investe seu dinheiro em títulos, empréstimos e hipotecas "para manter as engrenagens da indústria e da agricultura girando". Em tempos normais, o dinheiro em mãos é suficiente para cobrir as necessidades dos correntistas. "O que aconteceu, então?" Alguns bancos haviam "usado o dinheiro confiado a eles em especulações e empréstimos imprudentes". Quando o mercado quebrara e esses bancos ruíram, a confiança em todo o sistema bancário fora minada. Uma corrida geral de retirada ocorreu, "uma corrida tão grande que mesmo os bancos mais sólidos não conseguiam dinheiro suficiente para cobrir a demanda". Agora, amparados por uma nova promessa federal de fornecer empréstimos e moeda adicional, se necessário, os bancos aprovados podiam abrir suas portas novamente, com segurança. "Eu garanto que é mais seguro manter seu dinheiro em um banco reaberto que debaixo do colchão."[88]

Ele identificou as perguntas que as pessoas estavam se fazendo e que necessitavam de respostas urgentes. "Uma pergunta que vocês farão é: por que todos os bancos não reabrem ao mesmo tempo? A resposta é simples." O processo de determinar quais bancos podiam abrir imediatamente e quais precisavam de ajuda levaria tempo. "Um banco que abrir em um dos dias subsequentes", assegurou ele, "terá exatamente o mesmo status de um banco que abrir amanhã." Ele não prometeu que nenhum indivíduo sofreria perdas, mas, se o país tivesse continuado "à deriva", perdas muito maiores teriam ocorrido. Novamente, como em seu discurso de posse, ele pediu ao povo coragem e fé. "Vamos nos unir e banir o medo. Fornecemos a maquinaria para restaurar nosso sistema financeiro; cabe a vocês fazer com que ela funcione."[89]

O homem e o momento haviam convergido. Roosevelt compreendera a revolucionária oportunidade criada pelo rádio, aquela "invenção maravilhosa do século XX que praticamente aniquilou tempo, distância e espaço".[90] Estimadas 60 milhões de pessoas ouviram a conversa do presidente. Sua voz suave, relaxada e modulada estava naturalmente sintonizada com o estilo coloquial da nova era do rádio. Aquela conversa em frente à lareira era precisamente isso, uma troca, não um discurso. Mais importante, sua voz projetava empatia, confiança e afeição, fazendo com que as pessoas acreditassem em suas palavras.

Como a Casa Branca aflita compreendeu, porém, o verdadeiro teste seria a reação das pessoas quando os bancos reabrissem. Relatórios iniciais sugeriam longas filas nos caixas, mas "era uma corrida para fazer novos depósitos, não para sacar dinheiro".[91] Manchetes em cidade após cidade contavam a mesma história. "Cidade recupera confiança",[92] proclamou o *Chicago Tribune*. "Corrida para depositar dinheiro demonstra fé restaurada ao fim do feriado",[93] declarou o *New York Times*. Muitos correntistas citaram a renovada confiança que a conversa pelo rádio do presidente lhes dera. O presidente de um banco em San Antonio notou que os clientes pareciam ser "um tipo totalmente diferente de pessoa" daqueles que haviam corrido para retirar seu dinheiro semanas antes. "Seus nomes e assinaturas são os mesmos, mas seu estado de espírito era tão diferente quanto o dia e a noite."[94]

Com linguagem simples e desprovida de metáforas ou eloquência, Roosevelt atingira seu objetivo de explicar e persuadir. A crise bancária que lançara medo e pânico sobre o país declinou. Quando as operações foram retomadas na quarta-feira, o mercado de ações registrou uma alta de 15%,[95] a maior em anos. Pelo padrão de seu impacto nos eventos, a primeira conversa em frente à lareira, observou um político, é "um dos mais importantes discursos da história americana".[96] O paciente sobrevivera à crise aguda. Somente agora, para evitar uma recaída, o médico propôs um regime para tratar as fontes da doença.

Trate dos problemas sistêmicos. Inicie reformas duradouras.

Roosevelt iniciara planejara que as atividades do Congresso fossem suspensas após a aprovação da lei bancária emergencial. Mas logo percebeu que o *momentum* gerado pela primeira vitória não devia ser desperdiçado. Assim, pediu aos líderes congressionais que prosseguissem em sessão contínua, uma solicitação que geraria a reviravolta histórica conhecida como "os cem dias".

"O processo de recuperação", entendeu Roosevelt desde o início, requereria a remoção das "influências destrutivas do passado", a remoção de "antigos abusos", a fim de que "não cresçam prontamente de novo". Várias e várias vezes ele falou sobre a condição que o país enfrentava como uma doença orgânica, uma aflição em múltiplos locais. Quais eram esses "antigos abusos", essas "influências destrutivas do passado", essas "inflamações" que diminuíam as chances de uma cura duradoura?[97]

No modo de pensar de Roosevelt, o essencial obstáculo estava em um capitalismo industrial que permanecera amplamente desregulado, com exceção de breves torrentes de legislação progressista sob Theodore Roosevelt e Woodrow Wilson. Problemas sistêmicos haviam supurado durante "toda uma geração" antes que a Grande Depressão expusesse seus efeitos catastróficos. A patologia que Franklin Roosevelt diagnosticou compreendia toda a estrutura econômica e social; chegava "às raízes de nossa agricultura, nosso comércio, nossa indústria". Ele estava convicto de que a recuperação exigia nada menos que "uma completa reorganização e o controle comedido da estrutura econômica". Isso só podia ser obtido suplantando a velha ordem piramidal do "privilégio especial"[98] com uma "nova ordem de coisas, projetada para beneficiar as grandes massas de fazendeiros, trabalhadores e empresários".[99]

Como Roosevelt antecipara, assim que a crise bancária foi solucionada, uma "minoria ruidosa começou a gritar que a reforma deveria ser engavetada e só retomada depois que a recuperação progredisse". Essa minoria oferecia crescente resistência aos extensos planos ativistas contemplados pelo New Deal. Aqueles no ápice da pirâmide ainda acreditavam que, ao salvar os bancos e socorrer as corporações, a prosperidade iria "gotejar de cima para baixo", para benefício de todas as pessoas. Eles se recusavam, disse Roosevelt, "a perceber que a recuperação e a reforma devem ser parceiros permanentes em permanente bem-estar".[100] Embora a recuperação dos bancos tivesse sido uma batalha inicial decisiva, a reforma seria uma guerra disseminada e prolongada.

Roosevelt decidiu revelar sua visão de uma economia sistemática e da reforma social em uma segunda conversa em frente à lareira em 7 de maio de 1933. Tão abrangentes eram as mudanças que ele pretendia adotar que seu redator de discursos, Moley, chamou sua atenção para o fato de que ele estava dando um passo gigantesco para longe da filosofia de *laissez-faire* que mantivera os empreendimentos privados livres da intrusão do governo e considerava anátema qualquer regulamentação. "Roosevelt me pareceu mais grave que em qualquer outro momento depois da noite da posse", lembrou Moley. "E então, depois de ficar em silêncio por alguns minutos, ele disse: 'Se essa filosofia não tivesse se provado falida, Herbert Hoover estaria sentado aqui agora.'"[101]

Roosevelt começou a segunda conversa pelo rádio desenvolvendo a primeira, sobre a crise bancária, oito semanas antes. "No mesmo espírito e da mesma maneira", ele discutiu planos gerais para remediar problemas profundamente enraizados e esboçar o propósito por trás de políticas específicas. O povo americano jamais deveria tentar voltar à antiga ordem. A ordem emergente que Roosevelt tinha em mente não era a imposição coerciva de controle governamental, mas o conceito de uma parceria entre governo, agricultura, indústria e transporte. No centro dessa nova colaboração, um laço revolucionário entre o presidente e a grande massa de americanos como parceiros do governo.

O conforto não reside no bombástico: "Não podemos trombetear a nós mesmos de volta à prosperidade", avisou ele.[102] O declínio do país só podia ser revertido através da ação coordenada. Ele pediu ao Congresso aprovação para uma inacreditável variedade de programas que, juntos, redefiniriam o papel do governo federal para regulamentar a economia e assegurar as vidas do povo americano de baixo para cima. Seu propósito — reconstruir o sistema social "em fundações e linhas mais sólidas"[103] — vinha do que Frances Perkins chamou de "sua atitude geral de que *as pessoas importavam*".[104]

Antes que o Congresso encerrasse a sessão em seu centésimo dia, quinze importantes peças de legislação haviam sido aprovadas e transformadas em lei. Bilhões de dólares foram apropriados para realizar imensas obras

públicas, fornecer auxílio empregatício direto, aliviar as tensões hipotecá-
rias, salvaguardar investidores, garantir os depósitos bancários, assegurar
salários decentes, permitir a barganha coletiva, aumentar os preços agrícolas
e gerar poder público. *Auxílio, alívio, salvaguarda, garantia, segurança*: todas palavras designadas para levar conforto aos que sofriam, palavras que
conotavam políticas que haviam começado a criar a vasta rede de proteção
e regulamentação que, finalmente, se tornaria o New Deal.

Os contemporâneos estavam pasmos, tomados por uma sensação de as-
sombro ao testemunhar a liderança exercida por Franklin Roosevelt durante
a reviravolta de cem dias e além. Então, como agora, pode-se perguntar: é
possível que um único homem dê coerência a múltiplas camadas de novos
programas, atravessando todo o espectro econômico e social?

*Esteja aberto à experimentação. Crie agências flexíveis para lidar
com os novos problemas.*

Em primeiro lugar, Roosevelt enfatizou a natureza improvisada e experimental do New Deal. Confrontado pelo não mapeado oceano de angústia
causado pela Depressão, ele tinha "poucos precedentes"[105] para guiar a
formulação ou execução das políticas. Com uma desconcertante variedade
de leis abrangentes para executar, ele acreditava não ter escolha a não ser
experimentar práticas administrativas pouco ortodoxas. "Temos problemas
novos e complexos", explicou ele. "Não sabemos realmente quais são. Por
que não estabelecer uma nova agência para assumir o novo dever, em vez de
designá-lo a uma antiga instituição?"[106] Departamentos mais antigos estavam
inevitavelmente acostumados a rotinas familiares, maneiras estabelecidas
de pensar e agir. Novas agências estariam livres para criar novas culturas,
construídas em torno da inovação, da vitalidade e da velocidade. Durante
seus primeiros dezoito meses de mandato, Roosevelt criou vinte agências,
formando uma "sopa de letrinhas"[107], e deu a elas nomes que se tornariam
conhecidos por seus acrônimos.

Seu primeiro empreendimento — o Civilian Conservation Corps, popularmente chamado de CCC — trazia sua assinatura pessoal. Frances Perkins
certa vez observou que "de vez em quando", Roosevelt tinha flashes "de
conhecimento e entendimento quase clarividentes".[108] O CCC, que unia todo

tipo de coisa disparatada em um programa original e romântico, mas muito prático, era um conceito assim. O programa, que foi anunciado inicialmente em março, pretendia fornecer trabalho e propósito para 250 mil jovens até meados de julho. A maioria vivia em cidades, formara-se recentemente e buscava "a oportunidade de seguir seu próprio caminho".[109] Não havia emprego em lugar nenhum e eles estavam apáticos e deprimidos. Ao mesmo tempo, dezenas de florestas nacionais haviam caído em "um triste estado de negligência"[110] durante os anos, tornando-se trechos de matagal terciário ou quaternário. Árvores e arbustos mortos tinham de ser removidos, novas árvores plantadas, muros guarda-fogo construídos, trilhas limpas.

O CCC curaria as florestas ao mesmo tempo em que curava os jovens. Como a maior parte dos salários seria enviada para casa, eles simultaneamente ajudariam as famílias e estimulariam as economias locais adjacentes aos campos. Medida prática para o presente e investimento material para o futuro, o CCC, como imaginado por Roosevelt, plantava árvores ao mesmo tempo em que, de modo muito mais importante, semeava "valor moral e espiritual"[111] para aprimorar e apoiar uma geração de jovens perdidos.

Quando Roosevelt descreveu o plano para o gabinete pela primeira vez, Perkins o considerou "um sonho impossível".[112] Como 250 mil jovens seriam recrutados? Como seriam transportados para as florestas, vestidos, alimentados e abrigados? Quem projetaria e supervisionaria os projetos? Como o programa poderia começar a funcionar dali a três meses? As respostas para todas as perguntas estavam no estilo de liderança de Roosevelt: *estabeleça um propósito claro; desafie a equipe a lidar com os detalhes; ultrapasse os limites convencionais entre departamentos; estabeleça amplos objetivos de curto e longo prazo; crie sucesso tangível para gerar crescimento acelerado e momentum.*

Depois de várias discussões com o gabinete, surgiu um método geral para implementar o conceito de Roosevelt. Quatro departamentos contribuiriam nessa colaboração única. O Departamento do Trabalho selecionaria e contrataria os jovens entre as listas de solicitante de auxílio. Os departamentos do Interior e da Agricultura recomendariam os locais de trabalho e criariam projetos apropriados a cada um deles. O Exército construiria os campos, transportaria, alimentaria, vestiria, abrigaria e pagaria os homens. Oficiais da reserva retornariam ao dever ativo para gerenciar os campos e o Departamento do Interior selecionaria supervisores civis. Para liderar o CCC e coordenar as operações interdepartamentais, Roosevelt argutamente selecionou Robert Fechner, um líder sindical cuja carreira começara como maquinista. Quando Roosevelt perguntou de quanto tempo ele precisava para abrir o primeiro campo, Fechner respondeu "um mês". Roosevelt argumentou que era "tempo demais". Imediatamente, Fechner reduziu a estimativa pela metade. "Bom",[113] disse Roosevelt simplesmente.

Ao chamar 250 mil homens para ocupar os campos florestais em meados de julho, Roosevelt desafiou sua equipe a exceder os padrões normais, estabelecendo um objetivo que ia além das expectativas convencionais. "Façam isso já e não aceitarei nenhuma desculpa",[114] disse ele. "Era característico dele conceber um projeto ousado, forçar sua implementação e alegremente deixar que outros se preocupassem com os detalhes",[115] disse Perkins mais tarde. "Ele colocava dinamite sob as pessoas que tinham de fazer o trabalho e as deixava se virarem com seus próprios métodos."[116] E toda sua equipe respondeu. No início de junho, Roosevelt declarou orgulhosamente, mais de 250 mil homens estavam trabalhando em 1.500 campos, "a mais rápida mobilização em larga escala de nossa história".[117] O Departamento do Trabalho conseguira contratar 10 mil homens diariamente até que o objetivo tivesse sido atingido. Um quadro de oficiais talentosos, incluindo o coronel George Marshall,[118] construíra campos para acomodar mais homens do que os que haviam sido empregados na guerra hispano-americana.[119] Os membros do CCC, profundamente engajados em uma ampla variedade de tarefas de preservação, haviam encontrado "um lugar no mundo"[120] — eles promoveriam uma transformação duradoura da infraestrutura das terras públicas, melhorando as áreas produtoras de madeira, assegurando controle de inundações e incêndios, gerenciando e preservando as florestas para as gerações futuras.

O CCC foi um dos mais populares programas do New Deal. Mais de 2,5 milhões de jovens passariam pelos campos antes que o programa fosse descontinuado no início da Segunda Guerra Mundial. Muitos desses homens jamais haviam visto uma floresta, quem dirá vivido em um ambiente natural. Poucos haviam realizado trabalho manual pesado. Mas, como Roosevelt esperançosamente previra, eles desenvolveram uma ampla variedade de habilidades profissionais e aprenderam a trabalhar com pessoas de partes

diferentes e até então desconhecidas do país. "Eu pesava uns 73 quilos quando fui para lá e, ao sair, estava com 86", disse um jovem, repleto de recém-
-descoberto respeito próprio. "O campo me transformou em homem."[121]

Roosevelt entendia, é claro, que o CCC não era "uma panaceia",[122] pois,
a despeito de seu sucesso inicial, os 250 mil homens empregados pelo CCC
constituíam somente um sexto dos 15 milhões de americanos desempregados. Para ilustrar melhor a situação, ele usou uma analogia esportiva. Ele se
comparou ao capitão de um time de futebol americano que "tem em mente
um plano geral para o jogo". Ele sabia qual seria a primeira jogada, mas não
podia prever a que viria depois "até que a jogada seguinte tivesse terminado.
Se o jogo avançar 10 jardas, a jogada seguinte será diferente da que teria sido se
tivéssemos perdido o arremesso".[123] O retumbante sucesso do CCC fornecera
uma útil primeira jogada no intrincado plano de jogo — que apenas começava
a se desdobrar — para lidar com o colossal problema do desemprego.

Estimule a competição e o debate. Encoraje a criatividade.

Roosevelt trabalhava de maneira mais produtiva, acreditava Sam Rosenman,
quando "ideias e argumentos, prós e contras, eram 'rebatidos' na frente dele,
discutidos e debatidos".[124] Ele se cercava de personalidades fortes que lutavam
por suas ideias e então deliberadamente criava situações que as desafiavam
a defender posições opostas. Finalmente, e isso tem grande importância,
ele as guiava até a reconciliação. Incontáveis vezes, desafiando o protocolo
administrativo ortodoxo, ele deu a mesma tarefa a diferentes pessoas na
mesma agência ou alocou o mesmo projeto para diferentes agências. "Há
algo de bom em um pequeno conflito", observou Roosevelt. "Um pouquinho
de rivalidade é estimulante. Mantém todo mundo querendo provar que é
melhor que o outro cara."[125]

Embora o próprio Roosevelt jamais se sentisse ameaçado pela multipli-
cidade e pela confusão, a "natureza inerentemente desordenada"[126] de sua
administração frequentemente desagradava os subordinados. Às vezes, o
moral era ameaçado e sentimentos eram feridos. "A manutenção da paz em
sua família oficial", observou sua secretária Grace Tully, "tomava horas e dias
de seu tempo".[127] Quando um membro de sua equipe se sentia subvalorizado
ou sob pressão, ele entrava em ação. Ele convidava o assistente magoado

para ir à Casa Branca a fim de "segurar sua mão". Um administrador observou que Roosevelt "tinha a rara capacidade de curar os sentimentos que inadvertidamente ferira".[128]

"Em uma época mais tranquila, na qual os problemas fossem rotineiros, haveria toda razão para exigir uma administração firme e organizada", observou Schlesinger. "Mas aquela época de crise premiava a iniciativa, a inovação e uma organização de governo que dava liberdade e recompensa a essas qualidades."[129] Ao manter as linhas de autoridade ambíguas, Roosevelt podia se mover simultaneamente em direções diferentes; podia permitir que os membros de sua vigorosa equipe corressem livres, jamais duvidando de sua capacidade de controlá-los. Além disso, ao se recusar a delegar ou consolidar muito poder em uma única pessoa, ele mantinha as decisões finais exatamente onde as queria: em suas próprias mãos.

Em nenhum momento a competitiva teoria de administração de Roosevelt foi ilustrada de modo mais revelador que no conflito entre dois homens extremamente capazes —Harold Ickes e Harry Hopkins — pelo controle de bilhões de dólares alocados para a redução do desemprego através de obras públicas. Como secretário do Interior e diretor da Public Works Administration (PWA), Ickes tinha a perspectiva de um empresário progressista. A melhor maneira de atacar o desemprego, acreditava ele, era "injetar dinheiro", subsidiando construtoras privadas para que construíssem imensos projetos que levariam certo tempo para serem finalizados, mas, uma vez completados, seriam duradouros. Tais projetos incluíam a represa de Bonneville, o túnel Lincoln, o aeroporto de LaGuardia e o Parque Nacional das Grandes Montanhas Fumegantes.

Harry Hopkins, um assistente social que foi diretor da Civil Works Administration (CWA) e, mais tarde, da Works Progress Administration (WPA), favorecia uma variedade de projetos menores e descentralizados, com o intuito de tirar das listas de auxílio tantas pessoas quanto possível e colocá-las rapidamente em empregos reais. Tais projetos, mobilizados com rapidez e centrados nas comunidades, incluíam muitas centenas de escolas, bibliotecas, quartéis de bombeiros, playgrounds, ringues de patinação e piscinas. O Federal Arts Project patrocinava murais pintados para edifícios públicos; o Federal Theatre Project promovia produções de obras clássicas para alcançar pessoas em regiões distantes.

Os contrastantes estilos administrativos dos dois homens refletiam suas diferentes filosofias e temperamentos. Conhecido como "Honest Harold",[130] Ickes era um administrador experiente e estava determinado a restaurar a reputação do Departamento do Interior, gravemente danificada pelo escândalo de Teapot Dome durante a administração Harding. Ickes insistia no planejamento meticuloso e microgerenciava cada contrato, sempre vigilante contra desperdícios ou escândalos. Disciplinador escrupuloso, chegava cedo e permanecia até tarde em sua mesa no luxuoso edifício do Interior. Até a voz da desaprovação pública se erguer, ele trancava as portas de entrada às 8h35 para impedir que os funcionários atrasados entrassem e até mesmo removeu as portas das cabines no banheiro para desencorajar os funcionários a ler jornal.

Hopkins, "fumante inveterado e apreciador de café",[131] que ocupava "o mais andrajoso edifício de Washington",[132] frequentemente dava a impressão de que dormira no escritório, "usando a mesma camisa por três ou quatro dias seguidos".[133] Impaciente com a burocracia e avesso a organogramas, ele focava obsessivamente no "sofrimento físico, mental e espiritual"[134] causado pela escassez de empregos. Ele acreditava que o auxílio direto na forma de seguro-desemprego minava o caráter e a independência e que homens e mulheres queriam e precisavam desesperadamente da dignidade e da disciplina que o trabalho levava para suas vidas. Quando críticos reclamavam que os empregos da CWA eram frequentemente de curta duração, com pouco impacto na economia de longo prazo, ele respondia: "As pessoas não comem no longo prazo, elas comem todos os dias."[135]

Franklin Roosevelt valorizava, necessitava e utilizaria e reconciliaria as filosofias de ambos. Ele buscava benefícios de curto e longo prazo — projetos descentralizados e imediatos e melhorias centralizadas e duráveis — para ajudar a curar a nação. Participava diretamente da alocação de fundos, sendo membro do comitê que avaliava os projetos concorrentes submetidos pelos dois homens. Ouviu atentamente quando Hopkins argumentou que os pesados projetos que Ickes favorecia levavam tempo demais para serem desenvolvidos e que, com o alto custo dos materiais, uma porcentagem mais baixa dos dólares ia diretamente para o bolso das pessoas. E partilhava do temor de Ickes de que Hopkins não pudesse supervisionar cuidadosamente as dezenas de milhares de pequenos projetos que iniciara, expondo todos eles ao risco de ineficiência, potencial corrupção e menor apoio do Congresso.

Com a Depressão se estendendo mês após mês, entretanto, Roosevelt se viu concordando mais frequentemente com Hopkins. Roosevelt sempre fora mais suscetível às histórias de vida das pessoas que a macroprojetos conduzidos estatisticamente. Hopkins tinha uma miríade de histórias assim para Roosevelt: como o emprego governamental "reabilitara" uma família inteira ou como um projeto da WPA dera um playground, parque ou piscina a uma comunidade grata.[136] Quando as apropriações tendiam mais a favor dos projetos de Hopkins, Roosevelt era forçado a aplacar Ickes. Em seu diário, Ickes registrou numerosas ocasiões nas quais decidiu se demitir, somente para retornar ao trabalho em função da "simplicidade sem afetação e do charme pessoal do homem". Ali estava o presidente dos Estados Unidos ouvindo pacientemente seu lado da história, o tempo todo se "vestindo com o auxílio de seu valete",[137] mas permanecendo relaxado, focado e empático com suas queixas pessoais. "Como um homem pode resistir a um presidente assim?",[138] disse Ickes mais tarde.

Esse antagonismo prolongado finalmente pegou fogo em público.[139] Ickes se referiu aos projetos da WPA como "frente de trabalho"[140] e "trabalho inútil".[141] Hopkins contra-atacou, protestando contra os constantes atrasos dos projetos de construção do secretário do Interior. Embora o presidente valorizasse e mesmo fomentasse tais discussões no interior da família oficial, ele ficava muito aborrecido quando as rixas surgiam nos jornais. Pouco depois, ele convidou Ickes e Hopkins para acompanhá-lo em uma viagem pelo país, seguida de um longo cruzeiro pelo canal do Panamá. Os dois passaram dias e noites com o presidente, pescando na costa do México, conversando, jogando pôquer e bebendo martínis. Ambos apreciaram intensamente a intimidade da incomum viagem de um mês. Mais uma vez, Ickes se maravilhou com a "boa disposição" de Roosevelt enquanto era "carregado para cima e para baixo como uma criança indefesa quando ia pescar".[142] Hopkins disse ao irmão que aquele fora "um período perfeito" e que ele se sentia "realmente descansado".[143]

No jornal diário do navio, *The Blue Bonnet*, surgiu uma curiosa matéria, intitulada "Sepultado no mar".[144] Seu estilo vivaz apontava diretamente para um antigo jornalista, o próprio Roosevelt.

O feudo entre Hopkins e Ickes recebeu um sepultamento decente hoje. Com bandeiras a meio-mastro [...] o presidente oficiou a cerimônia solene que, acreditamos, retirará esses dois bebês da primeira página para sempre.

Hopkins expressou pesar pelas coisas pouco gentis que Ickes dissera sobre ele e Ickes, por sua vez, prometeu fazer pior — ainda pior — assim que pudesse conseguir um estenógrafo para anotar tudo.

O presidente deu a cada um deles um vigoroso tapa nas costas, empurrando ambos para o ar. "À frente a todo vapor", ordenou o presidente.

Abra canais de informação não filtrada para suplementar e desafiar as fontes oficiais.

Não confunda o que as pessoas em Washington estão dizendo com o que as pessoas no país estão sentindo, aconselhava Roosevelt repetidamente a seus assessores:[145] "Vá ver o que está acontecendo. Vá ver o produto final do que estamos fazendo. Fale com as pessoas, veja as coisas com seus próprios olhos."[146] Se as condições inéditas exigiam a criação de programas "novos e não testados",[147] Roosevelt, como administrador-chefe, tinha de descobrir quais desses programas estavam funcionando e quais não estavam. Era pouco provável que tais avaliações surgissem através dos canais formais. Para evitar ser aprisionado pelos canais de informação, Roosevelt iniciou um reconhecimento nacional. Ele usou todo tipo de fonte não ortodoxa de inteligência, o que lhe permitiu alterar, descartar ou reformar os programas em andamento.

Embora começasse o dia consumindo meia dúzia de jornais metropolitanos "como uma ceifadeira colhendo grãos",[148] ele contava com sua secretária de longa data, Louis Howe, para recortar e organizar matérias e editoriais de jornais de pequenos vilarejos e cidades de todo o país. Através de seu *Clarim Diário*, como o chamava, Roosevelt fazia uma sondagem mais personalizada do que as pessoas estavam sentindo sobre programas individuais do New Deal. Clippings similares eram compilados das torrentes de cartas que chegavam à Casa Branca, algo entre 6 e 8 mil cartas por dia depois que Roosevelt informou que queria ouvir diretamente do público.[149] Eleanor também pedia que as pessoas escrevessem para ela, citando o perigo de que uma figura pública "possa ser separada do fluxo de vida afetando o país".[150] Sua coluna diária não somente dava conselhos, como também recebia opiniões e sugestões das pessoas. Ela, como o marido, abrira uma via de comunicação de duas mãos.

Mais que qualquer outra fonte, Roosevelt contava com Eleanor para fornecer "a verdade sem verniz".[151] Ele a chamava de sua esposa "fogo--fátuo",[152] porque ela viajava centenas de milhares de quilômetros pelo país, passando semanas e meses falando com uma grande variedade de pessoas de cada região, ouvindo queixas, examinando os programas do New Deal, reunindo uma antologia de histórias. Sempre que retornava, ela organizava "uma refeição não interrompida" com o marido, para que as histórias fossem "frescas e não desbotadas pela repetição".[153] Roosevelt confiava absolutamente na fidedignidade e na acurácia das observações dela. "Ela via muitas coisas que o presidente jamais poderia ver", disse Frances Perkins. "Muito do que ela aprendeu e entendeu sobre a vida das pessoas do país foi passado para o presidente."[154] Os secretários de gabinete ouviam frequentemente o refrão de Roosevelt: "Minha mulher viaja muito", dizia ele. "Minha mulher disse que as pessoas estavam trabalhando por salários abaixo do mínimo estabelecido pela NRA quando ela visitou a cidade na semana passada."[155]

Os relatórios de Eleanor orientavam Roosevelt para aperfeiçoar programas, aumentar sua efetividade e, às vezes, criar agências totalmente novas. A Agricultural Adjustment Administration (AAA) começara pagando os fazendeiros para destruir suas colheitas e matar os animais em uma tentativa de aumentar os baixíssimos preços agropecuários, que haviam criado grande sofrimento na área rural. "Por que você joga todos aqueles porquinhos no Mississippi quando há milhares de pessoas passando fome no país?",[156] perguntou Eleanor enfaticamente a um administrador. Suas observações sobre o desperdício do programa da AAA levaram à criação de uma nova agência (a Federal Surplus Relief Corporation). O governo comprava os excedentes de trigo, milho, carne e algodão e distribuía o excesso de mercadorias entre as agências de auxílio, para que alimentassem e vestissem os desempregados.

Enquanto trazia novas fontes de informação de *fora*, Franklin Roosevelt também gerava um fluxo normal de informações de *dentro*. Quando lhe contavam sobre algum interessante jovem subordinado em um departamento, ele às vezes convidava aquele funcionário para ir até a Casa Branca, ignorando a hierarquia de comando e frequentemente irritando o chefe do departamento.

Roosevelt habitualmente lia mais profundamente as pessoas que os livros. As conversas permitiam que ele elaborasse seus próprios pensamentos. "No curso de um dia comum", disse ele, "entro em contato com representantes de metade das agências federais de auxílio, pessoalmente, por telefone ou por correspondência. Tento me manter em contato com a coordenação de todo o trabalho, tanto quanto é humanamente possível."[157] Memorandos eram ajustados para diminuir a montanha de dados que se acumulavam a cada hora. "Aprendi a preparar o material, para que fosse fotografado por sua memória", disse Frances Perkins. Recomendações de ação deviam ser curtas, "preferencialmente com apenas uma página",[158] apresentadas em linhas gerais, revelando quem era a favor, quem era contra e por quê. Mas ela sabia que o que ele mais queria eram as histórias particulares das pessoas comuns. Essas histórias ficavam indelevelmente marcadas na memória dele.

Adapte-se. Esteja pronto para mudar de curso rapidamente quando necessário.

"Não nego que podemos cometer erros de procedimento", disse Roosevelt quando delineou pela primeira vez os planos para as mudanças sistêmicas em sua segunda conversa em frente à lareira. "Não tenho que marcar toda vez que rebato. O que busco é a média de rebatidas mais alta possível, não somente para mim mesmo, mas para o time."[159] Repetidamente, ele disse aos membros da equipe que tendiam a se afligir com a magnitude das tarefas diante deles que, desde que considerassem cada ângulo o melhor que pudessem no tempo que tinham, não havia razão para se angustiar querendo saber se estavam certos ou errados. "Eu e você conhecemos pessoas que fazem um buraco no tapete andando de um lado para o outro e se preocupando se tomaram a decisão certa", confidenciou ele a Rosenman. "Faça o melhor que puder ao tomar uma decisão, mas, depois de decidir, vá em frente."[160]

Tal adaptabilidade, a disposição para mudar de opinião, revisar e acomodar os contornos de circunstâncias mutáveis, pode ser discernida como princípio motivador nas dezenas de programas criados durante e depois dos cem dias. Alguns desses programas seriam parte permanente do governo federal, incluindo a TVA (Tennessee Valley Authority), FHA (Federal Housing Administration) e FCC (Federal Communications Commission).

Outras seriam desmembradas quando a mobilização para a guerra as tornasse desnecessárias: entre elas a CWA (Civil Works Administration), PWA (Public Works Administration), WPA (Works Progress Administration) e NYA (National Youth Administration).

A prontidão para se adaptar permitiu que Roosevelt cumprisse a promessa que fizera no auge da crise bancária: iniciar uma reforma logo após a recuperação, desenraizar "antigos abusos"[161] no mercado de ações e no sistema bancário não regulamentado, a fim de que eles não ocorressem novamente. Ele fez sua primeira tentativa de regulamentar o mercado de ações com a Lei da Verdade em Títulos, criada "para proteger os investidores contra falsas informações na venda de títulos". Tendo visto "tanta miséria atingindo famílias honestas que haviam sido persuadidas a investir suas economias em títulos especulativos mascarados de investimentos e vendidos através de métodos de alta pressão", ele chegara à conclusão de que "a legislação nacional era uma necessidade".[162] A lei requeria que os emissores de novos títulos fizessem registros completos junto à Federal Trade Commission. Descrições enganosas deliberadas estariam sujeitas a até cinco anos de prisão. A lei enfureceu pessoas da direita e da esquerda. Enquanto os empresários avisavam que as punições "draconianas",[163] determinadas por amadores da Federal Trade Commission, restringiriam tanto os corretores que o mercado morreria, retardando ainda mais a recuperação, os reformadores ficaram profundamente desapontados porque ações e títulos já emitidos estavam isentos da regulamentação.

Percebendo em seis meses que a lei era "inviável", Roosevelt imediatamente iniciou medidas para "afrouxar as restrições"[164] e estender a regulamentação federal a todo o campo de ações e títulos, e não simplesmente novas emissões.[165] A lei impunha uma ampla variedade de proibições específicas contra todas as formas de manipulação de ações. Ela propunha a criação de um novo corpo regulatório, a Securities and Exchange Commission (SEC), composta por cinco comissários nomeados por cinco anos. Os líderes empresariais reagiram com ultraje à ideia de colocar um "policial em seu território".[166] A Bolsa de Nova York ameaçou mudar sua sede para Montreal. Roosevelt enviou uma carta especial ao Congresso avisando que "um ímpeto mais altamente organizado" se formara contra aquela lei que contra qualquer outra legislação do New Deal. Se fosse feita qualquer

tentativa de enfraquecer ou afundar o projeto de lei, os congressistas teriam de responder ao povo americano, que estava totalmente consciente
da "especulação desregulamentada" que ajudara a causar "um *boom* in-
justificável" e os "terríveis" anos que se seguiram à quebra.[167] O projeto de
lei foi aprovado com facilidade. E, no fim das contas, a SEC se tornou uma
das mais admiradas agências do New Deal.

A lei regulamentando a comunidade bancária finalmente foi assinada
no dia 99 dos 100. A Lei Glass-Steagall ofereceu reformas profiláticas para
conter os principais abusos que haviam contribuído para a crise bancária.
Roosevelt acreditava que a crise surgira quando os bancos se mostraram
incapazes de atender às demandas de retirada porque haviam usado os
fundos de seus correntistas para especular em um mercado de ações su-
peraquecido. A nova lei exigia que os bancos fizessem uma escolha. Eles
podiam realizar atividades comerciais ou investimentos, mas, dali para a
frente, estavam proibidos de realizar ambos. Durante o debate do projeto
de lei, o Senado acrescentara uma emenda fazendo com que o governo
federal, em conjunção com prêmios de seguro sobre os bancos, garantisse
os depósitos até certo limite, que seria modificado com o tempo. Roosevelt
objetou enfaticamente contra essa garantia. Em uma nota escrita, ele pediu
que membros do comitê conjunto da Câmara e do Senado rejeitassem a
emenda. "Não vai funcionar", insistiu ele, convencido de que "os bancos
mais francos vão puxar os mais fortes para baixo". Ele até mesmo ameaçou
vetar o projeto inteiro a menos que a emenda que garantia os depósitos
fosse derrotada. Mesmo assim, após um contencioso debate, o projeto de
lei finalmente foi aprovado com a emenda intacta. Roosevelt imediatamente telefonou para congratular o senador Glass e, durante a cerimônia
de assinatura, brincou que o projeto de lei tinha mais vidas que um gato.
"Uma admissão bem-humorada", observou Moley, "de sua derrota final
na questão da segurança dos depósitos."[168]

Todavia, poucos meses depois, Roosevelt percebeu que sua firme oposição
aos depósitos garantidos fora errada. A criação da Federal Deposit Insurance
Corporation (FDIC) deu aos depositários a segurança de que eles precisavam. Mais de 90% dos bancos[169] haviam feito o seguro em 1934 e, em cinco
anos, os depósitos haviam aumentado em quase 50%.[170] De acordo com os
historiadores monetários, "a garantia federal dos depositários bancários foi

a mais importante mudança estrutural a resultar do pânico de 1933 e a que mais conduziu à estabilidade monetária."[171]

Em ambos os casos, Roosevelt alterou suas propostas originais e se mostrou disposto ao compromisso. A Lei de Valores Mobiliários diminuiu a severidade das penalidades, ao mesmo tempo em que ampliou o campo daquilo que constituiria transgressão. Após se opor à FDIC, Roosevelt a aceitou graciosamente e, no fim, a adotou como sua própria, bem-sucedida e legítima filha. Nada estava escrito em pedra. Nada era final. Para FDR, tomada de decisões e administração eram parte de um processo vivo. "Temos de fazer nosso melhor no momento. Se não funcionar", garantiu ele a Perkins, "podemos modificar no caminho."[172]

Dado esse pendor pela improvisação, alteração e modificação, dada a natureza imaginativa e proliferadora de seu modelo de liderança maleável, não surpreende que Roosevelt tenha sido tão frequentemente comparado a um artista criativo — "um verdadeiro artista no governo",[173] de acordo com o dramaturgo Robert Sherwood. Como um artista da retomada, Roosevelt não tinha um modelo pronto ou maquete diante dele para ampliar e então impor ao país. Em vez disso, observou Perkins, ele "trabalhava com os materiais e problemas à mão, e enquanto trabalhava em uma fase, a seguinte evoluía".[174] E, conforme um projeto após o outro tomava forma, sua destreza e sua habilidade continuavam a florescer. Seu toque intuitivo se tornou mais confiante e refinado, assim como aumentou a confiança dos americanos nele e em si mesmos.

———

Ao fim dos cem dias, quando a sessão especial do 73º Congresso finalmente foi encerrada em 16 de junho, Roosevelt demonstrou sua gratidão. Ele elogiou o "espírito de equipe" que "transcendera as linhas partidárias". E prestou tributo à "total cooperação entre os ramos legislativo e executivo", que haviam adotado uma "nova abordagem para problemas novos e antigos" e "provado que nossa forma de governo pode responder a uma emergência e implementar um programa em tempo recorde".[175]

Quando a guerra chegou, Roosevelt gostava de dizer que o Dr. New Deal havia se transformado em Dr. Vencer a Guerra. Embora os dois médicos enfrentassem diferentes desafios, eles partilhavam a mesma clínica, assim como o mesmo DNA de liderança: um temperamento que não fazia buracos no tapete de tanta preocupação, que relaxava e pensava nos problemas enquanto conversava, que se deliciava com a alegria do próprio exercício da liderança. Quando algo desesperado precisava ser feito, ambos os médicos entravam na briga.

O médico que estabeleceu o objetivo de contratar 250 mil jovens para a CCC em apenas três meses fez um pedido dramático sete anos depois: a inacreditável produção de 50 mil aviões para colocar os Estados Unidos à frente da Alemanha em um único ano. O que a princípio pareceu um objetivo ridículo se provou "o objetivo psicológico de elevar as visões",[176] atiçar a imaginação dos membros da equipe e estimular o front doméstico a realizar o impossível. O educador que lucidamente explicara a labiríntica complexidade da crise bancária em sua primeira conversa em frente à lareira mais tarde pediria que a nação abrisse um mapa global do teatro de guerra em suas mesas, a fim de que ele pudesse dizer "algo sobre geografia — qual é nosso problema e qual será a estratégia geral da guerra —, sobre como cada batalha se encaixa no quadro".[177]

O talento para comunicação de Roosevelt foi um instrumento vital para seu sucesso em desenvolver uma missão comum, esclarecer os problemas, mobilizar a ação e ganhar a confiança do povo. Ele nunca vacilou na fé de que, se as pessoas "recebessem a confiança de seu governo e uma declaração integral e verdadeira sobre o que está acontecendo, elas geralmente escolheriam o curso correto".[178] Essa conexão recíproca entre Roosevelt e o povo que ele servia estava no coração de sua liderança.

De fato, se existir um argumento em favor da importância conclusiva do caráter e da inteligência do líder em tempos tumultuados, em casa e no exterior, ele repousará sobre os ombros largos de Franklin Delano Roosevelt.

DOZE

LIDERANÇA VISIONÁRIA

Lyndon Johnson e os direitos civis

"Tudo era caos",[1] lembrou Lyndon Johnson, falando das horas e dias que se seguiram ao assassinato de Kennedy. Uma série de eventos chocantes, que o país acompanhava em tempo real, perplexo: o anúncio de que tiros haviam sido disparados contra o comboio; confirmação da morte do presidente; prisão e subsequente assassinato de Lee Harvey Oswald; identificação de Jack Ruby, dono de um clube noturno em Dallas, como assassino; especulação de que ambos os assassinatos eram parte de uma conspiração mais ampla relacionada à Rússia, Cuba ou à Máfia. Durante quatro dias, do assassinato ao funeral, os americanos permaneceram transfixados perante a televisão enquanto as três redes cancelavam toda a programação regular para cobrir as notícias.

Os desdobramentos dessa tragédia criaram extremo perigo para Lyndon Johnson, mas, ao mesmo tempo, uma oportunidade sem precedentes para ação e julgamento. Uma sucessão bem-sucedida exigia tanto o estabelecimento imediato do comando quanto uma garantia simbólica de continuidade. "Os tempos gritavam por liderança", disse Johnson mais tarde. "Uma nação chocada, abalada até o âmago, tinha de ser reassegurada de que o governo não estava em estado de paralisia." E, para além da nação, "o mundo todo seguiria ansiosamente cada movimento que eu fizesse, observando, julgando, pesando." Assim, "era imperativo que eu assumisse as rédeas do poder e o fizesse sem demora. Qualquer hesitação ou incerteza, qualquer passo em falso, qualquer sinal de dúvida podia ser desastroso."[2]

"Estávamos todos correndo em círculos, tentando entender o que acontecera, mas, quanto mais tentávamos entender, mais confusos ficávamos. Éramos como um bando de bois presos em um pântano, incapazes de nos mover em qualquer direção, simplesmente dando voltas." Com essa imagem, Johnson evocou sua infância em Texas Hill Country e as histórias que seu avô contava. "Eu sabia o que precisava ser feito", continuou ele. "Só há uma maneira de tirar o gado do pântano. O homem a cavalo precisa tomar a liderança, assumir o comando, apontar a direção. No período de confusão após o assassinato, eu fui esse homem."[3]

Mas, mesmo enquanto mostrava força e confiança para o público em geral, ele exibia modéstia e deferência para o círculo íntimo de Kennedy. Em contraste com Theodore Roosevelt, que, após o assassinato de McKinley, teve três anos para se firmar antes de enfrentar o eleitorado por si mesmo, Johnson tinha menos de um ano antes da próxima eleição. Não havia tempo para construir uma equipe do zero. Além disso, manter os homens importantes de Kennedy assinalava respeito e constância. Johnson há muito tempo dominava esse contraditório papel de suplicante pelo poder, humilde aprendiz esforçando-se para chegar à maestria.

Ele abordou cada um dos homens de Kennedy: "Eu sei o quanto *ele* precisava de você. Eu preciso muito mais, assim como o país."[4] Ele nunca sugeriu que, como quer que as coisas fossem feitas antes, aquela era *sua* Casa Branca. "Eu sabia como eles se sentiam", disse ele mais tarde. "Subitamente, *eles* eram os outsiders, assim como eu fora por quase três anos, *outsiders* do lado de dentro."[5] Refreando sua célebre arrogância, suavizando seu tom, ele transmitia profunda humildade, partilhando suas dúvidas, continuamente pedindo paciência, conselhos e auxílio. "Há muito que não sei", dizia ele. "Vocês precisam me ensinar."[6] Que tantas figuras-chave do gabinete de Kennedy e da equipe da Casa Branca tenham permanecido durante a transição testemunha o tom perfeito utilizado por ele durante a tensa seleção.

O desempenho de Johnson após chegar à liderança foi tão impecável que parecia que ele ensaiara por muito tempo o que faria se tivesse o poder e se fosse o momento certo. Subitamente, era o momento certo. Ele tinha a chance de deter o poder e pretendia aproveitá-la.

Todo mundo concordava que Lyndon Johnson era exímio mecânico do processo legislativo. O que se tornou aparente nas primeiras horas de sua presidência, no entanto, era que ele pretendia usar essas habilidades sem paralelo a serviço de uma visão totalmente desenvolvida sobre o papel que o governo devia desempenhar na vida das pessoas. Desde o início, ele sabia exatamente para onde queria levar o país em termos de assuntos domésticos e tinha uma boa ideia de como chegar lá.

Após aterrissar na capital nacional às 18 horas no dia do assassinato, ele telefonou para dezenas de pessoas, incluindo os ex-presidentes Harry Truman e Dwight Eisenhower, e se reuniu com uma delegação de líderes do Congresso no gabinete da vice-presidência no Edifício de Gabinetes Executivos. Às 22 horas, ele voltou para "The Elms", sua casa de três andares em Spring Valley, Washington, com um pequeno grupo de conselheiros e amigos. "Passem a noite aqui comigo",[7] disse ele a três assessores próximos, Jack Valenti, Cliff Carter e Bill Moyers. Mais que nunca, ele não queria ficar sozinho. Depois daquele dia cataclísmico, ele tinha especial necessidade de um círculo íntimo de ouvintes para organizar as ideias e analisar a situação. Uma hora mais tarde, depois que Lady Bird foi dormir em seu próprio quarto, Johnson vestiu pijamas e, com os três homens sentados na imensa cama, assistiu à cobertura ininterrupta da história que abalara o mundo.

No início da manhã, lembrou Valenti, "o novo presidente começou a falar sobre seus planos, seus objetivos, as grandes metas que pretendia atingir". Em sua mente, ele já podia ver um futuro no qual a legislação progressista de Kennedy, então paralisada no Congresso, se tornaria lei: "Vou conseguir a redução de impostos de Kennedy com o Comitê Financeiro do Senado e vamos fazer com que a economia acelere novamente. Então vou conseguir a aprovação da lei de direitos civis de Kennedy, que está no Congresso há tempo demais. E vou conseguir a aprovação sem mudar uma vírgula ou palavra. Depois disso, vamos aprovar leis que permitam que todos no país tenham direito a voto, derrubando todas as barreiras. E isso não é tudo. Vamos aprovar uma lei que permita que qualquer menino e menina do país, não importa quão pobre seja, a cor de sua pele ou a região em que nasceu, receba a educação que quiser através de empréstimos, bolsas ou doações do governo federal. E também quero conseguir aprovação para o projeto de seguro-saúde de Harry Truman, que antes não chegou a lugar nenhum."[8]

O sonolento vice-presidente pareceu magicamente desperto quando revelou um esboço rudimentar do que se tornaria a Grande Sociedade. Essa seria uma história apócrifa se três assistentes não tivessem ficado com ele até às três da manhã e testemunhado sua feroz determinação de não simplesmente fazer avançar a paralisada agenda de Kennedy, como também promover um desenvolvimento social em termos de justiça racial e econômica muito além dos sonhos do New Deal e da Nova Fronteira.

A visão que Johnson traçou naquela madrugada ficara incubada durante muitas décadas. Do pai populista, ele herdara a crença de que o papel do governo era cuidar daqueles que precisavam de ajuda. "É para isso que estamos aqui",[9] dizia seu pai repetidamente. O conceito seminal de que o governo deveria usar seu poder para melhorar a vida dos outros fora consolidado durante seu trabalho para o New Deal de Roosevelt. Também estivera presente em seu discurso de "chamado às armas" na véspera do ataque cardíaco quase fatal e em suas manobras para aprovar a lei de direitos civis de 1957.

"Durante toda aquela noite", lembrou Moyers, falando das reflexões de Johnson em The Elms, "ele parecia ter várias câmaras em sua mente operando simultaneamente. Era formidável, realmente formidável."[10]

Como Johnson foi capaz de concretizar essa visão?

Comece de modo dramático.

A tarefa mais importante de Lyndon Johnson, a condição necessária da qual tudo dependia, era convencer seus compatriotas de que ele era capaz de preencher o brutalmente súbito vácuo de liderança. Ele tinha de eliminar as dúvidas, reprimir as suspeitas e aliviar os temores.

Naquele momento de sombria emergência nacional, o temperamento do novo presidente tendia a fazê-lo agir rapidamente. A cada nova posição em sua longa carreira, ele buscara um início rápido e certeiro, um momento que capturasse a atenção. No dia do sepultamento de Kennedy, ele escolheu fazer um grande discurso para a nação. Essa escolha tinha seus riscos, pois, com poucas exceções, Johnson revelara uma inabilidade de falar persuasivamente em contextos amplos e formais. O homem que podia exercer domínio instantâneo sobre qualquer pequeno agrupamento tendia a se retesar quando era forçado a subir no palanque. E aquele discurso seria o mais importante que já fizera. "Ele sabia", disse Moyers, "que os espectadores tinham muitas perguntas, querendo saber quem era aquele homem." Quando ele descesse do palanque, "aquelas pessoas confiariam nele — ou não".[11]

Lidere através de seus pontos fortes.

Desde o início, Johnson tomou duas decisões importantes. Primeira: ele faria o discurso perante uma plateia na sessão conjunto do Congresso, e não perante uma câmera no Salão Oval vazio. O Congresso fora seu lar durante mais de três décadas, a fonte de sua segurança, de suas realizações e de seu poder. Muitos na plateia eram amigos e colegas de longa data. Também estariam presentes juízes da Suprema Corte e membros do gabinete, a panóplia da sucessão legítima.

Segunda: ele usaria a ocasião para pedir que seus antigos colegas solucionassem o impasse legislativo que impedira que todas as principais iniciativas domésticas de Kennedy virassem lei. Um mês antes do assassinato, o colunista Walter Lippmann escrevera que havia "razões para se perguntar se o sistema congressional, como opera agora, não é um grave perigo para a república".[12] De fato, como observara um editorial da revista *Life*, aquele Congresso se reunira por mais tempo que qualquer outro, "embora não tivesse realizado praticamente nada".[13] Johnson concordava que a inabilidade do Congresso de fazer transitar as legislações estava "se tornando uma crise nacional",[14] expondo o sistema democrático americano a amplas críticas no país e no mundo.

Ao focar na agenda doméstica bloqueada de Kennedy, Johnson optou pelo campo no qual se sentia mais profundamente envolvido, mais confiante em seu conhecimento e mais confortável em lidar com os detalhes políticos. As arenas militar e de questões internacionais, que haviam sido a especialidade e o foco da administração Kennedy, não lhe eram amigáveis. E ele tivera a felicidade de chegar ao cargo em um momento ostensivamente tranquilo em termos de questões internacionais.

"Se qualquer sentido pudesse ser obtido dos eventos sem sentido que me levaram à Presidência", disse ele mais tarde, "ele só seria obtido através do uso de minha experiência como legislador para encorajar o processo legislativo a funcionar."[15] Acreditando que a morte de Kennedy criara "uma atmosfera simpática"[16] à aprovação da estagnada agenda da Nova Fronteira, Johnson planejava transformar o "programa do homem morto na causa de um mártir".[17] Mas a janela de oportunidade era muito estreita. Para ter alguma chance de sucesso, ele precisava se mover em velocidade máxima, antes que o clima de apoio começasse a se dissipar.

Simplifique a agenda.

Johnson decidiu parear a agenda doméstica de Kennedy com dois itens essenciais: o projeto de lei de direitos civis criado para pôr fim à segregação no sul e a redução de impostos que visava a estimular a economia. Durante muitas horas de conversa em The Elms, Johnson debateu a prudência dessas escolhas. "Em certo momento", lembrou o advogado Abe Fortas, um dos homens foi fortemente contrário a recomendar "ação do Congresso em relação aos direitos civis" e, mais particularmente, contra transformá-los em prioridade "número um". "A Presidência tem somente certa quantidade de moedas para gastar", avisou ele a Johnson, "e você não deveria gastá-las nisso. O projeto de lei jamais será aprovado."

"Bem", respondeu Johnson de maneira clara, "para que diabos serve a Presidência?"[18]

Quando Johnson entrou na Câmara ao meio-dia de 27 de novembro de 1963, todos ficaram em silêncio. "Eu alegremente daria tudo que tenho", começou ele, "para não estar aqui hoje." Com eloquência simples, ele estabeleceu o tom de pesarosa humildade que misturaria oratória fúnebre com um pedido inaugural por ação.

> Em 20 de janeiro de 1961, John F. Kennedy disse a seus compatriotas que o trabalho nacional não estaria terminado "nos primeiros mil dias ou na duração dessa administração, talvez nem mesmo na duração de nosso planeta. Mas vamos começar", disse ele. Hoje, nesse momento de nova determinação, digo a meus compatriotas, vamos continuar.

Em contraste com o discurso inaugural de Kennedy, entretanto, que pressagiava um país ressurgente aos olhos do mundo, sem menção de questões domésticas, Johnson delineou suas esperanças para a política doméstica, praticamente sem mencionar a política externa.

> Primeiro, nenhum discurso memorial ou panegírico poderia honrar mais eloquentemente a memória do presidente Kennedy que a aprovação mais rápida possível da lei de direitos civis, pela qual ele lutou por tanto tempo. Já falamos por tempo suficiente sobre direitos iguais em nosso país. Falamos por cem anos ou mais. Está na hora de escrever o próximo capítulo e incluí-lo nos livros de direito.
>
> Segundo, nenhum ato nosso poderia continuar mais adequadamente o trabalho do presidente Kennedy que a rápida aprovação da lei de impostos, pela qual ele lutou durante todo esse ano.

Johnson disse acreditar firmemente "na habilidade do Congresso, a despeito das divisões de opinião que caracterizam nossa nação, de agir — agir sábia, vigorosa e rapidamente quando surge a necessidade. A necessidade está aqui. A necessidade é agora. Eu peço sua ajuda."[19]

Em seu pedido de ação para preencher o vácuo de liderança, notou um jornalista, Johnson pareceu ter se "moldado ao homem que mais admirara em sua carreira política: Franklin D. Roosevelt."[20] Assim como Roosevelt pedira "ação, e ação agora" para ajudar as pessoas a atravessaram uma "hora sombria"[21] da vida nacional, Johnson nos exortou a mostrar ao mundo que "podemos e iremos agir, e agir agora".[22] Ambos se dirigiram a uma nação volátil, deprimida e temerosa. Ambos enfrentaram desânimo e confusão e tentaram fornecer esperança, confiança e uma nova direção. E ambos cuidaram de uma nação atingida e elevaram seu moral.

Quando Johnson terminou, a plateia aplaudiu de pé, com muitas pessoas chorando. "Foi um desempenho notável", concordaram os críticos, "perfeitamente adequado às mais difíceis circunstâncias, calculado diretamente para obter resultados."[23] Assim como as palavras do discurso, sua postura, seu ritmo comedido, sua solenidade e sua determinação mostraram que ocorrera uma genuína transferência de poder e propósito do presidente morto para seu sucesso. As manchetes contaram a história:

LIDERANÇA EM BOAS MÃOS.[24]

JOHNSON EMERGE GRAVE E FORTE.[25]

NOVO CHEFE PASSA NO TESTE.[26]

Através desse único discurso, feito a uma nação ainda enlutada, Lyndon Johnson percorreu uma distância aparentemente impossível. Ele tomou as rédeas do poder e estabeleceu um senso partilhado de direção e propósito para sua súbita Presidência.

Estabeleça a mais efetiva ordem de batalha.

Embora a passagem da lei de direitos civis fosse o primeiro dos dois objetivos de Lyndon Johnson, o tortuoso caminho legislativo para chegar até lá parecia um labirinto, cheio de falsos corredores, armadilhas e becos sem saída. Após falar com congressistas e senadores no Capitólio, Johnson concluiu que ele deveria começar pela redução de impostos, antes de lidar com a muito mais divisória questão dos direitos civis. O assessor de Kennedy Theodore Sorensen discordou dessa ordem de batalha.[27] Sorensen lembrou a Johnson que, como vice-presidente, ele não comparecera ao último café da manhã da liderança do Congresso, durante o qual se decidira tratar primeiro dos direitos civis. Johnson ouviu respeitosamente, mas, nessa questão procedural, ele confiava mais em seus próprios instintos e experiência do que na equipe de Kennedy. Um ataque direto em favor dos direitos civis impediria tanto o projeto de lei de direitos civis quanto o projeto de lei de redução de impostos de ter sucesso.

Mesmo que o projeto de direitos civis pudesse passar pela estrutura de comitês dominados pelo sul da Câmara, ele ficaria parado no Senado, onde os líderes sulistas estavam totalmente preparados para iniciar uma obstrução, negando-se a discutir qualquer outra questão até que o projeto de lei fosse retirado ou seus proponentes conseguissem uma votação de dois terços para pôr fim ao debate. Enquanto durasse a obstrução, nenhuma outra peça legislativa iria a debate. Tal impasse prolongado somente aprofundaria a crise nacional e prejudicaria seriamente as perspectivas de sucesso da nova administração. Se a redução de impostos fosse aprovada antes, porém, a tração poderia gerar um senso de *momentum*. Com provas reais de progresso, a administração poderia então perseguir determinadamente a questão dos direitos civis.

Todavia, a aprovação da lei dos impostos não estava garantida. Ela ficara no Congresso durante 13 meses antes de passar pela Câmara e agora estava firmemente atolada no Comitê de Finanças do Senado, cujo presidente, o senador conservador pela Virgínia Harry Byrd, era guardião das chaves. O aristocrata sulista tinha o poder de manter o projeto de lei parado no comitê ou levá-lo a debate. Na época da morte de Kennedy (em uma inversão de futuros papeis), o apoio à redução tarifária de corporações e indivíduos vinha dos liberais e a oposição dos conversadores. Os jovens conselheiros econômicos de Kennedy argumentavam que diminuir os impostos estimularia as economias e aumentaria a arrecadação, que poderia então financiar uma variedade de programas sociais. Os conservadores, rezando pelo evangelho do orçamento equilibrado, estavam ideologicamente comprometidos com a luta contra o déficit. E ninguém representava essa frugalidade da velha guarda mais categoricamente que Harry Byrd, que transformara a redução dos gastos públicos em uma cruzada.

Procurando algo para arrancar o projeto de lei das garras de Byrd, Johnson telefonou muitas vezes para vários membros do Comitê de Finanças. Através de George Smathers, da Flórida, ele soube que Byrd estava determinado a manter o projeto em audiência até que pudesse avaliar cuidadosamente o orçamento que seria apresentado em 9 de janeiro. Se o orçamento excedesse 100 bilhões de dólares, uma linha "mágica",[28] ele não permitiria que o projeto saísse de seu comitê. Ao saber disso, Johnson subitamente viu uma abertura. Se ele conseguisse manter o orçamento abaixo da barreira psicológica de 100 bilhões, talvez pudesse fazer um acordo para enviar o projeto de lei para debate, mesmo que Byrd, no fim das contas, votasse contra ele.

Em sua corte a Byrd, Lyndon Johnson usou todas as armas. Em 4 de dezembro, menos de duas semanas após o assassinato de Kennedy, ele o convidou para ir até a Casa Branca: "Harry, por que você não vem me ver amanhã? Quero alguns conselhos."[29] Uma limusine presidencial apanhou o senador em frente ao edifício do Senado. O presidente o recebeu pessoalmente e então bancou o guia turístico pela Ala Oeste, a piscina e a sala de massagem, até que eles se acomodaram em uma saleta adjacente ao Salão Oval para um almoço informal contendo os favoritos de Byrd: sopa de batata[30] e sorvete de baunilha.[31]

Após falar dos velhos tempos no Senado, começou a polida barganha. "Harry, essa redução de impostos é importante para mim, imensamente importante", começou Johnson. "Você sabe que não podemos reduzir os impostos sem baixar seriamente o orçamento", respondeu Byrd. "Sim", concordou Johnson, "mas meus últimos estudos mostram que eu teria sorte, muita sorte, se pudesse fazê-lo ficar em 105 ou 107 bilhões." Ambos sabiam que ele estava começando alto, à maneira de todas as pechinchas. (O orçamento de Kennedy era de 103 bilhões, deixando um déficit de mais de 10 bilhões.) "Alto demais, senhor presidente, alto demais", disse Byrd. "Bem, Harry, suponha, e apenas suponha, porque não acho que isso realmente possa ser feito, que eu conseguisse deixar o orçamento em menos de 100 bilhões. O que você faria então?" Nesse caso, respondeu Byrd, "poderíamos fazer alguma coisa". Sabendo que Byrd era um homem de palavra, Johnson se levantou abruptamente e estendeu a mão: "Harry, acordo fechado. Foi bom vê-lo. Não nos vemos o bastante."[32] E então conduziu Byrd gentilmente até a porta.

Honre os compromissos.

Agora começava o difícil trabalho de reduzir o orçamento. Membros da equipe de Kennedy lhe disseram que já haviam cortado o máximo que podiam. Não havia nenhuma gordura sobrando:[33] qualquer outro corte atingiria músculos e ossos. Mas Johnson se manteve inflexível. "A menos que consigamos ficar abaixo dos 100 bilhões", avisou ele a todos, "não conseguiremos avançar 1 centímetro".

"Trabalhei mais duro naquele orçamento que em qualquer outra coisa", lembrou Johnson. "Estudei praticamente cada linha, cada página, até que passei a sonhar com o orçamento à noite." Ele reconheceu que, para o cidadão comum, o orçamento federal era uma atordoante compilação de estatísticas, "mais grosso que um catálogo da Sears-Roebuck e mais tedioso que uma lista telefônica", mas, para um presidente responsável por estabelecer prioridades, era "um documento humano que afetava a vida diária de todos os americanos."[34] Para Lyndon Johnson, assim como para Franklin Roosevelt, havia pessoas por trás dos números, pessoas que esperavam algum tipo de ajuda de seu governo.

A campanha que Johnson iniciou para reduzir os gastos públicos teve amplo alcance. Ele consolidou os prédios federais em terras que o governo já possuía, ordenou que as agências comprassem no atacado e desligava as luzes da Casa Branca, recebendo o apelido de "Lyndon Lâmpada".[35] Ainda mais importante, ele enviou memorandos para cada departamento, incluindo o Pentágono, exigindo listas de cortes. Ele estava tão determinado a engrenar sua agenda doméstica que os maiores cortes — mais de 1 bilhão de dólares — foram feitos no Departamento de Defesa, sob o secretário Robert McNamara.

Byrd disse ao presidente que teria de ver o orçamento impresso e ter tempo suficiente para que sua equipe o analisasse antes de permitir que o projeto de lei seguisse adiante. Plenamente consciente de que a equipe de Byrd detectaria qualquer artifício, ele reduziu o orçamento para 97,5 bilhões, deixando bastante espaço para a argumentação. "Você pode dizer a seus netos que foi o senador que finalmente fez com que o presidente cortasse o orçamento."[36] Ele queria que Byrd entendesse que haveria julgamento futuro sobre essa realização e ele estava mais que disposto a partilhar o crédito se isso pudesse apressar e melhorar as perspectivas de seu objetivo atual.

O tempo todo, Johnson sabia que a confiança mútua era de fundamental importância. Desde que ele cumprisse sua promessa, Byrd manteria sua parte do acordo. E, no início de fevereiro, o presidente finalmente liberou o projeto de lei para debate. Mas o tempo ainda era importante. O processo legislativo ordinário para debater o projeto, votar e então encaminhá-lo ao comitê de conferência da Câmara poderia levar semanas ou mesmo meses. Se esse ritmo prevalecesse, se, como Johnson temia, "eles apenas procrastinassem, adiassem e nada fizessem",[37] a janela de oportunidade para aproveitar o sentimento público pelo presidente martirizado certamente se fecharia.

Impulsione, impulsione, impulsione.

"Nenhum detalhe do processo legislativo lhe escapava", disse o assessor da Casa Branca Larry O'Brien. "Todo dia, toda hora, era impulso, impulso, impulso." Assim que o comitê de Byrd votou para enviar o projeto de lei para debate, Johnson telefonou para a secretária-chefe do comitê, Elizabeth Springer, para urgi-la a escrever o relatório para a maioria e a minoria com toda pressa. Quando ela disse que levaria cerca de uma semana, Johnson perguntou: "Mas vocês estão trabalhando à noite?"[38] Ele disse que pagaria pelas horas extras. Excitada por estar falando diretamente com o presidente, Springer ligou de volta e prometeu que o relatório ficaria pronto em três dias. "Ah, isso é maravilhoso, eu amo você",[39] disse Johnson. Imediatamente, ele telefonou para o Departamento de Impressão do Governo a fim de apressar a impressão do relatório. "Há uma equipe trabalhando agora a noite", assegurou o impressor, "vamos manter a gráfica aberta e terminar o serviço."[40]

Quando o projeto de lei foi para debate, Johnson trabalhou com senadores individuais para evitar qualquer emenda, o que "abriria as comportas"[41] e atrasaria o processo. Ele fez com que todos os oficiais de seu gabinete pressionassem senadores indecisos. Àqueles que tinham planos de atender a uma conferência política internacional sobre a OTAN, ele deixou claro que não olhava "com bons olhos seus passeios pelo mundo".[42] O trabalho no qual eles precisavam focar estava na colina do Capitólio, não na Europa. Quando o projeto de lei passou pelo Senado, ele procurou o presidente do Comitê de Modos e Meios da Câmara, Wilbur Mills,[43] urgindo-o a usar sua poderosa influência para apressar o andamento do projeto até o comitê de conferência.

Em 26 de fevereiro, três curtos meses após o assassinato de Kennedy, o projeto de lei dos impostos foi aprovado em ambas as câmaras. Durante a cerimônia de assinatura, Johnson fez muitos elogios ao senador Byrd, o principal entre a meia dúzia de homens que ele chamou de "parceiros" de negociação. O fato de Byrd ter permitido que a maioria impusesse sua vontade a despeito de sua continuada oposição ao projeto era a marca de "um cavalheiro, um erudito, um produtor".[44]

Para evitar a estagnação e manter as coisas em movimento naquele letárgico Congresso, Lyndon Johnson usara cada recurso disponível. Além disso, deixara claro para o Congresso e para sua administração que agora estava preparado para deixar de lado todas as legislações pendentes, a fim de abrir espaço para o foco obstinado nos direitos civis.

Domine o poder da narrativa.

Lyndon Johnson, como Abraham Lincoln e Franklin Roosevelt, sabia que as pessoas eram "mais facilmente influenciadas" por histórias "que por qualquer outro meio",[45] que as histórias eram lembradas por muito mais tempo que os fatos e números. Assim, ao falar com líderes dos direitos civis e sulistas inflexíveis, Johnson contou variações da mesma história pessoal para enfatizar sua convicção de que o encouraçado sistema de segregação que governara a vida diária no sul durante três quartos de século — as leis Jim Crow que impediam que os negros entrassem em restaurantes, banheiros, hotéis, motéis, lanchonetes, cinemas, estádios e salões de concerto somente para brancos — devia chegar ao fim.

Todos os anos, relatava Johnson, seus funcionários negros de longa data — sua governanta e seu mordomo, Helen e Gene Williams, e sua cozinheira, Zephyr Wright — dirigiam seu carro extra de Washington para o Texas. Em uma dessas árduas viagens de três dias, Johnson perguntara a Gene se ele poderia levar consigo o beagle da família. Johnson ficara surpreso quando Gene recusara. "Ele não vai causar problemas, Gene. Você sabe que Beagle ama você." Gene permaneceu relutante.

"Bom, senador", explicou ele, "já é bastante difícil percorrer todo o caminho entre Washington e o Texas. Nós dirigimos por horas e horas. Ficamos com fome. Mas não há lugar na estrada para podermos parar e comer. Dirigimos mais um pouco. Fica muito quente. Queremos nos lavar. Mas os únicos banheiros que podemos usar geralmente ficam a quilômetros da estrada principal. Continuamos seguindo até a noite, até que estamos tão cansados que já não conseguimos ficar acordados. Estamos ansiosos para descansar. Mas levamos uma hora ou mais para encontrar um lugar para dormir. O que estou tentando dizer é que um homem de cor já tem problemas suficientes para cruzar o sul sozinho, sem um cachorro junto."

Naquela conjuntura, confessou Johnson, "não havia nada que eu pudesse dizer a Gene".[46]

Ele contou outra variante dessa história ao segregacionista John Stennis, do Mississippi, depois que o senador denunciou veementemente a seção de acomodações públicas do projeto de lei dos direitos civis. "Sabe, John", disse Johnson, "isso é ruim. Isso é errado. E deve haver algo que possa mudar isso. E me parece que, se o povo do Mississippi não mudar isso voluntariamente, então necessariamente haverá mudança através da lei."[47]

Ainda outra versão da história foi contada aos defensores dos direitos civis quando eles perguntaram por que ele era tão passional na defesa do fim das leis Jim Crow. Era simplesmente errado, disse ele a James Farmer, líder do Congresso de Igualdade Racial, que Zephyr Wright, sua cozinheira com nível superior, tivesse de "ir se agachar no meio do campo para urinar".[48] Era humilhante. Algo tinha de ser feito a respeito.

E agora, pela primeira vez, Johnson concluíra que o país finalmente tinha as bases para uma resposta real a Gene e a todos os americanos negros. Se o projeto de lei de direitos civis atualmente bloqueado no Congresso se tornasse lei, os negros já não teriam de sofrer as indignidades de um sistema de segregação obsoleto e cruelmente injusto.

Saiba pelo que e quando arriscar tudo.

O projeto de lei proposto certamente continha as mais inflamáveis questões sociais, políticas e morais — e as mais profundamente pessoais — que Johnson já enfrentara. As chances de fracasso eram grandes. "Minha força como presidente era tênue; eu não tinha um forte mandato do povo. Não fora eleito para o cargo."[49] A próxima eleição presidencial seria a dali apenas onze meses. A decisão tampouco foi tomada sem um tremendo senso de perda pessoal: "Ela estava destinada a me separar para sempre do sul, onde eu nascera e fora criado. Parecia provável que ela me alienaria de alguns dos sulistas do Congresso, que haviam sido meus amigos leais durante anos."[50]

E, no entanto, "chega uma hora na carreira de todo líder", disse Johnson, citando o vice-presidente jogador de pôquer de Franklin Roosevelt, John Nance Garner, "na qual ele tem de apostar tudo. Decidi apostar todas as minhas fichas nessa medida vital".[51] Como consequência do movimento pelos direitos civis, o país estava mudando, assim como ele. Johnson pretendia usar "toda força"[52] que possuía para conseguir a aprovação do projeto de lei. O líder dos direitos civis Roy Wilkins percebeu imediatamente "a imensa diferença entre Kennedy e Johnson". Enquanto Kennedy era "frio, realista", Johnson era passional. Tanto Martin Luther King quanto Whitney Young saíram de suas primeiras reuniões com o presidente imensamente impressionados com suas "profundas convicções"[53] e "a profundidade de sua preocupação"[54] com os direitos civis. De fato, Martin Luther King disse aos amigos que "pode ser que chegue aonde John Kennedy não conseguiu chegar".[55]

Reúna apoio em torno de um alvo estratégico.

Na Câmara dos Representantes, a lei dos direitos civis foi aprisionada no limbo procedimental pelo autocrata de 80 anos da Virgínia juiz Howard Smith. Desafiador, Smith previsivelmente usara sua autoridade como presidente do Comitê de Regras para impedir que seu comitê realizasse audiências para estabelecer as regras do debate, sem as quais nenhum projeto podia prosseguir. Entrementes, a frustração dos líderes do movimento pelos direitos civis aumentava e, nas ruas, a tensão era cada vez maior.

Ao analisar a situação, Johnson concluiu que só havia uma opção: um procedimento raramente usado na Câmara conhecido como petição de exoneração. Se a maioria dos membros (218) assinasse a petição, um projeto de lei emperrado no comitê iria diretamente para debate. Mas, como os membros da Câmara geralmente protegiam a senioridade e o sistema tradicional de comitês, somente um punhado de petições de exoneração havia virado lei.

Johnson reconheceu que seria uma "rota imensamente difícil",[56] mas, ao mesmo tempo, entendeu que a luta por 218 assinaturas daria aos apoiadores dos direitos civis um alvo específico para consolidaram o que, de outro modo, era uma campanha mal organizada. E ele sabia que, com o juiz Smith, charme não seria suficiente; sem coerção, Smith iria "enrolar", atrasando as audiências durante todo o inverno e a primavera, até que o verão chegasse e o Congresso entrasse em recesso.[57]

Johnson entendia que o envolvimento presidencial direto em uma questão relativa aos procedimentos internos da Câmara poderia comprometer as chances da petição de exoneração. Assim, ele trabalhou para pressionar os membros de fora para dentro. Durante suas primeiras duas semanas no cargo, ele se reuniu com líderes dos direitos civis, grupos liberais, líderes sindicais, grupos religiosos e membros do Business Council. Ele argumentou, incitou, pediu e, no fim, inspirou cada um deles a transformar a petição de exoneração em prioridade. Então, dia após dia, ele fez dezenas de telefonemas, que, felizmente para a história, gravou secretamente. Esses registros revelam a habilidade oratória de um mestre estrategista em ação, fornecendo um retrato muito mais complexo de liderança do que a intimidadora invasão do espaço pessoal alheio, o dedo em riste e o obsessivo *quid pro quo* geralmente descritos como "tratamento Johnson".[58]

Ele começou com os líderes dos direitos civis A. Philip Randolph, Martin Luther King e Roy Wilkins. Ele não queria ser citado, mas sugeriu que eles concentrassem todo seu foco em fazer com que "todo amigo assine aquela petição assim que for feita". Telefone para seus apoiadores no congresso. Vá visitá-los. Crie uma sensação de *momentum*. "Essa deve ser a estratégia geral. E quero que vocês pensem a respeito."[59] Ele contatou grupos liberais que há muito eram céticos sobre sua liderança. "Se eu fiz alguma coisa errada no passado", disse Johnson ao fundador da Americans for Democratic Action, Joe Rauh, "quero dizer que isso nada significa agora; nós vamos trabalhar juntos."[60] Ele disse a David McDonald, líder da United Steelworkers of America, que "se já houve uma época na qual foi necessário conversar com todo ser humano conhecido", aquela era a época.[61] "Eles vão dizer que não querem violar os procedimentos",[62] avisou ele a todos, e ofereceu o argumento: "Simplesmente digam que o mais humilde dos homens tem direito a uma audiência."[63]

A ação para conseguir assinaturas democratas no norte e no oeste rapidamente chegou a 150, mas, para chegar ao número mágico de 218, seriam necessários cinquenta ou sessenta republicanos. Conversando com membros do Business Council e ex-oficiais do gabinete de Eisenhower, Johnson expôs uma nova e dramática linha de argumentação. Ele os instruiu a dizer a seus amigos republicanos que já não havia lugar para se esconder atrás dos procedimentos: "Você é a favor dos direitos civis ou não. Você é partidário de Lincoln ou não — mas, pelo amor de Deus, colabore ou cale a boca!"[64]

Em conversas telefônicas privadas com proeminentes jornalistas e editores, ele revelou um plano de ataque contra aqueles que se recusavam a assinar. "Diga quem são eles", disse ele a Katharine Graham, do *Washington Post*, "publique suas fotos e publique editoriais." Pergunte a eles: "Por que vocês são contra uma audiência?" Qualquer homem contrário a uma audiência para levar o projeto de lei a debate e permitir que seja votado por seus méritos "não é um homem que acredita em dar à humanidade um tratamento justo".[65] Alguns dias depois, o *Washington Post* publicou um editorial, "Amigo ou inimigo",[66] que defendia exatamente o argumento que Johnson delineara. "Que os membros da Câmara não se enganem: esse é um teste. Eles determinarão o destino do projeto de lei de direitos civis através de sua disposição de assinar a petição de exoneração antes de voltarem para casa para o Natal." Aquilo era nada menos que "um teste da capacidade do Congresso de enfrentar um desafio histórico e inescapável".[67]

Quando, após duas semanas, o número de assinaturas chegou a 209 e continuou a crescer, um importante membro republicano do Comitê de Regras da Câmara abordou Howard Smith. "Não quero ir contra você, juiz, mas..."[68] Nada mais precisou ser dito. Smith capitulou, evitando "a indignidade de abrir mão da responsabilidade sobre o projeto de lei".[69] Em 9 de dezembro, ele prometeu realizar audiências assim que o Congresso se reunisse após o Natal. Quando as audiências terminaram, o projeto de lei finalmente foi levado a debate em 31 de janeiro. A maioria conseguiu derrotar toda emenda que enfraquecesse substancialmente o projeto.

Entre a força moral do movimento pelos direitos civis e o hábil uso que Johnson fizera de sua influência, fora construído um consenso. Embora, "para algumas pessoas", comentou Johnson em suas memórias, a palavras *consenso* significasse "a busca pelo menor denominador comum", essa definição contradizia a "primeira e indispensável obrigação da Presidência": decidir primeiro o que precisa "ser feito, independentemente das implicações políticas" e então "convencer o Congresso e as pessoas a fazer isso."[70] Para Johnson, um consenso bem-sucedido era consequência da persuasão efetiva.

Em 10 de fevereiro, por ampla margem, a Câmara dos Representantes aprovou a mais forte lei de direitos civis desde a Reconstrução. As engrenagens do governo democrático finalmente começavam a girar.

Estabeleça uma clara linha de batalha.

Enquanto Johnson se preparava para a luta no Senado, ele deixou absolutamente claro que, dessa vez, ao contrário de 1957, ele não permitiria nenhum compromisso significativo. "Eu sabia que a menor hesitação de minha parte daria esperança à estratégia da oposição de matar o projeto de lei através de emendas."[71] De modo pouco característico, o mestre negociador e manipulador estabelecera um limite. E dependia do resultado o relacionamento de Lyndon Johnson com seu legado, com sua carreira política e, acima de tudo, com sua visão para o futuro do país.

Para tornar sua posição transparente, ele convidou Richard Russell, líder da oposição sulista, para se juntar a ele na Casa Branca para um café da manhã de domingo. Em circunstâncias menos respeitáveis, eles haviam estabelecido essa íntima tradição muitos anos antes. "Dick, eu amo você e tenho uma dívida para com você", começou ele, "pois não seria um líder sem você. Eu não teria sido vice-presidente e não teria sido presidente. Tudo que sou, eu devo a você e é por isso que quis dizer isso pessoalmente, porque amo você: não fique no meu caminho na questão da lei dos direitos civis, ou vou passar por cima de você."

"Bom, senhor presidente, o senhor pode fazer isso. Mas, se fizer, eu prometo que não somente perderá a eleição como também perderá o sul para sempre."

"Dick, você pode estar certo. Mas, se esse é o preço que preciso pagar, eu pago com prazer."[72]

"Essas poucas palavras modelaram todo o conflito",[73] escreveu Johnson mais tarde. Os dois velhos amigos se conheciam intimamente. Seria uma luta até o fim. Russell faria tudo em seu poder para manter o passado histórico de sua região, para evitar que o governo federal mudasse à força as leis e os costumes locais que governavam a vida cotidiana. "Estou velho demais para mudar",[74] disse ele. De sua parte, Johnson via além do conflito daquele momento, olhando para um futuro no qual o velho sul estaria livra de "velhas hostilidades" e "velhos ódios", no qual um novo sul surgiria, "crescendo a cada hora", unido, "em um único propósito", a "toda seção desse país".[75]

Russell disse a um repórter no início de janeiro que "teria derrotado o presidente Kennedy" ou, ao menos, o forçado a fazer concessões substanciais, mas que agora, com Johnson, seria "três vezes mais difícil". Kennedy "não precisava conseguir a aprovação de um projeto de lei forte para provar nada em termos de direitos civis. O presidente Johnson precisa".[76] No momento em que um filho do sul começasse a fazer compromissos, explicou Russell, sua credibilidade entre os nortistas seria destruída. Ambos os homens entendiam que "seria uma luta até a vitória total ou a derrota total, sem conciliação ou contrição".[77]

Imponha disciplina às fileiras.

Assim, mesmo antes de o projeto de lei da Câmara chegar ao Senado, Russell começara a mobilizar suas tropas para o que se tornaria a mais longa obstrução da história americana. Ele preparou uma equipe de senadores para falar durante quatro ou cinco horas de cada vez, lendo a constituição, recitando poesia, atacando provisões do projeto de lei. Embora Russell temesse a maestria de Johnson sobre o processo, ele sabia que a história estava do seu lado. Os defensores da lei de direitos civis jamais haviam conseguido os dois terços necessários para invocar o encerramento do debate. Mesmo os senadores que apoiavam os direitos civis se mostravam relutantes em ignorar um procedimento que ocupava uma posição de honra no Senado, especialmente entre senadores de estados menores e menos populosos, que consideravam a obstrução sua defesa final contra as imposições da maioria.

Desde o início, Johnson entendeu que o objetivo de Russell era "falar até matar o projeto de lei"[78] ou, ao menos, prolongar sua consideração até o recesso para a convenção republicana em julho, quando o evento público poderia mudar a configuração das coisas. Johnson também temia que, quanto mais tempo o projeto demorasse para ser debatido, maior seria a frustração do movimento pelos direitos civis e maior a chance de que qualquer explosão de violência nas cidades pudesse gerar reação branca contra os direitos civis.

Assim, a batalha se tornou um cabo de guerra em relação ao tempo. Os apoiadores dos direitos civis queriam comprimir o tempo e os oponentes, prolongá-lo. Frequentes verificações de quórum eram uma das táticas favoritas dos sulistas para prolongar o tempo. Se menos de 51 senadores estivessem presentes ao debate, qualquer membro podia solicitar a suspensão. As atividades do dia seriam interrompidas até que os senadores fossem reunidos. Se não houvesse quórum, o Senador seria compelido a adiar a sessão. O dia legislativo seria encerrado, dando aos sulistas um descanso até a manhã seguinte. Embora essas verificações de quórum parecessem o jogo das cadeiras infantil, tratava-se de uma competição mortal, fornecendo os meios para ganhar tempo até que o Senador entrasse em recesso, sem jamais debater o projeto de lei.

Quando somente 39 dos 41 senadores compareceram para uma verificação de quórum em certo sábado do início de abril, Johnson ficou furioso, dizendo ao diretor dos debates e defensor dos direitos civis Hubert Humphrey que os liberais precisavam aprender as regras, que não podiam estar "lá fora fazendo discursos quando deveriam estar no Senado. Sei que você tem uma grande oportunidade aqui, mas acho que ela será perdida".[79] Por insistência de Johnson, Humphrey criou uma "guarda",[80] uma equipe de dez apoiadores civis dos direitos civis, responsáveis por reunir cinco ou seis colegas para a verificação de quórum. A lista dos que precisavam estar presentes mudava diariamente, lembrou Humphrey, "reconhecendo que alguns senadores precisavam estar ausentes durante parte do tempo",[81] especialmente aqueles que eram candidatos à reeleição.

Que, depois disso, os apoiadores dos direitos civis jamais perderam uma verificação de quórum ficou teatralmente aparente durante a abertura da temporada do time de beisebol Washington Senators. O presidente Johnson convidara dezenas de senadores para se unir a ele. Um pequeno grupo de sulistas que ficara para trás a fim de continuar a obstrução tirou vantagem da ausência e pediu uma verificação de quórum. "Atenção, por favor! Atenção, por favor", ressoou o sistema de alto-falantes, levando a mensagem a todo o estádio. "Todos os senadores devem voltar ao Senado para uma verificação de quórum!" Uma frota de limusines chegou para levar os senadores de volta ao Senado e responder à verificação de quórum em 23 minutos.[82] Pela primeira vez na longa batalha para aprovar legislação significativa em favor dos direitos civis, a habilidade parlamentar e a disciplina do contingente sulista enfrentaram fileiras igualmente organizadas de apoiadores desses direitos.

Identifique a chave para o sucesso. Deixe o ego de lado.

Sendo um legendário avaliador de votos, Lyndon Johnson estava certo de que "sem o apoio republicano" (dada a divisão secional no Partido Democrata), "não temos nenhuma chance de garantir dois terços para derrotar a obstrução. E eu sei que há somente um homem capaz de garantir esse apoio, o senador por Illinois Everett Dirksen". Assim como identificara o presidente das finanças do Senado, Harry Byrd, como chave para o sucesso na luta pela redução de impostos, ele agora via o líder da minoria republicana Dirksen como homem capaz de reunir os 25 republicanos necessários para invocar o fim do debate.

"O projeto não será aprovado a menos que você consiga Ev Dirksen", disse Johnson a Humphrey. "Nós vamos conseguir Ev. Isso vai levar algum tempo. Mas nós vamos *consegui-lo*. Entenda que você precisa passar tempo com Ev Dirksen. Você precisa deixar que ele participe da ação. Não deixe aqueles instigadores afastarem você de Dirksen. Vá ver Dirksen. Beba com Dirksen! Converse com Dirksen! Ouça Dirksen!"[83]

Johnson disse a Humphrey que os líderes dos direitos civis, que poderiam não gostar de trabalhar com o conservador Dirksen, precisavam entender que "a menos que tenhamos republicanos do nosso lado", a menos que "esse seja um projeto de lei americano, e não apenas democrata", haverá "motim no país".[84] "A unidade bipartidária era essencial para aplacar a turbulência que provavelmente ocorreria se o projeto de lei fosse aprovado. Ao líder da NAACP, Roy Wilkins, Johnson fez um pedido similar: "Acho que todos vocês vão precisar se reunir e persuadir Dirksen de que isso é de interesse do Partido Republicano e acho que ele precisa saber que, se ajudar vocês, vocês o ajudarão."[85] A questão transcendia a política partidária.

Se deixar Dirksen assumir o centro do palco, mesmo ao ponto de eclipsar seu próprio papel e o papel de seus colegas democratas, era essencial para conseguir uma harmonia efetiva entre os eventos se desdobrando na arena política e nas voláteis cidades do país, Johnson estava mais que disposto a fazer isso.

Avalie o oponente.

Como um alfaiate costurando um terno sob medida, Lyndon Johnson tirou as medidas de Everett Dirksen, assim como fizera com Harry Byrd, o juiz Smith e a maioria dos senadores. Uma década de experiência com o republicano de Illinois haviam ensinado a Johnson que Dirksen não hesitaria em pedir "um rol"[86] de favores em troca de seu apoio à legislação. O padrão acelerou enquanto a obstrução continuava. Johnson partilhou drinques com Dirksen na Casa Branca, dispensando todo tipo de *quid pro quo*: um cargo de juiz no 5º Distrito, um emprego de agente postal em Peoria, a promessa de um discurso presidencial em Springfield, uma embaixada, um projeto federal em Chicago. Uma grossa pilha de memorandos na Biblioteca Johnson atesta as copiosas trocas e negociações durante os anos.

Mas, dessa vez, Johnson ofereceu a Dirksen algo muito mais importante que favores tangíveis. Por trás da exuberante inclinação a ser o centro das atenções do líder da minoria, Johnson detectou genuíno idealismo e patriotismo. Ele apelou à ânsia de ser lembrado de Dirksen. "Vi sua exposição na Feira Mundial e ela dizia 'A terra de Lincoln'", disse Johnson. "E o homem de Lincoln vai aprovar essa lei e eu farei com que ele receba os créditos adequados."[87] Com um talento para a lisonja que se igualava à vaidade de Dirksen, ele assegurou ao senador: "Se você ficar a meu lado nesse projeto, daqui a duzentos anos somente duas pessoas do estado de Illinois serão lembradas: Abraham Lincoln e Everett Dirksen!"[88]

Enquanto a obstrução se arrastava semana após semana, Dirksen começou a jogar o que poderia ter se tornado um "jogo perigoso".[89] A menos que pudesse imprimir à linguagem da medida final algumas emendas próprias, Dirksen não conseguiria atrair os colegas republicanos. Embora Johnson compreendesse o dilema de Dirksen, ele recusou qualquer discussão pública sobre emendas relegando o processo de negociação com Dirksen a Humphrey, ao procurador-geral Robert Kennedy e aos líderes de direitos civis. No fim, a coalização de direitos civis chegou a um acordo sobre várias emendas que não alteravam a integridade fundamental da lei. "Temos um projeto de lei muito melhor do que qualquer um sonhava possível",[90] assegurou Humphrey a Johnson. Quando o acordo foi fechado, Dirksen assumiu a palavra para anunciar seu apoio ao projeto de lei. Citando Victor Hugo, ele disse:

"Mais forte que qualquer exército é uma ideia cujo momento chegou."[91] Com o apoio do líder da minoria no Senado, uma petição de exoneração foi protocolada, estabelecendo 9 de junho como data da votação. Apesar do apoio de Dirksen, as forças pelos direitos civis ainda precisavam de meia dúzia de votos.

Chegara o momento de o presidente e a coalização pelos direitos civis passarem à sobremarcha. Nas poucas horas que faltavam, Johnson recrutou pessoalmente vários senadores do oeste, enquanto clérigos de todas as denominações recorriam a suas congregações. Em 9 de junho, após mais de quinhentas horas de conversa divididas em 75 dias, Humphrey finalmente se convenceu de que conseguira os necessários 67 votos. Porém, depois de um telefonema tenso e questionador de Johnson, Humphrey ficou acordado a noite toda a fim de se certificar.

Quando o Senado se reuniu às 10 horas de 10 de junho para a hora final de debate antes da votação, cada assento estava preenchido e as galerias estavam repletas de pessoas que desejavam testemunhar o grande evento. "Digo a meus colegas do Senado", disse Hubert Humphrey, "que talvez, em sua vida, vocês sejam capazes de dizer aos filhos de seus filhos que estavam aqui pelos Estados Unidos, para transformar o ano de 1964 em um ano de liberdade."[92]

A tensão aumentou quando o oficial começou a chamada. Houve silêncio quando o nome do senador pela Califórnia Clair Engle foi chamado. Engle, de 52 anos, estava hospitalizado desde abril, após passar por uma cirurgia para remover um tumor cerebral maligno. Na noite anterior, depois de conversar com a esposa e o médico de Engle, Johnson providenciara para que uma ambulância o transportasse até o Senado. Sentado em uma cadeira de rodas, incapaz de falar, Engle lentamente ergueu a mão e apontou para seu olho [eye]. "Imagino que isso signifique sim [aye]",[93] disse o oficial, e a câmara irrompeu em aplausos. Quando o oficial chegou ao "w", John Williams, de Delaware, registrou o 67º voto, encerrando a obstrução. Finalmente a maioria podia registrar seus votos. Agora não havia nada que impedisse a aprovação do abrangente projeto de lei que finalmente poria fim à segregação legal nos Estados Unidos.

"Embora eu discorde — e discorde vigorosamente — do presidente Johnson na assim chamada questão dos direitos civis", disse Russell, "espero apoiar o presidente tão vigorosamente quando achar que ele está certo quanto pretendo me opor a ele quando achar que está errado."⁹⁴ De sua parte, Johnson abordara Russell desde o início com afeto e sensibilidade e sem um traço de revanchismo. Claramente, ambos amavam o sul, mas Russell se apegava ao passado, ao passo que Johnson tinha uma visão econômica e social diferente para o futuro, uma visão que não teria nenhuma chance sem as mudanças que aquele projeto de lei prometia instaurar.

Em 2 de julho, depois que a Câmara aceitou a versão do Senado, Lyndon Johnson assinou a Lei de Direitos Civis de 1964 perante membros do Congresso e da coalização de direitos civis, em uma cerimônia memorável no Salão Leste da Casa Branca. Ele entregou a primeira de 75 canetas a Everett Dirksen e, em seguida, a Hubert Humphrey, aos líderes da Câmara e aos líderes do movimento pelos direitos civis. Durante a recepção, Johnson lembrou a Lady Bird que aquele era o nono aniversário de seu ataque cardíaco, a profunda experiência que alterara sua visão sobre poder e propósito. "Feliz aniversário",⁹⁵ respondeu ela rindo.

E que dia alegre foi aquele. Após a assinatura, os pensamentos de Johnson se voltaram "para aquela tarde, uma década antes, quando não havia absolutamente nada que eu pudesse dizer a Gene Williams, a qualquer outro negro ou a mim mesmo. Aquele fora o dia em que eu percebera pela primeira vez a triste verdade sobre em que extensão os negros estavam aprisionados, assim como eu. Naquele dia, 2 de julho de 1964, eu conheci o lado positivo da mesma verdade: em que extensão os negros estavam livres, realmente livres, assim como eu. E como meu país."⁹⁶

Crie um retrato atraente do futuro.

Com a aprovação dos dois principais itens da agenda de Kennedy — a lei de redução dos impostos e a lei dos direitos civis —, o prólogo do que se tornaria o programa distintivo de Johnson, a Grande Sociedade, começara a todo vapor. As intenções frustradas de Kennedy haviam servido seu propósito como trampolim; agora chegara a hora de Johnson expor sua própria visão progressista para os Estados Unidos.

Com esse intuito, ele escolheu uma formatura em maio, na Universidade de Michigan, o lugar onde Kennedy pedira por um Corpo da Paz para expor seu próprio e extenso retrato de um futuro no qual cada pessoa partilharia do progresso do país. Ao se ligar às forças da prosperidade, em vez de às necessidades da Depressão, a Grande Sociedade excederia o New Deal. "Durante um século, trabalhamos para colonizar e dominar um continente", disse Johnson aos formandos. "Durante meio século, empregamos desenfreada inovação e incansável indústria para criar plenitude para todo nosso povo. O desafio do próximo meio século é saber se teremos sabedoria para usar essa riqueza a fim de enriquecer e elevar a vida nacional."[97]

Desde sua primeira declaração, a Grande Sociedade foi apresentada em termos filosóficos, qualitativos e visionários. No coração dessa visão, explicou Johnson mais tarde, estava "uma extensão da Declaração de Direitos", uma definição ampliada da liberdade requerendo que cada americano tivesse "a oportunidade de desenvolver seus melhores talentos".[98] Para chegar a esse objetivo, ele pretendia iniciar uma guerra contra a pobreza, fornecer auxílio econômico para favelas urbanas e áreas rurais em situação precária, fornecer assistência médica aos idosos e aos pobres, preservar os recursos naturais e muito mais. "Temos o suficiente para fazer isso", disse ele. "Somos a nação mais rica do mundo."[99]

"Esses são os objetivos na direção dos quais vou liderar, se o povo americano escolher seguir", prometera Johnson ao aceitar a indicação do Partido Democrata em agosto de 1964. A serviço dessa visão projetada, ele pediu às pessoas "um mandato para começar". Um mandato era necessário para aproveitar o momento, ajudar a dirigir e implementar suas possibilidades, dar legitimidade às gigantescas aspirações de Johnson. A verdadeira competição dessa eleição, declarou ele, "é entre aqueles que darão boas-vindas ao futuro e aqueles que voltarão as costas para suas promessas."[100]

Aquela eleição, que colocou Johnson contra Barry Goldwater (visto por muitos como extremista que desmantelaria a rede social do New Deal), concedeu a ele o amplo mandato que buscava. A vitória arrasadora conseguiu maiorias liberais na Câmara e no Senado pela primeira vez desde a vitória de Roosevelt em 1936.

Prontidão é tudo.

Embora circunstâncias propícias — a reação empática à morte de Kennedy, a eleição arrasadora, a força da coalizão dos direitos civis, a economia em expansão e um mundo aparentemente pacífico — tenham criado o contexto para o sucesso histórico do 89º Congresso, a imensa ambição de Johnson, seu temperamento incitante e sua experiência legislativa única convergiram para tirar o máximo de vantagem dessa rara oportunidade. Até hoje, o ritmo intenso da sessão congressional de 1965, a qualidade e a quantidade de leis históricas que ele produziu, ofusca a mente. E, sem dúvida, o gerador no âmago desse veloz processo foi Lyndon Johnson.

Ele estava preparado há muito tempo para aquele momento. Mesmo antes da eleição e de seu decisivo mandato, ele começara a construir uma linha de produção legislativa tão original e ousada quanto a dos automóveis Model T de Henry Ford. No discurso inicial da Grande Sociedade, ele prometera "reunir as melhores ideias e os mais amplos conhecimentos" em forças-tarefa não limitadas pelo pensamento convencional. "O método padrão de desenvolvimento de programas legislativos", explicou ele, "consistiu até agora em adotar propostas sugeridas por departamentos e agências do governo." Ele "observara esse processo durante anos" e "estava convencido de que ele não encorajava um número suficiente de ideias novas e criativas". A burocracia governamental estava "preocupada demais com as operações cotidianas" e excessivamente "dedicada a preservar o *status quo*". Além disso, como Johnson aprendera com seu mentor, Franklin Roosevelt, "a pesada organização do governo simplesmente não está equipada para solucionar problemas complexos que atravessam as jurisdições departamentais".[101]

No início do verão de 1964, quatorze forças-tarefa já estavam sendo organizadas. Johnson deixara claro para cada um dos presidentes que queria que eles olhassem "mais para cima, e não mais para baixo"[102] e que esperava que seu trabalho fosse mantido em segredo até que, no dia da eleição, seus relatórios completos estivessem sobre a mesa dele. Esses relatórios então foram destilados em mensagens especiais ao Congresso que recomendavam legislações específicas. Normalmente, um presidente pode enviar uma ou duas mensagens especiais por mês ao Congresso. Mas o processo de preparação de Lyndon Johnson fora tão abrangente que, somente em janeiro, ele enviou seis mensagens ao novo Congresso. E, nos meses seguintes, tratando de uma ampla variedade de questões, quase sessenta mensagens adicionais solicitaram ação legislativa.

Uma semana após a posse, assombrado por um incomum senso de quão transitório e frágil era aquele momento de oportunidade, Johnson reuniu os oficiais de ligação de cada departamento no Salão dos Peixes para uma discussão de seus planos para a implementação da Grande Sociedade. "Acabo de ser eleito pela maior margem popular da história do país, 15 milhões de votos", disse Johnson aos presentes. "Simplesmente pela maneira natural como as pessoas pensam e porque Barry Goldwater as assustou muito, eu já perdi 2 desses 15 milhões e provavelmente só estou com 13. Se entrar em qualquer briga com o Congresso, perderei outro par de milhões e, se tiver de enviar mais garotos para o Vietnã, estarei com 8 milhões no fim do verão." Tal diminuição fazia parte "da natureza do que um presidente faz. Ele usa seu capital."[103] Toda essa subtração levou a uma gigantesca incitação: "Quero que vocês comecem a se mexer e façam todo o possível para conseguir que tudo em meu programa seja aprovado o mais rapidamente possível, antes que a aura e o halo que me cercam desapareçam."[104]

"*Momentum* não é uma amante misteriosa", Johnson gostava de dizer. "É um fato controlável da vida política que depende de nada mais exótico que preparação."[105] A separação dos poderes determinava que o Congresso ficasse responsável por decidir quais projetos de lei seriam considerados e em que ordem . A prerrogativa do executivo, todavia, podia influenciar e reformular o calendário legislativo na ordem escolhida pelo presidente e o ritmo de cumprimento das mensagens que ele enviava para o Capitólio. Para evitar oposição paralisante a leis particulares, ele podia reter as mensagens até que os problemas estivessem resolvidos. Ele podia buscar apoiadores desejáveis com antecedência. Podia guiar cada projeto de lei para o subcomitê mais acessível.

Em busca de auxílio federal para a educação, por exemplo, Kennedy usara um ano legislativo inteiro. Ele não tratara antecipadamente do problema central de como incluir as escolas paroquiais no programa sem entrar em conflito com a separação entre igreja e Estado. Com esse dilema não solucionado, Johnson jamais teria enviado a medida para a Câmara.

Mas, por causa da utilização das forças-tarefa, uma solução já havia sido formulada, pela qual o auxílio federal não era concedido a P.S. 210 ou São José, mas a distritos escolares empobrecidos em geral. Similarmente, a força-tarefa sobre assistência médica desmanchou os "nós górdios"[106] dos honorários médicos. Somente então Johnson enviou suas duas primeiras mensagens — Medicare, chamada de HR 1 na Câmara e S 1 no Senado, e o auxílio federal para a educação elementar e secundária. Ambas as iniciativas haviam ganhado substancial apoio durante os anos e, com as controvérsias — que consumiam o tempo — eliminadas, puderam ser facilmente aprovadas, abrindo espaço para uma linha de produção de dezenas de projetos de lei adicionais.

De modo muito parecido com o modo como os métodos otimizados de produção, as esteiras rolantes e as linhas móveis de produção de chassis de Henry Ford haviam iniciado uma nova era, a construção, por Lyndon Johnson, de uma transbordante cornucópia de legislação (os passos sempre em movimento, a dramaticamente aumentada produtividade) conduziu a uma nova e moderna era de criação de leis.

Dê aos participantes uma chance de modelar as medidas desde o início.

"Minha experiência na NYA", lembrou Johnson, "me ensinou que, quando as pessoas participam da criação dos projetos, é mais provável que esses projetos sejam bem-sucedidos do que quando elas simplesmente os recebem do topo." Como presidente, "Eu insisti em consultar o Congresso em cada estágio, desde o processo de decidir quais problemas e questões considerar para minhas forças-tarefa até a redação dos projetos de lei."[107] Não somente Johnson colocou congressistas e senadores em suas forças-tarefa secretas como enviou assessores para o Capitólio, para reuniões secretas com membros-chave, a fim de determinar o que deveria estar tanto nas mensagens quanto no texto dos projetos de lei. Então, na noite anterior à mensagem ser enviada, ele convidou membros do Congresso para jantar na Casa Branca. Lá, oficiais de gabinete forneceram informações e responderam questões. Tal prévia poderia "não parecer nada", comentou Johnson, "mas, na verdade, era tudo". Essas reuniões preliminares "os colocavam em boa forma para o dia seguinte, quando os repórteres e os *cameramen* começavam a golpear o Capitólio em busca de reações". Os membros "pareciam inteligentes perante seus eleitores e isso fazia enorme diferença em sua atitude em relação ao projeto de lei".[108]

A importância das reuniões foi enfatizada por sua experiência como jovem congressista. "Eu estava em pé no fundo do salão da Câmara, atrás do corrimão, quando o presidente Sam Rayburn ouviu o oficial ler uma importante mensagem da nova administração que o presidente Roosevelt acabara de enviar ao Capitólio. Várias dezenas de democratas estavam em torno dele. Quando ele terminou, houve um coro unânime de queixas: 'Essa mensagem é terrível, sr. Sam, ela não pode ser aprovada.' 'Por que o senhor deixou o presidente enviar uma mensagem assim?' 'Por que o senhor não nos preveniu?'" Depois que a multidão se dispersou, Rayburn se voltou para Johnson. "Eu queria que o presidente me avisasse com antecedência quando mensagens controversas estão chegando. Eu teria aberto caminho para ele. Poderia ter criado uma base de apoio. Estaria mais bem preparado para as críticas." Johnson imediatamente entendeu que o orgulho de Rayburn "estava ferido". "Jamais esqueci aquela lição."[109]

O microgerenciamento executivo de Johnson tampouco cessava quando as mensagens chegavam ao Capitólio. A linha de produção que ele criara não era um processo mecanizado; era composto de pessoas individuais e exigia cuidado e consideração em cada passo do caminho. Uma família estendida de legisladores, eleitores e lobistas cercava cada projeto de lei, todos exigindo sua atenção pessoal. Na primavera e verão de 1965 — antes que o Vietnã estendesse sua mortalha sobre a Grande Sociedade —, Johnson devotou a maioria de suas horas ao processo legislativo. Um sumário do *Congressional Record* surgia em sua mesa de cabeceira todas as manhãs. Memorandos noturnos de sua equipe na Casa Branca detalhavam cada contato legislativo do dia anterior, destacando os problemas especiais. "Legislação pendente" era a principal matéria de todas as reuniões de gabinete. Esperava-se que cada secretário relatasse o progresso do programa legislativo de seu departamento.

Nada importava mais para o presidente que a aprovação do programa da Grande Sociedade. Um organograma gigante estava sobre um cavalete no canto da Sala do Gabinete, ilustrando a jornada de projetos de lei individuais:

quais ainda estavam em subcomitês e quais estavam prontos para correção ou debate. Tais informações permitiam que Johnson e os membros de sua equipe exercessem a pressão necessária, no momento certo, sobre a pessoa certa para manter o processo avançando.

Durante seus dez primeiros meses de presidência, Johnson convidou cada membro do Congresso para a Casa Branca. Casais compareciam em grupos de trinta para jantares com vinho e coquetéis, tudo à custa de Johnson. Em seguida, enquanto os homens fumavam charutos e bebiam bourbon com o presidente, Lady Bird escoltava as mulheres por um tour privado pela mansão. Esses pequenos jantares permitiam que o presidente e os membros do Congresso relaxassem, contassem histórias e gozassem da companhia uns dos outros.[110] "Só há uma maneira de o presidente lidar com o Congresso", explicou Johnson em certo momento, "e é continuamente, incessantemente e sem interrupção. Para realmente funcionar, o relacionamento entre o presidente e o Congresso precisa ser quase incestuoso."[111]

Em outro momento, Johnson comparou o Congresso a "um animal perigoso que você está tentando fazer trabalhar para você. Você o pressiona um pouquinho e ele pode se mover do jeito que você quer, mas, se você o empurrar com força demais, ele pode empacar e se voltar contra você. Você tem uma noção de quanto ele vai tolerar e em que tipo de humor ele está a cada dia. Pois, se não tiver uma boa noção, ele pode agir de modo selvagem".[112]

Saiba quando esperar e quando avançar.

Após a longa batalha para garantir a Lei de Direitos Civis de 1964, Johnson sentiu que a poeira precisava assentar antes que ele pudesse pressionar pelo próximo item da agenda da coalizão de direitos civis: um projeto de lei amplamente fortalecido de direito ao voto. Ele julgou que o Congresso precisava de tempo para curar as feridas da divisão. No nível prático, as agências federais precisavam de tempo para desenvolver procedimentos de imposição da lei para integrar restaurantes, banheiros e cinemas públicos. E o povo americana precisava de um período de calma, sem renovada discórdia, a fim de assimilar o vasto impacto político e social do primeiro projeto de lei.

O comprometimento de Johnson com o direito ao voto jamais esteve em questão. Ele disse a Martin Luther King, no início da sessão de 1965 do Congresso, que a aprovação de um forte projeto de lei de direito ao voto seria "o maior avanço"[113] dos afro-americanos, mais vital que a Lei de Direitos Civis de 1964. "Quando a voz do homem negro puder ser traduzida em votos", defendeu ele, "muitos outros avanços se seguirão, como consequência do poder legítimo do homem negro como cidadão americano, e não como presente do homem branco."[114] Para o momento, ele convidou King a trabalhar com ele no restante da legislação da Grande Sociedade. Tanto o Medicare quanto o auxílio à educação estavam em estágios críticos, e ambos eram vitais para a qualidade de vida de negros e brancos. Na linha de produção legislativa, atrás desses projetos, estava um projeto de lei de obras públicas para as comunidades economicamente prejudicadas, uma lei nacional de treinamento profissional, a revitalização dos distritos residenciais mais pobres, auxílio expandido aos pobres e muito mais. Se aquela agenda para ajudar todos os americanos fosse aprovada, prometeu Johnson, o direito ao voto seria a prioridade absoluta de 1966.

Eventos em Selma, Alabama, alterariam todo o cenário. Uma engrenagem adicional fora inserida no ordenado cronograma da projetada ordem de legislação de Lyndon Johnson. No início de março de 1965, King e ativistas dos direitos civis haviam iniciado ações independentes para conseguir apoio para um projeto de lei de direito ao voto que eliminaria os testes exclusivistas e punitivos que os oficiais sulistas impunham aos afro-americanos antes que eles pudessem se registrar. Tais testes falsos incluíam citar as dez primeiras emendas, recitar seções da constituição ou explicar a décima quarta emenda. O sistema discriminatório funcionou precisamente como os oficiais sulistas haviam planejado: de 15 mil afro-americanos com idade para votar em Selma, somente 335 haviam se registrado.[115]

Em 7 de março, um dia infame que se tornou conhecido como "Domingo Sangrento", mais de seiscentos ativistas de direitos civis se reuniram em frente à Brown Chapel, em Selma, para iniciar uma pacífica marcha de 87 quilômetros até Montgomery, a capital do estado. Quando eles chegaram à estreita ponte Edmund Pettus, caminharam lado a lado, cantando "We Shall Overcome", o hino do movimento pelos direitos civis. No meio da ponte, encontraram policiais estaduais e a companhia montada do xerife Jim Clark, armada com pistolas, cassetetes, chicotes e porretes. Enquanto as câmeras de televisão registravam a cena, "os homens a cavalo atacaram. Em minutos, tudo estava acabado e mais de sessenta manifestantes estavam feridos, incluindo mulheres idosas e crianças. Mais de vinte pessoas foram parar no hospital".[116] Quando os manifestantes recuaram na direção de Brown Chapel, a companhia montada os perseguiu. A carnificina, que foi testemunhada por milhões de telespectadores, mobilizou a consciência da nação.

"Era importante nos movermos imediatamente para conseguir algo permanente daquele humor transitório", lembrou Johnson. "Era igualmente importante nos movermos na direção certa."[117] Quando as manifestações em todo o país aumentaram de tamanho e intensidade, imensa pressão foi exercida sobre Johnson a fim de mobilizar a Guarda Nacional para proteger os manifestantes que planejavam retomar a marcha até Montgomery. Piqueteiros cercavam a Casa Branca carregando cartazes criados para envergonhar o presidente e forçá-lo à ação: "LBJ, abra os olhos, veja a insanidade no sul, veja os horrores em sua terra natal."[118] A despeito da terrível pressão, Johnson achou que o momento ainda não havia chegado. Ele temia que "uma apressada exibição de força federal naquele momento iria destruir qualquer possibilidade de aprovação da legislação de direito a voto". Como sulista, ele sabia muito bem que enviar tropas federais reavivaria amargas memórias da Reconstrução, com o risco de transformar o governador do Alabama, George Wallace, em um mártir dos direitos dos estados. "Tínhamos de conseguir uma vitória real para as pessoas negras", insistiu ele, "não uma vitória psicológica para o norte."[119]

Quando pessoas de todo o país começaram a chegar a Selma para participar da marcha, Johnson telefonou para o governador Wallace. Ele entendia que Wallace estava em uma enrascada. Como governador, ele era responsável por manter a lei e a ordem. O derramamento contínuo de sangue iria danificar sua posição nacional e suas esperanças de conseguir um cargo mais elevado. Mas, se Wallace enviasse a Guarda Estadual do Alabama para proteger os cidadãos negros, sua base política branca se voltaria contra ele. "Ele não tinha saída",[120] compreendeu Johnson. Em uma reunião privada organizada às pressas na Casa Branca, Johnson sugeriu um acordo. Se Wallace *solicitasse* ajuda porque o estado não podia proteger adequadamente os manifestantes com seus próprios recursos, Johnson imediatamente federalizaria a Guarda Nacional do Alabama. O mais importante era que a solicitação de forças federais fosse feita. Quando as tropas chegassem, explicou Johnson mais tarde, "não seriam intrusos abrindo caminho à força" e "isso faz toda a diferença do mundo".[121]

Com o problema imediato da lei e da ordem em suspenso, Johnson focou na principal questão subjacente: como utilizar a atrocidade de Selma e a consequente humilhação nacional para apressar a aprovação de um projeto de lei sobre o direito ao voto. No Domingo Sangrento, Johnson pedira que o procurador-geral Nicholas Katzenbach trabalhasse sem pausa para redigir o projeto de lei mais forte possível. Na manhã do domingo seguinte, o esboço estava completo. Durante sete dias de crise, Johnson superara os críticos e permitira que os horríveis eventos de Selma reverberassem pelo povo americano.

Agora chegara a hora de pressionar pela lei de direito ao voto. Surgiu a questão de como melhor transmitir a mensagem e o projeto de lei ao Congresso. Fazia quase vinte anos que um presidente se apresentara ao Congresso para entregar uma mensagem legislativa. Era muito arriscado contornar o Congresso e apelar diretamente ao povo. Mesmo assim, Johnson escolheu aquele momento para a advocacia executiva com todo o poderio de sua influência. Na noite de domingo, ele convocou os líderes do Congresso para a Casa Branca e pediu para discursar durante a Sessão Conjunta, às 21 horas de segunda-feira.

"Falo hoje em nome da dignidade do homem e do destino da democracia", começou Johnson, com extrema deliberação. "Às vezes, história e destino se unem em um único momento e lugar para moldar um ponto de virada na infinita busca humana por liberdade. Foi assim em Lexington e Concord. Foi assim, um século atrás, em Appomattox. Foi assim semana passada em Selma, Alabama."

> Não existe um problema negro. Não existe um problema sulista. Existe somente um problema americano. E, nesta noite, estamos reunidos aqui como americanos, não como democratas ou republicanos, mas como americanos, para solucionar esse problema.
>
> Não existe uma questão de direitos estaduais ou nacionais. Existe somente a questão dos direitos humanos. Mas, mesmo que aprovemos

esse projeto de lei, a batalha não terá terminado. O que aconteceu em Selma é parte de um movimento muito mais amplo que atinge cada seção e estado dos Estados Unidos. É o esforço dos negros americanos para garantir para si mesmos todas as bênçãos da vida americana.

A causa deles precisa ser também a nossa causa. Porque não são somente os negros, mas todos nós que precisamos superar o paralisante legado do preconceito e da injustiça.

Aqui Johnson fez uma pausa. Ele ergueu os braços e repetiu as palavras de um antigo hino batista: "E iremos vencer."[122]

"Houve um instante de silêncio", lembrou um funcionário da Casa Branca, "a percepção gradualmente apreendida de que o presidente proclamara e adotara como seu o grito de união, o hino do protesto negro, a canção de cem combativas marchas negras." Então, em questão de segundos, "quase toda a câmara — salão e galerias — estava em pé, aplaudindo, com alguns batendo os pés".[123]

O poder do discurso não estava simplesmente em sua graciosa retórica, mas em sua demonstração de consumada liderança em um momento crítico. De modo importante, Johnson declarara que "o real herói desse conflito é o negro americano", cujas ações haviam "despertado a consciência desta nação". Todavia, ele se recusou a transformar o sul em bode expiatório, deixando claro que nenhuma parte do país estava imune da responsabilidade de ter falhado em conceder justiça aos cidadãos negros. "Em Búfalo como em Birmingham, na Filadélfia como em Selma, os americanos estavam lutando pelos frutos da liberdade". Ele lembrou a seus compatriotas que, embora o projeto de lei que estava enviando ao Congresso tivesse sido criado para os negros americanos, os direitos civis eram somente uma parte, embora fundamental, de sua visão de uma Grande Sociedade na qual *todos* os americanos teriam "uma casa decente, a chance de ter um emprego e a oportunidade de escapar das garras da pobreza".[124]

Perto do fim de seu discurso, Johnson retornou a sua própria experiência seminal como professor na pobre comunidade mexicana-americana de Cotulla, Texas, o lugar onde suas ambições por poder foram primeiro reunidas a um profundo senso de propósito.

Você nunca esquece o que a pobreza e o ódio podem fazer quando vê suas cicatrizes no rosto esperançoso de uma criança. Jamais achei, em 1928, que estaria onde estou agora em 1965. Jamais me ocorreu, mesmo em meus mais caros sonhos, que eu poderia ter a chance de ajudar os filhos e filhas daqueles estudantes e ajudar pessoas como eles em todo o país.

Mas agora tenho a chance e vou contar um segredo: eu pretendo aproveitá-la. E espero que vocês a aproveitem comigo.[125]

Os aplausos irromperam e se intensificaram, respondendo à manifesta convicção emocional do momento. "O que convence é convicção", Johnson gostava de dizer. "Você simplesmente precisa acreditar no argumento que está defendendo."[126] Naquele caso, Johnson falou com o coração.

Mesmo de seu velho amigo e mentor Richard Russell chegaram palavras que levaram um sorriso grato ao rosto de Johnson. Embora ele não pudesse votar pelo projeto, disse Russell, "aquele foi o melhor discurso que qualquer presidente já fizera".[127] Mais revelador para a nação como um todo, chegou um telegrama de Martin Luther King: "Seu discurso na Sessão Conjunta do Congresso foi a mais comovente, eloquente e passional defesa dos direitos humanos jamais feita por um presidente desta nação."[128]

Permita que as celebrações honrem o passado e forneça momentum para o futuro.

Johnson orquestrou cerimônias de assinatura para cada um dos programas da Grande Sociedade com o mesmo cuidado e intensidade que dedicara a cada passo de sua marcha pelo processo legislativo. Para assinar a Lei de Educação Elementar e Secundária, que o Congresso aprovara no início de abril, após anos de altercações, ele viajou até a escola de apenas uma sala, a Junction School, onde começara a estudar aos 4 anos. Da Califórnia, ele mandou buscar sua ex-professora, srta. Katie Dietrich, que dera aula para todas as oito séries. Ao retornar ao início de sua própria educação, ele queria que os outros se lembrassem "daquele tempo mágico quando o mundo do aprendizado" se abre diante dos olhos de uma criança. "Como filho de arrendatário", disse ele, "eu sei que a educação é o único passaporte válido para fora da pobreza." Com exceção de uma desgastante carreira na política, somente a profissão de professor jamais apelara a Johnson. Para honrar aquele elemento vital de seu passado, ele trouxera ex-estudantes da escola elementar de Cotulla e da Sam Houston High para a cerimônia. Ter o privilégio, como presidente, de assinar "a mais abrangente lei educacional já apresentada ao Congresso" era a realização de um sonho. "Um padrão completou seu ciclo no curso de cinquenta anos."[129]

Foi não o sentimentalismo, mas o senso de história e a gratidão de Johnson que o levaram a abruptamente mudar a assinatura do Medicare de Washington, D.C. para Independence, no Missouri. Ele sentia que essa era uma honra merecida e devia ao ex-presidente Harry Truman em sua cidade natal. Johnson queria lembrar ao país que a batalha pela assistência médica realmente começara com o homem de Independence. Líderes do Congresso e oficiais de gabinete, incluindo o subsecretário da Saúde, Educação e Bem-Estar Social Wilbur Cohen, resistiram, citando a confusão resultante de tantas pessoas movidas subitamente da capital da nação para o Missouri. Apesar da confusão, Johnson se manteve firme. "Você não entende, Wilbur? Estou fazendo isso por Harry Truman. Ele está velho, cansado e foi deixado lá sozinho. Eu quero que ele saiba que seu país não o esqueceu. Eu me pergunto se alguém fará o mesmo por mim."[130] Os instintos de Johnson estavam corretos. Truman ficou profundamente comovido. "Você me concedeu uma grande honraria vindo até aqui hoje", disse Truman. "É uma honraria que não recebo, bom, há bastante tempo."[131]

Para a assinatura da lei de direito ao voto em 6 de agosto, Johnson escolheu a Sala do Presidente no Senado, onde Abraham Lincoln, no mesmo dia de agosto quase um século antes, assinara uma lei que libertava os escravos fugitivos obrigados a trabalhar para os confederados. "O dia de hoje é um triunfo para a liberdade, tão grande quanto qualquer vitória que já foi conquistada em qualquer campo de batalha", disse ele aos líderes de direitos civis, oficiais de gabinete, funcionários da Casa Branca, senadores e congressistas. Em apenas quatro meses, "esse bom Congresso" trabalhara unido para aprovar "uma das mais monumentais leis em toda a história da liberdade americana". No entanto, mesmo enquanto anunciava o colapso da "última barreira legal", Johnson insistiu que a luta pela liberdade apenas começara. Para conseguir verdadeira oportunidade social e econômica, "o conflito pela igualdade deve se mover na direção de um campo de batalha diferente. Trata-se de nada menos que conceder a cada negro americano a liberdade de participar da vida americana tradicional".[132]

Em cada uma dessas cerimônias, houve muito mais que fanfarra autocongratulatória. Nas mãos de Johnson, elas eram uma ocasião para dar crédito aos outros, para avaliar o passado e olhar para o futuro, para marcar o momento no qual o processo legislativo estava completo e chegara a hora de iniciar o processo de implementação.

Quando Lyndon Johnson assinou a Lei de Direito ao Voto, somente 623 dias haviam se passado desde o assassinato de Kennedy, desde a noite em que Johnson partilhara sua visão prospectiva para sua imprevista presidência com três assessores privados de sono. O que era mais impressionante, ultrapassando o alcance e a coerência daquela visão, era que, em 21 meses, Lyndon Johnson realizara tudo que se determinara a fazer naquela noite: redução de impostos, direitos civis, auxílio federal para a educação, Medicare e direito ao voto. Além disso, o impacto dessas cinco leis históricas era aumentado por suas profundas interrelações. A redução dos impostos ajudara a gerar três anos de crescimento fenomenal, fornecendo combustível para os programas da Grande Sociedade sem incitar "um conflito de classes entre os que têm e os que não têm".[133] Para receber fundos do Medicare, os hospitais tinham de obedecer às provisões de não discriminação da Lei de Direitos Civis. Em pouco tempo, todos os hospitais segregados do sul haviam desaparecido. A Lei de Direito ao Voto levou ao exponencial aumento de registro dos eleitores negros, o que, por sua vez, levou ao crescimento de dez vezes do número de políticos negros eleitos. Os programas Head Start ampliaram horizontes e melhoraram a saúde de milhões de crianças desfavorecidas, aumentando suas chances de se formarem no ensino secundário, entrarem no mercado de trabalho e se tornarem cidadãos produtivos. Com o auxílio do Medicare, a expectativa de vida aumentou em cinco anos.

E mais leis abrangentes se seguiram nos três meses remanescentes do 89º Congresso: uma lei de ensino superior que fornecia bolsas, empréstimos e programas de emprego em tempo parcial para estudantes necessitados; uma lei de obras públicas e desenvolvimento econômico; uma fundação nacional de artes e humanidades para garantir que arte, música, dança e cultura não fossem limitadas às áreas metropolitanas; uma rede pública de difusão; uma lei de desenvolvimento habitacional e urbano para expandir os programas federais de habitação e revigorar os bairros pobres. E, finalmente, ele transformou em lei um importante projeto de imigração que aboliu o discriminatório sistema nacional de quotas em função da origem que favorecia os brancos da Europa ocidental e do norte. Ao abrir as portas dos Estados Unidos para imigrantes com base em seus méritos como indivíduos, sem referência a seu país de nascimento, e ao acrescentar uma preferência por unificação familiar depois que os primeiros membros haviam chegado, a nova lei mudou o fluxo de imigração para a África, Ásia e América Latina, expandindo dramaticamente a diversidade americana.

Durante quase dois anos, sob a liderança doméstica de Lyndon Johnson, republicanos e democratas haviam trabalhado juntos para criar o maior avanço em direitos civis desde a guerra civil e implementar uma visão abrangente e progressista da sociedade americana que deixaria uma marca permanente no cenário nacional. Quando o Congresso entrou em recesso em outubro de 1965, o *New York Times* saudou a restauração de produtivas "relações entre o ramo executivo e o ramo legislativo que esteve ausente durante anos".[134] Os colunistas comentaram a incomum concatenação de circunstâncias que levara à "colheita legislativa", incluindo as consequências emocionais da morte de Kennedy, o crescimento econômico prolongado e as grandes maiorias liberais no Congresso. Apesar de todos esses fatores, havia concordância generalizada de que o prodigioso recorde do 89º Congresso era "acima de tudo o recorde de um grande líder legislativo que subitamente se tornou presidente dos Estados Unidos".[135]

O homem certo, no momento certo, no lugar certo chegara tão perto quanto qualquer outro presidente de visualizar e buscar o que Abraham Lincoln certa vez definira como objetivo de um governo livre: fornecer a todos os seus cidadãos "um campo aberto e uma chance justa" de usar sua "diligência, empreendedorismo e inteligência" para competir "na corrida da vida".[136]

Nesse glorioso ápice de realizações, teria sido inconcebível imaginar que o consumado exercício de liderança daquele presidente estava chegando ao fim. Entretanto, quando o terreno mudou da política doméstica para a Guerra do Vietnã, Lyndon Johnson demonstrou uma falha épica de liderança que comprometeria sua credibilidade e confiabilidade, marcaria para sempre seu legado e quase destruiria o país.

CODA

Como a visionária liderança que Lyndon Johnson exibiu desde o dia do assassinato de Kennedy o abandonou tão profundamente quando ele lidou com as questões internacionais e o Vietnã?

Desde seu primeiro dia na Presidência, ao lidar com envolventes questões domésticas e direitos civis, Johnson tinha uma visão concreta dos objetivos que queria conquistar e uma estratégia clara sobre como incitar o Congresso e o povo para atingir esses objetivos. Em contraste, quando levou seus compatriotas à Guerra do Vietnã, ele estava motivado menos por um conjunto de objetivos positivos que pela poderosa noção do que queria evitar: fracasso, perda e uma derrota humilhante para si mesmo e para seu país.

Somente semanas após se tornar presidente, enquanto estava totalmente focado no paralisado programa legislativo de Kennedy, Johnson foi avisado por seus conselheiros militares de que, a menos que a maré da guerra virasse em função de um maior envolvimento por parte dos Estados Unidos, o Vietnã do Sul poderia sucumbir ao comunismo em questão de meses. "Eu estou terrivelmente preocupado", disse Johnson a seu conselheiro de segurança nacional, McGeorge Bundy, explicando: "Não acho que valha a pena lutar por isso e não acho que possamos sair dessa. É a maior confusão que já vi."[137] Por mais inquietante que fosse a Guerra do Vietnã para seus conselheiros militares naqueles dias iniciais, para Johnson ela estava em segundo plano. O que ele queria inicialmente era apenas conter o problema, proteger-se contra um sério erro que poderia comprometer o *momentum* de sua visão doméstica.

O que emergiu foi um processo incremental de tomada de decisões, um curso baseado tanto no que *não* fazer quanto no que fazer. O líder cuja persona havia sido construída sobre uma aura de "posso fazer" se viu em uma postura reativa, contrária a seu temperamento ativo e impetuoso. Não possuindo a autoconfiança que irradiava em questões domésticas, o discernimento que lhe permitia ignorar os conselhos domésticos que contradiziam seus próprios instintos, nascidos da longa experiência, Johnson ouvia os conselhos de um pequeno círculo remanescente de membros do gabinete e conselheiros: "os melhores e mais brilhantes".[138] De modo geral, aquele grupo representava a visão estabelecida, partilhando a predisposição de que a guerra era um conflito entre comunismo e democracia, que perder a guerra iniciaria a queda de dominós da agressão comunista e enfraqueceria profundamente os Estados Unidos na Guerra Fria.

Ao passo que, na arena doméstica, ele empregara as forças-tarefa externas ao governo para solicitar novas ideias e abordagens não restritas pelo pensamento tradicional, aqui ele falhou em ouvir os dissidentes no interior de sua própria administração ou os estudiosos do Sudeste Asiático nas universidades e *think tanks*. Ele ignorou aqueles que argumentavam que o Vietnã do Sul não era vital para a segurança nacional, que sua perda naquele momento, antes da grande escalada dos Estados Unidos, provavelmente seria interpretada como revés para o mundo livre, e não somente uma derrota americana.

Fragmentado, sem uma agenda estratégica clara ou uma narrativa, o processo decisório de Johnson não possuía coerência nem convicção. Depois que guerrilhas vietcongues atacaram o acampamento de conselheiros americanos em fevereiro de 1965, ele aprovou ataques aéreos retaliatórios contra alvos no Vietnã do Norte. Em seguida, acrescentou soldados para proteger as bases das quais os ataques aéreos eram lançados. Logo depois, enviou ainda mais soldados para proteger os fuzileiros navais — os mesmos fuzileiros que estavam lá para proteger as bases aéreas. Em abril, mais de 50 mil soldados estavam no Vietnã do Sul. A missão já não era proteger as bases aéreas, mas permitir a participação no combate ativo se as unidades vietnamitas próximas enfrentassem problemas. Em junho, foi concedida permissão para que os soldados americanos se engajassem no combate, juntamente com forças vietnamitas ou por conta própria.

Durante toda sua vida, Johnson acreditou que cada homem tem seu preço, que, se ele pudesse se sentar e olhar aquele homem nos olhos, ele descobriria o custo do compromisso. Se ele pudesse entrar em uma sala com Ho Chi Minh, estava certo de que poderia convencê-lo a reconhecer o poderio das forças contra ele. A guerra, disse Johnson, seria "como uma obstrução: enorme resistência inicial, diminuição constante e então Ho se apressando para encerrá-la".[139] Agarrando-se à crença de que aquela era uma batalha entre dois grupos antagônicos com interesses negociáveis, Johnson jamais reconheceu que a Guerra do Vietnã era uma guerra civil, uma revolução social, e que a determinação dos norte-vietnamitas, lutando em e por seu próprio país, era maior que a de suas contrapartes reforçadas por americanos no sul.

Quando os bombardeios falharam em trazer o inflexível norte para a mesa de negociações, Johnson perplexo ofereceu transplantar um benevolente sonho americano no solo vietnamita. O terrível paradoxo de sua posição chama atenção: embora sua mão esquerda continuasse a arrasar o cenário vietnamita, sua mão direita propôs um projeto de 1 bilhão de dólares para o aprimoramento social e econômico de ambos os Vietnãs. Ele represaria o rio Mekong para gerar tanta energia que ofuscaria a Tennessee Valley Authority do New Deal. Ele vira o mesmo cenário, em miniatura, durante a eletrificação de Hill Country. Ele criaria novas escolas, estradas e casas e levaria "as maravilhas da medicina moderna"[140] para os pequenos vilarejos. Da crescente destruição e desolação surgiria a reconstrução de uma Grande Sociedade vietnamita.

Em julho de 1965, estava claro que nem os bombardeios prolongados nem as promessas de desenvolvimento fariam com que o Vietnã do Norte interrompesse a infiltração do sul. O círculo interno de conselheiros de Johnson disse mais uma vez que o sul corria o risco de ruir. Para "evitar a derrota", eles recomendaram uma maciça expansão do número de tropas americanas (finalmente chegando a mais de 500 mil soldados) e, mais uma vez, ele capitulou. Eles o urgiram a ordenar a mobilização de 235 mil reservistas, declarar "estado de emergência",[141] colocar a economia em status de tempos de guerra e pedir ao Congresso impostos mais altos para cobrir os custos e informar aos americanos que eles haviam embarcado em uma grande guerra.

Em nenhum lugar esse fracasso de liderança foi mais pronunciado que nas decisões tomadas naquele mês de julho. Embora aceitasse as recomendações para uma grande expansão da guerra, Johnson rejeitou os conselhos de informar ao Congresso e ao país sobre a possibilidade de um conflito prolongado e caro. Daquele momento em diante, Lyndon Johnson inquestionavelmente foi responsável pela guerra. Determinado a manter o avanço do direito ao voto, da reforma da imigração e da futura legislação referente à Grande Sociedade, ele decidiu dizer ao Congresso e ao povo somente o que era absolutamente necessário. "Eu podia ver e quase tocar meu sonho juvenil de uma vida melhor para mais pessoas que qualquer outro líder, incluindo FDR", disse ele mais tarde. "Eu não tinha escolha a não ser manter minha política externa nos bastidores. Eu conhecia o Congresso tão bem quanto conhecia Lady Bird e sabia que, no dia em que ele explodisse em um grande debate sobre a guerra, isso seria o começo do fim da Grande Sociedade."[142]

Em resumo, todas as habilidades que Johnson utilizara para construir a Grande Sociedade estavam agora empregadas, com força negativa, para esconder toda a extensão e natureza da guerra do povo americano. Para evitar o dramático anúncio da necessidade de mais homens, ele ampliou as convocações e os alistamentos, em vez de mobilizar a reserva. Ele disfarçou o anúncio de 50 mil soldados adicionais em uma lotada entrevista coletiva. Recusou-se a pedir ao Congresso um imposto de guerra. Se anteriormente se esforçara para diminuir o orçamento a fim de tirar a redução de impostos do limbo legislativo, agora manipulava habilmente esse mesmo orçamento para obscurecer os custos defensivos cada vez mais altos, uma decisão que levou ao aumento da inflação e restringiu os mesmos programas domésticos que ele tentava proteger.

Conforme a guerra se arrastava mês após mês, ano após ano — de 1965 a 1968 —, a insatisfação do público aumentava. As manifestações que haviam se iniciado nos *campi* americanos se espalharam pelas ruas, com multidões que chegavam a dezenas de milhares de pessoas em uma cidade após a outra. Quando o senador pelo Arkansas J. William Fulbright iniciou audiências que criaram debate público sobre a condução da guerra, Johnson se mostrou indisposto a ouvir. Ávido por informação em tempos favoráveis, ele recuou, reduzindo seu círculo de conselheiros àqueles que concordavam com sua política de escalada crescente. Indisposto a assumir a responsabilidade quando o apoio a sua liderança começou a diminuir, ele encontrou bodes expiatórios: a imprensa, os intelectuais, os ultraliberais, os agitadores. E, o tempo todo, continuou a enganar o público sobre o tóxico lamaçal em que se transformara a guerra.

Gritantes evidências de que Johnson traíra a confiança do povo americano foram reveladas no início de 1968, quando os norte-vietnamitas e vietcongues iniciaram a ofensiva Tet no Vietnã do Sul. Embora a incursão tenha sido amenizada, as imagens televisivas de cidades capturadas e conflitos sangrentos contradiziam as repetidas garantias do governo de que a guerra estava indo bem, que havia luz no fim do túnel. Era tarde demais para aplacar ou esclarecer o público. Uma sensação de traição se espalhara pelo país, no início de uma desconexão terminal entre Johnson e seus compatriotas. Sua credibilidade, já sob suspeita, entrou em queda livre. A maioria das pessoas passara a acreditar que ele as enganara sistematicamente. Mais generalizada e danosa, a perda de confiança no presidente iniciaria uma persistente desconfiança no governo e na própria liderança.

Um regime democrático pode ser avaliado pelas questões que seus líderes partilham com o público, como as decisões importantes são explicadas e definidas para o país. A guerra exige os mais severos sacrifícios dos homens e mulheres comuns. Na guerra, mais que em qualquer outra ocasião, as pessoas precisam ser suficientemente informadas para entender as escolhas que estão sendo feitas. No fim, nenhum estadista pode estabelecer com sucesso uma política de guerra sem ter instilado uma noção de direção e propósito partilhados, sem que as pessoas saibam o que esperar e o que se espera delas. Por todos esses padrões de honestidade e colaboração entre o líder e o povo em tempos críticos de guerra, Lyndon Johnson fracassou.

Finalmente consciente do grau real de insatisfação pública com sua conduta durante o conflito, Lyndon procurou uma maneira de retirar o país, e a si mesmo, das punitivas obrigações da guerra. Em um discurso televisionado de 31 de março de 1968, ele anunciou que estava interrompendo unilateralmente a escalada da guerra ao ordenar o fim dos bombardeios ao Vietnã do Norte. Ele então surpreendeu a nação ao declarar categoricamente que não procuraria nem aceitaria a indicação de seu partido para outro mandato como presidente. As razões para seu surpreendente recuo eram, nas palavras de Shakespeare, "abundantes como amoras".[143] A afeição e o apoio do público — a força vital de sua carreira — haviam desaparecido. O sucesso nas primárias era tudo, menos garantido. Ele sentia que havia usado "cada centavo"[144] do substancial capital político que possuíra na época de sua vitória esmagadora nas eleições. Seu capital pessoal de vitalidade, energia e resiliência estava perigosamente reduzido. E, dado seu histórico familiar de problemas cardíacos, ele não acreditava que poderia "sobreviver outros quatro anos de longas horas e implacáveis tensões".[145]

Porém, por trás dessas razões políticas e pessoais, os olhos de Johnson estavam fixados no veredicto da história. Ao renunciar à candidatura, ele buscou lidar com problemas aparentemente intratáveis sem envolvimento direto. Talvez, então, sem a nódoa de motivos autointeressados, Hanói pudesse acreditar em sua iniciativa de paz. A liberdade do partidarismo também fortaleceria sua posição para garantir o aumento dos impostos, que agora se tornara absolutamente necessário para a saúde da nação. E, no que lhe era mais importante, sua ausência da competição talvez pudesse estimular a aprovação de uma terceira importante lei de direitos civis que estava empacada no Congresso há dois anos: uma lei de habitação equânime criada para proibir a discriminação durante a venda ou aluguel de qualquer moradia com base em raça, cor, religião ou origem nacional.

A resposta imediata da imprensa pareceu justificar suas aspirações. As manchetes anunciaram a "Melhor hora de Lyndon Johnson",[146] chamando seu recuo de "ato de abnegação política insuperável na história".[147] Mesmo seus críticos mais duros, como o senador Fulbright, viram o recuo como "ato de um grande patriota".[148] Quando o Vietnã do Norte expressou disposição em se sentar à mesa de negociações, a popularidade de Johnson disparou. Em questão de semanas, o Congresso aprovou tanto a sobrecarga tributária quanto a Lei de Direitos Civis de 1968, conhecida como Lei de Habitação Equânime. Com essa lei de habitação, comentou Johnson orgulhosamente, "a voz da justiça é ouvida novamente".[149] Durante certo tempo, o presidente pareceu e agiu, notou um jornalista, "como um homem que acabara de inventar a serenidade mental, a paz de espírito ou ambas".[150] A euforia de Johnson não durou. A rajada inicial de conversas de paz se esvaiu. A guerra que arrasara tanto o Vietnã quanto os Estados Unidos continuou em seu curso destruidor. A falha tectônica que atravessara a presidência de Lyndon Johnson fragmentaria seu legado e o assombraria pelo resto da vida.

Epílogo

Sobre morte e memória

Assim como não há um caminho único seguido por quatro jovens — de diferentes backgrounds, habilidades e temperamentos — até a liderança, perto do fim da existência, eles tiveram ideias diferentes sobre a vida após a liderança, sobre morte e memória. Embora suas histórias pessoais tenham chegado a fins muito diferentes, todos estavam olhando para além de suas próprias vidas, esperançosos de que suas realizações tivessem modelado e ampliado o futuro. A fama que desejavam, o reconhecimento que buscavam, tem pouca semelhança com o culto atual das celebridades. Para esses líderes, a medida final de suas realizações seria sua admissão a uma posição permanente na memória pública.

Dois deles morreram no cargo. Abraham Lincoln, na época de seu assassinato, estava fixado na tarefa de curar a nação gravemente ferida. Franklin Roosevelt estava reunindo suas cada vez menores forças para a perspectiva de encerrar a guerra e se preparar para a complicada tarefa da paz. Theodore Roosevelt e Lyndon Johnson sobreviveram à Presidência e experimentaram os problemáticos rescaldos da liderança. Theodore Roosevelt jamais foi capaz de abandonar o sonho de voltar ao poder. No dia em que morreu, estava fazendo planos para concorrer à Presidência novamente em 1920. Em contraste, Lyndon Johnson sabia, com intensa tristeza, que seus dias de liderança ativa haviam acabado. Os quatro anos que lhe restavam foram mais amargos que doces — eu estava lá para testemunhá-los.

———————

Durante seus últimos meses na Casa Branca, Johnson conversara frequentemente comigo sobre ir para o Texas e trabalhar em tempo integral em suas memórias e na implementação de sua biblioteca presidencial em Austin. Eu estava ansiosa para retornar a Harvard, onde deveria começar a lecionar. Quando hesitei e perguntei se poderíamos trabalhar em tempo parcial, Johnson respondeu enfaticamente: "Não. Venha ou não."[1]

Em seu último dia na Casa Branca, Johnson me chamou ao Salão Oval. "Eu preciso de ajuda", disse ele em voz baixa. "Em tempo parcial, como você deseja, nos fins de semana, durante as férias, o que você puder me dar." Dessa vez, não hesitei. "É claro que vou", respondi. "Muito obrigado", respondeu ele, acrescentando: "Cuide-se lá em Harvard. Não deixe que eles a atinjam e, pelo amor de Deus, não deixe que o ódio que eles sentem por Lyndon Johnson envenene seus sentimentos por mim."[2]

Eu me levantei para sair, mas ele me chamou para dizer mais uma coisa. "Não é fácil conseguir a ajuda de que você precisa quando você já não está no topo do mundo. Eu sei disso e não esquecerei o que você está fazendo por mim."[3]

Assim, nos meses e anos que se seguiram, enquanto iniciava minha carreira como professora em Harvard, passei as licenças acadêmicas e parte das férias de verão em Austin e no rancho. Tornei-me parte de uma pequena equipe de antigos redatores de discurso, assessores e membros da equipe que auxiliavam Johnson no processo de escrever suas memórias. Felizmente, fui designada para os capítulos sobre os direitos civis e o Congresso, mas todos nós trabalhávamos juntos, analisando arquivos, preparando perguntas para as conversas gravadas com o ex-presidente que serviriam como base para o livro.

Durante discussões sobre a Guerra do Vietnã, ele invariavelmente se retesava, mexendo em seus papéis antes de dizer uma palavra, com a voz dura e reduzida a um sussurro. Ao contrário de Franklin Roosevelt ou Harry Truman, Johnson era do tipo que "faria um buraco no tapete andando de um lado para o outro, imaginando se decidira algo corretamente".[4] Truman, explicou-me Johnson melancolicamente certa vez, "jamais olha para trás e se pergunta 'Será que eu deveria ter feito aquilo? Será?' Não, ele simplesmente sabe que tomou a melhor decisão que podia e pronto. Não há como voltar atrás. Eu gostaria de ter um pouco dessa mesma qualidade, pois não há nada pior que retornar a uma decisão já tomada, retraçar os passos que levaram a ela e imaginar o que teria acontecido se você tivesse tomado outro rumo. É enlouquecedor".[5] Embora raramente articulado, o arrependimento de Johnson em relação ao Vietnã estava em sua mente todos os dias.

Em contraste, quanto ele contava histórias sobre o trabalho com o Congresso em questões domésticas, sua vitalidade preenchia a sala. Ele se levantava e caminhava de um lado para o outro, empregando sua maestria da mímica e da contação de histórias para imitar Harry Byrd, Richard Russell, Hubert Humphrey ou Everett Dirksen, reproduzindo vívidos trechos de diálogos sobre orçamento e direitos civis. Aquelas eram performances teatrais, com a linguagem fortalecida por suas expressões faciais e gestos extravagantes. Com o ânimo revivido, Johnson era capaz de acessar novamente a energia positiva de seus dais iniciais na Presidência.

Em esboços preliminares dos dois capítulos nos quais eu estava trabalhando, citei diretamente as histórias que Johnson contara, esperando capturar algo de seu estilo de falar, seus insights abrangentes, imitações e humor desbocado. "De jeito nenhum, não posso dizer isso", instruiu ele após folhear as páginas. "É uma memória presidencial, e eu preciso parecer um estadista, não um político do interior!"[6] Nenhum argumento conseguiu persuadi-lo de que seu repertório de histórias era apropriado para memórias dignas. Consequentemente, sua voz vernacular, suas bizarras representações e a agilidade de sua mente foram deixadas na sala de edição — somente para reemergir quando os registros que ele secretamente fizera durante suas conversas telefônicas privadas na Casa Branca finalmente foram liberados para o público.

Johnson jamais esteve totalmente engajado com suas memórias. Ele repetidamente dizia que o julgamento da história já fora feito e era contrário a ele. "Todos os historiados são gente de Harvard. Não é justo. O pobre Hoover, de West Branch, Iowa, não tinha chance com aquela turma [...]. Nem tampouco Lyndon Johnson, de Stonewall, Texas."[7] Se tais declarações

continham mais que o traço usual de autopiedade, elas também significavam
que ele sabia que sua presidência não fora tudo que ele esperara. Sua aversão
ao projeto de memórias também representava antipatia pela completude,
pelo ponto final na obra de sua vida. Terminar as memórias significaria que
seu longo serviço público, sua utilidade, havia acabado. "Não há nada que
eu possa fazer a respeito", disse ele. "Então posso muito bem deixar para
lá e usar minhas energias na única coisa que ninguém pode tirar de mim:
meu rancho."[8]

Durante aqueles anos, a alteração na aparência de Johnson era notável.
Não havia sinal do engomado e penteado cabelo que, com o tempo, cresceu
em longos cachos brancos sobre seu colarinho. Seus ternos presidenciais
escuros e sapatos engraxados haviam sido trocados por camisas de manga
curta e botas de trabalho. Uma atmosfera informal prevalecia no local que
Lady Bird chamava de "lar de nosso coração".[9] Os jantares familiares frequentemente ocorriam na pequena cozinha ou, como em tantas casas do
Meio-Oeste americano, em bandejas na frente da televisão na confortável
saleta.

Mesmo a mais superficial inspeção, todavia, sugeria tudo menos a existência convencional de classe média. Uma maciça rede de comunicação permitia que Johnson instantaneamente recebesse e transmitisse informações
para o mundo. Em uma era anterior aos celulares, telefones boiavam em
uma bandeja especial sobre a piscina. Telefones eram úteis quando estava
usando o banheiro, andando em um de seus carros ou passeando de lancha.
Um console com três monitores de televisão permitia que ele assistisse às
três redes ao mesmo tempo em um gabinete de seu quarto. Se necessário, a
voz de Johnson podia ser transmitida em treze alto-falantes instalados em
pontos estratégicos do rancho.

Eu às vezes o acompanhava em seus passeios matutinos para inspecionar os campos e dar instruções aos trabalhadores. A grande disparidade
de poder entre a Casa Branca e o rancho concedia um páthos inerente, ou
mesmo comédia, à urgência com que ele conduzia as reuniões com os empregados do rancho. "Quero que cada um de vocês jure solenemente que
não irá para a cama à noite sem ter certeza de que cada novilho tem tudo
aquilo de que precisa. Temos a chance de produzir a melhor carne bovina
do país se trabalharmos duro, se nos dedicarmos."

Nenhum detalhe era pequeno demais para dispensar o rótulo AP, "alta prioridade". "Busque remédio contra coceira para o olho daquela grande vaca marrom no Pasto Um. Ligue os sprinklers no Pasto Três. Conserte a roda direita do trator verde." Os relatórios sobre o status das leis que haviam composto a leitura noturna de Johnson na Casa Branca foram substituídos por relatórios sobre quantos ovos haviam sido recolhidos naquele dia. "Segunda-feira (162), terça-feira (144) [...] quinta-feira (158) [...] sábado (104)." Ele rubricava esses memorandos diários e fazia perguntas. "Somente 104 ovos no sábado? Com duzentas galinhas? Qual é o problema dessas galinhas?"[10]

Quando penso naqueles anos, minhas lembranças mais vívidas são das caminhadas que fazíamos no fim da tarde, após encerrar o dia de trabalho nas memórias. Aquelas caminhadas, iniciadas no rancho, na verdade atravessavam etapas da infância de Johnson. A menos de 1,6 quilômetros estrada abaixo ficava a casa onde ele nascera, cuidadosamente restaurada e transformada em museu público. Ele gostava de conferir a variedade de placas no estacionamento e analisar as folhas de registro para ver quantas pessoas haviam visitado naquela semana, uma avaliação de como os ventos do julgamento histórico poderiam soprar. Do outro lado do campo, muito perto da casa onde nascera, estava a cabana onde seu avô morara. Lá, Lyndon podia encontrar refúgio; lá, ele se divertiria com o vasto mundo de contos de caubóis e crenças ancestrais de se avô. Em uma elevação mais abaixo na estrada ficava a Junction School, onde começara sua educação formal.

Espalhados por aquela estrada estavam os núcleos de sua vida: rancho, casa onde nascera, cabana do avô, escola e, finalmente, do outro lado, embaixo de enormes pinheiros de frente para o rio Pedernales, o cemitério da família Johnson. "É aqui que minha mãe está enterrada", dizia ele, apontando para a sepultura. "E aqui é onde meu pai está enterrado. E é aqui que estarei também."[11]

Raros eram os momentos de silêncio durante as caminhadas, os momentos não preenchidos pelo som da voz de Johnson. Ele encontrava conforto e alívio em voltar no tempo, afastando-se da tumultuada Presidência e retornando aos dias iniciais de sua ascensão. Ele falava com orgulho de seus dias como professor na empobrecida cidade de Cotulla, do trabalho que fizera para apresentar todo tipo de atividade a seus alunos mexicanos-americanos. Ele saboreava as memórias de trabalhar com Franklin Roosevelt, colocando milhares de jovens necessitados para trabalhar na National Youth Administration, construindo parques rodoviários, quadras esportivas nas escolas e piscinas. Ele voltava incontáveis vezes à história de como levara eletricidade para Hill Country e como a eletricidade mudara a vida diária de milhares de famílias de fazendeiros, permitindo que aproveitassem conveniências modernas como luz elétrica, geladeiras e máquinas de lavar roupa pela primeira vez. Ele falava da alegria que sentira com a aprovação da Lei de Direitos Civis de 1957, que, a despeito da debilidade de seus procedimentos de imposição, abrira a porta para as realizações muito mais amplas do 89º Congresso durante seus primeiros dezoito meses como presidente.

"Aqueles foram os dias nos quais realmente fizemos alguma coisa", disse ele, "os dias nos quais meu sonho de melhorar a vida de mais pessoas que FDR parecia realmente possível. Pense em quão longe poderíamos ter ido se as coisas tivessem sido diferentes."[12] Ele inspirava profundamente, sacudia a cabeça e exalava, com sua expressão revelando uma profunda e inquietante tristeza.

Retornando naquela noite a meu quarto no rancho, anotando o que ele dissera, fiz a mim mesma uma pergunta que faria muitas vezes nos anos seguintes: por que ele está me dizendo todas essas coisas? Por que ele está permitindo que eu veja sua vulnerabilidade e seu pesar? Talvez porque eu fosse jovem e aspirasse a ser historiadora, dois públicos que ele queria intensamente alcançar, persuadir, modelar e inspirar. Talvez, em menor extensão, fosse porque eu possuía um pedigree da Ivy League, algo que ele tanto desprezava quanto cobiçava. Ou talvez fosse simplesmente porque eu ouvia com clara intensidade enquanto ele tentava compreender o sentido de sua vida.

Pois, quanto mais ele falava, mais me parecia que ele acreditava que sua vida estava chegando ao fim. De fato, eu mais tarde descobri que ele encomendara uma tabela atuarial enquanto ainda estava na Presidência, uma tabela que previa estatisticamente, com base no histórico de doença cardíaca de sua família, que ele provavelmente morreria aos 64 anos. Um pouco mais de um ano depois de sua aposentadoria, na primavera de 1970, dores severas no peito o levaram ao Centro Médico do Exército de Brooke, em San Antonio, onde ele foi diagnosticado com angina. Ele iniciou um estrito regime de dieta e exercícios, mas não demorou muito para que voltasse a consumir gordura, beber Cutty Sark e fumar em excesso. "Sou um velho, então qual é a diferença? Não quero me demorar, como fez Eisenhower. Quando eu for, quero ir rapidamente."[13]

Em abril de 1972, Johnson sofreu um ataque cardíaco severo enquanto estava na Virgínia, na casa de sua filha Lynda. Contra as ordens médicas, ele insistiu em retornar ao Texas para se recuperar. Repetindo o último desejo do pai, ele queria retornar ao lugar no qual "as pessoas sabem quando você está doente e se importam quando você morre".[14] Embora conseguisse sobreviver ao segundo infarto, seu tempo remanescente foi repleto de dor. "Realmente dói muito", disse ele aos amigos. A manhã começava bastante bem, mas, à tarde, ele frequentemente experimentava "uma série de dores agudas e pontadas no peito que o deixavam assustado e sem fôlego".[15] O tanque portátil de oxigênio ao lado da cama fornecia somente alívio temporário.

Nove meses mais tarde, em 11 de dezembro de 1972, Johnson deveria discursar durante um simpósio sobre direitos civis na Biblioteca LBJ. Todos os líderes da comunidade de direitos civis estariam presentes: Roy Wilkins, Clarence Mitchell, Hubert Humphrey, Julian Bond, Barbara Jordan, Vernon Jordan, o ex-chefe de justiça Earl Warren, entre muitos outros. Na noite de domingo antes do início do simpósio, contudo, uma traiçoeira tempestade de neve desceu sobre Austin. Não estava claro se o evento ocorreria. "Estava tão frio e com tudo congelado", lembrou o diretor da biblioteca, Harry Middleton, "que soubemos que o avião trazendo muitos dos participantes de Washington não pôde pousar no aeroporto de Austin e eles teriam de vir até aqui de ônibus".[16]

"Lyndon estivera muito doente e passara a maior parte da noite acordado", lembrou Lady Bird. "O médico insistiu que ele não podia ir de jeito nenhum."[17] Mesmo assim, usando "um terno presidencial azul-escuro" e "sapatos impecavelmente engraxados",[18] ele percorreu os 112 quilômetros de estradas congeladas até Austin. Embora tivesse desistido de dirigir nos últimos meses, ele ficou tão agitado com a baixa velocidade empregada pelo motorista que decidiu assumir o volante.

Aqueles que viram o adoentado ex-presidente subir os degraus até o palco sabiam que somente a determinação o movia. Ele teve visíveis dificuldades para chegar ao atril. As dores em seu peito eram tão intensas que ele fez uma pausa e colocou um tablete de nitroglicerina na boca. Se aquele esforço custasse sua vida, tudo bem. Ele falou de modo hesitante, reconhecendo que já não falava em público "com muita frequência" nem "por muito tempo",[19] mas enfatizou que havia algumas coisas que queria dizer.

"De todos os registros que estão abrigados nesta biblioteca, 31 milhões de documentos em quarenta anos de vida pública", começou ele, o registro relacionado aos direitos civis "é o que mais contém algo de mim e possui para mim o mais íntimo significado". Embora admitisse que os direitos civis nem sempre haviam sido sua prioridade, ele passara a acreditar que "a essência do governo" jazia em assegurar "a dignidade e a integridade inata da vida de cada indivíduo", independentemente de cor, credo, ancestralidade, sexo ou idade.

Continuando, Johnson insistiu: "Não quero que esse simpósio seja realizado aqui e que passemos dois dias falando sobre o que foi feito, o progresso foi muito pequeno. Não fizemos nem de perto o suficiente. Estou meio envergonhado de mim mesmo porque tive seis anos e poderia ter feito mais do que fiz."

A dificuldade de ser "negro em uma sociedade branca", argumentou ele, permanecia sendo o principal problema não tratado da nação. "Até que tratemos da história desigual, não podemos superar as oportunidades desiguais." Até que os negros "estejam no mesmo nível e terreno", não podemos descansar. Deve ser nosso objetivo "assegurar que todos os americanos joguem pelas mesmas regras e que todos os americanos tenham as mesmas oportunidades".

"E, se nossos esforços continuarem", concluiu ele, "nossa vontade for forte, nossos corações forem direitos e a coragem permanecer sendo nossa companheira constante, então, meus compatriotas americanos, estou confiante de que *vamos vencer*."[20]

Essa seria a última declaração pública de Lyndon Johnson. Ao ir ao simpósio, disse Lady Bird mais tarde, "ele sabia o preço que estava pagando e tinha o direito de decidir pagá-lo".[21] A escolha que fez naquele dia representava sua esperança de que a história se lembrasse de uma época na qual ele estivera disposto a arriscar tudo pelos direitos civis, apostar todas as suas fichas, todo o capital de sua presidência. "Se eu for lembrado", disse-me Johnson esperançosamente, "será pelos direitos civis."[22]

Cinco semanas após aquele discurso sobre os direitos civis, ele sofreu um ataque cardíaco fatal. O homem que durante toda a vida precisara estar cercado de pessoas estava sozinho. Às 15h50, ele chamou o Serviço Secreto pela central telefônica. Quando eles chegaram a seu quarto, Lyndon Johnson estava morto. Como previra há muito, ele tinha 64 anos. Três dias depois, foi enterrado no cemitério da família, na sombra acolhedora de grandes pinheiros.

———

Sempre que Theodore Roosevelt falava sobre liderança, morte e memória (o que era frequente), ele espalhava faíscas em todas as direções, como um homem afiando sua lâmina em um esmeril. Às vezes, parecia desdenhar a vanglória da fama póstuma. "Com o passar das eras", sugeriu ele, era apenas uma questão de tempo "antes que a lembrança dos poderosos se desvaneça". Poderia levar cem, mil ou 10 mil anos, mas, finalmente, "o inevitável esquecimento, escoando constantemente as areias do tempo, apaga os arranhões na areia que chamamos de história".[23] Todavia, em outras ocasiões, Roosevelt substituía essa perspectiva desdenhosa em relação à lembrança pessoal pelo heroísmo romântico de morrer "na sela e no auge da fama",[24] com a consciência de ter "feito um trabalho de valor"[25] e tê-lo feito bem. "Nos dias e horas antes de morrer", especulou ele, "deve ser agradável sentir que você fez sua parte como homem e ainda não foi descartado por ser inútil".[26]

Para um espírito tão agressivo e autônomo, uma aposentadoria tranquila estava fora de questão. Uma busca incansável e frenética por sentido, serviço, dever e aventura assombraria Theodore Roosevelt pelo resto de seus dias. Sendo o homem mais jovem a chegar à Presidência, ele tinha apenas 50 anos quando seu mandato de sete anos e meio chegou ao fim. Ele foi o mais jovem presidente da história norte-americana. A vida sem uma tarefa definitiva e desafiadora para realizar e um holofote sob o qual realizá-la era anátema. Sua filha Alice disse que ele desejava tanto ser o centro da atenção que queria ser o bebê do batismo, a noiva do casamento e o cadáver do funeral.

Ele saboreara "cada hora" de ser presidente, "o mais importante cargo do mundo".[27] Ele percebeu que tivera sorte, pois liderara a nação em uma época na qual o estilo de liderança matador de dragões, combatente de trustes e gerenciador de crises encontrava ressonância no público. Ele falava frequentemente do zeitgeist e de como ele mudava como um caleidoscópio para atrair ou descartar habilidades particulares em momentos particulares. A harmônica congruência entre a época e Theodore Roosevelt chegou ao auge em 1904, quando, após cumprir os três anos e meio de mandato do presidente William McKinley, ele venceu a eleição por seus próprios méritos no que foi então "a maior vitória popular e no colégio eleitoral jamais dada a um candidato a presidente".[28]

Mesmo assim, no momento de sua grande vitória, ele espantosamente anunciara que não concorreria à Presidência novamente, citando "o sábio costume que limita o presidente a dois mandatos",[29] cuja duração essencialmente chegaria ao fim em 1908. Ele temia que mesmo seus mais ferventes apoiadores ficassem desapontados com a inadequada ambição de se manter no cargo "por mais tempo do que foi considerado prudente que Washington o mantivesse".[30] Com incomum cuidado para um líder no poder, ele escolheu e preparou um sucesso, seu amigo e membro de gabinete William Howard Taft. Além disso, trabalhou assiduamente para garantir a indicação de Taft na convenção republicana. Assim que a convenção começou, no entanto, ele se arrependeu. "Eu cortaria minha própria mão nesse lugar", disse ele a um amigo, indicando o próprio punho, "se pudesse revogar aquela declaração escrita."[31] Se Roosevelt tivesse dado a menor indicação de que mudara de ideia aos delegados, a indicação teria sido sua. Mas ele sentia que precisa honrar a declaração que fizera. "O povo acha que minha palavra é válida", explicou ele a seu amigo Bill Sewall, "e seria muito ruim se pensasse de outra maneira."[32] Reiterando seu apoio incondicional a Taft, ele insistiu que não havia nenhum outro homem no país "tão adequado à Presidência".[33]

Imediatamente após a posse de Taft, Roosevelt partiu para um safári de um ano na África. "Isso permitirá que eu volte à vida privada sem aquele baque surdo sobre o qual ouvimos tanto", raciocinou ele, "suavizando sua queda"[34] para a vida como cidadão. Assim que voltou para casa, no entanto, sua inquietação característica retornou. Sua agitação e seu desassossego aumentaram quando uma delegação após a outra foi a Sagamore Hill pedir que ele se candidatasse à Presidência em 1912. Sob Taft, argumentaram eles, os conservadores da velha guarda estavam novamente em ascendência, ameaçando os avanços dos anos passados. "Como um cavalo de guerra sentindo o cheiro de batalhas distantes",[35] Roosevelt finalmente cedeu, desafiando o candidato que outrora apresentara para a indicação republicana. Então, quando Taft o derrotou na convenção, ele consentiu em liderar as forças progressistas em uma candidatura independente.

Com o Partido Republicano dividido ao meio, "a única questão agora", observou argutamente o senador Chauncey Depew, "é que defunto receberia mais flores".[36] Desde o início, o democrata Woodrow Wilson foi o favorito. Em meados de outubro, todavia, um evento casual ameaçou alterar a balança. Enquanto Roosevelt estava em um carro aberto na frente de um hotel em Milwaukee esperando a partida para um discurso, um assassino ergueu uma pistola e atirou "à queima-roupa" no peito de Roosevelt. Se a bala não tivesse sido desviada pelo estojo para óculos de metal no bolso de Roosevelt, ela teria ido "diretamente para seu coração".[37] Desafiando as ordens médicas de ir diretamente para a emergência de um hospital, Roosevelt prosseguiu para o discurso. Ligeiramente instável, com o rosto pálido, ele encerrou seu discurso antes de consentir com a hospitalização. Sua resposta firme ao atentado contra sua vida gerou uma onda de apoio para sua candidatura. "A bala no peito de Roosevelt matou Wilson para a Presidência",[38] suspeitou um porta-voz democrata.

Uma semana antes da eleição, Roosevelt já se recuperara o suficiente para fazer seu discurso final de campanha em Carnegie Hall. Em contraste com o tom cáustico em relação aos oponentes que marcara sua campanha, ele focou somente nos princípios do Partido Progressista. Ele acreditava, disse à plateia fascinada, que "talvez uma vez a cada geração" se apresentava o momento para o povo entrar na batalha por justiça social. Se os problemas contínuos criados pela Era Industrial não fossem solucionados, avisou ele, o país seria "dividido por aquelas horríveis linhas divisórias"[39] que colocam "os que têm" contra "os que não têm". "Vencendo ou perdendo, estou muito satisfeito porque sou um entre muitos nessa luta que estão prontos para tudo."[40]

Embora Roosevelt tenha recebido de longe a maior porcentagem de votos que o candidato de um terceiro partido jamais recebera, Woodrow Wilson venceu a eleição. Ainda mais danoso, o partido dividido prejudicara a própria causa progressista que Roosevelt defendia. Em um estado após o outro, os progressistas republicanos, vitoriosos dois anos antes, agora eram derrotados.

Como fora verdade durante toda sua vida quando atingido pela perda política, o sofrimento pessoal ou a depressão, Roosevelt buscou alívio da dor no desafio físico, no movimento e na aventura. Assim como a viagem para a África suavizara sua queda após deixar a Presidência, agora, o candidato derrotado de 55 anos viajou para a América do Sul, para uma expedição ao rio da Dúvida, no coração da inacessível floresta brasileira — "sua última chance de ser um menino".[41] Dessa vez, ele quase morreu em função de uma infecção letal, combinada com um severo acesso de malária que o deixou debilitado para o resto da vida. "A mata brasileira", disse ele a um amigo, "roubou dez anos de minha vida."[42]

Mesmo assim, seus passionais apoiadores se recusaram a acreditar que seu astro político havia abandonado a carreira, pressionando-o a concorrer à Presidência em 1916. Roosevelt ignorou essas súplicas, analisando de modo realista o humor da época. "Durante doze anos, tive uma excelente posição na confiança e na boa vontade do povo americano e fui capaz de fazer muitas coisas que acreditava fervorosamente que precisavam ser feitas."[43] Ele sentia que sua maior "utilidade"[44] fora particularmente a resolução da greve do carvão, os parques nacionais e as reservas de vida selvagem que criara para as futuras gerações, o fim dos trustes e a criação de uma legislação regulatória que levara a um campo econômico mais justo. "Embora eu não tenha mudado", acreditava ele, "houve tais mudanças nas correntes de pensamento" que não faria sentido imaginar que os republicanos, que "parecem estar voltando a um tipo inerte e perigoso de conservadorismo",[45] sequer pensariam em indicá-lo. De fato, "seria totalmente imprudente me indicar, a menos que o país esteja no mesmo humor heroico que esteve durante a revolução e durante a guerra civil".[46]

Assim, Roosevelt esperou, sentindo-se supérfluo, frustrado e deprimido, até que uma chance de ação vigorosa ocorreu em abril de 1917, com a entrada dos Estados Unidos na Primeira Guerra Mundial. Roosevelt imediatamente pediu permissão para criar e comandar uma divisão de voluntários. Muito antes, como jovem nas Badlands quando as tensões fronteiriças com o México haviam começado a borbulhar, ele se oferecera para criar uma companhia de atiradores montados. Ele dissera a seu amigo Henry Cabot Lodge: "Há bons lutadores entre aqueles cavaleiros desajuizados."[47] Mais tarde, ele notoriamente conseguira mobilizar os Rough Riders durante a guerra hispano-americana. Agora, pediu ao presidente Woodrow Wilson permissão para montar uma divisão de voluntários. Havia milhares de candidatos para sua divisão, mas Wilson negou a solicitação.

Durante toda sua vida, Roosevelt exibira uma perturbadora e romântica grandiosidade a respeito do combate. "O grande prêmio da morte em batalha" era a recompensa que ele "valorizava acima de todas as outras". Antes, ele ameaçara deixar a cabeceira da esposa Edith, que estava seriamente doente, para se unir à batalha. Ele afirmou em certo momento que "todos que sentem alegria na batalha sabem como é quando o lobo desperta no coração";[48] em outra situação, argumentou que os vitoriosos da guerra eram mais grandiosos que os vitoriosos da paz. Seu desapontamento com a recusa de Wilson se transformou em séria depressão quando seus quatro filhos foram enviados para além-mar enquanto ele permaneceu "no ócio fácil e seguro"[49] de sua casa. Quando seu filho mais novo, Quentin, foi morto em combate, seu pesar foi tão profundo que ele sentiu que o mundo "se fechara"[50] sobre ele, finalmente reconhecimento "a doentia sensação"[51] de que inspirara os filhos a assumirem riscos desnecessários.

Sua feroz determinação se recuperou mais rapidamente que seu corpo. Em discursos e artigos, ele desafiou seus compatriotas a honrar aqueles que haviam morrido trabalhando juntos para transformar o país em um lugar mais justo e igualitário, colocando em ação reformas abrangentes para "fazer justiça em novas condições em um novo mundo".[52] Seu estilo cavaleiro errante de liderança encontrou resposta e, em pouco tempo, ele era novamente o homem mais popular do país.

Embora fosse urgido a concorrer ao cargo de governador em 1918, ele declinou. "Só me resta mais uma luta", disse ele à irmã Corinne, "e acho que devo poupar minhas forças caso eu seja necessário em 1920".[53] A malária que ele contraíra no Brasil o deixara suscetível a febre, infecção e paralisia esporádica. Um severo ataque de artrite reumatoide o enviou para o hospital durante seis semanas no fim de 1918. Avisado de que poderia precisar de uma cadeira de rodas para o resto da vida, ele disse: "Tudo bem. Consigo lidar com isso também."[54] Ele queria fazer muitas coisas antes de morrer. Ainda sentindo dores quando voltou para casa no natal, ele reconheceu que não poderia sair muito durante alguns meses, mas começou a trabalhar em artigos e editoriais, conversar com oficiais partidários e, ainda mais importante, fazer planos para a próxima eleição presidencial.

Ele passou o domingo, 5 de janeiro de 1919, ditando cartas e corrigindo um artigo para a *Metropolitan Magazine* que delineava a agenda doméstica de ampla escala que prenunciava o New Deal de Franklin Roosevelt. Ele pediu pensão para os idosos, seguro-desemprego, jornada de oito horas e negociações coletivas. Insistiu que era "um absurdo querer barganhar"[55] sobre o direito ao voto das mulheres. Argumentou que o governo tinha a responsabilidade de assegurar aos soldados que retornavam o acesso à terra e a empregos. Propôs um programa nacional de recrutamento para mobilizar homens e mulheres de diferentes backgrounds para "trabalharem em um espírito de fraternidade pelo bem comum".[56] Há muito tempo, ele afirmara que "a rocha do ódio de classes" era "a maior e mais perigosa rocha no curso de qualquer república",[57] que sempre havia desastre quando "duas seções ou duas classes estão tão separadas uma da outra que nenhuma delas compreende as paixões, os preconceitos e o ponto de vista da outra".[58]

Às 22 horas, após passar o dia inteiro pensando em planos de reforma social e industrial, ele disse a Edith que sentia uma curiosa "sensação de depressão"[59] no peito, como se seu coração estivesse prestes a parar. "Eu sei que isso não vai acontecer", garantiu ele, "mas é uma sensação muito estranha."[60] O médico da família foi chamado, mas não encontrou nada que indicasse problema cardíaco e, assim, Roosevelt foi dormir. Nunca mais acordou. Tinha 60 anos. Um coágulo chegara aos seus pulmões e parara seu coração.

Uma anotação foi encontrada ao lado da cama lembrando-o de uma reunião com o presidente do Partido Republicano, Will Hays. Por orientação de Roosevelt, Hays estava planejando uma viagem de dez dias a Washington para unir republicanos conservadores e progressistas em torno das questões domésticas. A divisão de 1912 causara duradoura desconfiança e antipatia dos dois lados. Se Roosevelt tivesse uma nova chance de liderar o país, ele pretendia fazer com que o Partido Republicano fosse novamente o partido progressista de Abraham Lincoln, restaurar "o sentimento de camaradagem e respeito mútuo e o senso de deveres e interesses comuns que surge quando os homens tentam compreender uns aos outros e se associar em torno de um objetivo comum".[61]

Seu último sonho, a expressão de sua poderosa vontade, olhava para a frente, para 1920, quando o caleidoscópio poderia girar e as coisas poderiam se alinhar, permitindo que ele tomasse mais uma vez as rédeas da liderança, que tanto amava.

Que a morte rondava Franklin Roosevelt no último ano de sua vida estava claro, mas somente em retrospecto. Em 1944, Roosevelt certamente parecia muito mais velho que seus 62 anos. Muitos notaram sua palidez, as manchas escuras sob seus olhos, a maneira como sua mão tremia quando ele tentava acender um cigarro. Embora ele atribuísse seu estado e sua tosse constante à combinação de gripe e bronquite que contraíra naquele inverno, sua filha Anna estava profundamente preocupada. Ela crescera acostumada à resiliência física do pai, mas, quando a primavera chegou, a fadiga continuou a persegui-lo e sua força parecia estar diminuindo. Ela pediu que o médico pessoal do pai, o almirante Ross McIntire, providenciasse um checkup completo no Hospital Naval de Bethesda.

"Eu suspeitei que algo estava terrivelmente errado assim que olhei para ele", lembrou o jovem cardiologista Howard Bruenn. "Seu rosto estava pálido e havia uma descoloração azulada em sua pele, lábios e unhas."[62] O simples ato de se mover de um lado para o outro da mesa causava significativa falta de ar. Seu coração estava aumentado, havia fluídos em seus pulmões e sua pressão arterial estava perigosamente elevada. O diagnóstico de Bruenn revelou que o presidente sofria de insuficiência cardíaca congestiva aguda. Durante o exame, Roosevelt falou amigavelmente sobre uma ampla variedade de tópicos, repelindo qualquer pergunta séria com um escudo de conversa. Nem uma só vez ele questionou o médico. Bruenn tampouco se sentiu à vontade para impor suas descobertas ao paciente; ele fora avisado por McIntire a não oferecer informações. Quando o exame terminou, Roosevelt deu seu celebrado sorriso, agradeceu ao médico e foi embora, saudando alegremente pacientes e membros da equipe enquanto caminhava até o carro.[63]

Naquela mesma tarde, Roosevelt conduziu sua 945ª entrevista coletiva.[64] Quando lhe perguntaram como ele se sentia, ele tossiu e admitiu que tinha bronquite e fora ao hospital mais cedo naquele dia, para exames de raios X. Ele estava alarmado? De modo algum, respondeu. Ele ouvira dizer que a bronquite se transformava em pneumonia em 1 a cada 48.500 casos, de modo que o prognóstico era bom! Risos tomaram a sala e os repórteres prosseguiram com a sequência regular de perguntas políticas. "Não somente a cor e a voz do presidente estão melhores", comentou o *New York Times*, "como seu humor também está ótimo."[65] Mais tarde naquela semana, o dr. McIntire casualmente assegurou à imprensa que o presidente simplesmente sofria de um caso prolongado de bronquite. Tudo de que ele precisava era "um pouco de sol e exercícios".[66]

A ocultação de questões pessoais fora um grande padrão durante toda a vida de Roosevelt. Ele fora treinado desde a infância a apresentar um comportamento consistentemente confiante e encorajador na presença do pai inválido. Durante as seis agonizantes semanas que passara no hospital após contrair poliomielite, ele projetara uma imagem uniformemente otimista. Ao animar os outros, ele aprendera a animar a si mesmo. Na família de sua mãe, lembrou a prima de Franklin, Laura Delano, "Você nunca dizia que estava doente."[67] Similarmente, nas semanas e meses durante a primavera de 1944, Roosevelt escolheu ignorar a doença, sempre mantendo à distância a potencial gravidade de sua condição. Ele simplesmente fez o que o novo regime do dr. Bruenn exigia, sem fazer perguntas. Ele tomava digitalina todos os dias e não exibia interesse nas leituras de sua pressão arterial. Seguia religiosamente a dieta prescrita de baixo sal e baixa gordura e perdeu tanto peso que disse, orgulhosamente: "Sou jovem novamente. Olhe como meu estômago é reto"; então "deu um tapa na barriga com uma expressão de júbilo".[68]

O constante bom humor de Roosevelt se provou contagiante. Inúmeros relatos de seus colegas mais próximos revelam que ele era invariavelmente capaz de se animar e focar na tarefa à mão. Mesmo nos dias em que admitidamente se sentia "muito mal",[69] ele permanecia, de acordo com um assessor, tão "alegre" e "bem-humorado"[70] que não parecia seriamente doente. Embora Frances Perkins tivesse ficado inicialmente chocada com sua aparência mais cedo naquela primavera, ela estava tão aliviada pela vitalidade que ele exibia ao retornar, no fim de abril, de um descanso de duas semanas na fazenda do financista Bernard Baruch na Carolina do Sul que "só me preocupei com ele novamente bem perto do fim".[71]

Entretanto, por mais que ele tentasse ignorar seu estado de saúde, por mais brilho que desse a sua própria imagem, Roosevelt sabia que, nos dias ruins, a força de vontade era tudo que o mantinha indo em frente. Por que, então, ele decidiu concorrer por um quarto mandado em 1944? Quatro anos antes, na primavera de 1940, a invasão da Holanda, de Luxemburgo, da Bélgica e da França por Hitler criara uma crise na civilização ocidental que merecia a quebra da valorizada tradição de dois mandatos — na mente de Roosevelt e na opinião pública. Na primavera de 1944, ele já estivera no poder por doze anos, o mais longo mandato presidencial da história americana. Ele perguntou a amigos se deveria tentar estender esse recorde ainda mais e concorrer a um quarto mandato?

No fim de maio de 1944, sete semanas antes da convenção democrata, sua indecisão persistia. As imensas tarefas de encerrar a guerra e começar a construir a paz estavam muito longe do *fait accompli*. Na balança, nada menos que a sobrevivência da nação e da própria democracia. Um milhão de homens e suprimentos haviam sido transportados para postos de embarque no sul da Inglaterra, esperando o sinal para começar a invasão da Normandia. Todas as principais capitais europeias permaneciam em mãos alemãs, incluindo Paris, Amsterdã, Varsóvia e Atenas. O Japão controlava as Filipinas. "Decisões terríveis a tomar",[72] escreveu a prima de Roosevelt, Margaret Suckley, em seu diário. Em conversas privadas com Suckley, Roosevelt explicou seu dilema. De um lado, com o futuro sendo tão desafiador, ele tinha um profundo senso de "dever de continuar enquanto fosse capaz".[73] Do outro, se ele soubesse que não seria "capaz de prosseguir por mais quatro anos, não seria justo com o povo americano concorrer a outro mandato".[74] O fator decisivo seria sua saúde nas semanas à frente.

Ele estava tão imerso em suas tarefas que os eventos pareciam determinar seu estado de saúde e o nível de energia que ele administrava tão cuidadosamente. Seu ânimo melhorou com a notícia, no Dia D, 6 de junho de 1944, de que os desembarques haviam sido bem-sucedidos e os soldados, tendo sofrido menos baixas do que o esperado, estavam avançando colina acima. No fim da tarde, Roosevelt deu uma entrevista coletiva. "Um grande momento da história", observou um repórter. "O presidente se sentou em sua grande cadeira verde, calmo e sorrindo." Seu cigarro "estava no ângulo no qual dizem que sempre está quando o presidente está satisfeito com o mundo".[75] Durante a entrevista, outro repórter comentou, "ele parecia feliz e confiante",[76] embora ele prevenisse contra o excesso de confiança. "Você não pode simplesmente desembarcar em uma praia e — se desembarcar com sucesso sem quebrar a perna — caminhar até Berlim. Quanto mais rápido o país entender isso, melhor."[77] Naquela noite, observou Eleanor, seu marido "estava muito bem e parecia ele mesmo novamente, cheio de planos para o futuro".[78]

Duas semanas mais tarde, as circunstâncias forneceram outro tônico. Roosevelt parecia "em excelente condição"[79] quando assinou a Lei de Direitos dos G.I., o maciço programa de educação e treinamento para os soldados que retornavam, que pretendia ampliar os horizontes educacionais de toda uma geração. O fato de Roosevelt ter concebido o programa dezoito meses antes, o fato de ter iniciado o planejamento do pós-guerra tão antes da invasão do canal, foi considerado pelo redator de discursos Sam Rosenman "um dos maiores exemplos de visão estadista".[80] Foi essa visão, concluiu Perkins, a assombrosa habilidade de Roosevelt de "manter a cabeça acima da confusão dos problemas administrativos", de ver "o retrato inteiro" e "manter o foco nos objetivos mais importantes",[81] que persuadiu todos os membros-chave do gabinete e da Casa Branca de que o presidente, independentemente de sua energia diminuída e sua má saúde, era o melhor homem para liderar.

Cinco dias antes do início da convenção democrata, Roosevelt finalmente se ofereceu para um quarto mandato. Sua decisão foi motivada primariamente pela considerável crença — dada sua longa experiência e amplo conhecimento dos jogadores centrais e das apostas envolvidas — de que ele era o melhor homem para levar a guerra ao fim e estabelecer as fundações da paz. Ele anunciou que aceitaria a indicação do partido para um quarto mandato e seria presidente se "assim fosse ordenado pelo comandante em chefe de todos nós: o soberano povo dos Estados Unidos".[82] Uma semana depois, os delegados da convenção nacional democrata indicaram Franklin Roosevelt, por aclamação, como candidato, pela quarta vez, à Presidência dos Estados Unidos.

No outono, Roosevelt teve de demonstrar que tinha energia para competir com o jovem oponente republicano, o governador de Nova York Thomas E. Dewey. Roosevelt sabia que seus oponentes estavam fazendo circular rumores de que ele já não era física ou mentalmente competente. "Eles diziam às pessoas que eu estava desgastado ou doente", disse ele. Só havia um método para desmentir tais rumores. Ele tinha de se apresentar ao povo e deixar que as pessoas julgassem sua capacidade. Ele tinha de conduzir "uma campanha como dos velhos tempos, corpo a corpo".

Em um único dia em Nova York, 3 milhões de pessoas foram às ruas enquanto o presidente percorreu 80 quilômetros em carro aberto através do Brooklyn, Queens, Bronx, Harlem, Broadway e Garment District. Um furacão próximo produzira chuvas congelantes que castigavam a multidão. A chuva encharcou o terno do presidente, embaçou seus óculos e escorreu por seu rosto. O tempo miserável não diminuiu seu sorriso nem impediu seu progresso, e as multidões o amaram por isso. A energia da multidão lhe deu "uma sensação de pertencimento, lhe deu felicidade". As pessoas o mantiveram tão "aquecido", disse ele mais tarde a Perkins, que ele não percebeu que estava "completamente encharcado".[83] Durante o restante da campanha, ele estava "pronto para lutar" e, no fim, parecia mais saudável do que quando começara. Ele ganhou 5,5 quilos e a eleição para um quarto mandato consecutivo.[84]

Quando Roosevelt tomou posse em 20 de janeiro de 1945, ele tinha 82 dias para viver. Em retrospecto, os críticos debateram se ele estava debilitado demais para funcionar efetivamente em seus meses finais — se, durante a extenuante maratona de diplomacia com Joseph Stalin e Winston Churchill em Ialta,[85] sua força estava manifestando diminuindo e sua condição física se deteriorando. Todavia, no fim das contas, Roosevelt conseguiu seus dois principais objetivos. Ele garantiu o compromisso da Rússia de participar da invasão do Japão, um conflito que se esperava que fosse custar 1 milhão de mortes americanas. E também garantiu o apoio da Rússia para a criação de uma nova organização mundial pela paz que surgiria das ruínas da guerra mais destrutiva da história.

Pôr fim à guerra e se preparar para a paz eram os dois objetivos gêmeos que impulsionaram Roosevelt durante seus dias finais. Todo o restante foi deixado em fogo baixo. Ele jamais teve tempo para partilhar as informações confidenciais sobre a guerra com seu vice-presidente Harry Truman. Nem — em um lapso chocante — informou seu sucessor sobre a existência da bomba atômica. Quando lhe perguntaram mais tarde se "ele teria estado mais bem-preparado para a Presidência", Truman generosamente respondeu que Roosevelt "fez tudo que pôde".[86]

Roosevelt reservou as forças que ainda tinha para o "grande negócio inacabado"[87] de sua administração: ele estava planejando ir a São Francisco no fim de abril, quando representantes das cinquenta nações aliadas se reuniriam a fim de estabelecer a fundação da Organização das Nações Unidas. Após São Francisco, Roosevelt planejava ir à Inglaterra para uma visita de Estado. Ele estava tão excitado com essa perspectiva que foi incapaz de mantê-la em segredo. E conversou sobre isso com o primeiro-ministro do Canadá, Mackenzie King, e com Perkins. Seus olhos brilhavam de antecipação quando ele disse a Perkins que Eleanor o acompanharia à Inglaterra e que ele a encorajava a comprar roupas para que ficasse "realmente bela".[88]

O futuro prometia um lotado e jubiloso itinerário. Eles iriam de navio até Southampton e então de trem até Londres, onde ficariam no palácio de Buckingham com o rei e a rainha. Ele faria uma carreata com o rei pelas ruas de Londres, discursaria no Parlamento e passaria vários dias com Churchill em sua propriedade de Chequers. Churchill previu que a recepção "genuína e espontânea" que o presidente receberia do povo britânico seria "a maior recepção já concedida a qualquer ser humano desde que Lord Nelson fez seu triunfante retorno a Londres".[89]

"Mas e a guerra?", protestou Perkins. "Acho que você não devia ir, é perigoso". Roosevelt cobriu a boca com as mãos e sussurrou no ouvido dela: "A guerra na Europa terá acabado no fim de maio." Foi um grande conforto para Perkins, disse ela mais tarde, "o fato de que ele tinha tanta certeza, duas semanas antes de sua morte, de que o fim da guerra estava próximo".[90]

Apesar de sua excitação com essas futuras viagens, Roosevelt não conseguia esconder a profundidade de sua exaustão. Para se recuperar e preparar o discurso para a inauguração das Nações Unidas, ele deixou a Casa Branca no fim de março para férias de quinze dias em Warm Springs, esperando que aquele local de quase sobrenatural rejuvenescimento para ele fizesse seu trabalho novamente. "Não era somente uma questão de esperar que a viagem ajudasse o Chefe", disse o agente do Serviço Secreto Mike Reilly; "nós simplesmente assumimos que ela iria."[91] Essa conclusão era partilhada por todos. Por mais de doze anos, Franklin Roosevelt fora um emblema nacional de resiliência, com sua confiança na recuperação e na vitória infundindo e sendo infundida pelo povo.

"Jamais me ocorreu", escreveu mais tarde o redator de discursos da Casa Branca Robert Sherwood, "que daquela vez ele seria incapaz de se recuperar como sempre fizera."[92] Na manhã de 12 de abril, a cor de Roosevelt parecia "excepcionalmente boa"[93] enquanto ele lia sua correspondência e posava para um retrato. "Ele estava sorrindo e parecia feliz e pronto para tudo",[94] observou sua prima Margaret. Subitamente, sua cabeça simplesmente caiu para a frente e ele desmaiou em função de uma hemorragia cerebral, para nunca mais acordar.

Franklin Roosevelt morreu como Theodore Roosevelt um dia desejou morrer, como líder na sela no auge da batalha, com sua vida se dissolvendo na tarefa a sua frente. No momento de sua morte, ele estava planejando vencer a guerra para salvar a democracia e estabelecer as bases para a paz global. Ele ter sido listado como baixa de guerra é simplesmente uma declaração factual. Não foi a grandiosidade da morte de cavaleiro errante, mas seu quieto heroísmo — sua disposição de perseverar por quanto tempo conseguisse — que foi tão revelador.

Embora raramente falasse de seu legado, Roosevelt tinha "uma aguda noção de história e de seu próprio lugar nela".[95] Como colecionador inveterado, ele orientara a equipe da Casa Branca a guardar cada documento, carta e pedaço de papel que chegava a seu escritório. Seis anos antes de sua morte, ele legara seus documentos ao governo e prometera parte de sua propriedade em Hyde Park para a construção de uma biblioteca e um museu, um ato formal que deu início ao sistema de bibliotecas presidenciais. Um confiante Roosevelt queria dar aos historiadores acesso total a seus documentos pessoais e profissionais, a fim de que pudessem avaliar sua liderança.

Em seu próprio julgamento, como Roosevelt deixou claro quando assentou a pedra fundamental de sua biblioteca, a chave para aquela liderança podia ser encontrada no relacionamento confiável e recíproco que ele estabelecera com o povo a quem servia: "Dos documentos que ficarão guardados aqui, pessoalmente dou menos relevância aos documentos relacionados a cargos importantes que às cartas espontâneas que foram enviadas a mim, minha família e meus associados por homens, mulheres e crianças de todas as partes dos Estados Unidos, falando de suas condições e problemas e me informando de suas opiniões."[96]

Tão única era a terna intimidade da liderança de Franklin Roosevelt que, nos dias após a sua morte, o *New York Times* relatou que, "nas ruas de cada cidade americana, estranhos param para se comiserar uns com os outros. Invariavelmente se ouve o mesmo lamento: 'Perdemos nosso amigo.'"[97]

"O maior tributo humano", escreveu um cidadão de Trenton, "é o fato de que, porque um homem morreu, 130 milhões se sentem solitários."[98]

———————

Na Sexta-Feira Santa, 14 de abril de 1865, Abraham Lincoln acordou com grande e inusitada alegria para saudar o último dia de sua vida.

Na noite anterior, a cidade de Washington estivera envolvida em uma deslumbrante iluminação para o feriado. Finalmente, a excruciante guerra civil estava chegando ao fim. A república fora salva. Velas brilhavam nas janelas de cada prédio, lindas lanternas balançavam ao longo das paredes e bandeiras estavam hasteadas no teto de cada residência. As ruas estavam cheias de pessoas "embriagadas de alegria",[99] caminhando de braços dados, conversando, rindo, cantando. Dez dias antes, a capital confederada em Richmond fora evacuada. Na semana seguinte, o general Robert E. Lee rendera seu exército ao general Ulysses Grant em Appomattox. Parecia que cada noite trazia uma nova razão para celebrar: a suspensão do recrutamento que fora anunciada pelo Departamento de Guerra, o fim das compras de suprimentos militares, os portos abertos para o comércio e o próprio Grant indo até a Casa Branca.

Naquela manhã, Lincoln tomou café com sua esposa Mary e seu filho mais velho, Robert, um capitão do exército e membro da equipe de Grant, que acabara de retornar do front. Enquanto eles estavam à mesa, foi anunciada a chegada do presidente da Câmara, Schuyler Colfax. Colfax planejava viajar até a Califórnia e queria confirmar que Lincoln não tinha planos de pedir uma sessão extraordinária ao Congresso. Lincoln garantiu que não tinha. "Eu adoraria participar dessa viagem!", disse ele a Colfax. "Invejo o prazer que você terá com ela."[100]

E então, levantando-se, delineou a mensagem que queria que Colfax entregasse aos mineiros de ouro e prata do oeste. Ele estivera pensando sobre as centenas de milhares de veteranos que estariam retornando e começariam a procurar emprego. Acreditava que, no grande oeste, "de Rocky Mountains ao Pacífico", havia um estoque "inexaurível" de riqueza mineral cuja superfície só começara a ser arranhada. Na vasta região mineira, havia "espaço suficiente para todos", tanto soldados retornando da guerra quanto imigrantes. Diga aos mineiros, pediu ele, que "Defenderei seus interesses com o máximo de minhas habilidades, porque a prosperidade deles é a prosperidade da nação e devemos provar, em poucos anos, que de fato somos o tesouro do mundo".[101]

Às 11 horas, Lincoln foi para sua regular reunião de gabinete de sexta-feira. A ominosa sala de guerra, com mapas, planos de batalha e parafernália militar, que caracterizara as reuniões de gabinete por mais de quatro anos, adquirira um clima mais leve e um novo e sério tema: como levar adiante a reconciliação e a reconstrução. "Essa é a grande pergunta diante de nós", anunciou Lincoln, "e devemos começar a agir."[102]

Desde o início, Lincoln queria estabelecer o tom curativo que deveria prevalecer nos meses à frente. "Vidas demais foram sacrificadas", disse ele. "Devemos extinguir nossos ressentimentos se quisermos harmonia na União." Na verdade, Lincoln considerava auspicioso que o Congresso tivesse entrado em recesso em 4 de março, o dia da segunda posse, pois havia homens "que, embora seus motivos sejam bons, mesmo assim são impraticáveis, e possuem sentimentos de ódio e vingança com o qual ele não simpatizava e dos quais não participaria".

À pergunta do que fazer com os líderes rebeldes, Lincoln deixou claro que "ninguém deveria esperar que ele tomasse parte no enforcamento ou assassinato daqueles homens, nem mesmo os piores deles".[103] Ele entendia que sua continuada presença poderia prejudicar o processo de cura, mas preferiria simplesmente "assustá-los para fora do país, abrir os portões, abrir as grades, espantá-los", enfatizando suas intenções com um gesto das mãos, como se espantasse ovelhas para fora do cercado. Eles deveriam ser informados, todavia, de que, "embora não fosse ser feita nenhuma tentativa de impedi-los", se decidissem partir voluntariamente, "se ficarem, serão punidos por seus crimes".[104]

O general Grant, tendo acabado de retornar de Appomattox, participou da reunião de gabinete e relatou a história da rendição do general Lee. "Que condições você apresentou aos soldados comuns?", perguntou Lincoln. "Eu disse a eles para voltarem para suas casas e famílias", respondeu Grant, "e que eles não seriam molestados se nada mais fizessem". Quanto aos oficiais, eles manteriam seus cavalos privados e suas armas; Grant acreditava que seria uma humilhação desnecessária exigir que abrissem mão de suas posses pessoais. Ouvindo isso, o rosto do presidente "brilhou de aprovação".[105]

Durante mais de três horas, os membros do gabinete discutiram problemas de comunicação e comércio, reabrindo agências postais e tribunais federais, restabelecendo conexões para permitir as trocas comerciais e sociais — as ferramentas necessárias para suturar as relações com os rebeldes derrotados e iniciar a recriação de um país unificado. Lincoln abominava qualquer imposição de poder federal sobre os estados. "Deixe-os em paz", repetiu ele em diversas ocasiões, "deixe-os em paz."[106] Ele sentia intensamente que não era prerrogativa executiva "tentar governar os estados do sul. As pessoas devem fazer isso, embora reconheça que algumas delas possam fazer isso mal".[107] O processo de reconstrução devia avançar passo e passo e permanecer sensível aos eventos. Ainda mais importante, o processo devia ser flexível.

"Nosso Chefe não parece ótimo hoje?", perguntou o secretário de Guerra Edwin Stanton a um colega após a reunião. "Essa foi a mais satisfatória reunião de gabinete a que compareci em muito tempo."[108] Havia consenso geral entre os membros do gabinete de que Lincoln jamais parecera "mais satisfeito, mais sereno".[109] A "indescritível tristeza, que previamente parecera ser um elemento adamantino de seu próprio ser", observou um membro, "subitamente fora substituída por uma igualmente indescritível expressão de serena alegria, como se ele estivesse consciente de que o grande objetivo de sua vida fora atingido."[110]

Às 15 horas, Lincoln e Mary fizeram um longo passeio de carruagem. "Você quase me alarmou com sua grande alegria", disse Mary. Lincoln respondeu: "e realmente me sinto assim, Mary, pois considero que *neste dia* a guerra chegou ao fim." E então acrescentou: "Nunca me senti melhor na vida."[111]

Enquanto a carruagem se dirigia ao Estaleiro da Marinha, eles falaram sobre seu futuro juntos quando a presidência terminasse. Eles eram relativamente jovens. Lincoln tinha 56 anos; Mary, 46. Eles esperavam viajar com os filhos, fazer uma viagem pela Europa, visitar a Terra Santa, cruzar as Rocky Mountains e ver a Califórnia e a Costa Oeste pela primeira vez. Finalmente, retornariam a Illinois, onde seu casamento começara.

A carruagem retornou à Casa Branca quando um grupo de velhos amigos, incluindo o governador de Illinois, Richard Oglesby, se preparava para partir. "Voltem, rapazes, voltem",[112] implorou Lincoln. Ele passara por um período longo e extenuante e queria relaxar, conversar, interpretar e, especialmente, ler em voz alta um de seus livros de humor. "Eles ficavam avisando que o jantar estava servido", lembrou Oglesby. "Ele prometia que já estava indo, mas continuava lendo. Finalmente, recebeu a ordem peremptória de que deveria ir imediatamente."[113]

Jantar mais cedo era necessário porque os Lincoln iriam ao Teatro Ford ver uma comédia leve, *Our American Cousin*. Depois do jantar, Lincoln conversou com outro pequeno grupo de amigos, incluindo o congressista de Massachusetts George Ashmun. Perto das 20 horas, Lincoln se levantou. "Acho que é hora de ir, embora eu preferisse ficar",[114] disse ele com clara relutância. "Foi anunciado que estaremos lá e não quero desapontar as pessoas."[115] Sua palavra fora dada e tinha de ser mantida.

O assassino de Lincoln, o ator John Wilkes Booth, era uma figura familiar no mundo teatral. Tendo descoberto ao meio-dia sobre os planos do presidente, Booth decidira que aquela noite daria a melhor chance de assassinar o homem que ele considerava "um tirano ainda maior" que Júlio César. Ele acreditava que a posteridade iria honrá-lo pelo feito e que, desse modo, ele conseguiria imortalidade.[116] Assim foi iniciado o mais icônico momento de trágico horror na história da Presidência americana.

Booth já estava no interior do teatro quando os Lincoln se sentaram no confortável camarote presidencial. Às 22h12, o cartão de visitas de Booth lhe deu acesso aos fundos do camarote executivo. O presidente estava inclinado à frente em sua cadeira de balanço, com a mão direita sob o queixo e o braço apoiado na cadeira. Booth se moveu silenciosamente até chegar a 60 centímetros de Lincoln. Ele ergueu sua pistola de cano curto, apontou para um lugar atrás da orelha esquerda de Lincoln e atirou. Em meio a uma névoa branca de fumaça, Lincoln escorregou para a frente. Ao saltar do camarote para o palco, a espora da bota de montaria de Booth ficou presa na bandeira regimental que decorava o camarote. A queda desajeitada fez com que quebrasse a perna, mas, antes de mancar para fora do palco e fugir para uma viela, ele ergueu a adaga e gritou *"Sic semper tyrannis"* ("Assim sempre aos tiranos").

Havia uma selvagem, terrível ironia nessas palavras. O presidente moribundo avisara muito antes que anarquia, assassinato e oclocracia criaram um campo fértil para um César ou um Napoleão, homens de egos gigantescos que procurariam a distinção "empurrando para baixo", e não "construindo para cima".[117] O presidente moribundo, que trabalhara durante grande parte de sua vida para se contrapor ao extremismo, ao ódio e à vingança — que, naquela mesma tarde, aconselhara os colegas contra o exercício de poder arbitrário sobre os derrotados estados sulistas — fora vítima de um extremista racista que seria lembrado em infâmia somente em razão do homem que assassinara.

"O sr. Lincoln tinha tanta vitalidade", relataram os médicos, que durante nove horas após sofrer o ferimento que "teria matado a maioria dos homens instantaneamente",[118] ele continuou a lutar. Às 7h22 da manhã seguinte, a luta chegou ao fim. Abraham Lincoln foi declarado morto. "Agora", disse Stanton, "ele pertence às eras."[119] O tributo de Stanton se provou não meramente poético, mas uma descrição acurada da fama e da influência que conecta o momento da morte de Lincoln aos valores vivos que ele deixou para nós e para todas as gerações subsequentes.

Quais são os componentes desse legado de valores vivos e como eles foram passados adiante através dos tempos?

Desde o momento em que surgiu perante o público como jovem de 23 anos no condado de Sangamon, Lincoln uniu educação e história, memória do passado e liberdade. Ele destacou a educação como "mais importante tema no qual nós, como povo, podemos nos engajar", para que todo homem pudesse "assim ler as histórias de seu próprio e dos outros países para apreciar o valor de nossas instituições livres".[120]

Aos 29 anos, Lincoln temera que as memórias da revolução e dos ideais que ela defendera estivessem "cada vez mais vagas em função do lapso de tempo". Através da história, ele esperara que a narrativa de seu país pudesse ser "lida e relatada por tanto tempo quanto a Bíblia será lida".[121] Ele considerava a história, a compreensão de como nos tornamos o que somos, o melhor veículo para entender quem somos e para onde estamos indo.

A magistral história que Lincoln contou se tornou mais profunda e mais simples ao longo de sua vida. Era a narrativa dos Estados Unidos, o nascimento da democracia norte-americana e o desenvolvimento da liberdade no interior da União. Na época de seus grandes debates com Stephen Douglas, Lincoln convidou suas plateias para uma jornada de narrativa, a fim de que, coletivamente, eles pudessem compreender o dilema da escravidão em um país livre e, juntos, encontrar uma solução. Em Gettysburg, ele desafiara os vivos a terminar "o trabalho inacabado" pelo qual tantos soldados haviam dado suas vidas, para que "o governo do povo, pelo povo e para o povo não desapareça da terra".[122] Na segunda posse, Lincoln pediu que seus compatriotas "se esforçassem para terminar nosso trabalho e curar as feridas da nação".[123] Essas mesmas palavras nutriram Franklin Roosevelt, que as empregou porque Abraham Lincoln estabelecera objetivos para o futuro "em termos que a mente humana não pode aprimorar".[124]

Lincoln jamais esqueceu que, em uma democracia, a força de um líder depende, no fim das contas, da força de seu elo com o povo. Pela manhã, ele separava várias horas para ouvir as necessidades das pessoas comuns que faziam fila em frente a seu escritório. Eram seus "banhos de opinião pública".[125] Gentileza, empatia, humor, humildade, paixão e ambição o marcaram desde o início. Mas ele cresceu, continuou a crescer e se transformou em um líder que se tornou tão poderosamente mesclado aos problemas que destroçavam o país que seu desejo de liderar e sua necessidade de servir se fundiram em uma única e indomável força. Essa força não somente enriqueceu líderes subsequentes como também forneceu ao povo norte-americano um compasso moral para servir de guia. Tal liderança nos oferece humanidade, propósito e sabedoria, não somente em tempos turbulentos, mas também em nossas vidas cotidianas.

AGRADECIMENTOS

A Simon & Schuster publica meus livros há quase quatro décadas. Não consigo me imaginar publicando um livro sem a equipe de Carolyn Reidy, Jonathan Karp, Alice Mayhew, Richard Rhorer, Jackie Seow, Stephen Bedford, Stuart Roberts, Julia Prosser, Lisa Healy, Kristen Lemire, Lisa Erwin e Lewelin Polanco.

Agradeço novamente a Jackie Seow, que trabalhou pacientemente em vários designs até criar este; e a Julia Prosser e Stephen Bedford, cuja perícia, argutos insights e tenacidade ajudaram a conectar meus livros a meus leitores. Agradeço a Stuart Roberts, que, com muito cuidado, pastoreou o manuscrito em cada estágio, e a meu editor de copidesque, Fred Chase, que estava comigo em minha casa em Concord durante um período difícil e, com afeto e paciência, terminou o projeto.

Sou especialmente grata a Jonathan Karp, cuja visão criativa me ajudou a pensar na estrutura deste livro de maneira diferente, incluindo os estudos de caso dos quatro líderes em momentos cruciais.

Neste livro, como em tantos outros, Alice Mayhew forneceu discernimento magistral, habilidades editoriais incomparáveis e apoio constante. Por mais de vinte anos, tive a felicidade de contar com a força sem igual de Binky Urban como meu agente literário.

E, há quase quarenta anos, Linda Vandegrift tem sido minha talentosa assistente de pesquisa. Todos os meus livros foram enriquecidos por seu extraordinário talento e suas incomparáveis habilidades investigativas. Juntas, crescemos como narradoras.

Pela ajuda em encontrar os daguerreótipos e fotografias, agradeço a minha amiga Michelle Krowl, assim como aos talentos de Bryan Eaton, Jay Godwin e Matthew Hanson.

Pelo crítico input artístico no design do livro, agradeço a Juliana Rothschild, e por fornecer perceptivo julgamento estrutural e precisão de linguagem em cada capítulo, estou em dívida para com Ida Rothschild.

É difícil descreve o papel que minha administradora e querida amiga Beth Laski teve neste livro e tem em minha vida. Para mim, ela é absolutamente indispensável. Durante duas décadas, seus incríveis talentos, sua engenhosidade, imaginação, lealdade e paixão me sustentaram e me deram equilíbrio. Como ela sabe, ela é meu "Harry".

E, primeiro e acima de tudo, agradeço a meu falecido marido, Richard Goodwin, e a Michael Rothschild.

Nossa vida e nossas famílias estão entrelaçadas há mais de quarenta anos. Michael é um brilhante escritor, escultor, produtor de maçãs e fazendeiro — o homem mais parecido com Thomas Jefferson, Dick me disse certa vez, que ele já conhecera. Ano após ano, nós três trabalhamos juntos em projetos textuais. Lemos os mesmos livros, debatemos ideias e lutamos com a linguagem. Este livro é dedicado à memória de Dick e à presença de Michael.

Bibliografia

Alter, Jonathan. *The Defining Moment: FDR's Hundred Days and the Triumph of Hope*. Nova York: Simon & Schuster, 2006.

Angle, Paul M. (ed.) *Abraham Lincoln by Some Men Who Knew Him*. Chicago: Americana House, 1950.

Arenberg, Richard A. e Robert B. Dove. *Defending the Filibuster: The Soul of the Senate*. Bloomington: Indiana University Press, 2012.

Armstrong, Louise Van Voorhis. *We Too Are the People*. Boston: Little, Brown, 1938.

Asbell, Bernard. *The F.D.R. Memoirs*. Garden City: Doubleday, 1973.

_____. *When F.D.R. Died*. Nova York: Holt, Rinehart & Winston, 1961.

Badger, Anthony J. *FDR: The First Hundred Days*. Nova York: Hill & Wang, 2008.

Baringer, William Eldon. *Lincoln's Rise to Power*. Boston: Little, Brown, 1937.

Barnes, Thurlow Weed (ed.) *Memoir of Thurlow Weed*. Boston: Houghton Mifflin, 1884.

Barry, David S. *Forty Years in Washington*. Boston: Little Brown, 1964.

Basler, Roy P. (ed.) *The Collected Works of Abraham Lincoln*. 8 volumes. New Brunswick: Rutgers University Press, 1953.

Bates, Ernest Sutherland. *The Story of the Congress: 1789—1935*. Nova York: Harper & Brothers, 1936.

Beasley, Maurine H. *Eleanor Roosevelt: Transformative First Lady*. Lawrence: University Press of Kansas, 2010.

Benjamin, Walter. *Illuminations: Essays and Reflections*. Nova York: Schocken, 1969.

Beschloss, Michael (ed.) *Reaching for Glory: Lyndon Johnson's Secret White House Tapes, 1964—65.* Nova York: Touchstone, 2001.

Beveridge, Albert J. *Abraham Lincoln, 1809—1858.* 2 volumes. Boston: Houghton Mifflin, 1928.

Bishop, Joseph Bucklin. *Theodore Roosevelt and His Time, Shown in His Letters.* 2 volumes. Nova York: Charles Scribner's Sons, 1920.

Boettiger, John R. *A Love in Shadow.* Nova York: W. W. Norton, 1978.

Bolden, Tonya. *FDR's Alphabet Soup: New Deal America, 1932—1939.* Nova York: Alfred A. Knopf, 2010.

Boritt, Gabor S. *Economics of the American Dream.* Urbana: University of Illinois Press, 1994.

_____ (ed.) *The Lincoln Enigma: The Changing Faces of an American Icon.* Nova York: Oxford University Press, 2001.

Boutwell, George S. *Speeches and Papers Relating to the Rebellion and the Overthrow of Slavery.* Boston: Little, Brown, 1867.

Brands, H. W. *Selected Letters of Theodore Roosevelt.* Nova York: Cooper Square Press, 2001.

_____ *T.R.: The Last Romantic.* Nova York: Basic Books, 1997.

Brinkley, Douglas. *The Wilderness Warrior: Theodore Roosevelt and the Crusade for America.* Nova York: HarperCollins, 2009.

Brooks, Noah. *Washington in Lincoln's Time.* Nova York: Century, 1895.

Browne, Francis Fisher. *The Every-Day Life of Abraham Lincoln: A Narrative and Descriptive Biography.* Chicago: Browne & Howell, 1914.

Burlingame, Michael. *Abraham Lincoln, a Life.* 2 volumes. Baltimore: Johns Hopkins University Press, 2008.

_____ *The Inner World of Abraham Lincoln.* Chicago: University of Illinois Press, 1994.

_____ (ed.) *An Oral History of Abraham Lincoln: John Nicolay's Interviews and Essays.* Carbondale: Southern Illinois University Press, 1996.

_____ (ed.) *With Lincoln in the White House: Letters, Memoranda, and Other Writings of John G. Nicolay, 1860—1865.* Carbondale: Southern Illinois University Press, 2000.

Burlingame, Michael e John R. Turner Ettlinger (ed.) *Inside Lincoln's White House: The Complete Civil War Diary of John Hay.* Carbondale: Southern Illinois University Press, 1997.

Burns, James MacGregor. *Roosevelt: The Lion and the Fox.* Old Saybrook: Konecky & Konecky, 1970.

Burns, James MacGregor e Susan Dunn. *The Three Roosevelts: Patrician Leaders Who Transformed America*. Nova York: Grove, 2001.

Butt, Archie e Lawrence F. Abbott (ed.) *The Letters of Archie Butt, Personal Aide to President Roosevelt*. Nova York: Doubleday, Page, 1924.

Califano Jr., Joseph A. *The Triumph & Tragedy of Lyndon Johnson: The White House Years*. Nova York: Touchstone, 2015.

Carmichael, Donald Scott (ed.) *FDR, Columnist*. Chicago: Pellegrini & Cudahy, 1947.

Caro, Robert. *The Years of Lyndon Johnson: Master of the Senate*. Nova York: Vintage, 2003.

_____ *The Years of Lyndon Johnson: Means of Ascent*. Nova York: Vintage, 1991.

_____ *The Years of Lyndon Johnson: The Passage of Power*. Nova York: Vintage, 2013.

_____ *The Years of Lyndon Johnson: The Path to Power*. Nova York: Vintage, 1990.

Carpenter, Francis B. *Six Months at the White House with Abraham Lincoln*. Lincoln: University of Nebraska Press, 1995.

Chanler, Winthrop e Margaret Chanler. *Winthrop Chanler's Letters*. Privately printed, 1951.

Churchill, Winston S. *The Second World War*, volume 4: *The Hinge of Fate*. Boston: Houghton Mifflin, 1950.

Cohen, Adam. *Nothing to Fear: FDR's Inner Circle and the Hundred Days That Created Modern America*. Nova York: Penguin, 2009.

Colfax, Schuyler. *The Life and Principles of Abraham Lincoln*. Philadelphia: Jas. R. Rodgers, 1865.

Cordery, Stacy A. *Alice: Alice Roosevelt Longworth, from White House Princess to Washington Power Broker*. Nova York: Viking, 2007.

Cornell, Robert J. *The Anthracite Coal Strike of 1902*. Washington: Catholic University of America, 1957.

Cornish, Dudley Taylor. *The Sable Arm: Black Troops in the Union Army, 1861—1865*. Lawrence: University Press of Kansas, 1956.

Cornwell Jr., Elmer E. *Presidential Leadership of Public Opinion*. Bloomington: Indiana University Press, 1965.

Cowger, Thomas W. e Sherwin J. Markman (ed.) *Lyndon Johnson Remembered: An Intimate Portrait of a Presidency*. Lanham, Md.: Rowman & Littlefield, 2003.

Crook, Col. William H.; Margarita Spaulding Gerry (ed.) *Through Five Administrations: Reminiscences of Colonel William H. Crook*. Nova York: Harper & Brothers, 1910.

Dallek, Robert. *Flawed Giant: Lyndon Johnson and His Times, 1961—1973*. Nova York: Oxford University Press, 1998.

_____ *Lone Star Rising: Lyndon Johnson and His Times, 1908—1960*. Nova York: Oxford University Press, 1991.

Dalton, Kathleen Mary. "The Early Life of Theodore Roosevelt." Dissertação de pós-doutoramento, Johns Hopkins University, 1979.

_____ *Theodore Roosevelt: A Strenuous Life*. Nova York: Vintage, 2004.

Davis, Kenneth S. *FDR: The Beckoning of Destiny, 1882—1928*. Nova York: G. P. Putnam's Sons, 1972.

Davis, Oscar. *Released for Publication: Some Inside Political History of Theodore Roosevelt and His Times, 1889—1919*. Boston: Houghton Mifflin, 1925.

Davis, Richard Harding. *The Cuban and Puerto Rican Campaigns*. Nova York: Charles Scribner's Sons, 1898.

Davis, William C. *Lincoln's Men: How President Lincoln Became Father to an Army and a Nation*. Nova York: Touchstone, 2000.

de Kay, James Tertius. *Roosevelt's Navy: The Education of a Warrior President, 1882—1920*. Nova York: Pegasus, 2012.

DeRose, Chris. *Congressman Lincoln: The Making of America's Greatest President*. Nova York: Threshold, 2013.

Donald, David Herbert (ed.) *Inside Lincoln's Cabinet: The Civil War Diaries of Salmon P. Chase*. Nova York: Longmans, Green, 1954.

_____ *Lincoln*. Nova York: Simon & Schuster, 1995.

Douglass, Frederick. *The Life and Times of Frederick Douglass*. Mineola: Dover, 2003.

Dugger, Ronnie. *The Politician: The Life and Times of Lyndon Johnson*. Nova York: W. W. Norton, 1982.

Eaton, John. *Grant, Lincoln and the Freedman: Reminiscences of the Civil War*. Nova York: Longmans, Green, 1907.

Edwards, George C. *The Strategic President: Persuasion and Opportunity in Presidential Leadership*. Princeton: Princeton University Press, 2009.

Ellis, Sylvia. *Freedom's Pragmatist: Lyndon Johnson and Civil Rights*. Tallahassee: University Press of Florida, 2013.

Emerson, Ralph Waldo. *The Journals and Miscellaneous Notebooks of Ralph Waldo Emerson*, volume 11, *1848—1851*, Cambridge: Belknap Press of Harvard University Press, 1975.

Emerson, Ralph e Adaline Emerson. *Mr. & Mrs. Ralph Emerson's Personal Recollections of Abraham Lincoln*. Rockford: Wilson Brothers, 1909.

Evans, Rowland e Robert Novak. *Lyndon B. Johnson: The Exercise of Power*. Nova York: Signet, 1966.

Farley, James A. *Behind the Ballots: The Personal History of a Politician*. Nova York: Harcourt, Brace, 1938.

_____. *Jim Farley's Story: The Roosevelt Years*. Nova York: McGraw-Hill, 1948.

Faust, Drew Gilpin. *Republic of Suffering*. Nova York: Vintage, 2009.

Fenster, Julie M. *FDR's Shadow: Louis Howe, the Force That Shaped Franklin and Eleanor Roosevelt*. Nova York: St. Martin's Griffin, 2009.

Flower, Frank Abial. *Edwin McMasters Stanton: The Autocrat of Rebellion, Emancipation, and Reconstruction*. Akron: Saalfield, 1905.

Freidel, Frank. *Franklin D. Roosevelt: The Apprenticeship*. Boston: Little, Brown, 1952.

_____. *Franklin D. Roosevelt: Launching the New Deal*. Boston: Little, Brown, 1952.

_____. *Franklin D. Roosevelt: The Ordeal*. Boston: Little, Brown, 1954.

_____. *Franklin D. Roosevelt: A Rendezvous with Destiny*. Boston: Little, Brown, 1990.

Furman, Bess. *Washington By-line; The Personal Story of a Newspaper Woman*. Nova York: Alfred A. Knopf, 1949.

Gallagher, Hugh Gregory. *FDR's Splendid Deception*. Nova York: Dodd, Mead, 1985.

Gillette, Michael. *Lady Bird: An Oral History*. Nova York: Oxford University Press, 2012.

Goldberg, Richard Thayer. *The Making of Franklin D. Roosevelt: Triumph over Disability*. Cambridge: Abt Books, 1981.

Goldman, Eric. *Rendezvous with Destiny: A History of Modern American Reform*. Chicago: Ivan R. Dee, 2002.

_____. *The Tragedy of Lyndon Johnson*. Nova York: Alfred A. Knopf, 1969.

Goodwin, Doris Kearns. *The Bully Pulpit: Theodore Roosevelt, William Howard Taft, and the Golden Age of Journalism*. Nova York: Simon & Schuster, 2013.

_____. *Lyndon Johnson and the American Dream*. Nova York: Harper & Row, 1976.

_____. *No Ordinary Time: Franklin and Eleanor Roosevelt: The Home Front in World War II*. Nova York: Simon & Schuster, 1994.

_____. *Team of Rivals: The Political Genius of Abraham Lincoln*. Nova York: Simon & Schuster, 2005.

Goodwin, Richard. *Remembering America: A Voice from the Sixties*. Nova York: Little Brown, 1988.

Gould, Lewis L. *The Presidency of Theodore Roosevelt*. Nova York: Oxford University Press, 2012.

_____. (ed.) *Bull Moose on the Stump: The 1912 Campaign Speeches of Theodore Roosevelt*. Lawrence: University Press of Kansas, 2008.

_____. *The Presidency of Theodore Roosevelt*. Nova York: Oxford University Press, 2012.

Graham, Jr., Otis L. e Meghan Robinson Wander (ed.) *Franklin D. Roosevelt: His Life and Times: An Encyclopedic View*. Nova York: Da Capo, 1990.

The "Great Strike": Perspectives on the 1902 Anthracite Coal Strike. Easton: Canal History & Technology Press, 2002.

Greenstein, Fred I. *The Presidential Difference: Leadership Styles from FDR to Clinton*. Nova York: Free Press, 2000.

Grondahl, Paul. *I Rose Like a Rocket: The Political Education of Theodore Roosevelt*. Lincoln: University of Nebraska Press, 2004.

Gunther, John. *Roosevelt in Retrospect*. Nova York: Harper & Brothers, 1950.

Hagedorn, Hermann. *The Boy's Life of Theodore Roosevelt*. Nova York: Harper & Brothers, 1941.

_____. *Roosevelt in the Badlands*. Nova York: Houghton Mifflin, 1921.

Halberstam, David. *The Best and the Brightest*. Nova York: Ballantine, 1993.

Halstead, Murat; William B. Hesseltine (ed.) *Three against Lincoln: Murat Halstead Reports the Caucuses of 1860*. Baton Rouge: Louisiana State University Press, 1960.

Hamby, Alonzo. *Man of Destiny: FDR and the Making of the American Century*. Nova York: Basic Books, 2015.

Harbaugh, William Henry. *Power and Responsibility: The Life and Times of Theodore Roosevelt*. Nova York: Farrar, Straus & Cudahy, 1961.

Hassett, William D. *Off the Record with F.D.R.* New Brunswick: Rutgers University Press, 1958.

Helm, Katherine. *The True Story of Mary, Wife of Lincoln: Containing the Recollections of Mary Lincoln's Sister Emilie (Mrs. Ben Hardin Helm), Extracts from Her War-time Diary, Numerous Letters and Other Documents*

Now First Published by Her Niece, Katherine Helm. Nova York: Harper & Brothers, 1928.

Hendrick, Burton J. *Lincoln's War Cabinet*. Boston: Little, Brown, 1946.

Herndon, William H. e Jesse W. Weik; Douglas L. Wilson e Rodney D. Davis (ed.) *Herndon's Lincoln*. Urbana: University of Illinois Press, 2006.

Herndon, William H. e Jesse W. Weik. *Herndon's Life of Lincoln: The History and Personal Recollections of Abraham Lincoln*. Nova York: Cleveland: World Publishing, 1949. https://archive.org/details/herndonslifeoflinco00hern./

Hollister, O. J. *Life of Schuyler Colfax*. Nova York: Funk & Wagnalls, 1886.

Holzer, Harold e Sara Vaughn Gabbard (ed.) *Lincoln and Freedom: Slavery, Emancipation, and the Thirteenth Amendment*. Carbondale: Southern Illinois University Press, 2007.

Hull, Henrietta McCormick. *A Senator's Wife Remembers: From the Great Depression to the Great Society*. Montgomery, Ala.: New South Books, 2010.

Ickes, Harold. *The Autobiography of a Curmudgeon*. Nova York: Quadrangle, 1969.

_____. *The Secret Diary of Harold L. Ickes: The First Thousand Days, 1933—36*. Volume 1. Nova York: Simon & Schuster, 1953.

Jackson, Robert H. *That Man: An Insider's Portrait of Franklin D. Roosevelt*. Nova York: Oxford University Press, 2003.

Jeffers, H. Paul. *Colonel Roosevelt: Theodore Roosevelt Goes to War, 1897—1898*. Nova York: John Wiley & Sons, 1996.

Jessup, Philip C. *Elihu Root*. 2 volumes. Nova York: Dodd, Mead, 1938.

Johnson, Lyndon Baines. *The Vantage Point: Perspectives of the Presidency, 1963—1969*. Nova York: Holt, Rinehart & Winston, 1971.

Johnson, Lyndon Baines; Max Holland (ed.) *The Presidential Recordings: Lyndon B. Johnson*, volume 1: *Nov. 22—30, 1963*. Nova York: W. W. Norton, 2005.

Johnson, Lyndon Baines; Robert David Johnson and David Shreve (ed.) *The Presidential Recordings: Lyndon B. Johnson*, volume 2: *December 1963*. Nova York: W. W. Norton, 2005.

Johnson, Lyndon Baines; Kent B. Germany and Robert David Johnson (ed.) *The Presidential Recordings: Lyndon B. Johnson*, volume 3: *January 1964*. Nova York: W. W. Norton, 2005.

Johnson, Lyndon Baines; Robert David Johnson and Kent B. Germany (ed.) *The Presidential Recordings: Lyndon B. Johnson*, volume 4: *February 1— March 8, 1964*. Nova York: W. W. Norton, 2005.

Johnson, Lyndon Baines; Guian A. McKee (ed.) *The Presidential Recordings: Lyndon B. Johnson*, volume 6: *April 14—May 31, 1964*. Nova York: W. W. Norton, 2007.

Johnson, Rebekah Baines. *A Family Album*. Nova York: McGraw-Hill, 1965.

Kearney, James R. *Anna Eleanor Roosevelt: The Evolution of a Reformer*. Boston: Houghton Mifflin, 1968.

Kiewe, Amos. *FDR's First Fireside Chat: Public Confidence and the Banking Crisis*. College Station: Texas A&M University Press, 2007.

Kilpatrick, Carroll. *Roosevelt and Daniels, a Friendship in Politics*. Chapel Hill: University of North Carolina Press, 1952.

Kleeman, Rita Halle. *Gracious Lady: The Life of Sara Delano Roosevelt*. Nova York: D. Appleton-Century, 1935.

Knokey, Jon A. *Theodore Roosevelt and the Making of American Leadership*. Nova York: Skyhorse, 2015.

Kohlsaat, Herman H. *From McKinley to Harding: Personal Recollections of Our Presidents*. Nova York: Charles Scribner's Sons, 1923.

Kohn, Edward P. *Heir to the Empire City: New York and the Making of Theodore Roosevelt*. Nova York: Basic Books, 2014.

Kotz, Nick. *Judgment Days: Lyndon Baines Johnson, Martin Luther King Jr. and the Laws That Changed America*. Nova York: Houghton Mifflin, 2005.

Lang, Louis J. (ed.) *The Autobiography of Thomas Collier Platt*. Nova York: B. W. Dodge, 1910.

Lash, Joseph P. *Eleanor and Franklin: The Story of Their Relationship*. Nova York: W. W. Norton, 1971.

Lee, Elizabeth Blair; Virginia Jeans Laas (ed.) *Wartime Washington: The Civil War Letters of Elizabeth Blair Lee*. Urbana: University of Illinois Press, 1999.

Lehrman Lewis E. *Lincoln at Peoria: The Turning Point*. Mechanicsburg: Stackpole Books, 2008.

Leuchtenburg, William E. *Franklin D. Roosevelt and the New Deal, 1932— 1940*. Nova York: Harper Perennial, 2009.

_____. *In the Shadow of FDR: From Harry Truman to Barack Obama*. Ithaca: Cornell University Press, 2009.

_____. *The White House Looks South: Franklin D. Roosevelt, Harry S. Truman, Lyndon B. Johnson*. Baton Rouge: Louisiana State University Press, 2005.

Levin, Linda Lotridge. *The Making of FDR: The Story of Stephen T. Early, America's First Modern Press Secretary*. Nova York: Prometheus, 2007.

Lewis, William Draper. *The Life of Theodore Roosevelt*. Chicago: John C. Winston, 1919.

Lindley, Ernest K. *Franklin D. Roosevelt: A Career in Progressive Democracy*. Indianapolis: Bobbs-Merrill, 1931.

_____. *The Roosevelt Revolution: First Phase*. London: Victor Gollancz, 1934.

Lodge, Henry Cabot. *Selections from the Correspondence of Theodore Roosevelt and Henry Cabot Lodge: 1884—1918*. Volume 1. Nova York: Charles Scribner's Sons, 1925.

Loevy, Robert D. (ed.) *The Civil Rights Act of 1964: The Passage of the Law That Ended Racial Segregation*. Albany: State University of New York Press, 1997.

Lorant, Stefan. *The Life and Times of Theodore Roosevelt*. Garden City: Doubleday, 1959.

Louchheim, Katie (ed.) *The Making of the New Deal: The Insiders Speak*. Cambridge: Harvard University Press, 1983.

Lowitt, Richard e Maurine Beasley (ed.) *One Third of a Nation: Lorena Hickok Reports on the Great Depression*. Urbana: University of Illinois Press, 2000.

Lubow, Arthur. *The Reporter Who Would Be King: A Biography of Richard Harding Davis*. Nova York: Scribner, 1992.

Lucks, Daniel S. *Selma to Saigon: The Civil Rights Movement and the Vietnam War*. Lexington: University Press of Kentucky, 2014.

Marshall, Edward. *The Story of the Rough Riders, 1st U.S. Volunteer Cavalry: The Regiment in Camp and on the Battle Field*. Nova York: G. W. Dillingham, 1899.

Martin, George Whitney. *Madame Secretary, Frances Perkins*. Nova York: Houghton Mifflin Harcourt, 1983.

Matthews, Donald R. *U.S. Senators and Their World*. Nova York: W. W. Norton, 1973.

McFeeley, William S. *Frederick Douglass*. Nova York: W. W. Norton, 1995.

McPherson, James M. *Abraham Lincoln and the Second American Revolution*. Nova York: Oxford University Press, 1991.

_____. *Battle Cry of Freedom: The Civil War Era*. Nova York: Oxford University Press, 1988.

Millard, Candice. *The River of Doubt: Theodore Roosevelt's Darkest Journey*. Nova York: Broadway Books, 2005.

Miller, Merle. *Lyndon: An Oral Biography*. Nova York: G. P. Putnam's Sons, 1980.

Miller, Nathan. *FDR: An Intimate History*. Nova York: Madison Books, 1983.

_____. *The Roosevelt Chronicles*. Nova York: Doubleday, 1979.

Miller, Randall M. (ed.) *Lincoln and Leadership: Military, Political and Religious Decision Making*. Nova York: Fordham University Press, 2012.

Miller, William L. *Lincoln's Virtues: An Ethical Biography*. Nova York: Vintage, 2003.

Moley, Raymond. *After Seven Years*. Nova York: Harper & Brothers, 1939.

_____. *The First New Deal*. Nova York: Harcourt, Brace & World, 1966.

Moody, Booth. *The Lyndon Johnson Story*. Nova York: Avon, 1964.

Morel, Lucas E. *Lincoln and Liberty: Wisdom for the Ages*. Lexington: University Press of Kentucky, 2014.

Morris, Edmund. *The Rise of Theodore Roosevelt*. Nova York: Modern Library, 2001.

_____. *Theodore Rex*. Nova York: Modern Library, 2001.

Naylor, Natalie A., Douglas Brinkley e John Allen Gable (ed.) *Theodore Roosevelt: Many-Sided American*. Interlaken: Heart of the Lakes, 1992.

Neustadt, Richard E. *Presidential Power and the Modern Presidents*. Nova York: Free Press, 1980.

Nevins, Allan e Milton Halsey Thomas (ed.) *The Diary of George Templeton Strong*, volume 3: *The Civil War, 1860—1865*. Nova York: Macmillan, 1952.

Nicolay, Helen. *Personal Traits of Abraham Lincoln*. Nova York: Century, 1912.

Nicolay, John G. *A Short Life of Abraham Lincoln*. Nova York: Century, 1909.

Nicolay, John G. e John Hay. *Abraham Lincoln: A History*. Volume 1. Nova York: Century, 1890.

Niven, John (ed.) *The Salmon P. Chase Papers*, volume 1: *Journals, 1829—1872*. Kent: Kent State University Press, 1983.

Oldroyd, Osborn H., comp. *The Lincoln Memorial: Album-Immortelles*. Nova York: G. W. Carleton, 1882.

O'Toole, Patricia. *When Trumpets Call: Theodore Roosevelt after the White House*. Nova York: Simon & Schuster, 2005.

Parsons, Frances Theodora. *Perchance Some Day*. Edição do autor, 1952.

Pease, Theodore Calvin e James G. Randall (ed.) *Diary of Orville Hickman Browning*, volume 1: *1850—1864*. Springfield: Illinois State Historical Library, 1925.

Perkins, Frances. *The Roosevelt I Knew*. Nova York: Penguin, 2011.

Phillips, Donald. *Lincoln on Leadership*. Nova York: Warner Books, 1992.

Phipps, Joe. *Summer Stock: Behind the Scenes with LBJ in '48*. Fort Worth: Texas Christian University Press, 1992.

Pink, Daniel. *Drive: The Surprising Truth about What Motivates Us*. Nova York: Riverhead Books, 2011.

Pinsker, Matthew. *Lincoln's Sanctuary: Abraham Lincoln and the Soldiers' Home*. Nova York: Oxford University Press, 2003.

Pool, William C., Emmie Craddock e David E. Conrad. *Lyndon Baines Johnson: The Formative Years*. San Marcos: Southwest Texas State College Press, 1965.

Potiker, Jan. *Sara and Eleanor: The Story of Sara Delano Roosevelt and Her Daughter-in-Law, Eleanor Roosevelt*. Nova York: St. Martin's Griffin, 2005.

Potter, David. *The Impending Crisis: America before the Civil War, 1848—1861*. Nova York: Harper & Row, 1976.

Pringle, Henry. *Theodore Roosevelt: A Biography*. Nova York: Harcourt, Brace, 1931.

The Public Papers of the Presidents of the United States: Lyndon B. Johnson, 1963—64, Livro I. Washington, D.C.: Office of the Federal Register, National Archives and Records Service, General Services Administration, 1965.

The Public Papers of the Presidents of the United States: Lyndon B. Johnson, 1963—64, Livro II. Washington, D.C.: Office of the Federal Register, National Archives and Records Service, General Services Administration, 1965.

The Public Papers of the Presidents of the United States: Lyndon B. Johnson, 1965, Livro I. Washington, D.C.: Office of the Federal Register, National Archives and Records Service, General Services Administration, 1966.

The Public Papers of the Presidents of the United States: Lyndon B. Johnson, 1965, Livro II. Washington, D.C.: Office of the Federal Register, National Archives and Records Service, General Services Administration, 1966.

Purdum, Todd S. *An Idea Whose Time Has Come: Two Presidents, Two Parties and the Battle for the Civil Rights Act of 1964*. Nova York: Picador, 2015.

Putnam, Carleton. *Theodore Roosevelt: The Formative Years, 1858—1886*. Nova York: Charles Scribner's Sons, 1958.

Rappleye, Charles. *Herbert Hoover in the White House: The Ordeal of the Presidency*. Nova York: Simon & Schuster, 2016.

Rawley, James A. *Turning Points of the Civil War*. Lincoln: University of Nebraska Press, 1989.

Reedy, George. *Lyndon B. Johnson: A Memoir*. Nova York: Andrews and McMeel, 1982.

Remini, Robert Vincent. *Henry Clay: Statesman of the Union*. Nova York: W. W. Norton, 1991.

Rice, Allen Thorndike (ed.) *Reminiscences of Abraham Lincoln by Distinguished Men of His Time*. Nova York: North American, 1886.

Riis, Jacob. A. *How the Other Half Lives: Studies among the Tenements of New York*. Nova York: Charles Scribner's Sons, 1914.

———. *The Making of an American*. Nova York: Macmillan, 1904.

———. *Theodore Roosevelt, the Citizen*. Nova York: Outlook, 1904.

Rixey, Lilian. *Bamie: Theodore Roosevelt's Remarkable Sister*. Nova York: D. McKay, 1963.

Robinson, Corinne Roosevelt. *My Brother, Theodore Roosevelt*. Nova York: Charles Scribner's Sons, 1921.

Rollins Jr., Alfred B. *Roosevelt and Howe*. Nova York: Alfred A. Knopf, 1962.

Roosevelt, Eleanor. *This I Remember*. Nova York: Harper & Brothers, 1949.

———. *This Is My Story*. Nova York: Harper & Brothers, 1937.

Roosevelt, Eleanor e Helen Ferris. *Your Teens and Mine*. Garden City: Doubleday, 1961.

Roosevelt, Elliott (ed.) *F.D.R.: His Personal Letters: Early Years*. Nova York: Duell, Sloan & Pearce, 1947.

———. (ed.) *F.D.R.: His Personal Letters, 1905—1928*. Nova York: Duell, Sloan & Pearce, 1948.

———. (ed.) *F.D.R.: His Personal Letters, 1928—1945*. 2 volumes. Nova York: Duell, Sloan & Pearce, 1950.

Roosevelt, Elliott e James Brough. *A Rendezvous with Destiny: The Roosevelts in the White House*. Nova York: G. P. Putnam's Sons, 1975.

Roosevelt, Franklin D. *On Our Way*. Nova York: John Day, 1934.

_____ *The Public Papers and Addresses of Franklin D. Roosevelt*. Volume 1: *The Genesis of the New Deal, 1928—1932*. Nova York: Random House, 1938.

_____ *The Public Papers and Addresses of Franklin D. Roosevelt*. Volume 2: *The Year of Crisis, 1933*. Nova York: Random House, 1938.

_____ *The Public Papers and Addresses of Franklin D. Roosevelt*. Volume 3: *The Advance of Recovery and Reform, 1934*. Nova York: Random House, 1938.

_____ *The Public Papers and Addresses of Franklin D. Roosevelt*. Volume 5: *The People Approve, 1936*. Nova York: Random House, 1938.

_____ *The Public Papers and Addresses of Franklin D. Roosevelt, 1944—45: Victory and the Threshold of Peace*. Compilado com material especial e notas explicativas de Samuel I. Rosenman. Livro 1. Nova York: Harper & Brothers, 1950.

Roosevelt, James e Sidney Schalett. *Affectionately FDR: A Son's Story of a Lonely Man*. Nova York: Harcourt Brace, 1959.

Roosevelt, Sara Delano. As told to Isabel Leighton and Gabrielle Forbush. *My Boy Franklin*. Nova York: Ray Long & Richard R. Smith, 1933.

Roosevelt, Theodore. *Addresses and Presidential Messages of Theodore Roosevelt, 1902—1904*. Nova York: G. P. Putnam's Sons [The Knickerbocker Press], 1904.

_____ *An Autobiography*. Nova York: Charles Scribner's Sons, 1925.

_____ *Letters from Theodore Roosevelt to Anna Roosevelt Cowles, 1870—1918*. Nova York: Charles Scribner's Sons, 1924.

_____ *The New Nationalism*. Nova York: Outlook, 1909.

_____ *The Rough Riders*. Nova York: P. F. Collier & Sons, 1899.

Roosevelt, Theodore, Hermann Hagedorn e G. B. Grinnell. *Hunting Trips of a Ranchman: Ranch Life and the Hunting Trail*. Nova York: Charles Scribner's Sons, 1927.

Roosevelt, Theodore; Lewis L. Gould (ed.) *Bull Moose on the Stump: The 1912 Campaign Speeches of Theodore Roosevelt*. Lawrence: University Press of Kansas, 2008.

Roosevelt, Theodore; Hermann Hagedorn (ed.) *The Works of Theodore Roosevelt*. 24 volumes. Nova York: Charles Scribner's Sons, 1923—1926.

Roosevelt, Theodore; Alfred Henry Lewis (ed.) *A Compilation of the Messages and Speeches of Theodore Roosevelt, 1901—1905*. New York and Washington, D.C.: Bureau of National Literature and Art, 1906.

Roosevelt, Theodore; Elting E. Morison, John M. Blum e John J. Buckley (ed.) *The Letters of Theodore Roosevelt*. 8 volumes. Cambridge: Harvard University Press, 1951—1954.

Rosenman, Samuel I. *Working with Roosevelt*. Nova York: Harper & Brothers, 1952.

Ross, Laura (ed.) *A Passion to Lead: Theodore Roosevelt in His Own Words*. Nova York: Sterling Signature, 2012.

Rothman, Hal. *LBJ Texas White House: "Our Heart's Home."* College Station: Texas A&M University Press, 2001.

Russell, Jan Jarboe. *Lady Bird: A Biography of Mrs. Johnson*. Waterville, Maine: Thorndike Press, 2000.

Sandburg Carl. *Abraham Lincoln: The Prairie Years*. Volume 1. Nova York: Charles Scribner's Sons, 1943.

_____. *Abraham Lincoln: The Prairie Years*. Volume 2. Nova York: Charles Scribner's Sons, 1943.

_____. *Abraham Lincoln: The War Years*. Volume 3. Nova York: Charles Scribner's Sons, 1943.

_____. *Abraham Lincoln: The War Years*. Volume 6. Nova York: Charles Scribner's Sons, 1943.

_____. *Mary Lincoln: Wife and Mother*. Bedford: Applewood Books, 1995.

Sargent, James E. *Roosevelt and the Hundred Days: Struggle for the Early New Deal*. Nova York: Garland, 1981.

Schlesinger Jr., Arthur M. *The Age of Roosevelt*, volume 1: *The Crisis of the Old Order, 1919—1933*. Nova York: Mariner, 2003.

_____. *The Age of Roosevelt*, volume 2: *The Coming of the New Deal, 1933—1935*. Nova York: Mariner, 2003.

_____. *The Age of Roosevelt*, volume 3: *The Politics of Upheaval, 1935—1936*. Nova York: Mariner, 2003.

Sears, Stephen W. (ed.) *The Civil War Papers of George C. McClellan: Selected Correspondence, 1860—1865*. Nova York: Ticknor & Fields, 1989.

Segal, Charles M. (ed.) *Conversations with Lincoln*. Nova York: G. P. Putnam's Sons, 1961.

Sewall, William Wingate. *Bill Sewall's Story of Theodore Roosevelt*. Nova York: Harper & Brothers, 1919.

Seward, Frederick William. *Reminiscences of a War-Time Statesman and Diplomat: 1830—1915*. Nova York: G. P. Putnam's Sons [Knickerbocker Press], 1916.

_____. *Seward at Washington as Senator and Secretary of State: A Memoir of His Life, with Selections from His Letters, 1861—1872*. Nova York: Derby and Miller, 1891.

Shenk, Joshua Wolf. *Lincoln's Melancholy: How Depression Challenged a President and Fueled His Greatness*. Nova York: Mariner, 2006.

Sherwood, Robert E. *Roosevelt and Hopkins: An Intimate History*. Nova York: Harper & Brothers, 1948.

Shoumatoff, Elizabeth. *FDR's Unfinished Portrait*. Pittsburgh: University of Pittsburgh Press, 1990.

Smith, Jean Edward. *FDR*. Nova York: Random House, 2007.

Staudenraus, P. J. (ed.) *Mr. Lincoln's Washington: Selections from the Writings of Noah Brooks Civil War Correspondent*. South Brunswick: Thomas Yoseloff, 1967.

Steffens, Lincoln. *The Autobiography of Lincoln Steffens*. 2 volumes. Nova York: Harcourt, Brace & World, 1931.

Steinberg, Alfred. *Sam Johnson's Boy: A Close-up of the President from Texas*. Nova York: Macmillan, 1968.

Stiles. Lela. *The Man behind Roosevelt: The Story of Louis McHenry Howe*. Nova York: World, 1954.

Stoddard, William O. *Abraham Lincoln: The True Story of a Great Life*. Nova York: Fords, Howard, & Hulbert, 1884.

_____. *Inside the White House in War Times*. Lincoln: Bison, 2000.

Stone, I. F. *The War Years, 1939—1945*. Boston: Little, Brown, 1990.

Straus, Oscar S. *Under Four Administrations: From Cleveland to Taft*. Boston: Houghton Mifflin, 1922.

Strock, James M. *Theodore Roosevelt on Leadership*. Roseville, Calif.: Prima Publishing, 2001.

Strozier, Charles B. *Lincoln's Quest for Union: Public and Private Meanings*. Chicago: University of Illinois Press, 1987.

Sullivan, Mark. *Our Times: The United States, 1900—1925*, volume 2: *America Finding Herself*. Nova York: Charles Scribner's Sons, 1927.

_____. *Our Times: The United States, 1900—1925*, volume 4: *The War Begins, 1909—1914*. Nova York: Charles Scribner's Sons, 1927.

Tarbell, Ida M. *The Life of Abraham Lincoln*. 4 volumes. Nova York: Lincoln Historical Society, 1903.

_____. *A Reporter for Lincoln: Story of Henry E. Wing, Soldier and Newspaperman*. Nova York: Macmillan, 1927.

Tarbell, Ida M. Com a colaboração de McCan Davis. *The Early Life of Abraham Lincoln*. Nova York: S. S. McClure, 1896.

Thayer, William Roscoe. *Theodore Roosevelt: An Intimate Biography*. Boston: Houghton Mifflin, 1919.

Thomas, Evan. *The War Lovers: Roosevelt, Lodge, Hearst and the Rush to Empire, 1898*. Boston: Little, Brown, 2014.

Thwing, Eugene. *The Life and Meaning of Theodore Roosevelt*. Nova York: Current Literature, 1919.

Tobin, James. *The Man He Became: How FDR Defied Polio to Win the Presidency*. Nova York: Simon & Schuster, 2013.

Tugwell, Rex W. *The Democratic Roosevelt*. Baltimore: Penguin, 1957.

Tully, Grace. *F.D.R. My Boss*. Nova York: Charles Scribner's Sons, 1949.

Turgenev, Ivan. *Sketches from a Hunter's Album*, traduzido, com introdução e notas de Richard Freeborn. Nova York: Penguin, 1990.

Turner, Justin G. e Linda Levitt Turner. *Mary Todd Lincoln: Her Life and Letters*. Nova York: Alfred A. Knopf, 1972.

Usher, John P. *President Lincoln's Cabinet*. Nova York: Nelson H. Loomis, 1925.

Valenti, Jack. *A Very Human President*. Nova York: Pocket Books, 1977.

Wagenknecht, Edward. *The Seven Worlds of Theodore Roosevelt*. Guilford: Lyons Press, 2009.

Walker, Turnley. *Roosevelt and the Warm Springs Story*. Nova York: A. Wyn, 1953.

Ward, Geoffrey C. *Before the Trumpet: Young Franklin Roosevelt, 1882—1905*. Nova York: Vintage, 2014.

_____. *Closest Companion: The Unknown Story of the Intimate Friendship between Franklin Roosevelt and Margaret Suckley*. Nova York: Simon & Schuster, 1995.

_____. *A First-Class Temperament: The Emergence of Franklin Roosevelt, 1905—1928*. Nova York: Vintage, 2014.

Ward, Geoffrey C. e Ken Burns. *The Vietnam War: An Intimate History*. Nova York: Alfred A. Knopf, 2017.

Warren, Louis. *Lincoln's Youth: Indiana Years, Seven to Twenty-one, 1816—1830*. Indianapolis: Indiana Historical Society, 1959.

Washburn, Charles Grenfell. *Theodore Roosevelt: The Logic of His Career*. Boston: Houghton Mifflin, 1916.

Weik, Jesse W. *The Real Lincoln: A Portrait*. Boston: Houghton Mifflin, 1922.

Weintraub, Stanley. *Young Mr. Roosevelt: FDR's Introduction to War, Politics, and Life*. Nova York: Da Capo, 2013.

Welles, Gideon; Howard K. Beale (ed.) *Diary of Gideon Welles: Secretary of the Navy under Lincoln and Johnson*, volume 1: *1861—March 30, 1964*. Nova York: W. W. Norton, 1960.

White, Horace. *Abraham Lincoln in 1854: An Address delivered before the Illinois State Historical Society, at its 9th Annual Meeting at Springfield, Illinois, Jan. 30, 1908*. Springfield: Illinois State Historical Society, 1908.

Whitney, Henry C. *Life on the Circuit with Lincoln*. Boston: Estes and Lauriat, 1892.

_____. *Lincoln, The Citizen*. Nova York: Baker & Taylor, 1908.

Wiley, Bell. *The Life of Billy Yank*. Baton Rouge: Louisiana State University Press, 1979.

Wilson, Douglas L. *Honor's Voice: The Transformation of Abraham Lincoln*. Nova York: Vintage, 1999.

_____. *Lincoln before Washington: New Perspectives on the Illinois Years*. Urbana: University of Illinois Press, 1998.

Wilson, Douglas L. e Rodney O. Davis (ed.) *Herndon's Informants: Letters, Interviews, and Statements about Abraham Lincoln*. Chicago: University of Illinois Press, 1998.

Winik, Jay. *April 1865: The Month That Saved America*. Nova York: Harper Perennial, 2002.

Wister, Owen. *Roosevelt: The Story of a Friendship, 1880—1919*. Nova York: Macmillan, 1930.

Wood, Frederick S. *Roosevelt as We Knew Him*. Philadelphia: John C. Winston Co., 1927.

Woods, Randall B. *LBJ: Architect of American Ambition*. Cambridge: Harvard University Press, 2006.

Wordsworth, William. *The Complete Poetical Works of William Wordsworth, Together with a Description of the Country of the Lakes in the North of England, Now First Published with His Works*, Henry Reed (ed.) Philadelphia: James Kay, Jun. and Brothers, 1837.

Zinsser, William (ed.) *Extraordinary Lives: The Art and Craft of American Biography*. Winter Park: American Heritage Press, 1986.

Livros de negócios sobre habilidades de liderança

Série 10 Must Reads da Harvard Business Review

On Collaboration. Boston: Harvard Business Review Press, 2013.
On Communication. Boston: Harvard Business Review Press, 2013.
On Emotional Intelligence. Boston: Harvard Business Review Press, 2015.
On Leadership. Boston: Harvard Business Review Press, 2011.
On Managing People. Boston: Harvard Business Review Press, 2011.
On Managing Yourself. Boston: Harvard Business Review Press, 2011.
On Teams. Boston: Harvard Business Review Press, 2013.

Outros livros de negócios sobre habilidades de liderança

Bennis, Warren. *On Becoming a Leader*. Nova York: Basic Books, 2009.
Bennis, Warren e Burt Nanus. *Leaders: Strategies for Taking Charge*. Nova York: Harper Business Essentials, 2003.
Bennis, Warren e Robert J. Thomas. *Geeks and Geezers*. Boston: Harvard Business School Press, 2002.
_____. *Leading for a Lifetime: How Defining Moments Shape Leaders of Today and Tomorrow*. Boston: Harvard Business School Press, 2007.
Burns, James McGregor. *Leadership*. Nova York: Harper & Row, 1978.
_____. *The Power to Lead: The Crisis of the American Presidency*. Nova York: Simon & Schuster, 1994.

_____. *Transforming Leadership*. Nova York: Grove Press, 2003.

Champy, James e Nitin Nohria. *The Arc of Ambition: Defining the Leadership Journey*. Cambridge: Perseus, 2000.

Collins, Jim. *Good to Great*. Nova York: HarperCollins, 2001.

Covey, Stephen R. *The 7 Habits of Highly Effective People: Restoring the Character Ethic*. Nova York: Free Press, 2004.

Crandall, Major Doug. *Leadership Lessons from West Point*. San Francisco: Jossey-Bass, 2007.

Drucker, Peter F. *The Essential Drucker: The Best of Sixty Years of Peter Drucker's Essential Writing on Management*. Nova York: HarperCollins, 2001.

Duhigg, Charles. *The Power of Habit: Why We Do What We Do in Life and Business*. Nova York: Random House, 2014.

Ferguson, Alex. With Michael Ortiz. *Leading: Learning from Life and My Years at Manchester United*. Nova York: Hachette, 2015.

Fink, Steven. *Crisis Management: Planning for the Inevitable*. Lincoln: iUniverse, 2002.

Fullan, Michael. *Turnaround Leadership*. San Francisco: Jossey-Bass, 2016.

Gardner, Howard. With Emma Laskin. *Leading Minds: An Anatomy of Leadership*. Nova York: Basic Books, 1995.

Gardner, John W. *On Leadership*. Nova York: Simon & Schuster, 1990.

Gates, Robert M. *A Passion for Leadership: Lessons on Change and Reform from Fifty Years of Public Service*. Nova York: Vintage, 2017.

George, Bill. With Peter Sims. *True North: Discover Your Authentic Leadership*. San Francisco: Jossey-Bass, 2007.

Gladwell, Malcolm. *David and Goliath: Underdogs, Misfits, and the Art of Battling Giants*. Nova York: Little, Brown, 2013.

Goleman, Daniel. *Emotional Intelligence: Why It Can Matter More than IQ*. Nova York: Bantam, 1995.

_____. *Social Intelligence: The New Science of Human Relationships*. Nova York: Bantam Dell, 2006.

Goleman, Daniel, Richard Boyatzis e Annie McKee. *Primal Leadership: Unleashing the Power of Emotional Intelligence*. Boston: Harvard Business Review Press, 2013.

Gottschall, Jonathan. *The Storytelling Animal: How Stories Make Us Human*. Nova York: Mariner, 2013.

Harvard Business Essentials: Business Communication. Boston: Harvard Business Review Press, 2003.

Harvard Business Essentials: Crisis Management: Master the Skills to Prevent Disasters. Boston: Harvard Business Press, 2014.

Heifetz, Ronald A. *Leadership Without Easy Answers.* Cambridge: Harvard University Press, 1998.

Heifetz, Ronald, Alexander Grashow e Marty Linsky. *The Practice of Adaptive Leadership: Tools and Tactics for Changing Your Organization and the World.* Boston: Harvard Business Press, 2009.

Heifetz, Ronald e Marty Linsky. *Leadership on the Line: Staying Alive Through the Dangers of Change.* Boston: Harvard Business Review Press, 2002.

Kanter, Rosabeth Moss. *The Change Masters: Innovation & Entrepreneurship in the American Corporation.* Nova York: Simon & Schuster, 1993.

_____. *Confidence: How Winning Streaks and Losing Streaks Begin and End.* Nova York: Green River Press, 2004.

_____. *On the Frontiers of Management.* Boston: Harvard Business Review Press, 2005.

Kotter, John P. *Leading Change.* Boston: Harvard Business Review Press, 2012.

Maxwell, John C. *The 5 Levels of Leadership.* Nova York: Center Street, 2011.

Mayo, Anthony e Nitin Nohria. *In Their Time: The Greatest Business Leaders of the Twentieth Century.* Boston: Harvard Business Review Press, 2005.

Mayo, Anthony, Nitin Nohria e Laura G. Singleton. *Paths to Power: How Insiders and Outsiders Shaped American Business Leadership.* Boston: Harvard Business School Press, 2006.

Moss, David. *Democracy: A Case Study.* Cambridge: The Belknap Press of Harvard University Press, 2017.

Nanus, Burt. *Visionary Leadership.* San Francisco: Jossey-Bass, 1992.

Nohria, Nitin e Rakesh Khurana (eds.) *Handbook of Leadership Theory and Practice.* Boston: Harvard Business Press, 2010.

O'Loughlin, James. *The Real Warren Buffet: Managing Capital, Leading People.* Yarmouth: Nicholas Brealey Publishing, 2004.

Peters, Thomas J. e Robert H. Waterman. *In Search of Excellence: Lessons from America's Best-Run Companies.* Nova York: HarperCollins, 2004.

Silver, A. David. *The Turnaround Survival Guide: Strategies for the Company in Crisis.* Dearborn, Mich.: Dearborn Trading Pub., 1992.

Weinzweig, Ari. *A Lapsed Anarchist's Approach to Being a Better Leader (Zingerman's Guide to Good Leading).* Ann Arbor, Mich.: Zingerman's Press, 2012.

Welch, Jack. With Suzy Welch. *Winning.* Nova York: HarperCollins, 2005.

ABREVIATURAS
USADAS NAS NOTAS

AL: Abraham Lincoln

ARC: Anna Roosevelt Cowles

BP: Doris Kearns Goodwin. *The Bully Pulpit*. Nova York: Simon & Schuster, 2013.

CRR: Corrine Roosevelt Robinson

CW: Roy P. Basler (ed.) *The Collected Works of Abraham Lincoln*, 8 volumes. New Brunswick: Rutgers University Press, 1953.

DKG: Doris Kearns Goodwin

Conversas DKG/LBJ: Conversas entre a autora e LBJ, em posse da autora.

ER: Eleanor Roosevelt

FDR: Franklin D. Roosevelt

FDRL: Franklin D. Roosevelt Library, Hyde Park, Nova York

HCL: Henry Cabot Lodge

HI: Douglas L. Wilson e Rodney O. Davis (ed.) *Herndon's Informants: Letters, Interviews, and Statements about Abraham Lincoln*. Chicago: University of Illinois Press, 1998.

LBJ: Lyndon Baines Johnson

LBJOH: Biblioteca de História Oral LBJ

LC: Biblioteca do Congresso

LJAD: Doris Kearns Goodwin. *Lyndon Johnson and the American Dream*. Nova York: Harper & Row, 1976.

LTR: Theodore Roosevelt; Elting E. Morison, John M. Blum e John J. Buckley (ed.) *The Letters of Theodore Roosevelt*. 8 volumes. Cambridge: Harvard University Press, 1951—1954.

Arquivos Arquivos de John J. Nicolay, Divisão de Manuscritos, Biblio-
Nicolay: teca do Congresso.

NOT: Doris Kearns Goodwin. *No Ordinary Time: Franklin and Eleanor Roosevelt: The Home Front in World War II*. Nova York: Simon & Schuster, 1994.

NYT: *New York Times*

OHRO/ Coleção de Pesquisas em História Oral da Biblioteca da Uni-
CUL: versidade de Colúmbia.

PPA: Franklin D. Roosevelt. *The Public Papers and Addresses of Franklin D. Roosevelt*. Volumes 1—5. Nova York: Random House, 1938.

PPP: Lyndon Baines Johnson. *Public Papers of the Presidents of the United States*. Washington: Government Printing Office, 1964—1970.

PRLBJ: *The Presidential Recordings: Lyndon B. Johnson,* 7 volumes. Nova York: W. W. Norton, 2005.

SDR: Sara Delano Roosevelt

Arquivos Arquivos Lincoln Steffens. Biblioteca de Livros e Manuscritos
Steffens: Raros. Universidade de Colúmbia.

TOR: Doris Kearns Goodwin. *Team of Rivals*. Nova York: Simon & Schuster, 1994.

TR: Theodore Roosevelt

TRC: Coleção Theodore Roosevelt, Biblioteca Houghton, Universidade de Harvard

TRP: Arquivos Theodore Roosevelt, Divisão de Manuscritos, Biblioteca do Congresso

VP: Lyndon Baines Johnson. *The Vantage Point: Perspectives of the Presidency, 1963—1969*. Nova York: Holt, Rinehart & Winston, 1971.

WTR: Theodore Roosevelt; Hermann Hagedorn (ed.) *The Works of Theodore Roosevelt,* 24 volumes. Nova York: Charles Scribner's Sons, 1923—1926.

Notas

PRÓLOGO

1. William Zinsser (ed.) *Extraordinary Lives: The Art and Craft of American Biography* (Winter Park, Fla.: American Heritage Press, 1986), pp. 181-82.
2. TR, "The Conditions of Success", 26 de maio de 1910, WTR, 13:575.
3. Abigail Adams para John Quincy Adams, 19 de janeiro de 1780, *The Adams Papers, Adams Family Correspondence*, vol. 3, abril de 1778— setembro de 1780, editado por L. H. Butterfield e Marc Friedlaender (Cambridge: Harvard University Press, 1973), pp. 268-69.
4. Panegírico de Abraham Lincoln para Ralph Waldo Emerson, 15 de abril de 1865, http://www.rwe.org/abraham-lincoln-15-april-1865-eulogy-by-ralph-waldo-emerson/.
5. AL, "Farewell Address at Springfield, Illinois", [versão abreviada], 11 de fevereiro de 1861, CW, 4:190.
6. Michael Burlingame, *Abraham Lincoln, A Life* (Baltimore: Johns Hopkins University Press, 2008), pp. 750-51.
7. AL, "Fragment: Notes for Speeches [21 de agosto de 1858], CW 2:553.

CAPÍTULO UM
Abraham: "Diz-se que todo homem tem uma ambição particular"

1. AL, "Communication to the People of Sangamon County", 9 de março de 1832, CW, 1:8.

2. Ibid., p. 9.
3. Joshua Wolf Shenk, *Lincoln's Melancholy: How Depression Challenged a President and Fueled His Greatness* (Nova York: Mariner, 2006), p. 17.
4. John L. Scripps, em *HI*, p. 57.
5. "Autobiography Written for John L. Scripps" [c. junho de 1860], *CW*, 4:61.
6. Nathaniel Grigsby, *HI*, p. 113.
7. Dennis F. Hanks, ibid., p. 37.
8. Michael Burlingame, *The Inner World of Abraham Lincoln* (Chicago: University of Illinois Press, 1994), p. 42.
9. *HI*, p. 40; Philip D. Jordan, "The Death of Nancy Hanks Lincoln", *Indiana Magazine of History* (junho de 1944), pp. 103-10.
10. AL, "Autobiography written for Jesse W. Fell", 20 de dezembro de 1859, *CW*, 3:511.
11. "The Bear Hunt", [6 de setembro de 1846?] *CW*, 1:386.
12. Citado por Dennis Hanks, *HI*, p. 41.
13. A. H. Chapman, *HI*, p. 99.
14. Anna Caroline Gentry, *HI*, p. 132.
15. David Herbert Donald, *Lincoln* (Nova York: Simon & Schuster, 1995), p. 32.
16. Louis Warren, *Lincoln's Youth: Indiana Years, Seven to Twenty-One, 1816-1830* (Indianapolis: Indiana Historical Society, 1959), p. 80.
17. Allen C. Guelzo, "Lincoln and Leadership: An Afterword", em Randall M. Miller (ed.) *Lincoln and Leadership: Military, Political, and Religious Decision Making* (Nova York: Fordham University Press, 2012), p. 100.
18. Joshua Speed, *HI*, p. 499.
19. Sarah Bush Lincoln, *HI*, p. 107.
20. Ida M. Tarbell, *The Life of Abraham Lincoln*, 4 volumes. (Nova York: Lincoln Historical Society, 1903), vol. 1, pp. 43-44.
21. Grigsby, *HI*, p. 114.
22. Warren, *Lincoln's Youth*, p. 24.
23. Joseph C. Richardson, *HI*, pp. 473-74.
24. Grigsby, *HI*, p. 114.
25. Anna Caroline Gentry, *HI*, p. 132.
26. Grigsby, *HI*, pp. 114-15.
27. AL, citado em Francis B. Carpenter, *Six Months at the White House with Abraham Lincoln* (Lincoln: University of Nebraska Press, 1995), pp. 312-13.

28. Chapman, *HI*, p. 102.

29. Chapman, *HI*, p. 102; Tarbell, *The Life of Abraham Lincoln*, vol. 1, p. 36.

30. Horace White, *Abraham Lincoln in 1854* (Springfield: Illinois State Historical Society, 1908), p. 19.

31. Oliver C. Terry, *HI*, p. 662.

32. AL, "Chronicles of Reuben", em Carl Sandberg, *Abraham Lincoln: The Prairie Years*, vol. 1 (Nova York: Charles Scribner's Sons, 1943) p. 55.

33. Grigsby, *HI*, p. 112.

34. Tarbell, *The Life of Abraham Lincoln*, vol. 1, p. 25.

35. David Turnham, *HI*, p. 122.

36. Helen Nicolay, *Personal Traits of Abraham Lincoln* (Nova York: Century, 1912), p. 81.

37. Leonard Swett, em Allen Thorndike Rice (ed.) *Reminiscences of Abraham Lincoln by Distinguished Men of His Time* (Nova York: North American, 1886), p. 71.

38. Joseph C. Richardson, *HI*, p. 120.

39. John B. Helm, *HI*, p. 48.

40. Dennis Hanks, *HI*, p. 41.

41. Robert L. Wilson, *HI*, p. 207.

42. Dennis Hanks, *HI*, p. 41.

43. Douglas L. Wilson, *Honor's Voice: The Transformation of Abraham Lincoln* (Nova York: Vintage, 1999), p. 57.

44. William H. Herndon, "Analysis of the Character", *Abraham Lincoln Quarterly* (1941), p. 339.

45. Henry C. Whitney, *Life on the Circuit with Lincoln* (Boston: Estes and Lauriat, 1892), p. 146.

46. Robert Rutledge, *HI*, p. 409.

47. David Davis, *HI*, pp. 348, 350.

48. Burlingame, *The Inner World of Abraham Lincoln*, p. 237.

49. John Kotter, "What Leaders Really Do", *Harvard Business Review* (maio-junho de 1990), p. 47.

50. Burlingame, *The Inner World of Abraham Lincoln*, p. 237.

51. AL para Joshua Speed, 24 de agosto de 1855, *HI*, p. 52.

52. Rutledge, *HI*, p. 382.

53. Tarbell, *The Life of Abraham Lincoln*, vol. 1, pp. 59-60.

54. Carl Sandburg, *Abraham Lincoln: The Prairie Years*, vol. 1 (Nova York: Charles Scribner's Sons, 1943), p. 161.

55. Clipping from *Menard Axis* (Illinois), 15 de fevereiro de 1862, *HI*, p. 24.

56. Henry McHenry, *HI*, p. 14.
57. Tarbell, *The Life of Abraham Lincoln*, vol. 1, p. 108.
58. Ida M. Tarbell, auxiliada por J. McCan Davis, *The Early Life of Abraham Lincoln* (Nova York: S. S. McClure, 1896), p. 119.
59. Id.
60. Sandburg, *The Prairie Years*, vol. 1, p. 134.
61. Mentor Graham, *HI*, p. 9.
62. William G. Greene, *HI*, p. 18.
63. Donald, *Lincoln*, p. 41.
64. Tarbell, *The Early Life of Abraham Lincoln*, p. 125.
65. Speed, *HI*, p. 499.
66. Herndon e Weik, *Herndon's Lincoln*, p. 65.
67. Joseph Gillespie, *HI*, p. 508.
68. AL, "Communication to the People of Sangamon County", 9 de março de 1832, *CW*, 1:7.
69. Ibid., 1:8.
70. Burlingame, *The Inner World of Abraham Lincoln*, p. 238.
71. AL, "Communication to the People of Sangamon County", 9 de março de 1832, *CW*, 1:8.
72. J. Rowan Herndon, *HI*, p. 7.
73. AL, "Autobiography Written for John L. Scripps", *CW*, 4:64.
74. Tarbell, *The Early Life of Abraham Lincoln*, p. 155.
75. Robert L. Wilson, *HI*, p. 204.
76. William L. Miller, *Lincoln's Virtues: An Ethical Biography* (Nova York: Vintage, 2003), p. 8.
77. Wilson, *HI*, pp. 204-5.
78. Herndon e Weik, *Herndon's Life of Lincoln*, p. 76
79. AL, "Autobiography Written for John L. Scripps", *CW*, 4:65.
80. Tarbell, *The Life of Abraham Lincoln*, vol. 1, p. 132.
81. J. Rowan Herndon, *HI*, p. 8.
82. Id.
83. Herndon e Weik, *Herndon's Life of Lincoln*, p. 104.
84. Ibid., pp. 110-11.
85. Tarbell, *The Life of Abraham Lincoln*, vol. 1, p. 132.
86. AL, "Autobiography Written for John L. Scripps", *CW*, 4:65.
87. Herndon e Weik, *Herndon's Life of Lincoln*, p. 91.
88. AL para Isham Reavis, 5 de novembro de 1855, *CW*, 2:327.

89. Donald Phillips, *Lincoln on Leadership* (Nova York: Warner Books, 1992), p. 155.
90. Helen Nicolay, *Personal Traits of Abraham Lincoln*, p. 77.
91. Ibid., p. 78.
92. Herndon e Weik, *Herndon's Life of Lincoln*, p. 118.
93. Henry C. Whitney, *Lincoln, the Citizen* (Nova York: The Baker & Taylor Co., 1908), p. 140.
94. Herndon e Weik, *Herndon's Life of Lincoln*, p. 115.
95. AL, citado em ibid., pp. 115-16.
96. Ibid., p. 130.
97. Resoluções da Assembleia Geral do Estado de Illinois, citado na nota 2 de "Protest in Illinois Legislature on Slavery", 3 de março de 1837, *CW*, 1:75.
98. "Protest in Illinois Legislature on Slavery", 3 de março de 1837, *CW*, 1:75.
99. AL para Albert Hodges, 4 de abril de 1864, *CW*, 7:281.
100. Herndon e Weik, *Herndon's Life of Lincoln*, p. 145.
101. William O. Stoddard, *Abraham Lincoln: The True Story of a Great Life* (Nova York: Fords, Howard, & Hulbert, 1884), p. 116.
102. Burlingame, *The Inner World of Abraham Lincoln*, p. 239.
103. Esse ponto foi desenvolvido por Gabor S. Boritt, *Economics of the American Dream* (Urbana: University of Illinois Press, 1994).
104. AL, "Remarks in the Illinois Legislature Concerning the Illinois and Michigan Canal", 22 de janeiro de 1840, *CW*, 1:196.
105. AL para Joshua F. Speed, 25 de fevereiro de 1842, *CW*, 1:280.
106. AL, "Communication to the People of Sangamon County", 9 de março de 1932, *CW*, 1: 8.
107. AL, "Address before the Young Men's Lyceum of Springfield, Illinois", 27 de janeiro de 1838, *CW*, 1:109-14.
108. Ibid., p. 108.

CAPÍTULO 2

Theodore: "Eu subi como um foguete"

1. John T. Stuart, *HI*, p. 77.
2. TR, "To the Voters of the 21st Assembly District", 1º de novembro de 1881, em *LTR*, 1:55.
3. TR, *An Autobiography* (Nova York: Charles Scribner's Sons, 1925), pp. 59-60.

4. *New York Daily Tribune*, 6 de novembro de 1881.
5. AL, "Communication to the People of Sangamon County", 9 de março de 1832, *CW*, 1:8.
6. TR, "The Conditions of Success", 26 de maio de 1910, *WTR*, 13:575.
7. James M. Strock, *Theodore Roosevelt on Leadership* (Roseville: Prima, 2001), p. 43.
8. TR, *An Autobiography*, pp. 55-56.
9. Ibid., p. 56.
10. TR, *An Autobiography*, pp. 51-52.
11. Jacob Riis, *Theodore Roosevelt, the Citizen* (Nova York: Outlook Co., 1904), p. 15.
12. Eugene Thwing, *The Life and Meaning of Theodore Roosevelt* (Nova York: Current Literature, 1919), p. 1.
13. *The World* (Nova York), 16 de novembro de 1902.
14. Lincoln Steffens, *The Autobiography of Lincoln Steffens*, 2 volumes. (Nova York: Harcourt, Brace & World, 1931), vol. 1, p. 350.
15. William Draper Lewis, *The Life of Theodore Roosevelt* (Chicago: John C. Winston, 1919), p. 36.
16. Riis, *Theodore Roosevelt, the Citizen*, p. 19.
17. TR, *An Autobiography*, p. 334.
18. Edward Wagenknecht, *The Seven Worlds of Theodore Roosevelt* (Guilford: Lyons Press, 2009), p. 50.
19. H. W. Brands, *T.R.: The Last Romantic* (Nova York: Basic Books, 1997), p. 62.
20. Speed, *HI*, p. 499.
21. William Wingate Sewall, *Bill Sewall's Story of Theodore Roosevelt* (Nova York: Harper & Brothers, 1919), p. 39.
22. Corinne Roosevelt Robinson, citada em Lewis, *The Life of Theodore Roosevelt*, p. 35.
23. TR, *An Autobiography*, p. 11.
24. Carleton Putnam, *Theodore Roosevelt: The Formative Years, 1858-1886* (Nova York: Charles Scribner's Sons, 1958), p. 99.
25. TR, *An Autobiography*, p. 14.
26. Hermann Hagedorn, *The Boy's Life of Theodore Roosevelt* (Nova York: Harper & Brothers, 1941), p. 45.
27. CRR, *My Brother, Theodore Roosevelt* (Nova York: Charles Scribner's Sons, 1921), p. 80.

28. Ibid., p. 50.
29. TR, *An Autobiography*, p. 52.
30. Putnam, *Theodore Roosevelt*, p. 127.
31. Charles Grenfell Washburn, *Theodore Roosevelt: The Logic of His Career* (Boston: Houghton Mifflin, 1916), p. 3.
32. Hagedorn, *The Boy's Life of Theodore Roosevelt*, p. 1.
33. TR, *An Autobiography*, pp. 7, 9.
34. TR para TR Sr., 22 de outubro de 1876, *LTR*, 1:18.
35. Ibid., p. 19.
36. Henry Pringle, *Theodore Roosevelt: A Biography* (Nova York: Harcourt, Brace, 1931), p. 33.
37. CRR em Kathleen Mary Dalton, *Theodore Roosevelt: A Strenuous Life* (Nova York: Vintage, 2004), p. 420.
38. Putnam, *Theodore Roosevelt*, p. 106.
39. Id.
40. Kathleen Mary Dalton, "The Early Life of Theodore Roosevelt.", dissertação de pós-doutoramento, Johns Hopkins University, 1979, p. 282.
41. Diário particular de Theodore Roosevelt, 12 de fevereiro de 1878, Série 8, Rolo 429, TRP.
42. Putnam, *Theodore Roosevelt*, p. 148.
43. TR, diário particular, 29 de março de 1878, Série 8, Rolo 429, TRP.
44. *NYT*, 13 de fevereiro de 1878.
45. TR, diário particular, 22 de fevereiro de 1878, Série 8, Rolo 429, TRP.
46. Ibid., 29 de março de 1879.
47. Dalton, "The Early Life of Theodore Roosevelt", p. 300.
48. TR, diário particular, 30 de janeiro de 1880, TRP.
49. TR para Henry Davis Minot, 13 de fevereiro de 1880, *LTR*, 1:43.
50. TR, diário particular, 25 de janeiro de 1880, TRP.
51. Ibid., 11 de março de 1880.
52. TR, *An Autobiography*, p. 24.
53. Sewall, *Bill Sewall's Story of Theodore Roosevelt*, p. 2.
54. Riis, *Theodore Roosevelt, the Citizen*, pp. 36-37.
55. William Roscoe Thayer, *Theodore Roosevelt: An Intimate Biography* (Boston: Houghton Mifflin, 1919), p. 21.
56. Robert Charles, "Legal Education in the Late Nineteenth Century, through the Eyes of Theodore Roosevelt", *American Journal of Legal History* (julho de 1993), p. 247.

57. TR, *An Autobiography*, p. 23.

58. Ibid., p. 61.

59. James MacGregor Burns e Susan Dunn, *The Three Roosevelts: Patrician Leaders Who Transformed America* (Nova York: Grove, 2001), p. 25.

60. Caleb Carman, *HI*, p. 429.

61. Memórias de John Walsh, citado em *Kansas City Star*, 12 de fevereiro de 1922.

62. TR, *An Autobiography*, p. 57.

63. Ibid., p. 60.

64. Riis, *Theodore Roosevelt, the Citizen*, p. 51.

65. TR, *An Autobiography*, p. 60.

66. Paul Grondahl, *I Rose Like a Rocket: The Political Education of Theodore Roosevelt* (Lincoln: University of Nebraska Press, 2004), p. 65.

67. Putnam, *Theodore Roosevelt*, p. 248.

68. Thayer, *Theodore Roosevelt*, p. 30.

69. Riis, *Theodore Roosevelt, the Citizen*, p. 51.

70. Id.

71. TR, *An Autobiography*, p. 63.

72. Hermann Hagedorn, Isaac Hunt e George Spinney, "Memo of Conversation at Dinner at the Harvard Club", 20 de setembro de 1923, p. 41, TRC.

73. TR, "Phases of State Legislation" (janeiro de 1885), *WTR*, 13:47.

74. *NYT*, 8 de abril de 1882.

75. Dalton, "The Early Life of Theodore Roosevelt", p. 282.

76. Edmund Morris, *The Rise of Theodore Roosevelt* (Nova York: Modern Library, 2001), p. 179.

77. Grondahl, *I Rose Like a Rocket*, p. 61.

78. TR, *An Autobiography*, p. 56.

79. TR para TR Jr., 20 de outubro de 1903, *LTR*, 3:635.

80. Riis, *Theodore Roosevelt, the Citizen*, p. 54.

81. Ibid., p. 58.

82. Citado em Putnam, *Theodore Roosevelt*, p. 288.

83. Hagedorn, Hunt e Spinney, "Memo of Conversation at Dinner at the Harvard Club", p. 26.

84. Ibid., p. 16.

85. TR, "True Americanism", abril de 1894, *WTR*, 13:16-17.

86. O'Neill, citado em Putnam, *Theodore Roosevelt*, p. 255.

87. Hagedorn, Hunt e Spinney, "Memo of Conversation at Dinner at the Harvard Club", p. 19.

88. Riis, *Theodore Roosevelt, the Citizen*, p. 58.

89. Putnam, *Theodore Roosevelt*, p. 290.

90. Hagedorn, Hunt e Spinney, "Memo of Conversation at Dinner at the Harvard Club", p. 19.

91. Riis, *Theodore Roosevelt, the Citizen*, p. 59.

92. TR, "A Judicial Experience", *The Outlook*, 13 de março de 1909, p. 563.

93. Ibid.

94. Riis, *Theodore Roosevelt, the Citizen*, p. 60.

95. TR, "Fellow-Feeling as a Political Factor" (janeiro de 1900), *WTR*, 13:368, p. 355.

96. TR para Alice Lee Roosevelt, 22 de janeiro de 1884, *LTR*, 1:64.

CAPÍTULO 3
Franklin: "Não, me chame de Franklin"

1. Geoffrey C. Ward, *Before the Trumpet: Young Franklin Roosevelt, 1882-1905* (Nova York: Vintage, 2014), p. 90.

2. Entrevista com John Mack, 1º de fevereiro de 1949, Coleção de História Oral, FDRL.

3. Id.

4. James MacGregor Burns, *Roosevelt: The Lion and the Fox* (Old Saybrook: Konecky & Konecky, 1970), p. 9.

5. Ward, *Before the Trumpet*, p. 121.

6. Entrevista com Tom Leonard, 11 de janeiro de 1949, Coleção de História Oral, FDRL.

7. FDR, "The Golden Rule in Government—An Extemporaneous Address at Vassar College, Poughkeepsie, N.Y.", 26 de agosto de 1933, *PPA*, 2:338

8. *Poughkeepsie Eagle-News*, 12 de setembro de 1910.

9. Richard E. Neustadt, *Presidential Power and the Modern Presidents* (Nova York: Free Press, 1980), p. 153.

10. Geoffrey C. Ward, *A First-Class Temperament: The Emergence of Franklin Roosevelt, 1905-1928* (Nova York: Vintage, 2014), p. xv.

11. Joseph P. Lash, *Eleanor and Franklin: The Story of Their Relationship* (Nova York: W. W. Norton, 1971), p. 116.

12. Ward, *Before the Trumpet*, p. 145.

13. Sara Delano Roosevelt, *My Boy Franklin* (Nova York: Ray Long & Richard R. Smith, 1933), pp. 19-20.

14. John R. Boettiger, *A Love in Shadow* (Nova York: W. W. Norton, 1978), p. 29.

15. FDR para SDR [1888], em Elliott Roosevelt (ed.) *F.D.R.: His Personal Letters: Early Years* (Nova York: Duell, Sloan & Pearce, 1947), p. 6.

16. FDR para SDR, 18 de maio de 1888, ibid., p. 8.

17. SDR, *My Boy Franklin*, pp. 5-6.

18. Ibid., p. 33.

19. Ward, *Before the Trumpet*, p. 145.

20. Otis L. Graham Jr. e Meghan Robinson Wander (ed.) *Franklin D. Roosevelt: His Life and Times: An Encyclopedic View* (Nova York: Da Capo, 1990), p. 400.

21. Walter Benjamin, *Illuminations: Essays and Reflections* (Nova York: Schocken, 1969), pp. 60-61.

22. Winston S. Churchill, *The Second World War*, vol. 4, *The Hinge of Fate* (Boston: Houghton Mifflin, 1950), p. 712.

23. Grace Tully, *F.D.R. My Boss* (Nova York: Charles Scribner's Sons, 1949), p. 7.

24. SDR, *My Boy Franklin*, p. 34.

25. Frances Perkins, *The Roosevelt I Knew* (Nova York: Penguin, 2011), p. 32.

26. Samuel I. Rosenman, *Working with Roosevelt* (Nova York: Harper & Brothers, 1952), p. 17.

27. Ward, *Before the Trumpet*, p. 173.

28. Ibid., p. 174.

29. Robert H. Jackson, *That Man: An Insider's Portrait of Franklin D. Roosevelt* (Nova York: Oxford University Press, 2003), p. 12.

30. Rita Halle Kleeman, *Gracious Lady: The Life of Sara Delano Roosevelt* (Nova York: D. Appleton-Century, 1935), p. 190.

31. Eleanor Roosevelt, *This I Remember* (Nova York: Harper & Brothers, 1949), p. 43.

32. Bess Furman, *Washington By-line: The Personal Story of a Newspaper Woman* (Nova York: Alfred A. Knopf, 1949), p. 272.

33. John Gunther, *Roosevelt in Retrospect* (Nova York: Harper & Brothers, 1950), p. 173.

34. FDR para SDR e James Roosevelt, 18 de setembro de 1896, Elliott Roosevelt (ed.) *F.D.R.: His Personal Letters: Early Years*, p. 35.

35. FDR para SDR, 1º de outubro de 1896, ibid., p. 42.

36. SDR, *My Boy Franklin*, pp. 39-40.

37. FDR para SDR e James Roosevelt, 24 de março de 1897, Elliott Roosevelt (ed.) *F.D.R.: His Personal Letters: Early Years*, pp. 78-79.

38. SDR, *My Boy Franklin*, p. 49.

39. FDR para SDR e James Roosevelt, 14 de maio de 1897, Elliott Roosevelt (ed.) *F.D.R.: His Personal Letters: Early Years*, p. 97.

40. Elliott Roosevelt (ed.) *F.D.R.: His Personal Letters: Early Years*, p. 34, nota.

41. SDR, *My Boy Franklin*, p. 4.

42. Ibid., p. 56.

43. Ward, *Before the Trumpet*, p. 245.

44. Philip Boffey, "FDR at Harvard", *Harvard Crimson*, 13 de dezembro de 1957.

45. FDR para SDR, 30 de abril de 1901, Elliott Roosevelt (ed.) *F.D.R.: His Personal Letters: Early Years*, p. 456.

46. FDR para SDR e James Roosevelt, 4 de junho de 1897, ibid., p. 110.

47. Boffey, "FDR at Harvard."

48. FDR para SDR, 30 de abril de 1901, Elliott Roosevelt (ed.) *F.D.R.: His Personal Letters: Early Years*, pp. 456-57.

49. Editorial, *Harvard Crimson*, 8 de outubro de 1903, ibid., p. 509.

50. Bernard Asbell, *The F.D.R. Memoirs* (Garden City: Doubleday, 1973), p. 85.

51. Frank Oilbert, "FDR Headed Crimson", *Harvard Crimson*, 11 de dezembro de 1950.

52. Rev. W. Russell Bowie, citado em id.

53. FDR para SDR, 4 de dezembro de 1903, Elliott Roosevelt (ed.) *F.D.R.: His Personal Letters: Early Years*, p. 518.

54. Eleanor Roosevelt, *This Is My Story* (Nova York: Harper & Brothers, 1937), p. 65.

55. Lash, *Eleanor and Franklin*, p. 74.

56. Ibid., p. 87.

57. ER, *This Is My Story*, p. 111.

58. Arthur Schlesinger Jr., *The Age of Roosevelt*, vol. 1: *The Crisis of the Old Order, 1919-1933* (Nova York: Mariner, 2003), p. 323.

59. Nathan Miller, *FDR: An Intimate History* (Nova York: Madison Books, 1983), p. 51.

60. Eleanor Roosevelt e Helen Ferris, *Your Teens and Mine* (Garden City: Doubleday, 1961), p. 181.
61. Lash, *Eleanor and Franklin*, p. 107.
62. Ibid., p. 109.
63. Ward, *A First-Class Temperament*, p. 86.
64. Lash, *Eleanor and Franklin*, p. 138.
65. Ibid., pp. 138, 139, 141.
66. TR para Francis Markue Scott, 30 de outubro de 1884, *LTR* 1:84.
67. *Harvard Alumni Bulletin*, 28 de abril de 1945, pp. 451-52.
68. Jean Edward Smith, *FDR* (Nova York: Random House, 2007), p. 64.
69. Entrevista com Mack, 1º de fevereiro de 1949, Coleção de História Oral, FDRL.
70. Id.
71. SDR, *My Boy Franklin*, p. 70.
72. *Poughkeepsie-Eagle News*, 7 de outubro de 1910.
73. SDR, *My Boy Franklin*, pp. 73-74.
74. *The Franklin D. Roosevelt Collector* (maio de 1949), p. 4.
75. Smith, *FDR*, p. 66.
76. ER, *This Is My Story*, p. 167.
77. Entrevista com Tom Leonard, 11 de janeiro de 1949, Coleção de História Oral, FDRL.
78. *The FDR Collector* (maio de 1949), p. 3.
79. Ward, *A First-Class Temperament*, p. 122.
80. Frank Freidel, *Franklin D. Roosevelt: The Apprenticeship* (Boston: Little, Brown, 1952), p. 92.
81. *Poughkeepsie Eagle-News*, 19 de novembro de 1910.
82. *NYT*, 22 de janeiro de 1911.
83. "Notable New Yorkers", Reminiscences of Frances Perkins (1951-1955), Parte 1, Sessão 1, p. 240, OHRO/CUL.
84. Perkins, *The Roosevelt I Knew*, p. 11.
85. Edmund R. Terry, "The Insurgents at Albany", *The Independent* (julho—setembro de 1911), p. 115.
86. Burns and Dunn, *The Three Roosevelts*, p. 121.
87. Carroll Kilpatrick, *Roosevelt and Daniels, a Friendship in Politics* (Chapel Hill: University of North Carolina Press, 1952), p. xii.
88. SDR, *My Boy Franklin*, p. 30.
89. Ward, *A First-Class Temperament*, p. 173.

90. Graham e Wander (ed.) *Franklin D. Roosevelt*, p. 280.
91. TR para FDR, *LTR*, 7:714.
92. Gunther, *Roosevelt in Retrospect*, p. 211.
93. Blaine Taylor, "Rehearsal of Glory: FDR as Assist. Sec. of the U.S. Navy", *Sea Classics* 33, n. 7 (julho de 2000).
94. James Tertius de Kay, *Roosevelt's Navy: The Education of a Warrior President, 1882-1920* (Nova York: Pegasus, 2012), p. 55.
95. Ibid., p. 53.
96. Ernest K. Lindley, *Franklin D. Roosevelt: A Career in Progressive Democracy* (Indianapolis: Bobbs-Merrill, 1931), p. 124.
97. Ibid., p. 117.
98. Rex W. Tugwell, *The Democratic Roosevelt* (Baltimore: Penguin, 1957), p. 100.
99. Lindley, *Franklin D. Roosevelt*, p. 126.
100. Freidel, *Franklin D. Roosevelt: The Apprenticeship*, pp. 322-23.
101. ER, *This Is My Story*, p. 192.
102. James Tobin, *The Man He Became* (Nova York: Simon & Schuster, 2013), p. 55
103. Lela Stiles, *The Man behind Roosevelt: The Story of Louis McHenry Howe* (Nova York: World, 1954), p. 24.
104. Ward, *A First-Class Temperament*, p. 199.
105. Alfred B. Rollins Jr., *Roosevelt and Howe* (Nova York: Alfred A. Knopf, 1962), p. 75.
106. Taylor, "Rehearsal of Glory: FDR as Assist. Sec. of the U.S. Navy."
107. Kilpatrick, *Roosevelt and Daniels*, p. 31.
108. Gunther, *Roosevelt in Retrospect*, p. 211.
109. Lindley, *Franklin D. Roosevelt*, p. 140.
110. Stanley Weintraub, *Young Mr. Roosevelt: FDR's Introduction to War, Politics, and Life* (Nova York: Da Capo, 2013), p. 25.
111. Elliott Roosevelt (ed.) *F.D.R.: His Personal Letters: 1905-1928* (Nova York: Duell, Sloan & Pearce, 1947), vol. 2, p. 489.
112. Gunther, *Roosevelt in Retrospect*, p. 216.
113. Stiles, *The Man behind Roosevelt*, p. 68.
114. Frank Freidel, *Franklin D. Roosevelt: The Ordeal* (Boston: Little, Brown, 1954), p. 70.
115. Stiles, *The Man behind Roosevelt*, p. 70.

116. Linda Lotridge Levin, *The Making of FDR: The Story of Stephen Early, America's First Modern Press Secretary* (Nova York: Prometheus, 2008), p. 61.
117. Gunther, *Roosevelt in Retrospect*, p. 216.
118. Freidel, *Franklin D. Roosevelt: The Ordeal*, p. 77.
119. Julie M. Fenster, *FDR's Shadow: Louis Howe, the Force That Shaped Franklin and Eleanor Roosevelt* (Nova York: St. Martin's Griffin, 2009), p. 121.
120. Freidel, *Franklin D. Roosevelt: The Ordeal*, p. 81.
121. Levin, *The Making of FDR*, p. 59.
122. Freidel, *FDR: The Ordeal*, p. 90.
123. Fenster, *FDR's Shadow*, p. 122.
124. *Ogden [Utah] Standard-Examiner*, 16 de maio de 1934.
125. *NYT*, 27 de novembro de 1932.

CAPÍTULO 4

Lyndon: "Um motor a vapor de calças"

1. Robert Caro, *The Years of Lyndon Johnson: The Path to Power* (Nova York: Vintage, 1990), p. 202.
2. Tarbell, *The Early Life of Abraham Lincoln*, p. 155.
3. Entrevista com Welly Hopkins, 11 de maio de 1965, LBJOH.
4. Robert Dallek, *Lone Star Rising: Lyndon Johnson and His Times, 1908-1960* (Nova York: Oxford University Press, 1991), p. 86.
5. Entrevista com Hopkins, 11 de maio de 1965, LBJOH.
6. Dallek, *Lone Star Rising*, p. 87.
7. DKG, *LJAD*, p. 35.
8. Conversas da autora com LBJ durante o período passado em seu rancho entre 1968 e 1971 (Conversas DKG/LBJ) e citadas extensivamente em DKG, *LJAD*.
9. Alfred Steinberg, *Sam Johnson's Boy: A Close-up of the President from Texas* (Nova York: Macmillan, 1968), p. 26.
10. Dallek, *Lone Star Rising*, p. 46.
11. Caro, *The Path to Power*, p. 82.
12. Ibid., p. 76.
13. Ibid., p. 71.
14. Conversas DKG/LBJ.

15. Id.

16. Rebekah Baines Johnson, *A Family Album* (Nova York: McGraw-Hill, 1965), p. 29.

17. Dallek, *Lone Star Rising*, p. 27.

18. Rebekah Baines Johnson, *A Family Album*, p. 25.

19. Ibid., p. 30.

20. Dallek, *Lone Star Rising*, p. 28.

21. Conversas DKG/LBJ.

22. Dallek, *Lone Star Rising*, p. 32.

23. Conversas DKG/LBJ.

24. Id.

25. Id.

26. DKG, *LJAD*, p. 25.

27. Conversas DKG/LBJ.

28. Caro, *The Path to Power*, p. 71.

29. Larry King, "Bringing up Lyndon", *Texas Monthly*, janeiro de 1976, http://www.texasmonthly.com/issue/january-1976.

30. *Time*, 21 de maio de 1965.

31. Donald, *Lincoln*, p. 32.

32. Conversas DKG/LBJ.

33. Alfred B. Johnson "Boody", citado em Merle Miller, *Lyndon: An Oral Biography* (Nova York: G. P. Putnam's Sons, 1980), p. 28.

34. Conversas DKG/LBJ.

35. Mylton Kennedy, citado em Caro, *The Path to Power*, p. 153.

36. Steinberg, *Sam Johnson's Boy*, p. 41.

37. Helen Hofheinz, em Caro, *The Path to Power*, p. 194.

38. Henry Kyle, em ibid., p. 196.

39. LBJ, *College Star*, 19 de junho de 1929, citado em William C. Pool, Emmie Craddock e David E. Conrad, *Lyndon Baines Johnson: The Formative Years* (San Marcos: Southwest Texas State College Press, 1965), pp. 131-32.

40. Caro, *The Path to Power*, p. 170.

41. LBJ, "Presidential News Conference", 13 de março de 1965, *PPP*, 1:286.

42. *Time*, 21 de maio de 1965, p. 60.

43. "They Remember LBJ at Cotulla", *South Carolina News* (Florence, S.C.), 27 de janeiro de 1964, p. 12.

44. Dallek, *Lone Star Rising*, p. 79.

45. Conversas DKG/LBJ.

46. Caro, *The Path to Power*, p. 170.

47. Hopkins Interview, 11 de maio de 1965, LBJOH.

48. Welly Hopkins, citado em Caro, *The Path to Power*, p. 203.

49. Hopkins Interview, 11 de maio de 1965, LBJOH.

50. Steinberg, *Sam Johnson's Boy*, p. 53.

51. Entrevista com Gene Latimer, 4 de outubro de 1979, LBJOH.

52. Entrevista com Luther Jones, 1º de junho de 1969, LBJOH.

53. Entrevista com Latimer, 5 de outubro de 1979, LBJOH.

54. Entrevista com Jones, 13 de junho de 1969, LBJOH.

55. Entrevista com Latimer, 5 de outubro de 1979, LBJOH.

56. Entrevista com Latimer, 5 de outubro de 1979, LBJOH.

57. Conversas DKG/LBJ.

58. LBJ, citado em Merle Miller, *Lyndon*, p. 38.

59. Arthur Perry, em Booth Moody, *The Lyndon Johnson Story* (Nova York: Avon, 1964), p. 38.

60. Entrevista com Jones, 13 de junho de 1969, LBJOH.

61. Dallek, *Lone Star Rising*, p. 101.

62. Entrevista com Jones, 13 de junho de 1969, LBJOH.

63. Caro, *The Path to Power*, p. 235.

64. Eric F. Goldman, *The Tragedy of Lyndon Johnson* (Nova York: Alfred A. Knopf, 1969), p. 343.

65. Caro, *The Path to Power*, p. 299.

66. Merle Miller, *Lyndon*, p. 52.

67. Caro, *The Path to Power*, pp. 300-301.

68. LBJ, citado em id.

69. Entrevista com Latimer, 17 de agosto de 1971, LBJOH.

70. Entrevista com Jones, 13 de junho de 1969, LBJOH.

71. "Saving a 'Lost Generation' through the National Youth Administration", instituto Roosevelt, 19 de maio de 1911, http://rooseveltinstitute.org/saving-lost-generation-through-national-youth-administration/.

72. Tom Connally, citado em ibid., p. 340.

73. Dallek, *Lone Star Rising*, p. 120.

74. Entrevista com W. Sherman Birdwell Jr., 1º de abril de 1965, LBJOH.

75. Entrevista com Jones, 13 de junho de 1969, LBJOH.

76. Entrevista com Willard Deason, 11 de abril de 1969, LBJOH.

77. Luther Jones, citado em Caro, *The Path to Power*, p. 348.

78. Sugerido por Joe B. Frantz, entrevistador, em Entrevista com Deason, 11 de abril de 1969, LBJOH.
79. Dallek, *Lone Star Rising*, p. 143.
80. Ibid., p. 130.
81. Mary Henderson, citada em Caro, *The Path to Power*, p. 351.
82. Entrevista com Deason, 7 de maio de 1965, LBJOH.
83. Entrevista com Jesse Kellam, abril de 1965, LBJOH.
84. Willard Deason, em NYA Group, "Discussion Days in NYA: William Deason, J. J. Pickle, Ray Roberts, Fenner Roth, Albert Brisbin, C. P. Little", gravado em 1968 na casa de William S. White, LBJL.
85. Ray Roberts, em id.
86. Ernest Morgan, citado em Caro, *The Path to Power*, p. 352.
87. Daniel Pink, *Drive: The Surprising Truth about What Motivates Us* (Nova York: Riverhead Books, 2011), p. 174.
88. Brisbin, "Discussion Days in NYA", LBJL.
89. Entrevista com Jones, 13 de junho de 1969, LBJOH.
90. Entrevista com Birdwell, 1º de abril de 1965, LBJOH.
91. Brisbin, "Discussion Days in NYA", LBJL.
92. Roberts, em id.
93. Deason, em id.
94. White, em id.
95. Roberts, em id.
96. Conversas DKG/LBJ.
97. Caro, *The Path to Power*, p. 399.
98. Ibid., p. 393.
99. Conversas DKG/LBJ.
100. Entrevista com Jones, 13 de junho de 1969, LBJOH.
101. Conversas DKG/LBJ.
102. Entrevista com Jones, 13 de junho de 1969, LBJOH.
103. Steinberg, *Sam Johnson's Boy*, p. 110.
104. Entrevista com Birdwell, abril de 1965, LBJOH.
105. Id.
106. Sam Fore, em Merle Miller, *Lyndon*, p. 61.
107. Conversas DKG/LBJ.
108. Joe B. Frantz, entrevistador, em Entrevista com Willard Deason, 11 de abril de 1969, LBJOH.
109. Carroll Keach em Caro, *The Path to Power*, p. 426.

110. Entrevista com Deason, 11 de abril de 1969, LBJOH.

111. Carroll Keach, citada em Caro, *The Path to Power*, p. 426.

112. Tommy Corcoran, citado em ibid., p. 448.

113. Entrevista com Elizabeth Wickendham Goldschmidt, 6 de novembro de 1974, LBJOH.

114. William E. Leuchtenburg, *Franklin D. Roosevelt and the New Deal, 1932-1940* (Nova York: Harper Perennial, 2009), p. 157.

115. LBJ, citado em Merle Miller, *Lyndon*, p. 70.

116. Tommy Corcoran, citado em Dallek, *Lone Star Rising*, p. 180.

117. LBJ, citado em Merle Miller, *Lyndon*, p. 70.

118. Ronnie Dugger, *The Politician: The Life and Times of Lyndon Johnson* (Nova York: W. W. Norton, 1982), p. 212.

119. Michael Gillette, *Lady Bird: An Oral History* (Nova York: Oxford University Press, 2012), pp. 101-2.

120. LBJ, citado em Merle Miller, *Lyndon*, pp. 70-71.

121. Conversas DKG/LBJ.

122. Merle Miller, *Lyndon*, p. 72.

123. Dugger, *The Politician*, pp. 209-10.

124. Ibid., p. 210.

125. Merle Miller, *Lyndon*, p. 72.

126. Tommy Corcoran, em Dallek, *Lone Star Rising*, p. 162.

127. Entrevista com Elizabeth Rowe, 6 de junho de 1975, LBJOH.

128. Elizabeth Rowe, citado em Caro, *The Path to Power*, p. 453.

129. Ibid., p. 454.

130. Entrevista com Elizabeth Wickendham Goldschmidt, 6 de novembro de 1974, LBJOH.

131. Elliot Janeway, citado em Caro, *The Path to Power*, p. 449.

CAPÍTULO 5

Abraham Lincoln: "Devo morrer ou melhorar"

1. Warren Bennis e Robert J. Thomas, "Crucibles of Leadership", *Harvard Business Review*, setembro de 2002, https://hbr.org/2002/09/crucibles--of-leadership.

2. Jim Collins, *Good to Great* (Nova York: HarperCollins, 2001), p. 82.

3. Whitney, *Lincoln, The Citizen*, p. 142.

4. Mary Lincoln para Mercy Levering, dezembro de 1940, citada em Justin G. Turner e Linda Levitt Turner, *Mary Todd Lincoln: Her Life and Letters* (Nova York: Alfred A. Knopf, 1972), p. 516.

5. Speed, em *HI*, p. 430.

6. Douglas L. Wilson, *Lincoln before Washington: New Perspectives on the Illinois Years* (Urbana: University of Illinois Press, 1998), p. 105.

7. AL para Speed, 4 de julho de 1842, *CW*, 1:289.

8. Tarbell, *The Life of Abraham Lincoln*, vol. 1, p. 174.

9. AL para Joshua Speed, 4 de julho de 1842, *CW*, 1:282.

10. Ibid., 1:289.

11. Wilson, *Lincoln before Washington*, p. 101.

12. AL para Joshua Speed, 25 de fevereiro de 1842, *CW*, 1:281.

13. Shenk, *Lincoln's Melancholy*, p. 19.

14. AL para John T. Stuart, 23 de janeiro de 1841, *CW*, 1:229-30.

15. Speed, em *HI*, p. 474.

16. Michael Burlingame (ed.) *An Oral History of Abraham Lincoln: John Nicolay's Interviews and Essays* (Carbondale: Southern Illinois University Press, 1996), p. 2.

17. Wilson, *Lincoln before Washington*, p. 110.

18. Carl Sandburg, *Mary Lincoln: Wife and Mother* (Bedford: Applewood Books, 1995), p. 39.

19. Wilson, *Lincoln before Washington*, p. 110.

20. Speed, em *HI*, p. 197.

21. AL para Martin S. Morris, 26 de março de 1843, *CW*, 1:320.

22. Michael Burlingame, *Abraham Lincoln, a Life*, 2 volumes. (Baltimore: Johns Hopkins University Press, 2008), vol. 1, p. 185.

23. Ibid., p. 186.

24. Burlingame (ed.) *An Oral History of Abraham Lincoln*, p. 38.

25. AL para Joshua F. Speed, 25 de fevereiro de 1842, *CW*, 1:280.

26. AL para Joshua F. Speed, 4 de julho de 1842, *CW*, 1:289.

27. Mary Todd Lincoln, em *HI*, p. 357.

28. AL para Richard S. Thomas, 14 de fevereiro de 1843, *CW*, 1:307.

29. Burlingame, *The Inner World of Abraham Lincoln*, p. 236.

30. AL, "Speech in United States House of Representatives: The War with Mexico", 12 de janeiro de 1848, *CW*, 1:438-41.

31. Tarbell, *The Life of Abraham Lincoln*, vol. 2, p. 11.

32. Id.

33. Burlingame, *Abraham Lincoln, a Life*, vol. 1, p. 279.
34. Chris DeRose, *Congressman Lincoln: The Making of America's Greatest President* (Nova York: Threshold, 2013), p. 203.
35. Ibid., p. 206.
36. David Potter, *The Impending Crisis, America before the Civil War, 1848-1861* (Nova York: Harper & Row, 1976), p. 21.
37. AL para Joshua Speed, 24 de agosto de 1855, *CW*, 2:323.
38. DeRose, *Congressman Lincoln*, pp. 206-7.
39. AL, "Remarks and Resolution Introduced in United States House of Representatives Concerning Abolition of Slavery in the District of Columbia", 10 de janeiro de 1849, *CW*, 2:20.
40. Wendell Phillips, citado em Albert J. Beveridge, *Abraham Lincoln, 1809-1858*, 2 volumes. (Nova York: Houghton Mifflin, 1928), vol. 2, p. 185.
41. Burlingame, *The Inner World of Abraham Lincoln*, pp. 4-5.
42. Francis Fisher Browne, *The Every-Day Life of Abraham Lincoln: A Narrative and Descriptive Biography* (Chicago: Browne & Howell, 1914), p. 107.
43. AL, "To Jesse W. Fell, Enclosing Autobiography", 20 de dezembro de 1859, *CW*, 3: 511-12.
44. AL, "Fragment: Notes for a Law Lecture" [1º de julho de 1850?], *CW*, 2:81.
45. Herndon e Weik, *Herndon's Life of Lincoln*, p. 248.
46. Ibid., pp. 247-48.
47. Tarbell, *The Life of Abraham Lincoln*, vol. 2, pp. 36-38.
48. Jesse W. Weik, *The Real Lincoln: A Portrait* (Boston: Houghton Mifflin, 1922), p. 240.
49. AL, "Autobiography Written for John L. Scripps", *CW*, 4:62.
50. Herndon e Weik, *Herndon's Life of Lincoln*, p. 248.
51. Lawrence Weldon, citado em Tarbell, *The Life of Abraham Lincoln*, vol. 2, p. 6.
52. Ibid., vol. 1, p. 120.
53. Sandburg, *The Prairie Years*, vol. 1, p. 474.
54. Charles B. Strozier, *Lincoln's Quest for Union: Public and Private Meanings* (Chicago: University of Illinois Press, 1987), pp. 172-73.
55. Tarbell, *The Life of Abraham Lincoln*, vol. 2, p. 43.
56. Ibid., p. 45.

57. Whitney, *Life on the Circuit with Lincoln*, p. 114.
58. Tarbell, *The Life of Abraham Lincoln*, vol. 2, p. 49.
59. Herndon e Weik, *Herndon's Life of Lincoln*, pp. 249-50.
60. Tarbell, *The Life of Abraham Lincoln*, vol. 2, pp. 40-41.
61. Ibid., p. 38.
62. Ibid., p. 41.
63. Whitney, *Life on the Circuit with Lincoln*, p. 30.
64. Tarbell, *The Life of Abraham Lincoln*, vol. 2, p. 40.
65. AL, "Fragment: Notes for a Law Lecture", [1º de julho de 1850?], *CW*, 2:81.
66. AL para John M. Brockman, 25 de setembro de 1860, *CW*, 4: 121.
67. Henry Whitney, em Sandburg, *The Prairie Years*, vol. 1, p. 475.
68. AL, "Eulogy of Zachary Taylor", *CW*, 2:83-90.
69. AL, "Eulogy of Henry Clay", 6 de julho de 1852, *CW*, 2:125-26.
70. AL, "Eulogy of Henry Clay", 6 de julho de 1852, *CW*, 2:127.
71. Debate na Câmara dos Representantes, 13 de dezembro de 1849, *Congressional Globe*, 31º Congresso, 1ª Sessão, p. 28.
72. Robert Vincent Remini, *Henry Clay: Statesman of the Union* (Nova York: W. W. Norton, 1991), p. 192.
73. AL, "Speech at Peoria, Ill.", *CW*, 2: 253.
74. Herndon e Weik, *Herndon's Life of Lincoln*, p. 292.
75. Id.
76. Herndon e Weik, *Herndon's Life of Lincoln*, p. 294.
77. John G. Nicolay e John Hay, *Abraham Lincoln: A History* (Nova York: Century, 1890), vol. 1, p. 392.
78. Herndon e Weik, *Herndon's Life of Lincoln*, p. 478.
79. Tarbell, *The Life of Abraham Lincoln*, vol. 1, p. 43.
80. AL, "Fragment on Slavery", [1º de abril de 1854?], *CW*, 2: 222.
81. AL, "Fragment on Stephen A. Douglas", [dezembro de 1856?], *CW*, 2:382-83.
82. Lewis E. Lehrman, *Lincoln at Peoria: The Turning Point* (Mechanicsburg: Stackpole Books, 2008), p. 53.
83. AL, "Speech at Peoria, Ill.", 16 de outubro de 1854, *CW*, 2:247-48.
84. James M. Rice, citado em Lehrman, *Lincoln at Peoria*, p. 59.
85. AL, "Speech at Peoria, Ill.", 16 de outubro de 1854, *CW*, 2:275, 274.
86. Ibid., p. 275.

87. AL, "Editorial on the Kansas-Nebraska Act", 11 de setembro de 1854, *CW*, 2:230.

88. Tarbell, *The Life of Abraham Lincoln*, vol. 2, p. 49.

89. AL, "Speech at Peoria, Ill.", 16 de outubro de 1854, *CW*, 2:265, 272, 276.

90. Ibid., p. 255.

91. Ibid., p. 276.

92. Tarbell, *The Life of Abraham Lincoln*, vol. 2, p. 75.

93. Burlingame, *Abraham Lincoln, a Life*, vol. 1, p. 387.

94. White, *Abraham Lincoln in 1854*, p. 10.

95. Tarbell, *The Life of Abraham Lincoln*, vol. 2, p. 75.

96. *The Journals and Miscellaneous Notebooks of Ralph Waldo Emerson*, vol. 11, *1848-1851* (Cambridge: Belknap Press of Harvard University Press, 1975), p. 341.

97. Walter Benjamin, "The Storyteller", em Dorothy J. Hale (ed.) *The Novel: An Anthology of Criticism and Theory, 1900-2000* (Malden, Mass.: Blackwell, 2006), pp. 364, 378.

98. Gillespie, em *HI*, p. 182.

99. AL para Elihu B. Washburne, 9 de fevereiro de 1855, *CW*, 2:304.

100. Ibid., 2:306.

101. AL, "Speech at Springfield, Illinois", 16 de junho de 1858, *CW*, 2:461.

102. Tarbell, *The Life of Abraham Lincoln*, vol. 2, p. 116.

103. Sandburg, *The Prairie Years*, vol. 2, p. 167.

104. AL para Anson G. Henry, 4 de novembro de 1858, *CW*, 3:335-36.

105. AL para Charles H. Ray, 20 de novembro de 1858, *CW*, 3:342.

106. Tarbell, *The Life of Abraham Lincoln*, vol. 2, p. 116.

107. AL, citado por Jesse W. Fell, em Osborn H. Oldroyd, *The Lincoln Memorial: Album-Immortelles* (Nova York: G. W. Carleton & Co., 1882), p. 474.

108. AL para James Berdan, 15 de janeiro de 1879, *CW*, 4:33-34.

109. Tarbell, *The Life of Abraham Lincoln*, vol. 3, p. 188.

110. AL, "Address at Cooper Institute, New York City", 27 de fevereiro de 1860, *CW*, 3:535.

111. *Chicago Daily Press and Tribune*, 16 de maio de 1860.

114. AL para Norman B. Judd, 9 de fevereiro de 1960, *CW*, 3:517.

115. William Eldon Baringer, *Lincoln's Rise to Power* (Boston: Little, Brown, 1937), p. 186.

116. Whitney, *Lincoln, the Citizen*, p. 266.

117. Murat Halstead; William B. Hesseltine (ed.) *Three against Lincoln: Murat Halstead Reports the Caucuses of 1860* (Baton Rouge: Louisiana State University Press, 1960), p. 159.

118. AL para Salmon P. Chase, 26 de maio de 1860, *CW*, 4:53.

119. AL para Anson G. Henry, 4 de julho de 1860, *CW*, 4:82.

120. AL, "Speech at New Haven, Conn.", 6 de março de 1860, *CW*, 4:24.

121. Jacob Bunn citado em Paul M. Angle (ed.) *Abraham Lincoln by Some Men Who Knew Him* (Chicago: Americana House, 1950), p. 108.

122. Herndon e Weik, *Herndon's Life of Lincoln*, p. 372.

123. AL, "Eulogy on Henry Clay", 6 de julho de 1852, *CW*, 2:129.

CAPÍTULO 6
Theodore Roosevelt: "A luz saiu de minha vida"

1. Putnam, *Theodore Roosevelt*, p. 386.

2. TR, diário particular, 14 de fevereiro de 1884, TRP.

3. Ibid., 16 de fevereiro de 1884.

4. TR, *In Memory of My Darling Wife Alice Hathaway Roosevelt and of My Beloved Mother Martha Bulloch Roosevelt who died in the same house and on the same day on February 14, 1884* (Nova York: G. P. Putnam's Sons, s.d.), TRP.

5. Sewall, *Bill Sewall's Story of Theodore Roosevelt*, p. 11.

6. *The Sun* (Nova York), 17 de fevereiro de 1884.

7. Sewall, *Bill Sewall's Story of Theodore Roosevelt*, pp. 11-12.

8. TR para Carl Schurz, 21 de fevereiro de 1884, *LTR*, 1:66.

9. Hagedorn, Hunt e Spinney, "Memo of Conversation at Dinner at the Harvard Club."

10. TR para ARC, 26 de março de 1884, citado em Putnam, *Theodore Roosevelt*, p. 395.

11. TR para Simon Dexter North, 30 de abril de 1884, *LTR*, 1:66.

12. Discurso sem data, Charles Evans Hughes, Biblioteca Houghton, TRC.

13. TR para ARC, 8 de junho de 1884, *LTR*, 1:70.

14. Morris, *The Rise of Theodore Roosevelt*, p. 258.

15. *NYT*, citado em Putnam, *Theodore Roosevelt*, p. 464.

16. TR, entrevista para o *Boston Herald*, 20 de julho de 1884, citado em *WTR*, 14:40.

17. *Boston Globe*, 11 de junho de 1884, citado em Putnam, *Theodore Roosevelt*, p. 463.

18. TR para Simon North, 30 de abril de 1884, *LTR*, 1:66.

19. TR para HCL, 24 de agosto de 1884, *LTR*, 1:80.

20. TR para Bamie, de agosto de 12, 1884, em Theodore Roosevelt, *Letters from Theodore Roosevelt to Anna Roosevelt Cowles, 1870-1918* (Nova York: Charles Scribner's Sons, 1924), p. 61.

21. Putnam, *Theodore Roosevelt*, p. 444.

22. Ibid., p. 468.

23. Hermann Hagedorn, *Roosevelt in the Badlands* (Nova York: Houghton Mifflin, 1921), p. 165.

24. Theodore Roosevelt, *The New Nationalism* (Nova York: Outlook, 1909), p. 106.

25. TR, citado por Albert B. Fall, em Frederick S. Wood, *Roosevelt as We Knew Him* (Philadelphia: John C. Winston, 1927), p. 12.

26. Morris, *The Rise of Theodore Roosevelt*, pp. 209-10.

27. Sewall, *Bill Sewall's Story of Theodore Roosevelt*, p. 12.

28. Ibid., p. 92.

29. A. T. Packer, "Roosevelt's Ranching Days", *Saturday Evening Post*, 4 de março de 1905, p. 13.

30. Sewall, *Bill Sewall's Story of Theodore Roosevelt*, p. 47.

31. Edward Schapsmeier e Frederick H. Schapsmeier, "TR's Cowboy Years", em Natalie Naylor, Douglas Brinkley e John Allen Gable (ed.) *Theodore Roosevelt: Many-Sided American* (Interlaken: Heart of the Lakes, 1992), p. 148.

32. TR para ALC, 20 de setembro de 1884, *LTR, vol.* 1, p. 82.

33. Theodore Roosevelt, Hermann Hagedorn e G. B. Grinnell, *Hunting Trips of a Ranchman: Ranch Life and the Hunting Trail* (Nova York: Charles Scribner's Sons, 1927), p. 329.

34. Discurso sem data, Charles Evans Hughes, Biblioteca Houghton, TRC.

35. CRR, em Dalton, *Theodore Roosevelt*, p. 52.

36. Sewall, *Bill Sewall's Story of Theodore Roosevelt*, p. 41.

37. Putnam, *Theodore Roosevelt*, p. 530.

38. Sewall, *Bill Sewall's Story of Theodore Roosevelt*, p. 41.

39. From *Pittsburgh Dispatch*, 23 de agosto de 1885, citado em Putnam, *Theodore Roosevelt*, p. 530.

40. TR, *An Autobiography*, p. 27.

41. Ibid., p. 52.

42. Frances Theodora Parsons, *Perchance Some Day* (edição do autor, 1952), p. 28.

43. TR, *An Autobiography*, p. 32.
44. Jon A. Knokey, *Theodore Roosevelt and the Making of American Leadership* (Nova York: Skyhorse, 2015), pp. 144-45.
45. TR, citado em Douglas Brinkley, *The Wilderness Warrior: Theodore Roosevelt and the Crusade for America* (Nova York: HarperCollins, 2009), p. 161.
46. TR, *An Autobiography*, pp. 52-53.
47. *NYT* editorial, citado em Strock, *Theodore Roosevelt on Leadership*, p. 50.
48. CRR, *My Brother, Theodore Roosevelt*, p. 150.
49. "Roosevelt National Park, North Dakota", National Park Service, Go https://www.nps.gov/nr/travel/presidents/t_roosevelt_park.html.
50. TR para CRR, 7 de março de 1908, *LTR*, 6:966.
51. Putnam, *Theodore Roosevelt*, p. 170.
52. EKR para TR, 8 de junho de 1886, Derby Papers, TRC.
53. TR para HCL, 20 de agosto de 1886, *LTR*, 1:109.
54. TR para HCL, 17 de outubro de 1886, *LTR*, 1:111.
55. Grondahl, *I Rose Like a Rocket*, p. 212.
56. TR para HCL, 9 de dezembro de 1896, *LTR*, 1:570.
57. Steffens, *The Autobiography of Lincoln Steffens*, vol. 1, p. 260.
58. TR, *An Autobiography*, p. 337.
59. Riis, *Theodore Roosevelt, the Citizen*, p. 154.
60. TR, "The Merit System versus the Patronage System", *Century Magazine* (fevereiro de 1890), p. 628.
61. TR para HCL, 29 de junho de 1889, *LTR*, 1:167.
62. *WP*, 17 de maio de 1889.
63. TR, "The Merit System versus the Patronage System", p. 629.
64. TR para HCL, 29 de junho de 1889, *LTR*, 1:167.
65. Edward P. Kohn, *Heir to the Empire City: New York and the Making of Theodore Roosevelt* (Nova York: Basic Books, 2014), p. 132.
66. TR para HCL, 29 de junho de 1889, *LTR*, 1:167.
67. *Galveston Daily News*, 27 de janeiro de 1890.
68. Riis, *Theodore Roosevelt, the Citizen*, p. 105.
69. Citado em William Henry Harbaugh, *Power and Responsibility: The Life and Times of Theodore Roosevelt* (Nova York: Farrar, Straus & Cudahy, 1961), p. 80.
70. TR para ARC, 24 de maio de 1891, em Theodore Roosevelt, *Letters from Theodore Roosevelt to Anna Roosevelt Cowles, 1870-1918*, p. 117.

71. *Washington Post*, 6 de maio de 1890.

72. *Ohio Democrat*, 27 de novembro de 1890.

73. *Boston Evening Times*, 29 de outubro de 1890, TR scrapbook, TRC.

74. Riis, *Theodore Roosevelt, the Citizen*, p. 106.

75. TR para ARC, 19 de maio de 1895, *LTR*, 1:458.

76. Riis, *Theodore Roosevelt, the Citizen*, p. 122.

77. Steffens, *The Autobiography of Lincoln Steffens*, vol. 1, pp. 257-58.

78. TR, *An Autobiography*, pp. 170-71.

79. Steffens, *The Autobiography of Lincoln Steffens*, vol. 1, p. 257.

80. Joseph Bucklin Bishop, *Theodore Roosevelt and His Time, Shown in His Letters*, 2 volumes. (Nova York: Charles Scribner's Sons, 192), vol. 1, p. 63.

81. Riis, *Theodore Roosevelt, the Citizen*, p. 131.

82. Knokey, *Theodore Roosevelt and the Making of American Leadership*, p. 186.

83. Avery Andrews, "Citizen in Action: The Story of TR as Police Commissioner", manuscrito não publicado, s.d., p. 8, TRC.

84. Morris, *The Rise of Theodore Roosevelt*, pp. 506-7.

85. Lincoln Steffens, Álbum 1, Arquivos Lincoln Steffens.

86. TR para ARC, 23 de junho de 1895, *LTR*, 1:463.

87. Andrews, "Citizen in Action", TRC.

88. Knokey, *Theodore Roosevelt and the Making of American Leadership*, p. 193.

89. *New York Sun*, 8 de junho de 1895, Álbum de recortes, TRC.

90. Knokey, *Theodore Roosevelt and the Making of American Leadership*, p. 194.

91. Andrews, "Citizen in Action", TRC.

92. *New York Sun*, 8 de junho de 1895, Álbum de recortes, TRC.

93. Knokey, *Theodore Roosevelt and the Making of American Leadership*, p. 195.

94. Morris, *The Rise of Theodore Roosevelt*, p. 510.

95. TR, *An Autobiography*, pp. 176-77.

96. Riis, *Theodore Roosevelt, the Citizen*, p. 139.

97. Dalton, *Theodore Roosevelt*, p. 157.

98. Ibid., p. 159.

99. TR para Anna Roosevelt, 23 de junho de 1895, *LTR*, 1:463.

100. Riis, *Theodore Roosevelt, the Citizen*, p. 144.

101. Jacob A. Riis, *The Making of an American* (Nova York: Macmillan, 1904), p. 235.

102. Ibid., p. 343.

103. Riis, *Theodore Roosevelt, the Citizen*, p. 138.

104. TR, *An Autobiography*, p. 189.

105. TR para Carl Schurz, 6 de agosto de 1895, *LTR*, 1:472.

106. Andrews, "Citizen in Action", TRC.

107. TR para Anna Roosevelt, 30 de junho de 1895, *LTR*, 1:463.

108. TR para HCL, 20 de julho de 1895, *LTR*, 1:469.

109. TR para HCL, 22 de agosto de 1895, em Henry Cabot Lodge, *Selections from the Correspondence of Theodore Roosevelt and Henry Cabot Lodge: 1884-1918* (Nova York: Charles Scribner's Sons, 1925), vol. 1, p. 164.

110. TR para ARC, 30 de junho de 1895, *LTR*, 1:463.

111. Andrews, "Citizen in Action", TRC.

112. Jacob A, Riis, *How the Other Half Lives: Studies among the Tenements of New York* (Nova York: Charles Scribner's Sons, 1914), p. 241.

113. Riis, *Theodore Roosevelt, the Citizen*, p. 142.

114. *NYT*, 26 de setembro de 1895.

115. Id.

116. *Daily Republican* (Decatur, Ill.), 27 de setembro de 1895.

117. *Chicago Evening Journal*, reimpresso em id.

118. TR para HCL, 11 de outubro de 1895, *LTR*, 1:484.

119. TR para HCL, 15 de outubro de 1895, *LTR*, 1:486.

120. Steffens, *The Autobiography of Lincoln Steffens*, vol. 1, p. 181.

121. TR para ARC, 19 de novembro de 1895, TR, *Letters from Theodore Roosevelt to Anna Roosevelt Cowles*, p. 164.

122. HCL to ARC, [dezembro de 1895], citado em Lilian Rixey, *Bamie: Theodore Roosevelt's Remarkable Sister* (Nova York: D. McKay, 1963), p. 89.

123. Knokey, *Theodore Roosevelt and the Making of American Leadership*, p. 199.

124. Sewall, *Bill Sewall's Story of Theodore Roosevelt*, p. 105.

125. TR para ARC, 4 de outubro de 1896, TR, *Letters from Theodore Roosevelt to Anna Roosevelt Cowles*, p. 194.

126. Albert B. Cummins, em Wood, *Roosevelt as We Knew Him*, p. 42.

127. TR para HCL, 4 de dezembro de 1896, *LTR*, 1:568.

128. H. Paul Jeffers, *Colonel Roosevelt: Theodore Roosevelt Goes to War, 1897-1898* (Nova York: John Wiley & Sons, 1996), p. 22.

129. TR para HCL, 4 de dezembro de 1896, *LTR*, 1:568.

130. Stephen R. Covey, *The 7 Habits of Highly Effective People: Restoring the Character Ethics* (Nova York: Free Press, 2004), p. 188.

131. Jeffers, *Colonel Roosevelt*, p. 31.

132. John D. Long Diary, 26 de fevereiro de 1897, citado em Knokey, *Theodore Roosevelt and the Making of American Leadership*, p. 238.

133. Jeffers, *Colonel Roosevelt*, p. 42.

134. TR, "Address to Naval War College", 2 de junho de 1897, em Bishop, *Theodore Roosevelt and His Time*, vol. 1, pp. 74-75.

135. Laura Ross (ed.) *A Passion to Lead: Theodore Roosevelt in His Own Words* (Nova York: Sterling Signature, 2012), p. 66.

136. TR para Bellamy Storer, 19 de agosto de 1897, *LTR*, 1:655.

137. TR para ARC, 1º de agosto de 1897, TR, *Letters from Theodore Roosevelt to Anna Roosevelt Cowles*, p. 208.

138. TR para HCL, 22 de julho de 1891, *LTR*, 1:256.

139. TR, *An Autobiography*, p. 213.

140. TR para John D. Long, 9 de agosto de 1897, *LTR*, 1:642.

141. TR para Long, 15 de agosto de 1897, *LTR*, 1:651.

142. TR para Long, 15 de setembro de 1897, *LTR*, 1:676.

143. TR para Long, 5 de agosto de 1897, *LTR*, 1:651.

144. Burns and Dunn, *The Three Roosevelts*, p. 47.

145. TR para Long, 18 de setembro de 1897, *LTR*, 1:681.

146. TR para Long, 3 de janeiro de 1898, *LTR*, 1:751.

147. TR para Long, 14 de janeiro de 1898, *LTR*, 1:759.

148. Pringle, *Theodore Roosevelt*, p. 176.

149. Knokey, *Theodore Roosevelt and the Making of American Leadership*, p. 210.

150. Bishop, *Theodore Roosevelt and His Time*, vol. 1, p. 86.

151. John D. Long Diary, 26 de fevereiro de 1897, em Stefan Lorant, *The Life and Times of Theodore Roosevelt* (Garden City: Doubleday, 1959), p. 390.

152. TR para George Dewey, 25 de fevereiro de 1898, *LTR*, 1:784.

153. Long Diary, 26 de fevereiro de 1898, citado em Knokey, *Theodore Roosevelt and the Making of American Leadership*, p. 238.

154. Long Diary, 26 de fevereiro de 1898, citado em Lorant, *The Life and Times of Theodore Roosevelt*, p. 390.

155. Ray Stannard Baker, "TR", *McClure's* (novembro de 1890), p. 23.

156. Citado em Knokey, *Theodore Roosevelt and the Making of American Leadership*, p. 239.

157. Winthrop Chanler para Margaret Chanler, 29 de abril de 1898, em Winthrop Chanler e Margaret Chanler, *Winthrop Chanler's Letters* (edição do autor, 1951), p. 68.

158. Sewall, *Bill Sewall's Story of Theodore Roosevelt*, p. 102.

159. Long Diary, 25 de abril de 1898, citado em Lorant, *The Life and Times of Theodore Roosevelt*, p. 293.

160. TR para Alexander Lambert, 1º de abril de 1898, *LTR*, 2:807.

161. Sewall, *Bill Sewall's Story of Theodore Roosevelt*, p. 103.

162. Lawrence Abbott (ed.) *The Letters of Archie Butt, Personal Aide to President Roosevelt* (Nova York: Doubleday, Page, 1924), p. 146.

163. Morris, *The Rise of Theodore Roosevelt*, p. 613.

164. TR, *An Autobiography*, p. 218.

165. Ibid., p. 219.

166. Theodore Roosevelt, *The Rough Riders* (Nova York: P. F. Collier & Sons, 1899), p. 22.

167. Evan Thomas, *The War Lovers: Roosevelt, Lodge, Hearst, and the Rush to Empire, 1898* (Boston: Little, Brown, 2014), p. 263.

168. TR, "Fellow-Feeling", janeiro de 1900, *WTR*, 13:355.

169. TR para HCL, 18 de maio de 1898, em Lodge, *Selections from the Correspondence of Theodore Roosevelt and Henry Cabot Lodge*, 1:298.

170. TR, *The Rough Riders*, p. 178.

171. Pringle, *Theodore Roosevelt*, pp. 186-87.

172. TR, *The Rough Riders*, pp. 178-79.

173. Richard Harding Davis, *The Cuban and Puerto Rican Campaigns* (Nova York: Charles Scribner's Sons, 1898), p. 170.

174. Ibid., p. 170.

175. Edward Marshall, *The Story of the Rough Riders, 1st U.S. Volunteer Cavalry: The Regiment in Camp and on the Battle Field* (Nova York: G. W. Dillingham, 1899), p. 104.

176. TR, *An Autobiography*, p. 242.

177. Marshall, *The Story of the Rough Riders*, p. 104.

178. Pringle, *Theodore Roosevelt*, p. 181.

179. Knokey, *Theodore Roosevelt and the Making of American Leadership*, p. 341.

180. TR, *An Autobiography*, p. 249.

181. Arthur Lubow, *The Reporter Who Would Be King: A Biography of Richard Harding Davis* (Nova York: Scribner, 1992), p. 185.
182. Richard Harding Davis, *The Cuban and Puerto Rican Campaigns*, p. 30.
183. Riis, *Theodore Roosevelt, the Citizen*, p. 167.
184. Thomas, *The War Lovers*, p. 325.
185. Richard Harding Davis, *The Cuban and Puerto Rican Campaigns*, p. 170.
186. Lubow, *The Reporter Who Would Be King*, p. 185.
187. Lincoln Steffens, "Theodore Roosevelt, Governor", *McClure's* (May 1899), p. 57.
188. TR para Theodore (Ted) Roosevelt, Jr., 4 de outubro de 1903, contêiner 7, Arquivos TR Jr., LC.
189. Steffens, "Theodore Roosevelt, Governor", p. 60.
190. TR para HCL, 16 de outubro de 1898, *LTR*, 2:885.
191. *Commercial Advertiser* (Chicago), 26 de outubro de 1898.
192. TR para Cecil Spring Rice, 25 de novembro de 1898, *LTR*, 2:888.
193. TR para Seth Low, 3 de agosto de 1900, *LTR*, 2:1372.
194. AL para Capt. James M. Cutts, 26 de outubro de 1863, *CW*, 6:538.
195. "A Day with Governor Roosevelt", *NYT, Illustrated Magazine*, 23 de abril de 1899.
196. "Roosevelt 'Big Stick' Speech at State Fair", 3 de setembro de 1901, reimpresso em *Star Tribune* (Minneapolis), 2 de setembro de 2014.
197. Id.
198. TR, *An Autobiography*, p. 275.
199. Ibid., p. 308.
200. TR para Thomas Collier Platt, 8 de maio de 1899, *LTR*, 2:1004.
201. TR, *An Autobiography*, p. 308.
202. Thomas Platt to TR, 6 de maio de 1899, TRC.
203. TR, *An Autobiography*, p. 300.
204. TR, *An Autobiography*, p. 291.
205. Morris, *The Rise of Theodore Roosevelt*, p. 728.
206. TR para Henry Sprague, 26 de janeiro de 1900, *LTR*, 2:1141.
207. TR para Josephine Shaw Lowell, 20 de fevereiro de 1900, *LTR*, 2:1197.
208. Louis J. Lang (ed.) *The Autobiography of Thomas Collier Platt* (Nova York: B. W. Dodge, 1910), pp. 274-75.
209. Lincoln Steffens, "Governor Roosevelt", *Mc-Clure's* (junho de 1900), p. 112.

210. TR para William McKinley, 21 de junho de 1900, citado em nota, *LTR*, 2:1337.
211. TR para HCL, 2 de fevereiro de 1900, *LTR*, 2:1160.
212. TR, citado em *The World* (Nova York), 18 de junho de 1900.
213. Riis, *Theodore Roosevelt, the Citizen*, p. 235.
214. Edith Carow Roosevelt, citado em Stacy A. Cordery, *Alice: Alice Roosevelt Longworth, from White House Princess to Washington Power Broker* (Nova York: Viking, 2007), p. 40.
215. TR para Taft, 12 de março de 1901, *LTR*, 3:11.
216. TR para Charles Wood, 23 de outubro de 1899, *LTR*, 2:108.
217. H. H. Kohlstat, *From McKinley to Harding: Personal Recollections of Our Presidents* (Nova York: Charles Scribner's Sons, 1923), p. 101.

CAPÍTULO 7
Franklin Roosevelt: "Acima de tudo, tente algo"

1. Gunther, *Roosevelt in Retrospect*, p. 201.
2. Perkins, parte 2, p. 69, OHRO/CUL.
3. Ward, *A First-Class Temperament*, p. 583.
4. Ibid., p. 584.
5. Burns e Dunn, *The Three Roosevelts*, p. 79.
6. Ivan Turgenev, *Sketches from a Hunter's Album*, traduzido com introdução e notas de Richard Freeborn (Nova York: Penguin, 1990), p. 227.
7. Ward, *A First-Class Temperament*, p. 604.
8. Ward, *Before the Trumpet*, p. 145.
9. TR para Walter Camp, 28 de setembro de 1921, em Elliott Roosevelt (ed.) *F.D.R.: His Personal Letters, 1905-1928* (Nova York: Duell, Sloan & Pearce, 1947), p. 530.
10. Gunther, *Roosevelt in Retrospect*, p. 229.
11. ER, Introduction, em Elliott Roosevelt (ed.) *F.D.R.: Personal Letters, 1905-1928*, p. xviii.
12. Schlesinger, *The Crisis of the Old Order*, p. 405.
13. Gunther, *Roosevelt in Retrospect*, p. 229.
14. Tobin, *The Man He Became*, p. 171.
15. Ward, *A First-Class Temperament*, p. 729.
16. ER, *This I Remember*, p. 349. A expressão exata é "serviu seus propósitos".

17. Perkins, parte 2, p. 463, OHRO/CUL.

18. James Roosevelt e Sidney Schalett, *Affectionately FDR: A Son's Story of a Lonely Man* (Nova York: Harcourt Brace, 1959), p. 313.

19. *NYT*, 27 de novembro de 1932.

20. Rosenman, *Working with Roosevelt*, p. 24.

21. Fenster, *FDR's Shadow*, p. 200.

22. Ibid., pp. 146-48.

23. Ibid., p. 147.

24. FDR para Paul Hasbrouck, em Ward, *A First-Class Temperament*, p. 668.

25. Gunther, *Roosevelt in Retrospect*, p. 229.

26. Asbell, *The F.D.R. Memoirs*, p. 249.

27. Ward, *A First-Class Temperament*, p. 679.

28. Asbell, *The F.D.R. Memoirs*, p. 245.

29. Ibid., p. 241.

30. Rosenman, *Working with Roosevelt*, p. 25.

31. Ward, *A First-Class Temperament*, p. 710.

32. Rosenman, *Working with Roosevelt*, p. 113.

33. ER, *This I Remember*, p. 349.

34. Id.

35. Anna Rosenberg Hoffman, OH, FDRL.

36. Turnley Walker, *Roosevelt and the Warm Springs Story* (Nova York: A. Wyn, 1953), pp. 8-9.

37. Fenster, *FDR's Shadow*, p. 204.

38. James Roosevelt e Schalett, *Affectionately FDR*, p. 205.

39. Gunther, *Roosevelt in Retrospect*, p. 246.

40. Perkins, parte 2, p. 325, OHRO/CUL.

41. Hugh Gregory Gallagher, *FDR's Splendid Deception* (Nova York: Dodd, Mead, 1985), p. 62.

42. Perkins, *The Roosevelt I Knew*, p. 11.

43. Burns e Dunn, *The Three Roosevelts*, p. 188.

44. Henry Reed (ed.) William Wordsworth, *The Complete Poetical Works of William Wordsworth, Together with a Description of the Country of the Lakes in the North of England, Now First Published with His Works* (Filadélfia: James Kay, Jun. and Brothers, 1837), p. 339.

45. Perkins, parte 2, p. 325, OHRO/CUL.

46. Ward, *A First-Class Temperament*, p. 696.

47. *Morning Herald* (Hagerstown, Md.), 16 de junho de 1924.

48. *Syracuse Herald*, 27 de junho de 1924.

49. *The Beckoning of Destiny, 1882-1928* (Nova York: G. P. Putnam's Sons, 1972), p. 757.

50. Elliott Roosevelt (ed.) *F.D.R.: His Personal Letters, 1905-1928*, nota, p. 563.

51. Ward, *A First-Class Temperament*, p. 699.

52. Fenster, *FDR's Shadow*, p. 206.

53. FDR para ER [outubro de 1924], em Elliott Roosevelt (ed.) *F.D.R.: His Personal Letters, 1905-1928*, p. 565.

54. Donald Scott Carmichael (ed.) *FDR, Columnist* (Chicago: Pellegrini & Cudahy, 1947), p. 9.

55. Ibid., p. 10.

56. FDR para James R. Roosevelt, 30 de abril de 1925, Elliott Roosevelt (ed.) *F.D.R.: His Personal Letters, 1905-1928*, p. 580.

57. Richard Vervill e John Ditrunno, "FDR, Polio, and the Warm Springs Experiment: Its Impact on Physical Medicine and Rehabilitation", *American Academy of Physical Medicine and Rehabilitation* (janeiro de 2013), p. 5, http://www.pmrjournal.org/article/S1934-1482(12)01714-5/fulltext.

58. FDR para SDR, domingo [outono de 1924], em Elliott Roosevelt (ed.) *F.D.R.: His Personal Letters, 1905-1928*, p. 568.

59. Vervill e Ditrunno, "FDR, Polio and the Warm Springs Experiment", p. 6.

60. George Whitney Martin, *Madame Secretary, Frances Perkins* (Nova York: Houghton Mifflin Harcourt, 1983), p. 435.

61. Ward, *A First-Class Temperament*, p. 715.

62. Elliott Roosevelt (ed.) *F.D.R.: His Personal Letters, 1905-1928*, p. 609.

63. Ward, *A First-Class Temperament*, p. 724.

64. Vervill e Ditrunno, "FDR, Polio and the Warm Springs Experiment", p. 6.

65. Ibid., p. 5.

66. Ward, *A First-Class Temperament*, p. 724.

67. Gallagher, *FDR's Splendid Deception*, p. 57.

68. Walker, *Roosevelt and the Warm Springs Story*, p. 101.

69. Ernest K. Lindley, *The Roosevelt Revolution: First Phase* (London: Victor Gollancz, 1934), p. 214.

70. Perkins, parte 2, p. 78, OHRO/CUL.

71. Perkins, *The Roosevelt I Knew*, p. 29.

72. Vervill e Ditrunno, "FDR, Polio and the Warm Springs Experiment", p. 8.

73. Lindley, *Franklin D. Roosevelt*, pp. 16-20.

74. Asbell, *The F.D.R. Memoirs*, p. 253.

75. Richard Thayer Goldberg, *The Making of FDR: Triumph over Disability* (Cambridge: Abt Books, 1981), p. 105.

76. Perkins, parte 2, p. 559, OHRO/CUL.

77. Frances Perkins, citada em Burns, *Roosevelt*, p. 103.

78. Perkins, parte 2, p. 559, OHRO/CUL.

79. Frances Perkins, citada em Burns, *Roosevelt*, p. 103.

80. Perkins, parte 2, p. 564, OHRO/CUL.

81. Gunther, *Roosevelt in Retrospect*, p. 256.

82. FDR para Adolphus Ragan, 6 de abril de 1938, não enviada, *LTR*, 2:772-73.

83. Perkins, *The Roosevelt I Knew*, p. 52.

84. Gunther, *Roosevelt in Retrospect*, p. 256.

85. ER, *This I Remember*, p. 51.

86. Kathleen McLaughlin, "Mrs. Roosevelt Goes Her Way", *NYT*, 5 de julho de 1936.

87. ER, *This I Remember*, p. 56.

88. Perkins, parte 2, p. 232, OHRO/CUL.

89. Gallagher, *The Splendid Deception*, p. 77.

90. Burns, *Roosevelt*, p. 101.

91. Rosenman, *Working with Roosevelt*, p. 31.

92. Graham and Wander (ed.) *Franklin D. Roosevelt*, p. 55.

93. Raymond Moley, *After Seven Years* (Nova York: Harper & Brothers, 1939), p. 20.

94. Rosenman, *Working with Roosevelt*, p. 24.

95. Moley, *After Seven Years*, p. 20.

96. Asbell, *The F.D.R. Memoirs*, p. 86.

97. Perkins, *The Roosevelt I Knew*, p. 89.

98. Ibid., pp. 93-95.

99. Ibid., p. 89.

100. Rosenman, *Working with Roosevelt*, p. 49.

101. Perkins, *The Roosevelt I Knew*, p. 109.

102. FDR, "New York State Takes the Lead in the Relief of the Unemployed. A Message Recommending Creation of Relief Administration", 28 de agosto de 1931, *PPA*, 1:457.

103. Rosenman, *Working with Roosevelt*, p. 50.

104. Ibid., p. 51.

105. Ibid., pp. 61-62.

106. FDR, "Address Accepting the Presidential Nomination for the Presidency", de julho de 2, 1932, *PPA*, 1:647.

107. Id.

108. Burns e Dunn, *The Three Roosevelts*, p. 209.

109. FDR, "Address at Oglethorpe University", 22 de maio de 1932, *PPA*, 1:646.

CAPÍTULO 8

Lyndon Johnson: "O período mais miserável de minha vida"

1. Entrevista com Birdwell, abril de 1965.

2. Dallek, *Lone Star Rising*, p. 113.

3. AL, "Communication to the People of Sangamon County", 9 de março de 1832, *CW*, 1:9.

4. Levin, *The Making of FDR*, p. 59.

5. Conversas DKG/LBJ.

6. Dallek, *Lone Star Rising*, p. 207.

7. 22 de abril de 1941, Entrevista coletiva do presidente Franklin D. Roosevelt, 1933-1945, FDRL.

8. Entrevista com Harfield Weedin, 24 de fevereiro de 1983, LBJOH.

9. Id.

10. Merle Miller, *Lyndon*, p. 84.

11. Dallek, *Lone Star Rising*, p. 213.

12. Jan Jarboe Russell, *Lady Bird: A Biography of Mrs. Johnson* (Waterville, Maine: Thorndike Press, 2000), p. 252.

13. Robert Caro, *The Years of Lyndon Johnson: Master of the Senate* (Nova York: Vintage, 2003), p. 685.

14. *Brownsville Herald* (Texas), 19 de junho de 1941.

15. Caro, *The Path to Power*, p. 710.

16. *El Paso Herald Post*, 30 de junho de 1941.

17. *McAllen* [Texas] *Daily Press*, 29 de junho de 1941.

18. Caro, *The Path to Power*, p. 733.

19. Merle Miller, *Lyndon*, p. 106.

20. Dallek, *Lone Star Rising*, p. 226.

21. Merle Miller, *Lyndon*, p. 88.

22. Conversas DKG/LBJ.

23. Robert Caro, *The Years of Lyndon Johnson: Means of Ascent* (New York, Vintage, 1991), p. 77.

24. O. C. Fisher Interview, 8 de maio de 1969, LBJOH.

25. Randall B. Woods, *LBJ: Architect of American Ambition* (Cambridge: Harvard University Press, 2006), p. 158.

26. Dugger, *The Politician*, p. 216.

27. Caro, *The Path to Power*, p. 494.

28. Louis Kohlmeier, Ray Shaw e Ed Cony, "The Johnson Wealth", *Wall Street Journal*, 23 de março de 1964.

29. *Wichita Daily Times*, 9 de abril de 1947.

30. Conversas DKG/LBJ.

31. Joe Phipps, *Summer Stock: Behind the Scenes with LBJ in '48* (Fort Worth: Texas Christian University Press, 1992), pp. 117-18.

32. Dallek, *Lone Star Rising*, p. 306.

33. Woods, *LBJ*, p. 204.

34. Merle Miller, *Lyndon*, p. 120.

35. Dallek, *Lone Star Rising*, p. 327.

36. Ibid., p. 347.

37. Donald R. Matthews, *U.S. Senators and Their World* (Nova York: W. W. Norton, 1973), p. 92.

38. George Reedy, *Lyndon B. Johnson: A Memoir* (Nova York: Andrews & McMeel, 1982), p. 89.

39. Merle Miller, *Lyndon*, p. 28.

40. Conversas DKG/LBJ.

41. Id.

42. DKG, *LJAD*, p. 107.

43. Conversas DKG/LBJ.

44. Id.

45. Rowland Evans e Robert Novak, *Lyndon B. Johnson: The Exercise of Power* (Nova York: New American Library, 1966), pp. 113-15.

46. Stewart Alsop, "Lyndon Johnson: How Does He Do It?", *Saturday Evening Post*, 24 de janeiro de 1959, p. 14.

47. Reedy, *Lyndon B. Johnson*, pp. 130, xiii.

48. Ibid., p. xiv.

49. LBJ, "My Heart Attack Taught Me How to Live", *American Magazine* (julho de 1956), p. 17.

50. Caro, *Master of the Senate*, p. 621.

51. Merle Miller, *Lyndon*, p. 181.

52. Samuel Shaffer, "Senator Lyndon Johnson: 'My Heart Attack Saved My Life'", *Newsweek*, 7 de novembro de 1955, p. 35.

53. Woods, *LBJ*, p. 293.

54. Caro, *Master of the Senate*, p. 622.

55. Ibid., p. 625.

56. Ibid., p. 626.

57. Entrevista com George Reedy, 16 de agosto de 1983, LBJOH.

58. Caro, *Master of the Senate*, p. 630.

59. Reedy citado em Woods, *LBJ*, p. 295.

60. Caro, *Master of the Senate*, p. 630.

61. Gillette, *Lady Bird*, p. 162.

62. *Newsweek*, 7 de novembro de 1955, p. 36.

63. *American Magazine*, julho de 1956.

64. *Newsweek*, 7 de novembro de 1955, p. 35.

65. Entrevista com William Deason, 11 de abril de 1969, LBJOH.

66. Merle Miller, *Lyndon*, p. 184.

67. George Reedy, citado em Caro, *Master of the Senate*, p. 647.

68. Caro, *The Path to Power*, p. 82.

69. Entrevista com George Reedy, 16 de agosto de 1983, LBJOH.

70. Merle Miller, *Lyndon*, p. 184.

71. Woods, *LBJ*, p. 299.

72. Entrevista com George Reedy, 16 de agosto de 1983, LBJOH.

73. *The Baytown* (Texas), 23 de novembro de 1955.

74. Entrevista com Reedy, 16 de agosto de 1983, LBJOH.

75. Id.

76. *NYT*, 23 de novembro de 1955.

77. *NYT*, 2 de setembro de 1957.

78. Id.

79. Conversas DKG/LBJ.

80. Clinton Anderson, em "Congress Approved Civil Rights Act of 1957", *Congressional Quarterly*, https://library.cqpress.com/cqalmanac/document.php?id=cqal57-1345184.

81. *NYT,* 1º de setembro de 1957.
82. Conversas DKG/LBJ.
83. Harry McPherson, em Sylvia Ellis, *Freedom's Pragmatist*: *Lyndon Johnson and Civil Rights* (Tallahassee: University Press of Florida, 2013), p. 98.
84. Raymond Lahr, "Political Winds: This Year Has Been Lyndon's Year", *Delta Democrat-Times* (Greenville), 2 de setembro de 1957.
85. LBJ, Discurso perante o caucus democrata, 15 de setembro de 1957, citado em DKG, *LJAD*, p. 151.
86. Henry Graff, citado em Robert Caro, *The Years of Lyndon Johnson*: *The Passage of Power* (Nova York: Vintage, 2013), p. 343.
87. Dallek, *Lone Star Rising*, p. 541.
88. Woods, *LBJ*, p. 573.
89. Caro, *The Path to Power*, p. 449.
90. Robert Dallek, *Flawed Giant*: *Lyndon Johnson and His Times, 1961-1973* (Nova York: Oxford University Press, 1998), p. 7.
91. Dallek, *Lone Star Rising*, p. 567.
92. Citado em Woods, *LBJ*, p. 411.
93. Caro, *The Passage of Power*, p. 226.
94. Dallek, *Flawed Giant*, p. 34.
95. Conversas DKG/LBJ.
96. Ed. Weisl Sr. Entrevista, 13 de maio de 1969, LBJOH.
97. Robert Woods, *LBJ*, p. 11.

CAPÍTULO 9

Liderança transformacional: Abraham Lincoln e a Proclamação de Emancipação

1. AL citado em "7 May Tuesday", em Michael Burlingame e John R. Turner Ettlinger (ed.) *Inside Lincoln's White House*: *The Complete Civil War Diary of John Hay* (Carbondale: Southern Illinois University Press, 1997), p. 20.
2. AL, citado em entrada de 15 de agosto de 1862, em Gideon Welles; Howard K. Beale (ed.) *Diary of Gideon Welles*: *Secretary of the Navy under Lincoln and Johnson*, vol. 1: *1861-March 30, 1864* (Nova York: W. W. Norton, 1960), p. 159.
3. John G. Nicolay, *A Short Life of Abraham Lincoln* (Nova York: Century, 1909), p. 169.

4. Memorando de 3 de julho de 1861, citado em Michael Burlingame (ed.) *With Lincoln in the White House: Letters, Memoranda, and Other Writings of John G. Nicolay, 1860-1865* (Carbondale: Southern Illinois University Press, 2000), p. 46.

5. Gideon Welles, "The History of Emancipation", *Galaxy* (dezembro de 1872), p. 844.

6. Allan Nevins e Milton Halsey Thomas (ed.) *The Diary of George Templeton Strong* (Nova York: Macmillan, 1952), vol. 3, p. 241.

7. Carpenter, *Six Months at the White House with Abraham Lincoln*, p. 20.

8. Welles, entrada de 1º de outubro de 1862, *Diary of Gideon Welles*, p. 159; Burton J. Hendrick, *Lincoln's War Cabinet* (Boston: Little, Brown, 1946), p. 355.

9. Welles, "The History of Emancipation", p. 843.

10. John Hay, "Life in the White House in the Time of Lincoln", *Century* (novembro de 1890), p. 34.

11. Matthew Pinsker, *Lincoln's Sanctuary: Abraham Lincoln and the Soldiers' Home* (Nova York: Oxford University Press, 2003).

12. Welles, *Diary of Gideon Welles*, p. 70.

13. James A. Rawley, *Turning Points of the Civil War* (Lincoln: University of Nebraska Press, 1989), p. 134.

14. AL para Albert G. Hodges, 4 de abril de 1864, *CW*, 7:281.

15. James M. McPherson, *Abraham Lincoln and the Second American Revolution* (Nova York: Oxford University Press, 1991), p. 85.

16. AL, "Proclamation Revoking General Hunter's Order of Military Emancipation of May 9, 1862", 19 de maio de 1862, *CW*, 5:222.

17. AL, "Appeal to Border State Representatives to Favor Compensated Emancipation", 12 de julho de 1962, *CW*, 5:319, nota 1.

18. AL para Reverdy Johnson, 26 de julho de 1862, *CW*, 5:343.

19. Carpenter, *Six Months at the White House with Abraham Lincoln*, p. 11.

20. AL, "Emancipation Proclamation—First Draft", [22 de julho de 1862], *CW*, 5:336.

21. Tarbell, *The Life of Abraham Lincoln*, vol. 3, p. 115.

22. Burlingame, *Abraham Lincoln, A Life*, vol. 2, p. 363.

23. Welles, "The History of Emancipation", p. 848.

24. Hendrick, *Lincoln's War Cabinet*, p. 359.

25. Welles, "The History of Emancipation", p. 848.

26. John P. Usher, *President Lincoln's Cabinet* (Nova York: Nelson H. Loomis, 1925), p. 17.

27. Welles, "The History of Emancipation", p. 847.
28. Id.
29. AL para Salmon P. Chase, 17 de maio de 1962, *CW*, 5:219.
30. "Proclamation Revoking General Hunter's Order of Military Emancipation of May 9, 1862", 19 de maio de 1862, *CW*, 5:222.
31. Frederick William Seward, *Seward at Washington as Senator and Secretary of State: A Memoir of His Life, with Selections from His Letters, 1861-1872* (Nova York: Derby and Miller, 1891), p. 121.
32. Frances Carpenter, "A Day with Govr. Seward", Arquivos Seward, LC.
33. Carpenter, *Six Months at the White House with Abraham Lincoln*, p. 22.
34. Drew Gilpin Faust, *Republic of Suffering* (Nova York: Vintage, 2009), p. 66.
35. Recontado em *Cincinnati Enquirer*, 23 de novembro de 1869.
36. John Niven (ed.) *The Salmon P. Chase Papers*, vol. 1: *Journals, 1829-1872* (Kent, Ohio: Kent State University Press, 1983), p. 394.
37. Welles, "The History of Emancipation", p. 848.
38. Ibid., p. 847.
39. Ibid., p. 846.
40. Entrada de 22 de setembro de 1862, em Niven (ed.) *The Salmon P. Chase Papers*, vol. 1, pp. 394-95.
41. Hendrick, *Lincoln's War Cabinet*, p. 359.
42. Welles, "The History of Emancipation", p. 846.
43. Hendrick, *Lincoln's War Cabinet*, pp. 356, 347.
44. David Herbert Donald (ed.) *Inside Lincoln's Cabinet: The Civil War Diaries of Salmon P. Chase* (Nova York: Longmans, Green, 1954), p. 152.
45. Welles, "The History of Emancipation", p. 847.
46. William Henry Seward, citado em entrada de 22 de setembro de 1862, em Niven (ed.) *The Salmon P. Chase Papers*, vol. 1, p. 394
47. AL, "Response to Serenade", 10 de novembro de 1864, *CW*, 8:101.
48. AL, "Memo to Cabinet", 14 de julho de 1864, *CW*, 7:439.
49. Randall Miller (ed.) *Lincoln and Leadership*, p. 98.
50. Frank Abial Flower, *Edwin McMasters Stanton: The Autocrat of Rebellion, Emancipation, and Reconstruction* (Akron, Ohio: Saalfield, 1905), pp. 369-70.
51. AL para Thurlow Weed, 15 de março de 1865, citado em Phillips, *Lincoln on Leadership*, p. 18.

52. Welles, entrada de 14 de julho de 1863, *Diary of Gideon Welles*, vol. 1, p. 370.

53. AL para GW, 25 de julho de 1863, *CW*, 6:349.

54. SPC para James Watson Webb, 7 de novembro de 1863, rolo 29, Arquivos Chase.

55. Leonard Swett, *HI*, p. 166.

56. AL para Stanton, 5 de fevereiro de 1864, *CW*, 7:169.

57. William Henry Herndon para James Watson Webb, 6 de janeiro de 1887, rolo 10, Coleção Herndon-Weik, Divisão de Manuscritos, LC.

58. Ralph e Adaline Emerson, *Mr. & Mrs. Ralph Emerson's Personal Recollections of Abraham Lincoln* (Rockford, Ill.: Wilson Brothers, 1909), p. 7.

59. William L. Miller, *Lincoln's Virtues*, p. 424.

60. *New York Evening Post*, 13 de julho de 1891.

61. AL para major-general Meade, "jamais enviada ou assinada", 14 de julho de 1863, *CW*, 6:328.

62. William H. Crook, "Lincoln as I Knew Him", *Harper's Monthly* (maio—junho de1907), p. 34.

63. Elizabeth Blair para Samuel Lee, 6 de março de 1862, em Elizabeth Blair Lee; Virginia Jeans Laas (ed.) *Wartime Washington: The Civil War Letters of Elizabeth Blair Lee* (Urbana: University of Illinois Press, 1999), p. 109.

64. Welles, *Diary of Gideon Welles*, vol. 1, pp. 23-25.

65. AL, "Address to Union Meeting at Washington", 6 de agosto de 1862, *CW*, 5:388-89.

66. Welles, "The History of Emancipation", p. 483.

67. Seward, *Seward at Washington as Senator and Secretary of State*, p. 141.

68. Entrada de 23 de outubro de 1862, em Nevins e Thomas (ed.) *The Diary of George Templeton Strong*, vol. 3, p. 267.

69. Carta de McClellan para a esposa, 25 de setembro de [1862], em Stephen W. Sears (ed.) *The Civil War Papers of George C. McClellan: Selected Correspondence, 1860-1865* (Nova York: Ticknor & Fields, 1989), p. 481.

70. 16 de outubro de 1862, Burlingame (ed.) *With Lincoln in the White House*, p. 89.

71. Carl Sandburg, *Abraham Lincoln: The War Years*, vol. 3 (Nova York: Charles Scribner's Sons, 1943), p. 611.

72. Noah Brooks, *Washington in Lincoln's Time* (Nova York: Century, 1895), p. 44.

73. AL, citado em "25 Sept. 1863, Sunday", em Burlingame e Ettlinger (ed.) *Inside Lincoln's White House*, p. 232.

74. DKG, *TOR*, p. 485.

75. Noah Brooks, em P. J. Staudenraus (ed.) *Mr. Lincoln's Washington: Selections from the Writing of Noah Brooks, Civil War Correspondent* (South Brunswick, N.J.: Thomas Yoseloff, 1966), p. 155.

76. AL, "Reply to Serenade in Honor of Emancipation Proclamation", 24 de setembro de 1862, *CW*, 5:438.

77. Nancy F. Kohen, "Lincoln's School of Management", *NYT*, 26 de janeiro de 2013.

78. Burlingame, *The Inner World of Abraham Lincoln*, p. 105.

79. William O. Stoddard, *Inside the White House in War Times* (Lincoln, Neb.: Bison, 2000), p. 191.

80. AL, citado em Schuyler Colfax, *The Life and Principles of Abraham Lincoln* (Philadelphia: Jas. R. Rodgers, 1865), p. 12.

81. Francis Carpenter, citado em Charles M. Segal (ed.) *Conversations with Lincoln* (Nova York: G. P. Putnam's Sons, 1961), pp. 302-3.

82. William Kelley, em Rice (ed.) *Reminiscences of Abraham Lincoln by Distinguished Men of His Time*, p. 270.

83. Carpenter, *Six Months at the White House with Abraham Lincoln*, p. 51.

84. Isaac N. Arnold, citado em ibid., p. 150.

85. Burlingame e Ettlinger (ed.) *Inside Lincoln's White House*, p. 76.

86. Carpenter, *Six Months at the White House with Abraham Lincoln*, p. 172.

87. Helen Nicolay, *Personal Traits of Abraham Lincoln*, p. 280.

88. John Eaton, *Grant, Lincoln, and the Freedman: Reminiscences of the Civil War* (Nova York: Longmans, Green, 1907), p. 180.

89. Carpenter, *Six Months at the White House with Abraham Lincoln*, p. 172.

90. *NYT*, 27 de dezembro de 1862.

91. Entrada de 30 de dezembro de 1862, em Nevins e Thomas (ed.) *The Diary of George Templeton Strong*, vol. 3, p. 284.

92. AL para Joshua Speed, 4 de julho de 1842, *CW*, 1:289.

93. Citado em George S. Boutwell, *Speeches and Papers Relating to the Rebellion and the Overthrow of Slavery* (Boston: Little, Brown, 1867), p. 392.

94. *Douglass' Monthly* (outubro de 1862).

95. Brooks, *Washington in Lincoln's Time*, p. 42.

96. AL, "Annual Message to Congress", 1º de dezembro de 1862, *CW*, 5:537.

97. Brooks, em Staudenraus (ed.) *Mr. Lincoln's Washington*, p. 57.

98. Seward, *Seward at Washington as Senator and Secretary of State*, p. 151.

99. Frederick Douglass, *The Life and Times of Frederick Douglass* (Mineola: Dover, 2003), p. 255.

100. William S. McFeeley, *Frederick Douglass* (Nova York: W. W. Norton, 1995), p. 237.

101. *Journal of the House of Representatives of the Commonwealth of Kentucky* (Frankfort: John B. Major, 1863), p. 1126.

102. Citado em entrada de 19 de janeiro de 1862, em Theodore Calvin Pease e James G. Randall (ed.) *Diary of Orville Hickman Browning*, vol. 1: *1850-1864* (Springfield: Illinois State Historical Library, 1925), p. 616.

103. Ibid., 26 de janeiro de 1862, p. 620.

104. William C. Davis, *Lincoln's Men: How President Lincoln Became Father to an Army and a Nation* (Nova York: Touchstone, 2000), p. 101.

105. Swett, *HI*, p. 164.

106. AL para Albert G. Hodges, 4 de abril de 1864, *CW*, 7:281.

107. Carpenter, *Six Months at the White House with Abraham Lincoln*, p. 77.

108. Id.

109. John W. Forney, citado em "31 December 1863, Thursday", em Burlingame e Turner (ed.) *Inside Lincoln's White House*, p. 135.

110. Brooks, em Staudenraus (ed.) *Mr. Lincoln's Washington*, p. 138.

111. *NYT*, 9 de abril de 1863.

112. Thurlow Weed Barnes (ed.) *Memoir of Thurlow Weed* (Boston: Houghton Mifflin, 1884), pp. 434-35.

113. AL para James C. Conkling, 27 de agosto de 1863, *CW*, 6:414.

114. AL para James C. Conkling, 26 de agosto de 1863, *CW*, 4:407.

115. Id.

116. Tarbell, *The Life of Abraham Lincoln*, vol. 3, p. 150.

117. Davis, *Lincoln's Men*, p. 130.

118. Ibid., p. 95.

119. Ibid., p. 69.

120. Ibid., p. 142.

121. Ibid., p. 108.

122. Ibid., p. 91.

123. Bell Wiley, *The Life of Billy Yank* (Baton Rouge: Louisiana State University Press, 1979), p. 44.

124. *Douglass' Monthly* (agosto de 1862).

125. Douglass, *The Life and Times of Frederick Douglass*, pp. 784-85.

126. Frederick Douglass, em Rice (ed.) *Reminiscences of Abraham Lincoln by Distinguished Men of His Time*, p. 187.

127. Ibid., p. 188.

128. Douglass, *The Life and Times of Frederick Douglass*, p. 485.

129. Douglass, em Rice (ed.) *Reminiscences of Abraham Lincoln by Distinguished Men of His Time*, p. 320.

130. Dudley Taylor Cornish, *The Sable Arm: Black Troops in the Union Army, 1861-1865* (Lawrence: University Press of Kansas, 1956), pp. 146-47.

131. Ibid., pp. 142-43.

132. AL para James C. Conkling, 26 de agosto de 1863, *CW*, 6:408-9.

133. Browne, *The Every-Day Life of Abraham Lincoln*, p. 486.

134. Henry J. Raymond to AL, 22 de agosto de 1864, Arquivos Lincoln, Divisão de Manuscritos, LC.

135. "The interview between Thad Stevens & Mr. Lincoln as related by Colonel R. M. Hoe", compilado por John G. Nicolay, contêiner 10, Arquivos Nicolay.

136. Nicolay, em Burlingame (ed.) *With Lincoln in the White House*, p. 152.

137. "Interview with Alexander W. Randall and Joseph T. Mills", 19 de agosto de 1864, *CW*, 7:507.

138. 3 de setembro de 1864, em Nevins e Thomas (ed.) *The Diary of George Templeton Strong*, vol. 3, pp. 480-81.

139. Burlingame, *Abraham Lincoln, a Life*, vol. 2, p. 668.

140. Tarbell, *The Life of Abraham Lincoln*, vol. 3, p. 203.

141. *The World* (Nova York), 14 de outubro de 1864.

142. Ida M. Tarbell, *A Reporter for Lincoln: Story of Henry E. Wing, Soldier and Newspaperman* (Nova York: Macmillan, 1927), p. 70.

143. AL, "Speech to One Hundred Sixty-Sixth Ohio Regiment", 22 de agosto de 1864, *CW*, 7:512.

144. Brooks, *Washington in Lincoln's Time*, p. 187.

145. AL, "Response to a Serenade", 1º de fevereiro de 1865, *CW*, 8:254.

146. Burlingame, *Abraham Lincoln, a Life*, vol. 2, p. 749.

147. Ibid., p. 751.

148. Speed, *HI*, p. 197.

149. AL, "Speech at Peoria, Ill.", 16 de outubro de 1854, *CW*, 2:274.

150. AL, "Response to a Serenade", 1º de fevereiro de 1865, *CW*, 8:254.

151. AL, "Annual Message to Congress", 1º de dezembro de 1862, *CW*, 5:537.

CAPÍTULO 10

Gerenciamento de crises: Theodore Roosevelt e a greve do carvão

1. TR para HCL, 23 de setembro de 1901, em Lodge, *Selections from the Correspondence of Theodore Roosevelt and Henry Cabot Lodge*, vol. 1, p. 506.

2. TR, *An Autobiography*, p. 350.

3. TR para William McKinley, 21 de junho de 1900, citado em nota, *LTR*, 2:1337.

4. Mark Sullivan, *Our Times: The United States, 1900-1925*, vol. 2: *America Finding Herself* (Nova York: Charles Scribner's Sons, 1927), p. 392.

5. *New York Tribune*, 17 de setembro de 1901.

6. Rixey, *Bamie*, p. 172.

7. David S. Barry, *Forty Years in Washington* (Boston: Little Brown, 1964), p. 268.

8. Sullivan, *Our Times: America Finding Herself*, vol. 2, p. 399.

9. Walter Wellman, "The Progress of the World", *American Monthly Review of Reviews* (outubro de 1902).

10. Joseph P. McKerns, "The 'Faces' of John Mitchell: News Coverage of the Great Anthracite Strike of 1902 in the Regional and National Press", em *The "Great Strike": Perspectives on the 1902 Anthracite Coal Strike* (Easton: Canal History & Technology Press, 2002), p. 29.

11. TR para Carl Schurz, 24 de dezembro de 1903, *LTR*, 3:379-80.

12. Joseph Gowaskie, "John Mitchell and the Anthracite Strike of 1902", em *The "Great Strike"*, p. 129.

13. Robert J. Cornell, *The Anthracite Coal Strike of 1902* (Washington, D.C.: Catholic University of America, 1957), p. 92.

14. Walter Wellman, "The Inside History of the Coal Strike", *Collier's*, 18 de outubro de 1902, p. 7.

15. Cornell, *The Anthracite Coal Strike of 1902*, p. 94.

16. Lincoln Steffens, "A Labor Leader of Today: John Mitchell and What He Stands For", *McClure's* (agosto de 1902), p. 355.

17. TR para Lodge, 30 de setembro de 1902, em Lodge, *Selections from the Correspondence of Theodore Roosevelt and Henry Cabot Lodge*, vol. 1, p. 535.

18. TR para Marcus Hanna, 27 de setembro de 1902, *LTR*, 3:329-30.

19. TR, *An Autobiography*, pp. 362, 365.

20. Ibid., p. 357.

21. Ibid., p. 464.

22. Riis, *Theodore Roosevelt, the Citizen*, p. 375.

23. Carroll D. Wright, "Report to the President on Anthracite Coal Strike" (novembro de 1902), Boletim: Departamento do Trabalho, n. 43, p. 1147. (Hereinafter Wright Report.)

24. Id.

25. *Defiance Express*, 27 de junho de 27, 1902.

26. *Literary Digest*, de junho de 21, 1902, p. 826.

27. Riis, *Theodore Roosevelt, the Citizen*, p. 373.

28. Jonathan Grossman, "The Coal Strike of 1902—Turning Point in U.S. Policy", *Monthly Labor Review*, 10 de outubro de 1975, p. 23.

29. Richard G. Healey, "Disturbances of the Peace: The Operators' View of the 1902 Anthracite Coal Strike", em *The "Great Strike"*, p. 100.

30. Wright Report, p. 1151.

31. Ibid., pp. 1166-67.

32. Grossman, "The Coal Strike of 1902—Turning Point in U.S. Policy", p. 23.

33. Philander Knox para TR, 23 de agosto de 1902, Arquivos Theodore Roosevelt. Biblioteca do Congresso, Divisão de Manuscritos. http://www.theodorerooseveltcenter.org/Research/Digital-Library/Record?libID=039143. Theodore Roosevelt Digital Library. Dickinson State University.

34. *Literary Digest*, 9 de agosto de 1902, p. 152.

35. TR, *An Autobiography*, pp. 470-72.

36. Nathan Miller, *The Roosevelt Chronicles*, (Nova York: Doubleday, 1979), p. 117.

37. TR para John Hay, 22 de julho de 1902, *LTR*, 3:300.

38. TR para William Allen White, 6 de outubro de 1902, *LTR*, 3:343.

39. AL para John Hay, 22 de julho de 1902, *LTR*, 3:300.

40. Edmund Morris, *Theodore Rex* (Nova York: Modern Library, 2001), p. 134.

41. *NYT*, 31 de julho de 1902.

42. *New York Tribune*, 31 de julho de 1902.

43. Id.

44. TR para Robert Bacon, 5 de outubro de 1902, *LTR*, 3:340.

45. McKerns, "The 'Faces' of John Mitchell", p. 39.

46. Morris, *Theodore Rex*, p. 135.

47. *Literary Digest*, August 2, 1902.

48. TR para Philander Chase Knox, 21 de agosto de 1902, *LTR*, 3:323.

49. Ray Stannard Baker, "The Great Northern Pacific Deal", *Collier's*, 30 de novembro de 1901.

50. *New York Herald*, 20 de fevereiro de 1902.

51. Bishop, *Theodore Roosevelt in His Own Time*, vol. 1, pp. 184-85.

52. Id.

53. Owen Wister, *Roosevelt: The Story of a Friendship, 1880-1919* (Nova York: Macmillan, 1930), p. 210.

54. Philander C. Knox para TR, 23 de agosto de 1902, Biblioteca Digital Theodore Roosevelt, Universidade Estadual de Dickinson, http://www.theodorerooseveltcenter.org/Research/Digital-Library/Record?libID=o39143.

55. Relatório Wright, p. 1192.

56. Ibid., p. 1212.

57. *The Daily Times* (New Brunswick), 27 de agosto de 1902.

58. *Galveston Daily News*, 24 de agosto de 1902.

59. TR para John Hay, 9 de agosto de 1903, *LTR*, 3:549.

60. *Boston Globe*, 26 de agosto de 1902.

61. Leroy Dorsey, "Reconstituting the American Spirit: Theodore Roosevelt's Rhetorical Presidency", dissertação de pós-doutoramento, Indiana University, 1993, pp. 181-82.

62. Allen C. Guelzo, " 'Public Sentiment Is Everything': Abraham Lincoln and the Power of Public Opinion", em Lucas E. Morel (ed.) *Lincoln and Liberty: Wisdom for the Ages* (Lexington: University Press of Kentucky, 2014), p. 171.

63. *Little Falls Herald*, 5 de setembro de 1902.

64. Id.

65. *The World* (Nova York), 25 de setembro de 1902.

66. TR para Orville Platt, 2 de outubro de 1902, *LTR*, 3:335.

67. TR para Winthrop Murray Crane, 22 de outubro de 1902, *LTR*, 3:360.

68. TR para Carl Schurz, 24 de dezembro de 1903, *LTR*, 3:679.
69. Telegrama de Seth Low para TR, Arquivos Theodore Roosevelt. Bi blioteca do Congresso. Divisão de Manuscritos. http://www.theodore-rooseveltcenter.org/Research/Digital-Library/Record?libID=o284062. Biblioteca Digital, Universidade Estadual de Dickinson.
70. *New York Tribune*, 27 de setembro de 1902.
71. Ibid.
72. TR para Crane, 22 de outubro de 1902, *LTR*, 3:360.
73. Id.
74. Morris, *Theodore Rex*, p. 151.
75. Cornell, *The Anthracite Coal Strike of 1902*, p. 176.
76. TR para Crane, 22 de outubro de 1902, *LTR*, 3:360.
77. TR para John Mitchell, 1º de outubro de 1902, *LTR*, 3:334.
78. Walter Wellman, "The Inside History of the Great Coal Strike", *Collier's Weekly*, 18 de outubro de 1902, p. 6.
79. Cornell, *The Anthracite Coal Strike of 1902*, p. 180.
80. Sullivan, *Our Times: America Finding Herself*, vol. 2, p. 430.
81. *The World* (Nova York), 4 de outubro de 1902.
82. Id.
83. Id.
84. Carta de TR para Seth Low, não enviada, Arquivos Theodore Roosevelt. Biblioteca do Congresso. Divisão de Manuscritos. http://www.theodore-rooseveltcenter.org/Research/Digital-Library/Record?libID=0266115. Biblioteca digital, Universidade Estadual de Dickinson.
85. *The World* (Nova York), 4 de outubro de 1902.
86. *Public Policy*, 25 de outubro de 1902, p. 261.
87. Id.
88. Theodore Roosevelt para Mark Hanna, 3 de outubro de 1902, contêiner 77, Arquivos Theodore Roosevelt Jr., LC.
89. Morris, *Theodore Rex*, p. 160.
90. *The World* (Nova York), 4 de outubro de 1902.
91. TR para Crane, 22 de outubro de 1902, *LTR*, 3:360.
92. TR para Robert Bacon, 5 de outubro de 1902, *LTR*, 3:340.
93. Morris, *Theodore Rex,* p. 160.
94. *The World* (Nova York), 4 de outubro de 1902.
95. TR, *An Autobiography*, p. 466.
96. TR para Mark Hanna, 3 de outubro de 1902, *LTR*, 3:337.

97. *The Independent* [Nova York], 30 de outubro de 1902, p. 2563.

98. *Washington Times*, 4 de outubro de 1904.

99. *Plain Dealer* (Cleveland), 17 de outubro de 1902, citado em *Public Policy*, 15 de novembro de 1902, p. 315.

100. *The Outlook*, 11 de outubro de 1902, p. 345.

101. *The World* (Nova York), 4 de outubro de 1902.

102. Baer para W. I. Clark, 17 de julho de 1902, citado em Cornell, *The Anthracite Coal Strike of 1902*, p. 170.

103. *Boston Watchman*, citado em Sullivan, *Our Times: America Finding Herself*, vol. 2, p. 426.

104. *Washington Times*, 4 de outubro de 1904.

105. TR para Henry Beach Needham, 19 de julho de 1905, *LTR*, 4:1280.

106. TR para Kermit Roosevelt, 5 de março de 1904, *LTR*, 4:744.

107. TR para Herbert Putnam, 6 de outubro de 1902, *LTR*, 3:343.

108. TR para George Frisbie Hoar, 8 de outubro de 1902, *LTR*, 3:344.

109. TR para Crane, 22 de outubro de 1902, *LTR*, 3:362.

110. Id.

111. Id.

112. TR, *An Autobiography*, p. 476.

113. *The American Monthly Review of Reviews* (novembro de 1902).

114. *Chicago Record-Herald*, 5 de outubro de 1902.

115. *The World* (Nova York), 4 de outubro de 1902.

116. TR para Crane, 22 de outubro de 1902, *LTR*, 3, p. 361.

117. Morris, *Theodore Rex*, p. 164.

118. Sullivan, *Our Times: America Finding Herself*, vol. 2, p. 437.

119. TR para Crane, 22 de outubro de 1902, *LTR*, 3:362-63.

120. Morton Gitelman, "The Evolution of Labor Arbitration", *DePaul Law Review* (primavera-verão de 1960), p. 182.

121. TR, *An Autobiography*, p. 474.

122. Sullivan, *Our Times: America Finding Herself*, vol. 2, p. 436.

123. TR, *An Autobiography*, p. 475.

124. Sullivan, *Our Times: America Finding Herself*, vol. 2, p. 437.

125. Cornell, *The Anthracite Coal Strike of 1902*, p. 211.

126. Walter Wellman, "The Settlement of the Coal Strike", *American Monthly Review of Reviews* (novembro de 1902).

127. *The American*, 6 de outubro de 1900, p. 485.

128. Sullivan, *Our Times: America Finding Herself*, vol. 2, p. 437.

129. James E. Watson em Wood, *Roosevelt as We Knew Him*, p. 112.

130. TR, *An Autobiography*, pp. 475-76.

131. Ibid., p. 473.

132. Root para TR, 11 de outubro de 1902, em Philip C. Jessup, *Elihu Root*, 2 volumes. (Nova York: Dodd, Mead, 1938), vol. 1, p. 275.

133. Relatório Wright, p. 1177.

134. Jessup, *Elihu Root*, vol. 1, p. 276.

135. "Operators statement", 14 de outubro de 1902, citado em Sullivan, *Our Times: America Finding Herself*, vol. 2, p. 440.

136. Jessup, *Elihu Root*, vol. 1, p. 276.

137. TR citado em Morris, *Theodore Rex*, p. 167.

138. TR, *An Autobiography*, pp. 468-69.

139. *Bisbee* [Arizona] *Daily News*, 21 de outubro de 1902; *Butler County* [Hamilton, Ohio] *Democrat*, 23 de outubro de 1902; *New York Tribune*, 22 de outubro de 1902.

140. *SEP*, 4 de abril de 1903, p. 4.

141. *Public Opinion*, 23 de outubro de 1902.

142. Carroll D. Wright para Dr. Graham Brooks, 18 de outubro de 1902, em Jonathan Grossman, "The Coal Strike of 1902—Turning Point in U.S. Policy", *Monthly Labor Review*, 10 de outubro de 1975, p. 25.

143. TR para J. P. Morgan, 16 de outubro de 1902, *LTR*, 3:353.

144. TR para ARC, 16 de outubro de 1902, em TR, *Letters from Theodore Roosevelt to Anna Roosevelt Cowles*, p. 252.

145. Lewis Gould, *The Presidency of Theodore Roosevelt* (Nova York: Oxford University Press, 2012), p. 71.

146. Riis, *Theodore Roosevelt, the Citizen*, p. 378.

147. Sullivan, *Our Times: America Finding Herself*, vol. 2, p. 445.

148. Morris, *Theodore Rex*, p. 169.

149. TR para Crane, 22 de outubro de 1902, *LTR*, 3:359.

150. Ibid., p. 362.

151. Thayer, *Theodore Roosevelt*, pp. 245-46.

152. TR, *Addresses and Presidential Messages of Theodore Roosevelt, 1902-1904* (Nova York: G. P. Putnam's Sons [The Knickerbocker Press], 1904), p. 165.

153. TR para Mark Hanna, 3 de outubro de 1902, *LTR*, 3:337.

154. Sewall, *Bill Sewall's Story of Theodore Roosevelt*, p. 112.

CAPÍTULO 11

Liderança para uma reviravolta: Franklin Roosevelt e os Cem Dias

1. Perkins, *The Roosevelt I Knew*, p. 203.
2. Ibid., p. 174.
3. Alonzo Hamby, *Man of Destiny: FDR and the Making of the American Century* (Nova York: Basic Books, 2015), pp. 169-70.
4. Eric Goldman, *Rendezvous with Destiny: A History of Modern American Reform* (Chicago: Ivan R. Dee, 2001), p. 323.
5. Robert E. Sherwood, *Roosevelt and Hopkins: An Intimate History* (Nova York: Harper & Brothers, 1948), p. 40.
6. Id., p. 39.
7. Jonathan Alter, *The Defining Moment: FDR's Hundred Days and the Triumph of Hope* (Nova York: Simon & Schuster, 2006), p. 61.
8. Alter, *The Defining Moment*, p. 1.
9. FDR, "Introduction", *PPA*, 2:3.
10. Adam Cohen, *Nothing to Fear: FDR's Inner Circle and the Hundred Days That Created Modern America* (Nova York: Penguin, 2009), p. 15.
11. Id., p. 16.
12. *NYT*, 19 de março de 1933.
13. Louise Van Voorhis Armstrong, *We Too Are the People* (Boston: Little, Brown, 1938), p. 50.
14. Ernest Sutherland Bates, *The Story of the Congress, 1789-1935* (Nova York: Harper & Brothers, 1936), p. 408.
15. James A. Farley, *Jim Farley's Story: The Roosevelt Years* (Nova York: McGraw-Hill, 1948), p. 36.
16. "National Affairs: We Must Act", *Time*, 13 de março de 1933, p. 11.
17. Rosenman, *Working with Roosevelt*, p. 91.
18. FDR, "Introduction", *PPA*, 2:13-14.
19. Henrietta McCormick Hull, *A Senator's Wife Remembers: From the Great Depression to the Great Society* (Montgomery, Ala.: New South Books, 2010), p. 34.
20. Frank Freidel, *Franklin D. Roosevelt: Launching the New Deal* (Boston: Little, Brown, 1952), p. 202.
21. FDR, "Inaugural Address", 4 de março de 1933, *PPA*, 2:11.
22. Ibid., pp. 11-12.
23. Ibid., p. 13.

24. Ibid., p. 15.

25. TR, *An Autobiography*, p. 464.

26. FDR, "Inaugural Address", 4 de março de 1933, *PPA*, 2:15.

27. *NYT*, 5 de março de 1933.

28. James A. Farley, *Behind the Ballots: The Personal History of a Politician* (Nova York: Harcourt, Brace, 1938), p. 209.

29. *NYT*, 5 de março de 1933.

30. Farley, *Behind the Ballots*, p. 209.

31. FDR, "The President Proclaims a Bank Holiday. Gold and Silver Exports and Foreign Exchange Transactions Prohibited. Proclamation n. 2039", 6 de março de 1933, *PPA*, 2:26, nota.

32. Franklin D. Roosevelt, *On Our Way* (Nova York: John Day, 1934), p. 3.

33. FDR, "The President Proclaims a Bank Holiday. Gold and Silver Exports and Foreign Exchange Transactions Prohibited. Proclamation n. 2039", de março de 6, 1933, *PPA*, 2:28.

34. Katie Louchheim (ed.) *The Making of the New Deal: The Insiders Speak* (Cambridge: Harvard University Press, 1983), p. 121.

35. Freidel, *Launching the New Deal*, p. 206.

36. Louchheim (ed.) *The Making of the New Deal*, p. 121.

37. *Oelwein Daily Register* (Iowa), 11 de março de 1933.

38. *NYT*, 19 de março de 1933.

39. *Southwest Times* (Pulaski), 10 de março de 1933.

40. Alter, *The Defining Moment*, p. 235.

41. Fenster, *FDR's Shadow*, p. 216.

42. Rosenman, *Working with Roosevelt*, p. 37.

43. Freidel, *Launching the New Deal*, p. 215.

44. *NYT*, 19 de março de 1933.

45. Id.

46. *NYT*, 20 de novembro de 1932.

47. *NYT*, 19 de março de 1933.

48. Perkins, *The Roosevelt I Knew*, p. 144.

49. Cohen, *Nothing to Fear*, p. 199.

50. Perkins, *The Roosevelt I Knew*, pp. 145-46.

51. Perkins, parte 1, sessão 1, p. 75, OHRO/CUL.

52. Cohen, *Nothing to Fear*, p. 73.

53. Ibid., p. 76.

54. Arthur M. Schlesinger, *The Age of Roosevelt*, vol. 2: *The Coming of the New Deal, 1933-1935* (Nova York: Mariner, 2003), p. 6.

55. Freidel, *Launching the New Deal*, pp. 214-15.

56. FDR, "Inaugural Address", 4 de março de 1933, *PPA*, 2:12.

57. Cohen, *Nothing to Fear*, p. 67.

58. FDR, *On Our Way*, p. 8.

59. Raymond Moley, *The First New Deal* (Nova York: Harcourt, Brace & World, 1966), p. 191.

60. Ibid., p. 177.

61. Schlesinger, *The Coming of the New Deal*, p. 7.

62. George C. Edwards, *The Strategic President: Persuasion and Opportunity in Presidential Leadership* (Princeton: Princeton University Press, 2009), p. 114.

63. Schlesinger, *The Coming of the New Deal*, p. 4.

64. *NYT*, 10 de março de 1933.

65. FDR, "Recommendation to the Congress for Legislation to Control Resumption of Banking", 9 de março de 1933, *PPA*, 2:45-46.

66. Cohen, *Nothing to Fear*, p. 79.

67. Edwards, *The Strategic President*, p. 112.

68. *NYT*, 10 de março de 1933.

69. Elmer E. Cornwell Jr., *Presidential Leadership of Public Opinion* (Bloomington: Indiana University Press, 1965), p. 143.

70. James E. Sargent, *Roosevelt and the Hundred Days: Struggle for the Early New Deal* (Nova York: Garland, 1981), p. 100.

71. Anthony J. Badger, *FDR: The First Hundred Days* (Nova York: Hill & Wang, 2008), p. 40.

72. *NYT*, 9 de março de 1933.

73. FDR, "The First Press Conference", 8 de março de 1933, *PPA*, 2:32.

74. Steffens, *The Autobiography of Lincoln Steffens*, vol. 2, p. 509.

75. Smith, *FDR*, p. 310.

76. FDR, "The First Press Conference", 8 de março de 1933, *PPA*, 2:32.

77. *The Coming of the New Deal*, p. 561.

78. FDR, "The First Press Conference", 8 de março de 1933, *PPA*, 2:30.

79. FDR, "Press Conference of President Franklin D. Roosevelt, 1933-1945", 10 de março de 1933, Coleção Digital, FDRL.

80. Cohen, *Nothing to Fear*, p. 78.

81. *NYT*, 12 de março de 1933.

82. Freidel, *Launching the New Deal*, p. 215.

83. Amos Kiewe, *FDR's First Fireside Chat: Public Confidence and the Banking Crisis* (College Station: Texas A&M University Press, 2007), p. 82.

84. Perkins, *The Roosevelt I Knew*, pp. 69-70.

85. Rosenman, *Working with Roosevelt*, p. 92.

86. FDR, "The First 'Fireside Chat'—An Intimate Talk with the People of the United States on Banking", 11 de março de 1933, *PPA*, 2:61.

87. AL, "A House Divided Speech, Springfield, Ill.", 16 de junho de 1858, *CW*, 2:461.

88. FDR, "The First 'Fireside Chat,' " 2:61-64.

89. Ibid., 2:63, 65.

90. *The News Herald* [Spencer, Ill.], 12 de maio de 1933.

91. *Olean* [NY] *Times Herald*, 15 de março de 1933.

92. *Chicago Tribune*, 14 de maio de 1933, citado em William L. Silber, "Why Did FDR's Bank Holiday Succeed?", *Federal Reserve Bank of New York Economic Policy Review* (julho de 2009), p. 27.

93. *NYT*, 14 de março de 1933.

94. *San Antonio Express*, 15 de março de 1933.

95. Silber, "Why Did FDR's Bank Holiday Succeed?", p. 27.

96. Kiewe, *FDR's First Fireside Chat*, p. 9.

97. FDR, "Introduction", 1933, *PPA*, 2:3-4.

98. FDR, *On Our Way*, pp. 35, x.

99. FDR, "Introduction", *PPA*, 2:5.

100. Ibid., *PPA*, 2:6.

101. Moley, *After Seven Years*, p. 189.

102. FDR, "The Second 'Fireside Chat': What We Have Been Doing and What We Are Planning to Do", 7 de maio de 1933, *PPA*, 2:160, 164.

103. FDR, "Introduction", 1933, *PPA*, 2:6.

104. Perkins, *The Roosevelt I Knew*, p. 165.

105. FDR, "Three Essentials for Unemployment Relief (C.C.C., F.E.R.A., P.W.A.)", 21 de março de 1933, *PPA*, 2:82.

106. Schlesinger, *The Coming of the New Deal*, p. 534.

107. Ver Tonya Bolden, *FDR's Alphabet Soup: New Deal America, 1932-1939* (Nova York: Alfred A. Knopf, 2010).

108. Fred I. Greenstein, *The Presidential Difference: Leadership Styles from FDR para Clinton* (Nova York: Free Press, 2000), p. 24.

109. *NYT*, 21 de março de 1933.

110. FDR, "Three Essentials for Unemployment Relief (C.C.C., F.E.R.A., P.W.A.)", 21 de março de 1933, *PPA*, 2:80, nota.

111. Ibid., p. 81.

112. Cohen, *Nothing to Fear*, p. 210.

113. Ibid., p. 219.

114. Alter, *The Defining Moment*, p. 293.

115. Cohen, *Nothing to Fear*, p. 209.

116. Alter, *The Defining Moment*, p. 293.

117. FDR, "The Civilian Conservation Corps Is Started. Executive Order n. 6101", 5 de abril de 1933, *PPA*, 2:110, nota.

118. Schlesinger, *The Coming of the New Deal*, p. 339.

119. Cohen, *Nothing to Fear*, p. 225.

120. FDR, "Three Essentials for Unemployment Relief (C.C.C., F.E.R.A., P.W.A.)", 5 de março de 1933, *PPA*, 2:81, nota.

121. Schlesinger, *The Coming of the New Deal*, p. 339.

122. FDR, "Three Essentials for Unemployment Relief", 21 de março de 1933, *PPA*, 2:80.

123. FDR, "The Thirteenth Press Conference", 19 de abril de 1933, *PPA*, 2:139.

124. Rosenman, *Working with Roosevelt*, p. 63.

125. Schlesinger, *The Coming of the New Deal*, pp. 534-35.

126. Ibid., p. 535.

127. Tully, *F.D.R. My Boss*, p. 170.

128. Schlesinger, *The Coming of the New Deal*, p. 540.

129. Ibid., p. 536.

130. Harold Ickes, *The Autobiography of a Curmudgeon* (Nova York: Quadrangle, 1969), p. x.

131. Sherwood, *Roosevelt and Hopkins*, p. 29.

132. Cohen, *Nothing to Fear*, p. 268.

133. Sherwood, *Roosevelt and Hopkins*, p. 29.

134. *NYT*, 19 de novembro de 1933.

135. Cohen, *Nothing to Fear*, pp. 267-68.

136. Perkins, *The Roosevelt I Knew*, p. 179.

137. 23 de agosto de 1935, em Harold L. Ickes, *The Secret Diary of Harold L. Ickes: The First Thousand Days, 1933-36* (Nova York: Simon & Schuster, 1953), vol. 1, p. 423.

138. Arthur M. Schlesinger Jr., *The Age of Roosevelt: The Politics of Upheaval, 1935-36* (Nova York: Mariner, 2003), p. 351.

139. *NYT*, 11 de setembro de 1935.

140. Cohen, *Nothing to Fear*, p. 112.

141. Sherwood, *Roosevelt and Hopkins*, p. 71.

142. 27 de outubro de 1935, em Ickes, *The Secret Diary of Harold L. Ickes*, vol. 1, p. 449.

143. Sherwood, *Roosevelt and Hopkins*, p. 79.

144. Ibid., pp. 78-79.

145. Schlesinger, *The Coming of the New Deal*, p. 525.

146. Id.

147. FDR, "New Means to Rescue Agriculture—The Agricultural Adjustment Act", 16 de março de 1933, *PPA*, 2:77, nota.

148. Asbell, *The F.D.R. Memoirs*, p. 84.

149. Stiles, *The Man behind Roosevelt*, p. 249.

150. ER, discurso radiofônico para Pond's Co. (3 de março de 1933), ER, Discursos e artigos, Caixa 3, FDRL.

151. Richard Lowitt e Maurine Beasley (ed.) *One Third of a Nation: Lorena Hickok Reports on the Great Depression* (Urbana: University of Illinois Press, 2000), p. xxiii.

152. Elliott Roosevelt e James Brough, *A Rendezvous with Destiny: The Roosevelts in the White House* (Nova York: G. P. Putnam's Sons, 1975), p. 71.

153. ER, *This I Remember*, p. 125.

154. Entrevista com Frances Perkins, Arquivos Graff, FDRL.

155. Perkins, *The Roosevelt I Knew*, p. 70.

156. Lash, *Eleanor and Franklin*, pp. 383-84.

157. FDR, "Informal Extemporaneous Remarks to the New Jersey State Emergency Council", 18 de janeiro de 1936, *PPA*, 5:60.

158. Perkins, *The Roosevelt I Knew*, p. 153.

159. FDR, "The Second 'Fireside Chat': What We Have Been Doing and What We Are Planning to Do", 7 de maio de 1933, *PPA*, 2:165.

160. Rosenman, *Working with Roosevelt*, p. 36.

161. FDR, "Introduction", *PPA*, 2:4.

162. FDR, *On Our Way*, p. 44.

163. Cohen, *Nothing to Fear*, p. 151.

164. Moley, *The First New Deal*, p. 315.

165. *Joplin Globe* (Missouri), 30 de março de 1933.

166. Schlesinger, *The Coming of the New Deal*, p. 464.

167. "The President insisted upon Federal Supervision of the Sale of Securities", 26 de março de 1934, *PPA*, 4:169.

168. Cohen, *Nothing to Fear*, p. 277.

169. Graham and Wander (ed.) *Franklin D. Roosevelt*, p. 132.

170. Anthony J. Mayo e Nitin Nohria, *In Their Time: The Greatest Business Leaders of the Twentieth Century* (Cambridge: Harvard Business Review Press, 2005), p. 108.

171. Milton Friedman e Anna J. Schwartz, citado em Moley, *The First New Deal*, p. 320.

172. Perkins, *The Roosevelt I Knew*, p. 156.

173. Sherwood, *Roosevelt and Hopkins*, p. 73.

174. Perkins, *The Roosevelt I Knew*, p. 155.

175. FDR, "A Letter of Appreciation to the Congress", 16 de junho de 1933, *PPA*, 2:256.

176. Irving Holley Jr., *Buying Aircraft: Materiel Procurement for the Armed Forces* (Washington, D.C.: Office of the Chief of Military History, 1964), p. 228.

177. *NYT*, 24 de fevereiro de 1942.

178. Rosenman, *Working with Roosevelt*, p. 92.

CAPÍTULO 12

Liderança visionária: Lyndon Johnson e os direitos civis

1. Caro, *The Passage of Power*, p. 353.

2. LBJ, *VP*, pp. 12, 18.

3. Ibid., p. 172.

4. Goldman, *The Tragedy of Lyndon Johnson*, p. 26.

5. Conversas DKG/LBJ.

6. Walter Heller, citado em Evans e Novak, *Lyndon B. Johnson*, p. 360.

7. Discussão com Harry McPherson e Jack Valenti, "Achilles in the White House", *Wilson Quarterly* (primavera de 2000), p. 90.

8. Jack Valenti, "Lyndon Johnson: An Awesome Engine of a Man", em Thomas W. Cowger e Sherwin J. Markman (ed.) *Lyndon Johnson Remembered: An Intimate Portrait of a Presidency* (Lanham, Md.: Rowman & Littlefield, 2003), p. 37.

9. Caro, *The Path to Power*, p. 82.

10. Merle Miller, *Lyndon*, p. 325.
11. Caro, *The Passage of Power*, p. 426.
12. LBJ, *VP*, p. 3.
13. *Life*, 13 de dezembro de 1963, p. 4.
14. LBJ, *VP*, p. 21.
15. Ibid., p. 35.
16. Caro, *The Passage of Power*, p. 435.
17. Conversas DKG/LBJ.
18. Merle Miller, *Lyndon*, p. 337.
19. LBJ, "Address before the Joint Session of Congress", 27 de novembro de 1963, *PPP*, 1:8-10.
20. *San Antonio Express*, 1º de dezembro de 1963.
21. FDR, Inaugural Address, 4 de março de 1933, *PPA*, 2:12, 11.
22. LBJ, "Address before the Joint Session of Congress", 27 de novembro de 1963, *PPP*, 1:9.
23. *Anniston Star* (Ala.), 1º de dezembro de 1963.
24. *Sheboygan Press* (Wisc.), 29 de novembro de 1963.
25. Caro, *The Passage of Power*, p. 433.
26. *Anniston Star* (Ala.), 1º de dezembro de 1963.
27. *PRLBJ*, vol. 2, pp. 38-39.
28. Ibid., p. 123.
29. Caro, *The Passage of Power*, p. 475.
30. Ibid., p. 476.
31. Jack Valenti, *A Very Human President* (Nova York: Pocket Books, 1977), p. 153.
32. Ibid., pp. 153-54.
33. *PRLBJ*, vol. 1, pp. 167-68.
34. LBJ, *VP*, p. 36.
35. *Globe Gazette* (Mason City, Iowa), 17 de agosto de 1964.
36. Caro, *The Passage of Power*, p. 482.
37. *PRLBJ*, vol. 2, p. 371.
38. *PRLBJ*, vol. 3, p. 855.
39. Ibid., p. 878.
40. Ibid., p. 886.
41. *PRLBJ*, vol. 4, p. 159.
42. *PRLBJ*, vol. 2, p. 373.
43. *PRLBJ*, vol. 4, pp. 291-96.

44. Dallek, *Flawed Giant*, p. 74.
45. Phillips, *Lincoln on Leadership*, p. 158.
46. LBJ, *VP*, pp. 153-54.
47. Merle Miller, *Lyndon*, p. 367.
48. Nick Kotz, *Judgment Days: Lyndon Baines Johnson, Martin Luther King Jr., and the Laws That Changed America* (Nova York: Houghton Mifflin, 2005), p. 22.
49. LBJ, *VP*, p. 157.
50. Ibid., p. 37.
51. Ibid., p. 38.
52. Ibid., p. 157.
53. Caro, *The Passage of Power*, p. 90.
54. *NYT*, 3 de dezembro de 1963.
55. Caro, *The Passage of Power*, p. 491.
56. Ibid., p. 490.
57. *PRLBJ*, vol. 1, p. 381.
58. Merle Miller, *Lyndon*, p. 411.
59. *PRLBJ*, vol. 1, p. 301.
60. Todd S. Purdum, *An Idea Whose Time Has Come: Two Presidents, Two Parties, and the Battle for the Civil Rights Act of 1964* (Nova York: Henry Holt, 2015), p. 176.
61. *PRLBJ*, vol. 1, p. 263.
62. Purdum, *An Idea Whose Time Has Come*, p. 164.
63. *PRLBJ*, vol. 1, p. 71.
64. Ibid., p. 382.
65. *PRLBJ*, vol. 2, p. 43.
66. William Pool, 8 de dezembro de 1963.
67. Id.
68. Purdum, *An Idea Whose Time Has Come*, p. 166.
69. *NYT*, 8 de dezembro de 1963.
70. LBJ, *VP*, p. 28.
71. Ibid., p. 157.
72. Discussão com Harry McPherson e Jack Valenti, "Achilles in the White House", *Wilson Quarterly* (primavera de 2000), p. 94.
73. LBJ, *VP*, p. 157.
74. William E. Leuchtenburg, *The White House Looks South: Franklin D. Roosevelt, Harry S. Truman, Lyndon B. Johnson* (Baton Rouge: Louisiana State University Press, 2005), p. 303.

75. LBJ, "Remarks in Atlanta at a Breakfast of the Georgia Legislature", 8 de maio de 1964, *PPP*, 1:648.

76. *NYT*, 12 de janeiro de 1964.

77. LBJ, *VP*, p. 15.

78. *Lake Charles American Press* [La.], 7 de abril de 1964.

79. Merle Miller, *Lyndon*, p. 368.

80. Kotz, *Judgment Days*, p. 122.

81. Robert D. Loevy (ed.) *The Civil Rights Act of 1964: The Passage of the Law That Ended Racial Segregation* (Albany: State University of New York Press, 1997), p. 82.

82. Ibid., p. 68.

83. Kotz, *Judgment Days*, p. 115.

84. *PRLBJ*, vol. 6, p. 696.

85. *PRLBJ*, vol. 3, p. 192.

86. Kotz, *Judgment Days*, p. 117.

87. *PRLBJ*, vol. 6, p. 662.

88. Joseph A. Califano Jr., *The Triumph & Tragedy of Lyndon Johnson: The White House Years* (Nova York: Touchstone, 2015), p. xxvi.

89. Kotz, *Judgment Days*, p. 136.

90. *PRLBJ*, vol. 6, p. 696.

91. *Jefferson City Daily Capital News* (Missouri), 20 de maio de 1964.

92. Purdum, *An Idea Whose Time Has Come*, p. 316.

93. Richard A. Arenberg e Robert B. Dove, *Defending the Filibuster: The Soul of the Senate* (Bloomington: Indiana University Press, 2012), p. 65.

94. Merle Miller, *Lyndon*, p. 369.

95. *NYT*, 3 de julho de 1964.

96. LBJ, *VP*, p. 160.

97. LBJ, "Remarks at the University of Michigan", 22 de maio de 1964, *PPP*, 1:407.

98. LBJ, *VP*, p. 104.

99. Conversas DKG/LBJ.

100. "Remarks before the National Convention upon Accepting the Nomination", 27 de agosto de 1964, *PPP*, 1964, 2:1010, 1012.

101. LBJ, *VP*, pp. 326-27.

102. Ibid., p. 327.

103. Evans e Novak, *Lyndon B. Johnson*, pp. 514-15.

104. Merle Miller, *Lyndon*, p. 408.

105. Conversas DKG/LBJ.
106. Greenstein, *The Presidential Difference*, p. 88.
107. Conversas DKG/LBJ.
108. Id.
109. LBJ, *VP*, pp. 447-48.
110. *Post-Herald and Register* (Beckley, W.V.), 24 de outubro de 1965.
111. Conversas DKG/LBJ.
112. Goldman, *The Tragedy of Lyndon Johnson*, p. 60.
113. Michael Beschloss (ed.) *Reaching for Glory: Lyndon Johnson's Secret White House Tapes, 1964-65* (Nova York: Touchstone, 2001), p. 159.
114. LBJ, *VP*, p. 161.
115. *The Triumph & Tragedy of Lyndon Johnson*, p. 44.
116. *Independent Press Telegram* (Long Beach, Calif.), 14 de março de 1965.
117. LBJ, *VP*, p. 162.
118. Ibid., p. 228.
119. Ibid., p. 161.
120. Kotz, *Judgment Days*, p. 303.
121. LBJ, *VP*, p. 163.
122. "Special Message to the Congress: The American Promise", 15 de março de 1965, *PPP*, 1965, 1:281, 284.
123. Richard Goodwin, *Remembering America: A Voice from the Sixties* (Nova York: Little, Brown, 1988), p. 334.
124. *PRLBJ*, vol. 1, p. 285.
125. Ibid., p. 286.
126. Conversas DKG/LBJ.
127. Richard Goodwin, *Remembering America*, p. 237.
128. Daniel S. Lucks, *Selma to Saigon: The Civil Rights Movement and the Vietnam War* (Lexington: University Press of Kentucky, 2014), p. 142.
129. LBJ, *VP*, p. 212.
130. DKG, *LJAD*, p. 250.
131. *NYT*, 31 de julho de 1965.
132. LBJ, "Remarks in the Capitol Rotunda at the Signing of the Voting Rights Act", 6 de agosto de 1965, *PPP*, 2:840-42.
133. *Hamilton Daily News Journal* (Ohio), 23 de outubro de 1965.
134. *NYT*, 25 de outubro de 1965.
135. *Hamilton Daily News Journal* (Ohio), 23 de outubro de 1965.
136. *Independent Press Telegram* (Long Beach, Calif.), 14 de março de 1965.

137. Geoffrey C. Ward e Ken Burns, *The Vietnam War: An Intimate History* (Nova York: Alfred A. Knopf, 2017), p. 104.

138. David Halberstam, *The Best and the Brightest* (Nova York: Ballantine, 1993).

139. Goldman, *The Tragedy of Lyndon Johnson*, p. 404.

140. LBJ, "Address at Johns Hopkins: 'Peace without Conquest'", 7 de abril de 1965, *PPP*, 1: 397.

141. LBJ, *VP*, p. 281.

142. Conversas DKG/LBJ.

143. Shakespeare, *Henry IV, parte 2*.

144. LBJ, *VP*, p. 157.

145. Ibid., p. 426.

146. *Oakland Tribune*, 1º de abril de 1968.

147. Roscoe Drummond, citado em *Fairbanks Daily News-Miner* (Alaska), 6 de abril de 1968.

148. *Oakland Tribune*, 1º de abril de 1968.

149. *NYT*, 12 de abril de 1968.

150. *Winona* [Minn.] *Daily News*, 2 de abril de 1968.

EPÍLOGO

Sobre morte e memória

1. Conversas DKG/LBJ.

2. Id.

3. Id.

4. Rosenman, *Working with Roosevelt*, p. 36.

5. Conversas DKG/LBJ.

6. Id.

7. Id.

8. Id.

9. Hal Rothman, *LBJ's Texas White House: "Our Heart's Home"* (College Station: Texas A&M University Press, 2001), p. 264.

10. Conversas DKG/LBJ.

11. Leo Janos, "The Last Days of the President: LBJ in Retirement", *The Atlantic* (julho de 1973), https://www.theatlantic.com/magazine/archive/1973/07/the-last-days-of-the-president/376281/.

12. Conversas DKG/LBJ.

13. Janos, "The Last Days of the President".

14. Conversas DKG/LBJ.

15. Janos, "The Last Days of the President".

16. Merle Miller, *Lyndon*, p. 559.

17. Ibid., p. 560.

18. Hugh Sidey, "The Presidency", *Life*, 29 de dezembro de 1972, p. 16.

19. "Lyndon Baines Johnson Civil Rights Symposium Address", 12 de dezembro de 1972, "American Rhetoric", Banco Online de Discursos, Biblioteca Lyndon Baines Johnson, Austin, TX, http://www.american-rhetoric.com/speeches/lbjfinalspeech.htm.

20. Id.

21. Sidey, "The Presidency", p. 16.

22. Conversas DKG/LBJ.

23. TR para William Allen White, 28 de novembro de 1906, *LTR*, 5:516.

24. TR para Henry Cabot Lodge, 18 de julho de 1905, *LTR*, 4:1279

25. TR para William Howard Taft, 12 de março de 1901, *LTR*, 3:12.

26. TR para Cecil Arthur Spring Rice, 24 de julho de 1905, *LTR*, 4:1282-83.

27. Oscar S. Straus, *Under Four Administrations: From Cleveland to Taft* (Boston: Houghton Mifflin, 1922), p. 251.

28. TR para Kermit Roosevelt, 10 de novembro de 1904, *LTR*, 4:1024.

29. Herman A. Kohlsaat, *From McKinley to Harding: Personal Recollections of Our Presidents* (Nova York: Charles Scribner's Sons, 1923), pp. 137-38.

30. TR para George Trevelyan, 19 de junho de 1908, *LTR*, 6:1089.

31. Kohlsaat, *From McKinley to Harding*, p. 137.

32. Sewall, *Bill Sewall's Story of Theodore Roosevelt*, p. 112.

33. *Boston Daily Globe*, 19 de junho de 1908.

34. Abbott (ed.) *The Letters of Archie Butt*, p. 41.

35. Ray Stannard Baker, caderno de notas, 8 de dezembro de 1911, Arquivos Ray Stannard Baker.

36. Mark Sullivan, *Our Times: The United States 1900-1925*, vol. 4: *The War Begins* (Nova York: Charles Scribner's Sons, 1927), p. 531.

37. Oscar Davis, *Released for Publication: Some Inside Political History of Theodore Roosevelt and His Times, 1889-1919* (Boston: Houghton Mifflin, 1925), pp. 381-82.

38. *NYT*, 27 de outubro de 1912.

39. TR, "Address at Madison Square Garden", 30 de outubro de 1912, em Lewis L. Gould (ed.) *Bull Moose on the Stump: The 1912 Campaign Speeches of Theodore Roosevelt* (Lawrence: University Press of Kansas, 2008), p. 187.

40. Ibid., pp. 191-92.

41. Candice Millard, *The River of Doubt: Theodore Roosevelt's Darkest Journey* (Nova York: Broadway Books, 2005), p. 61.

42. Thayer, *Theodore Roosevelt*, p. 130.

43. TR para John Callan O'Laughlin, 27 de agosto de 1914, *LTR*, 7:813.

44. TR para Edwin Van Valkenburg, 5 de setembro de 1916, *LTR*, 8:1114.

45. TR para John Callan O'Laughlin, 27 de agosto de 1914, *LTR*, 7:813.

46. TR para Gifford Pinchot, 8 de fevereiro de 1916, *LTR*, 8:1016.

47. TR para HCL, 10 de agosto de 1886, *LTR*, 1:108.

48. Wagenknecht, *The Seven Worlds of Theodore Roosevelt*, p. 247.

49. TR para Quentin Roosevelt, 1º de setembro de 1917, *LTR*, 8:1232.

50. Bishop, *Theodore Roosevelt and His Time*, vol. 2, p. 468.

51. Patricia O'Toole, *When Trumpets Call: Theodore Roosevelt after the White House* (Nova York: Simon & Schuster, 2005), p. 398.

52. TR,"Eyes to the Front", *Metropolitan Magazine* (fevereiro de 1919).

53. CRR, *My Brother, Theodore Roosevelt*, p. 345.

54. Harbaugh, *Power and Responsibility*, p. 489.

55. TR, "Eyes to the Front", *Metropolitan Magazine* (fevereiro de 1919).

56. Matthew J. Glover, "What Might Have Been: Theodore Roosevelt's Platform for 1920", em Naylor, Brinkley e Gable (ed.) *Theodore Roosevelt*, p. 489.

57. TR durante o Banquete do Clube Iroquois, Chicago. 10 de maio de 1905, em TR; Alfred Henry Lewis (ed.) *A Compilation of the Messages and Speeches of Theodore Roosevelt, 1901-1905* (Washington, D.C.: Bureau of National Literature and Art, 1906), p. 620.

58. TR, "Fellow Feeling as a Political Factor" (janeiro de 1900), *WTR*, 13:355.

59. *New York Tribune*, 9 de janeiro de 1919.

60. DKG, *BP*, p. 746.

61. TR, "Fellow Feeling as a Political Factor" (janeiro de 1900), *WTR*, 13:355.

62. DKG, *NOT*, p. 494.

63. Ibid., pp. 494-95.

64. 28 de março de 1944, transcrição, FDRL.

65. *NYT*, 29 de março de 1944.

66. *NYT*, 5 de abril de 1944.

67. Ward, *A First-Class Temperament*, p. 607.

68. Perkins, *The Roosevelt I Knew*, p. 374.

69. William D. Hassett, *Off the Record with F.D.R.* (New Brunswick, N.J.: Rutgers University Press, 1958), p. 239.

70. Ibid., p. 240.

71. Perkins, *The Roosevelt I Knew*, p. 374.

72. Margaret Suckley, em Geoffrey C. Ward, *Closest Companion: The Unknown Story of the Intimate Friendship between Franklin Roosevelt and Margaret Suckley* (Nova York: Simon & Schuster, 1995), p. 316.

73. Ibid., p. 316.

74. Ibid., p. 302.

75. Carta de "B" para "Mãe", 6 de junho de 1944, Reminiscences by Contemporaries, FDRL.

76. I. F. Stone, *The War Years, 1939-1945* (Boston: Little, Brown, 1990), p. 236.

77. FDR, "The Nine Hundred and Fifty-Fourth Press Conference—D Day", 6 de junho de 1944, *PPA*, 1:159.

78. DKG, *NOT*, p. 510.

79. Ward, *Closest Companion*, p. 254.

80. Rosenman, *Working with Roosevelt*, p. 394.

81. Perkins, *The Roosevelt I Knew*, p. 371.

82. Carta oficial de anúncio, FDR para Robert Hannegan, 11 de julho de 1944, FDR, *PPA*, 1944-45, p. 197.

83. Perkins, *The Roosevelt I Knew*, p. 116. 361 *"full of fight"*: Ward, *Closest Companion*, p. 340.

84. Perkins, *The Roosevelt I Knew*, p. 372.

85. DKG, *NOT*, pp. 573-85.

86. William E. Leuchtenburg, *In the Shadow of FDR: From Harry Truman to Barack Obama* (Ithaca: Cornell University Press, 2009), p. 7.

87. Anne O'Hare McCormick, "'His Unfinished Business' and Ours", *NYT*, 22 de abril de 1945.

88. Frances Perkins, "The Roosevelt I Knew: the War Years", *Collier's*, 21 de setembro de 1946, p. 103.

89. Rosenman, *Working with Roosevelt*, p. 546.

90. Perkins, *The Roosevelt I Knew*, p. 380.

91. Id.

92. Sherwood, *Roosevelt and Hopkins*, p. 880.

93. Elizabeth Shoumatoff, *FDR's Unfinished Portrait* (Pittsburgh: University of Pittsburgh Press, 1990), p. 108

94. Ward, *Closest Companion*, p. 417.

95. Gunther, *Roosevelt in Retrospect*, p. 80.

96. FDR, 19 de novembro de 1939, citado em *Oil City Derrick* (Penn.), 20 de novembro de 1939.

97. Anne McCormick, "A Man of the World and the World's Man", *NYT*, 14 de abril de 1945.

98. Ben Vine, 13 de abril de 1945, em "Tributes to the Late President", *NYT*, 17 de abril de 1945.

99. Montgomery C. Meigs Diary, citado em Segal (ed.) *Conversations with Lincoln*, p. 393.

100. O. J. Hollister, *The Life of Schuyler Colfax* (Nova York: Funk & Wagnalls, 1886), p. 252.

101. Segal (ed.) *Conversations with Lincoln*, pp. 392-93.

102. Jay Winik, *April 1865: The Month That Saved America* (Nova York: Harper Perennial, 2002), p. 208.

103. Gideon Welles, "Lincoln and Johnson", *Galaxy* (April 1872), p. 526.

104. Winik, *April 1865*, p. 208.

105. Frederick William Seward, *Reminiscences of a War-Time Statesman and Diplomat: 1830-1915* (Nova York: G.P. Putnam's Sons [Knickerbocker Press], 1916), pp. 256, 255.

106. Carl Sandburg, *Abraham Lincoln: The War Years*, vol. 6 (Nova York: Charles Scribner's Sons, 1943), p. 227.

107. Seward, *Reminiscences of a War-Time Statesman*, p. 256.

108. Burlingame, *Abraham Lincoln, A Life*, vol. 2, p. 806.

109. Tarbell, *The Life of Abraham Lincoln*, vol. 4, p. 29.

110. Katherine Helm, *The True Story of Mary, Wife of Lincoln* (Nova York: Harper & Brothers, 1928), p. 253.

111. Winik, *April 1865*, p. 220.

112. Helm, *The True Story of Mary, Wife of Lincoln*, p. 255.

113. Ibid., p. 256.

114. Hollister, *The Life of Schuyler Colfax*, p. 253.

115. Col. William H. Crook; Margarita Spaulding Gerry (ed.) *Through Five Administrations: Reminiscences of Colonel William H. Crook* (Nova York: Harper & Brothers, 1910), p. 67.

116. Donald, *Lincoln*, p. 597.

117. AL, "Address before the Young Men's Lyceum of Springfield, Illinois", 27 de janeiro de 1838, *CW*, 1:114.

118. Dr. Charles Sabin Taft, citado em *The Diary of Horatio Nelson Taft*, vol. 3, Divisão de Manuscritos, LC.

119. Citado por Robert V. Bruce, "The Riddle of Death", em Gabor S. Boritt (ed.) *The Lincoln Enigma: The Changing Faces of an American Icon* (Nova York: Oxford University Press, 2001), p. 144.

120. AL, "To the People of Sangamon County", 9 de março de 1832, *CW*, 1:8.

121. AL, "Address before the Young Men's Lyceum of Springfield, Illinois", 27 de janeiro de 1838, *CW*, 1:115.

122. AL, "Address Delivered at the Dedication of the Cemetery at Gettysburg", 19 de novembro de 1963, [texto final], *CW*, 7:23.

123. AL, "Second Inaugural Address", 4 de março de 1865, *CW*, 8:333.

124. Rosenman, *Working with Roosevelt*, p. 452.

125. Sangamon, condado de, 13-14, 19, 102, 367

ÍNDICE